프랑켄
FRANKEN-MARX
마르크스

그# 프랑켄 마르크스

FRANKEN-MARX

한국 현대비평의 성좌들

황호덕 비평+문학론

민음사

문학이라는 '이름' — 서문을 대신하여

1

　문학 연구와 비평에 제도와 풍속이, 데이터와 미디어가, 사회학과 문화 이론이 들어오면서, 과연 우리는 문학의 과거와 현재를 가능한 한 또렷이 볼 수 있게 되었다. 그것의 '지금'은 어둡고 추우며, 그에 대한 번민과 자괴의 시름 또한 깊고 넓다. 심지어 '행위'로서의 문학의 임종을 지켜보았다는 사람들조차 적잖이 있는 것이다. 그런데 어떤가 하면, 우리는 문학을 '둘러싼' 문제들에 대해서 생각하는 그만큼, 문학의 '이름'으로 할 수 있었고 해 왔고 또 해야 할 일들에 대해서는 대체로 심드렁해진 듯하다. 과연 우리는 우리가 잃어버린 것, 감히 잃어버리려 하는 것에 대해 충분히 알고 있는 것일까.
　먼저 말해 두고 싶은 것은 이 책은 한국이라는 시공간에서 문학의 '이름'으로 행해져 온 것들에 대한 나름의 사유의 기록이라는 점이다. 지금 나는 애써 문학이 아닌 문학의 '이름'이라고 말하고 있다. 더 정확히 말하자면 그것은 한국문학(때로는 민족문학)이라는 '이름'으로 행해진 것이 될 것이다. 그러니까 나는 이곳에서 '문학'을 말하는 순간의 그 어떤 자명함으로부터 벗어나려고 한다. 그것은 두 가지 의미에서 그러한데 먼저 '한국'문학이라고 하는 순간의 공간적 상대화라는 의미에서, 그리고 문학이라는 '이름'이라고 말하는 순간에 제기될 수밖에 없는 시간적 상대화라는 점에서 그러하다. 이 이야기는 지금 이곳에서 문제가 되고 있는 문학이란 결국은 매우 상대적인 역사적 미디어에 불과하다는 것을 말해 준다. '문학'의 역사는 생각처럼 유구한 것은 아닐지 모른다. 영어의 리터러처(literature)가 오래된 고서들에서 끌려 나온 '문학(文學)'으로 번역되고, 그래서 '분가쿠(文學)'라는 한자 표상에 의해 또다시 한국어의 '문학'으로 전변(轉變)되어 온 100년 남짓에 불과한 역사를 그것은 가지고 있다.

그러나 생각하기에 따라서는, 결국 한국문학, 나아가서 한국의 근대성(혹은 동아시아의 근대성)을 이야기하는 순간에 갖게 되는 이 지연의 감각이야말로, 실제로 지연된 것이 아니라 그 자체가 근대성의 성격일 수 있다. 나는 왜 문학, 그것도 한국문학, 한국문학비평으로 돌아가야 했는가. 왜냐하면 그 장소가 가장 보편적이고 적극적인 의미에서의 '문학'을 생각하게 해 주기 때문이다. 실제로 그 순간의 리터러처나 분가쿠 또한 19세기적 의미의 근대 예술로서 성립 중이었음을 상기한다면, 리터러처와 분가쿠, 또 문학은 단순한 번역의 지연이 아닌 기묘한 동시대성으로 엮여 있다고도 할 수 있다. 자주 정치와 봉합되곤 했던 한국문학의 역사는, 하이데거의 말처럼 시가 사유의 역할을 떠맡았던 '시인들의 시대'에 비추어 보면 완전히 특별한 것만도 아니지 않을까. 그럼에도 불구하고, 혹은 그러함으로 해서 지금 이 순간 나는 성급한 고백을 해야 하리라. 나는 이 상대화의 궤도 속에서 다시금 '문학', 그것도 '한국문학'이라는 이름으로 돌아갔으며, 그런 의미에서 이 책은 바로 그 어떤 귀환의 흔적에 다름 아니다.

그렇다면 문학이라는 '이름'이란 과연 무엇을 뜻하는가. '문화'라는 이름이 '예술'을 폐색시키고, '미디어' 혹은 '매체'라는 말이 '언어'를 형해화(形骸化)하고, '기술'이라는 말이 '과학'이라는 말을 실험실에 가두고, '경영'과 '실용'이라는 말이 '정치'의 숨통을 조이고, '성(性)'이라는 말이 '사랑'을 시시한 것으로 만들 때, 우리가 잃게 될 것 — 문학이라는 '이름'을 나는 그렇게 이해한다. 물론 문화, 미디어, 기술, 경영, 성 따위의 말이 그 자체로 옳거나 틀릴 리는 없다. 아니, 이 말들 역시 탈환해야 할 어떤 가치와 관련되어 있음에 틀림없을 것이다. 하지만 분명한 것은 문학의 이름이나 정치성 자체가 사산되고 있다고 할 때, 거기에는 바로 이와 같은 이름의 이동, 그 이동을 유도하는 힘들이 개입되고 있다는 점이다. 예술, 언어, 과학, 정치, 사랑이라는 말을 높이 산다는 것은, 이 말들이 우리 삶에 보다 가까이 와 버린 앞서의 말들에 일종의 과제 혹은 책무를 부여하는 까닭이다. 문학의 어려움을 문학 외적인 것에서 찾으려는 것이 결코 아니다. '문학'의 윤곽의 주위를 회전하는 여타의 기호들을 문학이라는 '이름'에 비추어 판단해 봄으로써, 우리는 '문학'이란 어떤 것이(었)고 여타의 기호들을 통해 해 나가야 할 것이 어떤 일인지를 가늠해 볼 수 있는 것이다.

다시 말하지만, 문학의 끝에 대해 매몰차게 말하는 순간, 우리가 잃게 되는 것은 '문학'만이 아니다. 왜냐하면 문학이란 역사적인 미디어인 그 몇 곱절의 무게로 신학과 자연학 사이를 뚫고 성립한 '인간'에 대한 증언이기 때문이다. 문학을 '떠나서' 하는 것이 아니라, 문학의 '너머/밖/문턱'에서도 해 나가야 한다. 쉬 교환 가능한 장소로 옮겨 간다고 해서 해결될 수 있는 일은 생각보다 크지 않다. 왜냐하면 그곳은 바로 '문학이라는 이름'을 황폐화하는 힘에 의해 건립된 장소에 다름 아닐 것이기 때문이다.

문학의 끝에 대한 모든 소문과 선언에도 불구하고, 우리가 그런 말들에 쉽사리 동의할 수 없다면, 그것은 무엇 때문인가. 혹시 그것은 역사로서의 문학이나 미디어로서의 문학에 대한 시니컬하거나 절박한 고고학·문명론으로는 결코 포괄할 수 없는 것, 즉 문학이라는 '이름'을 통해 우리가 지키려고 하거나 갱신하려고 하는 것이 '문학'이라는 글자 위에 여전히 (아니, 어쩌면 더욱 강력한 요청으로) 서려 있기 때문인 것은 아닐까. 문학이 과거에 무엇이었고, 지금 어디에 와 있는가 하는 물음은 그래서 계속 중요한데, 오직 그 잠재성과 가능태가 여기서 살아 움직이는 한에서 그렇다. 문학의 역사를 사유하는 것은 문학에도 또 역사에도 귀속될 수 없는 일이다. 왜냐하면 그것이 지극히 정치적인 의미에서의 '과거의 탈환' —— 우리 삶에 잠재한 모든 활력을 재점화하는 것과 관계되어 있기 때문이다.

지금 나는 '정치적'이라는 말을 어떤 의미에서는 매우 한정적으로, 혹은 다른 의미에서는 매우 포괄적으로 사용하고 있다. 이 모순은 이곳에서 문학의 정치성이 어떻게 이해되어 왔는가와 결부되어 있다. 한국문학은 언제나 '정치적'이었다. 무엇보다 그것은 한국 사회가 요구해 온 것이었으며, 문학은 거기에 대한 답변으로 존재해 왔기 때문이다. 그리고 어느 순간에 이르러 모두들 '정치의 시대'는 끝났다고 말하기 시작했고, 때마침 '시인들의 시대'의 종언 역시 공공연한 사실처럼 말해지기 시작했다. 이 '때마침'이라는 것은 무엇을 뜻하는 것일까? 내가 묻고 싶은 것은 만약 문학에 그 어떤 '위기'가 분명히 존재한다고 할 때, 이는 이곳에서 사용되어 온 협소한 의미의 정치성이 바로 이 순간 위기에 봉착했음을 뜻하는 것이 아닐까 하는 질문이다.

어떤 의미에서 문학이란 영구 혁명 중에 있는 사회의 주체성으로 이해된다. 그렇다고 할 때, 영구 혁명 중에 있는 사회의 주체성이라는 개념에 동의하면서도 정치적 목적성을 염두에 두거나 '시대'에 적응하기 위해서는 만화나 영화 쪽이 나을 것이라며 아주 시니컬하게 말하고들 있는 것이다. 문학의 죽음을 문학 외적인 방식 —— 미디어와 제도, 경제적 전환과 문명 교체의 틀로 선언하는 작업에서는 어딘가 속류 유물론의 냄새가 난다. 내가 문제 삼고자 하는 것은 만화나 영화를 다룬다는 데에 있는 것이 아니다. 문제는 바로 그 '시니컬한 태도'에 있다. 이 시니컬한 태도에는 이미 만화나 영화 같은 이미지 표상들과 문학 사이의 위계질서가 내면화되어 있으며, 따라서 이러한 포즈들에는 놀랍게도 또 다른 형태의 기이한 '문학' 중심주의가 엿보인다. 그러나 과연 과제와 희망을 놓쳐 버린 '중심'이 중심일 수 있을까.

혹, 우리는 보다 근본적인 질문을 회피하며 내내 잘못 물어 온 것은 아닐까. 왜 문학인가? 문학의 안이한 폐기 처분은 그것이 안이한 만큼 해롭다. 그것은 두 가지 이유에서 그러하다. 첫 번째 문학은 '언어' 그 자체와 마주하고, 이를 통해 인간에 관해 말하는 매우 특별하고 근원적인 활동이다. 언어가 존재하는 한, 문학은 '언어'와 '인간'을 탈환하는 방법이자 움직임으로서 결코 사라지지 않을 것이다. 언어란 도구가 아니라 목적 그 자체와 관계되어 있기 때문이다. 그러므로 인간 존재가 언어 위에 존재하는 한 문학에 죽음을 선언하는 것은 언제나 빠르거나 혹은 가능하지 않다. 그런 의미에서 문학이 끝나면 '인간'도 끝난다. 두 번째 여기서의 언어란 한국에 있어, 한국어일 수밖에 없다. 그것이 어떤 형태의 한국어이든 우리가 한국어로 사유하는 한 '한국문학'은 존재할 것이다.

오해하지 말아야 할 것은, '인간'을 잃어서는 안 된다는 요청과, 모든 정치적 기획을 인간이라는 말로 눙치는 휴머니즘(이 단어의 역사적 의미에서의) 사이에는 아무런 인연도 없다는 사실이다. 인간을 잃을 수 없는 것과 마찬가지로 우리는 신과 동물들도 잃을 수 없다. 법권리의 인간과 그것을 빼앗긴 인간(인간 이외의 것으로 선언된 존재)을 분절하는 모든 인간학 기계에 반대해야 한다. 그러나 문학의 이름을 통해 그렇게 해 왔듯이 '인간'이라는 말을 통해 우리는 계속 아무 조건 없이 다른 삶들과 만나야 한다.

2

그렇다. 나는 지금 문학에 관해 이야기하고 있지만 나의 언어는 이미 한국어이다. 한국어로 쓰는 한 나는 한국문학 안에 놓여 있으며 그것이 비평인 한에서 끊임없이 한국문학비평이라는 실재의 혹은 인식의 틀 안으로 돌아갈 것이다. 오랫동안 거듭된 그리고 거듭될 나의 질문은 그러므로 바로 이 속에 놓여 있다. 그러니까 왜 한국 비평이 문제여야 하는가.

한국문학비평은 오랫동안 한국(어) 안에서 한국(과 한국을 둘러싼 세계)에 대해 사유한다는 과업을 수행해 왔다. 물론 여기서의 한국어란 절반쯤은 한어(漢語)와 일어와 영어라는 복합적 문맥에 의해 구성된 누더기의 언어일 터이지만, 바로 그런 까닭에 역사와 삶에서 가장 비열하고 가장 절박했던 순간들이 거기에는 아로새겨져 있다. 그렇게 비평은 때로는 철학을 때로는 역사학을 때로는 사회학을 전유하며 스스로를 갱신해 왔으며, 종종 정치 그 자체와 봉합되기까지 했다. 정확함을 포기하면서까지, 영혼을 팔면서까지, 문제 구성에 매달리고 그 문제 틀 안에서 가능성의 최대치를 가늠해 보는 일. 한국 비평은 시이자 철학이었으며, 정치이자 윤리였다. 감히 말하건대, 이곳에서 그 어떤 분과 학문도 한국 비평이 수행했던 사유의 방식, 질주의 속도를 초과하지 못하였다.

분명 그것은 이곳에서 문학비평이 가졌던 오랜 '특권'의 일종이었지만, 비평에 수여된 이 특권은 이미 그것이 특권인 한에서 양가적이다. 왜냐하면 문학(비평)은 철학이나 정치를 대신하였지만 그럼에도 불구하고 여전히 문학의 언어이어야 했기 때문이다. 그런 점에서 비평에 부여된 특권은 한국이라는 시공간 속에서의 사유의 한계 혹은 방식을 그 자체로 이야기해 주는 것이라고 해도 무방하리라. 그런 의미에서 이식문학론도, 한국문학은 문학이자 철학이라는 주장도 모두 양가적인 선언이자 고백일 수밖에 없었던 것이다. 척박한 언어의 대지에서 해적들의 바다를 건너온 개념들로 사유를 개시해야 했던 조건은 오직 질주와 판단을 겸하는 비평으로 하여금 '스스로의 독자적 언어'(이 거대한 오염만큼 독자적인 현상이 따로 있는가)를 무모할 지경에까지 시험할 수 있게 하였다. 혹은 할 수밖에 없게 하였다.

나는 지금 내가 몸담고 있으며 나의 사고의 근원을 이루었던 문학에 대한 일방적인 사랑의 외침을 여전히 반복하려는 것이 아니다. 만약 비평의 특권이라는 것이 이곳에서의 사유의 '방식' 그 자체를 직조해 내는 것이라면 나는 감히 이 무모한 모험을 끝까지 밀어붙여 보자고 말하려는 것이다. 모든 학문이 한국어의 세계 밖으로 달려, 튕겨 나가고 있는 지금, 이것이 어쩔 수 없이 선언의 양식을 띠게 된다고 해도, 그리하여 때 늦은 애정의 고백처럼 느껴진다 해도 어쩔 수 없으리라.

다시 말하지만, 문학의 위기 따위를 반복해 선언하는 것이 무엇을 의미하는지에 대해 우리는 거의 아무것도 모르고 있다. 인간이 존재하는 한 사유는 존재할 것이며 그것이 더 이상 '문학'이라 불리든 아니든 현재까지 우리가 그것을 '문학'이라고 이름붙일 수밖에 없다면 그런 의미에서 문학은 결코 없어지지 않을 것이다. 마치 커트 보네거트가 지느러미가 달린 새로운 종을 새로운 "인류"라고 명할 수밖에 없었듯이, 우리는 계속 언어의 작업을 '문학'으로밖에 부를 수 없을 것이다. 한국문학의 위기 따위를 논하는 일을, 이제는 그만두어야 한다. 이 출구 없는 토톨로지의 저 근원에 가로놓여 있는 언어, 그러니까 한국어에 주의를 기울인다면 이 질문은 쓸데없는 것이다. 그것이 어떤 형태가 되든 우리는 한국어로 한국문학을, 한국문학에 관하여 쓸 것이다. 왜냐하면 한국어와 한국문학이라는 말의 역사와 현재 안에 여전히 이 말을 통해 구원해야 할 삶과 사유가 존재하기 때문이다.

한국어의 역사 안에서 사유를 개시한다는 것은 결코 '도구'나 '방법' 차원의 문제가 아니다. 문학의 '이름'으로 문학을 넘어서는 영역까지를 포괄하는 언어의 힘을 시험해야 하는 것이다. 소수자의 외국어, 외국어가 알려 주는 순수 언어에의 꿈을 고려하는 한에서, 우리는 우리 삶을 절단내게 될 그 어떤 외재적 분할 기계에도 반대해야 한다. 한국에서 문학은 언어를 포함한 모든 표상과 꿈, 사상의 대표 격이었을 뿐 아니라, "이렇게 살지 않겠다"라는 비명(悲鳴) 혹은 외침의 기록이기도 했다. 비평이란 바로 문학(과 삶)을 통해 모든 인접 지식을 목발질하며 고난과 지복(至福)의 생을 살아왔던 것이다. 그럼에도 또 다시 이 말, 이 종이, 이 역사를 태워 버려야 마땅한가. 얼마나 더 많은 화전민이 필요한가. 한국어 사유와 한국문학이 싸워 넘어진 곳에서 다시 시작해야 할 것이다. 문학과 비평은 사회에 직접 공헌하라는 명령에 맞서, 사회 자체를 보호하는 그런 일을 해야 한다.

　나는 문학의 종언을 싸늘하게, 때로는 외적인 상황이나 새로운 '미디어'와 관련해 아무렇지도 않게 이야기하는 사람들에 대해 종종 어떤 위화감을 느껴 왔다. (그러나 그럴 리가 있겠는가, 이 역시 애통함의 다른 표현일 것이다.) 그도 그럴 것이, 그 종결의 선언은 스스로의 육체화된 언어로 말하는 사람들을 위시한 '인간' 자체의 죽음을 선언하는 일이 되기 때문이다. 문학 이후의 삶이란 언어 없는 동물의 그것이거나 좀비의 걸음이 될 것이다. 그리고 거기에 대해 '생각하는' 모든 사람은 유령이 되고 말 것이다. 스스로의 죽음을 선언해 버린 사람들에게, 어쩌면 문학이란 생성과 사멸을 거듭해 온 역사적 미디어 중 하나일지 모르지만, 문학의 '이름'은 결코 하나의 고유 명사나 역사의 상형 문자로 환원될 수 있는 그런 것이 아니다. 그것은 정치이자 인간이고, 무엇보다 헐벗은 삶으로부터 건져 올려 온 구제의 가능성이다. 인간의 말로 말하기 위해서, 우리는 여전히 문학이라는 '이름'을 놓쳐서는 안 된다.

　그런 일들이라면 문학이 아니라 '연구' 혹은 '인문학'라는 이름으로 이미 행해지는 것이 아닌가. 그렇지 않다. 문학의 과거를 살피는 작업은 실제로, 문학의 현재와 가능태를 고구하는 일과 다르지 않다. 적어도 내가 아는 비평은 규정적인 술어에 의해 정리될 수 있는 것이 아니라 그 자체로 꿈틀대는 열망이었으며, 여전히 예술이 '지금 이곳'의 정치나 윤리와 관계 맺도록 하는 유일한 장소였기 때문이다. 문학(사) 연구와 비평의 언어는 최선의 상태에 있어 일치하지 않으면 안 된다. 과거로부터 진 빚을 잊지 않는 일이란, 결국 지금 이 순간을 구원의 시간으로 만드는 일에 다름 아니기 때문이다. 타락한 언어로 말해야 했던 시대의 문학에도 윤리와 정치는 존재했다. 문제는 역사의 그 순간으로 돌아가 잠재된 가능성을 탈환하고, 봉합들 사이로 터져 나오는 외침을 듣는 일이다.

문학의 영광이나 비평 정신의 회복 따위를 말하는 것이 결코 아니다. 그런 것은 아무래도 좋은 것이다. 문제는 잃기 전에, 잃어서는 안 되는 것들의 요목을 계속 확인하고 그 가능성을 시험하는 일이며, 과거에 있었고 지금 존재하는 최고의 잠재성으로 미래를 예감하는 일이다. 예술은 자유의 모습이자, 잠재성의 확장이다. 그런 까닭에 비평은 문학이 가장 빛을 발하는 순간을, 공유 가능한 보편언어로 증언하는 일에 다름 아니다. 비판 혹은 비평(critique)은 '분할'을 의미하는 그리스어의 krínein으로부터 생겨났으며, '변별하고 판정하는 것'을 의미하는 kritikos로부터 기원했다. 변별 혹은 분절을 의미하는 krínein으로부터 위기를 의미하는 crisis가 파생되었음을 새삼스레 들추어낸다는 것은, 비평이라는 말에 중첩되어 있는 요청들을 되새기는 데 어떤 실마리를 던져 준다. 위기의 순간에 빛을 발하며 모든 분절들을 절단하는 선분 —— 비평이란, 판단력이란 그런 것이어야 하리라.

역사적으로 볼 때, 비평은 분명 신문 3면 기사들 속에서(도) 태어났다. 그러나 이 신문 3면 기사와 예술철학의 교호와 부침에는 아름다움과 선함을 공론장 언어로 시험해야 했던 인간 나름의 오랜 고민과 열망이 개입되어 있다.

과연 아름다움이라는 화두, 숭고에의 경험은 계몽의 이상이 예술을 벗 삼으면서 어떻게 서로가 서로를 고양시키는지를 보여 주는 한에서 근대성의 매우 특징적인 한 마디를 구성하여 왔다. 신학을 자기 안에서 해소/내포한 근대철학은 그것이 총체성에 대한 믿음을 하나의 회복해야 할 요청으로서 인정하는 그 순간부터 특수와 보편을 마름질하는 예술(과) 비평의 언어에서 배움을 얻어 왔다. 또한 예술 역시 이론을 구멍 내거나 이론에서 구함으로써 '복수이면서 단수인 존재'들을 그려 왔는데, 오직 비평이라는 헤르메스가 이 둘이 그렇게 하도록 했다. 허다한 현대의 철인들이 행한 작업이 암시하는 바, 어떤 의미에서 오늘의 사유에서 마지막까지 남은 것은 넓은 의미의 비평밖에 없을지 모른다. 실제로 근대예술에 대한 사유에서 긍정되는 것은 작품이나 아름다움 그 자체라기보다는 그에 대한 판단이다. 비평에 있어 하나의 작품은 그 자체로 즉물적인 것이지만 바로 그런 이유에서 최고의 예술 작품은, 아름답거나 숭고한 자연까지를 넘어서는, 초월의 계기들을 산출해 왔다.

아름다움이 아름다움 자체로 머물 때, 이 감성적인 즐거움은 개인적인 체험의 영역 안에 외롭게 남는다. 판단력이 아름다움의 궤도를 지시해 줄 수는 없지만, 판단력에 의해 아름다움은 비로소 이성과 실천을 향해 매듭지어진다. 작품이란 언제나 스스로를 향해 닫힌 즉물일 수밖에 없다는 점에서, 또 이성과 윤리란 알 수 없되 실천할 수만 있는 무엇이라는 의미에서 비평은 늘 모험이지만, 그 모험이 없다면 예술과 이론에 그 어떤 초월의 계기도 없을 것이다. 예술이 살아 있는 형성력이자 지금 이곳에 잠재한 미래와 자유의 모습으로서 존재한다고 할 때, 비평은 그 자체 예술을 꿈꾸는 한편 이 예술 작품들을 '질료'로 삼아 윤리와 실천의 길을 가늠하는 작업에 다름 아니다. 한국 비평이, 나아가 현대 비평의 성좌들이 그려 온 궤적은 그러한 것이었고, 앞으로도 그럴 것이다.

3

그러니까 아무것도 끝나지 않았다. 끝낼 수 없기 때문이다. 인간에 의해 창조된 모든 형태는 불멸이다. 언어가 있는(be) 한, 문학이라는 존재

(being)는 있을 수밖에 없다. 언어는 물질을 모방하는 순간에조차 물질 그 자체와는 직접적으로는 무관계하며, 언어를 구성하는 것은 오히려 일종의 '요청'이기 때문이다. 음식의 이름을 간절히 부를 때, 그 음식은 언제나 우리 앞에 없다. 행복이 존재하지 않는 곳에서 행복에의 약속은 어떻게 존재하는가. 언어가 바로 이 순간을 도래해야 할 것으로 맹목적으로 불러낸다. 언어나 사유와 같은 인간이 창조한 것과 관련된 모든 포식(捕食)의 결과는 살아 있는 인간의 죽음이었다.

비평은 바로 그 언어를 언어화한다. 그런 점에서 비평이란 언제나 메타적이며, 메타적이라는 점에서 사유의 근본적 형식에 다름 아닐 것이다. 그러므로 비평은 미디어의 폭발이나 역사의 끝에 대한 모든 소문에도 불구하고, 아니 바로 그 폭발과 소문으로 인해 더욱 긴요해질 것이며, 삶과 언어가 쓰레기로 양산되는 공간들이 확장되면 될수록 '인간'의 증거를 확인하는 과업으로서 더 강력하게 요청될 것이다. 이 요청은 수(數)로는 결코 셀 수 없는 개별적 삶과 지배적 추상들로는 결코 환원될 수 없는 공동의 미래로부터 온다. 바로 이러한 복수이면서 단수인 존재(들), 모든 문학의 '이름'들에 답하는 한에서, 이 순간 나는 먼 길을 돌아 매우 우회한 방식으로 나 자신 문학주의자임을 고백한다.

개인적인 의미에서 이 문학론집, 혹은 비평집은 내 나름대로 '문학'을 사랑하는 법을 배우기 위해 분투한 짧지 않은 세월의 흔적에 해당한다. 조금은 이른 나이에 시작한 글쓰기가 어느덧 10년을 바라보게 되었지만 이제야 겨우 한 권의 책의 형식을 이루게 되었다. 생각과는 달리, 아니 걱정한 그대로 본질적으로 달라진 생각이나 관점의 차이가 별반 느껴지지 않아, 새삼 그간 이토록 진전이 없었나 하는 자탄도 없지 않다. 그러나 보기에 따라서는 심한 편차나 언어의 굴곡들을 발견할 수도 있을 것이며 '일관성'을 초과해 버린 반복이나 성마른 분출을 책(責)하시는 분들도 있을 것이다. 무엇보다 떠나 있었던 시간만큼이나 '실감'과 '상황'을 놓치고 있는 부분들이 적지 않을 것이다.

여러 '지정학적' 조건들과 게으름으로 인해 늘 '현장' 가까이 있지는 못했지만 생각해 보면 비평의 언어로 작업하는 한 현장의 경계는 여기저기서 매번 새롭게 그어져야 마땅한 것일지도 모르겠다. 써 온 글들을 모으고 덜어 내며 한 권으로 묶자니 결국 절반 가까운 글들이 '현장'의 시간으로 되부쳐지고 말았지만, 냉정하게 끊어 냈다면 아마 흔쾌히 담을 수 있는 글들이 한 줌도 못되었을 것이다. 그런 의미에서 어렵게 추린 이 책의 글월들 전부가 우연의 편린들인 듯도 싶다. 발표 당시의 상황, 또 그러한 상황 속의 자신과 대면한다는 의미에서 되도록 자구 수정과 윤문만을 행하였으며, 글 말미마다 발표된 시점을 적었다.

앞서 이 문학사론=비평서가 문학과 예술(비평)을 향한 짧지 않은 구애의 과정이었음을 말했거니와, 그 구애의 과정을 함께하면서 서로를 서로에 견주어 보곤 했던 몇몇 벗들을 잊을 수 없다. '밤드리 노니는' 청춘의 순간마다 함께 시를 읽었고, 또 철인들의 언어를 빌어 그 감회를 적어 나누던 김수림, 산등성이 위 좁고 추운 세미나실에서 문학 연구와 세상의 진로에 대한 이야기로 많은 밤을 함께 지새운 이혜령 선배, 당대(와) 문학을 넘은 장소에서 비평 언어를 개시하는 방법들에 대해 많은 것을 일깨워 준 일우(一友) 김항, 이역(異域)의 땡볕으로부터 나를 숨겨 주고 가장 맑은 아침을 기다려 예술과 일상을 공치기하는 법을 일러 주곤 하던 김경현 형. 이들의 변함없는 신뢰가 없었다면 나는 아직도 어두운 천공을 올려다보며 하 수상한 세월이나 개탄하는 늙어 버린 소년에 불과했을 것이다.

무엇보다 이 자리를 빌려 내 모든 글의 숨은 저자 이영재에게 오래 묵은 사랑과 감사의 말을 전한다. 너에게 부끄럽지 않은 글을 쓰겠다는 시작(詩作)의 용기가 나를 여기에 이르게 했다. "넓게 배우되 뜻을 돈독하게 하여 절실하게 묻고, 그렇게 가까운 일로부터 생각하면, 어짊(仁)이 그 가운데 있다."라는 아버지 어머니의 가르침과 보살핌이 이 책과 이 펜을

든 나를 만들었음을 여기에 적어 둔다. 이 두 분의 삶과 두 분에게 진 갚을 길 없는 빚을 떠올리는 한에서, 나는 아마 너무 틀리지는 않을 것이다.

'빚짐'을 아는 인간만이 구제의 밤이 뜻하는 바를 알 수 있다 한다. 그러나 한 사람의 비평가가 그가 빚진 모든 이름들을 기억해 내기란 불가능할뿐더러, 무모하고도 경솔한 일이 되리라. (여기에 적기에는 너무 커다란 그 이름들의 대부분은, 당연히도 그들의 이름이 찍힌 책들 속에서만 존재한다.) 사숙(私淑)을 통해, 때로는 사적인 관계 안에서 앎과 지혜를 나누어 주셨던 많은 이름들이 이미 이 책 안에 첩첩이 새겨져 있으니, 앞으로의 글들로 감사의 인사를 대신할까 한다. 이방인의 시간을 지근한 거리에서 지켜봐 준 몇 분의 선생들로서는 이 글을 읽을 도리가 없을 테니, 아쉽지만 다시 어느 이역의 밤하늘에서 술잔이나 기울일 도리밖에 없겠다. 끝으로, 이 책의 틀을 만들어 주고 책이 만들어지는 전 과정을 함께 해 준 민음사 편집부와 번거로운 색인 작업을 도와준 성균관대 국문과 학생들에게 심심한 감사의 인사를 전한다.

이 모든 문학의 다른 '이름'들을 여기서 다시 되뇌어 불러 본다. 예술에 대한 사랑을 깊이 품어 온 나는, 동시에 늘 예술 자체보다는 그에 대한 판단을 더욱 값지게 생각해 온 나인데, 그런 의미에서 늘 지성과 감성 사이의 판단력을 통해 윤리와 초월을 꿈꾸었던 한국문학과 비평의 성좌들은 이 위기의 순간 더욱 빛을 발하며 나의 비평적 시야에 근력과 용기를 부여할 것이다. 그들이라면 금방 알아채겠지만, 맞다, 나는 이제 겨우 물음의 가능성을 물었을 뿐이다. 이 모든 문학의 이름들에 성긴 언어로나마 답하기 위해 다시 든 서재는 이제 겨우 어둡지 않다. 막 글자들의 군무가 시작되려 한다.

2008년 2월
돌아, 돌아, 다시 명륜동에서
황호덕

차례

문학이라는 '이름' — 서문을 대신하여   5

1 문학사 병원, 비평 클리닉

체념과 해방 — 김우창의 근대문학론과 내재적 초월론에 대한 스케치   23
문학사 병원 혹은 비평 클리닉 — 즐거운 비평 이전의 김현 문학사들에 대해   57
차이와 반복 — 회통, 민족적 기억과 코스모폴리탄적 문제   88
아카이브 밖으로 — 문학·국가·비밀, '국민문학' 비판론들에 부쳐   124
1960년대식 자기 세계와 그 문체 — 김승옥의 「무진기행」과 4·19 세대의 문학 의식   154

2 무상의 시간과 구제의 시간 — 문학과 역사

넘은 것이 아니다 — 국경과 문학에 대한 단상들   193
벌거벗은 삶과 숭고 — 벤야민의 밤과 별, 그리고 예술의 의미   213
역사와 알레고리 — 폐허의 박정희, 포개어 놓기라는 방법   239
무상의 시간과 구제의 시간 — 끝나지 않는 신체제, 종언 이후 일본의 역사상   255
답변에 대한 질문: 웃음이란 무엇인가 — 이문열과 성석제, 숭고한 희극과 배중률적 농담   287

3 늑대처럼 우는 개 — 포스트모던 동물원

늑대처럼 우는 개 — 시와 그래피티, 포스트모던 상황과 한국의 시인들   319
날아라 알레고리 — 박민규 소설로 해 본 의식 확장 실험의 한 사례 보고   357
절단(을 절단)하는 이 사람 — 말이 말이 아니고, 법이 법이 아니며,
인간이 인간이 아닌, 『참말로 좋은 날』의 성석제   368
주살(誅殺)된 달마 — 엽기 문화의 한 읽기   385

4 프랑켄 마르크스 — 사이보그 2000의 문화 생활

프랑켄 마르크스 — 사이보그 2000, 비유기적 신체의 현재   409
1995년의 기계 생물학 초고 — 마르크스, 프로이트, 다윈, 그리고 오시이 마모루   429
미래(학), 너무 멀리서 온 판단력 — '사이버 문학'의 가상성과 진정성   442
문학 제도의 기원에 관한 몇 가지 단상 — 수여(授與) 제도와 에콜 결사   454

작품 찾아보기   477
인명 찾아보기   482

1 문학사 병원, 비평 클리닉

체념과 해방
─ 김우창의 근대문학론과 내재적 초월론에 대한 스케치

시장과 자연──자유의 구성이라는 논제

애덤 스미스가 "보이지 않는 손"이라고 명명한 바 있는 시장의 자율적이고도 자연스러운 질서화의 능력은 마르크스의 본격적인 비판이 있기 전까지 자본주의 사회의 자유 경쟁과 사적 소유를 최선의 능률, 하나의 합목적적 운동으로 정당화해 주는 역할을 해 왔다. 애덤 스미스가 생각했던 것은 자연의 생태계처럼 하나의 유기체를 이루고 있는 자본주의 시장이 그것의 유기적인 교환 체계가 지닌 자생력을 통해서 건전한 먹이 사슬을 회복할 것이라는 확신이었다. 야만에 가까워 보이는 시장에서 약육강식과 적자생존의 법칙이 지배하는 만인에 대한 만인의 투쟁 상태를 자연이라 정의하고 이를 규제할 문명화된 국가의 필요와 필연을 강조했던 로크, 홉스 등과는 달리, 애덤 스미스에게는 실제 현장에서는 홍정을 둘러싼 입씨름과 난투에 가까운 경쟁이 종종 피를 불러와도 시장 전체는 언제나 안정을 유지하는 자연의 상황을 실현하는 것이었고 그 전체의 안정과 성장은 역으로 각각의 의지와 의지가 벌이는 경쟁과 마찰을 정당화하는 것이었다.

애덤 스미스와 리카도의 인용으로부터 『자본』의 전사(前史)를 시작하는 마르크스의 자본주의 정치경제학 비판은 한편으로는 "보이지 않는 손"이 지닌 이데올로기적 허위를 가시화했고, 다른 한편으로는 근대 이후의 삶을 살아가는 인간들에게 주어지는 자본주의 체제가 항구적 자연상태가 아니라 또 다른 형태로 전개되는 체제에 의해 극복될 수 있는 역사적인 단계일 뿐이라는 것을 객관적으로 이론화했다. 세계 경제 공황기 이후 뉴딜 정책기의 미국 자본주의와 소련을 비롯한 사회주의 경제 및 제3세계의 국가 주도형 개도국들은 당위적인 발전의 이상을 계획 경제라는 정책적 틀을 통해 추진했다. 이것은 "보이지 않는 손"의 조정 능력에 대한 믿음이 이제 단순히 회의의 차원을 넘어 경제 질서에 대한 인위적 조절이 불가피하다는 관심으로 대치된 결과였다.

흥미로운 것은 현실 사회주의권의 몰락과 최근 아시아 경제가 위기를 겪으면서 경제학의 관심에서 이러한 현상을 해명하는 목소리들이 현저히 자유주의적인 방식으로 재귀하고 있다는 사실이다. 이들에 의하면 계획 경제, 국가 주도형 경제 질서가 파국에 이른 원인은 경제 성장을 가져온 원인과 동일하다. 가파른 성장을 가능하게 했던 인위적인 의도들이 시장에 개입하면서 자유로운 경쟁을 억제하고 그러한 이유로 시장이라는 자연이 지닌 자체의 질서화 능력을 상실해 버렸다는 것이다. 여기서 자본주의적인 시장의 자연성은 또다시 강조된다. 요컨대 계획 경제나 국가 주도형 경제 성장의 모델들이 파산되는 과정은 억압된 '자연의 복수'로 풀이된다.

자유주의 경제학은 자연적인 것의 의미를 시장 자본주의 질서와 일치하는 것으로 간주한다. "보이지 않는 손"이라는 기체의 배후에는 자연에 그러한 것처럼 시장에 대한 예정 조화설과 궁극적 합목적성의 이념이 자리하고 있다. 인간 노동의 축적을 의미하는 자본은 스스로의 움직임을 절대적 주어짐(所與)·자연으로 사고하라고 천명하기에 이른다. 마치 농경 사회 속의 이상 —— 자연 전체를 자신의 비유기적 신체로 느끼고, 바로 그러한 보편성 속에서 존재와 당위의 합일을 꿈꾸는 방식처럼 지구화된 자본주의는 잉여와 교섭을 빼앗긴 채 화폐로 환유되는 시장의 물질들을 자신의 신체로 느끼라고 주문하는 것이다. 자본주의가 전지구적 승리를 구가하는 오늘의 단계에서, 북한이나 쿠바의 영토에서 태어나지 않은 모든 개인은 분명히 시장의 질서 속으로 태어난다. 자본주의 사회의 대안을 모색하면서 종종 잊거나 애써 고려하지 않는 것처럼 보이는 것이 바로 이것이다. 지금 주어진 세계는 시장의 세계이다. 이 시장의 법칙과 질서가 타락한 것이라 할지라도, 사람이 양육되고 삶을 구하는 것은 그 질서의 조건 안에서의 일이다. 일차적인 생존을 도모하고 또 단순한 생존을 넘어서 살 만한 삶을 위해 무언가를 기획하는 것은 모두 이 세상의 안쪽으로부터 이루어진다. 아도르노의 말대로라면 "이제 어떠한 이론도 시장을 벗어날 수 없게 되었다."

그런데 바로 그 시장과 물질로부터 시작하는 허다한 약속들이 거의 한결같이 신자유주의 혹은 자유주의 경제학이라는 이름의 가혹한 맹목성에 포위되어 있다는 사실은 정히 곤혹스러운 것이다. 그리고 이러한 사념들의 곳곳에서 새로이 궁금해지는 것이 바로 물질과 초월, 주체와 공동체, 능률 사회와 좋은 사회에 대한 사유를 심미적 국면으로부터 펼쳐 온 한 지성의 선택지이다. 자연의 반복임을 주장하는 시장을, 물질을 하나의 한계가 아니라 우선은 필연적이고 적극적인 계기로 파악하라는 어떤 비평의 가능태를 읽어 보자는 것이다. 시장의 가운데에서 하나의 주체로 서고, 물질들 속에서 살 만한 삶을 구상한다는 기획은 제도의 구성 없이는 어떠한 이념도 현실이 되지 못한다는 생각, "초월 의식의 문제점은 그것이 너무 수직적이라는" 고려와 맞물려, 오직 "초월성은 경험적 총체 속에 내재하는 것"[1]이라는 통찰에 도달하며, 그런 한에서 지극히 현재적이다.

시장 안의 물질들과 그 경험적 정향화를 통해 시장을 수정해 나가는 방식의 평행적 넘어감. 김우창은 세계와의 이 숨 막히는 교환 관계를 "구체적 경험·지각·사귐"이라는 술어로 표현하며, 매 순간의 물질·타자와의 교섭을 "초월"로 명명한다. 초월과 시장 모두에 보편적인 원리를 구상하는 그에게 자유로 대표되는 초월의 의지 = 당위적 요청과, 자연으로 말해지는 시장의 테두리지 = 존재의 입점을 일치시키는 일은 "자유의 구성"(강연:382)이라는 말처럼 어딘가 모순될 수밖에 없는 테제이지만 그것 자체가 "사회 속에서 살아야 하는 인간의 과제"이다. 초월은 개체를 넘어 보편적인 것으로 확인되어야 하고 보편성이란 필연적으로 경험 세계와 일치되어야 한다.

오늘 김우창을 읽는 과정에서 새삼 묻게 되는 세계의 안으로부터 시작하는 초월, 즉 내재적 초월론의 문제는 그렇게 해서 이곳의 삶을 향한 질문임이 드러난다. 질문은 이런 것일 수 있다. 흔히 규정되는 바, 김우창이라는 '심미적 이성'이 초월적인 술어와 지상적인 요청들 사이에서 지속적으로 견지해 온 세계 내적 기율과 범속의 초월론을 통해 어떻게 지금 이곳을 넘쳐 흐르는 미망 — 시장과 자연의 병리(病理) 사이로 수사적(修辭的) 자유를 외치는 "부르주아 사회 규범의 형식주의"(4:56)를 초과할 수 있을 것인가. 매 순간 경험을 통해 재구축되는 보편성을, 또 이곳에 있으면서 또한 그 밖으로 놓여나는 초월의 자기 동력을 어떻게 읽고 구할 것인가. 세계화라는 기치, 지구화된 자본주의의 질주만이 전경화되는 가운데 문득, 아니 거의 필연적인 역사의 후경(後景)처럼, 절대화되어 가던 '근대화'의 한 시기가 떠오른다. 그러니까 그 속에서 초월에 대해 말하던

---

1) 김우창, 「능률 사회와 좋은 사회」, 『새 천년의 한국 문화, 다른 것이 아름답다』, 한국문화연구원 편(이대 출판부, 1999), 378쪽. 이하 (강연:378)로 표시. 김우창 전집의 경우는 (권수:쪽수)로만 표시함.

한 지성의 경험적 초월, 부재의 변증법이 새삼 떠오르는 것이다. 예컨대 이런 화법을 상기해 보아도 좋다. 인간 생존을 규정하는 제약들을 생각할 때 능률은 윤리적 성격마저 갖는다.(강연:355) 그런데 그 능률은 어떤가 하면 부분적 이윤 계산이 아니라 삶을 사는 마련으로서의 경제 활동 전체의 능률(강연:392)을 말한다. 그때의 경제란 자연과 노동에 대한 과학(economics)을 수긍하는 한에서의, 풍부한 삶에의 희구 —— '경세제민(經世濟民)' 바로 그것을 의미하게 될 것이다. 오직 경험적 현실이 중요한데 그 현실은 주체의 의지가 포함된 현실이며, 그런 의미에서 "인간의 자발성과 운명적 제약을 통합하는 문명의 비극적 모순"[2]을 적극적으로 받아들이는 일이다. 가치론을 포함하는 현실주의적 화법 —— 세간(世間)에 들어옴으로써 세간을 벗어나는 부재의 형이상학과 일상 안에 놓인 대위법(對位法)적 주제들에 대한 경험론적 탐구 사이에서 내재적 초월론을 구상하는 그의 읽기 방식 —— "실존적 해석학"(4:493)은 어떻게 시도되었는가. 첫 번째 제안은 이렇다. 시계를 그러니까 1977년에 맞추어 보자.

부러진 역사 —— 부재의 변증법과 초월의 딜레마

부정적(negative) 근대화와 결여로서의 근대문학

존재가 하나의 지속으로서 당위를 구상하는 것이라고 할 때, 당위가 존재 자체보다 우선할 수는 없을 것이다. '있어야 할 것'의 형상(image)은 긍정적 현존과 그 현존의 기원을 투사하는 사유가 결합하여 나타내는 효과일 수 있다. 김우창이 한국 근대문학사를 설명하면서 설정하는 결여

---

2) 김우창·김종철 대담, 「사람은 무엇으로 사는가」, 《포에티카》(1997, 민음사), 44쪽. 이하 (대담:44)로 표시.

가 바로 이 "있어야 할 것이 있는 것으로부터, 있는 것의 잠재적 부분으로부터 나오지 않았다"는 사실 — 마르쿠제가 부르주아 해방기의 서구 문화에서 비록 한시적이지만 발전적인 힘으로 작용했다고 말하는 "현실과 가능한 것 사이의 긴장"이 결코 내재적인 과정으로 일어나지 않았다는 한국 근대사의 조건이다. 그 조건은 김우창이 자주 읽어 내는 바, 일제하 식민지의 상황, 보편성과 이성적 과정을 결여하는 맹목적 근대화의 상황에 의해 "부정적 근대화"(1:105, 110)라는 술어로 적시된다. '있어야 할 것'으로의 도약이 사회의 동력학으로 작용하지 못한 채, '다른 사회' — 지배 국가와 거기에 조응하는 근대화론(modernization)[3]에서 나오는 불온한 권력에 의해 저해되고 굴절되어 왔기 때문이다.

김우창이 「한국시와 형이상」에서 다루고 있는 핵심 논제 역시 근대화의 폭력적인 외재성이 "경험의 모순을 포함시킬 수 있는 질서의 구조"를 발전시키지 못하게 하였다는 사실에 있다. 서정주 시를 실패한 한국 근대시의 대유물로 놓고 그 과정을 "간단히 말해 경험의 모순을 계산할 수 있는 구조를 이룩하는 데 있어서의 실패"(1:67)라고 규정지을 때, 또 「한국 소설의 시간」에서 "기억의 결여"와 그에 따른 시간 틀의 붕괴를 설명할 때, 그의 화법은 정히 부정적이다. 그가 보기에 경험과 존재의 여러 모순, 상반된 요소를 인정하지 않는 직시 초월(直視 超越)의 전통이 빚은 서정주 시의 일원적 감정주의와 이광수 소설의 현재 시제와 그에 관련된 사

---

3) 어떤 의미에서 막스 베버 이후, 중세로부터의 진보라는 역사적 합법칙성을 탐구하던 근대론이 그 원천으로부터 분리되어 근대화론으로 정초되는 과정 자체가 식민지 권력의 탄생과 정합적이다. 수요 충족의 기본적 부분이 자본주의적 방법에 의해 이루어지고, 만일 그것이 제거된다면 전 수요 충족의 조직이 괴멸되어 버리는 경우로 한정되어 양식화된 추상적 근대는 시장 경제를 염두에 둔 것이고 합리적 기술, 사적 소유, 시장의 자유, 계산 가능한 법률, 자유로운 노동, 경제의 상업화라는 자본주의의 전제 조건은 근대화론에 있어 그대로 제3세계 국가들이 필연적으로 거쳐야 할 과정, 선험적 명령으로 간주되기에 이른다.

건 구조의 우연성, 과거와 현재를 매개하는 기억력 혹은 시간 구조의 결여는 동일한 원인의 다른 사태이다.

김우창은 형식적 최소 규정에 머물러 있던 "현재 시제의 사용"이라는 근대소설의 조건을 질타하기라도 하듯, 그 안에서 "기억의 결여", "내면의 결여"를 찾아낸다. 현재의 동사로 현재의 일을 쓰는 근대의 관습은 사건의 구조를 우연적인 요소들에 좌우되게 하고 "어떤 체험을 유목적으로 형상화하여야 한다는 규율로부터 작가를 해방시킨다. 시간의 흐름 속으로 몸을 던져 맡기고 그 흐름을 타고 흐르듯 경험을 쫓아가는 것은 그것을 분명하게 형상화된 의미 속에서 파악하는 것보다는 쉬운 일이다." (3:164) 문제는 극한적인 근대화의 상황이 "위기적 주체화"(3:143)로 이어지는 상황 속에서 이것이 "선험적 원리의 과잉"이라는 인식론적·실천적 조건을 불러들이게 된다는 사실이다.

더구나 이 선험적 원리의 과잉이 단순히 '나쁜 신념'에 근거해 친일의 길을 걸은 이광수와 몇몇 계몽주의자들의 그릇된 선택과 미성숙에 국한되지 않는 사태라는 점은 문제적이다. 요컨대 그 선택의 정합성 여부를 떠나서 이러한 현실 지각 방식은 한국 근대인의 체험 구조·삶의 궤도 자체를 왜곡하기에 이른다. 한 여성의 자살행을 막기 위해 떠났던 이형식이 기생의 사소한 성적 매력 때문에 샛길로 빠져드는 일화를 평하는 김우창의 읽기는 그의 이해가 어디에 도달했는지를 가늠케 해 준다. 기생에게만은 무정하지 못했던 이형식의 태도를 인간적 한계나 주체의 미성숙 혹은 도덕적 결함으로 말하는 대신에 "삶의 유목적적인 궤도를 그릴 수 있는 세계에 살고 있지 않다."(1:100)라고 이야기하는 것은 정히 김우창다운 화법이다. 개인의 성숙·주체화를 매개하는 사회가 이미 구조적인 벡터를 자생적으로 생산 불가능하게 되어 버린 상황에서, 선험적인 권위를 과감히 뿌리치고 내적 법칙에 따라 행동하는 계몽 주체란 애초부터 자라날 터전을 소유할 수 없었다는 것이다. "내면과 행동의 분리"로 요약되는 체험 구조 속에서 "상황에서 행해진 행동이 내면 속으로 흡수되고 다음에 부딪치게 되는 상황에서 행동의 원리로 작용하는 것과 같은 행동과 윤리의 변증법은 존재하지 아니한다."(1:89)

근대화의 폭력적 외재성과 그로 인한 부정적 양태들, 그럼에도 불구하고 필연적으로 현실의 잠재적인 부분에서 가능적인 것을 구상해야 한다는 요청은 김우창으로 하여금 언제나 이념형, 하나의 요청에 의해 사고하게 하고, 그와 꼭 마찬가지로 경험적인 삶의 부피와 무게와 질감에 충실하면서 그것을 넘어가는 초월적 차원을 생각하게 한다. 따라서 현실이 부정적이라 할 때, 그 현실은 부정되어야 할 현실이다. 그러나 그 부정의 가능성 역시 오직 현실에 은폐된 "감추어진 전체성"으로부터 온다. 신이 숨어 있음을 통해 현신의 증거가 되듯 "감추어진 전체는 있는 대로의 진상만이 아니라 앞으로 있게 될 사물의 진상을 대표한다."(1:33) 그런데 식민지화와 근대화의 동시적 과정은 그 안에서 이루어지는 진전과 합리화를 제국주의라는 거대한 비합리성의 테두리에 종속시킨다. 김우창은 그 거짓 합리화의 과정을 "부정적 근대화"라고 부른다. 이것을 식민지 수탈론이나 가치론적 술어와 혼동해서는 아니된다. 이 용어 자체가 김우창다운 판단의 일관성과 사유의 엄밀함에서 나온 매우 전형적인 화법이라는 것을 알기 위해서는, "부정적 근대화"와 대립되는 부정적이지 않은, 다시 말해 긍정적인 근대를 상정하는 것으로 충분하다. 이것은 경험적으로 실재했던 역사에 대한 판단의 언어이면서, 그 역사의 부정적 면모를 극복하기 위해 "있어야 할 근대"를 설정하려는 노력 그것이다. 따라서 그 황홀한 글자들의 표층으로 드러나는 선험성과의 싸움, "위기적 주제화가 낳는 추상의 전체성과의 싸움"(3:142), 또 "기억의 결여"로 나타나는 한국 근대인의 체험 구조와의 싸움 — 역사에 대한 '부정적' 전개술은 보다 큰 틀에 있어, 그러한 질문의 요청을 하나의 필연적 당위로 매듭짓는 행위이다. 김우창이 말하는 "초월"은 부정적 현실과 그 현실에 잠재된 긍정적 계기 사이의 숨 막히는 역전의 소산이다.

주체화에 있어 자기 긍정의 계기에는 선험적인 것과 경험적인 것이 있을 수 있다. 선험적인 것[4]은 권위를 부여하고, 초월적 거점을 통해 현실을 규정적으로 판단한다. 이에 비해 경험적인 계기는 매 순간 재구축되는 보편성으로서 거듭되는 대조 작업(여기에 관계하는 것이 바로 기억이고 질서화된 체험이다.)을 통해 반성적 판단으로 작용한다. "사실의 부족과 가설적 이론의 과다"(1:7)로 요약되는 한국 근대문학에 결여된 것이 바로 이 후자의 계기이다. 경험적인 삶의 구조적 지향의 결에 따라 도출된 목표가 아닌 외부에서 선험적으로 주어진 근대의 이상적인 모습을 모방하기에 힘쓰는 개화론자·근대지상주의자에게 근대화란 바깥에서 안으로 작용하는 인위적인 조각 행위일 수밖에 없었다. 기억의 결여, 내면의 결여로 나타나는 한국 근대인의 체험 구조를 비판하는 일은 따라서 작가 개인의 문제를 넘어설 수밖에 없는데, "부분은 처음부터 전체를 지향하고 전체 속에 포용됨으로써 개체화된 부분으로 존재"(3:145)하는 까닭이다. 한국 근대문학이 갖는 선험적 진리의 과잉과 그에 따른 추상화·일반화 경향은 필요와 구조의 결과이다. 바로 이러한 생각이 "한국시의 실패는 구조적 실패로 정의된다."(1:70)라는 일견 규정적인 평가를 낳게 한 것이다.

김우창이 그러한 구조적 실패에서 직시적인 것이 아닌 보편적인 초

---

[4] 김우창에게 선험(先驗)이란 글자 그대로, 철학적 용례와는 조금 다르게 현재적 체험에 앞서 존재하는 경험의 총체 —— 개인이 그 시점에서 가지고 있어야 할 보편적 경험의 응축일 것을 요구받는다. 문화유산에 대한 존경심, 역사적 지성과 기억에 대한 강조에서 보이듯이 그에게 경험을 초과하는 선험적 진리는 실재하지 않는다. 따라서 언뜻 선험적인 규정력으로 작용하는 듯 보이는 판단들에 있어서도 그 최종급은 언제나 매 순간의 체험에 대조되어야 할 보편적 경험, 현상들의 총체·응축이다. 온전히 선험적인 가치들이란 그에게는 부정적인 무엇이다.

월·경험 내재적 가능성을 호명할 때, 여기에는 삶의 전체성을 모든 입론의 저점에 놓는 '긍정적' 근대의 요청이 자리 잡고 있다. 그에게 있어 전체성은 개별적인 것에 관련하여 두 가지 측면을 가진다. 하나는 드러나 있는 전체성, 즉 있는 것이고 다른 하나는 감추어진 전체성, 즉 있어야 할 것이다. 그러나 부정적 근대화의 과정에서 전체성은 얼어붙은 전체와 그 전체에 대한 개별자들의 완강한 투쟁으로 왜곡된다.(1:33) 이러한 상황 속에서 작가들은 그들이 표현하는 미래 형태의 실현 가능성에 대한 경험적 설명 없이 현재의 구체적 형태에 대항하여 투쟁하거나, 미래 형태의 실현 가능성을 결여한 채 부서진 경험의 표면 위에 머물게 된다.

따라서 그가 전개하는 근대문학론은, 그의 비평적 입사점을 빛나게 한 한용운의 "형이상학적 근본주의"(1:135)와 이후 내재적 초월론의 중요한 거점이 되는 염상섭의 "중도적 개선주의"(3:200) 혹은 "일상의 사실주의" 사이에서 배중률화(排中律化)된다. 김우창은 한국 근대화의 특수성을 의미하는 부정적 근대화라는 술어를 통해, 작가들에게 있어 체념과 타락이냐, 아니면 세속적인 삶의 포기와 강인한 부정이냐로 제기되었던 질문을 종합하기에 이른다. 한마디로 문학은 현재의 삶을 그리는 '이곳'의 문학이어야 하는 동시에, 가능적인 것에 의해 현실이 부정되고 지양되는 '저곳'의 언어이어야 하는 것이다. 이러한 근대문학에 대한 가능적 이념을 놓고 거기에 가장 근접한 식민지 시대의 문학을 추려 볼 때, 한용운의 형이상학적 근본주의와 염상섭이 보여 준 일상의 사실주의는 서로가 서로를 지시하는 한에서 바로 그 "경험의 모순을 계산할 수 있는 구조"를 그러니까, 부정적으로 지시해 준다.

섬광 같은 삶, 비극적 세계관과 직시 초월

김우창이 한용운의 시에서 읽어 낸 것은 "비극적 세계관"이었고, 그러한 세계관을 해명하는 방식은 『님의 침묵』이 보여 주는 역설을 통한 부정 변증이었다. 내재적인 자기 지양과 성실한 내면화 속에 이루어지는 자기 긍정이 근대화로 표현되는 선험적인 역사의 구도에 의해 굴절됨으로써 발생한 식민지인의 좌절과 동경, 각혈과 모드(mode)는 김우창으로 하여금 거의 필연적으로 대안적인 근대와 지극히 대항 주제적인 방식의 부정적 변증법을 가동하도록 한다.

간단히 말해, 요청되었던 근대의 형태를 통해 대안적인 미래·가능태를 사고한다는 것은 식민지적 근대의 어떤 부정성을 부정함으로써 대안적 근대화의 모델을 도출해 내는 우회가 아닐 수 없었다. 부러진 역사가 제시하는 과제, "위기적 주제화"는 난마(亂麻)처럼, 불가해한 모순율처럼 주어졌다. 식민지 현실의 부정을 통해 이념의 염결성(鹽潔性)에 매진할 경우 그것은 일상의 잠재적인 약동과 가능성에 대한 외면이기 쉬웠고, 경험적 구체의 부피와 요구를 인정하고 세간의 움직임에 천착한다는 것은 초월하는 전체성과 역사의 정향화를 자연스레 체념하는 것이 될 수 있었다.

그러니까 한국 근대 작가에게 본질적인 숙제는 '나는 왜 이곳에 있고 저곳에 있지 않은가' 하는 공간의 형식에 대한 질문——나쓰메 소세키의 파스칼적 질문[5]을 통해 어느 한 곳에 위치지어진 자신을 회의하는 일이 아니라, "어떻게 하여 한 개의 물체가 동시에 한 곳에 있으며 또 두 곳에 있다고 지각할 수 있는가"(1:399) 하는 김우창 식의 황홀한 질문을 통해

---

5) 이에 대해서는 가라타니 고진, 『일본 근대문학의 기원』, 박유하 옮김(민음사, 1997), 25쪽을 참고할 수 있다. 소세키는 비가역적인 범주가 되어 버린 '문학'이라는 근대적 제도와 서구적 근대 이외의 근대를 생각할 수 없게 된 외삽(外揷)된 주제화 방식을 공간의 형식에 대한 파스칼의 질문으로 제기한다. 풍경이 생기자마자 기원은 은폐된다. 지금과는 다른 근대·문학을 생각할 때 그 물음은 서구적 근대의 테두리, 제도 안에서 오직 그 테두리를 전도시킴으로써 비로소 가능해진다. 보기에 따라서는 고진과 김우창 간의 이러한 질문의 편차가 근대 일본과 근대 한국 속의 개인이 감당해야 할 문제의 편차이기도 하다.

회의의 평면을 율동화시키는 일이었다. "존재는 어떻게 긍정하는 것이 아니라 부정하는 것인가" 하는 아도르노적인 질문과 미묘한 차이를 두고 김우창은 "존재는 어떻게 긍정하는 것인 동시에 부정하는 것인가" 하고 물으며 그것으로서 그의 내재적 초월론을 근거짓는다.

 김우창은 의식과 존재의 극한적 분리를 강제하는 식민지 사회 속에서 한용운이 했을 고민과 의식의 움직임이 필시 "양분화된 골짜기의 저쪽에 있는 의식이 어떻게 존재의 진실에 이를 수 있을 것인가?"(1:134) 하는 형태로 제기되었으리라 추측한다. 세계가 완전히 부정적인 모습을 띠고 주체 앞에 거짓과 부패로 나타날 때, 주체는 거기에 어떻게 대응할 수 있을까. 김우창은 뤼시앵 골드망을 인용하며 그 대답은 세 가지가 있을 수 있다고 전제한다. 첫 번째 태도는 경험적 삶의 '저쪽', 초월적인 진리 속에 은퇴하는 길이다. 두 번째 태도는 현재 존재하는 세계를 진실된 것으로 갱신하기 위해 현실 '이쪽'에서 행동하는 것이다. 그리고 마지막 세 번째의 태도가 바로 예의 그 질문 속에 놓인 제3의 태도로서의 "비극적 세계관"이다. 비극적인 인간은 진리의 측면에서는 현실을 완전히 부정한다. 그러나 진실의 관점에서 스스로를 정당화하기 위해서는 완전히 타락해 버린 세계 속에서도 진리의 계기가 존재해야 한다는 요청을 설정하지 않으면 안 된다. 그는 마침내 현실의 관점에서 그것을 완전히 받아들인다. 그는 이 세상의 일에 전심할 수밖에 없는데, 오직 그 일을 부정하기 위해서이다. 김우창은 주체의 진실과 타락한 세계 사이에 놓인 이 나락과 같은 단절 —— "골짜기"를 넘어가는 초월이 한용운에게 있어 님의 존재와 부재에 관한 형이상학을 통해 수험된다고 파악한다. 그는 골드망이 『숨은 신』에서 파악한 바 비극적 세계관, 즉 국왕에 충성하려 하지만 그 충성을 지탱하는 토대로부터 멀어져 가는 17세기 프랑스 법복 귀족의 난처한 몰락, 그러니까 파스칼과 라신과 같은 얀세니스트들의 전체가 아니면 무(無)인 의식을 부정의 변증법과 선(禪)의 운동 간의 유사성을 통해 나라를 빼앗긴 한용운의 님의 존재론에 근사한 것으로 이야기한다.

「님의 침묵」에 나타나는 님의 존재론은 님은 갔지만 '나'는 님을 보내지 아니하였다는 역설이다. 마찬가지로 「당신을 보았습니다」에서도 당신을 보는 순간은 거개가 민적(民籍)이 없어 천대받고 땅이 없어 추수가 없는 상황, 즉 인격이 말소된 천민의 수모 속에서이다. 그런데 이 전적인 무(無)의 상태에 시달리는 극한의 의식이 그 최종점에서 발견한 것은 역설적이게도 완전한 유의 상태인 전체로서의 '님/당신'이다. "영원의 사랑을 받을까, 인간 역사의 첫 페이지에 잉크칠을 할까, 술을 마실까 망서릴 때에 당신을 보았습니다"(「당신을 보았습니다」중에서)라는 시구에서 나타나는 이러한 역전 속에서, 김우창은 부정적 변증의 과정을 통해 역설로 드러나는 '당신'의 당위성을 읽어 낸다.

요컨대 님은 부재하면 부재하는 만큼 주체의 요청 속에 강력한 기운으로 서린다. "진리는 부재와 부정으로만 확인된다."(1:129) 김우창이 보기에 연사(戀事, eros)로 탁의(託意)된 님과 주체의 관계 자체가 사실상 필연적이며, 타락한 세계 속의 진실 추구가 갖는 숙명을 암시한다. 왜냐하면 욕정은 현존하지 않는 것, 부재 내지 무(無)를 유(有)로 설정하고 그렇게 함으로써 행위의 동력을 발생시키는 까닭이다. "욕정과 부재는 그 존재론적 형식을 공유한다."(1:131)[6]

한용운에게 있어서 님이 실재하게 되는 것은 이렇게 세상 만물이 궁

---

[6] 그리고 이 점에 있어 모든 타락한 물질계의 요소들, 상품 사회의 물신주의는 역설적으로 "진정한 사귐"과 그 객체로서의 물질에의 요청으로 받아들여진다. 이러한 부재(정)의 변증법과 이후 『지상의 척도』에서 집중적으로 시도되는 물질론, 욕망의 환유를 대조하면 흥미로운 유사점과 차이가 드러난다. 초월론적 관심이 세계 속의 사귐 혹은 물질계로의 건너뜀으로 심화되는 시기, '거짓 채워짐'이 갖는 부정적 함의를 지적하는 다음의 언급은 매우 일관적이다. "사람은 세상의 모든 것을 그의 욕망 속에 태움으로써 세상에서 가장 멀어진다."(2:31) 욕망은 구조 속에서 기율(紀律)된 것이어야 하며 영원한 즐김의 상태, 영원한 부재의 상태, 하나의 환유인 까닭에 정열적이고 힘찬 움직임이다.

정에서 부정으로, 부정에서 긍정으로 역전되는 형이상학적 과정이다. 김우창이 한용운의 의인 정치(義人 政治), 부재의 형이상학이 갖는 "선험적 도덕주의"(1:172)와 선(禪)적 초월의 전근대적 속성에 상당한 정도의 유보를 달면서도 그토록 그에 주목하는 것은 님의 역설적인 존재론이 극단적인 긍정과 부정의 교차에 의해서 타락한 현실이 비가역적으로 주어진 절대적 자연 상태가 아니라는 사실을, 그러니까 현재의 역사가 존재하는 방식을 초과하는 다른 지상선(地上善)의 역사가 실재한다는 것을 일깨우는 방법론인 까닭이다. 거대한 부정의 매개가 끼어들면서 나타나는 역설적 과정이 있기는 하지만 한용운의 형이상학에 있어 님이 존재하는 가능적인 세계와 님이 부재하는 현존하는 세계는 이 비극적 세계관을 통해 최소한의 접점을 마련한다.

예컨대, "「즐거움」이니 「슬픔」이니 「사랑」이니 그런 것은 쓰기 싫어요/ 당신의 얼굴과 소리와 걸음걸이와를 그대로 쓰고 싶습니다/ 그리고 당신의 집과 침대와 꽃밭에 있는 작은 돌도 쓰겠습니다"(「예술가」 중에서)라고 읊을 때의 한용운은 님의 부재에 대해서 읊고 있는 것인가, 아니면 님의 존재에 대해서 읊고 있는 것인가. 선뜻 대답하기 어려운 대로 님은 감각적인 사물들 각각에 깃들어 있으면서, 그러나 여기 남은 경험적 사물들의 총화와 사물들의 부정의 총화를 넘어서 존재한다는 사실을 짐작할 수 있다. 여기에서 사물들은 그 자체로 존재하는 것이 아니라 이곳에 존재하지 않는 님을 확인시켜 주는 매개로서 존재한다. 사물은 여기에 있으면서 또한 저기에 있는 님, 희망의 증거로 존재한다. "어떻게 하여 한 개의 물체가 동시에 한 곳에 있으며 또 두 곳에 있다고 지각할 수 있는가?" 하는 질문이 참으로 섬광처럼 충족되는 순간을, "우리가 점유하고 있는 공간 이외의 자리에 우리를 놓을 수 있는 정신 능력"(1:397)의 증거를 김우창은 감각적인 사물들 속에 깃들어 있으면서 또 그것들의 자율적인 존재를 부정하는 자리에 있는 님의 부정적인 실재성에서 발견한다.

이러한 생각의 특이성은 일본 중산 계급의 공간 의식과 대조해 볼 때 훨씬 명료해진다. 이를테면 나쓰메 소세키는 "두 사람이 같은 공간(same space)을 점유할(occupy) 수는 없다. 갑이 을을 쫓아버리든지, 을이 갑을 없애든지 두 가지 방법이 있을 뿐이다."(메이지 38·39년 「斷片」)라고 적고 있는 것이다. 사정(邪正)과 당부(當否)에 의해서가 아니라 힘과 의지에 의해 지배되는 이러한 제국주의적 근대에 맞서 한용운의 일체유심(一切唯心)의 형이상학적 근본주의는 마침내 세간에 놓인 감각적 육체를 탈세간의 신념에 대한 완전한 연장으로 삼기에 이른다.

더구나 "비극적 세계관"의 문제적 국면은 이러한 고집스러운 자아의 진실과 세계의 총체적 허위라는 모순된 두 자리의 충돌에만 국한되지 않는다. 무엇보다 본질적인 문제는 자아와 세상 간의 갈등 이전에 존재하는 "세상이 완전히 타락한 거라면 비극적인 인간 그 자신에게나마, 어떠한 진실이 가능할 것인가?"(1:126) 하는 질문의 무게 질량일 수 있다. 주어진 현실을 넘어설 수 있게 하는 원리가 부정이고, 그 부정을 가능케 하는 것이 내가 취하는 진리의 관점뿐이라면, 내가 그것을 인식할 수 있는 참된 근거인 "지상의 척도"란 무엇이며 그것이 과연 존재하기는 하는 것인가. 보기에 따라서는 김우창의 초월론을 관통하고 있는 이 질문에 대해 해결을 구하는 방법의 편차가 초월의 양상을 규정하기까지 한다.

그러한 생각 속에서 볼 때 한용운의 의식은 전체가 아니면 무인 의식으로 이 사이는 등질적이랄 수밖에 없었고 따라서 선택은 "선험적인 부정"에 가까운 것이었다. 그러하기에 무에서 전체로 단박에 도달하려는 시도는 "한 번의 도약(跳躍)으로써 전체에 이르려고 하며 또 이러한 노력에 옥졸(玉卒)하는 형이상학적 요구였다."(1:145) 그러나 이 한 번의 도약으로 가능적 전체에 이르려는 시도는 시적(詩的) 초월을 통해서 가능한 선택이면서도, 한 번의 부정으로 전체를 일거에 무화시키는 극단적인 명암의 교체를 동반하는 까닭에 시적 황홀경으로의 몰입이기 쉬웠다. 한용운 소설의 실패를 설명하면서 의인 정치가 갖는 한계를 지적할 때의 김우창이 했던 우려가 바로 이것이었다. 개개의 직시 초월과 의협적 행동이 개선시키는 상황은 극히 제한적이다. 선험적 도덕의 실현이라는 의인 정치는 내면의 결여, 주체화의 결여, 기억력의 결여일 수밖에 없었고, 선험적 원리의 과잉이 그것을 재생산하는 구조 속에서 세계와 주체 간의 의미 있는 경험 교환의 가능성은 폐쇄되고 만다. "인간 존재의 사회성에 대한 경험적인 이해"(1:165)를 강조하는 김우창으로서는 일체유심의 사생결단과 비극적 황홀을 통해 전체와 무 사이를 왔다 갔다 하는 섬광 같은 삶이란 그 자체로 긍정할 수는 없는 움직임이다. 그 도약의 시도들에 의해 지배당하고 억압당하는 것, 자기 유지의 노력에 의해 해체되는 것 역시 바로 그 자신의 생동하는 삶 자체인 까닭이다. 보편성을 확보할 수 있는 초월은 영웅적 도약, 선험적 거점을 통해서 이루어진다기보다 개체의 총화 속에서 검증될 수 있는 형태이어야 한다. "개개의 주체의 총화는 곧 초월적 전체의 구체적 모습이다."(1:355) "최선의 상황에서 소설과 정치는 일치하게 된다."(1:172)는 그의 말 속에는 인간 존재의 가능성과 조화의 동시적 탐구, 경험적 생존에 대한 고려와 감추어진 전체성을 통한 가능인 삶의 형태에 대한 갈구가 "이곳에 있는 저곳," 율동하는 공간의 모습으로 아로새겨 있다. 그리고 그러한 도약과 섬광의 삶에 대한 불안은 복합적 의식이 그려 내는 삶과 의식 간의 벡터 관계를 가장 사실적으로 추적한 소설적 성과로 염상섭을 거론케 한다.

체념된 삶과 경험론적 초월, 원근법의 신비

김우창은 염상섭 소설이 설정하는 대위법적 주제, 평면적이나마 경험적인 활력을 가지고 있는 일상의 사실주의가 하나의 가능성으로서 지시하고 있는 것이 바로 "경험의 모순을 계산할 수 있는 체험의 구조"라고 본다. 예컨대 일제 지배가 어떤 계급에게는 어떤 형태로든 합리화("물론 근본적으로는 식민주의라는 비이성에 봉사하는")의 계기로 보일 수 있었다는 사실을 간과한 채 이루어지는 부정은 '선험적'이다. 사실 특정한 계급은 그들의 이익을 하나의 관점으로 채택함에 있어서, 구체적으로 진행되는 근대적 제도를 "일상생활의 부분적인 평정화"(1:106)로 긍정하기도 했던 것이다. 그러나 다른 한편으로, 이것이 근본적인 비이성에 입각한 부분적인 합리화이며 참다운 이성의 전체성에 이르지 못한다는 것을 직감으로 알고 있는 것도 그들이기에 그 긍정에는 반드시 죄의식이 따라다닌다. 그리고 이 복잡한 현실의 다양한 무게 편중을 가늠하는 가장 당대적이고 현실적인 공간으로 김우창이 지목한 곳이 바로 염상섭 소설이 그려 낸 부르주아지들의 일상, 즉 가족 제도이다.

염상섭에게는 문화주의자, 개화주의자들이 보여 준 일본 생활에의 경모, 자유로운 세계에의 그리움이 갖는 기묘한 활기가 거부되어 있다. 그는 염상섭 소설이 보여 주는 '우울과 회의'를 "이론이나 동경만으로는 자기의 현실을 넘어설 수 없다는 그의 절실한 현실 감각에서 나오는 태도"(1:118)라고 평가한다. 그런 한에서 「만세전」은 "일단의 성숙에 이른 한국문학의 근대 의식이 개체적인 인생의 일상적인 삶을 완전히 포용하고, 또 그 지평을 이루는 역사의 세계에 닿으면서 개체와 사회의 삶의 내면과 외면을 하나로 거머쥘 수 있게 된" 중요한 성과물이다. 여기서 우리가 눈여겨보아야 할 것은 그 평가의 정합성이 아니라, 어떻게 그런 평가가 가능했던가, 그의 경험론적 초월론은 그러한 평가에 어떻게 관여했는가 하는 점이다.

그의 경험론적 초월론을 이해하기 위해서는 '자아의 구조', 움직이는 점으로서의 "원근법적 열림"(1:396)이라는 개념에 주목할 필요가 있다. 주지하다시피 근대적 자아의 독특한 존재 방식은, 세상을 향한 열림을 주관하는 '일정한' 관점의 수립으로 정의될 수 있다. 그런데 김우창은 관점을 세계로 열리는 '하나의 한계'로 보는 근대적 주체론을 받아들이면서도 그 한계점의 속성을 '움직이는 것'이라고 독특하게 정의 내리고 있다. 그는 시점화가 경험 세계의 지극히 복합적이고 다기한 결들을 하나의 전체로서 아우르는 것이라는 사실을 받아들이는 한에서, 세계에의 일정한 원근법 속에 하나 이상의 한계점을 설정한다. 다시 말해 시점화의 기원, 즉 자아란 하나의 점이면서 타자의 관점이 개입하는 한에서 움직이는 점이다.("자아를 한 점에 비유한다면, 그것은 고정된 점이 아니라 움직이는 점에 비유되어야 한다."(1:396)) 그는 세잔 이후의 서양화가 보여 준 진전을 여러 관점의 종합화, 혹은 "기계론적 원근법의 포기"로 평가한다. 따라서 원근법이란 "우리가 점유하고 있는 공간 이외의 자리에 우리를 놓을 수 있는 정신 능력"의 한 비유이다.

김우창의 원근법론이 갖는 독특함은 그가 관점의 종합화를 '타자'에의 호명으로 간주하는 데에서 나온다. 감각적인 장에서 흔히 드러나는 "우리 자신의 관점에 늘 서려 있는 도깨비와 같은 관점들"은 김우창에 의해 "우리가 내면화하는 타자의 관점"으로 파악되기에 이른다. 우리의 관점에 개입하는 타자는 엄밀한 초점, 주체 나름의 진실을 흐트리는 숙명적 조건을 넘어서, 적극적인 "의미의 공동 수립자"(1:398)로 긍정된다. 그렇다는 것은 다음의 진술을 해명하는 단초를 제공한다.

> 염상섭의 현실관이 일방적이라고 생각하여서는 아니 된다. 설령 그가 현실의 수락이라는 근본 입장을 취하게 되었다고 하더라도 그의 사실주의의 복합성은 그로 하여금 이 입장에 대한 대위적 반대주제를 설정하게 한다.(3:205)

그는 한국 신문화의 발달에 있어 적잖은 해악을 끼친 "나쁜 신념(mauvaise)"(1:106)의 경험적 극복 형태로 경험 세계의 다기한 관점의 총체, 원근법적 선택에 의해 수정될 수 있는 "유연한 신념"(3:202)을 제기한다. 고착 형태의 언어인 '신념'과 유동적 질감을 가진 '유연한'이라는 수사의 접합을 가능하게 하는 것은 '타자'의 관점을 적극적인 초월의 발판으로 삼으려는 태도 그것이다. 그는 이 타자의 관점이 평면적 삶에서 입체적 가능성을 찾아내는 '차원'의 이동과, 공간의 율동화를 가능하게 한다고 믿는다. "자기의 중심으로의 심화가 전체에의 확대"일 수 있으며, "그러한 일치는 유일적, 일체적이라기보다는 복잡한 경로를 가진 상호주체적(intersubjective)인 것이다."(4:491) 원근법은 제한이자 자유이다.

원근법은 3차원의 공간을 2차원의 캔버스에 옮기게 해 준다. 그런데 놀랍게도 이 2차원에 옮겨진 3차원의 세계는 창조 과정뿐 아니라 그것의 해석 과정, 지각 현상을 통해서도, 즉 감상자의 심미적 판단에 의해 다시 3차원의 실재계로 확인된다. 여기서 김우창은 "원근법이 전제하고 있는, 한 관점에서 본 세계가 정말 2차원이라고 할 때, 우리는 어떻게 하여 거기에서 3차원의 풍경을 읽어 내는가"(1:397) 하는 질문을 제기한다. 그는 이처럼 경험론적 가능성을 지각 현상의 신비로부터 귀납시켜 보고자 한다. 김우창이 육체와 그것이 가능하게 하는 지각을 통해, 플라톤과는 반대의 방향에서 의미(sense)에 도달하는 메를로퐁티의 신체 현상학 — 지각 능력, 체험 방식의 놀라운 정향성에서 "고도 비행의 사고"(2:149) · "고공 사고"(강연:402)의 대항 주제를 발견하는 것은 얼마나 당연한 수순인가. 이를테면 3차원을 읽으려면 우리는 관점을 옮겨 두 개 이상의 관점을 종합할 수 있어야 하는데 인간의 지각이 그 불투명성, 즉 "도깨비 같은 관점(들)"을 가지고 그것을 해낸다. 요컨대 다변적(多變的) 보완성을 포함하는 인식 능력을 전체성의 추구에 합당한 지성의 품새로 요구하는 것이다. 염상섭 소설의 다기한 인물군과 나름의 진실 추구, 대위법적 주제 설정이 바로 이러한 근대화의 이율배반이 요구하는 다변적 보완성에 공명하고 있다고 본 것도 이런 맥락에서 이해된다. 염상섭이 가족 제도로 대표되는 현실을 우선 받아들였다고 할 때, 그 의미는 오직 그러한 수락에 대한 대위법적 반대 주제라는 보완물을 통해서만 온전히 해명된다. 어떤 의미에서 염상섭 소설은 부르주아적 일상의 보수주의와 가족주의에 함몰되어 가는 장엄한 체념이면서, 근대화의 이율배반을 지극히 사실적으로 다루는 원근법적 풍경에 해당된다.

그러나 염상섭이 그려 낸 일상과 신념의 다기한 결들에 있어서도 이곳에 있으면서 저곳을 기도하는 기획은 여전히 과제로 남아 있다. 존재들은 현존하는 삶의 형태, 즉 부르주아적 일상과 가능적인 삶의 형상, 이를테면 사회주의적 실천 사이를 왕복하며 일상의 세말주의(3:206)로 빨려 들어간다. 따라서 김우창이 염상섭의 시도에서 읽어 내는 것은 요청되는 것의 가능태이지 초월하는 전체성 자체는 아니다.

물질과 문학, 부정적 변증법의 두 형태[7] —— 예술의 권능과 비평의 근대성

이성적 과정과 보편적 원칙이 사멸하는 가운데 물질만이 별문제이던 1977년, 부정의 변증법에 대한 주해적 사유가 포함된 두 권의 비평적 에세이가 상자된다. 그 하나는 물질의 질주, 물신성의 사회 속에서 문학의 쓸모와 기능을 오직 부정과 역설을 통해 펼쳐 보이던 『한국문학의 위상』이며, 다른 하나는 절대적 위기 속에 경영된 한국 근대문학사를 다만 부정적으로 구획해 보이던 『궁핍한 시대의 시인』이었다. '문학은 무엇을 할 수 있는가'[8]라는 맹목적 질문과 "우리가 아무리 언어의 무력함에 절망한다고 하여도, 대화와 설득에 의한 삶의 확대가 불가능한 것이라면 말

---

7) 모든 비교, 특히 형식 논리와 영향사적 변용을 따지는 대조가 보여 주는 결례는 유명한 것이다. 그러나 나는 부정적 변증법의 변용 과정에 나타나는 차이들이 김우창에 관한 스케치에 어떤 역사적 부감(浮感)을 줄 수 있기를 희망한다.
8) 김현, 『한국문학의 위상/문학사회학: 김현 문학 전집 1』(문학과지성사, 1991), 47쪽, 이하 (김현1:47)로 표시.

은 무엇에 쓸 것인가?"(1:6)라는 질문의 함의를 가늠하는 일은 근대화론이 사회 발전의 내부 동력의 하나인 합리적 과정과 이성적 논의를 억압하고 있던 상황에서 진정 알레고리적으로 들린다. 「우리는 왜 여기서 문학을 하는가」(김현1:184) 하는 자문(自問), 「남북조 시대의 예술가의 초상」(1:272) 혹은 「예술가의 양심과 자유」(1:255)라는 표제가 갖는 함의는 과연 암시적이다. 김현은 『한국문학의 위상』의 결미를 다음과 같은 질문으로 맺고 있다.

> 굳은 상상력을 깨우기 위해서는 그것에 충격을 주지 않으면 안 된다. 충격을 받은 의식은 깨어나고, 자신을 마비시킨 억압의 정체를 드러내게 된다. 문제는 그 충격이 곧 제도화해 버리는 데에 있다. 제도화된 충격은 그것이 오히려 인간 의식을 억압하는 역기능을 하게 된다. 억압 없는 사회를 목표한 충격이 억압이 되는 것이다. 억압 없는 충격이 가능할 수 있을까.(김현1:187)

김현은 '문학만이' [9]의 초월성을 통해 시장의 한계, 시장의 밖으로 문학의 위상을 설정하곤 했다. 그에게 문학은 쓸모만을 강조하는 소비 사회의 집단주의적 경향에 맞선 '외부'로부터 충격 혹은 대항의 거점을 의미했다. 김현의 최종적인 정식은 "문학은 써먹지 못한다는 것을 써먹는다"는 것, "문학은 억압하지 않으면서 반성을 통해 억압에 대해 생각하게 만든다"는 것이었다. 근대화 지상주의가 가져온 절대적 교환 체계가 그로 하여금 아도르노의 미학과 마르쿠제의 욕망·소외론을, 그렇게 문학 기능주의·물신주의에 반대되는 신비 지대, 억압으로부터 소외된 비억

---

9) 김현을 비롯한 당대 문인들이 가졌던 '문학만이'의 심급의 제문제에 대해서는 김진석의 『초월에서 포월로』(솔, 1994), 59~66쪽을 참고할 수 있다.

압 문학으로 읽게 한다. 그는 쓸모없음을 주고 쓸모로부터의 자유를 얻고, 소외를 인정함으로써 비판적 위상·징후를 얻는다. 요컨대 문학은 파괴의 징후가 됨으로써 억압을 드러내는데, 그러나 문학 자체는 비억압적이다. 문학적 성취의 특점이 보여 주는 비억압성을 행복의 징후로 파악하는 김현의 입론은 극히 주체론적인 것 같으면서도, 그 완전한 비억압성에 대한 기도는 의미의 차연(差涎, differance), 해체론적 진전을 연상시킨다. 제도 자체의 탈주술화와 제도로부터의 완전한 해방을 꿈꾸는 기획이 주체 자신의 의식에까지 진군토록 하는 이 반성자적 주체는 지극히 근대적으로 보이지만 일면 자기 해체의 위험을 감수하는 주체이기도 하다. 예컨대 문학적 분투들이 결국 제도화되고 말 것이라는 김현 자신의 의심과 그것이 설정케 하는 지속적인 해방의 지연 상태, 분자혁명(分子革命)에 대한 강한 요구가 그러하다.

하지만 문학은 설령 그것이 스스로는 전혀 억압하지 않는 꿈꾸기라고 생각할 때라도, 아니 바로 그렇게 억압과 비억압을 대립적으로 상정하기 때문에, 역시 하나의 억압하는 사회적 제도임에 틀림없다. 탈주술화의 첨단으로 인정되는 문학이 그 자체로 주술적으로 위상화되는 상황은 정히 모순적이다. 그런 한에서 억압을 적발하는 비억압이라는 문학론은 모든 억압들은 추방되어야 할 것으로 보며, 억압들 자체에는 층위도 단계도 부재한다. 그러니까 억압을 적발하는 비억압이라는 이분법, 그리고 그에 이은 비억압적 충격의 억압적 제도화는 때때로 "순환적인 감옥"으로 보인다.

김우창은 이 부정의 과정을 순환의 감옥, 해방의 차연 상태로 보기보다는, "제도화의 요청"으로 받아들인다. 우선 김우창은 문학을 포함한 "예술 그 자체는 늘 생산의 잉여에 관계해서 생겨났"(대담:34)다는 사실을 인정한다. 그에게 제도화는 위협이 아니라 '최선의 상태'(그는 거의 언제나 이 최선의 상태에 대한 '요청' 속에서 사유하는데)에 있어서 "자유의 구성"으로 긍정된다. "안정된 사회는 위기를 제도 속에 수용한 사회이다."(3:28) 요청되는 것은 제도화된 사회적 계기가 위기의 제어 장치가 되는 일이지 탈제도가 아니다. 초월하는 전체성을 겨냥하는 예술은 그가 자주 인용하듯이, 실러 식으로 말해 경험적 삶과 도덕적 필연성, 전체에의 요청(김우창의 '전체'에는 거의 예외 없이 도덕적 함의가 개입되어 있다.)을 통합하는 살아 있는 형성력이다. 문학적 성취는 징후, 충격이 아니라 감각 영역에 현현된 자유의 모습으로 읽혀야 하는 것이다.

예술은 보편성의 입장에 관계되는데 그러면서 그것은 깊이 개인적이다. 주체의 성숙, 체험의 구조, 비극적 세계관, 획득되어야 할 전체성을 말하는 그의 근대적 행보들에 있어 보편성에까지 심화된 개성, 개성으로 구체화된 보편성, 즉 개성 속에 통합을 구상하는 근대 예술, 그에 대한 심미적 판단은 극히 중요한 위상을 차지할 수밖에 없다. 심미적 판단이 갖는 근대성을 하나의 자부심으로 놓고 볼 때, 중요한 것은 표상된 대상도 그 주체도 아니며 주체에 대한 표상의 '결과'이다.

심미적 만족은 감성의 결과이면서 특정한 느낌으로 인한 것이지만, 궁극적인 즐거움은 지성적 유비(類比)를 통해 승인된다. 이성이 삶 자체가 아니고, 삶을 가능하게 하는 전제 조건(대담:37)이듯이, 승화된 예술에 대한 관심은 삶 자체에 대한 적극적 개입보다는 삶의 완전성에 대한 '이념'을 경험적으로 보여 주는 일이다. 그때 예술과 삶의 완전성에 대한 이념은 유비 관계에 놓인다. 따라서 승화된 예술을 높이 산다는 것은 그것을 창조한 개인이나 계급을 높이 산다는 의미이기보다는 그것이 보여 준 높은 수준의 보편성, 개성으로 구체화된 보편성을 높이 산다는 것을 의미한다.

김우창이 생각하는 전체는 개인을 존립 가능하게 하는 요청으로서의 전체, 깊이 개인적인 전체이다. 깊이 개인적이고 완연히 구체적인 전체에 상응하는 것이 바로 예술의 권능인 것이다. 그런 까닭에 그는 높은 수준의 승화 미학을 채택하면서도 그 형이상성, 개인성보다는 그 성취가 끌어올리는 보편적 삶의 완전성에 무게를 두며, 현실주의를 채택하면서도 그 정치적 기능이나 당파성보다는 개인의 완성에 재차 주목한다. 개인의 반성적 기능에 주목하고 그 개체적 동력이 갖는 부정의 힘에 기대를 거는 김현과 같은 낭만적 비판이론가로부터, 또 개인 간의 연대 속에서 승화보다는 실천적 함의·과학을 강조하는 백낙청과 같은 실천적 이상주의자로부터 완연히 구별되는 김우창만의 특징이 여기에 있다. 산업 사회 속에서 갖는 (소외론과 맞물린) 부정 변증법의 의의와 구조주의적 관심을 공유하면서도 아방가르드적 솟구침이나 모더니즘의 파괴 충동에 대해서는 유보를 다는 태도, 시민적 이상의 의의와 역사적 행동에의 요구에 공감하면서도 그 이성관에 내재한 주정적(主情的), 선험적 행동 원리, 지사적(志士的) 차원의 공리주의를 지적(2:307~309)하는 그의 척도는 독특하다. 김우창의 경험론적 현실주의와 관념론적 승화 미학 사이의 팽팽한 무게 편중은 그를 문학적 자율성과 문학의 실천성 모두로부터 구별 짓게 한다.

그에게는 예술 자체보다 그에 대한 판단이 소중하며, 예술에서 궁극적으로 긍정되는 것은 미학적 성취이면서, 그에 대한 '판단'이다. 근대적이고 심미적인 판단력, 즉 '비평의 근대성'에 천착해 그는 사유한다. 작품 그 자체는 우선은 즉물(卽物)적인 무엇이며 그것의 의의는 현실에 대한 경험적 구체성이다. 어쩌면 핵심적인 작용은 텍스트 창조이면서, 그보다는 그에 대한 판단력, 심미적 이성의 권능 그것이다. 최근 한 문학상의 심사 과정에서 언급된 다음의 평가가 갖는 함의는 그런 의미에서 새삼스럽게 들린다.

이치은의 「권태로운 자들, 소파 씨의 아파트에 모이다」는 기발한 고안력에 의존하고 있는 작품이다. 그러나 그것이 반드시 의심의 사유가 될 필요는 없다. 진리도 고안력의 소산이라는 포스트모더니즘의 주장은 맞을 것이다. 그리하여 진리는 늘 새로 발견되어야 한다. 이치은의 문장은 억지로 고안해 놓은 것 같으면서도 일종의 즉물성을 가지고 있다. 그만큼 그것은 현실에 밀착되어 있다.[10] (강조:필자)

폐쇄된 목적론인 근대화의 폭력성과 그 유일한 근거인 물질의 진군 속에서 두 비평가가 처했을 위기, 그들의 문학론이 보여 주는 강렬한 부정성은 얼마간 아찔한 구석이 없지 않다. 한 사람은 소비 산업 사회 속에 소외되어 가는 문학을 소외의 대항군으로 적극적으로 소외시킴으로써 "저항-비억압·탈제도의 징후"를 발견한다. 그리고 다른 한 사람은 거기서 삶과 예술의 정치성을 통해 재구축, 제도적인 재조정과 재정립("혁명은 기성 질서의 이상으로 기성 질서의 현실에 맞서는 행위이다." (1:162))을 읽어 낸다. 소외를 저항이 아니라 '사귐'의 계기, 창조적 교섭, 대화에의 요청으로 파악할 것을 주문하는 것이다. 김우창은 김현이 보았던 문명과 억압 간의 필연적인 모순 관계를 "공동체적 검증"(3:33), 혹은 "그 자유의 필연성"을 확인하는 계기로 간주하며, 이를 통해 "체념;해방" (그에게 체념은 때때로 얼마나 해방적인가)이라는 그만의 독특한 종합을 구상한다. 『문명과 불만』(프로이트)을 읽을 때의 마르쿠제에 가까이 가는 순간에조차 김우창은 문명 자체의 일정한 억압성에 대해 언급하는 데 그치지 않는다. 문명사적 진전을 적극적인 의미 검증 수단으로 긍정하라고 주문하는 것이다. 문명 구축의 율동적 공간이 개인과 개인 간의 일정한 구획과 그에 따른 필연적 억압을 통해 문명 안에서의 자유를 선취해 냈듯이 그에게 "해방하는 것과 구속하는 것은 같은 마음의 움직임, 같은 삶의 자세에서 온다."(1:150) 엄정한 객관성과 보편성을 가지면서 또한

---

10) 이치은, 『권태로운 자들, 소파 씨의 아파트에 모이다』(민음사, 1998), 384쪽.

개인의 형이상학적 유일성(개체의 유일성이 보편적 질서 속에 있다는 역설)을 인정하는 '법(法)' 제도에서 감동을 느낀다는 그의 진술(강연:397)도 이런 맥락에서 이해된다. "이상적인 가능성을 종합한 이상적 인격체"가 누리는 "상황 속의 자유."(2:152) 괴테의 소설들이 보여 주는 체념이 세계 내적 완성의 다른 이름이었음을 인정하는 한에서, 김우창의 경험론적 초월론은 온전히 해방의 기획이다. 그러니까 "전체화 작용에서 필연과 자유의 구도를 이해하여야 한다. 여기서는 모든 것은 결정되어 있으면서 모든 것은 자유롭다. 그러니만큼 예술은 사회적으로 결정되면서 늘 새로운 것이다."(2:150)

승화는 높은 수준의 자율성과 이해력을 요구한다. 그것은 의식과 무의식 사이, 원초적 과정과 이차적 과정 간, 지적인 것과 본능적인 것 사이, 포기와 반항 사이의 매개이다. 예술적인 걸작의 경우와 같은 최고 단계에 이르렀을 때, 승화는 한편으로는 억압에 굴복하면서도 다른 한편으로는 그것을 물리치는 인식력이 되는 것이다.[11]

사회에 자유의 가능성은 확대될 수 있는 것이면서도 또 동시에 근원적인 억압이라는 한계를 넘어설 수 없는 것이라고 할 때, 참다운 의미의 시적 해방은 아방가르드의 파괴적 충동과는 상당히 거리가 있는 것이라고 할 수도 있다. 그러나 어느 쪽이든 구조가 탄생하기 전의 원초적 가능성을 상기하는 것은 중요하다. 사람은 아마 그의 가능성의 제약으로서의, 구조를 떠나서는 살 수 없는 것인지 모른다. 구조의 원리는 이성이다. 그러나 구조는 적어도 ─ 또는 구조의 원리로서 생겨나게 마련인 이성은 영원한 것이 아니라 생성되는 것이다. 그것은 또 사람의 일에 부딪쳐 그

---

11) H. 마르쿠제, 『미학과 문화』, 최현·이근영 옮김(증보판, 범우사, 1989), 166쪽.

때마다 새로 생겨나는 것으로 존재할 때 진정한 해방의 원리가 될 수 있다.(3:38)

예술에 있어 전체화 과정이란 승화(Sublime) 작용을 의미한다고 볼 수 있다. 마르쿠제는 거기서 굴복과 물리침 사이의 배반과 예술의 권능을 본다. 그러나 김우창은 이 과정을 "받아들임, 같은 마음의 움직임"이라고 표현한다. 이 미묘한 차이는 그러나 미묘하지 않을 수도 있다. 김우창이 높이 사는 예술이 승화된 형태의 그것임은 분명하지만 그는 언제나 그것을 절대적 매개가 아니라 하나의 계기, 삶의 연장(延長)·즉물로 간주한다. 이때 텍스트라는 즉물은 감각적인 것이면서 초월의 서광을 만져 볼 수 있게 한다는 점에서 대상 초월의 초감각적인 측면(4:492)을 가진다. 원초적 가능성, 원초적 바탕을 상기할 때 억압과 해방의 원리에는 모두 궁극적으로 이성이 입법한다. 김우창을 비판 이론 혹은 그 독법(讀法)들의 '불행한 의식'으로부터 구별 짓는 것이 바로 이 "억압하는 생성, 생성하는 억압"을 '하나'의 움직임으로 긍정하는 태도이다. 억압 자체가 이미 하나의 구성된 형태를 통해 실제적이고 유의미한 가능태의 틀을 주고 제도 자체가 초월의 가능성을 내포하고 있지 않다면 우리는 존재하지 않는 미래를 감각적으로 느끼지도 이성적으로 구상하지도 못할 것이다. 경험 세계 안으로 체념하는 것은 이러한 숨어 있는 전체성을 포함한 하나의 전체성을 획득하기 위한 초월의 전제이다. "운명의 자각은 이미 살풀이의 시작"(1:405)이며 "전체성은 쾌락의 원천"(4:492)이다. 그런 의미에서 위기는 제도화되어야 하며, 위대한 인간, 해방된 인간은 유적(類的) 차원에서 감응되고 그에 정합되는 초월을 그 유(類)가 탄복할 만한 규모로 보여 주는 사람이다.

마르쿠제가 문명의 필연적 성립 조건으로 언명하면서도, 쾌락 원리의 근본적 해방 가능성을 위해 적출하지 않을 수 없었던 "과잉 억압"의 문제는 따라서 이 유적 차원, 해방과 구속이 같이 하는 마음의 움직임에 의해 해소된다. 예술은 감각적으로 경험되는 즉물이면서 인간 능력의 전체화 작용이 만들어 낸 총체감 있는 구조라는 점에서 최선의 경우에 있어 '자유의 구성'에 육박한다. 문학을 포함한 예술의 가능성은 그런 의미에서 구조화된 억압과 그것의 해방하는 측면을 동시적으로 육화시키는 특이한 매체성에 기인한다. 문학을 사회적 유용성과 수단의 세계에 대치시켜 진정한 가치와 자기 목적을 지닌 영역으로 놓음으로써, 물질 세계와 정신 세계를 이분하는 "긍정적 문화(affirmative culture) – 물화(物化)와 병진하는 정신화"가 김우창에게는 거절되어 있다. 문학은 하나의 즉물이면서, 억압과 해방, 드러난 전체와 감추어진 전체를 동시에 매듭지어 나가는 특이한 매체이며, 문학적 체험은 자기 고양의 계기, 특별한 미적 교육 — 도야이다.

    욕망의 충족이라는 해방 기획의 동력학과 체념과 기율의 필연성이라는 제도적 테두리의 틈바구니에서, 예술은 구조적 억압과 해방하는 구조, 또 감각적 계기가 호명하는 구조로부터의 해방을 주체 안에 내면화한다. "욕망이 말을 통하여 세상을 얻는 것은 이 체계의 기율(紀律)을 받아들임으로써만 가능하다."(3:75) 이 "율동의 공간"은 우선은 자연이라는 감각적 증거에 대한 발언장이며, 그 속의 깊은 체험을 통한 자신과 세계 사이의 매듭이다. 그에 비견되는 활동으로는 노동, 예술, 집, 고향, 꽃의 체험 등이 있을 수 있지만 어느 것도 이 지각 현상의 근원으로부터 시작되는 육체의 사고, 세계 창조와 역동적 재구조화에 이르지는 못한다. 미적 체험의 중요성이 정당화되는 곳이 바로 이곳이다. 사물의 타재성(他在性)에 대한 괴로움은 깊은 사귐을 통해 확대되는 개체의 입장에서 볼 때 기이한 고양감의 근원이기도 하다. 이러한 체험 방식의 내면화를 의미하는 "감수성의 교육"(2:159)이란 전체화하는 사귐, 형성적으로 이월하는 영향력 이외에 다른 것이 아니다. 우리가 보는 것은 보는 법을 배우는 것이며 대상과 사귀는 길이다.

만약 시장 자체가 자연과 같은 소여(所與)라면 우리는 틀림없이 현상을 창출하지 않는다. 그런데 주체는 매 순간 이 현상을 하나의 즉물로 간주하며 그 현상의 바람직한 정향화를 위해 잠정적으로 우리에게 종속된 것처럼 파악한다. 행복에의 약속을 상정하고 바람직한 삶을 구상하는 한에 있어 우리는 매 순간 사명의 존재인데, 잊지 말아야 할 것은 그러나 시장 안의 제한된 존재라는 사실이다. 우리는 우리보다 훨씬 큰 현상에 대해 매 순간 그 현상을 보편적인 심급에로 고양시킬 더 큰 사명, 책임감을 가지고 온몸으로 맞서야 한다. 그러면서도 김우창은 그 약속, 사명, 적극적 던짐에 있어 현재는 어떻든 고통이 아니라 늘 감각적 풍부함으로 체험되어야 한다고 말한다. 개인을 초과하기 마련인 모든 현상에 대한 주체의 활동은 목숨을 건 도약이지만, 매 순간에 있어 즐거운 지각, 의미있는 사귐이어야 하는 활동인 것이다. 시장에 던져진 주체는 동시에 시장의 물질들을 주체를 고양시키는 선한 타자로 정향시켜야 하며, 그 타자에의 체험이 부정적인 것인 순간에조차 결코 그 물질을 물리쳐서는 안 된다. 모든 초월은 전체를 향한 것이고, 그 건너뜀은 물질계로, 타자로 건너뛰려는 주체의 노력 속에서만 가능하기 때문이다. 하나의 체제를 통해서만 자유에 도달한다는 것은 일견 모순되는 일들이지만, 사람이 국가 사회, 세계 시장이라는 테두리 안에서 사는 한, 받아들일 수밖에 없는 하나의 과제이다. 그 과제를 온몸으로 수락함으로써만, 그 테두리 안으로 체념함으로써만 현존과 당위는 교환 가능해진다.

체념과 해방 —— 원초적 바탕과 그 열림

개인의 실존적인 상황이 원초적인 자연성 혹은 소여에 의해 규정될 때, 항상 중요한 것은 그 시대에 입법하는 자연성이 무엇인가 하는 것이다. 그 원초적인 자연성은 때로 국가의 이름으로, 민족의 이름으로, 시장의 이름으로 등장하곤 한다. 이 이름들을 교도하는 파시즘과 자유주의는 미리 주어진 자연적인 상황——마르쿠제의 용어로 "원초적 소여성"을 깃발로 세우고 그것을 모든 개인이 귀속된 추상적인 보편성으로 제시한다는 점에서 완전히 일치한다. 그러나 김우창이 생각하는 '받아들임'은 소여가 아니라 바탕이다. 그러니까 "원초적 바탕"(4:489~491)은 결정되어 있는 소여가 아니라 "가용(可用)적 전체"이다. 그렇다는 것은 삶의 조건이자 고양의 근거인 자연 혹은 시장이 '삶의 전략의 범위만큼'의 열림, '상호 주체적 열림'에 의해 매 순간 재설정되는 바탕이라는 것을 의미한다. 오늘의 자연——시장과 같은 바탕은 소여처럼 보이지만 "그것은 우리의 주체에 대응하여 창조적으로 구성된다." 그 바탕이란 우선은 삶을 대하고, 삶에 존재하는 인식론적 또는 존재론적 한계로 작용하지만, 삶을 즐기고 향수하려는 욕망과 그 욕망의 깊은 열정과 그것을 기율하면서 또 얻어 나가는 주체들의 작용, 상호 작용을 통해서 얼마든지 변동될 수 있는 테두리이다. "원초적 바탕" 혹은 "삶의 전체성"이 주체에 입법하는 꼭 그만큼 개체는 이 바탕에 입법한다. 주체의 활동이 갖는 초월적인 성격이 드러나고, 내재적 초월론이 '밖의 사유'로 거듭나는 지점이 바로 이곳인 것이다. 시장이란 "원초적인 바탕"의 실재성과 주체의 의지 간의 복잡하고 창조적인 벡터, 도출되어야 할 함수이어야 한다.

김우창 비평은 이처럼 현실 우위적이면서 또한 주체론적인데, 그 주체는 일종의 요청 기구, 호명 기계이다. 온전하고 바람직한 삶은 하나의 요청으로써 이 주체의 경험을 통과하고, 그렇게 호명된다. 만약 알튀세의 말처럼, '과정'이라는 개념이 과학이고 '주체'라는 개념이 이데올로기라면 김우창은 완전히 이데올로기적인 사람이다. 그러나 이 이데올로기는 '엄밀한 과정'의 과학이 부재하는 대신 그 이데올로기 자체가 물질계의 지각 작용과 감각적 경험에 의거한다. 감각·물질 자체에 관여하는 물질 본위의 사고—과학이 실체를 다룬다고 할 때 물질만 한 실체가 과연 있는가. 하나의 과학이 아니라 하나의 창조에 의해, '과정'이 아니라 매 순간의 '경험적 도약'에 의해, 따라서 매 순간이 '초월의 과정'인 이데올로기에 의해 그 호명 작업은 여전히 요청이면서, 실천의 원리이다. 그 실천은 '선한 것'을 희망하는 실천 이성과 선험적·규정적인 판단에 의한 것처럼 보이지만 실은 감각들, 객관들, 다양성을 지닌 질료들 사이에서 길어 내는 것이기에 항상 그 과정이 중요한 판단, '반성적'일 수밖에 없는 판단이다. 과정이란 궤도이다. 나는 무엇을 해야 하는가의 당위적 질문보다 나는 무엇을 희망해도 좋은가 하는 실존의 바탕을 먼저 질문하라고 말하는 그의 말투 마디마디에 배어 있는 것은 이념이면서 실은 실천적·감성적인 "실존적 해석학"들이다.

김우창은 시장에 이성을 규율화한 다음, 그 시장을 적극적인 경험의 응축, 보편성 획득의 장소로 요구한다. 여기서 보편성은 긍정적 경험의 계속적인 축적과 매 순간의 경험을 그 단계까지의 축적에 대조하는 노력으로 정의된다. 따라서 심미적 판단을 포함한 어떠한 따짐에도 선험적·규정적 판단은 존재하지 않는다. 그럼에도 놀라운 것이 그 판단 모두는 온전히 규범적인 연역 작용처럼 보이고 합목적적인 동선(動線)처럼 느껴진다. '결여'를 따지고 '부정'으로 건축되는 완전히 규범적인 술어들은 항시 극히 반성적인 건축술로 밝혀진다. 그 자신 "개념 없는 보편성"(4:495)이라 명명한 바, 판단과 물질—언제나 즉물이면서, 초월의 거점인 "정다운 물질"의 매개는 그러니까, 앞으로 우리가 낼 그토록 신비로운 입사점일 수 있다. 마치 소여와 필연, 자연과 자유 사이를 건너뛰는 심미적 이성처럼 물질, 그것은 그러하다.

한 편의 글 안에서 역사이면서 생성인 김우창 비평의 전체성, 아니 어떤 단초들이나마 완전히 해명한다는 것은 상식 밖의 시도일 수 있다. 평행이면서 도약으로 표현되는 '물질'과 '초월'이 맺는 심오하다고 할 수 밖에 없는 매듭들, 시장과 자연 안에서 구상되는 내재적 존재론과 오직 그것을 통해서 넘어서는 물질과 주체 간의 나쁜 교환──속신(俗神)의 경제들. 그러니까 시장과 물질 안으로 체념함으로써 그것으로부터 놓여나는 일찍이 본 적 없는 유물론과 형이상학의 동체는 그 평행적 술어와 좀처럼 속도와 비약을 허용치 않은 촘촘한 사유의 동선에도 불구하고, 너무나 단일한 사유 때문에 오히려 일각(一角)을 통한 접근마저 허용치 않는다. 이 엄밀한 단일체가 그 경이로운 일관성으로 인해 매 시기, 해명과 주석을 배척하는 듯이 보일 때 우리는 곤혹스런 우회자, 혹은 매번 '아직까지의' 침묵을 변명처럼, 헌사처럼 늘어놓는 그노시스트처럼 보인다. 이 모든 것이 마르크스보다는 애덤 스미스 혹은 리카도처럼, 그럼에도 헤겔적 위계화보다는 칸트적 삼분법·요청들의 건축술처럼 운위되며, 그런 까닭에 이 일견 익숙해 보이는 초월은 모든 초월론의 지리(地理) 밖으로 퉁겨 나간다.

그의 물질은 여타의 물질론, 구체적으로는 소여와 외화의 에테르를 초과한다. 이상 혹은 관념이 아니라 물질·시장으로 초월하고, 그 안의 실천인가 하면, 그 안의 요청이다. 미메시스와 매듭──이론의 심미적 국면을 제쳐두고 나면 기묘한 전도가 비로소 드러난다. 그것은 선험적 관념론의 경험적 유물론으로의 전도이다. 그런데 그 명백히 물질 지향적이고 또한 현실주의적인 강조들의 술어(述語)와 반환점들은 신비스럽게도 초월론이다. 리카도 혹은 세이에 대한 칸트적 전도──물질이 꼭 관념처럼 자연에서 자유로의 매개에 적극적으로 관여한다. 철인(哲人)들의 체스 게임 속에서, 고전 경제학–시장의 검은 격자(格子)들마다에서 그는 무언가를 전도시키고 그것을 통해 어떠한 정향된 룰을 구상한다. 전체에 대한 술어들은 깊이 개인적이고 시장과 능률에 대한 강조들은 그 자체로도 가치의 함수이다. 말하자면 시장에 칸트를 연역하는 것이 아니라, 칸트의 어떤 것을 시장 안에서 작용하라고 아주 구체적으로, 이를테면 지각 작용 혹은 감각에게 '요청'하는 셈이다. 그리고 이 지각 현상(경험 작용)에 대한 관심은 심미성의 영역을 전방위적 실천의 전면에 포진시키는 기획을 통해, 즉자·즉물성·다양성·구체의 탐구로 이어지며 보편적인 초월의 심급을 향해 매듭지어진다.

그러나 정히 칸트적인 이 야심찬 건축술의 얼개를 따라가다 보면, 우리는 어느 순간 개념 없는 지각, 매 순간 응축된 경험에 대조됨으로써 정향되는 경험을 통해 보편성은 획득 가능하다는 김우창 식의 심오한 전도를 만나게 된다. 아름다움이, 아름다움이 의거하는 하나의 궤도가 존재하는 것이다. 삶의 정향화·재구축을 요구하며 시국 선언의 글자들 속으로 걸어 들어가던 1987년의 어떤 걸음걸음들은 의인 정치(義人 政治)이면서, 하나의 기술(記述), 특수하게 미적인 기술이다. 자기 육체와 혼을 질료로 하여 기술하는 승화로서의 삶과 그것을 구상하는 판단력. 나날의 삶에서 조우하는 완만한 사유의 매듭들, 이론적 실천들, "개념 없는 보편성"이면서, "초월하는 구체성"인 생의 순간들. 저 만인의 전장(戰場) 안에서도 삶은, 예술은 여전히 '가능적이다.' 미분과 적분, 감각과 신, 완전한 무와 완전한 유 사이에서 명멸하는 파스칼과 한용운을, 아니 그 심연 사이를 심미적 교수법(敎授法)으로 오가는 실러를 실제로는 어느 서재의 어둠 사이로 볼 수가 있는 것이다. 그 짙은 어둠 사이로 보이는 깡마른 인상의 한 얼굴은 베르테르의 열정을 꼭꼭 숨겨 놓은 칸트의 고뇌, 그것인지 모른다.

(2002년 봄)

참고 문헌

『김우창 전집 1 — 궁핍한 시대의 시인』, 민음사, 1993(1977)

『김우창 전집 2 — 지상의 척도』, 민음사, 1993(1981)

『김우창 전집 3 — 시인의 보석』, 민음사, 1993

『김우창 전집 4 — 법 없는 길』, 민음사, 1993

『김우창 전집 5 — 이성적 사회를 향하여』, 민음사, 1993

문학사 병원 혹은 비평 클리닉
—— 즐거운 비평 이전의 김현 문학사들에 대해

> 엄밀히 말해서 하나의 문화 의지는 하나의 문학사를 갖는 것이다.
> —— 미시마 유키오, 『일본문학소사』(1972)

서리 모를 기파랑에게 —— 뜻으로 본 한국문학사

흔히 『한국문학사』(민음사, 1973)는 김윤식이라는 '실증주의적 정신'과 김현이라는 '실존적 정신분석의 정신'의 대화가 낳은 기념비적 저작으로 이야기된다. 물론 여기에서 실증주의적 정신은 문학사가(文學史家)라는 함의를, 실존적 정신분석의 정신은 개인적 진실을 따지는 비평가라는 함의를 강하게 띠고 있다. 그러나 나는 사실 그 반대가 아닐까 하는 생각을 지금 하고 있다. 왜냐하면 어쨌든 김현이라는 한 비평가는 사실상 1970년대 내내 문학사를 거듭해서 써 왔고, 김윤식은 그 후 계속 근대의 작가(이광수, 김동인, 염상섭), 문학사가, 비평가(조윤제, 최재서)의 실존적 정황과 정신적 격동을 따지는 일에 그의 의미 있는 에너지들을 모두 바쳐 왔기 때문이다. 김병익·김주연·김치수·김현 공저의 『현대한국문학의 이론』(1972), 김현·김윤식 공저의 『한국문학사』(1973), 김현 단독 저작의 『한국문학의 위상』(1977)을 조금이라도 뒤적여 본 사람들은 곧 이 저작들에서 한결같이 김현이 한국문학사가(한국 '근대' 문학사가가 아니라는 점에 유의하기 바란다.)로서 존재한다는 사실을 알게 될 것이다.

어떤 의미에서 1970년대는 문학사적 열정 혹은 무의식이 폭넓게 문학비평계를 지배한 시대였다. 김현, 김윤식을 비롯해 김우창, 김주연, 백낙청 등 거의 대부분의 평론가들이 그들 나름의 근대문학 상을 그려 내는 것으로서 문학적 입사점을 장식했다. 문학사 방법론은 한국의 1970년대를 달군 중요한 화두이자, 어떤 의미에서 비평가라는 존재 증명의 전제조건이기도 했다. 『현대한국문학의 이론』(1972)을 조금 인용해 보자면, "독문학, 불문학, 정치학 등 국문학이 아닌 학과에서 수업한 우리들이었으나" 모두가 그랬고, "이 메마른 땅의 현실과 언어는 우리들의 문학 활동을 그렇게 낯설게 하는 것이 아니었다." 저자들의 표현대로라면 "비평문학에 종사하고 있는 여러 문학인들을 자극하여 수많은 비평집을 발간케 하는 자극제가 되었으며, 순수·참여 논쟁을 차원 높게 극복시키는 계기가 되었던"(「재판 서문」) 이 '비평'서의 초입은 과연 「문학사와 문학비평 ─ 한국문학사를 어떻게 볼 것인가」이다.

그러나 그 어느 비평가도 향가와 고려가요, 아니 그 이전에 존재하는 것으로 추측 내지는 상상된 "붉" 사상이나 풍수도참, 미륵불 신앙, 신불습합(神佛習合), '미래상의 현실 집약'과 같은 "우리 정신의 기본적 편향"에까지 과감하게 거슬러 올라가,[1] 연구와 비평과 사상의 총체인 어떤 영역에까지 도전하지는 않았다. 어떤 의미에서 문학사적 관심 혹은 자기 나름의 문학사를 그려 내야 한다는 집단 무의식은 동시대를 낳은 근과거에 대한 관심이었다고 해도 좋을 것이지만, 김현이 ─ 아니 김현만이 그렇게 누구를 향해서인지도 알 수 없는 다소 위험한 '신화'론적 작업을 몇

---

1) 김현, 「한국문학의 양식화에 대한 고찰」, 김병익·김주연·김치수·김현 공저, 『현대한국문학의 이론』(민음사, 1972) 참조. 이하 이 글에서의 인용은 (「양식화」:쪽수)로 표시.

번이고 반복했다.[2] 늘 전위적 생산들에 주목해 온 것으로 알려진 김현의 옹호는 실제로도 늘 작가 산물에 대한 애정으로 가득 찬 것이었다. 작가의 의도와 의식을 따라 읽어 가는 김현의 "함께 떨림"의 비평은 독자의 의식에마저 하나의 커다랗고 깊숙한 마음의 파동을 그려 내곤 했다. 그래서 종종 비난받곤 하는 그의 글의 애매한 주어,(작품의 발화에 침윤 당한 비평적 발화) 본문 없는 비평(타자의 언어로 말하는 혀)은 작가를 향해 관대하게 열린 의식의 필연적인 자기 낮춤, 자기 열림으로 이해될 수 있는 성질의 것이기도 했다. 그러나 1970년대의 김현이 써 낸 체계적인 이론적 저술과 명확한 주어를 갖는 판단과 경험의 언어들은 거의 언제나 바로 이 문학사적 열정을 통해 집중적으로 표현되고 있는 듯하다.

김현은 그의 문학사적 열정 안에서 학적 영역의 구획과 상관없이, 특별히 향가에서 고려가요, 경기체가, 시조, 판소리에 이르는 이른바 '고전문학'의 양식에 대해 과격한 호오(好惡)의 판단을 내리는 한편, "한국인의 근본적 사상 체계"를 찾아내는 일에 집요할 정도의 집착을 보인다. 향가의 개인성을 찬탄하는 '압권'이라는 어휘, 경기체가에 평가하는 '배반'이라는 단어, 고려가요를 설명하는 '성교지상주의의 비속한 타락'이라는 비난, 시조와 가사의 '규범'을 인정하면서도 사대자모(事大自侮)를 가치 절하하는 '치졸'에 이르기까지. 김현의 문학사론은 그의 어떤 글보다 격정적이고 가치 평가적인 술어들로 이어져 있다. 그러니까 거기에는

---

2) 김윤식의 증언에 따르면, 『한국문학사』 출간 이후, 김현이 고대로까지 확대된 한국문학사의 공동 집필을 제안해 왔으나 여러 가지 사정으로 무산되었는데, 얼마 후 『한국문학의 좌표와 전개』가 김현 단독으로 연재되기 시작했다고 한다. 그 "여러 가지 사정" 중 하나는 김윤식의 '근대(성)' 해명에의 집착과 김현의 '전통' 해명에의 의무감이 빚은 결렬이 아니었을까. 『한국문학의 위상』에서 김현은 『한국문학의 위상』이 고대까지를 포괄하는 총체적 한국문학사에 대한 의무감에 의해 작성되었다고 쓰고 있다. 『김현 전집 1』(문학과지성사, 1991), x.

문학사 이상의 문화적 의지가 개입되어 있는 듯하다. "이 양식화의 경향을 찾아내는 것은 한국인의 근본적 사상 체계를 찾아내는 것과 근사한 일의 분량을 요구한다. 나로서는 현실의 양식화는 곧 문학의 양식화이며 문학의 양식화는 곧 정신의 양식화라는 도식에 따라 이 문제에 접근하려 한다."(「한국문학의 양식화에 대한 고찰」:34) 대체 무엇이 이토록 과감한 도식으로 그를 이끈 것일까.

그는 잘 빌리는 사람, 즉 인용의 마술사인데 파리의 사람들이 써 낸 책들을 그의 함(函)에 집어넣을 때, 그의 마술 상자에서 튀어나오는 것은 역사적 장르 혹은 양식화이고 그 양식의 외피를 벗기고 나면 한국문학 사상의 '원형'이 드러난다. 프로테스탄티즘과 신라의 무속 신앙을 서먹한 방식으로 결부시킨 이 글에서, 김현은 심지어 "우리 것만이 우수하다는 스노비즘적 사고"에 맞서면서도 바로 다음 순간 "우리 정신의 기본적인 편향은 어떤 것일까? 이것은 매우 귀중하고 중요한 문제이다. 이것의 해결 없이 지엽적인 문제의 해결이란 거의 불가능하기 때문이다."(「양식화」:35쪽)라고 단언한다. 그는 향가를 설명하며 거기서 개인과 근대라는 가치까지 발견해 낸다. 시간의 굴절과 과도한 무훈. 그는 그 자신이 '문단사'와 '카프 헤게모니'에 붙들린 타락한 문학사라고 가치 절하한 백철의 언급에서까지 그 편향을 찾아낸다.

양식화라는 말을 쓰지 않고 매우 광범위하고 모호한 근대화라는 말을 쓰고 있지만, 백철의 다음과 같은 논리도 퍽 옳은 것처럼 보여진다. "일반 특질에서 생각하여, 자아에 눈뜨는 것, 개성의 의식, 지방성, 민족성의 반성 등으로 본다면, 그런 근대성이 우리 문학사상(上)에 나타난 것은 차라리 유럽보다도 훨씬 옛날에 올라가서 찾아볼 수 있고, 또 그 뒤에도 그 근대 의식, 근대적 운동이 여러 차례 나타났다가 꺼진 자취를 추구해 볼 수 있다고 생각한다"……정신상의 최초의 양식화가 행해진 신라 시대는 그 양식화가 민족의 근간에 그대로 들어가 피어난 덕택으로 문학의 양식화에 빛나는 도움을 준다. (「양식화」:39)

"우리 정신의 기본적 편향"이라는 일견 김현답지 않은 의외의 문제 설정이나 "민족의 근간에 그대로 들어가 피어난 향"가라는 근대적 양식"과 같은 비평적 술어에 당황하며 이를 단번에 국민문학사적 질문이라고 단정해 버리는 것은 어리석다. 물론 이를 식민주의를 극복하려는 한 시대의 집단 무의식의 결과로 간단히 넘겨 버리면 편해지겠지만, '비평가' 김현으로 말하자면 그야말로 늘 민족, 국민, 대중과 같은 집단적 주체와 싸워 온 사람이었다. 편한 방식이란 결국 아무것도 이야기하지 않는 지연의 전술이기 쉽다.

필자 스스로를 포함하여 오늘날 김현을 사랑하는 사람들이 김현과 문학사의 관계를 생각할 때 간단히 떠올리는 책은 『한국문학사』이다. 그리고 그들은 대개 이러한 통념을 가지고 있는 것인지도 모르겠다. 실증주의적 정신을 현실적으로 과격하게 소급해 올라가면 경성제대가 나오고, 실존적 정신분석의 정신의 근거들에 문헌 해제를 달면 고등사범 혹은 파리의 10개 대학이 나온다. 하지만 실증주의적인 정신의 문학사적 열정을 소급해 만나는 책은 지라르와 루카치, 헤겔이며, 실존적 정신분석의 기원을 문헌학적으로 찾아가 만나는 것은 오늘날 거의 잊혀지다시피 한 함석헌, 박종홍, 윤성범이라는 이름들과 그 이름들이 간절히 희구해 마지않았던 『한국정신사』라는 실제로는 존재하지 않은 어떤 독보적인 상상의 책이다. 김현·김윤식의 시대구분론을 읽은 사람들이라면 누구나 대개 그 도발성으로 인해 그 구분들의 어느 한편에 물음표를 찍기 마련일 텐데 아마도 많은 이들이 '개인과 민족의 발견 1919~1945' 항목의 가장 최종적인 성과로 지적된 함석헌의 『뜻으로 본 한국역사』 옆에 가장 큰 물음표를 찍어 놓지 않았을까 생각된다. 그 물음표는 '근대 의식의 성장

1780~1880'이라는 시대 구분에 찍혀 있는 감탄사의 크기보다는 훨씬 작지만, 김옥균과 김교신 옆에 찍혀 있는 물음표("이게 문학?")보다는 좀더 크다.

이야기하고 싶은 것이 바로 이 '실존적 정신분석'의 역사적 실존이고, 여기서 증명하고 싶은 것이 바로 1970년대를 지배한 것으로 알려진 『한국정신사』라는 이 상상적 비전(秘典)이야말로 당대 최고의 공저(共著)였다는 사실이다. 이 글에서 시도되는 것은 문학사론에 관한 김현의 특정한 몇몇 글에 대한 분석이지만, 나는 이것이 김현이 아니라 1970년대의 문화 의지가 써 낸 것이라는 점을 인정하는 한에서, 되도록 김현 자신의 부분에 대해서만 말하려 한다. 거듭거듭 꿈틀대는 '문학사라는 문화 의지' 속에서 김현이라는 특별한 의지만이 써 낼 수 있었던 부분들을 밝혀 내는 것이 이 글의 목표이다. 따라서 나를 포함한 김현을 사랑하는 사람들에게 이 글은 하나의 사랑으로 읽혀야 한다. 이상(李箱)이 말했던 것처럼 한 사람을 사랑하는 것과 그 사람의 족보 혹은 위험한 가계를 무거워하는 것 사이에는 아무 모순이 없다. 이 일은 어떤 의미에서 사랑하는 사람의 짐을 덜어 주는 일이기에 그를 사랑할 자격이 있는 사람이라면 기꺼이 그렇게 해야 한다고, 나는 그렇게 주장할 참이다. 탄력 있는 시의 언어에 더없이 즐거워하고, 굳어진 동어 반복에 한없이 불쾌해하던 김현이라는 한 쾌락주의자는 왜 한국문학사라는 고통의 실타래를 던졌다 당기고 던졌다 당기는 그 반복적 행위에 그토록 몰두해 있었던 것일까.

단장(斷腸)의 문학사론 ─ 프로이트의 실타래 던지는 아이

적어도 세 번 혹은 네 번의 문학사가 있었고, 그중 셋은 통사(通史)이다. 다시 말해 『한국문학사』(1973, 민음사)는 홀로 서 있었던 저작이 아니라, 사이에 있었던 저작이다. 「한국문학의 양식화에 대한 고찰」(《창작과 비평》, 1967년 여름호), 「한국문학의 가능성」(《창작과 비평》, 1970년 봄호, 이하 「가능성」)과 「한국문학은 어떻게 전개되어왔는가」(《문학과지성》, 1976년 가을호~1977년 여름호, 이하 「전개」)라는 중층들 사이에 다소 상세하고 두터운 근대문학사론이 쓰인 것이다.

조금씩 고쳐 쓴 문학 통사들 혹은 문학사 통론의 한결같은 문제는 이른바 "전통의 단절"이다. 어떤 식이냐 하면, "거기 끊긴 곳이 있었던가,/ 오늘 새벽에도 별은 또 거기서 일탈했다, 일탈했다가는 또 내려와 관류하고, 관류하다간 또 거기 가서 일탈한다/ 또 거기 가서 장을 또 꿰매야겠다"라는 식이다. 김현이 「한국문학은 어떻게 전개되어 왔는가」[3]라는 글에서 인용했던 서정주의 「한국성략사(韓國星略史)」는 의미심장하다. 그가 바로 그렇게 문학사를 쓰고 있기 때문이다. 1970년대의 김현으로 말하자면, "자꾸 거기 가서 장을 또 꿰매"는 사람이었다.

물론 여기서 이런 의문이 가능하다. 저 악명 높은 근대의 단절이라면 누구나 꿰매고 싶어했고, 대개 한번은 각자의 솜씨로 마름질해 본 영역이 아니겠는가. 하지만 김현의 문학 통사가 특별한 것은 그조차도 꿰매려 했다는 데 있는 게 아니다. 김현은 자꾸 그 불쾌한 단장(斷腸)의 장소로 가서 거듭 꿰매곤 하는데, 이런 표현이 가능하다면 그는 어쩌면 일종의 포르트 다(Fort-Da) 게임을 반복하고 있었던 셈이 된다. 그는 문학사라는 실타래를 멀리 던졌다가 다시 끌어오는 일을 적어도 네 번 이상 거듭했다. 대취한 새벽에도 '신간(新刊)'을 읽던 문학평론가가 10년 동안 그러한 작업을 반복했다는 것은 단순한 일이 아니다. 애절 비통의 단장(斷腸)을 그는 던졌다가는 당기고 던졌다가는 당겨 오며 그렇게 10년을 살았던

---

3) 김현, 『한국문학의 위상/문학사회학』(김현 문학 전집 1) (문학과지성사, 1991(2002)), 93쪽. 이하 이 글에서의 인용은 (「전개」:93)의 방식으로 표시.

것이다!

이 괴로운 되풀이는 늘 좋은 문학, 즐거운 읽기에 붙들리곤 했던 쾌락주의자에게 어울리지 않는다. 물론 동어 반복을 혐오했던 전위주의자에게는 더욱 어울리지 않는다. 한 사람의 서로 다른 두 행동을 설명하기 위해서는, 이 괴로운 회상(「문학사」)의 반복이 하나의 놀이이고, 궁극적으로 쾌락 원칙에 위배되지 않는다고 주장하지 않으면 안 된다. 과연 괴로운 놀이도 놀이일까. 놀이라면 어떤 놀이일까. 그가 한국문학사의 최대 걸작으로 수차례 인용(혹은 원문으로, 혹은 번역문으로, 혹은 산문화시켜)하며 조금씩 그 분석의 양과 관련 대상을 늘려 온 「찬기파랑가」에 대한 그의 평가를 일부 나열해 보면 다음과 같다.

그(무축적 신앙:인용자) 지양의 중요한 예로 우리는 「찬기파랑가」를 갖고 있다.(「찬기파랑가」의 현대역 인용) 이 시의 긍정적이고 능동적인 가락은 이 시의 비는 형태가 지극히 형이상학적인 데 있는 것처럼 보인다. ……로서는 이 시가 무속 신앙에서 출발, 양식화된 시가를 가장 높은 단계에서 지양하고 있는 것처럼 생각된다. 그것은 한국문학에서 최초의 개인의 등장을 의미하고 있다. (「양식화」: 45~46, 1967)

「찬기파랑가」, 「님의 침묵」, 그리고 서정주의 「동천」은 불교적 이념, 신분적 불평등을 진리로서 수락함으로써 그것을 뛰어넘는 어려운 정신의 곡예를 보여 준다는 점에서 일치한다. 그것들은 불교적 이념이 샤머니즘화함으로서 얻게 되는 체념, 허무 등을 다같이 극복하고 있다.(「찬기파랑가」의 현대역 인용) 이 시들의 긍정적이고 능동적인 가락은 자신의 안위나 병을 치유하는 비손의 형태를 취하지 않는 데서 얻어진다. 이 시는 시의 원초적 형태인 무가를 고도의 개인 의식으로 극복해 보인 최초의 한국 시가이다. (「가능성」:73, 1970)

그(충담)의 가인으로서의 진짜 모습을 보여 준 것은, 그 당시에 이미 그 뜻의 드높음이 널리 알려졌던 「찬기파랑가」였다. ……충담이 기리고 있는 기파랑은 이상을 추구하는 신라인의 한 전형이었다. 그 전형은 밤에 높은 곳에서 모든 것을 비치는 달과, 높은 곳으로 치솟느라고 서리를 모르는 잣나무의 특성을 다 같이 지니고 있었다. (「전개」:121, 1976~7)

문학사에 대한 그의 글은 그의 어떤 글들보다 자기 참조가 현저하다. 첫 번째 인용문과 두 번째의 그것 사이의 반복은 극심하다. 그 극심함은 두 글 전편을 관통하는 극심함이다. 그에 비해 세 번째 인용문의 반복은 상대적으로 미미하다. 한국문학, 한국시가 최초의 개인 의식이라는 평가의 '반복'은 세 번째 인용에서 신라인의 전형으로 바뀌어 있다.

그런데 놀라운 것은 「찬기파랑가」가 그의 문학사에 등장하는 쾌락의 전부라는 사실이다. 최초의 성과 이후에는 아무 위안도 없다. "한국인이 보여 줄 수 있는 가장 한국적인 시가"(향가) 이후에는 거듭되는 이념형의 이식과 단절이라는 괴로움만이 존재한다. 고려에 대한 김현의 혐오는 정도전을 뛰어넘고, 그의 조선 혐오는 이광수와 겨룰 만하며, 그의 근대 이해는 함석헌의 한국 기독교 비판보다도 강렬하다. 글자 그대로 인용하자면 그에게 한국문학은 "내우외환에 따른 성교지상주의와 허무주의"(고려), "개인은 없고 규범만 있는 치졸한 문학 양식"(조선), "서구식 발상의 황당무계한 이식"(근현대)으로 특징지어질 수 있다. 그 핵심은 한국문학이 세계에 내놓을 만한 성취를 가져 본 적이 없으며, 그토록 비루한 문학성조차 매번 단절의 연속이었다는 데에 있다. 그런데도 그는 이 장이 끊어지는 고통을 자꾸 반복해서 되풀이한다. 정신의 양식화 혹은 문학의 양식화는 "질서있는 세계상의 되풀이 비슷한 것"인데, 발견 가능한 되풀이는 좋은 양식이 아니라, 나쁜 혼란이다.[4] 「한국문학의 양식화에 대한 고찰」에서 그것은 '미래상의 현실

집약'이라는 샤머니즘적 양식화 경향이고, 「한국문학의 가능성」에서 그것은 '새것 콤플렉스'라는 성급한 이념형의 설정이며, 『한국문학의 위상』에서 그것은 한국인의 고난이 단절과 감싸기의 반복이라는 사실이다.

그는 한국문학사에서 어떤 반복을 발견하고 그 스스로가 그 반복을 서로 다른 글에서 또다시 반복한다. 물론 그의 최초의 문학사의 첫 문장처럼 "문학을 전체적인 면에서 파악하는 일은 우리 같은 문학적 전통이 없는, 혹은 없다고 알려져 온 환경에서는 퍽 시급한 일"이다. 하지만 김현은 그의 말처럼 만지면 만질수록 덧나는 우리 근대의 상처인 이광수, 우리 문학의 상처인 문학사를 거듭 '전체로서' 뒤풀이한다. 그는 그러한 반복을 통해 전통 단절의 극복이나 새것 콤플렉스의 극복, 이식문학론의 극복이라는 '대안'마저 되풀이한다. 왜 괴로운 '전체' 위에서, 그것도 '덧나는 상처'를 만지며 그의 되풀이는 거듭되어야만 했을까. 이 순간 우리는 김현의 초기 비평이 갖는 비균질성과 비일관적인 개념 운용 때문에라도 언어의 저편 — 하나의 무의식을 상정하지 않을 수 없게 된다.

---

4) 김현은 반복의 상징인 불교를 샤머니즘이나 유교, 기독교에 비해 훨씬 나은 것으로 이야기하는데, 그래서인지 불교적 작품들에만 계보를 주고 있다. 충담 — 한용운 — 서정주, 「찬기파랑가」— 『온달』— 『열반의 배』(최인훈), 라는 식이다. 그 근거는 불교의 양식화인 향가처럼 이 양식·형태는 적어도 인정하고 승화시킨다는 것에 있다. "윤회 사상에서 빚어지는 계급적 불평등의 논리는 아무런 이의 없이 수락되고, 오히려 운명애(愛)의 경지로 승화된다. 계급적 불평등이 무조건 수락된 대신, 그 불평등이 영원한 명에는 아니라는 사고법, 공간적으로는 불평등하지만 시간적으로는 그렇지 않다는 사고법은 불교적 사고법의 극치이며, 그것을 통해 개인의 높은 정신 단련이 보여진다."(「가능성」, 『현대한국문학의 이론』, 민음사, 64쪽.)

반복 강박과 문학사 — 결혼 그 이후의 나날들, 반복하는 주체

심훈의 『상록수』의 결혼 모티프에 대해 김현은 흥미로운 읽기를 하고 있다. 요컨대, 박동혁과 채영신의 사랑이 결혼이라는 국면으로 이어지면서, 자유연애의 이상화를 뛰어넘는 무엇을 보여 주고 있다는 것이다. 반복으로서의 결혼이라는 문제가 바로 그것이다. 반복되는 가사 노동과 일상 속의 실천이라는 문제를 심훈은 제기하고 있다. 하지만 김현은 채영신의 갑작스런 죽음이 자유연애 다음에 오는 결혼이라는 반복적 생활의 문제를 회피하도록 함으로써 소설의 결말이 일종의 거짓 의식에 빠졌다고 비판한다. 김현이 보기에 박동혁의 독신 선언은 허무주의의 소산이자 거짓 의식의 진실되지 못한 결심이다. "그런 여자를 다시 찾아보려는 노력 없이 그만 한 여자를 만날 수 없다. 박동혁은 채영신만 한 여자를 다시 만나 진지하게 일과 사랑을 다시 문제로 제기해 주어야 한다."[5] 결혼이라는 반복적 생활 속에서도 사랑은 농촌에서의 실천과 함께 다시 반복될 수 있어야 한다는 것이다. 대취한 다음 날의 독서를 쏘아보는 화난 아내를 그린 김현의 인상 깊은 데생처럼 우리는 반복을 살되, 행복하게 살아야 한다. 김현이 죽음을 주제로 한 시를 평할 때나 사적 일기에 곧잘 적어 놓곤 했던 말처럼 "이 꼴 저 꼴 다 보며 또 우리는 살아야 한다."

이 사소한 삽화를 인용하는 이유는 반복(강박)이라는 철학적·정신분석적 논제가 김현의 무의식에 어떤 원리로서 작용하고 있을지도 모른다는, 어떤 예감 때문이다. 김현은 매번 이런 식으로 말한다. "『당신들의 천국』은 뛰어난 소설이다. 한 가지 바라고 싶은 것이 있다면 이청준의 소설에서는 극히 희귀한, 행복한 결혼을 하게 되어 있는 윤해원과 서미연의

---

5) 김현, 『문학사회학』(민음사, 1983); 『김현 전집 1』(문학과지성사, 1991), 336쪽.

결혼 후일담을 술자리에서나마 듣고 싶은 것이다."(1976)[6] 바라는 것이 있다면, 음, 그러니까 반복을 말해 달라! 김현은 삶과 문학을 어떤 반복으로 이야기하곤 하는데, 그 반복은 즐거운 것의 되풀이일 때도, 또 불쾌한 것의 되풀이일 때도 결국 하나의 쾌락의 원천이 된다.

스텐리 카벨은 키에르케고르의 결혼론을 인용하며, 반복(repitition)에 관한 철학적·정신분석적 논의들의 역사를 간명하게 훑어나가고 있다. 되풀이, 재상연, 재현으로도 번역되는 지나간 것에 대한 반복은, 카벨에 따르면 시간——정확히는 나날의 삶이라는 니힐리즘적 미래에 대한 역설적인 복수이다. 우선 반복은 키에르케고르가 결혼에 요구되는 믿음과 결혼에 필요한 사유에 붙인 이름이다. 반복의 자유의사적 수용, 아니 좀더 정확히 말해 영겁 회귀는 한편으로 우리의 운명 지어진 니힐리즘의 미래에 대한 해독제로서 니체에 의해 발견된 처방전이다. 니체가 시간에 대한 복수이자 그것의 '있었음'에 대한 복수라고 명했던 바로 그것——복수는 그 자체로 노스탤지어를 죽이지 않기 위한 마지막 노력을 구성한다. 니체는 시간의 구제와 재개념화를 위한 그의 예언적 외침에 명백하게 결혼의 개념을 불러들였다. 차라투스트라는 「일곱 개의 봉인」의 장에서 영겁 회귀의 상징으로 결혼 반지를 제시한다.[7] 반복에 대한 이런 생각들은 과거, 혹은 지나간 과거로부터 현재의 끊임없는 발명이라는 우리의 삶의 요구를 말하고 있는 듯하다.

이것은 프로이트가 그의 「쾌락 원칙을 넘어서」에서 보여 줬던 전망과도 유사한데, 거기에서 죽음(이건 정신적 죽음을 뜻한다고 해야 할 텐데)

---

6) 김현, 「이청준에 대한 세 편의 글」, 『문학과 유토피아』(문학과지성사, 1980), 241쪽.
7) 독일어로 hochzeit는 결혼 또는 결혼식을 의미한다. '대향연'이라는 장에서 차라투스트라는 지금이 die hochste zeit(절정의 시간)이라고 말한다. 그리고 '일곱 개의 봉인' 장에서 차라투스트라는 명백히 그의 영겁 회귀의 상징으로서 결혼 반지를 보여 준다.

이란, 자신의 죽음의 발견이라는 발명의 성공을 통한 것이든, 아니면 생물학적이고 심지어는 비유기체로 넘어서는 그러한 심리적인 후퇴를 통한 것이든 간에 이러한 지나간 과거로부터의 현재의 끊임없는 발명들을 통해 나온다.[8]

지나간 과거로부터의 현재의 발명은 죽음을 향해 가는 인간이 과거를 반복함으로써 시간에 복수하는 방법이다. 결혼 반지의 원은 절정이자 반복의 상징이다. 심지어 인간은 이 니힐리즘적 미래를 향해 가는 현재를 긍정하기 위해 즐거운 과거뿐 아니라 극단적인 고통의 순간마저 자유의 사적으로 되풀이해 낸다. 말년의 프로이트와 모더니즘 문명 말기의 철학을 곤혹에 빠뜨린, 어떤 놀이의 저편을 생각해 보면 이 반복이 갖는 의미는 더욱 분명해질 것이다. 이를테면 김현은 왜 단절된 전통, 괴로운 역사를 거듭 반복해 내는가.

엄마가 사라지자 아이는 실패 던지기 놀이에 열중한다. 던졌다 당기고, 던졌다 말아 올리는 이 놀이를 아이는 언제까지고 반복한다. 프로이트가 보기에 그것은 사라짐과 돌아옴이라는 완벽한 놀이였다. 이 놀이는 이 아이의 위대한 문화적 업적, 즉 아무 저항 없이 어머니가 가도록 허용함으로써 이룩한 본능의 포기, 다시 말해 본능적 만족의 포기와 관련된 것이다. 아이는 자신의 능력이 미치는 범위 안에서 그 물건들이 사라졌다 되돌아오는 것을 스스로 연출함으로써 포기에 대한 보상을 받는다. 그렇다면 이 고통스런 경험의 반복은 인간 본능의 원리인 쾌락 원칙과 어떻게 일치하는 것일까. 프로이트에 따르면 어머니의 사라짐은 즐겁게 돌아올 것에 대한 필수적 예비 조치로서 상연되어야 하고 따라서 그 놀이의 진정한 목적은 바로 어머니의 즐거운 귀환에 있다고 말할 수 있다. 처음

---

8) Stanley Cavell, *Contesting Tears: The Hollywood Melodrama of the Unknown Woman*(Chicago Univ. Press, 1996), pp. 85~86.

에 아이는 수동적 상황에 놓여 있다. 왜냐하면 아이는 어머니의 사라짐이라는 경험에 압도되어 있기 때문이다. 그것이 즐거운 것은 아니었지만 아이는 놀이로서 그 부재를 반복하고 그럼으로써 능동적 위치에 도달하게 된다. 프로이트는 또한 이 귀환=되감는 행위 말고도 던지는 행위에도 쾌락이 있음을 발견한다. 즉, 가 버린 상태가 되도록 실패를 던져 버리는 것은 자기에게서 떨어져 나가는 어머니에게 복수하고자 하는 어린아이의 충동을 만족시키는 일이기도 하다. 이 불쾌의 반복은 어머니의 귀환을 예상하는 행위이자, 그녀의 부재에 대한 복수이다. 어머니의 부재를 상연하는 불쾌의 반복이 이중의 쾌락을 생성시키는 것이다! 쾌락을 잠정적으로 유보, 포기함으로써, 혹은 놀이라는 문화적 업적으로 대체함으로써 아이는 일정량의 쾌락을 실현하고 최초의 고통에 일종의 면역을 갖추게 된다. "불쾌 반복이라는 현상의 근저에서 그 인상의 강도를 소산시키고, 자신들이 그 상황의 주인이 되고자 하는 외상 극복의 의지가 개입되어 있다." [9]

김현은 양식화, 혹은 주체란 일종의 '되풀이 비슷한 것'이라고 이야기해 왔다. 그의 새것 콤플렉스 비판은 한국문학이 새것을 받아들이는 행위, 성급한 이념형의 구성만을 되풀이해 왔기에 진정한 양식화ㅡ반복의 서사를 한 번도 구성해 보지 못했다는 평가에 기인한다. "새것 콤플렉스는 정확한 역사 의식의 결여에서 생겨난다."(「가능성」:67) 한국문학의 식민성은 식민지 이후의 식민성이라기보다는 쭉 있어 왔던 주변성이다.(『한국문학사』:13) 이 새것 콤플렉스는 김현에게 있어 불과 몇 년 전에만 해도 '미래상의 현실 집약' 혹은 샤머니즘적 양식화 경향으로 이름 붙여졌던 것이다.

따라서 이 둘을 종합적으로 이해하자면, 미래상의 현실 집약이 저변

---

[9] 프로이트, 『쾌락원칙을 넘어서』, 박찬부 옮김(열린책들, 1997), 19~33쪽.

에 흐르면서 양식화를 방해하고, 새것 콤플렉스와 성급한 이념형이 거짓된 형태 혹은 조악한 양식화를 주도했다고 이해 가능하다.

서리 모를 향가가 있었지만, 한번 간 후 돌아오지 않았다. "이씨조선이라든가 고려조를 보면 그 문화 담당 계층이 일종의 시민 계층과 유리되었기 때문에 예술상 곤란한 문제가 수반되었던 것이 아닙니까? 1890년에서 1950년에 이르는 오륙십 년 간의 문학은, 그런 것을 염두에 둔다면 희귀한 몇 예를 제외하면 자기 문학 계층의 발견을 못 한 문학이라고 단정해야 할 것입니다. …… 외국의 문학 이론에 경도할 수 있었던 것은 자기 자신이 속하고 있는 계층이라든가 사회 환경을 거의 인식하지 못했다는 것을 의미하거든요. 나는 이러한 현상을 '새것 콤플렉스'라는 이름으로 지적해 왔는데, 그런 '새것 콤플렉스'가 적어도 1960년대 들어와서 극복될 하나의 계기를 이루었다는 것이죠."(김현)[10] 양식화의 반복, 새것 콤플렉스, 단절의 반복 등은 문학 담당층 부재라는 원인에 의한 반복의 양태들로서 다시 설명되고 있다. 그 부재는 고려와 조선이라는 커다란 두 주기로 반복된 후, 1890~1950년대 혹은 영·정조에서 현대에 이르는 시간을 통해 다시 짧은 한 주기로 반복된다. 단절의 반복이라는 괴로운 말을 연거푸 던졌다 당겼다 하는 사람. 말하자면 김현은 문학사 혹은 전통 부재라는 언어로 일종의 포르트 다 게임을 하고 있었던 것은 아닐까.

반복을 통해 벌거벗은 창조자는 하나의 주체, 즉 부재와 창조를 잇는 실타래의 주인이 된다. 포르트 다 게임. 괴로운 역사 속에서도 즐거운 혁명은 가능한 것이다. 물론 일차적인 의미에서 전통 단절론의 반복은 일종의 '복수'이다. 중요한 것은 미묘한 차이를 두고 반복되는 행위를 통해 얻어지는 것이 '자유'라는 사실이다. 이는 어떤 의미에서 4·19 세대의 어떤 무의식인지도 모르겠다.

---

10) 구중서·김윤식·김현·임중빈, 「4·19혁명과 한국문학」, 《사상계》(1970년 4월호).

복수의 행위로서의 글쓰기에 대해 토론하는 이청준과 김치수의 대화.

이청준: 죽음도 다시 가까이서 지나다니기 시작하고 생활의 어려움들이 재생되고, 그래서 어렸을 때 막연하게 가지고 있었던 복수심 같은 것이 다시 살아나기 시작해서 소설을 쓰게 되었어요. 첫 작품이 「퇴원」인데, 「퇴원」의 주인공이 자기의 마지막 삶의 근거로써 확인하는 것이 친구는 죽는데 나는 살아 있구나 하는 것을 자각하는 것이에요.

김치수: 결국 복수심 때문에 글을 쓰기 시작하는데, 글을 쓰는 과정 혹은 결과에서 모든 것을 용서하게 되는 결과가 오는 것이다, 라고 이해하면 되겠군요.

이청준: 복수심은 결국 자유에 대한 욕망으로 변형될 수밖에 없었던 것이니까.……자유 아니면 용서할 수도 없지만, 용서하지 않으면 자신도 자유로울 수 없는 것이 아닙니까?[11]

복수는 이미 일어난 일과 관련된 어떤 행위이다. 따라서 복수의 감정은 증오의 대상 혹은 고통스러운 기억을 반복해서 떠올리는 과정이 없으면 생겨날 수 없다. 고통의 절정은 죽음이고, 그 죽음은 지금을 사는 사람의 죄의식 속에서 지속적으로 되불려 나온다. 복수는 고통의 반복을 전제한다. 그런데 이청준은 그 기억을 반복함으로써 결국 자유로워진다고 말한다. 왜냐하면 과거의 간난함을 회억(回憶)하는 현재의 놀이(예술)를 통해 미래의 자유를 얻게 되기 때문이다. 이는 "4·19의 거센 흥분이 지나가고 난 뒤, 우리는 이렇게 하여 역사의 의미를 만났다. 자유의 의미와도 만났다. 비록 우리들이 갖고 있는 지식은 빈궁하고 우리들이 쓰고 있는 언어는 조야하지만 바로 그렇기 때문에 우리는 지식과 언어에 대한 무

---

11) 김치수, 「이청준과의 대화」, 『박경리와 이청준』(민음사, 1982), 221쪽.

한한 사랑을 지니고 있다. 이 사랑은 역사의 의미, 자유의 의미를 탐구하고 현실의 괴로움을 극복할 수 있는 가장 큰 힘임을 자부한다."라는 4인 공저의 『현대한국문학의 이론』 「서(序)」도 마찬가지이다. 이들에게 역사와 자유를 매개하며 현실의 괴로움을 극복하게 하는 것이 바로 문학 언어이다. 문학 혹은 언어는 말할 것도 없이 부재를 참는 대리 보충이자, 하나의 놀이이다. 어떤 의미에서 이 세대들 중 다수는 문학이라는 포르트 다 게임을 통해서만이 능동적 행위자, 그러니까 주체가 되었다.

그런데 김현은 문학이 아니라 문학사를 쓰고 있다. 복수에서 자유로 이동하려면 문학이든 비평이든 어쨌든 현재와 관련된 창조의 놀이를 해야 한다. 그런데 유독 김현 혼자 그 옛날부터의 비극의 역사를 해명, 아니 반복하고 있었던 것이다. 그 쓰기의 과정에는 어떤 위안도 복수도 없으며 결정적으로 쾌락이 없다. 그는 단순히 포르트 다 게임을 하고 있는 게 아닌 것이다. 김현의 문학사가 일종의 포르트 다 게임에 비유될 수 있다면 그것은 오히려 밖이 아니라 자기 스스로를 향해 던지는 마조히즘적 고통의 놀이로서만 그렇게 될 수 있다. 불쾌를 반복하는 놀이를 통해 면역을 기르려 했던 것일까. 어쩌면 영원히 중요한 순간마다 그의 쾌락을 저지할지도 모르는 비극적 문학사를 일단은 해치워야 했던 것일까. 그도 아니라면, 혹시 그 비극의 반복, 고통의 시간을 반복하는 게 즐겁기라도 했단 말인가. 김현이 전통 단절을 이론적으로 극복하기 위해 이 지난한 작업을 반복했다는 그 어떤 동어 반복적 평가로는 더 이상 아무것도 알 수 없다. 왜일까.

자살이냐 가면이냐 ── 즐거운 비평 혹은 불패의 게임

확실히 문제는, 프로이트의 말처럼 인간이 억압된 불쾌한 자료를 과거에 속한 것으로 기억하는 대신, 심지어 그의 동시대적 경험으로서 그것을 반복하며, 실제로 경험하는 것으로서 반복한다는 사실이다. '같은 것이 영원히 되풀이되는 문제'에서 그 문제적 경험은 어떠한 쾌락의 계기도 발견되지 않는 경험일 수도 있다.

불안을 회피하는 듯한, 혹은 외상을 현재에 전이시켜 반복하는 이 외상성 신경증 환자의 뒤에는 쾌락 원칙 이상이 있는 것이 아닐까, 라고 프로이트는 조심스레 물어본다. 불안과 부재가 외상성 신경증의 원인이 되었기 때문이다. 여기서 바로 외상성 신경증에서의 꿈은 소원 성취, 쾌락 원칙이라는 명제 이상의 것을 가지고 있다는 프로이트의 죽음본능론이 제기된다. 그리고 여기서 프로이트는 쾌락 원칙을 넘어서 존재하는 죽음 본능을 확인하고, 모든 유기체는 그 근원인 무기물로 돌아가려 한다는 충격적인 결론을 내린다.

결국 반복 강박은 죽음 본능의 표현이라는 것이고, 일견 쾌락 원칙이 죽음 본능에 역행하는 것으로 보일 수 있으나 항상성의 원칙에 따라 외부의 자극을 일정 수준으로 유지하는 것을 쾌락이라고 받아들인다면 결국 쾌락 원칙은 죽음을 행하는 본능이 지나치거나 모자라지 않게 조절하는 기능을 갖는다는 것이다. 쾌락 원칙보다 더 원시적이고 근본적인 원칙을 관리하는 죽음 본능은 쾌락 원칙의 도움을 받아 죽음 혹은 무기체를 향해 인간을 완만하게 인도한다. 쾌락을 목발질하며, 우리는 무기체로 간다. 요컨대 죽기 위해 사는 것이다! 그러나 이 쾌락 원칙 너머의 죽음 본능에 대한 그 모든 반박들을 전혀 고려하지 않더라도, 과연 실제로 김현이 그랬다고는 도저히 믿어지지 않는다. 김현은 늘 살아서 반복하라고 말해 왔다. 그리고 그가 말한 반복은 죽음을 향해 가는 단순한 반복과는 다른 어떤 쾌락을 포기하려 하지 않는 반복이었다. 불쾌의 절정에서조차도.

들뢰즈가 본 사건은 좀 다르다. 그에게 죽음은 물질적 모델과는 아무 상관이 없으며, 오히려 프로이트가 죽음 본능을 무기물 상태로 되돌아가려는 경향으로 해석하기 때문에 반복이라는 자유·행동 개념이 김빠지고 헐벗은 반복이 되어 버린다고 힐난한다. 이는 앞서의 스탠리 카벨에게서도 마찬가지여서, 죽음 본능이란 순전히 정신적 관계, 심리적 과정으로서 이해할 때만 그 난해성이 해소된다. 물론 심리학적 삶에서 가장 부정적인 것을 끌어안고 있는 듯한 죽음의 주제가 어떻게 그 자체로서 반복을 긍정할 수 있을 정도로 초월적인 실증성을 띨 수 있는가라는 물음은 중요하다. 그러나 그 물음은 다음의 물음을 통해 보완될 때만 의미를 가진다. "죽음 본능은 어떤 형식을 통해 반복을 긍정하고 명령하는가?" 들뢰즈가 보기에 가장 심층적인 층위에서 문제는 죽음이나 무기체로 이끌리는 일이 아니라 반복과 위장(僞裝)들 사이의 관계에 있다. 예컨대 도라 치료에서 나타난 전이 현상, 고통의 현재적 반복은 죽음 본능 때문이 아니다. 도라가 자신의 고유한 역할을 완전히 되살려 내고 아버지에 대한 사랑을 반복하는 것은 오로지 다른 사람들(K씨, K씨의 부인, 여자 가정교사)이 맡은 역할들을 통해서이고 그녀가 이 역할들과 변별적 관계에 있는 여러 가지 역할들을 떠맡는 과정에서이다. 위장과 (변)이형들, 가면이나 가장복들은 곁에서부터 덮어씌우는 것이 아니라, 거꾸로 반복 자체의 내적 발생 요소들이다.[12] 들뢰즈가 반복으로부터 연극을 붙드는 것은 그것이 끊임없는 가면 놀이임을 말하기 위해서이다. 똑같은 것이 반복되는 것이 아니라, 반복이란 자신을 구성해 가는 가운데 스스로 위장하는 것, 스스로 위장함으로써만 자신을 구성하는 어떤 것이다.

다음의 말은 마치 김현의 문체를 연상시킨다. "나는 억압하므로 반복하는 것이 아니다. 나는 반복하므로 억압하며, 반복하기 때문에 망각한다. 내가 억압한다면, 그것은 무엇보다 오로지 반복의 양태를 통해서만 특정한 사물이나 경험들을 체험할 수 있기 때문이다. 나는 그런 식으로

---

12) 질 들뢰즈, 『차이와 반복』, 김상환 옮김(민음사, 2004), 58~60쪽.

체험을 방해하는 것을 억압하는 본성을 지녔다."[13] 그렇다. 김현은 바로 문학사 안에서 문학 비평 혹은 문학의 원리를 반복할 수 있기에 문학사를 그처럼 되풀이해서 썼던 것이다. 반복되는 문학 통사, 근대문학사는 그 자체로 위장 혹은 가면이다. 그는 반복을 통해서만 즐거움을 알았고 느낄 수 있었기에 그렇게 주석 비평에 매달린 것이다. 문학사에 대한 그의 최종 진술인 다음의 선언을 보라.

(이제 나는 행복하게도 단절이라는 현상 앞에 비극적이라는 관형사를 붙일 의무감을 느끼지 않고 있다.) 한국문학에 대한 모멸적인 감정을 전통의 단절과 감싸기라는 개념으로 의식화시키면서,[14] 다시 바슐라르의 말을 빌리면, 객관적으로 정신분석을 하면서 나는 좋은 것이라고 알려진 것을 산출한 외국 문학 역시 그런 단절과 감싸기를 겪어 왔다는 것을 확인할 수 있었다. …… 내가 생각하고 싶은 것은 한국적인 문학 이론이 세워져야 한다는 것과 한국과 같은 후진국에서 오히려 좋은 문학이 나올 수 있다는 주장이다. 내가 읽고 느낀 바로는 1960년대 이후의 외국 문학, 특히 유럽 문학은 별로 그럴듯한 작품을 내놓지 못하고 있다. …… 유럽 선진국들은 제국주의적 팽창욕으로 인한 이득은 체험했지만 그 피해는 체험하지 못했다. (「전개」:95, 강조는 필자)

단절과 감싸기. 과거는 현재의 가면에 감싸이면서, 즉 '객관적으로 정

---

13) 앞의 책, 62쪽.
14) 단절과 감싸기에 대한 김현의 도식은 다음과 같다.

전통 1	전통 2
전통 2-1	전통 3

국면 1	국면 2
제일핵자	
제이핵자	제일핵자
	제이핵자

신분석'됨으로써 '행복하게' 초월된다. 최상의 역경은 최상의 상명당(上明堂)이다. 김현은 함석헌을 인유하며 "한국은 고난의 땅이지만 시인에게는 (나아가 문학인에게는) 상명당"일 수 있고, 그렇게 될 수 있는 근거를 찾아야 한다고 말한다. 그 근거는 『한국문학의 위상』 전편을 통해 "문학과 물질적 부와의 관계에 대한 깊은 천착" 혹은 "소비 사회의 대중화 현상, 대중문화와의 싸움", 억압하는 현실과 억압하지 않되 억압을 드러내는 문학의 관계를 통해 설명되고 있다. 요컨대 "문학은 모든 것을 획일화시키려는 소비 사회의 집단주의적 경향에, 유용하지 않다는 그 내재적 특성으로 저항한다."(『전집 1』:57)

그래서 그는 일견 백낙청의 민족문학론을 연상시키는 위와 같은 주장을 하면서도, 아방가르드의 파괴적 열정을 옹호한다. 문학이 파괴 그 자체, 파괴의 징후가 되어야 한다고 주장하는 것이다. 김정한이나 신동엽의 목청 높은 구투의 형태 보존적 노력보다는 최인훈이나 이청준, 김수영이나 황동규, 정현종의 형태 파괴적 노력을 높이 평가한다는 그의 말은 하나의 당파성이라기보다는 김현이라는 반복 정신의 귀결이자 스스로에 대한 정신분석의 결과이다. 그들이 보여 주는 반복이야말로 절대적 차이의 반복이며, 파괴라는 고통이 쾌락을 지시하는 이유이다. 고통이 즐거워서 반복하는 것이 아니다. 고통은 그 고통의 사용 방식을 규정하는 반복의 형태와의 관련 속에서만 어떤 '효과'를 지닌다. 반복이 즐거운 경험으로 바로 환원되는 것은 더욱 아니다. 김현은 지연시킴으로서 더 큰 쾌락에 대한 열망에 떠는 마조히스트처럼 다음의 파괴들—단절적 작품들을 기다린다.

김현은 한 번도 창작의 과정을 프로그램하려 하지 않았고, 또한 비평이 문학을 지도한다는 생각을 극도로 혐오했다. 리얼리즘 논쟁에서 그가 말한 것처럼, 문학은 선형적으로 진행되지 않는다. 따라서 길을 제시하거나 예상하는 것은 옳지도 않을뿐더러 가능하지도 않다. 문학은 오직 그것이 나타남으로써만 앞으로 나아가고, 사후적으로 확인된다. 그 파괴의 방법 혹은 파괴의 흔적을 통해 억압의 정체를 되새겨 볼 수 있을 뿐인 것이다. 단적으로 말해, 혁명 주체는 혁명의 과업을 객관적인 거리에서 수행하고 지휘할 수 없다. 혁명 주체는 그 혁명 과정을 통해서만 구성될 수 있기 때문이다. 이 때문에 우리는 실패한 이전의 '성급한' 시도들 없이는 적당한 순간에 혁명을 완수할 수 없다.[15] 그러하기에 김현은 더 이상 성급한 이념형의 설정이나 섣부른 양식화에 대해 비난하지 않게 된다. 완성된 가치의 재현보다는 파괴하는 질주가 더 값진 것이기 때문이다. 어쩌면 정치 혁명이란 그것이 오직 다시 일어났을 때에만 민중의 여론에 의해 인준되는 것인지도 모른다. 첫 번째의 질주는 거의 언제나 살해된다. 그렇지만 그 최초의 살해는 죄의식을 발동시켜, 반복되는 사건에 필연성 혹은 혁명의 이름을 부여하도록 한다. 해석은 항상 약간의 지체와 함께 자리 잡는다. 해석은 해석되어야 할 사건이 자신을 반복할 때 나타나는 것이고 그 반복에 의해 최초의 사건은 혁명이 된다.

 이는 4·19혁명을 이해하는 김현의 정치적 관점, 문학사론의 구도, 문학비평 모두에 관류하는 무의식이다. 이를테면 그는 "4·19 이후 한 살도 먹지 않"는 행위를 통하여 역사와 자유를 거듭 재발견한다. 그는 정현종의 시의 특이점을 언제나 그다운 선택으로 골라 내 그것을 자신의 언어로, 또 기성의 언어와 대조시켜 반복한다. 김현의 반복을 통해 우리는 정현종 시의 감동을 더 큰 강도로 경험하게 되는 것이다. 심지어 그는 비슷한 어조로 또한 박남철의 '성급한' 시도까지를 감싼다. 그러나 그 반복으로서의 쓰기에는 어떠한 사전 원리도 설정되어 있지 않다. 반복은 이미 이전에 얻어졌던 또는 기대되는 쾌감과 관련된 행동 유형으로 경험되는 것도 아니고, 쾌감을 경험하거나 또는 재경험한다는 생각에 지배되는 것

---

15) 슬라보예 지젝, 『이데올로기라는 숭고한 대상』(인간사랑, 2002), 111쪽.

도 아니다. 반복은 사납게 날뛰며 기존의 쾌감으로부터 독립한다.[16) 그의 비평이 시인의 목소리를 빌리면서도 언제나 그 시를 자기 식으로 증폭시키는 것도 이 때문이다. 김현은 좋은 시에서 이 사나운 반복을 읽고, 비평을 통해 이것을 다시 반복한다.

이 효과의 기원에 바로 시간의 동시 구성이라는 김현식의 단절 극복의 논리가 있다. 프로이트가 고안한 반복은 들뢰즈의 말처럼 초월적인 개념으로 읽혀야 한다. 시간의 종합 ―― '초월적' 종합이다. 그것은 이전, 그 순간, 그 후의 반복이다. 다시 말해서 그것은 시간 속에서 과거, 현재, 미래에 의해 구성되는 것이다. 초월적인 관점에서 보면 과거, 현재, 미래는 시간 속에서 동시에 구성된다. 김현 자신이 설정한 도식처럼 시간을 단절과 감싸기라는 방식의 전이(轉移)로 구조화해 버리면, 고통의 이름이었던 단절은 더 이상 고통이 아니라 이동·행위의 쾌락의 근거가 된다. 더는 향가가 서정주의 시가 되었다는 무리한 도약을 하지 않아도 되는 것이다. 전통이 없다는 벌건 복수의 언어 역시 불필요해진다.

김현은 이를 '전개'라는 말로 표현한다. "변화를 인정하고 동시에 시간적인 인과 관계에 지나친 비중을 두지 않기 위해서, 나는 비교적 무난한, 전개라는 어휘를 선택했다. 전개는 선조적(線條的)인 개념이 아니라 오히려 공간적인 개념이다. 문학의 전개는 전통의 단절과 감싸기에 의해 변모하는 문학적 사실의 전개이다."(『전집 1』:99) 이 도식에서 보면, (선조적인) 진보란 없으며, 계속적인 전개, "삼촌에서 조카로 이어지는" 특별한 반복들만이 있을 뿐이다.

비극적 역사를 설명하던 '단절'은 지금 이곳에서 일어나는 전위적 움직임을 정당화하는 가면으로 바뀐다. 혐오의 악감정 속에 있었던 과거라는 시간의 집합이 현재로 불려 나와 미래의 행동을 획책한다. 김현은 이

---

16) 질 들뢰즈, 『매저키즘』, 이강훈 옮김(인간사랑, 1996), 130~136쪽.

러한 시간 이해를 통해 그 자신이 빠져들었던 중심화된 역사 이해로부터 빠져나올 수 있었던 게 아닐까. 정신의 원형 찾기와 같은 원환 게임을 중단하게 된 것이다. 그의 문학사론은 이제 어떤 전이의 선(線)을 형성한다. 물론 이 선은 직선이 아니다. 이 선은 그 자신의 고유한 길인 끝없는 단절의 반복에 이끌려 다시 영원히 탈중심화된 원환을 형성한다. 그런 의미에서 볼 때 확실히, 김현의 반복은 긍정하는 역량에 있다. 그는 10년 만에 겨우 긍정할 수 있게 되고, 비로소 비평적 언어에 있어서도 타인의 목소리를 거리낌 없이 반복할 수 있게 된다. 과거·현재·미래를 하나의 평면 위에 끌어 모아 반복하는 영원 회귀는 다양한 모든 것, 차이 나는 모든 것, 우연한 모든 것을 긍정한다. 하지만 이를 일자(一者), 같은 필연성에 종속시키는 것을 배제한다.

미래의 체계는 규칙이 존재하지 않는다. 규칙은 아이에 의해 사후적으로 정의된다. 노는 아이는 언제나 이긴다. 김현은 일단 긍정한 후, 자기 자신의 고유한 복기(復碁)를 통해 규칙을 스스로 정한다. 그에게는 필연적으로 이길 수밖에 없는 패가 반복된다. 그리고 그는 자신이 든 패를 최선을 다해 칭찬한다. 실은 그것은 자찬이다. 김현이라는 비평가는 이제 그가 칭찬한 바로 그 언어로 쓰기 시작할 것이기 때문이다. 들뢰즈는 영겁 회귀라는 현기증 나는 운동이 지닌 힘이란 결코 '같음' 일반을 되돌아오게 하는 힘이 아니라 창조하되 선별하고 추방하는 힘, 생산하되 파괴하는 힘임을 잊지 말라고 당부한다. 반복하는 것은 행동한다는 것이다. 반복 안에서 나타나는 절대적 차이의 운동——반복의 연극은 김현 비평의 장르성이자 김현 독자들이 경험하는 쾌락의 근원이다.

김현의 문학사론을 읽어 보면, 그의 문학론이 전통 혹은 역사에 대한 복수 혹은 치유의 성취 이후에도 여전히 반복을 중요한 자신의 문학 원리로 삼고 있음을 알게 된다. 왜냐하면 반복은 행동이고 절대적인 차이를 확인하는 유일한 방법이기 때문이다. 그는 시를 산문의 의미 단위로 나누어 읽는 것을 즐긴다. 그는 시인의 입을 빌려 시인이 쓴 단어로 시를 해설하는 것을 즐긴다. 왜냐하면 그렇게 해야 그 시인이 가진 교환 불가능하고 대체 불가능한 독특성이 드러나기 때문이다. 말하자면 이런 식이다. "'별들은 연기를 뿜고/ 달은 폭음을 내며 날아요/ 그야 내가 미쳤죠/ 아주 우주적인 공포에요.'(정현종,「심야통화 3」) 행복의 실체적 드러남이었던 달과 별, 연기를 뿜고 폭음을 내는 별과 달! 그러나 악몽 속에서 자신이 미치지 않았다고 느낄 사람이 어디 있으랴. 그러나 시인으로서의 정현종의 뛰어난 점은 그 악몽――불행을, 행복을 가능케 하는 조건으로 이해한 데에 있다. '행복은 행복의 부재를 통해서만 존재하기 시작'하는 것이다."[17] 김현만큼 자신의 비평적 문장에 시인의 시를 취입한 비평가도 없을 뿐 아니라, 김현만큼 시인에게 스스로의 비평적 문장을 빼앗긴 사람도 없을 것이다. 좋은 시인의 초월성(단절)을 다른 시인의 목소리로부터 구별해 내는 데 그 누구보다 탁월한 그이지만, 자신의 목소리와 시인의 목소리를 구별하는 데 있어 그만큼 무능했던, 아니 무능을 자처했던 비평가도 아마 없을 것이다. 그는 작가의 목소리를 반복하는 행위, 즉 반복의 과정에서 차이를 발견하고 이를 확산한다. 단절을 긍정하자 반복은 쾌락이 된다.

    1980년대 이후의 김현은 점점 더 읽는 행위와 그 읽기를 변형하여 되풀이하는 비평 행위에 심취해 갔고, 거기서 최고의 즐거움을 느꼈던 것 같다. 그는 비평을 두 개의 의식의 능동적 부딪침이라고 이야기했다. 하지만 뒤로 갈수록 그는 어떤 타자의 의식의 뒤에서 그 의식과 함께 목을 떠는 복화술에 심취하게 된다.『말들의 풍경』이나『젊은 시인들의 상상 세계』를 읽노라면, 1980년대 이후의 김현이란 늘 그가 읽은 시인의 가면을 쓰고 시인의 시를 산문적으로 아름답게 반복하는 사람에 지나지 않았

---

17) 김현,『문학과 유토피아』(문학과지성사, 1980), 68쪽.

음을 깨닫게 된다. 그는 그러한 반복 행위에서 가장 뛰어난 능력을 발휘했고, 그의 비평에 사람들은 열광했다. 나는 이것을 반복이 죽음을 향해 가고 있다기보다는 행동이나 가면의 모습이라는 사실의 한 증거로 제시하고 싶다. 이 가면의 반복은 그러나 괴로운 문학사론, 포르트다 게임, 외상과 신경증을 통과하지 않고서는 도달할 수 없었던 그런 즐거움이다.

문화 공포와 비평 클리닉 —— 문화의 괴로움

앞에서 말했듯이 세 개의 문학 통사가 있었다. 단순하게 말해 거기서 김현은 전통의 단절이라는 명제를 반복했다. 그러나 그 반복에는 어떤 차이가 있고, 그 반복을 설명하는 김현의 얼굴에는 표정의 변화 이상의 변화가 있다. 앞의 이야기들은 어떤 의미에서 하나의 「가면고」(假面考)로 규정되어도 좋다. 파동, 건너뛰기, 감싸기를 행하고 있는 전혀 다른 표정의 세 얼굴. 그는 첫 번째 문학사에서 단절을 어떤 파동과 같은 것으로 이야기했다. 가파른 하강이 있었고 완만한 상승이 있었다. 두 번째 문학사에서 그는 단절을 일종의 건너뛰기로 이야기했다. 「찬기파랑가」가 한용운으로, 한용운이 다시 서정주로 건너뛰는데, 그것은 어디까지나 시간 안에서의 필연도 아니고, 결과적으로 그렇다는 것이다. 그리고 마지막 문학사에서 그는 단절과 그에 이어지는 감싸기를 역사의 일반 원리로서 해명함으로써 단절이라는 악몽에서 벗어났다. 단절의 반복이라는 명제는 여전히 그의 꿈 작업 혹은 예술 작업의 원천으로 남아 있지만 그는 더 이상 역사를 가지고 작업하지 않아도 되었다. 첫 번째 얼굴은 비참했고 두 번째 얼굴은 초조했으며 세 번째 얼굴은 이상하리만큼 당당했다.

그러나 그 당당함이 지나치다는 생각이 드는 것은 한국문학사를 넘은 그가, 문학 자체에 주는 과잉된 위상 때문이다. 한국문학의 비참이라는 무의식을 정복 내지는 정신분석해 버린 그는 바로 그 글을 통해 문학에 너무 많은 적들을 안겨 주고 있다. 그는 『한국문학의 위상』의 말미에서 "이제 나는 행복하게도 단절이라는 현상 앞에 비극적이라는 관형사를 붙일 의무감을 느끼지 않고 있다."고 말하고 있다. 그런데 그렇게 비극으로부터 구원된 문학의 존재는 이제 역사가 아니라, 현실 자체와 단절 혹은 소외의 관계에 있는 것으로 보인다. 그 소외는 시대적인 것이면서 자발적인 소외이다. 바로 여기서 그의 유명한 문장인 "문학은 써먹지 못한다는 것을 써먹는다."는 명제, 혹은 "억압하지 않는 문학은 억압하는 모든 것이 인간에게 부정적으로 작용하는 것을 보여 준다."는 명제가 등장한다.

그렇다면 억압하는 것은 무엇인가. 문학을 고통스럽게 하는 것은 무엇인가. 소비 사회의 가짜 욕망, 교환 가치, 물상화 혹은 상품화, 매스미디어, 대중 사회, (어떤) 과학 기술 등등. 그러니까 "과학적 기술의 발달로 인한 인간의 익명화라는 현대 사회의 한 모순을 대중화 현상은 뚜렷이 보여 주고 있다."(『전집 1』:72)는 말로 요약되는 어떤 억압의 실체. 특히 반복의 읽기가 불가능한 속도 빠른 표상 문화는 억압하는 문화적 장치의 현재형, 즉 일종의 규율 권력에 포섭된 무엇으로 설명된다. 그는 누구보다도 빨리 표상 문화의 존재를 의식했으나, 동시에 그가 '역승화'라는 말로 정의한 소비 사회의 자기 치료적 경향들에 어떤 두려움을 느꼈다. 김현은 그의 『한국문학의 위상』의 기본 발상이 문화에 대한 적대에 기원을 두고 있음을 숨기지 않는다. "이 글의 기본적인 발상은 문학은 억압하지 않되 억압에 대해서 생각하게 만든다는 것이다. 거기에서 문학을 다른 문화적 장치에 맞설 수 있는 것으로 생각하는 나의 되풀이된 주장이 생겨난다."(『한국문학의 위상』「후기」) 그 문화적 장치를 김현은 아마도 서구적·제국적·미국적인 것으로 생각하고 있었던 듯하다.

그는 매우 빈번하게 이 책에서 억압의 정체를 "선진 산업 사회의 가짜 욕망과 가짜 자유"(『전집 1』:54)로 주장한다. 후진성이 문학적 창조의 빛나는 원천이 된다는 명제와 함께 고려될 때, 이 억압의 정체는 매우 곤혹스러운 질문들을 남긴다. "소비 사회에서 문학이 해야 하고 할 수 있는 일은 과학 기술의 익명성과 비인간성에 대해 문학의 이름으로 반성하는 일이다. 문학만이, 감히 말하거니와 그것을 행할 수 있다. 그것은 억압하지 않으면서 억압을 생각하게 하기 때문이다."(『한국문학의 위상』:75쪽) 이 논리는 반근대주의가 즐겨 범주화했던 적들의 목록을 답습하며 그런 것들 없이도 가장 근대적인 문학·사상을 건설할 수 있다고 주장한다. 그의 명제는 탈식민적인 것인 동시에, (이런 표현이 가능하다면) '시골주의'적인 것이다. 그가 되풀이해서 유년 시절의 이야기들을 회억하는 것도 당연하다. 그러한 판단에는 문학을 제외한 '문화(적 장치)'들이 여전히 미국으로 대표되는 서구의 손아귀에 있다는 인식이 깊이 개입되어 있으며, 대중문화는 그런 의미에서 새로운 제국주의에 의한 제3세계의 재점유, 재식민화로 인지된다.

김현의 전위주의는 세계와 교환 가능한 문학을 창조하기 위해서는 계속 세계를 참조해야 한다는 데에서 나온다. 한편 그는 스스로 식민지성의 극복이라 명명한 탈식민화의 과제에 대응해 가며 한국의 후진성을 최고 수준의 창작 환경으로 재인식한다. 김현의 세계성이 장르 혹은 형태에 있어서 서구적 보편성을 참조하며 이루어진다는 점에서 그는 백낙청이나 염무웅과 같은 제3세계의 리얼리스트들과 구별된다. 그러면서도 그는 탈식민의 과제 속에서 (후진) 한국의 현실 자체는 온몸으로 받아들인다는 점에서 그들과 일치한다. 문제는 문화이다.

김현은 문화라는 정치 이상의 적을 대면하고 경악하고 있었다. 문학은 점점 더 '불가능성에 대한 싸움, 현실의 비천함과 반비례해서 그 아름다움을 더하는 몽상'이 된다. 현실에 대한 부정적(不定的) 근거로서 정의

되는 문학은 욕망의 형식에 대한 질문보다는 진정성 논쟁에 스스로를 소모한다. 욕망의 형식에 대한 문학사회학적 질문은 욕망의 현재를 부정하는 탈식민적 관점에 의해 제압된다. 문학사회학과 구조주의가 "진짜 욕망/가짜 욕망", "진짜 문제/거짓 문제"와 같은 초월적인 문제들로 돌변하는 것이다. 그 초월성은 문학의 초월적 위치에 기인하며, 문화의 위협은 문학의 초월성을 더더욱 강화한다. 문학의 고고학을 시도하던 김현은 대중문화 현상과 그 배후의 미국을 만나는 순간, 문학 그 자체는 언제나 비억압적이라는 신념에서 한 발자국도 더 나아가지 못하게 된다. 문학과 현실의 대립이 생산되고, 불행한 의식이 특권화 혹은 탈역사화되는 것이다. 전통과 창조의 매개로서 오직 문학만을 설정하는 이유는 그렇다면 어디에 있는 것일까.

김현은 문학으로 도피하여 아니, 문학을 자발적으로 소외시켜 해결하려 하지만 표상 공간의 이미지들은 언제나 그를 괴롭힌다. 이 지점에서 레이 초우의 지적을 참조해 보자. 레이 초우는 오늘날의 반오리엔탈리즘 담론과 근대적 지식인이 시각을 경시하고, 그 결과 시각적인 대상을 수동적이고 종속적인 것에 불과한 것으로 깎아 내리고 있다고 비판한다. 루쉰이 중국인을 사살하는 일본인과 이를 둘러싼 중국 군중들에 대한 슬라이드를 보고 문학을 결심했다는 유명한 사건을 레이 초우는 문학의 정치성이 아니라, 미디어적 도피로서 설명한다. 그 도피는 근대적 시각으로부터 전통적 글쓰기로의 도피이다. 실제로 영화나 텔레비전으로 대표되는 근대의 시선에 대처하는 주체로서의 '글쓰는 사람'은 제3세계 문학인의 보편적 이미지를 형성하고 있다. 문학과 글쓰기에 대한 지나친 강조와 도입은 어떤 의미에서 '시각'의 회피와 연관되어 있다. 우선 시각은 근대적이고 외래적이어서 저속하다는 이유로 거부되고 억압된다. 그 결과 문학과 글쓰기로 회귀하는 형태로 시각성은 효율성, 진보, 신속한 커뮤니케이션, 집단적인 처벌과 같은 사회적 규율과 처벌의 새로운 형식으로 간주되어 버린다.[18] 그때 표상 문화는 문화적 장치로 불리게 되고, 곧 억압의 전범이 된다.

　전통의 강조와 후진성의 수용은 어떤 의미에서, 문학이라는 구(舊) 기호로 도피하기 위한 필연적인 근거에 해당한다. 서로 대립하는 신구(新舊)의 기호는 김현이 제기한 욕망의 형식 혹은 진위의 문제 이외에도 바로 이러한 제3세계의 탈식민화 과제가 갖는 기호론적 · 매체론적 모순을 제기한다. 왜 문학이 아니면 안 되는가, 문화로 섞여 들어 문화 자체를 전방위적 실천의 장소로 바꿀 수는 없는가. 단적인 예로 "최근의 프랑스 개설서에는 유행가 · 영화까지가 문학 속에 포함되어 있는 경우가 흔하다." (『문학과 유토피아』:310)라는 그의 견문은 함석헌의 『뜻으로 본 한국역사』나 김옥균의 『갑신일록』의 문학사 편입을 정당화하는 논리로 차용되고 있다.

　김현은 혼혈이라는 문화적 양식의 문제를 제기하며 이렇게 말하고 있다. "아우시비쯔 이후에도 우리는 서정시를 쓸 수 있는가라고 한 철학자는 묻고 있다. 그렇다면 우리가 바로 혼혈아들인데도 우리가 서정시를 쓸 수 있는가 라고 물어야 할 것이다. 그 물음은 고통스럽다. 그러나 피할 수는 없다."(『문학과 유토피아』:106) 그러나 이 혼혈은 결국 정치적 혹은 문학적인 논제의 영역을 넘어가지 않았고, 김현이 사랑했던 타르코프스키의 『노스탤지어』는 끝내 해명이 아니라 사적 향유의 차원으로 남는다. 심지어 문학 위상의 강화는 사회적 소외와 함께 더욱 가속화된다. 한국에는 정신이 없다는 1960년까지의 진단은 "1970년대에 들어와서 활발하게 추진된 근대화의 물결은 그 어느 때보다도 정신적 소산을 경멸의 대상으로 만들고 있다"는 진술로 변모한다. 문학은 점점 더 유일한 대항군이 되어 가고, 그만큼 더 가혹한 소외를 맛본다. 문학을 염결하고 비억압적

---

18) 레이 초우, 『원시적 열정』, 정재서 옮김(이산, 2004), 31~40쪽.

인 차원으로 소외시키지 않으면, 탁한 현실과의 대립 구도 자체를 형성할 수 없기 때문이다. 문학은 억압하지 않으며 바로 그런 이유로 억압을 밝혀 낸다는 김현의 다소 신화화된 명제는 그러한 철저한 소외를 통해서만 정당화되는 일종의 도피일지도 모른다. 그 도피는 문학사를 치료했지만, 문화 병동에 묶였다. 식민화된 주체가 자기를 표상하는 일에 착수할 때, 비록 그것이 문학일지라도 전위를 희망하는 언어는 필연적으로 식민 지배자의 가장 빠른, 가장 멀리 간 언어와 관계를 맺을 수밖에 없다. 바로 이러한 전위적 관심에 의해 피식민자 집단에 의한 문학은 식민 본국의 문자 문화로의 진입을 보장받게 된다. 그것은 결탁도 무엇도 아닌 의지의 교차이다. 주변성 극복이 그러한 과정을 통해 이루어진다고 할 때, 문학의 적극적인 소외는 비록 그것이 도피가 아니라 적극적인 행동과 반복의 산물이라 하더라도, 문화의 방기라는 뜻하지 않은 결과를 노정하고 만다. 문학사 병동을 치유하던 문학 혹은 비평은 문화라는 새로운 병동에 도착했고, 그후 30년이 지난 지금 비평은 오히려 문화를 꿈꾸며 어떤 클리닉을 희망하는 것 같다. 김현이, 혹은 그를 사랑하는 많은 사람들이 지금 쓰고 있을 가면의 면면들이 많이 궁금한 것은 이 때문이다.

(2004년 겨울)

차이와 반복
—— 회통, 민족적 기억과 코스모폴리탄적 문체

회통의 본의, 무엇이 회통케 하는가 —— 이 한편의 풍자로부터

태허의 지경에 서서

　새로운 '문학' 교사의 임명이 있었다. 「의산문답(醫山問答)」의 말투를 조금 흉내내 보자면, 함자는 회통(會通)이라 한다. 리얼리즘과 모더니즘, '문'과 '학', '창작'(없는 비평)과 '비평'(없는 창작)의 제교(諸敎)가 여기에 와서 편벽함이 없이 하나로 모이며, 제씨의 사유들이 또한 여기에 이르러 서로 통한다. 시절로 말하자면 우리는 1980년대와 1990년대의 양변을 여읜 셈이 되는데, 이들 역시 교사였으되 거의 반면교사로서 그러했다. 멀리서 왔다. 알다시피 호명이란 늘 시대적인 법이어서, 오늘의 시무(時務)가 그를 청했다 한다. 잘은 몰라도 동아시아 혹은 동아시아 서사가 저 먼 데서 회통의 사유를 구한 듯하다. 아니 그 반대로 회통의 사유가 1980년의 맹목과 1990년의 공허를 통과해 동아시아 서사에서 하나의 문학적 진경을 드러낸 것인지도 모른다.
　아직 이것은 법(法)도 학(學)도 아니며 일종의 시무인데, 그래서인지

『제3의 길』의 문학적 술어 혹은 동아시아 거점 국가론에 의거한 한반도 통일론에 대한 문학적 응답쯤으로 오해되기도 한다. 서로 다른 것들의 막힘 없는 조화라는 의미에서 다문화·다언어주의적 실천과도 유사해 보이지만, 각각의 사유들이 종국에 있어 하나로 꿰인다는 점에서 회통은 다(多)가 아니라 귀일(歸一)의 사상이다. 역(易, rans)자 항렬의 문화적 실천이나 묶어 평하기 좋아하는 사류(史流)들의 통매(痛罵) 취향과도 혼동하지 않기를 바란다. 각개의 사유들이 본질에서 만나는 것이고 조화된 사실은 그 결과일 뿐이기에, 트랜스 크리틱이나 트랜스 컬처 스터디와 같은 약호 전환(transcoding)과는 근본적으로 구분된다. 회통은 벌(伐)하지 않고 취(取)하는데, '집(集)'이 아니라 '달(達)'을 위함이 많다. 회통이라 잠칭된 이 교사의 말들은 정합적 틀과 술어들이 마련되지 않은 시론으로서, 기성의 담론 질서 속에서라면 일종의 중도론으로 비칠 수 있겠으나 잘 보면 이러한 다중성이 결국 일자(一者) 혹은 태허(太虛)와 같은 근본주의적·비교적(秘敎的) 표상들로 귀일함을 능히 깨달을 수 있다. 많은 사람들이 회통에서 변증법을 떠올렸을지도 모르겠다. 그러나 정(正)과 반(反)의 쟁(爭)을 통해 합(合)을 구하는 변증(辨證, dialect)과 달리, 회통은 정과 반이 대립할 때 오히려 정과 반이 가지고 있는 근원을 꿰뚫어 보아 이 둘이 둘이 아니라는(不二) 것을 체득하는 행위, 경지라는 의미에서 서양의 변증법과는 참으로 다른 것이다.

마침 『주역』에는 회통의 진심을 알게 하는 구절에 있어 대략의 이해를 얻을 수 있다. 초출용례주의(初出用例主義)로 이론의 진심을 범하는 일 따위를 하고 싶지는 않지만, 진심을 드러내기 위해서라도 출처를 따지지 않을 수 없는 노릇이다. 「계사전」(繫辭傳) 상편의 잘 알려진 다음과 같은 말 뒤에 회통의 한 줄기 본의가 서려 있다.

形而上者 謂之道 形而下者 謂之器. 化而裁之 謂之變 推而行之 謂之變

推而行之 謂之通 擧而措之天下之民 謂之事業 …… 聖人 有以見天下之動 而觀其會通 以行其典禮 繫辭焉 以斷其吉凶 是故 謂之爻

——『周易』「繫辭傳 上」 제12장

형체가 나타나기 이전의 상태를 도(道)라 하고, 형체가 나타난 이후의 상태를 기(器)라 한다. 기(器)를 도의 입장으로 승화시켜서 마름질하는 것을 변이라 하고, 기를 미루어서 기의 참모습을 행하는 것을 통(通)이라 하며, 들어서 세상 사람들에게 사용하도록 놓아 두는 것을 사업이라 한다. …… 성인이 천하의 움직임을 보고, 그 모여(會) 막히지 않고 이르는 것(通)을 살펴, 그 전례를 행하며, 말을 꾸미며, 그 길흉을 판단하는 것이다. 이러하므로 효(爻)라 하는 것이니…….[1]

회통 그 본의, 그 변통

"形而上者 謂之道 形而下者 謂之器"라는 말은 두말 할 것도 없이 여말에서 조선까지 문학을 통어했던 문자재도지기(文者, 載道之器)론의 근본 전제이다. 오랫동안 문(文)이란 도를 싣는 그릇(載道之器), 혹은 도를 꿰뚫는 그릇(貫道之器)으로 이해되었고, 문학이라는 심급에 있어서 이 녁자는 대체로 기(文學)의 도(儒學)에 대한 종속성을 표시하는 말로 인식되었다. 정주(程朱) 이래로 도기일치(道器一致)의 사유가 없었던 바가 아니요, 율곡 이래의 이기불리(理氣不離)설 역시 유구했지만, 기에서 도를 구상하고 기를 미루어 도의 참모습을 재설정하는 문학의 사무는 기의 승함으로 도를 가려 버릴 수도 있기에 순(順)이 아니라 역(逆)으로 간주되

---

1) 통(通)은 달(達:이르다)이다. 견(見)은 인간의 가치적 판단이 전제되지 않는 일종의 순수 직관적 '봄'이고 관(觀)은 인간의 의미 해석이 전제되어 있는 것으로서의 '봄'이다. 子曰 視其所以 觀其所由 察其所安 人焉廋哉 人焉廋哉(『論語』「爲政」 10)에 보면 視, 觀, 察의 뉘앙스가 다 다르다.

기 쉬웠다. 문(文)은 현실 세계(天下之動)에 대한 직관(見)이라기보다 도(道)의 드러남(顯)이었고, 당연히 문학을 통해 본체적 국면(太極, 仁, 理 등등)을 궁구한다는 이해는 수양론(修養論)과 관련해 극히 제한적으로 승인되었다. 도와 기 사이의 변통과 그 결과로서의 회통은 성인의 수양에 맡겨져 있는 것이어서, 그 사이의 매개 영역·매개 제도는 존재하기 힘들었다.

'회통'의 내포는 복잡하다. 전례(典禮)를 일단 고대의 정치 행위로 해석해 본다면, 정치의 근간이 되는 기율은 말을 꾸밈(繫辭)에 의해서 제시된다. 회통은 천하의 움직임과 전례(政治), 계사(言語)를 이어 주는 활동인데, 會는 '모이다'라는 뜻으로 풀 수 있고, 通은 '모인 것들이 다투지 않고 소통되어 있다'는 의미이다. 주자의 『주역본의(周易本義)』에 따르면 "회(會)는 리(理)의 모여 남김이 없는 곳을 이르는 것이고, 통(通)은 리(理)가 행해지면서 막히는 곳이 없는 것"[2]이다. '남김이 없다는 것'은 진리가 보편적이므로 '남김이 없다'는 것이고, '막히는 곳이 없다'는 것은 이 보편이 특수한 것들의 총합 속에 나온 것이므로 그 적용에 있어 막힘이 없다는 것이다. 호병문(胡炳文)은 주자의 해석을 '모이지 않으면 리(理)에 있어서 남겨지고 빠진 것이 있으니 어떻게 통할 수 있겠는가! 통하지 않으면 리(理)에 있어서 막힘이 있을 것이니 어떻게 행해질 수 있겠는가! 통(通)은 시중(時中), 때에 따라 알맞게 한다는 것이고 전상(典常)은 일상이다."[3]라고 푼다. 일상의 "때에 따라 알맞게 한다."(時中)라는 강조

---

2) 會 謂理之所聚 而不可遺處; 通 謂理之可行而无所礙處, 如庖丁解牛. 會則其族而通則虛也. 주자가 예로 든 '庖丁解牛'(백정이 소를 解體하다)는 장자의 유명한 우화 중 하나이다.
3) 胡氏炳文曰, 不會則於理有遺闕 如之何可通, 不通則於理 有窒石疑 如之何可行, 通是時中 典常是庸.(『周易折中』) 庸은 원래 일상, 평범이란 의미다. 이는 『中庸』에서 "진리는 잠시도 (현실과) 떨어질 수 없나니 떨어질 수 있다면 진리가 아니다."(道也者 不可須臾離也 可離 非道也)라고 한 의미의 연장선 상에 있다.

에서 보이듯이, 오늘의 말로 하자면 회통이란 보편과 특수가 서로 통해 있는 상태와 경지를 총칭한다고 보아도 좋을 것이다. 그렇다면 오늘의 회통은 어떻게 모두고 어떻게 통하게 하고 있으며, 얼마나 남김없이 해나가고 있는 것일까.

최원식의 『문학의 귀환』이라는 책자에 나오는 '회통'의 용례는 대체로 '이르다(達)', '비다/시원하다(虛)'[4], '하나다(歸一)'의 세 가지이다. 그리고 이 세 가지 의미는 각각 (최량의) 창작, (경계를 넘는) 연구, (복안 다음의) 이론(비평)에 배당되어 있다. 본디 통(通)에는 '이르다'(達)라는 뜻이 있는 바, "모여 막히지 않고 이르는 것"이라고 할 때의 '통'은 곧 달(達)이다. '각각이 모였고, 이들이 단순히 모인(集)인 것이 아니라 어떠한 지경에 '이르러 통했다'(達/通)는 것이다. 이를테면 "최고의 작품들이 생산되는 그 장소에서는 이미 리얼리즘과 모더니즘이 회통의 경지에 이른 것"(58쪽)이라는 표현은 그 전형적 용례이다. '이르다'는 어떤 '경지'를 표시하며, 이 책 전체를 통해 "최량의 작품"과 그 성취를 설명하는 데 쓰이고 있다. "김수영이야말로 최량의 작품들에서 통상적 모더니즘과 통상적 리얼리즘을 가로질러 그 회통에 도달하는 경지를 보여 준 보기 드문 시인이었던 것이다."(52쪽)

'비다/시원하다(虛)'의 용례에서, 강조는 '통(通)', 즉 연구의 '실천'(時務/事業)적 측면에 걸려 있다. 이 용례는 회통적 연구의 시준이자 결과로서 문학 연구의 분업 구조를 비판하는 데 쓰였다. 전체(거대 담론)와 부분(착실한 전문성)의 균형을 강조할 때 처음 등장하는 이 용례는, 예컨대 "회통적 협업 의식"(109쪽), "통학문적 교양과 트인 시야"(108쪽), "칸막이를 헐고 시원한 바람이 소통하는 장소로 만드는 작업의 중요성"(116쪽)과 같은 표현을 낳는다. 이 요청은 온전히 학문의 일에 가깝다. 당면

---

4) 會則其族而通則虛也. "會는 그 모인 것이고 通은 그 비어 시원한 것이다."(『周易本義』)

한 문제의 극복과 연구의 과제로 회통의 시야를 말한 이유가 여기서 드러나는데, 회통이 '빈/시원한(虛)' 장소에서의 일이요, 분과적 모나드들의 집적 상태를 뛰어넘으려는 태도인 까닭이다.

마지막으로 회통에는 각개의 사유가 그 본체에 있어서는 '하나다', '하나로 된다(歸一)'라는 뜻이 내포되어 있다. 그러나 아직 제3의 이론적 준거점이 분명치 않은 한에서, 이 용례는 비평이 견지하는 복안의 시야를 통해 "담론의 형이상학화를 경계하는 비평 정신을 회복"하라는 요청, 그렇게 하기 위해서는 일차적인 귀일의 장소로 "구체적인 또는 단독적 작품을 지향"(강조:필자)하라는 요구로 나타난다. 이 최량의 단독적 작품은 궁극적으로 근대의 성취와 극복에 관계되어 있으며, 이론 비평에 있어서 "'리얼리즘'과 '모더니즘'의 회통은 이중 과제의 해결을 향해 나아갈 내(최원식:필자) 미숙한 정신의 일차적 거처다."(59쪽) 회통이 시무라고 말했지만, 실상 단독자에 적중되는 회통은 이론의 경지이지 구구한 설명이 아니다.

비평의 근대성과 비평의 주술성

본격적인 논의의 시작을 위해서는 우선, 회통이 왜 자신의 역사적 국면으로부터 분리되어 지금 여기에 도착했을까, 라는 질문이 없을 수 없다. 변통의 사업을 이야기했거니와, 회통은 세계의 움직임(天下之動)을 직관(見)함으로써 담론적 실천(繫辭)을 감행할 수 있게 하는 활동이자 정치적 행로를 진단하는 매개적 행위이다. 도와 기, 세계와 정치, 담론과 이데올로기 사이에 '회통'이 있다. 이 지점에서 문학의 영역에서 어떤 경지를 설명하고, 이를 요구할 수 있는 술어를 가진 것이 무엇인가라는 질문을 던져 볼 경우 비로소 '회통'이 귀환하게 된 전말이 조금 드러난다. 회통은 문과 학을 뛰어넘는 '문학'을 민족적·동아시아적 유산으로 소급하면서 비게 된 비평의 자리를 구상하며, 비평의 정의로서 새롭게 기억된 것이다. 회통은 비평의 아호(雅號)이다.

회통이란 무엇이며 누가 회통케 하는가. 무엇이 있어 회통의 지경을 알아보고, 이를 미루어 진리에 통하게 할 것인가. 문과 학, 창작과 이론, 자연과 자유 사이의 "아슬아슬한 균형"(41쪽)을 담당하는 자는 누구인가. 문학과 정치의 "광증과 같은 혼돈을 생생한 지적 통어력으로 갈무리"(138쪽)할 수 있는 자 누구인가. 이러한 질문의 함의들 속에서 유추해 보자면 회통은 틀림없이 문과 학, 기와 도, 창작과 이론 사이의 제3능력을 표시하기 위해서 구상된 영역이자 경지이다. 우리가 '회통'에 직면해서 특수와 보편의 합목적적 매개라는 예술 철학의 기본 명제를 떠올린다고 해도 이상한 건 하나도 없다. 판단력 혹은 비평이야말로 그렇게 할 수 있는 제3능력이자 극히 근대적인 제도이기 때문이다. "비평 담론 안에 갇힌 리얼리즘/모더니즘 논쟁을 창작 측으로 방(放)하"(56쪽)는 장소로서의 "구체적인 또는 단독적인 작품"이라는 영역은 칸트가 말한 반성적 판단력이 비롯되는 곳이다. 베르그송에 이르러 '순수직관적 봄'(見天下)이라는 헌사에 도달한 예술의 권능이 근대적 배치를 완성한 것도 바로 이 제3능력으로서의 판단력과 판단력에 의한 예술의 정당화 때문이다. 예술은 진리를 향해 마름질하는 행위이면서, 그 자체는 늘 소여처럼 제시되고, 기성하는 진리의 입장에서는 자주 잉여로 간주된다. 그러나 이 잉여에 처한 '막힘'에서 다시 진리의 말을 본체에 비추어 재구상하고, '진리'의 입장에서 이 잉여를 남김없이 하는 작업은, 작품의 몫이 아니라 비평의 몫이다.

회통이라는 말이 최원식다운 근대적 사유틀과 '문학'과 '학문' 사이의 경계적 입사점에 있는 그 자신의 처지와 신념에서 나온 매우 전형적인 진술이라는 것을 아는 것이 중요하다. 최원식은 비평의 본의, 판단력의 본의에 극히 충실하다. 최원식의 1980, 1990년대 비판이 정히 칸트적인 종합 속에 정리되는 것은 결코 우연이 아니다. 1980년대의 리얼리즘 편향과 1990년대의 모더니즘 편향을 각각 맹목, 추상과 허무, 환멸로 파악하는 관점도 그러하거니와 "아공(我空)의 허무와 아상(我相)의 집착의 양변을 여의고 개인을 탈구축적으로 재구축하는 복안(複眼)의 시각을 견지"(65쪽)하자는 담론 체계에 이르고 보면, 그의 리얼리즘과 모더니즘, 학과 문에 대한 이해가 거의 관념론과 경험론에 대한 비판 테제들에 근사함을 알게 된다. "80년대 혁명 문학에 세계로 나아가는 자기의 통로가 생략되었듯이 90년대에 특히 두드러진 골방의 심리주의는 세계와의 소통 회로를 봉쇄한다."(17쪽)는 표현에서의 골방과 거리의 환유, "'대설'로 80년대 소설에 대한 반동 속에 '소설'로 떨어진 90년대 소설"이라는 표현에서의 추상과 환멸의 양변은 필연적으로 어떤 소통의 사업을 필요로 한다. 여기에 바로 판단력의 근대성, 근대적 사유 체계 속의 제3능력을 통해 비평의 위상을 되돌려 주려는 최원식의 고민이 있었다고 본다. 『문학의 귀환』을 비롯한 최근의 그의 글월들은 본질적으로 비평의 근대적 위상을 향해 마름질된 텍스트이다.

민족적 혹은 동아시아의 기억에 의해 발굴된 도기(道器)의 틀에서는 애초부터 비평의 자리가 부재하는 바, 굳이 최원식이 저 멀리서 '회통'을 불러낸 진심에는 "주관과 객관의 속절없는 분열"(175쪽), "문과 학 사이의 지루한 편향"(41쪽), "모더니즘에 의한 리얼리즘의 극복"(56쪽)이라는 형용 모순을 넘어서 보려는 나름의 비평적 야심이 자리하고 있다. 이 야심이야말로, 미적 영역에서 정치와 앎, 아름다움과 쓸모를 동시에 구상하는 근대적 인간들의 한 줄 지렛대이지만 문제는 그의 비평적 야심이 민족적 기억과 관련해 해명 불가능한 주술들로 작용할 때이다.

단적으로 말해 "반성적 판단력이란 객체를 개념에 의존함이 없이 만족과 미라는 술어와 관련해서 규정하는 것"(§9:31)[5]이라고 할 때 이 장소

---

5) 임마누엘 칸트, 『판단력비판』, 이석윤 옮김(박영사, 1996, 중판).

에서 리얼리즘·모더니즘의 대립과 지양은 극복되거나 통합되는 것이 아니라 괄호 안에 넣어진다. 그와 동시에 회통이라는 비의적 술어가 유일한 매개 영역으로 등장하며, 바로 그 "단독적 작품"을 매개로 여타의 모든 계사(繫辭)를 수행하게 된다. 그것은 현존하는 모든 비평적 술어를 괄호에 넣음으로써, 아무것도 설명하지 않으면서 무엇이든 적시할 수 있게 된다. 『문학의 귀환』에서 최원식이 제시한 '문학'의 귀환이란 요컨대 "창작된 작품의 총체와 그에 대한 학구를 동시에 지칭"하는 말이었던 바, "'문학'과 '문학'을 넘어서 문학으로!"(41쪽)라는 선언적 언명에는 일단 문과 학이 분리된 서양 근대문학론에 대한 대타 주제적 설정이 엿보인다. 그러나 이와 같은 회통과 귀일의 입론은 "양자가 제각기 자기의 본질로 귀환"(41쪽)했을 때의 경지이자 그에 대한 요청적 활동인 까닭에, 그 과업을 구상하는 말들(繫辭)은 정히 비의적·선언적인 것이 아닐 수 없다.

변증법적 종합이 지양을 통해서 지양되는 것을 보존하는 통합과 상승의 과정이라고 할 때, 회통론은 분명히 통합의 요구는 있으되, 해명적 술어들이나 방법은 부재한다는 점에서 반(反)변증법에 가깝다. "'리얼리즘'과 '모더니즘'의 회통"에서 적시되는 회통의 방법으로서의 '작품'이란 리얼리즘·모더니즘이라는 주어진 개념을 무화시킴으로써 혹은 판단 정지시킴으로써 기억되며, 그러한 한에서 개념은 언제나 넘어서기 전에 무화된다. 판단의 결과 작품이 오롯해지는 것이 아니라, 판단 이전에 작품이 전면화된다. "리얼리즘과 모더니즘의 회통"이 혹 근대 비평이 비로소 성립시킨 반성적 판단의 공간과 논리적 절차를 거꾸로 수행하는 방법론이 아닌지 깊이 우려된다. 회통은 늘 특수한 현재성 안에서 벌어지는 절대적 사건으로 체험되며, 역사 또한 대단히 외재적인 계기에 불과하다. 회통이라는 전회의 언어는 늘상 "넘어서는 순간", "비월하는 찰나"와 같은 표현에 기대어 있으며, "작품" 속에서의 회통이란 늘 단독적이고 유일무이한 계기이다. 넘어서기 전에 무화되고, 창안되기 전에 기억된다.

회통의 진지(陣地), 어디에서 '탕탕평평'케 하는가—회통의 실천적 차원

회통, 그 불운의 정치학—위기의 이론에 대해

그런데 왜 하필 그토록 멀리 있던 '회통'으로부터 구한 것일까. 기억이란 언제나 선택적인 동시에 배제적이다. 비평이 없었던 곳에서 비평의 정의를 창안해 내는 고도의 기억력이 기념한 것은 무엇이며, 지워 버린 것은 무엇인가. 우리는 늘 우리가 무엇이어야 할지에 대해서는 골똘하지만 무엇인지에 대해서는 대체로 헐렁하다. 그 헐렁함에 무엇이 있는가. 회통이 비평의 아호라고 했을 때, 이 아호를 부르고 기억하는 행위 속에서 배제되는 '비평'의 또 다른 이름들은 무엇일까. 결과적으로 말해서 회통이라는 비평의 아호를 부르는 행위는 민족적 기억에 의해 추동되며, 그것에 의해 호명되는 것은 거의 예의 그 '비평=리얼리즘·민족문학'의 자기동일성을 벗어나지 않는다. '문학의 귀환'이 종래의 문사철(文史哲)론에 개입된 복벽주의(復辟主義)적 취향과 유지하는 거리는 최원식의 생각처럼 넓지 않다. 개화나 자강, 유신 따위의 말을 『주역』에서 찾아내는 인식 구조란 얼마나 보수적인 것, 민족주의적인 것(예컨대 '한국적' 민주주의로서의 유신(維新)으로 낙착되기 쉬운 문제 설정이었는가. 유불선 회통의 화랑도가 호전적 상무 정신으로 전환하는 데에 얼마나 많은 시간과 자상한 논리가 필요할까. 흔히 한자 표상으로 기념되곤 하는 민족적 기억이란 것이 얼마나 유령적인 보편성이었으며 폭력적인 특수성이었는가를 우리는 한국 근대사의 '기억법'을 통해 절실히 경험했다.

'따라잡기'로서의 근대화에 대한 대항 주제로서 설정된 민족 담론에의 요청과 그것이 찾아낸 선택적 기억들이 이처럼 악의적 방식으로도 재귀했다고 할 때, 귀환된 말에서 중요한 것은 기원이 아니라 책무이고 맥락이다. 그러니까 우리는 회통이란 무엇인가라고 물을 것이 아니라 회통은 무엇이 '되었으며' 무엇이 '될 수 있는가'라고 물어야 한다. 어사(語辭)의 해명이란 화쟁의 한복판에서는 처절한 정명(正名)적 사고를 요구하지만 시대에서 시대를 건너는 어사의 귀환에는 분명 "말을 바루는 일"(正名)보다 더 중요한 호명의 근거와 실천적 쓸모가 있는 법이다. 최원식이 자주 사용하는 '회통'의 불교적 뉘앙스에 그 귀환의 근거와 해명의 열쇠가 있다.

육당 최남선의 「조선 불교―동방 문화 사상에 있는 그 위치」(《불교》74호, 1930. 8)라는 잘 알려진 글 이래로 원효에까지 소급된 한국 불교의 통(通)불교적 정의는 그 자체가 제국주의에 대한 민족주의 담론의 성격을 포함했던 바,[6] 화쟁·통일·원융·총화와 같은 표현들은 민족적 기억하기의 일부였다. 최원식이 '회통'의 정의로 전면화한, 정혜쌍수와 화엄의 논리도 그러하거니와, 원효의 『대승기신론소(大乘起信論疏)』에 등장하는 일심(一心) 역시 한국 불교가 만법귀일(萬法歸一)의 회통 불교였음을 증명하는 신념에 찬 논거였다. 기억의 선택과 각인이란 정체성(identity)을 지탱하는 필수적 요소인 바, 이렇게 귀환된 공적 기억이야말로 민족적 정체성을 구성하는 핵심 요소이다. 집단의 존엄을 위해 선택된 민족적 기억(national memory)은 서로를 본 적도 들은 적도 없는 사

---

6) 심재룡, 「한국 불교는 회통 불교인가」, 《불교평론》 2000년 여름호; 길희성, 「한국 불교 정체성 탐구」, 『한국 종교 연구』 제2집(서강대 종교연구소, 2000). 회통불교론 = 민족 담론이라는 견해에 대한 비판으로 이봉춘, 「회통불교론은 허구의 맹종인가―한국 불교의 긍정적 자기 인식을 위하여」, 《불교평론》, 2000 겨울호.

람들에 의해 공유되어 상상 공동체의 전통으로 각인된다.[7] 회통은 민족적 정체성의 틀 안에서 선택되고 각인된 기억이다. 한국 불교의 우수성으로 재각인된 '회통'이 내셔널 메모리의 일종이라는 사실, 회통의 귀환에는 이 민족적 정체성에의 요구가 개입되어 있다는 사실을 지적하지 않을 수 없다. 실상 그 용례가 무척 많고 유불도(儒佛道) 3교에 걸쳐 있는[8] 회통의 용례가 후대에 이르러 정학적 교정 욕구보다는 기왕의 담론들에 대한 매개적 활동을 표시하는 말로 주로 쓰였음을 상기할 때,[9] 하필 회통불교론에 귀속하는 '회통'의 내포는 '민족적 기억하기'에 다름 아니다.

회통의 역사적 맥락과 관련된 또 하나의 문제는 한국사 속에서 '회통'론이 제기된 정황들이다. 결론부터 말하자면 정히 수세적이었다고 할 수밖에 없다. 회통의 이념적 내포가 유불도 3교에 모두 걸쳐 있다는 것은 이 어사가 삼교 회통론(三敎會通論)과 같은 방식으로 주창될 수 있음을 암시한다. 그 내면 논리는 '본질적으로 같다'는 사실에서 현실적인 다름에 집착하지 말라는 것인데, 이는 편당에서 패퇴하고 위기에 처한 이념들이 스스로를 당대에 입법하는 이념에 의탁해 구하려 했던 사정을 잘 보여

---

7) John R. Gillis, *Commemmoration: the politics of national identity*』(Princeton Univ., 1994), 서문 참조.
8) 『주역』의 특성상 이 회통의 의미는 매우 본체론(本體論)적으로 사용되었고 후대에 불가(佛家) 등에서도 이런 맥락에서 사용했다. 그러나 어느 쪽이 먼저인가는 애매하다. 주자가 송나라 사람이므로 이러한 본체론적 의미의 회통을 불가보다 먼저 썼다고 하기도 어렵고, 그렇다고 불가가 주역의 논리를 차용하지 않았다고 하기도 어렵다. 『주역』이 원래 도가(道家)의 전적이었다는 설도 있는 바, 선후나 기원을 확정 짓기는 어려울 것이다.
9) 변통과 회통의 매개적 성격에 대해서 언급했듯이, 후대에는 오히려 본체적인 개념보다는 매개적이고 설명적인 논리로 사용되어 왔다고 보는 편이 옳을 것이다. 『대전회통(大典會通)』이니 『마과회통(痲科會通)』이니 하는 책자의 서문에는 으레 "한 부(部)로 회통(會通)하는 책이 없었다"라는 말이 나오고 있으며, 『다산시문집』의 「대책(對策)」문에도 보면 "주자(朱子)에 이르러서는 집대성(集大成)하여 회통(會通)시키고 대일통(大一統)하여 거듭 창건해서 천고(千古)를 능가하고 우주를 포함시켰다."라는 표현이 보인다.

주고 있다. 이를테면 불가의 시대인 고려조를 통해서라면, 유학자들이 스스로의 사유를 불교적 사유 속에 이해 가능하고 비대립적인 것으로 인지시키기 위해 불가와 유가가 서로 통한다는 '회통'을 주장했고, 조선조에서라면 당연히 불가 쪽에서 유가 쪽을 향해 회통의 사유를 요청했다.[10] 현실적으로 보아 회통의 귀환은 어떤 이념의 위기를 표시하며, 회통이란 주류의 사유에서 놓여난 어떤 사상이 당대에 처하는 난처한 입장을 방어하는 수사였다고도 할 수 있다. 이는 유학자들 내부의 대립에서도 마찬가지여서, 이를테면 "이단(異端)의 해악은 그 종지(宗旨)에 뿌리가 있고, 유자(儒者)의 해악은 편당을 비호(庇護)하는 데서 일어나니, 잘 추측할 수 없다면(옳음을 잴 수 없다면) 어찌 회통(會通)할 수 있겠는가."[11] 하는 통탄을 드물지 않게 볼 수 있다. 회통 이 두 자인즉슨, 어떤 의미에서 혜명(慧命)과 붕당 전승의 궁벽한 진지(陣地)였다.

요컨대 적어도 현실적 전략으로서의 회통은 탕평(蕩平)의 언어이면서 진지의 언어였다. 그러니까 좀 비약하자면 혹, 회통의 귀환에는 리얼리즘, 민족문학, 근대 비판의 어떤 위기가 작용하고 있는 것이 아닐까. 부재하는 텍스트―변동하는 정치의 끄트머리에서 리얼리즘과 민족문학의 운명이 바로 이 화쟁과 회통의 수세적 국면에 도달한 것은 아닐까. 단적으로 말해 리얼리즘, 비평, 민족문학, 국문학의 위기가 없었다면 '회통'이 저 3교의 봉인 밖으로 튀어나오는 일이 있기나 했을까. 1990년대를 (의) 모더니즘 혹은 (포스트)모더니즘의 압도로 규정하는 최원식 비평에게 주어지는 질문으로서는 당연하다 하겠다. 강조되어야 할 것은 『문학의 귀

---

10) 예컨대 조선초 기화(己和)는 불교 내에서의 화쟁론을 확대해 유교와 불교의 화쟁을 도모했고, 『현정론(顯正論)』, 『유석질의론(儒釋質疑論)』 등을 저술하여 억불의 부당성과 함께 유불도 3교의 회통을 천명했다.
11) 異端之害 根於宗旨 儒者之害 起於護黨 不能推測 何以統悉. 최한기(崔漢綺), 『氣測體義』, 「推測物事」편 중 '辨異同之害'.

환』이 '회통'을 통해 확보하고자 했던 진지는 여전히 리얼리즘 비평, '민족문학', 국문학의 주류성·주도성이었다는 사실이다. 회통은 소리 높되, 진지는 단단하다.

탕탕평평의 당파성 — 세계 무의식이 복제한 이론들

위기는 더 단단한 최소한의 진지와 전략의 재설정을 위한 잠정적 거처를 요구한다. 일견 두루뭉실해 보일지 몰라도, 회통의 사유는 거의 위기의 담론에 근사한 무엇이었다. "리얼리즘과 모더니즘의 회통"이라는 그 자신 정히 곤혹스러웠을 문제 제기가 갖는 함의는 리얼리즘과 민족문학의 위기 없이는 절대 발설될 수 없는 입론이다. 작품으로 돌아가자는 말은 (순정 리얼리즘적) 작품이 희소하다는 말의 형용일 수 있다. 회통이 위기의 담론, 정신의 잠정적 거처라는 것은 비평의 인용에 거의 둔감했던 최원식이, 진정석의 "모더니즘에 의한 리얼리즘의 극복론"을 특기하고 있는 정황과 그에 대한 충격의 소회를 피력한 장면에서도 확인된다.

『문학의 귀환』에 대해 진영의 무장해제론이라는 비판이 없지 않았던 것으로 알지만 사정은 반대이다. 리얼리즘과 모더니즘의 회통을 주장하는 최원식의 리얼리즘·모더니즘 이해는 양자 중 한쪽이 극히 부정적으로 설정된 극복의 대상임을 숨기지 않는다. 그것이 의식적이든 무의식적이든 리얼리즘 앞에는 늘상 '창조적인, 진정한, 최량의, 소름 끼치는'이라는 수식이 따라다니며, 모더니즘의 앞뒤에는 '광의의, 바깥을 향해, 속류적, 압축 성장적 이식'이라는 표현이 거의 습관적으로 배치된다. 김정한을 평하며 발화된 "모더니즘에 곁눈도 주지 않은 건실한 리얼리즘의 길"(229쪽)과 같은 평가도 그중 한 사례일 것이다. 황지우의 『오월의 신부』는 "모더니즘의 바깥을 향해 치열하게 포복한 고투의 흔적"이기에 승인되는 데 비해, 황석영의 『오래된 정원』은 "마술이라는 관형어조차 싱거운, 소름 끼치는 리얼리즘"이다.

1930년대 모더니즘에 대한 흥미로운 분석인 「서울·東京·New York」과 같은 역사주의적 분석은 오늘의 리얼리즘을 설명하는 데에 이르러 거의 마술적인 것으로 돌변한다. 리얼리즘적 성취(수없이 반복되는 무훈으로서의 "무르녹은 솜씨"의 그것들)의 지난했을 과정은 "자궁, 웅녀의 동굴, 요기(妖氣), 귀기(鬼氣), 환골탈태의 마술" 등의 헌사로 압축 제시된다. 모더니즘은 구조이지만 리얼리즘은 가치이다. 들뢰즈의 말처럼 머리는 교환의 기관이지만 가슴은 뜨거운 반복의 기관이라고 한다면, 리얼리즘이야말로 최원식에게 가장 "뜨거운 반복"으로 경험되는 영역이다. 그렇다는 것은 감동을 표시하고 노고를 치하하는 가장 대표적인 어휘인 "찌르는 듯" 한, "앨쓴"과 같은 술어의 반복이 거의 리얼리즘의 아우라에 맺혀 있음을 상기시킨다. 리얼리즘은 마음이고 심장이며 감동은 구체적 통증으로 온다.

최원식이 이해하는 '모더니즘'의 전말은 현대성을 둘로 구분해, 각각의 당파성과 문학적 지향에 연결시키는 장면에서 가장 극적으로 나타난다. 좌파의 현대를 사회주의 리얼리즘으로, 우파의 현대를 모더니즘으로 분할하는 방식이 그것이다. 이는 기본적으로 모더니즘 = 서구 근대 자본주의 내적 시도, 리얼리즘 = 근대 자본주의를 넘어서는 시도라는 백낙청의 모더니즘 이해(「모더니즘에 대하여」)를 전칭(全稱) 명제화한 것이다. "자본주의를 역사의 종말이라고 여기지 않는 사람이라면, 모더니즘에 의한 리얼리즘의 극복이란 근본적으로 성립할 수 없"다(56쪽)는 확신은 너무도 견고해서, 왜 그토록 많은 모더니스트들은 동시에 사회주의자였으며, 왜 그토록 가혹하게 추방당한 아방가르드들은 사회주의마저 비판했으며, 왜 보들레르는 그처럼 '댄디'를 다르게 이해할 수 있었을까, 라는 질문이 개입될 여지마저 없어 보인다. 만약 모더니즘에 대한 평가의 사정이 이러하고, 바른 교사와 엇나간 학생의 분할이 이처럼 선명하다면, "지혜의 상호 교육!"이란 요구는 전적으로 교사의 아량에 맡겨질 수밖에 없다.

모더니즘 비판이 본질적이라면 리얼리즘 비판은 옥들에서 발견되는 '티'에 한정되어 있다. 리얼리즘에만은 무정하지 못한 진지의 언어는 실제 작품을 대면하는 순간 종종 회통의 본의를 견지하지 못할 때가 많다. 모더니즘에 대해 해체적인 '포정(庖丁)의 칼'이 리얼리즘에 대해서는 봉합적이라면 '회통으로서의 비평'적 작업은 구체적 대상에 처해 균열하고 말 것이다. "서구 근대극의 상자갑 무대에 너무 충실하다."(72쪽)라는 말이 유보의 언어로 쓰인 데 비해, "마술이라는 관형어조차 싱거운, 소름끼치는 리얼리즘"(75쪽)이라는 언어는 평가의 최고 등급을 표시한다. 마당극과 같은 민족적 장르에 대한 애착과 리얼리즘적 경향을 그 자체 하나의 성취로 이해하는 편향들이 거의 무의식적으로 투영되어 나타난 결과일 것이다. 모더니즘은 압축 성장적 이식 과정의 총아이고, 리얼리즘은 아마 가치의 술어이고 판단의 언어이기 때문이다.

물론 최원식은 "리얼리즘 바깥에 모더니즘을 소극적으로 배치한다든가, 모더니즘으로 분류된 작품들 속에서 리얼리즘적 요소를 탐색하여 구제의 제스처를 취한다든가 하는 식의 통상적인 리얼리즘과 통상적인 모더니즘"(55쪽)을 적극적으로 거부한다. 진정 옳고 백번 동감한다. 그러나 만약 모더니즘은 모더니즘 '바깥으로 나가야' 하고 리얼리즘은 '진정해야 한다'면, 모더니즘 비판이 아무리 정교하다 해도 그 정교함은 리얼리즘에 대한 관대함으로 인해 편당적인 것이 되고 만다. 진정성(authenticity)에는 원본, 진품, 진실, 진짜, 정격(正格), 기원의 내포가 있는 바, 최량의 리얼리즘과 민족문학의 외연 주변에 배치된 이 이데올로기적 아우라는 여전하며, 그런 한에서 이 진정성에 의한 수식 구조 자체가 해석학적 권력과 권위를 전제한다.[12] '의모더니즘' 혹은 '(포스트)모더

---

12) Peter Kivy, *Authenticities*(Cornell Univ., 1995), pp. 3~5.

니즘'(괄호를 통한 등가화에 주의하라.)은 있으되, 의리얼리즘, 이식된 리얼리즘은 없다. 모더니즘에 대해서는 역사적·분석적이면서 리얼리즘에 대해서는 가치적·주술적인 한국 리얼리즘 비평의 오랜 관행들이 회통의 행보를 극히 제한적인 것으로 만들고 있다.

더구나 '동아시아'라고 표현된 회통 이후의 어떤 세계에조차 주류성은 여전히 리얼리즘과 민족문학적 담론 체계에 있다는 의혹을 떨치기 어렵다. 회통의 대의 속에서 '민족(문학) 담론'은 의식적으로 기피되어 있으되, 무의식적으로 승인되고 있다. 기피가 의식적이라는 것은 "민족문학이라는 용어를 가능한 자제"(41쪽)하게 만들며, 무의식적 승인은 회통의 주도성을 바로 그가 자제한 그 기표에 놓도록 한다. "나는 아직 리얼리즘과 모더니즘의 회통 너머를 짐작조차 못 하고 있다. 다만 서구 근대소설이 서사의 지혜적 측면을 대표하는 이야기의 죽음을 발진시킨 첫걸음이라는 벤야민의 지적을 기억하면서, 동아시아 서사에서 어떤 가능성을 예감하고 있기는 하다."(6쪽) 백낙청이 흔히 이야기하는 모더니즘 이후의 서구 문학의 타락과 좌초는 의심 없이 승인되고, "근대 자본주의 모순이 그 어디보다 오롯한 한국만이 리얼리즘으로 그 극복을 감행할 수 있다."는 정당화 방식도 그 외연의 확대가 있을 뿐 지속적이다. "밀수업자의 전성기, 1990년대 한국문학의 희극적 풍경을 상기할 때, 창조적 한국문학의 건설이야말로 21세기의 프로젝트의 핵이다."(32쪽) "자국 문학의 양질의 전통"과 "외국 문학에 대한 균형적 파악"(33쪽), 현재의 문학에 대한 완전한 청산의 감각이라는 삼위일체는 역사적인 듯 얼마나 비역사적으로 반복되는 테마인가. 괴테의 세계문학론을 민족문학의 주류성 아래의 세계문학, 혹은 동아시아론의 틀로 설명하는 태도는, 보들레르의 문학을 혁명 문학의 후일담으로 슬쩍 번안하던 한 젊은 평론가의 감각과 어쩐지 흡사해 보인다.

단도직입적으로 말해, 자기 동일적 민족 담론의 주류성·주도성의 욕망부터 해체할 필요가 있다. 그렇게 하지 않는 한 국문학 개념에의 의심, 문학 개념의 외재성(상대론적 접근들)을 재차 한자 표상의 기원론으로 소급해 버리는 식의 민족(nation)으로의 귀환이 반복적으로 일어날 뿐이다. 더 많은 타자들을 끌어들인다고 해서 '민족'이라는 자율성의 신화, '민족'이라는 절대적 기획이 해체되는 것은 아니다. 오히려 차이는 더 큰 강제에 의해 억압되고 은폐될 뿐이다. 동아시아론의 지정학적·경제적 맥락에의 비판이 없이 이를 가능성으로 놓는 방식의 결과는 자명하다. 주체 구성의 외적 계기-자기동일성 신화의 파산과 관련되어 있는『카게무샤』(구로자와 아키라)에서 오히려 "권력과 자신을 일체화하는 일본 민중의 국가주의적 경사"(387쪽)를 발견하려는 괴이쩍은 방식처럼, 최원식이 설정한 것과 같은 동아시아론의 구도 속에서 보자면 결국 거의 대부분의 '차이'는 '민족적 차이'로 환원되기 쉽다.

'민족'의 외연이 아무리 커져도 이것이 상호 모방적인 자기동일성들의 좀더 커진 합집합이라면, 그리고 그 자기동일성이 본질적으로 민족의 존엄을 위한 기억의 산물이라면 과연 동아시아론에 얼마만 한 가능성이 있을까. 보편 이론의 욕망 속에서 자기동일적 주체의 특수성을 고안하는 방식의 동아시아론의 미래는 그리 밝지 못하다. 서구 보편주의를 비판하기 위해 '동아시아'라는 가상의 동일성을 설정하고 이 속에서 자기동일적 정체성을 구획하는 방식, 서구를 타자화하고 다시 동양의 친우를 거절하는 이중의 구획을 통해 '일본'이라는 정체성을 구축하는 방식의 최종 귀착지는 모두가 아는 것처럼 동아시아도, 세계도 아니었다. 국민국가의 경계를 본질 필연화하고 기억과 유산을 민족화하여 자기동일성의 근거로 삼는 일, 그렇게 마련된 자기 동일적 주체를 새로운 보편사의 주체로서 확장하는 방식은 늘 자신만이 협량한 민족주의를 넘어서는 계기를 가지고 있다고 말함으로써 동일한 오류를 반복하여 왔다.

일본 내셔널리즘의 외연 확장을 복제하는 오늘날 중국의 내셔널리즘들이 그러하듯이 경제가 무등 태운 '준제국'의 욕망은 자신들의 모순을 '근대 이후'의 계기로까지 과감하게 전면화한다. '세계사적 사명'이 응축된 남북한과 "협량한 민족주의를 넘어" 세계문학의 진보에 기여할 한국(의 민족) 문학! 동아시아 담론이 보여 주는 내셔널리즘의 위태로운 확장은 최원식의 비평을 통해 전형적으로 반복되고 있다. 예컨대 "김수영의 재영토화가 현실과 환상을 넘나드는 동아시아 고전 문학의 전통을 민중적 관점에서 해체, 재발견, 쇄신하는 한국발(發) 대안의 모색으로 들어올려진다면 금상첨화겠다."(59쪽)라는 아무렇지도 않은 진술의 활달함은 거의 극한에 가까운 자기 확장을 보여 준다.

"민족문학이라는 용어를 가능한 자제하면서" 제시된 '동아시아 문학 혹은 세계문학'에의 틀은 국민문학(국문학)과의 대립 속에 그것을 지양하는 듯 보인다. 그러나 남한의 특수한 문학적 '전통'을 과감하게 양보하는 활달하고 통 큰 '보편 이론'이 생략하는 문학의 범주는 민족문학뿐이 아니라는 사실을 알아야 한다. '소수문학'의 가능성, 세계문학의 형태를 취하지 않으면서도 일탈적이고 원심적인 경향을 보여 줄 어떤 문학의 가능성, 세계적인 대신에 혼종적이고 잡종적인 모더니즘의 상속자들은 '동아시아 문학', '세계문학'에의 강력한 요청과 더불어 완전히 생략되어 있다.

세계를 매개하는 동아시아, 동아시아를 매개하는 한반도, 이것을 왕복하며 그 모두를 매개하는 공공 장소로서의 비평. 매개의 장소는 평형과 중재, 그리고 통합의 장소임을 자임함으로써, 결국 권력의 장소로 힘과 의지들이 고여들고 가득해지고 넘쳐나고 퍼져 나가게 된다. 동아시아론이라는 새롭게 확장된 민족문학의 단위는, 주어의 위치에서 사라짐으로써, 통사 구조와 담론적 질서 전반에 녹아들어 간다. 최원식 스스로가 언명한 바, 서구가 직접적으로 등장하는 비교 문학에 비해 서구가 '숨은 신'의 형태로 편재하는 일반 문학이 오히려 치명적일 수 있는 것처럼 '민족문학'이 사라진 곳에 편재하는 자기동일성에의 강력한 욕망과 매개 영역의 권능에의 확장주의적 욕심들은 정히 위태로워 보인다.

예컨대 김수영과 이상과 황석영의 회통의 경지를 역사적·세계적으로 확산해서 만난 최고의 작품 『파우스트』와 괴테에 대한 감탄은 최원식의 이론적 욕심이 나아간 바를 선명하게 적시해 보여 준다. 괴테 식의 세계의 내면화가 세계 체제의 중심 국가 혹은 중심부로부터의 인력이 가장 강력해지는 복합 발전의 상태의 반(半)주변부 국가의 논리라는 사실을 생각할 때, 최원식의 동아시아론의 미래는 극히 자본주의적인 적응의 한 지점에서 구상되는 전형적인 반주변부 지식인의 자기 확장의 의도라 하지 않을 수 없다. 세계문학이 배출되기 위해서는 세계가 먼저 내면화되어야 하는데 그러한 내면화란 자본주의적 세계 체제에 대한 저항 이상의 적응과 복제를 활용함으로써 달성된다. 프랑코 모레티의 언명처럼 현대문학의 세계성이란 언제나 세계 체제에 대한 참조와 그러한 참조를 활발하게 수행하는 반주변부 혹은 중심부의 상황에서 비롯되었다. 보불전쟁의 승리와 오페라로 상징되는 자신들의 문화에 대한 감격과 자부심 속에서 "세계, 세계, 세계!"를 외치던 반주변부 독일 부르주아들이 발견한 최고의 세계 텍스트가 『파우스트』였고, 세계문학사였다.

그렇다고 할 때, 문화적 접촉면(contact zone)과 불가입성(不可入城, im-penetrability) 지점에 대한 고려가 철저히 생략된 동아시아론이 무엇을 반복하는지는 자명하다. 동양의 대과거를 선택적으로 기억하고, 서구라는 동일성에 대한 가상의 동일성으로 '동양'을 창안해 내고, 그것으로서 자국의 특수한 위치와 사명을 또 다른 보편의 이름으로 전면화하는 방식, 서구적 근대와 자본주의를 초극하려는 '의지의 승리'들. 오늘의 어떤 대망은 자신이 배타적 민족주의를 넘어섰다는 확신까지를 복제해 보인다. 도무지 그의 비평 속에서는 타자들을 찾을 수 없는데, 이는 그가 어느 장소에서나 결코 국외자로서 발언하지 않고 있기 때문이다. 비평에게 타자가 없다는 것은 그가 아무것도 매개하고 있지 않음을 의미한다. 그 모두를 확장적으로 자기동일화해 버린 결과이다. 당대 밖에서 온 기표, 마술적 언어로 성취의 지경을 표시하는 태도는 설명과 구체적 분석, 있는 것의 잠재적 형태를 통한 가능성 찾기라는 실제 비평의 과제들을 건너뛰게 만들 수 있다.

우리는 우리가 '무엇인지'에 대해서는 신중할 수 있지만, 우리가 '무엇이었는지'에 대해서는 거의 신중하지 않다.(D. 뢰벤탈) 과거가 미래를 상속하고 장악하는 일이란 드물지 않다. 민족적 유산에 대한 이같은 자기동일화와 비판의 해제 상태를 우리는 '개념'의 역사성에 대해서도 적용해 볼 수가 있다. 자국 이론에 대한 욕망은 흔히 민족적 정체성에의 요구와 관련해 과거의 유산으로 향하는데, 왜냐하면 그것을 유일무이하고 변화하지 않고 확실히 '우리 것'이었던 것으로 믿는 까닭이다. 민족적 정체성이 위태로울 때 유산은 역사를 대신한다. 특별한 민족적 사명(제3세계적 모순의 집적지, 동아시아 거점국가론과 같은)이 상대적인 통찰을 대체해 버리는 것이다.[13] 이러한 유혹을 피하기 위해서는 언제나 기표의 외연을 새로운 내포로 재정의하고 번역·재정의해야 한다. 이 과정이 생략되거나 철저하지 못하다면 그것은 엄밀한 개념도 느슨한 헌사도 되기 힘들다. 회통, 화엄과 같은 개념의 외연 이상의 역사적 내포들이 이 기표들에는 끈덕지게 따라다니고 있다. 그 내포가 텍스트를 복벽적인 방식으로 환원할 수 있다는 점을 상기할 필요가 있다. "국토 화엄", "인간 화엄"이라는 말이 종래의 고은(高恩) 이해와 변별되는 『남과 북』의 성취를 얼마나 설명하고 비판했는지는 대단히 의문스럽다. '한국발' 대안에의 욕망은 근대 네이션의 경계("국토 화엄"!)를 본질화하는 점에서, 생각처럼 근대 비판적이지 못하다.

---

13) David Lowenthal, 「Identity, Heritige, and History」, ibid, p. 46, 53.

몇몇 평문들[14]이 회통론의 이론적 측면과 실천적 행위 사이의 균열을 적실히 지적했던 바, 회통의 본의와 진심과는 달리 그 이론적 설정을 구상하는 언어들부터가 당파적인 이해와 극히 평행적이다. 누가 탕탕평평케 하는가. "옳고 그른 것을 가리되 옳고 그른 것을 동시에 놓아 버리"(6쪽)자고 할 때, 그 옳음이 진지와 당파의 근본 비판 없이 이루어진다면 과연 얼마만큼 탕탕평평해질 수 있을 것인가. 넘어서기 전에 무화시키고, 해명하기 전에 선언하는 활동이 거명한 넘어섬의 사례들은 극히 빈곤하다. 회통은 그 본체에 있어 하나라는 것이고, 최원식은 이를 현존하는 작품들에서 찾고자 했다. 따라서 현존하는 문학 작품 자체가 충분히 설명되지 않는다면 회통의 이론은 결국 계속적인 지연(遲延) 상태에 놓이고 말 것이다. 작품 자체를 설명하는 언어와 감각, 그것들의 해석학적 권위가 변화하지 않는다면 회통이 "일시적 거처"에서 벗어나 생산적인 이론적 틀로 거듭나기란 난망한 일이다. 당대의 총아들에 대한 냉대가 사뭇 춥고 심하다.

말하려 한 것과 말한 것 —— 이론의 수사적 차원

회통은 최원식 자신의 말대로 "일시적 거처"다. 두 개의 기표를 모아 통하게 하는 이 기표 다음의 세계에 입법하는 무엇이 정의되지 않은 상태에서의 화쟁론적 수사 —— 특히 붕당의 정당성, 기반을 근본적으로 검토하지 않은 상태의 회통은 어떤 외적 계기(구체적 작품이나 정세)를 만나면 곧바로 둘로 나뉠 수 있으며, 그 만남 역시 일시적인 영탄조가 되기 쉽다. 해명하기 이전에 넘어서 버리는 것이다.

회통의 웅변이 가진 고민의 함의와 중요성에 대해서는 우리 모두가

---

14) 황종연, 「살아 있는 혼돈을 위하여」, 《문학동네》, 2001 겨울호; 박성창, 「비평과 진실」, 《세계의 문학》, 2002 봄호.

아는 바이지만, "민족문학·민중문학의 도도한 대세"(221쪽)와 정당성으로 당대를 순수 질병으로 가차 없이 진단하는 태도는 회통으로 살아 숨쉬는 '문학'의 현존들을 알아볼 요량을 얻기 힘들게 만든다. 그 자신이 수없이 강조한 "복안(複眼)"을 연대 가능한 위인들의 함자가 아닌 읽기 그 자체의 감각에서부터 찾아내고, 그렇게 작품 자체를 향해 관대해질 수는 없었을까. 그 관대함은 예컨대 성석제의 '거짓말'을 탄할 것이 아니라, 그 '거짓말'의 전면화가 가진 진정성 심급의 변동에까지 이어질 수 있어야 하지 않을까. 진지를 고수하려는 무의식적 욕구와 감각적 차원에서의 감동의 기제들이 실천적 계기로서의 작품을 만날 때, 이 일시적 거처에서는 흔히 '말하려고 한 것'과 '말한 것' 사이의 분열이 일어나고 만다. 이론과 수사가 불화하는 것이다.

윤영수, 박완서, 유안진, 김정한을 선택한 것도 그렇거니와, 그렇게 해서 높이 사는 당대 작품의 미덕 역시 너무도 "구식 미덕"에 치중되어 있다는 느낌이다. 유안진의 시를 "경북 양반 문화에 대한 몸에 밴 이해와 여성의 시각이 가지는 비판이 알맞춤한 균형을 이루었"(352쪽)다는 식으로 이해하는 회통이라면 진정 동의하기 힘들다. 한국 지식 사회의 헌사로 자주 채용되는 "양반 문화의 고갱이"라는 게 실제로 무엇인지도 의문인 데다가, 그런 것이 있다 해도 역사적 단계와 분리되어 칭찬으로 쓰일 때의 효과란 게 그리 긍정적일지도 문젯거리다. 선택적 기억, 민족적 기억에의 충동은 그 실체가 모호하지만 그 모호함으로 인해 별 저항 없이 작품의 무훈으로 차용된다. 실상 양반연(兩班然)하는 태도는 노자연(老子然) 하는 방식만큼이나 나이브한 것이며, 그것이 사용되는 맥락도 대개 극히 복벽적이고 무갈등의 것일 때가 많다. 한국문학에 있어 시인의 위태로움은 '노자연' 함에 있고 학자의 위태로움은 '양반연' 함에 있으며 비평가의 위태로움은 '도통연(道痛然)' 함에 있다. "양반 문화의 고갱이"라는 게 꼭 '양반'과 같은 역사적 계급과 기표를 기억함으로써 찾아져야 하는지 의문이다. 왜 그처럼 헌사는 자주 과거에서 불려나온단 말인가. ("양반 문화의 고갱이"에 대한 탁월하고도 신랄한 '문학'으로 성석제의 『인간의 힘』이 있다.)

이러한 평가 방식이 위험한 이유는 언어에는 그 외연과 함께 사유 체계 자체도 따라다니기 때문이다. 가령 "1980년대 혁명 문학이 행사했던 유형 무형의 압력이 일거에 해소되면서 1990년대 문학은 마치 호랑이 시어머니에게서 해방된 며느리처럼 굴었던 것이다."(17쪽)라는 남성 메타포의 인유, (이 비유는 1968년의 정명환의 어떤 글에서 따온 것이라 한다.) "비교 문학이라는 고약한 머슴을 유용하게 부릴 수 있는 내공을 두터이 하"(119쪽)자는 레토릭의 계급성. 언어란 언제나 계급적·이데올로기적이거니와, 메타포와 레토릭이 발설하는 무의식 너머의 편향들은 여실한 것이다. 메타포란 그 자체로 매개된 것이기에 은폐적일 수밖에 없지만 그 봉인이 열리는 순간 우리가 만나는 것은 맨얼굴의 의식이고 무의식이다. 비유의 선택에는 종종 은폐된 이념적 지향이 개입되기 마련이다. "그녀가 창기처럼 몸을 함부로 굴었다는 것은 결코 아니다."(321쪽)가 창기로부터 황진이를 구제하는 술어라는 사실이 단순히 세대성에 기인한 습관 때문이라고만 할 수 있을까. "웅녀의 동굴과도 같고 요기 넘치는 자궁과도 같은 창작의 순간." 새로운 앎이나 계기는 온통 "접수", "접수", "인정"이라는 표현을 수반하는 적잖이 권위적인 것인데, 또한 그 사이사이로는 "어떤 현대의 문학 작품도 그 앞 시기 한국 고전 문학의 업(業)을 인(因)으로 하여 태어난 그 과(果)입니다."(110쪽)와 같은 겸양과 전통의 수사 체계가 밀려 들어와 있다. 자기동일성에의 욕망과 자기 주도의 보편이 지배하는 사유의 겉면에는 민족주의와 가부장제와 권위주의, 마법의 동체들이 하나의 문체로서 묻어 있다.

레토릭의 가차 없는 복벽성에도 불구하고 전거주의(典據主義)적 언어 구사가 갖는 효과도 없지는 않을 것이다. 역사주의적 경계(警戒)도 그중 하나이다. 그러나 이 경계적 효과 역시 어떤 새로움도 '있었던 것'의 반복처럼 보이게 할 수 있다는 점에서 그리 긍정적인 것만은 아니다. 과거로부터 불려 나온 유불도(儒佛道)의 기표들은 무언가를 정교하게 설명하기보다는 레토릭의 권위주와와 복벽성을 우선적으로 전면화시키는 기능을 하고 있다. 레토릭은 늘 감각인데, 감각 자체가 '귀환'의 그것이다. 고전에서 끌어 온 개념들이란 당대의 구체성을 만나는 지점에 이르러 실상 아무래도 좋은 것으로 변질되기 십상이다. 새로운 것은 있었던 것들의 합사건으로 경험되지 않는다. 1980년대의 과오와 1990년대의 과오를 청산한다고 해서 쉽사리 21세기 문학이 열릴 것이라고는 도저히 믿을 수 없는 일이다.

최원식의 근심처럼 회통을 가능하게 하는 "래디컬한 입장이란 고도의 긴장을 요구하는 매우 위험한 곡예"(137)이다. 그런데 재기억된 기표들의 쓰임은 자주 마술적이었고, 그 기표의 외연 위에는 이 기표들을 낳은 문화 체계의 좋지 않은 내포들이 끈질기게 달라붙어 있는 듯하다. 언어의 주술성과 복벽성이 관계 맺는 가운데, 허다한 '작품'들이 하찮은 것이 되거나 드물게는 마술적인 것이 되고 있다. 점점이 이해하는 자의 오독이기를 바라지만, 몇 줄 건너 반복되는 힘찬 "가부장제 민족주의의 권위와 마법"은 정히 읽는 자를 마음 불편하고 난처하게 한다. 더욱 난감한 것은 그러한 수사의 운용이 거의 무의식적이어서 쉽사리 갱신되기 힘든 성질의 것이라는 점이다.

문학은 복제되는가 ─ 격세유전과 연약한 당대

국문학도로서의 정체성이야말로 최원식 비평이 가진 역사주의의 기원이다. 1930년대(미달)의 격세유전으로서의 1990년대. 1980년대와 (특히) 1990년대 문학에 대한 어리둥절할 정도의 적의(敵意)와는 대조적으로 『문학의 귀환』은 마치 돌아앉은 돌부처의 독경과도 같이 차라리

1930년대의 언저리를 주섬주섬 읽어 가고 있다. 최량의 사고가 종종 그를 당대에 대한 불편한 개입이 아닌 역사적으로 안정된 작품에 대한 문학사적 충동으로 이끌고 있다.

필자는 이같은 최원식 비평의 곤란을 '문건주의'(52쪽)라 명명하고 싶다. 논증의 대상을 비평적으로 상당 부분 승인된 작품들 속에서 끌어오는 태도는 해석의 안정성과 권위에는 공헌할지 몰라도 예감적 사유, 호명적인 비평, 비평의 매개성 측면에서 보자면 항상 좋은 결과를 가져오는 태도는 아니다. 문학사적 호명에 의존한 증명법, 1930년대의 도플갱어로서 1990년대를 파악하는 태도는 일견 옳아 보이지만 1990년대 텍스트들에 대한 철저한 논증이 없는 한 '인정된 것'을 통한 '살아 있는 혼돈'들의 추방으로 귀결될 수 있다. "작가들 사이의 시대를 넘는 무의식적 유전"(77쪽)이 없을 리야 없다. 그러나 '있었던 것'으로 '있는 것'을 절하하는 감각은 '있어야 할 것'을 '있는 것'으로부터 예감하는 예술의 가능적 성격을 기결정(旣決定)되어 있는 이념형으로서의 과거에 주어 버리는 일이 될 수도 있다. 가장 문제적인 것은 1930≒1990이라는 격세유전의 전제 속에서 1930년대가 리얼리즘의 주류성으로 해명되고 있다는 점이며, 그런 한에서 모더니즘의 최종적 승인 작업도 리얼리즘에의 최종적 귀속을 통해 이루어지고 있다는 점이다.

물론 "골방과 거리 사이에서 부단히 절망하면서 정신의 빙점을 독자적인 방식으로 갈 데까지 밀어붙인 데서 이상과 구보의 독특한 소설 모형이 제출되었다는 점은 주지(主知)하는 바가 아닌가?"(18쪽)라는 식의 1930년대 모더니즘에 대한 적극적이고도 비판적인 의미 규정이 존재한다. 그런데 1990년 문학에 대해서는 어떤가. "1990년대에는 하강기의 치열한 미학 대신 하강의 포즈만 범람했으니, (포스트)모더니즘의 이름 아래 적절히 (의식적으로든 무의식적으로든) 자본의 시대와 제휴한 의모더니즘만 횡행했다고 해도 지나친 말은 아닐 것이다."(19쪽) 비슷하기는 하되 악순환적으로 비슷하다. 1930년대에 하강기의 치열한 미학이 있었다면, 그리고 그것이 리얼리즘 진영의 반성력과 분투, 골방과 거리 사이에서 빙점을 찾으려 한 모더니즘적 열정의 산물이었다면, 1990년대의 분투들은 과연 전혀 그렇지 않았다는 말인가. 과연 수십 년 후의 문학사들은 1990년대를 "(의)모더니즘 · (포스트)모더니즘"만이 횡행했던 무력하고 저열한 시대로 기록할 것인가. 혹 그 같은 진단이 작품의 빈곤 때문이 아니라 이른바 '회통'하는 비평의 빈곤으로 인한 결과는 아닐까. 1990년대가 의모더니즘의 횡행으로 요약될 수 있다면, 과연 그에 대한 최원식 자신의 검증은 얼마나 철저했으며 의모더니즘에 대한 대항 주제적 작품들에 대한 천착은 얼마나 근실하게 이루어졌는가. 이와 같은 질문의 우편이 1990년대 내내 거의 횡단적이다시피 붙여졌음은 모두가 아는 바이다.

논증 없는 청산은 청산이 아니라 살해의 기획이다. 과거를 향해 잘 정돈된 그의 격세유전의 감각이란 자칫 당대 문학에 대한 그 자신의 혼돈을 건너뛰는 비평의 판단 정지로 간주될 수 있다. "1980년대식 유토피아주의"와 "1990년대식 채팅주의"를 적발하는 관점의 정합성을 떠나서 이처럼 당대의 문학을 과감하게 지양하는 방식은 곧잘 그러한 현실에 맞선 분투들마저 삭제해 버리기 마련이다. 해명하기 전에 지양하고, 넘어서기 전에 무화하는 그만의 방식은 문학사에의 천착을 통해서도 반복된다. 하강의 공포가 지배하는 비평으로서의 최원식 평론집은 1930년대와 1990년대의 문학을 '적절했던 하강'(연착륙)과 '되먹잖은 하강'(경착륙)으로 보는 편이다. 그 공포의 근거로 놓인 환멸 또한 이해 못 할 것만은 아니다. 그러나 당대에 입법하는 사고와 그에 맞선 길항 모두를 본원주의적으로 비판함으로써 오는 결과는 생각보다 훨씬 보수적인 것일 수 있다. 그럴 때의 비평이란 흔히 하강의 포즈가 부재하는 초월적인 것이 되고 만다. 연착륙 자체가 풀과 대지와 공기의 저항과 같은 삶, 작품의 구체성 없이는 불가능한 활동인 때문이다.

"나는 임화의 동병상련을 이상론의 출발점으로 삼고 싶다."(175쪽)는 진술의 진심은 사실감 있게 다가온다. 그러나 비평가에게는 회통의 사유를 시험하는 역사주의적 탐구만으로 부족한 무언가가 남겨져 있기 마련이다. 역사야말로 선택적 기억의 산물이므로 가장 곡해 가능한 장소이다. 예컨대 김기림, 최재서 등이 파시즘으로 가는 과정은 그들의 사유 체계 안에서 증명되지만, 임화와 김남천 등 여타의 리얼리스트 문인들의 경우는 그렇지 않다. 낭만주의적 정서 과잉에 대해 감각적 서늘함이라는 테제를 제기한 김기림의 전체시론은 파시즘적 충동으로 적발되고 모더니즘은 그런 의미에서 내적 파산의 결과인데 비해, 리얼리즘의 좌초는 순전히 카프 청산이라는 외적 계기에 의존해 설명되고 있다. 기억의 전유(專有)가 일어나고 있으며, 이러한 기억이야말로 진지의 회통, 진지의 언어라 하지 않을 수 없다. 그의 진심에도 불구하고 그의 동일화는 언제나 대단히 폭력적인 방식으로 이루어진다. 역사로 전망을 대체하는 『문학의 귀환』의 한 기획은 이러한 재기억술의 실상에 부딪혀 흔들리고 만다. '다시 읽는 한국' 문학 속에서 귀환된 것은 문학인가 '문학사'인가. 혹은 그 무엇도 돌아오지 못하도록 하는 봉쇄책인가.

어쨌든 과거 산물의 경우 선택된 텍스트 자체에 대한 평가는 엄정한 한편, 내재적 원리(예컨대 이상론)에 의거해 있다. 『문학의 귀환』은 오히려 현재의 작가들에게 가혹한 편인데, 왜냐하면 어떤 '교편'을 통해 교정이 가능하리라 믿기 때문이다. 그러나 그 교편에 이르는 과정은 증명이 제거된 직관과 심정에 기대어 있다. 가혹한 침묵·비판과 "찌르는 듯한" 주술들은 그가 비판에는 강하지만 무훈에는 약한 술어들을 구사하고 있음을 알려 준다. 1990년대의 가장 변변찮은 자식들만을 전면화시켜 청산의 근거로 삼는다면 그 짧지 않은 세월이 너무 허허롭지 않은가.

성석제와 신경숙 평가에 나타나는 해명어들의 복벽성과 기준의 영구성을 생각해 보라. 그는 실상 해명어에 내재한 리얼리즘의 주도성을 놓치고 싶어하지 않으며 바로 그 재래의 해명들로 미래태를 잠재운다. 신경숙의 『외딴방』을 리얼리즘적 혈투로 파악하는 관점은 극히 이해하기 어려운 전유이다. 신경숙, 은희경, 하성란 등으로 대표되는 이들 작가들은 (해당 진영의 이념 자체의 갱신과 재구축이 없다면) 그 진영의 이념에 사실상 살해적인 요소로 가득찬 인물군이었다. 『문학의 귀환』의 평가 구도대로라면 '골방의 심리주의'란 사실상 이들에게 돌아갈 수도 있는 말이라 생각된다. 그런데 이를 구제하는 것이 '과거'이고 '진정성'의 동어반복이었다. 그와 같은 반복적 판단어들은 성석제 소설의 장점을 민중적 전통의 부활로 놓는 방식을 통해서도 드러난다. "허구 = 거짓말을 향락하는" 태도 자체가 진정성의 심급을 흔들고 있고, 또 다른 해석적 지평을 요구하고 있다는 사실을 받아들일 수는 없었을까. 평가어 자체를 환호와 수용의 그 지점에서 찾아낼 수는 없었을까. 『문학의 귀환』은 거의 텍스트의 확장과 진전들을 무마하고, 텍스트의 충격을 완화시키는 데 전적으로 바쳐지고 있다. "나날의 삶의 결을 중시하는 소설적 감각을 통해서 '대설'에 이르고자 하는" 그의 욕망과는 반대로 그는 거의 나날의 삶에 대해서, 낱낱의 작품들에 대해서는 가혹할 정도로 무심하다.

"아마도 우리 시는 김수영에 이르러 비로소 지상의 유배지로 추락한 신선, 이 유구한 적선(謫仙)의 무의식 상태에서 벗어나 비상에 대한 참을 수 없는 유혹을 떨치고 뭇사람의 조롱 속에 기우뚱거리는 알바트로스의 지상적 모험의 길을 걷기 시작했다고 할 수 있을 것이다."(51쪽) 그런데 왜 이만한 무훈들은 오직 역사들 속에만 반복되는가. 예감적·희망적으로라도 오늘의 가능적 작품을 앞세우려는 시도는 좀처럼 찾아보기 힘들다. 어떤 의미에서는 심정적인 옹호와 직관에 의존한 비판의 억양법이 있을 뿐이라고 말해도 지나치지 않을 것이다.

과거 속에서 얻는 것이야말로 책임있는 비평의 기율이고 과제일 수 있다. 그러나 그러한 방법이 당대적 성과를 지우고 당대의 문제의식만을 오롯하게 하는 일이 된다면, 그것은 문학적 '메시아주의' 혹은 거짓된 대망론에 다름 아니다. 김수영의 최량, 최소한의 김기림, 최량의 이상을 기념하는 것이 그 자체로 나쁠 리는 없다. 그러나 '문건주의'와 비평의 교조성이 민족의 진로, 민족의 노스탤지어와 만날 때, 회통은 판단과는 정히 먼 곳에서 작품에 대해 이야기하게 된다. 재림(再臨)의 사상은 메시아가 이미 왔던 방식으로 올 것이라는 '반복'을 믿는데, 그런 재림에의 희구로는 '메시아'의 귀환을 알아보지 못할 것이다. 문학의 메시아가 온다면, 과거와는 다른 '얼굴'로 올 것이다.

절충주의의 매력은 이론 속에서는 살아 움직이지만 작품이나 대상의 구체성을 앞에 두면, 그 자신의 확연한 귀속을 드러내기 마련이다. 더군다나 아무것도 절충하지 않으면서 그 모두를 무심히 넘어선 이론이라면 더욱 그러할 것이다. 『문학의 귀환』은 줄기차게 "이 미묘한 회색 지대, 날카로운 과도기"에 합당한 "복안(複眼)"을 이야기한다. 그러나 그 복안에 이르는 과정은 통용되는 양분법을 전제한 상태의 양분법 해체에 의존해 있으며, 실상 '최량의 작품'을 읽는 것과는 반대로 '최악의 개념적 분할'에 의지함으로써 개념 분할의 화약고를 그대로 끌어안고 있다. 회통이 일차적 거처라는 것은 삶의 구체성에 대해 대단히 머뭇거려지고 고민스러운 과제를 부여받았다는 것인데, 『문학의 귀환』으로서는 모든 게 너무도 단호하다. 좌파의 현대=사회주의 리얼리즘, 우파의 현대=모더니즘 식의 분할(44쪽)은 이론의 전략적 차원에 비추어 보아도 지나치게 과감한 입론이 아닐까 한다. 아무리 폭넓은 예외와 진폭을 고려한 것이라 해도, 이러한 도식이 작품과 맺는 관계는 어느 정도 폭력적일 수밖에 없다. 이는 결국 「회통론」이 제기된 지점의 텍스트들을 폭넓게 사유하지 못한 데서 오는 필연적 결과라고 생각된다.

"어제를 기억하지 않는 자는 영원히 어제를 반복할 뿐이다."(18쪽) 그렇다면 현재를 말하지 않는 자는 무엇을 반복하게 될까. 역시 어제라고

밖에 말할 수 없다. 회통을 말하고 있는 『문학의 귀환』을 통해 내내 되뇌이게 되는 것은 역사는 과연 그토록 차이 없는 반복일까, 차이는 이처럼 열등하게 표상될 수밖에 없는 것일까, 하는 질문이다. 마르크스와 베르그송은 반복되는 역사, 반복되는 사건에서 '우리는 웃는다'고 했지만 이토록 비극적인 반복에 처해 우리는 진정 웃을 수도 없다. 역사는 과연 그토록 차이 없는 반복이란 말인가, 그처럼 개념에의 미달만을 반복하는 차이란 말인가. 문학이 반복된다면 그것은 우선은 개념 없는 특이성으로서만 반복되는 것이 아니던가.

도통(道通)과 민족주의 ─ 한자 표상의 흑마술에 대하여

리디아 리우는 근대화 과정에서 한자로 표상된 신문명, 신문명 아래서 불려 나온 한자 표상이야말로 문명적 차이와 변화에 대한 탁월한 메타포[15]라고 말했지만, 그가 말한 변화의 메타포가 개화 공간이라는 역사적 국면을 벗어난 통시적인 국면에서까지 관철될 여부는 미지수이다. 개화나 자강, 유신의 이해를 저 고전의 세계에서 끌어와 형이상학적으로 봉인하는 태도의 결과는 그 의도를 언제든지 배신할 수 있다. 호명 자체가 그 기표의 본의와 상관없이 국가주의적 맥락 속에 전유되어 버릴 수 있기 때문이다. 그것이 어떻게 새롭게 정의되느냐가 더 중요하고 본질적이다. 그러나 보다 급진적으로 말하자면 그 외연에 개입된 나쁜 내포와 역사적 침전들을 굳이 감내하면서까지, 그 외연으로부터 진심을 분리해 내고, 본의를 찾고, 새롭게 정의 내리는 그 지난한 작업의 과정을 그처럼 반복할 필요가 있을지 의문이다. 언어란 늘상 역사적인 것이어서, 저 먼 곳에서

---

15) Lydia H. Liu, *Translingual Practice*(Stanford Univ., 1995).

온 언어들이 가지는 의미는 형이상학적 아우라를 초과한다. 그것들이 보편을 가장한 특수——'한국적 민주주의', '서구적 변통을 처방하는 도통(道通)'으로 떨어지는 일은 나날의 삶에서 수없이 보아 왔던 바이다.

이러한 '전통' 강박의 기억술은 좌우를 불문하며, 대의조차 초월한다. 근대화라는 모방 체계에 대한 대항 논리로 설정된 민족의 공리(公理)는 내셔널 메모리에 스스로의 정체성을 의탁했고, 그런 한에서 한자 표상의 마술적 힘에 크게 빚졌다. 한 철학자를 파멸로 이끈 유신과 자유(自由)의 철학도 그렇지만, 좌파 민족주의의 행로에 놓인 율려(律呂), 회통, 변역(變易), 기(氣)의 유물론 등등의 구심력과 원심력 역시 좀 과격하게 말해 한국 근대사의 내셔널 메모리의 변종들이다. 이 언어의 강력한 아우라와 논리 초월적 기능은 흔히 '말씀'(강연록, 채록집, 연설문)의 형식으로 제시되는데, '말씀'의 형식이야말로 모든 비판의 언어를 허망하거나 외람된 것으로 만드는 마술을 갖고 있다.

적어도 내셔널 메모리의 충동에서 보자면, 좌우의 담론 체계와 지향은 크게 다르지 않았는지도 모른다. 민주주의, 민족주의를 기왕의 보편성으로 놓고 각자 먼 곳에서 온 언어들로 이 기지(旣知)의 것을 점유하려는 태도는 그 당대에는 충분히 절실하고 정합적이었을지 모른다. 그러나 그 기표의 내포를 보충하던 극히 물질적인 과정(강력한 억압과 영웅적 저항)이 사라지거나 변형되고 나면, 이러한 한자 표상의 마술성은 사라지며, 그 시대의 거인은 이제 더 깊이 사유해야 할 한 사람의 개인으로 끌어내려진다. 도통의 언어들은, 그 심오할 수 있었던 삶과 사유가 살았던 삶의 압도적 아우라로 인해 현실과 멀어져 가면서 도달하는 마지막 지점이다.

서기 2000년 이후, 아니 네이션 체제의 해체를 예감·준비하는 사유에서도 그러한 한자 표상·전통 기표에의 강박이 지속될 필요가 있는지는 알 수 없지만, 그러한 기표가 과거의 마술성을 완전히 탈각시키지 못한 채 쓰일 때의 효과가 어떨 것일지는 심히 두렵다. 극히 조심하고, 엄정하게 분리하고, 엄밀히 정의하고, 사려 깊게 적용하는 그 모든 과정 중 하나라도 결한다면 '귀환된 언어'에 따라붙은 위험은 언제든지 재연된다. 내셔널 메모리가 불러낸 도통의 아우라, 민족적 표상들은 사유가 이론에게 직접적으로 줄 수 없는 것을 너무도 쉽게 가로채려 한다는 점에서 아도르노가 말한 수사법의 흑마술에 근사한 것이다.

회통의 언어가 환기시키는 비평의 위상은 작품과 이론 사이에서 작업하는 의식들이 항상 소망했던 무엇이다. 작품과 단독으로 마주하고 반성적 판단을 통해 하나의 역사성과 개념을 경험적으로 구성하는 작업은 늘 우리가 희구하는 무엇이지만, 현존하는 비평의 술어들을 한꺼번에 초월해 버린 장소에서 읽히는 작품은 우연적이고, 우연적인 한에서 그 상속의 가능성 역시 무망한 것이다. 지난하고 깊은 독서의 끝자락에서 경험적으로 건축되고 구체적으로 틀지어지는, 그래서 그토록 희구했던 리얼리즘과 모더니즘의 상쟁과 교호를 극히 역사적으로 설명할 수 있는 '이론'의 존재는 근대 이후의 모든 비평가와 문학사가들이 꿈꿔 왔던 것이다. 그렇지만 그 같은 비월의 꿈에도 불구하고, 아니 바로 그 때문에 회통의 설명은 정히 찰나적이다. "비월하는 찰나", "넘어서는 순간". 최원식은 모더니티와 문학이 얽혀드는 섬세한 국면에 대해서는 설명하지 않은 채, 황석영, 김수영, 이상이 보여 준 넘어섬의 순간을 오직 '넘어섬'으로서만 무심히 언명할 따름이다. "목숨을 건 도약"은 작품에 걸면서 작품에 무심하다. 먼 과거에서 온 회통의 사유가 사려 깊게 작동하는 지점은 거의 근과거(김수영) 혹은 대과거(1930년대)의 일인데, 그것이 넘어섰다고 말하는 비평의 술어들은 놀랍게도 바로 어제 오늘의 그것들이다.

『문학의 귀환』은 자신이 천착한 시간들을 다음과 같이 결산한다. "과거를 황금시대로 봉인하는 후일담에서나 미래를 지상천국으로 섬기는 계급 문학에서나, 비약과 결단의 계기를 결여한 '죽은 시간'이 지배한다는 데 이르면 양자가 상통한다고 보아도 좋을 것이다."(25쪽) 아이러니컬하게도 '죽은 시간'의 감각은 그의 평가 방식에도 상당 부분 침전된 무엇이 아닐까. 완전 청산을 위한 반복, 즉 붓다의 시간과 대망을 위한 메시아의 시간이 '있었던 것'과 '있어야 할 것'을 직접 매개하기에 이른다. 그의 격세 유전의 감각, 격세 담론은 한 세기의 끝에서 발화된 '반복의 역사'에 대한 통시적 진단이지만 그것이 당대의 실천적 국면에서 갖는 기능은 회통의 본의 설정에 비추어 충분히 정합적이지 못한 것으로 보인다.

'연약해진 당대성.' 회통의 수사적 차원과 한자 표상의 마술적 효과도 문제이지만, '대망적 시간 — 메시아주의적 시간'과 '반복의 역사 — 붓다의 시간'이 교체되는 가운데, 무언가가 사라졌다. 그것은 나와 우리가 살아온 1980년에서 2000년 사이의 시간이고, 필자 자신의 8할을 키운 시간들이다. 비평의 근대성이 구체적 질료들을 보편의 심급을 향해 마름질함으로써 성립하는 것이라고 할 때, 또 그렇게 함으로써 진리의 술어를 적극적으로 교체해 나갈 것을 요구하는 것이 비평의 매개성이라고 할 때, 회통의 가능성은 오직 가능적으로만 남아 있다. 문학의 회통은 각 영역 간의 아슬아슬한 균형을 정면으로, 지속적으로 응대하는 일인데, 이는 최원식의 말대로 살아 움직이는 텍스트들로부터 온다. 이 텍스트는 황종연의 표현처럼 그야말로 "살아 있는 혼돈"이다. 그 혼돈과 불안을 감당하기란 힘든 일일 텐데, 최원식은 너무 조금 만나고 너무 과감히 말한다. 구체적인 상황들이란 도박과 결단을 요구하는데, 그의 문학사주의는 거의 청산과 타매(唾罵)에 의존해 있다. 『문학의 귀환』에는 아직 근과거와 지금 이곳의 감각을 감당할 '아케이드 프로젝트'가 부재하는 듯 보이며, 그런 한에서 격세 유전의 감각이 하강적 차이를 반복하고 있다.

"문학과 문학을 넘어서 문학으로! 80년대와 90년대를 가로질러 문학의 귀환을, 그 오묘한 출현을 기다린다."라는 결구들은 그 자체로 소망스러운 진술이다. 그러나 '완전 청산', '순수 대망'이 무화하고 넘어서는 경지가 어떤 것인지에 대해 그의 책자는 거의 아무것도 설명한 바가 없다. 최원식은 1990년대 문학을 말하며, "바깥의 '유다'적인 것과 투쟁하기 위해서는 자기 안의 '유다'적인 것과의 성전(聖戰)이 선결되어야 한다."(28쪽)고 말했다. 회통의 문제의식에 있어 이러한 타자성의 인식에 대한 언급은 수차례 발견된다. 그런 의미에서 그의 회통의 테마는 "주체의 재건"이라는 교조주의 이후의 뼈아픈 실존 감각에 가까이 가 있다. 그러나 "동일성의 무한 복제로 떨어지기 쉬운 주체의 형이상학을 넘어서 새로운 사회적 통합의 단초를 잡아"(65쪽) 내겠다는 그 자신의 경계에도 불구하고, 민족적 기억과 코스모폴리탄적 문체가 귀일하는 장소로서의 대주체는 단 한 번도 국외의 자리, 민족(문학)의 외부에서 발언하지 않는다. 루신, 펄벅, 파농, 데리다, 들뢰즈와 가타리, 가라타니 고진, 괴테, 이상, 황지우, 고은, 황석영, 정지용, 엘뤼아르, 로르카, 지눌, 공자, 장자, 이규보와 성석제, 김남천, 우리 안의 유다, 최재서, 마르크스의 유령, 임화, 이곳에 있으면서 저곳에 있는 파스칼, 김수영과 보들레르, 황진이와 정부인 장씨와 최영미 등등의 폭넓고 스펙터클한 인명록들이 불려 나오지만, 그 호명의 근거는 언제나 자기동일성을 확장적으로 운용하기 위한 선택으로서이다.

이러한 이름들은 거의 목록화된 권위들로 연대의 산발적 지점들만을 표시할 뿐 거의 어떠한 대결도 찾아보기 힘들다. 목록화된 지식들을 운용하며 불러들이는 세계는 정히 코스모폴리탄적인데, 오직 문체와 수사로서만 그러하다. 비근한 예를 찾기 어려울 정도로 확대된 비평의 언어가 타자의 상실을 불러오고 있다는 역설은 그 규모가 자기동일성의 확장으로서 운용된 객체에 불과하다는 사실을 분명히 보여 준다.

타자가 없는 비평의 가난함과 허전함을 채우는 백과전서적 어휘와 문화적 유산들의 이디엄에도 불구하고, 이 활달하기 그지없는 코스모폴리탄적 문체의 부정적 내포들은 아주 명백하다. 대결 없이 비월하는 비평적 전망 속에서 잘 마름질된 모든 비평의 언어들은 한 바닥의 장기판 위에 놓인다. 선택적으로 눙쳐진 이론의 어깨동무를 표현하는 코스모폴리탄적 문체는 비평가가 아니라 경세가의 그것이다. 세계 텍스트, 목록화된 다성성, 횡단을 대신하는 통합을 실현하는 독백주의, 가속화된 반(牛)주변부의 자기 확장감, 확장하며 지양되는 민족, 세계문학을 위해 숨어 버린 민족문학, 세계 체재와 서사시의 귀환……. 부디 여기에서 예감되고 있는 것이 근대 서사시라 명명된 정전들의 비평적 현신이 아니기를 바랄 뿐이다.

(2002년 가을)

아카이브 밖으로
── 문학·국가·비밀, '국민문학' 비판론들에 부쳐

    제국의 종교는 무언가? 식민지인 것입니다. 식민지는 무언가? 반도인 것입니다. 반도야말로 제국의 종교였으며 신념이었으며 사랑이었으며 삶이었으며 비밀이었던 것입니다. 그렇습니다. 반도는 제국의 영혼의 비밀이었습니다. 오늘 내지(內地)가 드러내고 있는 허탈, 도덕적 부패, 허무주의는 영혼의 비밀을 잃은 집단의 절망인 것입니다. 본인은 노예 없는 자유인을 인정하지 않습니다. 식민지 없는 독립을 인정하지 않습니다. 무릇 국가는 비밀을 가져야 합니다. 그의 경륜의 가슴 깊이 사무친 비밀을 가져야 합니다. 반도의 영유는 제국의 비밀이었습니다. 영혼의 꿈이었습니다. 종족의 성감대였습니다. 건드리면 흐뭇하게 간지러운 깊은 비밀의 치부였습니다.
    오늘날 제국은 이 비밀을 잃었습니다.[1]

                      ── 최인훈, 「총독의 소리」(1967) 중에서

「총독의 소리」를 들어라 ── 공공 권력은 실제로 공공적인가

    최인훈의 연작 소설 「총독의 소리」는 여전히 신선하다. 식민 종결 후 20여 년, 조선 총독과 모종의 구(舊)제국 세력은 제국의 부활을 기대하며 반도에 남아 잠행한다. 총독은 해적 방송을 통해 반도와 적들을 통해서만 성립하는 제국적 정치, 성, 사상에 대한 장황한 연설을 늘어놓는다. 그렇다면 누구에게? 초입부터 흥미로운 것이, 바로 이 비밀과 호명(呼

---

[1] 최인훈, 「총독의 소리」(1967), 『총독의 소리: 최인훈 전집 9』(문학과지성사, 1999), 81~82쪽. 이하 (최인훈, 쪽수)로 표시.

名) 사이의 관계이다. 그러니까 총독은 매번 이렇게 부른다. "충용(忠勇)한 제국 신민(帝國 臣民) 여러분. 제국이 재기하여 반도(半島)에 다시 영광을 누릴 그날을 기다리며 은인자중 맡은 바 고난의 항쟁을 이어가고 있는 모든 제국 군인과 경찰과 밀정(密偵)과 낭인(浪人) 여러분."(최인훈, 88)

총독은 "충용한 제국 신민 여러분"을 매우 공식적으로 끄집어내는 한편, 내처 "모든 제국 군인과 경찰과 밀정과 낭인 여러분"을 찾는다. 법의 근원이자 실현인 군인과 경찰들은 늘 법과 공공성 밖의 존재들인 밀정·낭인들과 한 묶음으로 호명된다. 더 이상 숨길 게 별로 없어진 총독은 이제 노골적으로 밀정이나 낭인과 같은 식민 통치의 '비밀스런' 공복들을 부르고 있는 것이다. 비밀스런 공복? 공복(公僕)이 과연 비밀리에 활동해도 좋은가. 최인훈은 바로 이와 같은 호명의 방식을 통해 식민지 통치의 비밀 — 즉, '공적인 비밀'로 가득 찬 제국 통치의 아이러니를 끄집어낸다. 식민 정치의 경찰권이 언제나 가지고 있는 '공적인 비밀' 말이다.

공적인 비밀이라니. 비밀이 과연 공적일 수 있는가. 비밀이란 그 자체의 정의에 있어서 전혀 공적이지 않고, 공적인 것이란 그 정의에 있어 전혀 비밀일 수 없다.[2] 그런데 어쨌든 비밀인 공적 기록(secret archive)이 존재하며, 제국 혹은 통치의 서사란 어떤 의미에서 이 비밀스러운 공적 기록들의 흔적일 수 있다. 최인훈은 말한다. "무릇 국가는 비밀을 가져야

---

2) 비밀(secret), 성스러움(the sacred), 단수성(singularity)이라는 개념을 통해, 데리다는 비밀이 언어화될 수도, 공공적이 될 수도 없다고 말한다. 아브라함이 이삭의 봉헌(아브라함은 여호와에게 이삭의 '죽음'을 선물해야 했다.)을 그 누구에게도 말할 수 없었듯이, 진정한 비밀이란 '불가능성의 경험'이고 이는 오직 신과 믿는 자 사이의 관계에서만 일어난다. Jacques Derrida, *The Gift of Death*, trans. by David Wills(Chicago Univ. Press, 1992), p. 21.

합니다." 공공 영역을 대표하는 국가는 언제나 비밀 ── 기밀문서를 위계적으로 생산하며, 실제로 잘 발달된 통치는 늘 그 수족으로 '음지에서 일하며 양지를 지향하는' 비밀스런 공복들을 거느린다.

'공개'할 수 없는 '공공 영역'.[3] 이 신비로운 '공적인 비밀'의 아이러니는 오직 두 경우에만 중단된다. 비밀이 끝나거나, 아니면 공공성 혹은 지배가 끝나거나. 주권의 대행자들은 통치가 위태로울 때, 그 대행의 과정들을 태워 버림으로써 비밀에서 공공성으로 돌아온다. 아니 도착(倒錯)된다. 또한 공적 권력은 그 기록이 통치에 전혀 무해해 보일 때 비밀을 해제해 버림으로서 공공성을 과시한다. 과연 국가와 관련된 공적 표상・대표제・재현・연출・대행・과시의 기록들의 이면에는 얼마나 많은 기밀들이 존재하는가. 아카이브(archive)가 보여 주는 공공성이란 기껏해야 이 공적 비밀들 위에 구축된 재(ash)에 불과한 것이 아닐까. 군인, 경찰과 밀정, 낭인을 함께 부르는 총독의 호명은 과연 의미심장하다.

최인훈의 「총독의 소리」로 글을 시작하는 이유는 이 소설이 병치시킨 당대의 현실과 식민 지배의 흔적들이 우리가 이제 읽으려 하는 서적들의 원의식을 보여 주고 있기 때문이다. 식민 권력이 남겨 놓은 비밀스런 충동의 흔적들, 식민 이후의 식민성에 대해 「총독의 소리」는 이렇게 말한다. "해방된 노예의 꿈은 노예로 돌아가는 것입니다."(최인훈, 86) 요컨대 '해방된' 민족이 꿈꾸는 국민국가의 기획과 그 언어란 노예의 것, 즉 제국의 흔적이다. 그들이 꿈꾸는 국민국가는 에누리 없이 식민 국가의 연장선에 있다. 총독은 말한다. "반도의 남과 북이 방공(防共)과 천황제(天皇制)를 각각 계승시키고 발전시키고 있기 때문에 그 어느 쪽도 쓰다듬어 길러야"(최인훈, 98) 한다고.

---

3) Jacques Derrida, *Archive Fever: a Freudian impression*, trans. by Eric Prenowitz(Chicago Univ. Press, 1996), p. 3. 이하 (Derrida, page)로 표시.

나는 (아카이브 밖으로) 생각한다. 고로 나는 존재한다 — 민족 아카이브의 종언

김철과 공임순의 두 비평서[4]는 대략 이러한 식민주의와 국민국가 사이의 연동을 문학의 역사성, 역사의 문학성이라는 영역에 기반해 해명한 비평적 연구서들이다. 이들의 문체와 관심이 연구와 비평의 사이에 있는 한에서, 이들의 책은 역사와 당대, 식민지와 국민국가의 사이를 왕복한다. 국가와 문학의 관계, 또 식민지와 군사 근대화(military modernism)를 거쳐 오늘에까지 살아남은 어떤 이데올로기의 현재형을 이들은 문제 삼고 있는 것이다. 어떤 의미에서 이들의 작업은 최인훈의 소설 언어가 조금 예감했던, 식민 이후의 식민성, '우리' 안의 '그들'의 흔적들을 따라가고 있으며, 그 흔적이 단순한 기록 보관소—아카이브의 업무가 아니라 대한민국이라는 국민국가를 실제적으로 움직이는 강력한 이념형이라는 사실을 강조하고 있다.

민족사, 민족문학사라는 아카이브는 그들이 볼 때 완전히 제국적이며 민족적인 한에서 식민지적이다. 어쨌든 이들은 식민지와 박정희,(박정희는 후기 식민지의 식민성을 읽는 그들 책의 다리이자 체인이다.) 박정희와 오늘을 일관하는 어떤 사고의 형태들을 추적함으로써, 민족문학사의 아카이브의 밖, 혹은 경계에 서게 되는데, 그들이 그 자리에서 발견한 일군의 '우리들＝그들'이 바로 '국민이라는 노예' 혹은 '식민지의 적자들'이다. "공적 기억(public memory)에서 사라진 사건"(김철, 116)들, 공적 기억이 과잉 강조하는 장면들을 문제 삼는 이들의 읽기는, 비밀 위에 구축된 공적 기억 자체를 문제 삼으면서, 이를 오늘의 증상들에 접속시켜

---

4) 김철, 『국민이라는 노예』(삼인, 2005); 공임순, 『식민지의 적자들』(푸른역사, 2005). 이하 (저자, 쪽수)로 표시.

읽어 낸다. 간단히 말해, 이들이 문제 삼고 있는 것은 '국민(민족)문학사'라는 공적 작업이 수행해 온 아카이브 구축과 그에 내재하는 '비밀'들에 관한 것이다. 그들은 '민족'이라는 대주체를 '국민'으로 읽을 것을 제안하고, 이를 통해 식민지와 국민국가를 아우르는 일관된 집단의식이 존재함을 밝힌다.

그런데 비밀이란 그 자체에 있어 아카이브가 될 수 없다. 비밀이란 아카이브의 재(ash) 바로 그것이다.(Derrida, 3) 사료를 잿더미로부터 구하는 듯 보이는 아카이브는 실은 그 일관된 서사로 인해 수많은 불균질적 사료를 '재'로 돌린다. 아카이브가 그 정의에 있어 공적인 것 그 자체이기에, 비밀이란 아카이브의 재로밖에 존재할 수 없다. 바로 이 재의 장소에서 은폐된 사고, 바로 이 재의 장소에서 과장된 사고에 맞서 이들은 실제로 남아 있는 아카이브를 뒤진다. 민족문학과 그것이 발원하는 제국의 비밀들을 밝히기 위해서 그들이 만질 수 있는 것 역시 아카이브(의 재)일 수밖에 없기 때문이다. (그들의 작업은 때때로 콘라드나 셰익스피어와 같은 영문학의 정전들을 통해 오리엔탈리즘을 비판할 수밖에 없었던 에드워드 사이드의 작업을 연상시킨다.) 민족문학사라는 아카이브가 구축해 온 질서들의 밖으로 튕겨나가며 발화된 이 두 책의 언어들은, 한국 근대가 구축해 온 저항민족사의 아카이브와 민족문학사의 정전(canon)들이 얼마나 현실적으로 견고한 한편, 이론적·역사적으로 허약한 것인지를 보여 준다. 정전 자체를 탈구축하는 한편, 정전 구성의 원리를 밝히기 위해 정전 밖의 작품들을 호명하고 있을 것이다.

김철과 공임순의 책은 바로 이 아카이브의 의도와 정전들을 비판하는 일을 통해, 아카이브의 비밀들——재들을 만지작거리고 있다. 관동 대지진의 조선인 학살을 방불케 하는 만보산 사건(조선인들의 중국인 대량 학살), 성웅 이순신의 위엄에 올라탄 박정희와 엘리트 남성들만의 민족국가, 만주 개척의 사상이 태워 버린 중국 농민의 삶들, 공익이라는 이름

뒤에 숨은 사적 이익의 비밀들. 이들은 때로는 아카이브 안에서 그것의 비밀을 들추어내는 해체적 작업을 수행하는 한편, 자주 남성 민족주의 판 '국민문학사' 아카이브의 경계에서 그것들이 태워 온 또다른 서사의 흔적들을 재구해 낸다.

그들은 아카이브 안에 '있는 것'으로 그렇게 한다. 제국과 국가가 만들어 낸 비밀과 이것에 저항하는 민족 서사가 구축하는 비밀 사이의 공모를 끊기 위해 그들은 철저히 바로 그 '민족(문학)사'의 아카이브 안으로 들어간다. 이를테면 이러한 진술에 맞서기 위해. "(당나라라는 외세는: 인용자) 유민들의 결사적인 저항에 밀려나면서 이 문화 선진국의 문물을 철저히 소각하고 깨뜨리고 도둑질하여 종국에는 사료의 폐허화를 이룩하고 말았다. 당군에게 짓밟혀 7주야를 두고 불탔던 당시의 부여는 1300호에 70만 인구의 대도시였다."[5] 민족을 상상하는 제국이 모든 걸 태웠다고 주장함으로써, 거대한 말의 아카이브를 만들어 낸다. 아카이브 밖으로 나가려 하면 할수록 강력한 아카이브 해체를 감행할 수밖에 없는 이유가 여기에 있다.

문학을 역사에 대조시키는 김철의 방법과, 정사와 야사를 문학적 서사로 텍스트화해 '역사성'의 이데올로기를 들추어내는 공임순의 방법은 경험적인 한편 해체적이다. 그들은 대략 이렇게 묻고 또 답한다. "과연 식민지 시기와 해방 후가 얼마나 다른가."(공임순, 358) "근대문학의 역사는 이 (식민지 작가라는: 인용자) 숙명과 더불어 산 흔적의 역사이며 우리는 그 흔적이 남긴 또다른 흔적인 것이다."(김철, 266)

김철의 다음과 같은 언명은 오랫동안 나의 눈을 붙들었고, 나는 『국민이라는 노예』라는 비체계적인 책이 지닌 '비밀' ── 감탄스러운 문학적 일관성을 조금 이해할 수 있게 되었다. "나는 문학사 따위는 아무래도 좋

---

5) 김지하, 『사상기행』 1(실천문학사, 1999), 33쪽. 김철, 234쪽에서 재인용.

다고 생각한다. 그런 것은 없어져도 상관없다고 생각한다. 달리 말하면, 이광수와 그의 작품을 다시 읽고 이해하는 일은 문학사를 다시 쓰거나 하는 따위의 일과는 아무런 상관이 없다. 중요한 것은 '문학사적 관점'에서 '나 아닌 것'으로 삭제되고 배제된 것들이 실은 더도 덜도 아닌 '나' 자신이라는 사실과 정직하게 대면하는 일이다."(김철, 151) 그의 세대에서 "문학사 따위는 아무래도 좋다"고 말할 수 있었던 사람은 거의 없었다. '민족문학사' 아카이브——국민적 기억을 보충하고 수정하기보다 김철은 "중요한 것은 기억 행위 그 자체가 아니라 무엇을 어떻게 왜 기억하는가 하는 점"(김철, 118)이라고 말한다. 그러니까 그는 기원을 믿지 않는데 왜냐하면 기원은 언제나 '명령'을 생산하기 때문이다. 아니 명령이 기원을 조직한다.

데리다는 아카이브에의 열정들을 비판하는 글에서 아카이브의 조직 원리를 기원(commencement)과 명령(commandment)이라는 두 개념을 통해 설명한 바 있다. 기원은 사물(역사)이 어디에서 시작되는가를 추적하는 한에서 존재론적이고 순차적이다. 한편 명령은 법칙적이고 명령법적이다. 왜냐하면 명령이란 어떠한 법이 실현되고 있는가를 문제 삼는 한에서 늘 하나의 권위를 설립하기 때문이다. 데리다는 그 어떤 아카이브도 어떤 기호를 하나의 시스템 속에 모으는 위탁된 목적 없이는 존재할 수 없다고 말한다. 이 시스템은 당연히 떼어 내어야 하거나 격리되어 마땅하다고 판단되는 어떤 분열이나 혼종성, 비밀들을 제거한다. 비밀이란 바로 이 공공적 아카이브의 재이다. 따라서 이질적 요소를 제거하는 아카이브의 이러한 할당적 기능은 반복과 재생산을 내포한다. 그리고 어떠한 이질성도 추방하는 이 동일성의 반복은 필연적으로 그 자신의 죽음을 예감케 한다.(Derrida, 35) 아니 차라리 아카이브 자체가 그 대상의 죽음을 선언하는 추도와 기념의 자리라고 해야 옳을 것이다. 무언가를 수집하는 에로스적 행위에는 스스로의 수집품을 '생명 없는 것'으로 만들고 수집 밖의 사물을 재로 돌리는 타나토스적 충동이 늘 함께 한다.

데리다에 따르면 아카이브의 의미는 그리스어의 기록관(archeion)에서 유래했다. 여기서의 기록관이란 본디 최고행정장관의 집, 주거지, 주소를 의미했고, 이는 명령하는 지배자(archons)와 동일한 어원을 갖는다. 단적으로 말해 지배자는 무엇보다 서류 관리자, 보관자였다. 그들은 신체적 안전을 위임받아 보증하는 책임을 지고 있을 뿐만 아니라 사료와 법에 대한 해석학적인 정당성과 권한을 부여받았다. 그들은 아카이브를 해석하는 힘을 갖고 있었고, 그런 한에서 지배자였다. 행정장관의 명령은 기록보관소에서 나왔다. 기록관이자 지배자인 그는 자신의 명령을 기원 있는 무엇으로 해석한다. 아니 '정당하다'고 알려진 그의 해석 자체가 명령을 '정당화'한다. 단적으로 말해, 아카이브의 통제 없이 정치적 힘은 성립할 수 없다.(Derrida, 2~4) 국가의 법과 역사의 아카이브는 언제나 함께 설립되며 여기에는 애초부터 어떤 동어 반복이 존재한다.

'역사'가 그 자체로 '지배'라고 할 때, 국가를 상상하는 문학의 '역사'란 사적이라고 알려진 '개인적 진실'을 공적인 아카이브로 조직하는 일에 다름 아니다. 오랫동안 식민지 문학에 관한 이해는 그것이 의식적이든 무의식적이든 정치(politics)와 경찰(police)의 어원이 같다는 사실이나 법이란 언제나 허가된 폭력이자 강제(enforce the law라는 영어 표현처럼)였다는 사실[6])과 조응하며 서술되어 왔다. 식민지와 독재의 경찰국가론이 바로 그것이다.

그러나 재차 주목해야 할 지점들은 이러한 인식을 체계적으로 조직하는 민족(문학)사의 기능 속에도 있다. 아카이브 구축과 지배 논리 생성의

---

6) 자크 데리다, 『법의 힘』, 진태원 옮김(문학과지성사, 2004), 15쪽. 폭력을 독점하려는 법의 이해관계가 존재한다. 이러한 독점은 이러저러한 정당하고 합법적인 목적들이 아니라 법 자체를 보호하는 데 목적이 있다.(79쪽)

관계, 역사 서술과 통치 사이에서 일어나는 협력들 말이다. 국민국가의 민족문학사 구축은 식민지의 흔적 즉, 제국의 흔적을 재로 돌리고, 그럼으로써 스스로 재의 아카이브가 된다. 김철이 다시 읽는 수많은 민족 아카이브의 정전들은 놀랍도록 식민적, 제국적이다. 외국어광 이광수의 『무정』, 만주를 개척하는 『농군』의 식민주의, 아시아를 포괄하는 김남천의 대동아 사상, 혼종적 국어의 아이러니. 김철은 말한다. '민족사'가 '민족'의 삶을 왜곡하고, "진상 규명을 소리 높여 외치는 사람들이 진상 규명을 가로막는다." 공임순의 책을 읽는 과정에서 나는 몇 번이고, "다른 듯 닮은 두 사건을 통해 이 시대가 국가의 정사를 향한 폭발적인 욕망과 자민족중심주의의 폭력성을 드러내"(공임순, 386)고 있다는 그녀의 진단에 고개를 끄덕였다. 그녀가 교직하는 역사와 현실, 역사와 문학의 병치들은 설득력이 있었고 탄복할 만한 열정을 보여 주고 있었다. 역사란 "후대의 해석에 따라 언제든 부침을 거듭할 수 있는 개입과 협상의 장"이며, "현재진행형의 사건"(공임순, 254)이라는 별날 것도 없는 역사수정주의적 착점들은 내내 어떤 치열한 정치성, 끈질긴 사고 속에서 펼쳐지고 있었다.

　이 재에 관한 작업은 역사가 여전히 '현재'인 이유들을 설명하기 위해 때때로 정격 아카이브 외부에 존재하는 대상들을 과감하게 끌어들이며, 이를 통해 아카이브의 비밀을 풀어 간다. 한 장의 사진, 청소년기의 잔혹한 경험, 역사 드라마, 베스트셀러 소설들이 정전에 대한 비판들과 함께 교직되는 장면들. 아카이브 안에서 작업하고 아카이브 밖으로 생각하기. 거기서 그들은 발견한다. 더도 덜도 아닌 '나'(들)을, 더도 덜도 말고 저지른 그만큼 책임져야 할 너희들을.

나는 보호한다, 그러므로 나는 구속한다 —— 리바이어던과 비히모스

월드컵 열풍 속에 휩싸인 서울시내 군중들을 내려다보며 북한산 위에 서 있는 한 사람이 있다. 『국민이라는 노예』의 저자가 그 자리에서 느꼈다는 공포를 나는 오래도록 상상해 본다. 그가 묘사한 그 광경과 심정은 처음에는 쉽사리 이해되는 듯싶었지만, 『국민이라는 노예』 전체를 읽는 내내 그 어떤 의문들을 남겼다. 그리고 나는 혹 여기에 국민국가 비판론들의 열정을 때때로 배반하곤 하는 어떤 공회전이 있을지도 모른다는 생각을 했다.

형언할 수 없는, 생전 처음 들어보는 무시무시하고 기괴한 함성이 금방이라도 거대한 빌딩들을 날려 버릴 것 같았고, 수십만 군중이 하나의 '덩어리'로 꿈틀거리는 모습은 너무나도 비현실적으로 보였다. 리바이어던(leviathan). 순간적으로 떠오른 단어는 그것이었고, 나는 총칼로 무장한 직접적이고도 물리적인 폭력이 횡행하던 시대에도 느끼지 못한 공포를 처음으로 느꼈다.(김철, 11)

"국민적 정체성 확립이라는 이념은 어째서 단 한 번도 의심받지 않았는가."(김철, 12)라는 그의 질문은 과연 옳다. 그러나 이 '국민' 자체를 하나의 '덩어리'로 인식하는 한, 이것은 언제나 리바이어던의 형상이 될 수밖에 없는 것은 아닐까. 국민문학 비판은 국가(담론)라는 행위자를 비판하는 일을 통해, '국민'이라는 형상을 더욱 확정적인 것으로 만들고 있는 것이 아닐까. "나는 보호한다, 그러므로 나는 구속한다."(peotego ergo obligo)고 말하는 국가에 맞서, "나는 생각한다, 고로 나는 존재한다."(cogito ergo sum)라는 개인주의를 주장하는 일이란, 결국 다중이라

해도 좋고 이름 없는 공동체라고 해도 좋을 수많은 개인들 전체를 '국민' 이라는 개념 속에 국가에 넘겨주는 일이 되는 것이 아닐까.

분석자와 분석 대상으로 결렬하는 개인과 국가. 그 사이에서 소외를 더욱 강화하는 국민이라는 리바이어던. "나는 나 자신을 망명자처럼 느낀다. 한국과 한국인은 나에게 지구상에서 가장 낯설고, 거칠고, 적응하기 힘든 대상이 되었다. 수난자-피해자로서의 자아상을 강성 국가의 이미지에 의탁하여 위무받고자 하는 '약자의 도덕'(니체)은 1세기 이상에 걸쳐 한국의 '국민적 기억'을 주조해 온 제1의 배면음(背面音)이다. 이와 함께 거대한 집단적 원한(reséniment)과 자기 연민은 '국민'을 만들어 온 핵심적인 정서적 자질이 되었다. 이러한 조건 아래서 마침내 푸코가 말했던 근대 국가의 이중성, 즉 '가서 살육하라, 그러면 너에게 행복을 주겠다!' 라는 슬로건에 부합하는 '국민'이라는 노예가 탄생한다."(김철, 13) 라고 할 때, 이 말은 옳은 진술이다. 그런데 여기서 조금만 더 질문을 연장해 보자. "국민이라는 노예"는 과연 누구인가. 위의 깨달음 속에 진행되는 김철의 분석은 십분 동의 가능한 열정적 진술들로 가득 차 있지만 국가가 호명해 낸 방식으로서의 '국민,' 즉 단일하며 통시적인 대상으로서의 '국민'을 내내 염두에 두고 있는 듯하다는 점에서 극한의 고립 의식을 예감케 한다. '민족'을 '국민'으로 재발견하는 일의 어려움은 여기에도 있다. '국민'이라는 거대한 분석 대상은 분석자 자신의 소외와 해방적 주체 설정의 곤란을 가져온다.

물론 우리는 이 '망명자'(들)에게 많이 빚지고 있다. 불법 이주자들이 자신의 불법성에 대한 관리가 국가에 의해 개선되는 것이 아니라 국가에 의해 창출되는 것을 보여 주었듯이, 또 이러한 불법성의 생산이 시민적 권리의 지속적 침해나 네오파시즘과의 타협 없이 행해질 수 없음을 보여 주며 새로운 시민권과 새로운 사회계약의 단위들에 대해 사고하게 해 주었듯이, 이 이론의 망명자들은 오늘의 삶에 합당한 정치적 기획이 하나의 민족 구성원에 머무는 한 불가능하다는 사실을 알려 준다. 친일과 근대라는 지표 사이를 왕복하는 이광수의 『무정』을 다시 읽는 자리에서 김철은 이렇게 말한다.(그는 민족문학의 첫 성과인 『무정』 자체가 얼마나 혼종적인 언어와 비'민족적'인 서술로 되어 있는지를 부감 있는 사실들을 통해 해명한다.) "사실과 기억들은 이상적 자아상의 구축을 위해 새로운 조정, 배치, 해석, 축소, 확대, 동원, 배제, 억압의 과정을 겪는다. 나아가 이 과정은 강력하고 순결한 자아상을 확보하고자 하는 집단적 열망에 기초한 '도덕'의 이름으로 수행된다. 그러나 '도덕'이 집단적 익명성의 옷을 입는 순간, 그것이 할 수 있는 것은 폭력 이외에 어떤 것도 없다. '도덕'은 절대적으로 개인에 속하는 것이다. 집단적 도덕의 명령은 추상이고 익명이며 그런 한에서의 폭력, 폭력에의 가능성이다. 자신의 기원과 내력에 대한 쉼 없는 정화(淨化)의 욕망, 선명하고 안정된 자기동일성에의 집착이 집단적 도덕의 이름과 결합하는 곳에서, '역사'라는 거울은 진정한 '나'의 모습을 비추지 못한다. 비춰지는 것은 도덕적 명령의 후광에 감싸인 찬란한 '우리'의 모습일 뿐이다."(김철, 148)

경찰과 국경을 넘으며 초민족적 차원의 정치성을 제기하는 불법 이주자들처럼 이 자주 '망명'하는 사람은 국민적으로 구축된 아카이브와 국가 지배 사이의 관계를 '우리'가 아닌 어떤 것, 개인적인 한편 초민족적인 차원의 보편적 정치 속에서 묻게 한다. 대개는 그 이론에 의해, 때로는 그 이론의 함정들에 의해. 그의 '나'는 '우리'라는 단위와 싸우면서 그 어떤 집단성도 부인하는 듯한 인상을 주곤 한다. 그는 '더도 덜도 아닌 나의 모습'들과 내가 아닌 남들의 모습("우리가 남이가? 그래, 남이다.") 사이를 망명자처럼 오간다. "한국 전체가 광란의 도가니로 화하던 어느 날, 서울 시내가 한눈에 내려다보이는 북한산 능선에서 나는 시청 앞에 운집한 수십만의 군중과 그들이 내뿜는 열기와 함성이 말 그대로 천지를 진동하는 것을 보고 있"(김철, 11)다. 그는 이것을 공포의 리바이어던이라고 말한다.

　대중에의 공포가 만들어 내는 소수자적 반파시즘은 리바이어던의 파시즘 이상의 고유한 위험을 안고 있다. 어떤 사람도 외적이고 일방적인 결정 혹은 특혜에 의해서 자유롭거나 평등하게 될 수 없다. 해방이란 호혜적인 방식, 즉 상호적인 인정에 의해서만 이루어질 수 있는 까닭이다. 피억압자, 혹은 몫이 없는 자, 혹은 어떤 '국민'의 해방은 그들 스스로의 행동으로 이루어질 뿐이다. 홉스의 리바이어던은 다중들에의 공포와 폭력적 전복을 향한 경향을 염두에 두었지만 실제로 그것은 리바이어던이 아니라 비히모스(Behemoth, 욥기 제40, 41장에 리바이어던이라는 해수(海獸)와 함께 묘사된 육지의 괴물)의 기능이었다. 오늘날 마키아벨리즘이나 독재론으로 오해되곤 하는, 리바이어던에서 대중과 구분되는 다중(multitude)들은 애초부터 구성적 원자들──자연 상태의 인간들의 합으로 항상 이미 분해되고 환원될 수 있는 사람들이었고, 홉스는 내전이라는 개념을 통해 이미 방법적으로 개인주의적인 다중이라는 개념을 사고하고 있었다. 그가 리바이어던을 단일한 인공의 혼이라고 말하면서 인민의 계약을 염두에 둘 때, 이 인민은 늘 인민이라는 보편의 이름으로 스스로를 제시하는 단일한 혼, 즉 개인이었다.[7] 자연 상태에서 만인의 만인에 대한 투쟁을 전개하는 이리도 순전히 이리인 것만은 아니어서 지성을 가지고 있다. 실제로『리바이어던』에는 '리바이어던'이라는 단어가 단 세 번밖에 나오지 않으며, 그 백 배 이상의 인간 개념이 등장한다.

　홉스의 '리바이어던'이 '비히모스(Behemoth)'와 한 쌍을 이루는 개념이라는 사실은 별로 알려져 있지 않다. 홉스는 리바이어던을 논박하려 한다면 마땅히 '비히모스 대 리바이어던'이라는 제목이 어울린다고 말했

---

7) Étienne Balibar, *Politics and the Other Scene*(Verso, 2002), pp. 2~8; 루이 알튀세,『마키아벨리의 고독』, 김석민 옮김(샛길, 1992), 293쪽 이하.

으며 실제로 리바이어던을 향한 논박들에 맞서 『비히모스』를 저술했다. 청교도혁명사에 관한 이 책은 판금으로 인해 그의 사후인 1682년에야 출간될 수 있었다. 그는 여기서 비히모스를 청교도혁명 중의 종교적 광신과 종교주의에 의한 무정부 상태, 혁명 상태, 내전 상태를 지시하는 말로 쓰고 있다. 리바이어던은 국가를, 비히모스는 혁명을 의미했으며, 이 둘은 원시적 상태에 있어서 동일한 힘을 가지지만, 오늘의 국가는 강대한 실력으로 비히모스를 억제하고 있다. 국가란 억제된 내란 상태에 불과하기 때문이다.[8] 국가와 혁명, 리바이어던과 비히모스는 항상 있으며, 잠재적으로 항상 활동하고 있다. 홉스의 관심사는 국가를 통해 봉건적·귀족적·교회적인 힘에 대한 저항권이 초래하는 무정부 상태를 극복하고, 중세적 다원주의를 예측 가능하게 기능토록 하는 중앙 집권화된 국가의 단일성을 만들어 내는 데 있었다.[9] 김철이 시청 앞에서 실제로 발견한 것은 리바이어던일 수도 비히모스일 수도 아니면 다른 새로운 괴수일 수도 있다. (심지어 그것은 무(無)의 장소에서 펼쳐지는 놀이에 지나지 않을 수도 있다.) 그런데 그는 거기서 '리바이어던'의 공포를 체험했다고 쓴다. 그런데 어떤가 하면, 만약 리바이어던의 국가가 문제라면, 그것을 근본적으로 해체하는 힘 역시 그것과 동일한 실력을 가진 비히모스로부터 오는 것일 수 있다.

개인에 깃든 국가를 기억해 내고, 이를 하나의 자기 비판으로 만들어 내는 국민국가 비판의 개인적 차원은 대개 규율 권력 혹은 폭력의 문제에 집중하는 경향을 보인다. 푸코의 규율권력론은 매번 개인들 혹은 개인들

---

8) 카를 슈미트, 『홉스 국가론에서의 리바이어던』, 김효전 옮김(교육과학사, 1992), 283~284쪽. 법과 국가에 의한 폭력의 독점에 관해서는 발터 벤야민, 「폭력의 비판을 위하여」, 『법의 힘』 참조.
9) 카를 슈미트, 「메커니즘으로서의 국가」, 같은 책, 251쪽.

의 동맹의 역량 내로 정치를 되돌리기 위해, 제도들, 거대한 실체들, 거대 기계들로서의 국가, 계급, 당의 독점을 제거하려 시도한다. 푸코가 사회를 보호해야 한다고 말할 때, 여기서 보호되는 것은 사회의 관심과 개인들의 관점 간의 상호성, 호혜성이다. 사회는 서로를 조건 짓고 변혁하는 행동들의 '복합체'이다. 태도로서의 망명은 국민이라는 노예를 한꺼번에 소외시킴으로써, 그 자신과 해방의 소외를 가져올 수 있다. 우리는 역사에서 어떤 노예를 발견하는 그만큼 이들을 노예로 인식했던 개인들, 노예적 삶 내의 균열들을 읽지 않으면 안 된다.

총검이 줄지어 서 있는 속에서 경례를 붙이며 교문을 들어서는 1940년의 중학생들의 사진 앞에서 김철은 이렇게 말한다. "이 사진이 찍혀진 1940년의 어느 날 아침에 나는 이 세상에 존재하지 않았다. 그러나 이 장면을 나는 너무도 생생히 기억한다. 1960년에 중학교와 고등학교를 다닌 나의 등굣길도 이러했으므로. 그리고 21세기에 중학교를 다니고 있는 내 아들의 등굣길도 이러하므로."(김철, 33) 경험은 서로 다른 시공간을 일체화시킨다. 경험 안에서 그것은 진실이다.(예컨대 '나는 보았다, 나는 경험했다.') 그러나 바로 '경험'이라는 단어가 이미 함축하고 있는 진실성에 대한 특권적 지위는 되물어볼 필요가 있다. '경험'에 의하여 현대사의 중첩된 장면들을 1940년의 시점에서 본질화하는 역사주의적 관점에는, 때때로 '국민'이라는 개념에 의한 비역사적 단일화, 무매개적 동일화의 그림자가 어른거린다. 국가 자체, 대중 구성 자체는 문제 삼지 않는 이데올로기의 역사. 그의 질문은 내셔널리즘, 파시즘 비판보다는 푸코적 규율 권력 비판에 가깝다. 이 규율된 전체를, 그 힘을 그가 두려워한다는 점에서 그는 리바이어던 비판가이다. 대중은 그에게 공시적으로 또 통시적으로 일종의 '덩어리'이며 언제나 리바이어던이다. 리바이어던 안의 이질성들을 문제 삼지 않은 채 그 전체적 표상에 주목하는 한, 국가 비판에서 시작한 논의는 국민을 일거에 국가와 동일시함으로써 분석자 자신을 혼자로 만든다.

　어떤 부정적 속성을 전체에 투사해 일거에 극복하려는 전향자적 자세 —— 한국 지성의 역사주의를 지배해 온 일자화하는 사고 형식은 가장 예민한 지성의 자아비판적 사회론에까지 들어와 있는 것으로 보인다. 전적인 분노와 전적인 감동을 오가는 '한 번에 틀기'로서의 에피스테메 비판은 김철의 어떤 사상 형식을 이루는지도 모르겠다. 이는 그의 과오라기보다는 전적으로 변화하지 않는 듯 보이는 세계, 늘 그를 실망시켜 온 집단적 주체의 배반, 쇠귀에 경 읽기라는 고전적 클리셰를 연상시키는 민족 담론의 견고함에서 기인하는 것 같다. 그러나 앞서 이야기한 대로 태도로서의 망명은 적어도 하나의 태도로서라도 이 대주체를 이 망명자와 호혜적으로 재구성 해 볼 필요가 있다.

　석방 후 김지하의 울트라민족주의와 구술을 통한 아카이브의 재구축, 민족 수난과 개척의 대서사시로 읽힌 이태준의 『농군』이 보여 주는 식민주의와 폭력, 김남천의 소설 『낭비』가 보여 주는 '동양'이라는 전향 형식 등 과연 김철이 해명하는 국민문학의 다종다기한 풍경들은 절묘한 장면들의 연쇄를 이룬다. 그런데 거듭 이러한 해명들을 정신없이 읽어 나가다 보면, 제국과 식민의 레토릭의 뒤얽힘에서부터 현대사를 관통하려는 의지 같은 게 읽혀서, 문득 이 산발적으로 쓰어진 결락 많은 글들의 모음이 어떤 주술의 힘에 의해 한달음에 쓰어진 글이 아닌가 하는 느낌에 사로잡힌다. 특히 각각의 요소들을 분절해 설명하면서도 국민주의라는 관심을 유지하는 분석은 매우 정치하고 의욕적이다. 내 자신으로서는 절대 가질 수 없는 분노와 경험의 힘들이어서, 내내 그의 개인사와 거기서 우러난 힘들에 감탄하는 한편, 바로 그러한 이유로 얼마간 근심스럽기도 했다. 정치적 사고의 장소는 사적 개인일 수 없다.

　단순한 우문(愚問). 뭐랄까, 반복되는 역사들에도 아마 절대적인 차이는 있지 않을까? '적'들의 언어가 가진 혼종성에도 불구하고 여전히 자신의 언어는 '적'의 실체성이라는 전제로 인해 순종적이라면, 이 일관성은 사태의 복잡성과 때때로 결렬하는 단순성으로 읽힐 위험이 있다. 상대가 혹은 분석 대상이 진부한 수작을 걸어온다면, 새롭게 싸울 수밖에 없지 않나 하는 생각을 요즘의 나는 하고 있다.

'민족/국민', 무치한 저들의 형이상학 —— 공적(公敵/公的)에 맞선 사인(私人)의 전쟁

그렇다면 왜 가장 공적인 계약이라 할 국가에는 이처럼 언제나 비밀이 존재하는 것일까. 아니 국가는 왜 비밀을 생산할 수밖에 없는가. 여기서 우선 이야기할 수 있는 것은 근대 국가에서 정치적인 것은 언제나 적의 개념에 의해서 정당화되어 왔다는 사실이다. 도덕에 있어서의 선과 악, 미학에 있어서의 미와 추 등과 같은 대립이 이들 영역에서 상대적으로 독립된 규준들을 보여 주듯이, "정치적 행동과 동기에 관한 (국가와 정치에) 특수한 정치적 구별은 적과 동지를 분류하는 것일 수 있다."[10] 물론 여기서의 적이란 오직 '공적(公敵, public enemy)'인데, 왜냐하면 인간 집단과 같은 것, 특히 모든 국가는 이러한 관계성의 효력에 힘입어서 '공적(公的, public)'으로 되기 때문이다.(Schmitt, 28) 20세기의 가장 치밀한 국가론자이자 헌법학자(이자 불행히도 초기 나치의 이데올로그)였던 카를 슈미트는 생명 없는 국제법주의, 법규범주의를 타격하며, 실제로 국가는 정치적인 것이며, 여기서 정치란 적과 동지의 구분에 의존한다고 말한다. "정치적인 것은 국가에 선행한다."(Schmitt, 19)

---

10) Carl Schmitt, *The Concept of the Political*, tans. by George Schwab(Chicago Univ. Press, 1996), p. 26. 이하 (Schmitt, 26)으로 표시.

그러니까 공공 권력은 언제나 공적(公敵)을 가지며, 공적이 없으면 공공성도 없다. 공공성이라는 이 공적들을 통해서만 공공적이 될 수 있으며 스스로의 사적 이익을 은폐할 수 있다. 근대국가론의 시조들인 홉스, 로크, 루소에 의해 공히 국가는 그 최초에 개인의 자연권의 양도에 의해서 성립되었다고 이야기된다. 그러나 그 양도는 수많은 사적(私敵)들을 없애는 과정에서, 계급적 차이와 신분적 불평등, 자유와 평화의 구속을 행한다. 서로가 서로에게 적이고, 만인이 만인에게 이리라는 국가 탄생의 신화—법정립적 폭력은, 국가가 탄생하자마자 국가는 국가에 대해 이리이고 적이라는 새로운 안전 개념이 만들어 내는 법유지적 폭력을 대면하게 된다. 공공 권력의 운영자와 그 수혜자들은 바로 이 (공)'적'의 개념에 기반해 스스로의 사적 이익을 은폐하고, '몫이 없는 자'의 적대를 피해 간다. 아니 그들은 몫이 없는데도 말이 많은 자들을 적으로 규정하기까지 한다. 정치적 통일체인 국가는 결정적인 상황마다, 주체적으로 '내부의 적'도 결정한다.(Schmitt, 46) 실제로 공공성의 수혜는 전혀 균등하지 않다. 국민적 기억을 주조하는 공공의 아카이브는 이 불균등성을 '비밀'에 부치고, 명령한다. 처음에는 외부의 적들에게, 그다음에는 내부의 적들에게.

공임순은 바로 민족과 공익(홉스에서 발원한 common-wealth라는 말이 '국가'로도 번역된다는 사실을 나는 여기서 상기시키고 싶다.)의 개념 뒤에 숨어, 실제로는 반민족적이고 반공익적인 사적 이득을 취하는 사람들의 계보를 추적하고 있다. 그녀는 이른바 민족적 텍스트로 알려진 역사적 인물과 그에 대한 해석들의 아카이브로 진입해, 바로 이 공공성의 장소를 일종의 내전 상태로 만든다. 사인(私人)인 그녀는 공적이라는 개념 뒤에 숨은 사익(私益)들에 맞서 일종의 결투 혹은 내전을 행한다. "체제 안에서 체제의 바깥을 내다보는 모험"(공임순, 259)—그러니까 그녀는 공적(公的·公敵) 뒤에 숨은 무치한 인간, 무치한 역사 해석들을 사적(私敵)으로 삼아, 진정한 공공성이 무엇인지를 해체적으로 질문하는 내전을 감행 중인 것이다. "공익, 다시 말해 실리의 형이상학이 개인과 전체를 막론하고 무차별적으로 적용됨으로써, 특정 이익이 보편성을 획득하는 '명분의 합리화'가 사회 전반의 폭압성을 빌미로 더욱 전면화되는 역사의 특정 국면"(공임순, 353)에 대한 그녀의 전투, 책임 추궁은 격렬하다.

역사의 아카이브를 해체하는 그녀의 역사 서사 읽기는 실제로 한국 근대문학의 대표적 하위 장르인 역사물을 지금까지의 어떤 서적보다도 열정적이고 성실하게 읽어 나가며, 이를 문학사의 정전들에 병치시킨다. 대중의 환호와 남성 민족주의 엘리트의 공모가 지적되는 한편, '국민'은 무치한 저들과 무심한 대중과 약간은 무망해 보이는 정의로운 비평을 분절한다. 특히 '민족'을 운운하는 '식민지의 적자들'을. 식민 담론을 이야기하는 듯, 오늘의 민족 담론과 대결하는 이 성동격서(聲東擊西)의 전략가의 사건 병치술은 놀랍다. 앞서의 김철의 작업이 엘리트 남성의 민족주의에 숨은 비밀들을 읽어 나가며 그것을 통해 한 시대의 대중적 공기를 읽는 작업이라면, 공임순의 비평은 바로 이 시대의 대중적 공기로부터 엘리트 남성 민족주의의 사익(私益)을 적발해 낸다. 그녀의 질문은 대중을 향해 있다. "이 개체의 자발성이 다중(다수로서의 다중)이 아닌 국민, 민족이라는 단일 회로로 회수되는 메커니즘은 강압과 폭력만으로는 설명될 수 없다. 도대체 무엇이 대중들의 다종다기한 욕망의 흐름들을 국민 혹은 민족의 단일 회로로 수렴할 수 있단 말인가. 이 이해할 수 없는 비약의 배후에 우리가 놓치고 있는 무언가가 음험하게 도사리고 있지는 않은가."(공임순, 188) 음험하게 도사린 것 ─ 국민이라는 회로의 비밀을 작동시키는 것은 단적으로 말해, "공익이라는 이름의 사익"이며, 공적을 앞에 두고 사적들을 무찔러 가는 부끄러움을 모르는 남성 민족주의 엘리트들이다. 이 민족주의는 아예 민족적이지조차 않다고 그녀는 단언한다.

예컨대 이순신의 영웅화와 그에 대한 대중들의 환호에 무언가 의심스러운 구석을 발견한 그녀는 위생 담론이라는 전혀 생경해 보이는 역사적 담론에 이를 접속시켜 본다. 그녀의 통찰은 이렇다. 구한말 이후의 위생 담론이 부정한 것을 절멸하는 순결지상주의를 통해 조선을 완전히 부정적인 것과 완전한 영웅으로 이분했듯이, 이광수는 "문화 민족의 표준에 도달하기 위해 조선 민족은 정반대로 변전되어야 한다."고 주장한다. 이광수의 "민족 개조란 이처럼 현실의 자기를 폭력적으로 절단하는 자기 부정과 청산을 예비한다. 이순신은 바로 이런 부정과 청산의 가장 완벽한 구현체, 가장 완벽한 결정체이다."(공임순, 128) 적들에 홀로 맞서며 민족을 완전히 변전시킬 임무를 맡은 이 사람. 이순신이라는 그늘에 자리를 까는 이광수, 박정희, 김훈, 어쨌든 지식인 남성.

언제나 "여러 사정과 형편이 임진왜란 때와 흡사한 점이 많다. 국토의 북반부를 강점하고 있는 공산주의자들이 우리를 침범하려고 호시탐탐 노리고 있는 이 판국에도 당리당략을 고집하여 국론의 통일이 잘 되지 않고 사사로운 이해관계에 집착하여 국가의 큰 이익을 외면하는 몰지각한 행위들이 판치고 있다."[11] 외부의 적을 발판 삼아 내부의 적을 결정하고, 이를 통해 영원히 순결한 주체로 서는 자들은 언제나 국민을, 민족을 부른다. 김옥균에 대한 열광과 그를 죽인 조선에 대한 혐오가 분열과 내란으로 가득 찬 조선의 이미지를 통해, 식민지 지배의 정당화에 기여하는 방식에 대한 그녀의 비판은 민족에의 사랑과 식민주의에의 승인이 결코 모순되는 태도가 아니었음을 보여 주기에 부족함이 없어 보인다.

또 명성황후의 복권과 내선일체론을, 국민으로 죽는다는 것의 의미를 통해 해명한 한 장(章)에서 그녀는 이렇게 말한다. "죽음에는 질적인 차

---

11) 박정희, 「위대한 후손이 되자 ─ 충무공 탄신 제423주년 기념일 기념사」, 『박정희 대통령 연설문집』(대통령 비서실, 1973). 공임순, 134쪽에서 재인용.

별성이 내재되어 있으며, 이 질적 차이에 따라 더 나은 국민과 그렇지 않은 국민이 차등, 분리된다. 남성들은 3년 동안 국민으로서 죽을 권리와 책임을 완수했기 때문에 여성보다 더 나은 국민으로서 법적 지위를 공적으로 인정받는다. (……) 명성황후가 일본의 조직적인 음모와 계략에 의해 죽었다는 사실만으로도 그녀는 역사의 전면에 복권될 자격을 충분히 갖추고 있는 셈이다."(공임순, 201) 음모로 가득 찬 적들의 비밀은 '우리들'의 국가적 제의, 민족의 아카이브를 위해 사용된다. 죽음의 애도가 국가적 기억이 되어 일종의 귀속감을 만들고, 죽음이 국가의 통제로 관리, 조정, 분류될 때 이 죽음의 아카이브는 바로 그 죽음을 통해 사회를 서열화한다.[12] 그러니까 "죽음이 지닌 예외성이 전투적 민족국가주의로 회수되면서 생기는 전체를 향한 병합은 죽음을 위계화하고 젠더적 성 정치를 역동적으로 결합한다."(공임순, 207)

그런데 이 위계화는 그토록 수미일관하게 잘 진행되었고, 진행되고 있는 것일까? 움직일 수 있는 대중이 있고, 이를 결집시키는 엘리트 지식인들의 자발적인 참여와 정당화가 있다는 듯 말하는 그녀의 주장은 그녀의 작업 의도와는 상관없이 어쨌든 김철이 본 대중에의 공포와는 미묘한 차이를 두고, 국민의 전단계로서의 대중을 단일한 집단성이자 소여로서 상정하는 듯하다. 국민, 그들은 감정과 이미지와 '지도'를 기다린다.(공임순, 194) 물론 그녀는 대중성 자체에 내재한 균열과 모순을 의식하고 있지만, 어쨌든 역사적 운동은 언제나 왕복이 아닌 편도처럼 묘사된다. 물론 이는 대중(문화) 비판과 지식인(문학) 비판을 함께 수행하는 그녀의

---

12) 야스쿠니 신사에 관한 최근의 다카하시 데쓰야의 작업(高橋哲哉, 『靖國問題』(ちくま書房, 2005))은 그런 의미에서 죽음을 전시하고, 국가적 기억으로 재생산하는 죽음의 미학에 대한 중요한 비판점들을 시사한다. 애도가 축전(commemoration)으로 변질되고, 슬픔을 환희로 느끼기를 강요하는 사고들에 맞서 그는 죽음의 주인은 누구인가라는 질문을 던지고 있다.

작업이 발생시키는 불가피한 착시 효과일지도 모른다. 그런데 '대중들의 동향'에 관한 이런 구절, "대중성 자체에 원심적 파괴성 못지않게 구심적 반동성이 함께 존재하는 한, 대중성을 특정 방향으로 유도하려는 움직임은 언제든 생성되기 마련이다. 대중들의 자기 표현 욕구는 속물적인 삶과 고립된 죽음의 공포를 뛰어넘어 더 높은 실재에 매달리고 싶은 끝없는 갈증과 욕망을 낳는다." 그녀는 바로 이 지점에서 파시즘의 역사를 읽는다. 그런데 '역동적 파괴성과 반동성이 모두 병존한다는' 그 대중은 누구인가? 그 대중은 국민인가, 아니면 다중인가, 아니면 저 오래된 스피노자의 명제 속의 공포의 주인 혹은 노예인가.

그녀는 투명한 역사, 사실 그 자체로서의 역사란 존재하지 않는다고 말한다. "서사로 조직되지 않는 역사는 인식되지 않기"(공임순, 259) 때문이다. "역사적 담론의 거점을 탈구축하는 동시에 재구축"(공임순, 388)하는 작업을 통해 공익 뒤에 숨은 현재의 사적 이익들과 민족과 공적 뒤에 숨었던 과거의 사적 이익들을 연동적으로 읽어 내는 그녀의 작업은 과연 탁월하다. 그러나 그녀의 대중문화와 대중에 대한 관심에도 불구하고, 대중을 대중으로 호명하는 한 대중 공포, 대중의 소외는 극복되기 어렵지 않을까. 이를 그녀의 책에 자주 드러나는 어색한 용어와 수긍하기 힘든 이론적 인유들로 읽어야 할지, 아니면 그녀의 대중(문화)론에 깃든 '국민'의 그림자로 보아야 할지 나는 한참 망설였다. 왜냐하면 그녀는 "친일은 누구의 잘못도 아닌 '우리' 모두의 잘못"이라는 논리나 "집단적 죄책감을 불러일으키는 영웅 신화"들이 얼마나 책임의 소재를 애매하게 하는 무책임의 정치인지를 내내 물어 왔기 때문이다. 그러나 미디어와 역사극에 대한 책 후반부의 분석들을 읽어 나가며 나는 그녀 역시 오늘의 국민문학 비판론들이 고민하는 '민족, 국민, 대중, 다중'이라는 대주체에 대한 '대상화 함정'과 싸우고 있음을 알 수 있을 것 같았다. 다만 확실한 것은 그녀가 그 안에서 싸우기를 주저하지 않고, 또 멈추지 않고 있다는 사실,

그 광경의 기록을 감탄스러울 정도의 긴 호흡으로 기록해 왔다는 것이었다. '역사'를 부인하는 듯, 그녀는 훌륭한 역사가였다. 고백건대 그녀가 지금 있거나 곧 도래할 그'들'을 이미 그녀의 책을 통해 예감하게 하면서도 종종 과거의 대상(민족, 국민, 대중, 다중)들로 그 에너지를 단일화·동일화해 버리는 장면에서조차, 나는 역사에서 배우는 꼭 그만큼 현실에서 배우고 싸우는 그녀만의 역사주의와 용기를 옹호하고 싶었다.

식민지의 텍스트를 읽는 누구든 가끔 이런 생각을 하게 된다. 우리의 감각으로 추정할 수 있는 시간은 기껏해야 식민지 시기 정도일 텐데, 그런데 그 시간도 동일한 시간이 아니라 너무나 많은 시간이 섞여 있어서, 그 안에서 가려내서 식별해 낼 수 있는 시간이란 기껏해야 현재와 맞닿아 있는 부분에 지나지 않는다고. 모든 타자가 절대적 타자임을 수긍하는 한에서, 우리가 정말 사려 깊게 다루어야 하는 타자는 시간의 타자가 아닐까. 그들은 더는 말할 수 없기 때문이다. 나는 얼마 전 김현의 문학사론을 다시 읽으며 그의 문학사가 가진 엄청난 식민성과 민족 갱신의 열정에 놀란 일이 있다. 또 식민지를 증언하는 조선인 총독부 관리의 증언록을 읽으며 구제불능의 민족의식과 근대화론의 동체를 보고 감탄한 적이 있다. 수난 의식을 통해 선민 의식에 도달하는 함석헌 식의 애잔한 해방열과 민족의 갱생을 꿈꾸는 기술관료주의의 애국심. 우리가 '문학'을 했던 몇 안 되는 비평가로 알고 있는 김현은 실제로는 몇 번이고 문학사를 고쳐쓰는 역사가였던 것이다. 김현은 식민사학의 '조선의 역사적 운명'과 민족성론을 전유하며, 김지하의 언어를 예감하고 있었다. 그러나 한편, 이 무의식은 도대체 무언가, 김현이라면 그런 대주체와 싸워 온 사람이 아닌가, 국민과 민족을 비판하는 데에는 외적으로 공략하는 일보다는 그 안——국민이 되고 싶은 열정 자체를 일단 들여다볼 필요가 있지 않나 하는 생각을 하게 된 것은, 김현 자신의 자기 갱신 때문이었다. 시대의 에피스테메를 오늘의 평면 위에 놓는 일보다 그로부터 변화해 나간 흔적들을 더듬는 편이 낫지 않을까. 오늘이 아닌 역사의 잡음들을 말이다. 왜냐하면 역사를 단일한 목소리로 간주하는 한 누구도 영원히 우리들의 아카이브 밖으로 나갈 수 없기 때문이다.

정치는 국가에 선행한다

최근 한국과 일본의 민족 담론은 매우 난처한 형국에 빠져 있는 것이 아닌가 싶다. 상대는 현실적 블록이나 경계에 의해서 적절하게 방어망을 좁히며 참호를 지키고 있는 듯하지만, 민족 담론 비판 자체는 하나의 참호가 될 수 없기 때문이다. 민족 담론이 민족 담론 비판에 의해 자신의 경계를 뚜렷이 하는 반면, 민족 담론 비판은 그 경계 밖에서 상대의 저지선을 오히려 확정해 주는 아주 추운 싸움을 하고 있는 것처럼도 느껴진다. 현상이 크게 변화하지 않는 듯 보이기에, 내내 '적'의 언어를 전도시켜야 하지만 그러한 방법은 종종 텍스트를 바꾸어 회전하는 반복적 작업으로 비치기도 한다. 독자들은 민족문학에서 민족어론, 혹은 국어론, 후기 식민지 민족 국가의 식민성 비판, 기억을 둘러싼 투쟁의 해명으로 진전하는 국민국가 비판의 행보들을 이론적 심화로 판단하기보다는 일종의 반복으로 느끼는 듯도 하다. 이것이 여전히 우리가 민족 담론과 싸워야 하는 이유이기는 하지만 민족 담론·국민국가 비판의 움직임 역시 민족 담론 비판의 저편 혹은 그 경계의 안쪽으로 들어가서 국가 자체에 대한 정치적 비판에 좀더 근접하지 않으면 안 될 지경에 도달해 있다는 생각이 든다. 국가 반대편에서 "나는 생각한다, 고로 나는 존재한다."고 말하는 누구에게든, (그것이 망명자든 내전 세력이든) 국가는 "나는 보호한다, 고로 나는 구속한다."고 응답할 준비가 되어 있다.

국가를 넘기 위해서는 국가 자체, 국가와 불화하는 어떤 집단성들, 구속하는 국가가 말하는 '외부의 적', '내부의 적'의 존재 여부에 대해 이야기하지 않으면 안 된다. 왜냐하면 국가는 늘 우리를 적들로부터 보호한다는 생각 아래 (적들이 알아서는 안 되는, 그러나 실제로는 누구도 알아서는 곤란한) 비밀을 만들고 이를 통해 구속을 행하기 때문이다. 그들은 문학이라는 사적 비밀 ─ 고백 역시 하나의 국민문학사의 아카이브로 만들어 낸다. 국가와 국민에 관한 재현 비판이 정치 비판을 포괄하지 못할 때 그 비판은 역설적으로 재현 대상의 일관성을 보증하는 역논리가 될 수 있다.

국가가 아니라 사회를 보호해야 한다면, 또 국민이 아니라 다른 무언가를 꿈꾸어야 한다면, 우선 우리는 그것들이 무엇인지 알아야 하며, 최소한 물을 수 있어야 한다. "나는 한국 근대문학의 문제들을 파시즘이라는 분석 틀로 이해하고자 한다. 이것은 모든 것을 파시즘이라는 단일한 코드로 환원하려는 것이 아니다. 그보다는 파시즘이라는 새로운 인식론적 모드를 통해 한국에서의 모더니티를 해명하고자 하는 것이다."(김철, 25)라는 다짐은 김남천, 이태준, 김지하에 관한 빼어난 이데올로기 분석을 수행하면서 수미일관하게 한국문학의 정전들이 노정하는 '파시즘적 사고 체계'를 적발해 낸다. 그렇지만 실제로 거기서 행위의 한 축을 이루면서, 저자 자신의 '망명자' 의식을 부추기는 '국민'들의 존재는 부화뇌동하는 유동체 혹은 혐오스러운 공백으로 남아 있는 듯 보인다. 대중 역시 마찬가지이다. "대중(mob)에게 중도란 없다. 그들은 공포를 느끼게 하지 않으면, 공포에 떨게 한다."라는 명제, "일반인(common people)이란 얌전한 종이거나 거만한 주인이거나 둘 중 하나다."[13]라는

---

13) Baruch Spinoza, *Political Treatise*, trans. by Samuel Shireley(Hackett Publishing, 2000), p. 90. 대중 공포에 대한 가장 첨예한 분석으로는 에티엔 발리바, 「스피노자, 반오웰: 대중들의 공포」,(『스피노자와 정치』, 진태원 옮김(이제이북스, 2005)) 참조.

이해는 때때로 '국민' 문학 비판론들에 '국민'에 대한 에포케, 대중에 대한 판단 정지를 작동시키곤 한다.

거기서 대중에 대한 양가적 관점 —— 리바이어던이 되는 것과 비히모스가 되는 것 사이에서 일어나는 어떤 욕동들을 발견하기란 쉽지 않은 일이다. 이 거대한 것들에서 우리는 어쨌든 공포나 절망이 아니라, 희망의 소재 —— '그 흔적'이나마 물어 나가지 않으면 안 된다. 이때의 우리는 해명하는 우리이면서, 해명되는 우리이다. 홀로 해방된 사람은 아직 없다. 모든 망명은 예외 없이 국적을 버리는 일과 새로운 국적을 취득하는 일을 함께 행한다.

과연 국가 밖으로 나가고 싶어하는 사람은 있는가, 사람들은 과연 국가를 넘어서 사회계약을 할 용의가 있는 것일까, 라는 근본적 질문을 던져 볼 때마다 조금은 막막한 기분에 빠지는 것은 어쩔 수 없다. 그럴 때마다 나는 리바이어던이든 비히모스든, 그 괴물들을 묶거나 해체시키는 열정의 다발들, 텍스트 안의 균열들, 그 균열들이 예감하게 하는 어떤 (집단적) 해방의 가능성이 반복되는 삶 속의 차이들을 계속 읽어 나가지 않으면 안 되겠다고 다짐하곤 한다. 중요한 것은 과거를 참고하는 한에서, 그 경험을 일자화하지 않는 데에 있다. 민족(담론)을 적대시하거나 이른바 '상상 공동체'를 자명한 것으로 전제하기보다는 국가와 정치 자체 —— 국가와는 구별되는 어떤 집단적 힘에 관해 좀더 관심을 기울일 필요가 있다. 민족문학사 비판이 결국 민족문학사의 아카이브 주변에서 이루어질 수밖에 없는 것처럼 국가 폭력의 비판 역시 국가라는 질문 그 자체로부터 시작되어야 하는 것이 아닐까.

만약 임지현의 일상적 파시즘론을 일종의 기점으로 볼 수 있다면 민족 국가에서 국민국가로의 시점 이동에서 기인한 지난 10년 동안의 국민국가 비판, 민족 담론 비판은 많은 결절과 확산을 겪었다. 일상 안에서의 식민주의·국민국가적 심성의 작용들에 대한 권혁범의 구체적이고 실감

넘치는 분석, 폭력・파시즘・인종・국민국가의 식민주의에 대한 김철의 문학적 접근, 적들과 싸우며 적들과 닮아 갔다는 스스로의 고통스러운 인식을 낭만적 언어로 단독화했던 문부식의 견해들. 이들의 작업을 통해 우리는 반공 표어, 국어 발음의 표준화(언어의 체화), 밥상머리에서의 군주 되기와 같은 장면들이 결국 제국의 비밀과 하나의 이데올로기일 수 있음을 배웠다.

이 변폭이 큰 논의들 속에서 드물게 겹치는 그들의 목소리는 아마 이런 종류의 것인지 모른다. 국민국가는 개인의 몸에서 찾을 수 있다는 것. 국가의 저편에 있는 줄 알았던 내면이나 몸에 국가가 고스란히 들어와 있다는 것. 과거의 내셔널리즘 비판이 국가와 국가, 민족과 제국 사이에서 일어나는 공적(公敵) 간의 폭력에 의지했다면 오늘의 국민국가 비판은 국가와 개인 간의 규율적 관계에 주목한다. 열병식으로 가득 찼던 학창 시절과 적들의 폭력에 대한 대응 폭력으로 점철된 민주화 투쟁기의 경험, 국가 밖의 적(북한, 일본, 미국 등)들과 싸우며 스스로의 폭력을 간과했던 기억에 대한 이의들, 가족 안의 식민자를 추급해 갈 때 도달하는 제1원인으로서의 국민국가.(보기에 따라, 이 국민국가라는 제1원인에는 그 근과 거형인 자본 비판의 클리셰가 강하게 잔존해 있다고도 생각된다.) 국민국가 비판은 국가의 규율을 철저히 거부함으로써 어떤 장소에 도달하는데 그곳에 바로 '내면의 파시즘' 혹은 '국민화된 신체'가 있다.

'국민국가의 규율 체계는 개인의 신체 위에' 새겨지고 '파시즘은 개인의 내면 안에 자리 잡고 있다.'는 인식이 바로 그것이다. 그런데 새겨지고 자리 잡는 바로 그 장소로 불려 나오는 것, 신체와 내면은 무엇인가. 이 일관된 문제 제기와 해석에서 빠져 있는 것은 개인의 내면, 신체란 과연 무엇인가라는 질문일지 모른다. 그것이 이미 소여처럼 거기에 있을 때, 이 질문은 '국민'이라는 개념이 종종 그러하듯이 이미 해결된 것이거나 자명한 것처럼 취급된다. 푸코에게 중요했던 것은 규율이라기보다는 규율을 통해서 신체가 대상화되는 방식이었다. 푸코는 소여로 주어진 신체가 아니라 소여로 주어진 것으로 알려진 것들 자체를 질문했다. 그때 그는 계보학을 요청한다. 말과 사물, 임상의학의 탄생 ─ 지식의 체계와 규율의 계보를 탐구하며 푸코는 서구 사상이 한 번도 살아 있는 인간, 피가 통하는 육체를 가진 인간을 포착하지 못했다는 사실에 천착한다.

그러니까 그 육체도 내면도 소여는 아니며 자명하지도 않다. 그것이 외부와 맺는 관계와 경계 역시 매번 다르다. 그래서 주체화의 계보학이 요청되는 것이다. 식민지에서 현재까지의 내면을 무매개적으로, 아니 오직 박정희라는 매개를 통해서, 동일시해 나가곤 하는 어떤 방법들. 제3공화국의 신체와 이승만 정부의 신체, 식민지의 신체가 가진 유사성도 중요하지만 문제는 이 신체들 혹은 신체로서 상정되는 대상들이 매번 다르다는 사실이다.

오늘의 국민국가론은 여전히 박정희 ─ 반공 ─ 경제 성장의 삼각형에 식민지와 현재를 끼워 넣고 안심하고 있는 것은 아닐까. 그 순간 우리들의 운동은 일종의 반복에 불과한 것이 되며 그 모든 '대중'은 범주화된 리바이어던의 형상으로 환원될 뿐이다. 반복을 그저 반복으로만 보는 것은 이미 그것을 보는 자가 이 이데올로기적 대상에서 '반복'을 발견하고 오히려 안심해 버렸기 때문일지 모른다. 반복에는 늘 범례 없는 차이가 존재한다.(들뢰즈) 신체와 내면을 자명하게 받아들이는 한 전체로서의 국가와 단독자로서의 개인 간의 대립과 구분 역시 자명한 채로 남는다. 따라서 질문은 이른바 상상 공동체의 개개인들에게 훈육, 규율, 성애 등을 대입하는 논의 방식 ─ 개인이 국가를 재현한다는 사고보다는, 내면/외면, 신체/기계, 신체/내면(정신)의 분할선이 도대체 어디에서 그어지는가로 옮겨 가야 한다. 더 나아가 '내면의 파시즘'이 아니라 '내면을 없애는 파시즘'이 문제가 아니었을까. 즉, 한국 현대사에서 과연 위와 같은 분할의 실천, 통치라는 문제 설정이 존재하기나 했을까.

앞서 말한 대로, 기록보관소──아카이브의 사료란 언제나 비밀들을 모아두고 기록하지만 또다른 의미에서 그 아카이브는 다른 기록들의 재이기도 하다. 보관한다는 것은 다른 한편으로는 억압한다는 것이다. 우리는 어쨌든 적어도 태도에 있어서, 식민지 근대화론의 아카이브든 아니면 저항민족사의 그것이든 스스로의 연구가 바로 이 기록들의 재 위에서 정립된 것이라는 사실──그림자의 기록보관소, 빛이 아니라 재에서 출발한 연구라는 사실을 망각해서는 안 된다.

근대문학은 오랫동안 수많은 진짜 비밀들을 잠재우며 '민족'의 기억을 만들어 온 가짜 비밀들, 가짜 고백들의 일종이다. 말의 진정한 의미에서 비밀이란 언어가 될 수 없기 때문이다. 진짜 비밀이 아니라 개인을 상상토록 하는 의사(擬似) 비밀로서의 근대문학은, 앞서 살펴본 두 권의 책의 가르침처럼 개인적 진실과 보편적 진리를 매개하는 그만큼, 국가와 개인을 매개해 왔다. 풍자로 가득 찬 볼테르의 『철학 사전』은 국가와 개인 사이에서 고백을 다루는 사람들에 대한 흥미로운 삽화를 보여 준다. "만약 짐을 암살하려고 결심한 사람이 그대에게 고해성사를 해 온다면, 그대는 나에게 그 고백을 누설할 텐가?"라는 헨리 4세의 물음에 수사 코튼은 이렇게 답한다. "그렇게는 못 합니다. 그러나 저는 저 자신을 그 일에 끼워 넣어 당신과 그를 중재하겠습니다." 해방에 기여해 온 것으로만 알려진 근대문학과 그에 대한 연구들은 고해성사를 받아 내는 신부와 같이 개인의 위험한 사적 열망들을 국가 안에 길들이는 일을 해 왔으며, 이른바 '개인의 진실'들을 '보편적 진리'보다는 국가의 아카이브 안으로 분류하고 배치해 왔다. 그러나 우리는 김철과 공임순의 작업과 같은 노고들 덕택에 이제 민족 아카이브의 분류와 배치, 그것이 태운 비밀의 재가 '있음을 안다.' 바로 이 죄 없이 사라진 진짜 비밀──국가가 생산한 이 원혼들에 대해 우리는 무한한 책임을 느끼지 않으면 안 되는 것이다.

나 자신의 이야기로 마무리할까 한다. 오래전부터 내게는 나 자신이해 온 국민국가 형성의 과정학에 대한 하나의 의혹이 싹터 왔다. (그러면서도 나는 그것을 하고 있다.) 결국 국민국가가 그렇게 만들어졌다는 것은 모두가 알고 있었던 것이 아닐까. 그러니까 실은 국민국가 비판 그 자체는 그다지 새롭지 않은 것이면서 아카이브의 독해 자체가 매번 새로운 것에 불과했던 것이 아닐까. 단적으로 말해 아무도 국가 밖으로 나가고 싶어하지 않는, 국가의 보호를 거절하고 싶어하지 않는 이때에 국민국가 비판이란 결국 하나의 신학적 문제로 넘어가 버리는 것이 아닐까. 신이 있는 게 나아서 그게 있는 체계를 만들고, 그러한 체계를 만들고 나니 그게 없어도 될 것 같아진 것이 아닐까. 국민국가가 창조되어 잘못됐다, 그나마 창조되어 다행이었다, 어느 쪽도 정당하거나 정당하지 않은. 따라서 우리는 국민국가론을 이같은 신학 논쟁으로부터 구해 내기 위해 '더 민주적이고 더 자유로워져야 한다'는 이 비판 최초의 지점으로 되돌아가야 하는 것은 아닐까. 상상 공동체의 재현이 아니라 국가 그 자체에 대해서, 사회 계약 그 자체에 대한 정치 비판으로. 타 버린 공공성들의 재들, 죽음을 앞에 두고 시간과 다투어 가며 쓰인 사적 기록들──비밀스레 쓰였지만 결코 비밀로 끝나기를 바라지 않았던 어떤 기록들을 나는 좀더 열심히 읽기로 한다. '정치적인 것이 국가에 앞선다'는 슈미트의 언명은 여전히 유효하다. 정면(正面)으로, 또 반면(反面)으로.

(2005년 가을)

1960년대식 자기 세계와 그 문체
── 김승옥의 「무진기행」과 4·19세대의 문학 의식

> 저 물질의 꼬불꼬불한 미로들……
> ──정현종, 「철면피한 물질」 중에서

'우리들의 말투' ── 자명한 모호성

 새로운 문학 교사가 임명되었다. 그것은 추서된 품계이면서 당당한 무훈이다. 그러나 누가 그 무훈의 전말을 알기라도 했던 것일까? 오히려 그는 스스로를 발명한 것이고 우리는 여전히 어리둥절한 게 아닐까? 악의로 가득 찬 사람들은 그를 화려한 문식(文飾)의 필경사(筆耕師), 아니면 구제 불능의 회의론자로 간주한다. 이들은 자신들의 순정한 지표에 거슬리는 상당량의 외국어와 고통을 찾아내고는 오직 달변의 기술 혹은 지하 생활의 수기만을 보라 한다. 또 한편, 선의로 가득 찬 사람들은 그를 새로운 한글 세대의 대변인, 심미적이고 모던한 문체의 대변자로 규정한다. 아마도 그는 많이 다르고, 다르니까 다른 것을 가졌으며, 결국 더 많이 가졌을 거라는 말이다. 무언가 근본적인 새로움이 소설(언어)의 한가운데 등장했고, 이는 마치 '다른 인간'의 여명과도 같다는 것이다. 하여튼 이 모든 것이 헤겔보다는 니체처럼 시작되었고, 그런 만큼 불쑥불쑥 재귀(再歸)하며, 거듭 싱싱한 한에서 깊은 미궁과도 같다. 여명을 보았고 여명을 묘사했던 여러 평자들, 특히 유종호는 이 '다른 소설'의 언어에 대해 "모국어의 가능성에 대한 본때 있는 위엄의 사례"라는 표현을 쓴 적이 있다. 김승옥의 단편들, 특히 그중에서도 「무진기행」이 언급될 경우라면 문자들을 잘 닦아 놓을 필요가 있다. 그러니까 우리의 '말투'란 언어의 창조적 마력, 뛰어난 기교의 유려한 사용, 말의 역동성을, '자명하기라도 하다는 듯' 거듭 끄덕이는 행위와 다를 게 없다.

그의 소설에 대한 핵심 논점이 이렇게 소설의 문체에 의존해 있다는 사실은 어찌됐든 이 글이 그의 예술의 '주요한' 점을 적어도 '고찰'하고 있으리라는 확신을 가능하게 한다. 그러나 지금 더 단단해지는 확신이 모종의 의심임을 모르는 바도 아니다. 넉넉한 질량의 문자들이 이 문체의 상찬에 가담하여 왔지만 그 논의의 지표들은 완전히 관여적이지 못했던 것이다. 문학사, 세대론(4·19세대론/한글세대론), 도시화론이 여러 방식으로 이 상찬에 가담해 왔다. 그러나 그 관여는 접근법과 '필히 그러나, 언뜻 들른' 상찬이 서로 다른 지표로 사고하고 있음을 자인하는 디테일에 대한 머뭇거림, 모호한 단언 이상이 아니다. 이러한 관여들은 소설의 발생과 절멸에 대한 해명에 있어서는 유능하게 해낸다. 그런데 우리가 상찬하는 곳 —— 심미적으로 마름질된 말투, 텅 빈 심사와 맞바꾼 싸늘한 감각의 문자, 별다른 서사가 없음에도 변함없이 공명하는 텍스트의 내적 완결성은 우리가 관여하는 자리의 밖에 존재하는 지표들이다.

요컨대 문체의 해명은 자기 세계의 문자를 숨기는 데 열중하고 있는 표층 구조에 대한 해석학에서 거의 몇 걸음 딛지 못하고 있다. 나쁘게 말해 보자. 모두가 거기에 대해 말한다. 그러나 아무도 거기에 대해 생각하지는 않는다. 딱히 김승옥에게서뿐 아니라 우리는 이 의미 연쇄를 지속시키는 파롤의 예민한 운행 —— 시니피앙과 함께 운동하는 유려한 독해를 여간해서 만나 보기 힘든 것이다. 우리의 관여는 최종적으로 전달된 시니피에 속에서 축적의 사고를 행함으로써, 시니피에의 총화와 불가분으로 맺어진 시니피앙과 그것의 존재에 의존하는 대상 작품에의 최고로 혹은 최저로 정확한 복종의 기준을 누락시켜 온 것인지도 모른다. 말할 것도 없이 우리의 말투가 문장을 지향하는 데에서, 그 기준이란 문체이며 그런 한에서 조금은 장황해질 것 같다.

문체 비평의 관여 범위 ─ 어떤 문체이며 어디까지의 문체인가

김승옥 소설의 문체 비평적 해명이라는 표제와 교호하고 우리의 논점을 우선 한정적으로 구획하기 위해서 문체의 개념적인 측면을 살피려 하자마자 우리가 마주하는 것은 혼란이다. 여타의 비평 언어들 중에서 비교적 제한적이고 수세적으로 양식화되었다고 보이는 이 '문체(文體, Style)'라는 용어는 그 함의가 비교적 자명한 듯하면서도 실제로는 모호하기가 여타의 비평 개념 못지않은 데가 있다. 예컨대 우리가 김승옥에 접근하는 과정에서 만날 법한, "그의 문체는 언뜻 장황해 보이지만 실은 매우 간결한 구조를 가지고 있다."거나 "그는 자신의 문체를 터득한 보기 드문 작가이다."라는 표현, 또 "씨의 문체는 충분히 독창적이며 화려한 비유로 가득하다."와 같은 '문체'의 용례들을 보자. 각각의 '문체'들은 일면 매우 등질적이고 자연스럽게 들린다. 그러나 이들 용례들은 각기 문장 단위의 양식 개념, 작가에게 요구되는 글쓰기의 높이나 경향, 문장 이하 단위의 비유나 수식을 뜻하는 상호 이질적인 함의들을 가지고 있다. '문체'라는 용어는 사실상 문장의 허식적 치장, 특정한 서술에 따른 어휘 선택, 미사여구나 독특한 비유의 사용 등을 뜻하는 '문채(文彩)'에 훨씬 가까운 의미로 상용되고 있으며 그 거론의 용의 역시 대부분의 경우 문장 이하의 미적 가치 ─ 문채에 의해 한정되어 있다. 말하자면 위의 용례들의 발화 과정에는 공히 예의 그 혼란 속에 '줄어든' 문체 ─ 문채 개념이 가로놓여 있는 셈이다. 그러니까 문제는 어떤 문체이며 어디까지의 문체인가 하는 것이다.

옛날의 수사학에서 오늘의 문체론에 도달하는 과정은 흔히 "'일반화된 줄이기'의 역사"[1]로 파악된다. 수사학은 줄고 줄고 줄어서 문체 혹은 문채가 되었다. 주지하다시피 고전적 형태의 수사학은 교화나 감동, 즐거움을 기도하는 설득의 기술 즉, 형식·발화 그 자체가 아니라 언어의 기능적 수행에 목표를 둔 행동으로서의 언어를 의미했다. 따라서 고대 그리스의 수사학은 타자에 전이되는 유효한 파롤 혹은 각기의 상황에 의존하는 담화의 타입을 실천할 것을 가르쳤으며, 여기서 열쇠가 되는 것은 담화의 목적에 비추어 "적절하다/딱 들어맞는다"라는 기능성·유효성이었다. 민주적인 가치와 자유의 실천으로서의 언어 수행이 중요시된 사회라면 변론이 번창할 것이고 변론과 변론이 맞닥뜨리는 지점에서 애써 구하는 것은 설득일 것이기 때문이다.

그러나 감추어진 절대 진리의 '해석'이 더 중요해지는 시대를 거치면서 목적과 수단이라는 한 짝의 개념은 내용·형식이라는 한 짝으로 바뀌고, 더불어 수사학은 설득에서 계기 혹은 꼬임(誘惑)으로 자신의 관여 영역을 줄여 가게 된다. "진리는 물리지 않도록 동일성을 유지하면서 베일에 덮여 있다. 그리고 이렇게 해서 욕구의 대상이 된다."(아우구스티누스)라는 표현이 집회가 아니라 목회에서 언명되는 사회라면 수사학에 참된 사유가, 착상이, 정신이 깃들 도리가 없는 것이다. 그리고 목회와 학회가 경주하는 어느 시기에 이르면 유려한 문식(文飾)을 향해 "시인(詩人)이지만 교양인은 아니다."(『팡세』, Fr. 39)라고 말할 수도 있게 된다. 구상, 창안, 배열, 결구(結構), 조사(措辭) 등을 의미하던 수사학에서 조사

---

1) 제라르 주네트, 김경란 옮김, 「줄어드는 수사학」, 『수사학』, 김현 편(문학과지성사, 1985(1994)), 117쪽.

──즉, 문채나 문식이 확대됨으로써 가장 좋은 파롤은 아름답다고 판단되는 파롤이 된다.

이렇게 형식 속으로 줄어든 수사학은 그 자체로 승인된 근대적 미와 보조를 맞추면서, 담화를 통한 규제적 한계에서 해방되는 동시에 사고의 존엄으로부터도 해방 당한다. 아름다운 예술 작품에 주어진 '**무목적적 합목적성**'이라는 판단의 계기는 그 해방의 무훈이다. 아름다움의 영역에 할당된 수사는 마침내 "사물들의 형식의 합목적성"(『판단력비판』, IV)을 따지는 미감 판단의 일원이 되었다. 그런 의미에서 아름다움의 영역을 통한 형식과 수사의 결합 역시 모종의 해방이면서 일관된 줄이기의 산물이다. 칸트의 이어지는 언명은 근대 수사학의 운명을 단적으로 드러내 보인다. "시예술은 단지 구상력과의 즐거운 유동(遊動)만을, 그것도 '형식상'으로 보아 오성의 법칙과 일치하도록 영위하고자 함을 선언하는 것이요, 감성적 현시에 의해서 오성을 급습하여 함정에 빠뜨리고자 하는 것은 아니다."(『판단력비판』, 53) 칸트가 분리해 낸 것은 외적 목적에 종속된 수단으로서의 변론과 순전히 형식적인 움직임으로서 시, 즉 예술이었다. 도무지 더 이상 수사학은 정신의 내용 자체에는 관여할 수 없게 되고 그것의 형식에 대해서, 단지 감성과 매혹으로만 관여하게 되었다.

이런 요약이 가능하다. 옛날의 수사학 즉, 변론적인 수사학의 대상은 문장 이상의 단위를 통합적으로 취급함으로써 담화들의 배열과 분할을 담당하는 '통합체의 축'과 문장 이하 단위의 문채를 의미하는 '계열체의 축'으로 나뉘어 왔다.[2] 그런데 수사학의 역사는 전자에서 후자로의 가파른 이동의 역사였다. 다시 말해, 글을 구성하는 담화들의 배열, 논증의 조직과 같은 '통합체의 축'보다는 문채를 중심으로 보다 작은 단위를 다루

---

2) 롤랑 바르트, 김성태 옮김, 「옛날의 수사학」, 『수사학』, 김현 편(문학과지성사, 1985 (1994)), 24~25쪽.

는 '계열체의 축'이 수사학의 본질적인 요소로 부상한 것이다. 이처럼 수사학이 예술의 형식적 측면, 그중에서도 문체라는 어휘로 접근하는 과정은 '문장을 죽이고 정신을 살리는' 신념의 역사와 함께 했다고 할 수 있다. 말하자면 이 이행을 요약하는 일이란, 은유를 사용하는 것은 정신의 신체를 감추는 것이며 은유를 이해하는 것은 정신을 드러내는 것이라고 말하는 사회가 진정한 은유는 번역될 수 없다고 말하는 사회와 얼마나 다른가를 짐작하는 일과 한가지이다. 언어의 전통적 구문과 관습 밖에서 문장 자체의 효과를 극대화하고 이 효과를 현대적 감수성에 접속시키는 언어의 자기 동력화, 즉 모더니즘은 형식 속으로 '줄어든 수사(들)'의 반란이다. 어쨌든 담화의 아름다움 – 포에지 안에서, 형식에 밀착된 '즐거움(快)'으로서, 수사는 이제 문체가 된다.

현대의 문체론은 과거의 수사학이 다루었던 포괄적인 범위와 대상, 그것이 축소된 문체의 범위 사이에서 모호하게 남아 있으며 여전히 '줄어들고' 있다. 그에 더해 과거에는 문체론이 담당했던 많은 대상들에 이제는 언어학, 서사학과 작시법, 그리고 포괄적인 범위를 감싸면서 점점 확대되어 가는 기호학이 각자의 이름으로 개입한다. 문체는 문체가 아니며 문체 자체로 존재할 수 없게 되었다. 왜냐하면 '언어 외적 실재론'과 '언어의 기능주의'가 각개 약진하는 상태에서의 문체론 혹은 줄어든 수사학의 운명은 지극히 비관적일 수밖에 없기 때문이다. 이런 저간의 사정을 고려하더라도 문체가 진리와 관계하기 위해서는 단지 문체는 문체 이상이어야 한다. 단언컨대 '가능한' 수사학은 수사 밖으로 튕겨 나가며 문체 비평은 문체를 넘어선 곳에서만 발생한다. 문체 비평은 구상과 배열에 대한 은유, 그리고 담화에 대한 상징들에 의해 열린 표현의 가능성을 진리 자체를 향해 시험함으로써 줄어든 자신을 철저히 시학적으로 만들어야 하는 것이다.

소설, 그것도 김승옥 소설의 문체 비평에 있어서도 이 원칙은 마찬가지이다. 문체 비평의 우선적 책무란 우선, 통제적이고 가치화된 언어의 연쇄——지속적인 언어의 쓰임을 관찰하는 일이 아닐 수 없다. 그러나 이렇게 지속되는 언어들을 들여다봄으로써 우리가 얻는 것은 의미의 재활성화이다. 우리는 그가 선택한 언어와 그 운행이 어떠한 것이건 간에, 결과적으로 언어 구사에 있어서의 특징적 충동과 구조를 통해 의식을 규정하는 일이 가능하다고 생각하는 것이다. 그리고 바로 이 가능성의 근원이 그 개념과 방법상 문체라는 범주를 위반하게 되어 있기 때문에 문체는 항상 유능한 순간엔 문체의 밖을 가리킨다. 따라서 다음의 전제를 받아들이는 것은 결코 모험이 아니다. '언어의 운용과 언어의 총화 사이에는 엄밀하고 구조적인, (적어도 은유적인) 상동 관계가 존재한다.' 다시 묻자. 어떤 문체이며 어디까지의 문체인가. 월경(越境)의 문체라면 오직 이 텍스트[3]만이 그러한 질문에 답할 것이다.

재구(再構)와 그 지표들 —— '자기 세계'와 '자기 언어'

근대성의 구획 과정이 충분히 증언하고 있듯이, 자기의식이란 더 나은 생존을 위해 일하는 정신이 보여 준 '자기 자신의 확실성의 진리'였다. 그러므로 자기의식이란 생존의 최대치를 겨냥할 수 있게 하는 진리의 최소 규정과도 같은 것이었다. 많은 사람들이 혁명 이념의 부재, 학생 혁명으로서의 발생과 같은 4·19의 태생적 한계를 지적하는 것을 볼 때 어쩌면 4·19를 치러 낸 하나의 역사성이 온전한 형태의 어떤 신념 체계와 동시적이었던가 하는 질문에는 많은 이견이 있을 것이다.

---

[3] 이 글에서 사용한 텍스트는 『김승옥 소설 전집 1~5』(문학동네, 1995)이다. 이하 (권:쪽)만 표시.

하지만 분명한 것은 당시의 시민·학생들이 자신들도 힘을 갖고 있다는 자부심 속에서, 적어도 자기의식적이었다는 사실이다. 말하자면 4월이 밝혀 놓은 것은 생존의 터전을 움직이는 주체가 바로 자신이라는 인식이며, 더 나은 생존의 조건을 일궈 갈 힘이 자신들에게도 있다는 모종의 확신이었다. 그러나 완성되어야 할 혁명은 이 혁명의 주 담당층이 생활 세계와의 폭넓은 관계 속에 놓이기도 전에 제압되었으며, 이들이 겨냥했던 최선의 생존에 대한 여러 지표들은 지극히 물화(物化)된 형태의 근대화 모델로의 수렴을 강요받았다. 생활 세계는 돌봐야 할 무엇에서 대적하고 견뎌야 할 것의 총합이 되었다. 그리고 많은 경우 여전히 '의식'적이었던 자기의식은 저 '주체화'의 원리를 편집광적이고 자기동일적이며, 따라서 지독한 내면화로 단련시키게 되었다고 보아도 좋을 것이다.

자신에 의해 열린 가능성의 최대치가 알의 상태에서 깨지는 것을 목도한 인간이자 그 자신 알의 상태에 놓인 인간, 어떠한 형태의 개별화도 허용되지 않은 채 남김없이 물화된 근대화 모델과 깨어진 자기의식의 방향성을 대조하는 고통스러운 인간, 그에 더하여 여전히 '의식'적이되 오직 스스로만을 가리키는 '내면화' 속에서만 '자기'인 정신이 거기에 있다. 밖으로 발산되지 못한 충동은 안으로 향한다. 이 '내면화'에 의해서 '자기의식'적 인간은 비로소 훨씬 후에 심미적 주체 탄생으로 불릴 것을 개발해 낸다. 막 알의 상태를 깨치려는 자유의 충동에 대해서 물화된 정치경제학이 스스로를 지키기 위해서 구축해 놓은 저 '무시무시한 의지'(1:54)는 거칠고 자유로운 의식 —— 깨어난 상태의 모든 의식들을 개체 자신에게로 향하도록 만들었다.

이를테면 작가의 이런 고백, "1960년대를 고려하지 않는다면 내가 써낸 소설들은 한낱 지독한 염세주의자의 기괴한 독백일 수밖에 없을 것"(1:7)이라는 진술을 전적으로 신뢰하지는 않더라도 김승옥의 소설에서 허다하게 만나는 "자기 세계"(1:25~26, 1:31, 1:44, 「서울 1964년 겨울」의 자신의 오로지 한 지식에 대한 대화 따위들)의 의미를 생각할 때, 이 억압된 형태의 주체화 과정은 하나의 유력한 재구(再構)의 지표로 다가온다.

'자기 세계'라면 분명히 남의 세계와는 다른 것으로 마치 함락시킬 수 없는 성곽과도 같은 것이 아닌가 생각한다. 그 성곽에서 대기는 연초록빛에 함뿍 물들어 아른대고 그 사이로 장미꽃이 만발한 정원이 있으리라고 나는 상상을 불러일으켜 보지만 웬일인지 내가 알고 있는 사람들 중에서 '자기 세계'를 가졌다고 하는 이들은 모두 그 성곽 속에서도 특히 지하실을 차지하고 있는 모양이었다. 그 지하실에는 곰팡이와 거미줄이 쉴 새 없이 자라나고 있었는데 그것이 내게는 모두 그들이 가진 귀한 재산처럼 생각된다.
　　요즘은 '하더라'체를 쓰기 좋아하는 영수라는 내 친구만 해도 그렇다. …… 초급 대학을 그나마 중퇴하고 지금은 군대엘 갈까 자살을 할까 망설이고 있는 그이긴 하지만 꾸준히 시도 써 모으고 가끔 옷도 새 걸로 사 입고 하였다.(1:26)

처음부터 세계 내적 개진을 거부당한 극단적 개별화인 '자기 세계'에서 자의식의 지하실은 '유복함'의 징표로 간주된다. 드러난 것 속에서만 볼 때 '자기 세계'라면 그 세계 내적 개진, 실천적 행위 자체는 별문제일 지경이다. 그도 그럴 것이 '자기 세계'는 자기 확신의 최대치를 섬광처럼 경험한 개인, 그 힘과 방향성을 한꺼번에 빼앗긴 개인이 가진 그나마 "귀한 재산"인 것이다. 지극히 외재적인 힘에 의해 고립된 단자(單子)가 된 개인에게 왜 그렇게 적게 가졌느냐고 질문하는 것은 헛되다. 오히려 핵심적인 논점은 도무지 그가 아직 그이며, 적어도 그 자신을 지적하는 지표들을 가지고는 있다는 점이다. 따라서 「서울 1964년 겨울」(1965)의 대화에서처럼 적십자 병원 정문 앞에 있는 부러진 호두나무의 가지라면 몰라도 종로 3가의 '미자'(창녀)나 불난 상가의 지식은 자기 세계의 물증이 될 수 없다. 모두에게 속했기 때문이다. 하나의 선을 자에 대고 그릴 때도 사정은 마찬가지이다.("그건 당신의 선이 아니다", 1:44) 이 사소한 물증들은 어떤 식으로든 그 자체 타락의 양상인 생활 세계 속에서 자기만의 지식이며, 그런 한에서 '귀하다.' 앞에서 인용한 「생명 연습(生命演習)」(1962)에서 영수라는 친구의 엽색이나 옷 사 입기가 자기 세계로 유추되는 상황도 이와 같은 선상에서 이해되어야 한다.

자살이냐 군대냐 혹은 유학이냐 결혼이냐 하는 선택적 질문(더구나 김승옥이 제기하는 거의 모든 질문은 양자택일에 관한 것인데)에 부딪칠 때마다 자기 세계를 지향하는 개인은 이 질문 자체를 '범해' 버린다. 질문 자체를 해결이 아니라 해소라는 방식으로 통과해 버리는 것이다. 여기에는 가치 기준이 들어설 여지가 없으며 행위보다는 조작이, 요컨대 '극기' 혹은 '극기의 기록'만이 값지다.

이쯤에서 김승옥의 사랑의 드라마에 나타나는 몇몇 유형의 여인들을 생각해 보아도 좋을 것이다. 이 드라마에 참여하는 여인들의 목록은 대략 다섯 가지이다. 어머니와 창녀가 포함된 물질, 자기 자신, 기억으로서의 누이 혹은 자연, 혼돈과 혼융의 미개발지, 도시적 생존 혹은 현재의 아내. 다른 것은 없다. 이 세계 속에서 사랑은 제자리를 찾지 못하거나 존재하지 않으며, 여인은 돈으로 움직이거나 내가 알 수 없는 힘에 의해 움직인다. 일종의 무력한 포옹, 혼미, 기진맥진 속에서의 일시적 마주침, 그것도 대개 서로를 훼손하는 마주침이 있을 뿐이다. 소설의 여러 삽화 속에서 반복되는 이 여인을 '범하는 행위'는 불가능한 일치를 수긍함으로써 오는 비장하고 갑작스런 노력처럼 표현된다. 그러나 그 범하기에서 '죄의식'은 발생하지 않는다. 「내가 훔친 여름」(1967)이라는 표제가 증언하고 있듯이 훔친다면 몰라도 물질은 죄지음의 대상이 될 수 없으며, 자신을 범하는 파괴는 내면화된 인간의 진실이다. 더하여 누이와 아내는 자신의 과거와 현재로서 죄인과는 한 식구이며, 혼돈스런 미개발지는 부정의 대상일 따름이다. 이처럼 자기 세계가 세계 혹은 타자와 맺는 관계는 차라리 조작이며 서로 간의 능멸에 가깝다. 인용문과 「환상수첩」(1962)에서의 시 쓰기, 일지초(日誌抄)나 수기를 거듭 쓰는 행위(「누이를 이해하기 위하여」, 1963) 혹은 편지를 쓰는 행위(「누이를 이해하기 위하여」, 「무진기행」), 낙서를 하거나 남 몰래 섬돌을 들어올리는 행위(「역사(力士)」, 1963), 현실을 왜곡하여 적음으로써 어머니를 용서하는 행위(「생명연습」), 얼굴을 찌푸리고 찌푸리는 행위(「무진기행」)들은 거의 예외 없이 자기 세계가 작동하는 방식이면서 극단화된 각자의 극기 방식이다.

단적으로 말해 이런 것이다. "도회를 떠난다고 해도 이미 갈 곳은 없고, 죽음으로써도 해결될 것 같아 보이지 않아서 불 더미 속에 싸이기나 한 듯이 안절부절 못하는 사나이여, 유희의 기록이라도 하라."(1:105) "스스로를 모멸하고 오욕을 웃으며 견디는" 이러한 대처법은 자신이 앞장서 자신과 세계를 모멸함으로써 심리적 힘을 얻고 역설적으로 자기 세계를 견지한다는 논리의 전도를 보여 준다.

결국 '자기 세계'는 극기라는 요소를 고려할 때만 비로소 분명해지는데, 극기를 통한 생존을 가능케 하는 세계 조작의 주인, 유일한 확실성의 영역이 바로 '자기 세계'이다. '자기 세계'는 하나의 자기 연민이자 내면화된 죽음이며, '극기'란 조작과 기록 같은 웅크린 복수이다. 김승옥의 주인공들이 처한 선택의 상황들은 처음부터 이 '자기 세계'를 통해 공히 개진되어야 할 삶의 두 양상이었을 것이다. 그리고 이 양자를 선택으로 놓음으로써 이상성 자체, 현실 자체는 의심되지 않았던 것이 아닌가 하는 의문 역시 적절한 논거들을 지닌다. 그러나 역사가 빛과 어둠을 재빨리 바꿔 보여 준 시대에 있어, 가능성의 푯대를 어떻게든 붙들려는 행위, 오직 이것을 통해 의식 속의 복수를 감행하는 행위 자체는 가능성의 일종이다.

어느 순간, 우리는 "정(正)/반(反)/그러면 다시 정(正) —— 내 감정의 변증법"(1:108) 하고 말하는 변증이 존재하지 않는 마음의 파동을 '재구'(再構)해 본다. 고통을 체험하고 그것을 반복하는 행위는 어찌 보면 무모하고 사소한 자기 구원의 양상으로 비칠 수도 있으며, 그 언어가 구체적일수록 역사에의 절망에 날인하는 더한 고통이 될 수도 있다. 그러나 이해조차 할 수 없는 공포의 시대가 되고 보면, 브레히트가 구호로 선정했던, 진리는 구체적이다라는 명제는 예술의 언어를 통해서만 충족될 수 있는지도 모른다.

더구나 김승옥 소설의 형식적 완성이 어떤 의미에서 고통과 절망에 날인하는 내면화를 지불한 완성이라는 점에서 심미적 주체의 언어라는 지표는 거의 절대적인 고려의 대상이 된다. 그러니까, 어떤가 하면 이 고통을 견디어 내는 극기를 통해 자신을 증명하는 과정과 그 의미는 바로 '자기 언어'라는 지표를 통해 가장 유효하게 해명될 수 있다. '하더라' 체의 언변으로 견지하는 무심한 냉소, "두음법칙 따위가 어감의 감손(減損)을 가져온다면 그건 정말 슬픈 일이 아닐 수 없다."(1:28)면서 기어이 '련민(憐憫)'을 되뇌며 그 자신의 정서에 귀착되는 화용, 일기나 편지를 거듭 쓰고 붙이는 행위 따위는 '자기 언어'의 구사와 '자기 세계'의 구축 사이의 엄밀한 연계를 표현한다. 이를테면, "부호(符號)라는 걸 만든 이에게 평안 있으라."(1:91, 1:110)는 반복적 진술로 요약되는 이 지표를 우리는 '보이는 것'이라 부른다.

「무진기행」(1964), 보이는 것으로 보라

담화의 구성과 배열에 따른 사건의 양상

사건의 형성과 전개를 추동하는 「무진기행」의 공간적 이동은 매우 단출하다. 모두 네 개의 장으로 나뉘어 있는 소설에서 두 번째와 세 번째 장이 무진에 해당되어 있고, '무진으로 가는 버스'와 '무진을 떠나는 버스'의 내부가 두 장의 앞뒤로 붙어 있다. 딱히 소설적 갈등을 구성하고 배열할 만한 '사건'을 「무진기행」은 보여 주지 않는다. 소설 속의 현재에 일어나는 '나'(윤희중)를 중심으로 한 인물들의 행위를 순서적으로 나열해 보면 이 점을 쉽게 알 수 있다.

①윤희중의 무진행 ②도착 ③후배 박(朴)의 방문을 받음 ④세무서장이 된 조(趙)의 집을 방문함 ⑤하인숙과의 만남 ⑥하인숙의 귀가길 동행 ⑦잠 못 이루며 뒤척이다, 다음 날 어머니 산소에 감 ⑧술집 작부의 시체를 보게 됨. 세무서로 조를 방문함 ⑩예전에 묵었던 골방에 가서 하인숙과 동침 ⑪거처로 돌아옴 ⑫다음 날 아내의 전보 수령 ⑬하인숙에게 편지를 썼다가 찢음 ⑭무진을 떠남

보는 바와 같이 이야기가 진행되어 가는 과정에서 일어나는 사건과 행위에서 어떤 배열의 필연성도 의도적 결구도 우리는 발견하기 어렵다. 「무진기행」에서 사건과 인물들의 행위는 단편적이며, 내적인 서사 원리에 의해 필연적으로 동기화된 것은 아니다. 요컨대 "단편 소설의 고전적 **구성법**을 이루고 있는 주제와 플롯과 작중 인물의 유기적 상관 관계에 대하여 작가는 냉담하다."(강조: 필자)[4] 사건과 행위의 계기적 연관들은 소설의 의미를 추적해 가는 데 소용되는 지표들이 아니다. 담화의 배열과 결구(結構)를 개연적으로 조직하는 '고전적 구성법'인 유서 깊은 수사학·문체는 거기에 뚜렷하게 관여하고 있지 않다는 뜻이다. 그러나 이 말이 곧 우리가 읽을 소설의 수사와 문체가 문장 이하 단위에 할당된 '줄

---

4) 유종호, 「감수성의 혁명」, 『유종호 전집 1: 비순수의 선언』(민음사, 1996), 425~426쪽.

어떤 수사(들)'이라는 뜻은 아니다.

화소(話素)들의 창안과 배열 양상 —— 혼융(渾融)과 배반의 이미지들

서사의 표층에 드러나는 사건과 행위가 소설의 의미화 과정을 주도하는 것이 아니라면, 다른 무엇이 그것을 대체하는 기능을 수행하는 것일까. 그리고 수사에 있어 '통합체의 축'은 그것을 어떻게 창안하고 배열하는 것일까. 「무진기행」에서 쉽게 발견할 수 있는 서술상의 특징은 언술적 현재와 과거 사이의 빈번하고 급작스런 전환이다. 이러한 전환은 주로 이미지와 상징에 의존하는 서술 상황에 의해 촉발되는 것으로, 서술적 시간의 갑작스러운 교체는 대부분의 경우 돌발적인 상상과 그에 따른 현실의 교착을 통해 매개되고 있다. 만약 김승옥의 소설이 어떤 식으로든 이야기의 해체를 보여 준다면, 그 해체의 우군은 감성적인 공감의 흐름을 안내하면서 관습적 인과율을 이탈하는 몇몇 이미지와 상징들이 될 것이다. 이미 확립되어 있는 의미들을 전혀 다른 현상, 충동에 접속시킴으로써 허구를 구축하는 이러한 재능은 그의 단편, 특히 「무진기행」에 있어 누적적이며 일관된 선택이라 할 수 있다. 인접하게 동기화된 묶음에 근거해 사건의 진행과 결구 방식을 따져 갈 때의 「무진기행」은, 김승옥이 쓴 「무진기행」과는 다른 작품인 셈이다. 김승옥 소설에서는 흔히 허구 구축의 핵심 화소(話素)로서 핵문(核文)을 담당하던 스토리의 축선이 이미지와 상징에 의해 전도되어 있다. 이미지에 의한 유추적 연상 관계가 '이야기'라는 지표를 압도하고 있기 때문이다. 예컨대, 무진의 안개라는 모티프는 소설 초입의 공간감을 확인하는 하나의 위성(衛星) —— 한정적 지표이면서, 동시에 소설을 진행시키는 작품의 중요한 축선 —— 고유 지표로 기능한다. 즉, 무진의 안개는 던적스러운 인물들의 심리 상태와 그것을 유인하는 일관되게 '젖어 있는' 환경과의 연쇄(sequence)를 구성하고 이미지 간의 연결 고리를 지배하는 강력한 화소 그것이다. '무진(霧津)'

이라는 기이한 공간과 연관되어 숱하게 등장하는 이미지와 상징들의 선택을 살펴보면 다음과 같다.

①여귀(女鬼)의 입김과 같은 무진의 안개 ②반수면 상태에서의 바람과 자연 수면제에 대한 공상 ③광주역의 미친 여자 ④어머니에 의한 징병 기피와 수음을 하던 골방 ⑤희(姬)와의 실연과 귀향 ⑥자신을 내팽개치듯 빠져들던 화투 ⑦하인숙—「어떤 개인 날」과 「목포의 눈물」 간의 기묘한 조화 ⑧비단조개 껍질을 맞부빌 때의 소리에서, 쏟아질듯 반짝이는 '별'들로 상승되어 가는 개구리 소리 ⑨사이렌 소리의 반복 서술 ⑩어머니의 무덤에서 상상하는 장인 영감의 호걸웃음 ⑪우중(雨中)에 보게 된 술집 작부의 주검 ⑫폐병 중에 머물던 바닷가의 골방

①에서 "안개는 마치 이승에 한(恨)이 있어서 매일 밤 찾아오는 여귀가 뿜어내는 입김과 같"(1:126)은 것으로 이미지화되어 있으며, "안개, 무진의 안개, 무진의 아침에 사람들이 만나는 안개, 그것이 무진의 명산물이 아닐 수 있을까!"(1:126)라는 표현을 통해 마무리된다. 떠오르는 것의 연쇄를 수식(修飾)을 늘려 가는 점층으로 표현한 이 대목은 미문(美文)의 전범으로 자주 인용되기도 한다. 미만(彌滿)한 안개의 인상과 수식어의 자기 증식은 구조적 상동 관계에 놓인다. 여기서는 인물의 사실 관계조차 이미지와 결합된다. 안개로 상징되는 무진의 초입에 와 있는 '나'는 동시에 제약 회사의 전무가 되기로 예정된 '나'이다. 소설은 이러한 사실을 자연적인 것(밝음, 저온, 소금기)과 인공의 것(수면제)을 뒤섞는 접점의 상상들을 통해 발설하고 있는 것이다.

특징적인 것은 양자의 경계에 놓인 '반수면 상태'의 윤희중이 광주역에서 본 미친 여자의 비명을 떠올리고, 이로써 무진을 실감한다는 점이다. 광주역의 '미친 여자'가 무진——"그 어두운 기억을 홱 잡아 끌어당

겨서 내 앞에 던져 주"(1:129)는 이미지로 선택되었다는 사실은 대단히 시사적이다. 왜냐하면 위의 이미지의 선택에서만 보더라도, ②, ⑥, ⑧, ⑨를 제외한 나머지 항이 모두 여성 혹은 여성 이미지[5]와 직간접으로 연관되어 있기 때문이다. 이로 해서, 우리는 "아침에 만나는 한을 품고 죽은 여귀의 입김"이 다음 날 아침 "우중에 보게 된 술집 작부의 주검" 이미지로 전환될 때도, 이것이 다시 "매일 밤 찾아오는 여귀"라는 이미지—사이렌 소리에 의해 작부의 임종을 지키게 된 불면으로 비약될 때도 별다른 거부감을 느끼지 않게 된다. 이미지 간의 매듭을 통해 우리는 광주역의 미친 여자(비명) — 어머니(골방의 일기 쓰기) — 술집 작부(불면) — 하인숙(절규)으로 이어지는 이미지 연쇄, 다시 말해 허구의 배열을 자연스럽게 받아들인다.

윤희중은 이미지라는 주술에 의해 무진에 불려 간다. 과거 무진에서 보낸 윤희중의 삶은 대개, 여성에 의해 외부로부터 절연된 채 처박힌 상태이거나, 서울 생활의 실패나 실연에 의해 무진이라는 닫힌 공간으로 재귀하는 생활의 반복이다. 무진은 그곳의 명산물로 표현된 안개처럼 외부를 향하는 충동과 외침이 갇히고 마는 곳이며 사람들의 힘으로 그것을 헤쳐 버릴 수 없고", "먼 곳에 있는 것으로부터 사람들을 떼어놓"는 곳이다. 무진에서의 의식과 의식은 탁한 시야와 저온의 공기처럼, 분화되어 있지 않다. 그래서 윤희중은 "무진에 오기만 하면 내가 하는 생각이란 항상 그렇게 엉뚱한 공상들이었고 뒤죽박죽이었다."(1:127)고 투덜댄다. 무진에서 지내는 인간들은 오직 하나의 공통점만을 가짐으로써 모두가 한가지인데 바로 그들이 속되다는 점이다. "무진에서는 누구나 그렇게 생각하는 것이다. 타인을 속물들이라고. 나 역시 그렇게 생각하는 것이다."

---

[5] 앞에서도 보았듯이 이 여성 이미지는 물질, 자연, 혼융, 미개발, 생존 따위로 유형화될 수 있다.

(1:138) 이곳에서는 모든 인간 군상들이 한결같이 타인을 속물로 간주하며 그 자신 역시 타인들의 눈에 의해 속물로 비친다. 모두가 속물인 인간들은 서로가 서로에 대해 구별되지 않는다. 아니, 모두가 속물이라고 생각하면서 자신만은 그렇지 않다고 전제하는 생각에 의해 그들 모두는 서로 구별되지 않는다. 무진이 주체화가 불가능해지는 공간이라는 사실은 "갑자기 나는 이 여자가 나의 일부처럼 느껴졌다."(1:145)는 동일시를 쉽사리 받아들이도록 유도한다.

이러한 뒤섞임은 하인숙과의 만남에 이르러 소설적 시간과 완전히 일치되고 그 의미도 훨씬 풍부해진다. 김승옥은 ⑦에서 은밀히 짙은 안개의 바깥, '어떤 개인 날'을 꿈꾸는 하인숙의「목포의 눈물」에 대해 다음과 같이 적었다. "그 양식에는 머리를 풀어헤친 광녀의 냉소가 스며 있었고 무엇보다 시체가 썩어 가는 듯한 무진의 그 냄새가 스며 있었다."(1:137) 서울에 가고 싶어 죽겠다는 신경질적인 바람을 간직한 채 속물들 사이에서 유행가를 부르고, 그럼으로써 속물의 도가니로 녹아들어가는 하인숙에게서 윤희중은 부정과 연민의 모순된 감정을 느낀다. 왜냐하면 하인숙은 과거 자신의 모습이기 때문이다. 하인숙의 명시적 욕망에 의해 무진의 바깥을 "먼 곳에 있는 것", "해", "바람" 등의 것으로 표현하던 은유는 '서울'을 그 자체로 지시한다. 윤희중은 이런 하인숙에게서 부정과 연민의 대상, 자기 자신의 부정적 면모들을 새삼 발견한다. '어머니의 무덤 — 술집 작부의 시체 — 바닷가 방에서의 정사'로 이어지는 화소 창안과 배열 방식은 이렇게 시작된 동일화가 진행되는 과정이며, 뚜렷한 의미론적 연계, 어떤 의미론적 질서가 부여되어 있다.

    풀을 뜯으면서 나는 나를 전무님으로 만들기 위해서 전무 선출에 관련된 사람들을 찾아다니며 그 호결웃음을 웃고 있을 장인영감을 상상했다. 그러자 나는 묘 속으로 들어가고 싶었다.(1:143)

갑자기 나는 이 여자가 나의 일부처럼 느껴졌다. 아프긴 하지만 아끼지 않으면 안 될 내 몸의 일부처럼 느껴졌다.(1:145)

우리는 우리가 찾아가는 집에 도착했다. 세월이 그 집과 그 집 사람들만은 피해서 지나갔던 모양이다. 주인들은 나를 옛날의 나로 대해 주었고 그러자 나는 옛날의 내가 되었다.(1:149; 강조: 필자)

성묘와 방문이라는 애초의 기행 계획에 비추어 이 대목들은 여정의 핵심적 부분이다. 오랜 서울 생활에서 돌아온 윤희중은 골방과 폐병이 뒤엉킨 과거의 음울한 생활을 떠올리며, 그 기억이 응축된 곳을 차례로 방문한다. 그 여로의 많은 부분을 동행하는 하인숙이라는 '여성'은 윤희중이 과거의 그가 되어 가는 과정의 조력자이자 무진의 복잡다기한 욕망을 한 몸에 지니고 있다. 윤희중은 하인숙과 손을 잡는 순간 '과거의 나'를 회상하며 동시에 '쓸쓸하다'는 동사에 대한 상념에 빠진다. 그리고 점차 과거의 자신과 하나가 된다. 소설의 절정부에 이르면 "나는 옛날의 내가 되"고 "무진의 냄새가 스며 있는" 하인숙과 자신을 하나로 느끼고 실제로 하나가 된다.

낯선 남녀의 정사(情事)가 이토록 자연스러울 수 있는 것은 이미지들 간의 매듭과 여기에 부연된 화자의 서술 때문이다. '현재의 나―과거의 나―하인숙―무진'은 이 연쇄와 서술을 통해 마침내 '혼융'의 순간에 이른다. 단적으로 말해 이것은 안개와 해가, 촌과 시(市)가, 개인과 개인이 분화되어 가는 과정에서 갑작스럽게 이루어지는 '혼융에 관한 서사'이다. 무진은 그 모든 것이 녹아드는 거대한 도가니이다. 그리고 '霧津/紀行'이라는 제목과 찢긴 편지가 암시하듯이, 서사는 예정된 반환점을 돌아온다. 불가피하게도 서울과 무진 중 어느 하나를 버려야 한다면, 편지를 쓰고 읽고 찢는 것과 같은 의식을 통해 떨쳐야 할 곳은 서울이라는 근대적 공간이 아니라 전근대적인 그의 고향임을 「무진기행」이라는 말

─── 귀향(歸鄉)을 기행(紀行)이라고 표현하는 그 언어 감각만큼 확연히 보여 주는 것도 없다. 단 한 번 무진을 긍정해 버림으로써 무진을 떠나오는 긍정에서 부정으로의 역전, 무진의 한가운데에 도달하고 혼융이 완성된 직후의 자기 기만── 선택의 해소와 배반. 어째서일까?

여기서 우리는 다시 한번, 윤희중의 일기 쓰기를 떠올린다. 그는 자신이 지니고 있는 부정적 면모가 혐오스럽고 떨쳐버리고 싶을수록 그 부정성을 내면 속에 극단적으로 심화시킨다. 부정적인 것의 극단을 불러낸 의식은 자신의 부정적 성격을 한계점까지 몰아붙임으로써 그것을 객관화시킨다. 부정성은, 그것의 내면화가 진행될수록 또렷해지며, 더욱 객관적인 것이 된다. 어떤 범죄나 악행이 그 심도를 더해 갈수록 우리의 눈에 보다 확연히 드러나듯이, 주체 내의 부정성은 그 속성을 가능한 또렷하게 응축시킴으로써 객관화되고 '소외' 된다. 은폐되어 있던 고통스러운 기억을 남김 없이 노출시키고, 자신을 대상으로 객관화(外化)함으로써 주체는 스스로에게 귀환한다. 근대 독일의 관념 철학과 한 시기의 역사성이 몰두해 있던 철학적 논제── 자기 소외에 의한 자기의식이 1964년의 김승옥에 의해 심미적인 방법을 획득한 것이다.

혼융의 세계와 자기 세계 ── 대화체 연서(連書)의 의미

김수영은 「무진기행」이 발표된 1964년을 전후하여 대화체에 대해 언급한 적이 있다. 한국의 소설가들은 무식하게도 대화와 대화, 대화와 서술을 행갈이해 쓸 줄밖에 모른다[6]는 질책이었다. 「무진기행」의 대화는 한국 현대 소설의 일반적인 관행과는 다르게 대화와 대화, 대화와 서술 사이에 행갈이가 되어 있지 않다.[7] 행갈이를 하지 않음으로써 행의 구분

---

6) 김수영, 「히프레스 문학론」, 『김수영 전집 2 : 산문』(민음사, 1981), 202쪽.
7) '일반적 관행'에 따라 일부 판본에서는 대화 부분이 행갈이되어 인쇄된 것들이 있다.

을 없애는 방법은 김승옥 소설에서도 찾아보기 힘든 경우이다. 대화를 표현할 때 행갈이로 대화와 대화 사이, 대화와 서술 사이를 분할하는 것은 지금까지도 관습화된 부분으로 남아 있다. 대화자가 누구인지를 구분하는 문제, 소설 내적 시간과 소설 외적 시간을 가능한 밀착시킴으로써 얻게 되는 재현의 사실성 등이 이러한 관습이 제공하는 편의들이다.「무진기행」의 대화 조직이 노리는 것은 그러한 것들로부터의 이탈적 효과이며, 따라서 자각적인 쓰임에 속한다. 무엇 때문일까.

밖으로 나올 때 나는 내 등뒤에서 지국 안에 있는 사람들이 그들끼리 무어라고 수군거리는 소리를 들었다. 아마 나를 알고 있는 사람들이었던 모양이다. "……그래애? 거만하게 생겼는데……" "……출세했다지?……" "……옛날……폐병……" 그런 속삭임 속에서, 나는 밖으로 나오면서 은근히 한마디를 기다리고 있었다. 그러나 결국 '안녕히 가십시오'는 나오지 않고 말았다. 그것이 서울과의 차이점이었다. 그들은 이제 점점 수군거림의 소용돌이 속으로 끌려 들어가고 있으리라. 자기자신조차 잊어버리면서. (1:132, 강조:필자)

"참, 엊저녁, 하선생이란 여자는 네 색시감이냐?" 내가 물었다. "색시감?" 그는 높은 소리로 웃었다. "내 색시감이 그 정도로밖에 안보이냐?" 그가 말했다. "그 정도가 뭐 어때서?" "야, 이 약아빠진 놈아, 넌 빽 좋고 돈 많은 과부를 물어 놓고 기껏 내가 어디서 굴러온 줄도 모르는 말라빠진 음악선생이나 차지하고 있으면 맘이 시원하겠다는 거냐?" (중략) 그의 말투로는 우리는 공범자였다.(1:146)

연서된 대화는 우선, 행갈이와 휴지(休止)가 사라짐으로써 보다 빠른 리듬의 읽기를 가능하게 한다. 그러나 더 본질적인 것은 사라진 휴지가 발화의 귀속 관계를 교란하고, 미분화, 혼융의 분위기를 은연중에 유도하고 있다는 점이다. 이렇게 하여 대화체의 연서는 "수군거리는" 발화자들의 자기 상실을 표현한다. 다만 그 발화 주체가 '나'일 때는 사정이 좀 다르다. 소설 내적 서술을 도맡는 서정시적 화자, 소설의 주인공에게 발화의 귀속 관계는 적극적으로 표명되어야 할 무엇이다. 따라서 두 번째 인용 글에 오면 발화 주체는 나 혹은 그라는 분명한 소속을 갖는다. 그리고 자신과 타자를, 혹은 자신을 제외한 타자를 모두 속물로 간주하는 무진의 규칙에 의해 '조'는 이 귀속 관계를 흔들고, 자신과 타자를 공범으로 만든다. 따라서 대화와 대화는 맞붙어 버린다. 만약 거기에 누군가와 구별되는 누군가가 있다면, 그는 단지 자신에 대한 속물 확인의 질문을 상대편이 속물됨을 확인하는 질문으로 '방어'하고 있는 각자일 것이다. 미분화를 점진적으로 증가시켜 나가는 윤희중과 하인숙 간의 동일화 역시 이 연서된 대화와 연관된다.

이에 비해 '지금' 윤희중이 속한 담화 관습은 '모놀로그' 혹은 '저 도회의 어법'으로 파악된다. "그는 그네들의 말투를 알고 있었다. 저 도회의 어법을. 그리고 그는 항상 그 어법에 잘 속았었다."(1:197)와 같은 표현. 이 모놀로그와 도회의 어법("안녕히 가십시오")에 그대로 대응되는 작품이 각각 「서울 1964년 겨울」과 「차나 한잔」(1964)이다. 무진에 대한 나의 혐오를 이 '수군거림'을 통해 밝혀 보는 작업은 따라서 매우 '근대적인' 과제에 속한다. 그 반대편에 도시 문법과 발화 주체에의 강박이 대응되어 있기 때문이다. 윤희중은 근대적인 장치 '저 도회의 어법'과 '자기 세계의 문제'가 먹혀들지 않는 저개발지의 자연에 와 있다. 이것은 귀향이면서 기행이다. 그는 과거의 나를 향수로서가 아니라 적극적 부정과 자기 회복의 매개로 사용한다. 문명 – 자연의 변증에 의존하는 허다한 여행 문법, 회귀 서사보다 김승옥의 소설은 훨씬 더 철저하게 생활 문법과의 길항을 겪은 절실한 것이며, 따라서 그 부정의 강도 또한 세다. 그는 노자연(老子然)을 통해 '이상적인 것으로서의 자연'을 떠올리는 등산가가 아니다. "그럴 때(서울의 소음에 비틀거릴 때:인용자)의 무진은 내가 관념 속에서 그리고 있는 어느 아득한 장소일 뿐이지 거기엔 사람이 살고 있지 않"(1:129)다. 따라서 김승옥의 자기 세계와 자기 언어는 도회인이 도회 밖에서 내놓는 위안의 여행 문법 혹은, 도회의 전일화에 오직 자연의 물질로 대항하는 향토성과는 처음부터 결별되어 있다. 도회의 어법을 구사하며 동시에 그 어법에 속고, 귀향을 부정의 기행으로 형식화하는 이 '촌놈 출신'의 자연행(行)은, 그런 의미에서 완전히 근대적이다. 그는 자연은 더 많이 있는 것이 아니라 그저 섞여 있다는 사실을 알고 있으며, 도회는 더 풍성하게 가진 것이 아니라 한 곳으로 몰입된 욕구만을 가졌음을 안다. 부정과 긍정의 이율배반 —— 귀환이 그 모두를 알아본다.

「무진기행」—— 속물들의 확인 부호와 도회의 모놀로그가, 미분화의 자연과 근대적 '자기 세계'의 문체가 대질한다. 그리고 김승옥의 화자는 "황혼과 해풍 속에 사는 사람들도 그리고 '안녕하십니까' 속에서 사는 사람들도 누구나 고독했다."(1:104)는 언급을 잊지 않는다. 자기 소외, 소외의 도시 모두는 부정의 대상이자, 부정과 긍정 사이의 끊임없는 기만이다. 이 배반을 기록하는 형식화는 부정의 고통과 긍정의 부끄러움을 '나'라는 기표 주변에 침전시킨다.

심미적 주체와 그 형식 —— 은유적 형식 충동

수세적 주체화 —— 발화 주체와 의지의 문제

김승옥은 그의 두 번째 작품이자 본격적 단편인 「건(乾)」(1962)에서 "무시무시한 의지"에 대해 말한 적이 있다. 소년은 간밤의 총격에서 죽은 빨치산의 시체가 있다는 소식을 듣는다. 소년은 아무렇지도 않게 시체를 들여다보고 있는 사람들 틈에 서 있다. 그리고 돌아서서 빨간 벽돌을 보며 이렇게 말한다. "엉뚱하게도 나는 거기서야 비로소 무시무시한 의지(意志)를 보는 듯싶었다."(1:54)라고. 이 충격적 이미지의 전이 이후 소년의 행위는 어른 이상의 것이다. 형들의 강간을 돕는 행위, 빈집을 월담하는 행위는 어렵지 않게, 무엇보다 야비하게 이루어진다. 이제 시체를 향해 돌을 던지는 자도 소년 자신이다. 소년은 자신이 그 시체와 윤희 누나라는 인물에 대한 가해자이며, 자신 역시 유년을 도둑질당한 피해자임을 알지 못한다. 그리고 그 소년은 성장하여 1964년 서울의 어느 거리에 서 있다가, 지금 무진으로 가고 있다. 소리내어 읽어 보자.

햇빛의 신선한 밝음과 살갗에 탄력을 주는 공기의 저온, 그리고 해풍에 섞여 있는 정도의 소금기, 이 세 가지만 합성해서 수면제를 만들어 낼수 있다면 그것은 이 지상에서 모든 약방의 진열장 안에 있는 어떠한 약보다도 상쾌한 약이 될 것이고 그리고 나는 이 세계에서 가장 돈 잘 버는 제약회사의 전무님이 될 것이다. …… 그런 생각을 하자 나는 쓴웃음이 나왔다. 동시에 무진이 가까웠다는 것이 더욱 실감되었다. 열려진 차창으로 들어와서 나의 밖으로 드러난 살갗을 사정없이 간지럽히고 불어가는 유월의 바람이 나를 반수면 상태로 끌어넣었기 때문에 나는 힘을 주고 있을 수가 없었다. 바람은 무수히 작은 입자(粒子)로 되어 있고, 그 입자들이 할 수 있는 한, 욕심껏 수면제를 품고 있는 것처럼 내게는 생각되었다.(1:127, 강조:필자)

읽기 좋은 통사론 —— 이미지와 내포 장치

「무진기행」을 소리 내어 읽을 때 느끼는 율동감은 빼놓을 수 없는 즐거움이다. 위의 인용만 하더라도 '~(하)고', '그리고', '나는', '그런', '그것은'과 같은 음운의 반복은 대단히 리듬감 있게 읽힌다. 이러한 리듬감 있는 읽기를 가능하도록 배치된 '그, 나, 고, ㄴ'과 같은 운(韻)들, 구절 단위의 호흡 조절, 동일한 형태로 반복되는 '수식·피수식', 인접한 구·문장 간의 유사한 통사론적 구조[8] 등은 이러한 율동감의 훌륭한 요소들이다. 이렇게 엇비슷한 형식과 구조적 유비를 지닌 문장 간의 매듭은 성분들의 교체에도 불구하고, 안긴 문장과 안은 문장을 적절히 연결하는 '그것은, 그것이, 내게는' 등의 거의 관계대명사에 상응하는 요소들의 내포적 역할과 함께 확장 변형된 장문에서도 속도와 경쾌감을 가능하게 한다. 읽기 좋게 끊어진 쉼표, 여러 접속사, 명사형 종결 등도 이러한 경쾌한 읽기에 기여한다. 특히 은연중에 인접을 주도하는 단어들 예컨대, 보문(補文)들을 받는 대명사, 지시적인 부사, 접속사 등은 특별히 보존되는 경향을 보인다.

말하자면 이러한 보존은 이미지 중심의 진행을 보이는 이 소설에서, 문장의 결구를 돕는 장치이며 인접성과 의미 보존을 보장하는 요소들이다. 음운, 접속사, 동격의 구(句) 따위를 반복에 의해 이미지에 접합시키는 복잡한 내포들은 찬찬히 따져 볼 때, 일면 간단한 조합이다. 음이 닮아 있고, 문의 구조가 닮아 있는 연쇄들은 의미에 있어서도 같은 것을 지시한다. 즉, 이 패턴화된 언어는 문체의 저변에 작용하면서 목적하는 이미지, 위 인용문의 경우 '나'의 반수면 상태로의 점층을 돕는다. 만약 이 소리 내어 읽기가 시학적 독해를 돕는다면, 여기서의 시학은 수사상의 장식으로 서사를 보완하는 것이 아니고, 이미지와 그 구성 요소 모두를 전면적으로 재구축하는 일에 속한다. 물질의 성질을 단번에 드러내는 은유적 전개와 산문의 서사적 기능에 공헌하는 인접과 내포의 문법들은 대단히

---

[8] 통사론적 구조는 음운, 통사, 어휘를 하위 범주로 거느렸던 고대 수사학에서 "구문의 문체"로 불리던 것이다. 일종의 고고학적 태도로도 비칠 수 있는 접근은, 그러나 통사와 의미가 묶이는 영역이 바로 수사인 까닭에 이 자체가 가능성의 기원이자 시준점이 된다. 피에르 기로, 『문체론』, 박성숙 옮김(탐구당, 1993), 28~30쪽.

연계적이다. "나는 전무님이 될 것이다."라는 핵문 자체가 이처럼 많은 수사들에 의해 재구축된 셈이고, 따라서 핵문과 수사의 구별은 무의미해진다. 이러한 변형·재구축을 주도하는 것은 '내게' 그렇게 '느껴지는' 이미지들이다. 느끼는 '나'는 이미지들을 수렴하며 동시에 내포 구조를 분할한다.

발화 주체와 주체의 정립

김승옥은 이처럼 '나'라는 기표를 거의 강박증에 가깝도록 구사하며, 이 기표를 중심으로 각기의 이미지, 상황들을 내포시킨다. 심미화된 음성적 질서를 통해 글쓰기의 주체와 쓰여지는 화자를 착각하도록 만들고, 그렇게 양자를 동일시하도록 적극적으로 유도하는 이 소설이 그렇다는 것은 의미심장하다. 한 시기의 문학적 주체, 소설의 주인공들은 어떻게든 '자기 세계'를 가진 실체가 되고 싶어하며, 이 '나'라는 서술 주체는 따라서 강한 증오와 더한 애정의 대상이 된다. '나'라는 성분에 대한 집착만큼 이것을 잘 보여 주는 것도 없다. 그런데 이 '나'는 행위의 주체이기를 난감해하며, 대상들의 속성에 의해 훼손되는 '나'이다. 다시 말해 "나의 밖으로 드러난 살갗"에 "나를 반수면 상태로 끌어 넣"는 바람이 작용한다고 말해 버리는 것이다. 그의 서술법은 항상 '나에게 무엇인가'를 따져 가면서도 나라는 시야의 한계, 단자(單子)화된 자기동일성을 완강하게 고집한다. '때문에', '의해서', '(느껴)-지다', '(실감, 생각)-되다', 라는 피동형 서술[9]과 그 주변의 인과 관계 호응들이 그렇다. 화자는 "무진에서는 내가 무엇을 생각하고 어쩌고 하는 게 아니라 어떤 생각들이 나의

---

9) 우리말의 피동형 서술은 인구어적(印歐語的)인 중립 피동과 달리 비행동성 내지는 탈행동성 혹은 상황 의존성이 두드러진다. 이익섭·임홍빈, 「국어 피동의 특이성」, 『국어문법론』(학연사, 1983), 201쪽.

밖에서 제멋대로 이루어진 뒤 나의 머릿속으로 밀고 들어오는 듯했다."(1:127)고 느낀다. 한결같이 주체를 향해 오는 각각의 대상의 이미지들은 이 반복적으로 등재된 주체의 주변에 포진하며, 주체의 기표들에 의해 논리적으로 의미 분할되어 있다. 각 성분 간의 분명한 의미 관계, 읽기의 율동감, 공감을 유도하는 유려한 장문의 형성도 이 '나'라는 기표의 개입과 연계적이다. 문제는 지속적으로 등장하는 '나'라는 기표가 꼭 행위의 주체인 것은 아니라는 사실이다.

이들의 말투는 하나같이 비행동적이고 상황 의존적이다. 유력한 문체의 결정 요인 또한 의도에 있다기보다 상황에 있다. '나'와 '생각(대상)' 간의 자리 바꾸기가 그렇다. 그의 안고 안긴 복문, 연속된 중문 따위는 이 행위 주체의 흔들림, 수동적인 것과 능동적인 것 간의 교란을 그대로 드러낸다. "나는 무진에 대한 그 어두운 기억들이 그다지 실감나게 되살아 오지 않았다."(1:128)라는 표현은 이러한 교란의 전형적 사례이다. 우리는 이 문장을 "나는 되살아 오지 않았다"로 추릴 수 없다는 사실을 통해 '나'와 '기억들'이 서로 행위자를 사임하려 한다는 사실을 어렵사리 적발한다. 왜 이러한 교란된 주술 관계가 발생하는 것일까. 여기에 바로 초두에 말한 「건」에서의 "무시무시한 의지"가 암호처럼 가로놓여 있다. 주체는 어떻게든 자신을 확인하려 한다. 그러나 그 주체는 "무시무시한 기억"을 가지고 있다. 역사의 강렬함에 대해 가해자이자 동시에 피해자일 수밖에 없는 개인은 주어라는 발화 주체를 노리지만, 행위의 주체이기는 꺼려한다. 양자의 벡터가 이루는 운동에 따라서 인용문과 같은 피동형 서술과 장황한 수식 관계, 원인 접속들이 나타나며 앞의 문장과 같은 교란된 비문(非文) 또한 발생한다. 디테일은 디테일이면서 본질적인 것을 구조적으로 모방한다. 이것은 주체의 정립이라는 명제가 상당 부분 외재적인 가치들(자기의식, 주체로 달려드는 대상, 자유와 책임의 결합)에 의해 규정되어 가는 '서구화의 상황'에까지 연관될 수 있다.

열거의 최종 단위에서 '그리고'를 잊지 않는 영어식 표현이 암시하듯이 이러한 피동형 서술과 서술 주체의 강박적 쓰임, 엄밀한 주술 구문 따위는 우리말에서 표준적인 것은 아니며, 드물게는 비문에 가까이 간다. 그러나 표준의 층위에서의 어떤 이탈의 화용(話用)을 문학 텍스트 속에서의 그 어휘의 실제 역할과 혼동해서는 안 된다. 만약 그가 탈행동적 피동문이나 주체와 대상 간의 자리바꿈, 인과적 접속 관계를 즐겨 구사한다고 할 때, 이것은 단순히 국어의 표준을 인도유럽어의 표준으로 대체하려는 어떤 편향 따위와는 거리가 멀며, 개체의 언어 오용에 그칠 성질의 것도 아니다. 실상 언어와 우리가 접하는 삶의 약호들 사이의 불가피한 연관 때문에 몇몇 화용들은 표준적 국어의 원경(遠境)에서, 그러나 정확히 표현되기도 한다.

"나는/나에게 – 느껴졌다/생각되다"로 대표되는 이러한 언어 구사는 예기치 않은 삶의 방향과 그것에 휩쓸리는 개인의 실존을 암시하고 있으며 이러한 화행 자체가 언어를 창조적으로 만드는 생명력이기도 하다. 다시 말해 이런 일탈의 화용에 작용하면서 심미적 주체화를 지탱하고 있는 한 요소가 바로 발화 주체를 중심으로 한 문법적 내포 관계라는 것이다. 유종호의 모국어의 본때에 대한 언급, 김현이 말한 중문과 복문의 교묘한 구사에 대한 진술[10] 등이 강조하는 것도 표준이 아니라 '생성'이다. 이미 존재하는 음성들이 '자기 세계'에 합당한 1960년대식 파롤을 구상하게 한 게 아니다. 오히려 이 심미적으로 구상된 파롤이 1960년대식 세계와 언어를 구상했다고 말해야 옳다. 마찬가지로 우리가 김승옥의 소설

---

10) "그의 소설은 중문과 복문의 교묘한 배합, 청각적 이미지와 시각적 이미지의 교합 등으로 서구적인 냄새를 풍기면서도 번역투 같지 아니한 교묘한 문체를 내보인다. 중문과 복문의 알맞은 배합은 관계대명사의 부재로 우리 글에서는 상당히 힘든 부분에 속하는데도 그는 교묘하게 그것을 행하고 있다", 『김현 전집 2: 현대 한국문학의 이론/사회와 윤리』 (문학과 지성사, 1991), 389~390쪽.

을 마치 '지금 이곳'에서 쓰인 '글쓰기'로 통각하는 경이로운 착시로 거듭 빠져들 때, 이것은 1960년대의 감수성 혹은 언어가 1990년 말미의 그것과 유사하거나 더디 변동된 때문이 결코 아니다. 각기의 시간의 마디마다에 표준적 언어가 있고 거기에 꼭 맞는 파롤이 있다고 말해서는 안 된다. 김승옥이 우리 시대가 구사하는 화행들의 한 발명가이고 우리가 바로 그 글쓰기 안에서 이처럼 읽고 있는 것이다. 이럴 때 우리는 이 발명가를 마치 동시대인처럼 느끼며 마치 그처럼 쓴다.

물질과 형식 ── 언어의 세계 관여 방식

우리는 김승옥의 이미지 창안과 배열 방식을 통해 '사물을 경험하고 해석하는 그의 습관적 방법(mind style)'이 어떤 것인지를 생각해 보았다. 우리는 이미지에서 이미지로의 이행과 그 연쇄들 속에서 소설의 시간에 대한 거리의 협착을 느끼며, 유력한 표식을 다는 행위 이상의 것이 필요함을 느낀다. 이 요청에 의해 우리가 발견해 낸 것은 '은유적 수사' ── 속성 혹은 성질의 구조적 유비·유추에 의한 사물과 인간에의 형식화 방식이다.

앞에서 인용한 이런 구절 ; "햇빛의 신선한 밝음과 살갗에 탄력을 주는 공기의 저온, 그리고 해풍에 섞여 있는 정도의 소금기, 이 세 가지만 합성해서 수면제를 만들어 낼 수 있다면······." (1:127) 강조한 부분에서 우리가 색다르게 느끼는 것도, 성질에 대한 인상이 대상에 우선하고 있다는 점이다. 저온의 공기가 아니라 '공기의 저온'이고 소금기의 해풍이 아니라 '해풍의 소금기'이며, 밝은 햇빛이 아니라 '햇빛의 신선한 밝음'이다. 오히려 햇빛, 공기, 해풍이라는 대상은 밝음, 저온, 소금기라는 성질에 종속되어 있다. 「싸게 사들이기」(1964)에서 서점 주인이 '곰보'로 명명되는 상황, 곰보라는 속성에 압도되어 거의 대화를 이어 가지 못하는 화자의 강박증을 상기해 보아도 좋을 것이다. 마치 인상주의자들의 화폭에서처럼 성질이 대상을 능가하고 있는 구절들은 최종적으로 "내게는 생각되었다"라는 표현을 통해 승인된다. 문장을 구성하는 것도 이미지화된 인상이고 문장 간의 결구를 가능하도록 하는 것도 이미지 간의 매듭이다. 무진과 일군의 여성들은 성질에 관한 한 동격이고 이미지 간의 전이이며, 이들을 '나'의 서술 속에 접합시키는 순간에 결구도, 소설도 이루어진다. 그리고 이 이미지는 요컨대, 은유적이다.

    소설이라는 장르가 어차피 '이야기'이고 그 발생 자체가 '사실적'이라면 그의 소설 역시 어느 정도 인접성에 의존한 광의적 환유의 국면이라 할 수 있다.[11] 그러나 「무진기행」에서 그 인접을 실제로 끌어가는 것은 동기화된 사건이 아니라 이미지의 유사·유추 관계에 의한 은유의 장치들이다. 환유는 기본적으로 전체를 환기하는 부분과 문맥상의 세부 요소들을 '대상의 존재'를 통해 독자에게 제시한다. 즉 여기서는 특징적 '대상'을 개연적으로 결합하고 문맥을 통해 구성하고 인접시키며 묘사한다. 따라서 인물과 배경은 행위와 묘사에 의해 개연적으로 조직되어 있다. 환유가 서사적이라면 은유는 비유적이다. 예컨대 은유는 햇빛 대신에 '밝음'을, '해풍' 대신에 '소금기'를 대체할 줄 알며 의미상의 유사성을 규정하는 일종의 메타적 국면을 형성한다. 이러한 전이는 은유가 성질의 유사를 가운데 둔 등질의 저울이라는 명쾌한 잠언을 연상시킨다. 여기서는 묘사보다는 명명과 규정이 주를 이루며 주체에 의해 확립되어 있는 의미가 감수성이라는 매개를 통해 현상에 접속된다. '무엇에 대해 쓰느냐 보

---

11) 문맥의 인접성이 강하고 부분과 전체 간의 응축을 중시하는 문학, 즉 (리얼리즘을 환유적 문체와 관련시키고, 등질의 유사성에 기반하고 매체 자체의 접속력 —— 몽타주, 자동기술 따위)와 진리에 대한 유추적 관계에 관심을 둔, 형식 충동이 강한 문학, 즉 모더니즘을 은유적 문체에 연결지어 생각하는 로만 야콥슨의 「언어의 두 양상과 실어증의 두 유형」 분석은 대단히 시사적이다. 『문학 속의 언어학』, 신문수 편역(문학과지성사, 1997), 92~116쪽.

다 '다르게 쓰는 방법'이 중요한 곳도 이곳이다. 은유는 우리에게 실재에 대해 무언가 새로운 것을 이야기해 준다. 이미지에 의존하는 서술 상황은 인물의 행위보다 인물의 성질 혹은 유형에 관심을 두는 속성을 통한 명명법에서 명확히 드러난다.

> 미국 작가인 피츠제럴드를 좋아한다고 하는 그 후배는 그러나 피츠제럴드의 팬답지 않게 아주 얌전하고 매사에 엄숙했고 그리고 가난하였다.(1:132)

> '옛날에 손금이 나쁘다고 판단받은 소년이 있었다. 그 소년은 자신의 손톱으로 손바닥에 좋은 손금을 파 가며 열심히 일했다. 드디어 그 소년은 성공해서 잘살았다.' 조는 이런 이야기에 가장 감격하는 친구였다.(1:133)

살아 있는 은유는 발명의 은유인데, 그 속에서는 한 문장에 담긴 불일치의 반응이 새로운 의미 확장을 가져다준다. 첫 번째 인용문에서 피츠제럴드라는 기호(嗜好)는 엄숙함이라는 성질, 가난이라는 실존에 접속됨으로써 박이라는 인물을 풍부하게 이미지화한다. 주체에 감각되는 형상과 그 이미지가 내재화되어 있는 까닭에 표현은 무언가 '다르다.' 독자에게도 존재하는 동종적 감정을 촉발시켜 시적 감화력을 획득해 가는 이 분위기 중심의 소설에 있어서 광범한 의미의 은유는 담화를 견인하는 힘 자체이다. 화투와 "무진(霧津)이다"라는 실감이 이루는 감정의 균형 – 등질의 속성을 생각해 보면 쉬울 것이다.

어쨌든 두 개의 충동이 위상기하(位相幾何)를 형성하고 있다. 그 하나는 은유에 속하고, 다른 하나는 환유를 불러들인다. 요컨대, 은유적 형식 충동과 여기에 작용하는 물질 충동이 있다. 하나는 무진의 하늘에 있고,

("형은 하늘로 가는구나", 1:31) 또 하나는 무진의 땅에 있다. 두 개의 이미지를 떠올려 보자. ①별이 되는 개구리 소리, ②속물들의 한가운데 놓인 화투.

우리는 ②와 유사한 경우를 혼융과 동일시의 이미지를 통해 살펴본 바 있다. 이것은 주체를 주체화 불가능하게 하는 자유의 배제이며, 여성적인 것으로 나타난다. 화투는 우선 물질과 물리적 유희에 대한 관심을 의미한다. 조가 윤희중을 세무서로 불러들이는 행위가 상징하는 바, 화투는 자기가 가진 것을 통한 만족이며 무엇인가 —— 세무서장이라는 직위에 의해 규정되기를 바라는 충동이다. 윤희중은 화투를 발견하고는 "자신을 내팽개치듯이 끼어들던 언젠가의 노름판"(1:135)을 회상한다. 그 노름판에서의 모든 행위는 "몸을 전연 느끼지 못하게 만들던" 목적이자 수단인 움직임이다. 현세의 내재성, 일관된 물질에의 관심으로 파악되는 이러한 물질 충동은 생활 세계를 강조하며, 세속적 정신에 관여한다. 거기서 김승옥의 화자는 "시체가 썩어 가는 냄새"를 맡는다.

그를 그일 수 있도록 하는 것은 은유적 형식 충동이다. ①의 개구리 소리에 대한 인상적 서술이 그렇다. "언젠가 여름밤, 멀고 가까운 논에서 들려오는 개구리들의 울음소리를, 마치 수많은 비단조개 껍질을 한꺼번에 맞부빌 때 나는 듯한 소리를 듣고 있을 때 나는 그 개구리 울음소리들이 나의 감각 속에서 반짝이고 있는 수없이 많은 별들로 바뀌어 있는 것을 느끼곤 했었다."(1:140)라는 구절. 촘촘한 청각 이미지라는 공통의 성질에 의해 개구리 소리는 비단조개 껍질 부비는 소리로 치환되며, 다시 그 촘촘한 밀도를 통해 무수한 별이라는 시각적 이미지로 변환된다. 안개가 내려 시야가 흐려지는 가운데, 별의 반짝임과 개구리의 울음은 유독 지속되는 이미지이다. 이 두 이미지를 수직적으로 승화시켜 연결하는 것이 형식 충동이며, 밀도의 은유이다. 별도 보이지 않는 밤이면 개구리 소리는 "거꾸러져라거꾸러져라거꾸러져라"(1:110)로 감각된다. 따라서 이

것은 하나의 승화이면서, 탈승화에의 기피이다.[12]

　김승옥의 심미적 주체화 방식의 가능성과 의미가 여기서 드러난다. '자기 언어'는 '거꾸러지는' 세계 속에서도 빛나는 형식을 창조해 내며, 그 결정은 '자기 세계'가 이룰 수 있는 가능성의 최대치와 은유적 형식적 유추 관계를 형성한다. 세계의 작동 방식은 비속하며, 물질 충동에 관여하는 서사들은 이 비속해져 가는 세계의 면면을 선명하게 보여 준다. 그리고 종래의 사고들은 이 부분에 고려의 대부분을 할애하고 있다. 그러나 상찬의 최대값이면서, 고려의 말미에 오직 장식적으로 구사된 언어 지표가 더 많이 말해 줄 수 있는 것이다. 다시 말해, 「무진기행」이 「무진기행」인 지점은 고발에 있지 않고 형식 충동에 의해 견인되고 이미지화된 '언어'에 있는 것이다. 자기 세계와 동시적으로 육화된 자기 언어는 별과 개구리 소리 간의 엄청난 거리를 일시에 뛰어넘는다. 그럼으로써 그 이미지의 수사, 은유의 언어는 탈세계를 환기시키고 스스로를 규정할 수 있는 형식을 찾아낸다. 자유롭게 생각을 연결하는 유희, 속박 없이 연속되는 이미지, 물질 충동과 맞서는 값진 형성력, 이 모두는 초월의 성좌를 간직한 채 운행하는 '언어-문체'의 위엄이다. 세계에 대한 염증을 달래고, 하나의 사물에서 다른 하나를 보게 하는 정신의 기적을 우리는 '자기 세계의 문체'라고 불러 왔던 것이다. 비록 이러한 언어의 축적이 물질적인 질료들에 의존할 수밖에 없는 데에서, 끊임없이 세속화되어 가는 세계의 표현이라고 하더라도 그의 문체는 온몸으로 이 세상의 비속화에 저항한다.

　니체는 아름다움 혹은 우아함에 대한 근대인의 집착 속에서 그것이 실상은 속악하고 조야한 세계의 질료적인 측면에 대한 복수심임을 보았

---

12) "그렇지만 밤하늘에서 쏟아질 듯이 반짝이고 있는 별들을 보고 개구리의 울음소리가 귀에 들려오는 듯했었던 것은 아니다." (1:140)

다. 김승옥이 보여 주는 아름다움에의 충동과 그 숨씨는 속악한 세계에 대한 혐오감과 저항을 내포하고 있다. 그런데 그 저항은 서울과 무진이 하나의 욕망을 지시하는, 밖이 존재하지 않는 근대 속에서 역설적이게도 그 속악한 세계를 긍정하고 일단 받아들인 뒤에, 오직 그렇게 함으로써 이루어지는 부정이다. 이 어려운 선택과 뒤섞임, 분열이 없었다면 분명 「무진기행」은 이토록 아름답고 놀라운 언어를 보여 주지 못했을 것이다.

물론 우리는 이러한 사정을 산업화, 도시화, 혁명의 좌절로 의제(議題)화할 수도 있고, 그것을 보충하는 리얼리즘 혹은 서사라는 지반, 더 나아가 광의의 환유를 통해 생각해 볼 수도 있다. 그러나 김승옥의 뛰어남은 이러한 속악한 질료가 아름다움과 저항의 형식을 겨냥하고 있다는 데에 있다. 이것을 비속한 질료에 맞서는 시적인 문체라 불러도 좋고, 심미적 주체의 모더니즘 혹은 광범한 의미에서의 은유·형식 충동으로 생각해 보아도 좋다. 그러나 어떠한 고통과 역사성이 있고, 그다음에 참신한 감수성 혹은 그 표현이 있다고 해서는 안 된다. 이것은 광의의 리얼한 환유들이 개진해 왔던 지표의 이중성으로 돌아가는 일이 되기 때문이다. 김승옥의 자기 세계 ── 자기 언어가 보여 주는 승화된 형식들은 그의 물질에 대한 강한 관심, 물화에 대한 예민한 감각과 분리해서 생각할 수 없다. 이러한 물질과 형식이 엮여 들어가는 동시성을 살피지 않는 한, 세계는 세계이고 언어는 언어이다.

문자들은 알고 있다 ── 어둡고 침울한, 현존의 수사들

어려운 대로, 자기 세계와 자기 언어의 연계를 따져 가던 작업이 이제 막다른 곳에 와 있다. 으깨진 알의 상태에 놓인 주체가 오직 자신의 무기력에 대한 모멸로써 스스로를 외화하고 부정하는 가운데, 내적인 '세계'

를 만들어 간다. 세계의 모든 악을 자체 내적인 것으로 느끼며, 이 악을 부정하기 위해서 질척이는 자기 속으로 들어가는 것이다. 이 깊숙한 영역에서 고통을 추체험하는 자는 사회적으로 거부된 위치를 스스로에게 부여함으로써만, 또 그 추(醜)를 견딜 만한 아름다움으로 형식화함으로써만 결국 '쐬어진 자기'와 만난다. 화해는 갑작스럽고 의도하지 않은 곳에서 발생한다. 그러나 그게 전부일까.

그렇다면 왜 김승옥 혹은 「무진기행」이어야만 했던가. 그러니까 우리는 이 1960년대부터 문학적으로 전경화되기 시작한 상경 지식 분자들의 의식 구조를, 자기를 자기일 수 없게 하는 물질들의 질주——정치경제학과 맞서는 한 세대의 자유의 신화학을 바로 이 자기에로 귀환하는 문자들을 통해 생각해 볼 수 있었던 것이다. 생산 관계가 모든 것을 규정해 나가는 사회에 맞선 저항은 생산 관계로 이해 불가능한 심미적 주체의 부활을 포함한다. 그런데 이 억압과 부활이 온전히 동시적이었다는 데에 한국 소설과 한국 정치 사이의 난감한 길항이 놓인다. 김승옥의 소설에서와 같은 심미적 주체는 주체화를 방해하고 정치적으로 무력하게 만드는 억압 속에서 탄생한다. 억압적인 근대화의 아이러니는 이 아이러니가 열어 놓는 역설에 의해 주체를 탄생시켰고, 그 주체의 자기모순은 오직 억압적인 근대화와 그 정치적 무력함의 상황 안에서만이 주체로 성장했던 것이다. 그러하기에 주체는 있는데 그는 억압 속의 왜소한 주체이며, 그는 억압받고 있는데 주체이기에 떳떳함을 곧잘 가장한다. 빼어난 문체는 완성되었지만 그 언어는 구속되었고, 아름다움은 현시되었지만 오직 속악한 것에 대한 저항으로만 솟아오른다.

만약 소설이 총체적 삶의 국면이 이완되어 가고 개인이 고립되어 가는 현상 속에서 발생했다는 논증들을 받아들인다면, 김승옥의 자기 세계는 언어라는 거울에 비친 고립의 영상이자 그 고립을 심미화하는 거울의 발명이다. 따라서 그 순간의 표현은 주체의 분비물이 아니라 자신의 현존에 대한 표식이며 또한 주체의 가능성에 대한 은유이다. 도대체 주체가 직접 말을 해서는 안 되고, 물질의 손상되고 소외된 형태를 통해서 오직 부정적으로만 창시될 수 있다면, 거부된 주체는 '어떻게' 말이라도 할(될) 수 있을까. 김승옥에게 이 물질은 강인한 형식 충동 속에서 이미지의 수사로 나타났으며, 그것은 속된 것이면서 때로는 참된 것을 겨냥하는 정신의 기적을 감행해 보인다. 김승옥의 모더니즘이 이 '나'라는 기표에 대한 충동과 수사의 주변에서 생성되었던 것도 이 때문이다.

1964년 언저리의 한 역사성이 자기의식의 확실성을 통해 하나의 세계·주체를 형성하려 할 때, 이 기획을 보장하는 수단 중 언어만큼 유력한 것도 없었을 것이다. 하물며 이 언어 자체가 저개발의 상징처럼 보였고 '생성'의 문자를 요구하고 있었던 것이다. 자기 언어가 자기 세계의 형성과 동시적인 것은 이 때문이다. 그런데 주체와 문자 간의 동시적 육화는 물질계의 법칙——물화된 욕구들을 일단 받아들임으로써만 성립되는 가능성이다. 여성 이미지로 나타나는 물질에의 매혹을 온몸으로 느끼면서, 바로 그 철면피한 물질의 형성력에 의해 빛나는 결정을 찾아내는 이 위태롭고 경이로운 소설은, 왜「무진기행」의 문체가 수사이면서 수사 이상인지, 이 문제 해명의 과제가 왜 해석적인 한 역사적인 질문인지를 명확하게 보여 준다.

자기 세계의 문체는 그렇게 물질에 형식을, 형식에 물질을 도입하는 살아 있는 수사를 발명했다. 물론 주체는 살아 있는 주체, 타자를 만나지 못한다. 이것은 자기 세계가 수세적 주체화인 한 온전한 주체의 모습은 아니며, 발화에 의한 수사의 산물——심미적 주체화 혹은 '자기 언어'에 의해 전도된 주체일 수 있다는 불가피한 의심을 야기시킨다. 의심은 이 심미적 주체의 발견되지 않은 하반신에까지 미치며 결국 이 심미적 형식화 자체의 억압성에까지 이른다. 심미적 형식화는 세계의 속악한 질료들에 대한 저항이면서, 바로 그 속악한 질료를 통한 심미화인 까닭에 고통스럽고 잠정적인 것이다. 말하자면 이러한 심미적 주체화를 사이에 둔 물질과 형식 간의 팽팽한 긴장 ― 속악한 세계의 질료에 대한 심미화된 형식은 지속적으로 견지되기 힘든 저항이었고, 결국 그 수사학적 완결성 자체가 이미 또 하나의 허위적 억압 기제로 작용했던 것이다. 무수하게 진군해 오는 속악한 욕망과 그것을 매개하고 심미화하는 저항의 형식 사이의 거리가 커질수록 심미적 문체는 더욱 거짓된 화해를 강요하는 억압으로 다가오게 된다. 통속 소설이라는 데면데면한 화해의 양식은 바로 이 심미적 형식과 물화되어 가는 삶 간의 아슬아슬한 긴장이 이완되어 가는 과정에서 태어났고, 이제 정신적인 수준에까지 도달해 버린, 견딜 수 없는 화해로 인해 소멸했던 것이다.

모호한 자명성 ― 피로 날인하는 어떤 때를 만나면 문체는 '지문'이면서 '지문' 이상이 된다. 그리고 소설과 정치는 최선의 상황에서 일치한다는 어떤 심미적 신념들은 여전히 해결되지 않은 필연성으로써 이 지문의 주위를 포위한다.

(1999년 7월)

2 무상의 시간과 구제의 시간 — 문학과 역사

넘은 것이 아니다
—— 국경과 문학에 대한 단상들

> 울던 여자들이 어디론가 실려가네
> 가서 어느 낯선 곳에서 낯 모르는 많은 남자들과 잠을 자네
> 우리 마을을 떠나 먼 곳에 사네
> —— 허수경, 「검은 노래」 중에서

마레비토(稀客), 문학의 기원 —— 누가 노래하게 하는가

오래전, 그러나 그렇게 오래전만은 아닌 섣달그믐의 어느 달밤. 마쓰모토(松本) 근교의 히무로무라(氷室村)에 한 사람의 이방인이 도착한다. 구니(國)의 경계, 그러니까 국경[關所]을 넘어선 이 사람을 기다리고 있을 운명, 이 월경자(越境者)의 잔혹하고도 신성한 저녁 밤을 묘사하는 것으로부터 나의 이야기는 시작된다. 이제 곧 이 사람은 '사람'이 아닌 어떤 것, 사람 이상이면서 사람 이하의 어떤 것이 될 것이다. 대단한 환대에 의해, 또 대단한 적대에 의해.

에도(江戶) 시대 전 기간에 걸쳐, 보호를 바라고 깃든 타관 사람에게 식사를 제공하는 환대는 일본의 지방 어디서든 발견되는 현상이었다. 예기치 않은 방문자는 환영의 대상이 되었고, 진객(珍客) 혹은 존자(尊者)로서 취급되었다. 히무로무라 사람들의 이날의 환대 역시 음식을 대접하는 것으로 시작한다. 마을에 들어서면 곧 이름을 묻지 않는 환대, 물음 없는 맞이하기가 시작된다. 물음의 말소와 이름의 말소. 이 마을의 관습대

로 섣달그믐날의 음식인 죽을 내어오고 아낌 없이 대접한다. 그리 드물지 않을 듯 보이는 환대와 향연. 다만 한 가지 예사롭지 않은 것이 있다면, 이 여행자는 만복(滿腹)이 되더라도 절대로 그날의 음식을 사양할 수 없다는 것이다. 아니 역으로, 이들은 그들의 환대가 거절될 경우, 특수한 장치, 즉 입을 강제로 벌려 식도로 죽을 부어 넣는 장치를 써서 억지로 음식을 투여하며, 누구이 그렇게 할 때 결국 이 이방인은 죽음에 이르게 된다.[1] 요컨대 손님(hôte)처럼 또는 적처럼 맞아진 이방인(hostis), 그래서 환대(hospitalité), 적의(hostilité), 아니 환대-적의(hostipitalité)의 대상이자 증거로 남은 이 사람.[2]

방문자에게 식공(食攻)을 가하여 만복에 이르게 하는 일은 어느 곳에서나 발견되는 환대의 전형적인 방식이지만, 이 경우는 도가 지나치다. 그렇다면 이 사람은 제의의 희생양, 즉 제물인가. 아마 아닌 것 같다. 왜냐하면 그는 '바쳐지는 것'이 아니라 '구현'되는 것이기 때문이다. 그에게 남은 죽을 전부 부어 넣는 행위 자체가 자연계의 '질서'를 구현하는 일로 여겨졌다. 그들은 이렇게 그날의 죽을 전부 소비함으로써, 내일부터 열리게 될 신년의 풍년을 확신하고 있었던 것이다. 왜 아니겠는가. 비어 있지 않으면 채워질 수 없을 테니. 이같은 흘러넘치는 환대-잔학한 적대 행위는 다가올 새해에 있어서의 이 마을의 재생의 원천이 되며, 그런 의미에서 삶과 죽음과 재생이라는 순환의 힘을 그 자체로 시현하는 일에

---

1) AJLS(Association for Japanese Literary Studies) 2006에서 나는 위와 같은 민간 전승의 사례 보고를 듣게 되었다. Takashi Lep Ariga, *Forcing a Feast: Cruel Hospitality and the Energy of Renewal*, 15th Annual Meeting Paper, 2006. 7. 2.
2) Hostis는 라틴어에서 손님(l'hôte)과 적 혹은 원수의 의미를 가진다고 한다. 손님과 적 사이에서 분열하는 이방인에 대한 라틴어적 파생물에 대하여는 자크 데리다 · 안느 뒤푸르망텔, 『환대에 대하여』(동문선, 2004), 84쪽을 참조할 것. 'hostipitalité'(환대-적의)는 데리다의 조어(造語)이다.

다름 아니다. 이날만은 특별히 운이 나빴던 한 이방인이 땅에 묻히는 순간, 그는 인간적 개체(bios)로서는 죽지만, 보편적 생명(zōē)으로서는 재생한다. 죽여도 죽인 것이 아니며 죽여도 죄가 되지 않는 이 사람, 그렇다고 희생양으로 바쳐질 수는 없었던 이 사람은 여전히 사람인가.[3] 그들은 이 이방인을 인간 이상의 것으로 환대하는 한편, 인간 이하의 것으로 적대한다. 물음과 이름이 말소된 이 월경자는 범상한 마을의 '인간'들에게 있어 절대적 타자로서 나타나며, 따라서 그는 인간이면서 동시에 신인 자, 신이면서도 동시에 동물인 자가 된다.

오리구치 시노부(折口信夫)가 『국문학의 발생』(1927)에서 이러한 이방인에 대한 고대의 환대 의식을 문학의 기원으로 설명한 일은 유명하다. 이 논의에서 주요한 점은, 범박하게 말해 오리구치가 언어의 공동체의 기원 혹은 국가와 문학의 창생을 '마레비토(まれびと)'라는 개념—즉, '이방인=이인(異人)=신(神)'의 도래 지점으로부터 연역하고 있다는 점이다. 흔히 드물게 오는 손님, 나그네로 이해되는 마레비토는 오리구치에게 일종의 문학적·종교적·정치적 원체험으로서 인지된다. 그에게 있어서, '마레(稀)'는 '극히 드문(rare)', 혹은 '유일하고 존귀한'의 의미로 해석되며, '히토(人)'는 인간의 형상을 한 신의 의미로 풀이된다. 그런 한에서 마레비토는 "인간의 모습으로 내방하여 온 신"을 의미하게 된다. "이방인(まれびと)의 본원적 모습을 말하자면, 그것은 신이다."[4] 바

---

3) 생명(vita)의 두 양상, 즉 인간이 가진 생명(bios)과 인간, 신, 동물이 공유하는 생명zōē을 구분하는 그리스인의 사고로부터, 정치 신학과 근대 주권의 문제를 해명한 연구로 Giogio Agamben, *Means without End*, trans. by Vincenzo Binetti and Cesare Casarino(Minesota Univ. Press). 또, 그 발전적 형태로 *Homo Sacer: Sovereign Power and Bare Life*, trans. by Daniel Heller-Rozen(Stanford Univ. Press, 1998).

4) 折口信夫「國學の發生(第三稿)」, 『古代研究』(國文學 篇), 『折口信夫全集 1』(中央公論社, 1975(1993)), p. 5.

다 저편의 이향(異鄉, 常世)으로부터 내방하여 인간들에게 축복을 주고 가는 신으로서의 마레비토(珍客, 稀人, 異人).

어떤 의미에서 마레비토의 내방이야말로 신을 영접하는 의식으로서의 향연, 그 영접의 기록으로서의 민간 전승, 그 전승의 방식으로서의 문학의 기원인 셈이다. 그리고 마레비토를 둘러싼 향연과 문학, 그러니까 '신과 노는 노래(神遊の歌)'의 기억과 그 반복이야말로 공동체를 묶는 계기가 된다. "향연과 문학과의 관계는 단순히 문학이 향연으로부터 생겨났다는 것에 그치지 않는다. 향연에서 발생한 문학이 다시 향연에서 불리고, 말해지고 노래되는 것이다. (……) (즉) 성질이 아득히 멀고, 감정도 서로 막혀 있는 듯 보이는 향연들이 하나의 문학에 의해 연결되는 수가 있다, 는 말이 된다."[5]

마레비토, 이방인, 국경을 넘어온 자. 그는 신이자 노래이고, 또 무엇보다 공포의 대상이었다. 따라서 공포를 축복에의 약속으로 전이시키는 의식 속에서 인간은 향연과 노래와 종교를 꾸려 왔다고 할 수 있다. 정치체 자체는 내부에 있는 외부의 흔적을 통해 구성되는 것이라고 해야 할 것이다. 지배자는 외부에서 온다. 신으로서 또 적으로서. 그리고 거기서 노래가 태어난다.

한계 개념으로서의 국경 —— 등기되는 것은 토지인가, 신체인가

국경은 흔히 국가와 국가의 경계로서 이해된다. 그러나 그게 다일까. '국가의 한계'로서의 국경이 그어지는 것은 오히려 국가와 국가에 대항하는 사회의 어디쯤이라고 해야 옳지 않을까. 만약 국경이 국가와 국가

---

5) 折口信夫, 「異人と文學と」, 『折口信夫全集 7』(中央公論社, 1976(1990)), p. 303.

사이에 그어진 절단면이라면 아무도 국가 밖으로 나가지 못하리라. 이 월경자의 운명은 등기되거나, 추방되거나 둘 중 하나가 될 것이다. 국가 밖이 국가인데 어떻게 국가를 넘어가는가. 우리는 어떻든 국경을 경계 (border)가 아니라 한계 개념(Grenzbegriff)으로서 사고하지 않으면 안 된다. 그러나 어떻게.

원국가(Urstaat)가 있고, 국가에 대항하는 사회가 있다는 명제는 피에르 클라스트르의 『국가에 맞선 사회』[6]와 들뢰즈·가타리의 『천 개의 고원』 이래 주요한 토의 대상이 되어 왔다. 권력을 그 근저로부터 거부하고, 전쟁 수행의 기술적 측면에 권력을 가두어 두는 '권력의 부정'을 통해 구성되는 사회. 미개 사회의 야만인들은 국가 이전의 사람들이 아니라, 국가와 법과 왕과 잉여와 시장으로부터 도주한 사람들이라는 명제를 남아메리카 원주민의 삶에서 발견한 클라스트르는 정치 권력이 영에 접근하는 사회군과 그 메커니즘을 찾아 나간다. 그러나 이 책 혹은 이에 대한 들뢰즈·가타리의 해석을 국가에 반대하는 전쟁 기계론으로 전환시키는 일은 옳은 것일까.

오히려 그들이 말하고 있는 주안점은 실상 "외부성과 내부성, 끊임없이 변신을 거듭하는 전쟁 기계와 자기동일적인 국가 장치, 패거리와 왕국, 거대 기계와 제국 등은 상호 독립해 있는 것이 아니라 끊임없는 상호 작용의 장에서 공존하고 경합하고 있다"[7]는 사실에 있는 듯하다. "국가를 규정하는 것은 '전부' 혹은 '무'(국가적 사회냐 아니면 국가에 대항하는 사회냐)라는 법칙이 아니라 내부와 외부의 법칙인 것이다." 그들은 국가 상태에서 국가에 맞선 사회로의 전이나 탈주를 선동하고 있다기보다

---

6) Pierre Clastres, La soiété contre l'État, Minuit, 1974. ピエル·クラストル, 『国家に抗する社会』(水声社, 1987(2002))으로부터 인용.
7) 질 들뢰즈·펠릭스 가타리, 『천 개의 고원』, 김재인 옮김(새물결, 2001), 690쪽.

는 오히려 국가와 반국가를 경계 삼는 사유에 거슬러 다국적 기업 유형의 산업 조직, 산업 콤비나트, 종교 집단과 같은 이미 넘어 있는 집단에 대한 국가의 관계 방식을 설명하고 있는 것이 아닐까. 국가의 외부를 생각하되 국가라는 실재 위에서 생각할 것. 비록 그들이 원국가와 국가에 맞선 사회라는 개념을 통해 국가의 '외부'를 새롭게 규정하려 했다 하더라도, 아니 바로 그렇기 때문에 문제의 소재는 여전히 국가를 둘러싼 긴장, 밖과 안의 긴장 그것에 있다.

국가 너머엔 또다른 국가가 있고, 법 밖에는 다른 법이 있다. 국경 위에 선 이방인은 국적을, 이름을, 목적을, 체류 기간을 말하지 않으면 안 되며 그러한 호명에 답하는 한에서 여전히 법 권리의 안쪽, 스스로의 국가 내에 '머문다'. 여권을 들고, 국제 공항을 빠져 나가는 일, 일본인의 물음에 한국인으로 대답하는 일, 국제 회의장의 다언어 상황 따위를 '국경을 넘는 일'이라고 할 수 있을까. 엄밀한 의미에서 트랜스내셔널한 사고 따위는 존재할 수 없다. 트랜스내셔널한 상황이란, 처음부터 죄를 짊어진 자(condemned 혹은 transgression)들이 생산한 물화를 따라 흐르는 잉여의 흔적일 뿐이다. 초역(超域)의 사고란, 정치적인 의미에 있어 여전히 희미한 가능성, 일종의 골계적 태도 혹은 '빚짐'의 형태로서만 힘을 지니는지 모른다.

만약 아무도 국가를 '넘어갈' 수 없다면, 국가 밖으로 '나갈 수도' 없다면 왜 우리는 여전히 국경을 말해야 하는가. 단적으로 말해, 나에게 국경이란 '국가' 그 자체를 문제 삼는 한에서만 제기될 수 있는 극한의 질문과 다르지 않다. 무엇보다 국가 그 자체의 운동으로서의 국경에 대해 묻지 않는 한, 국가의 저편은 여전히 국가로 남는다. 이른바 '국가를 넘는 사유'가 인간이 국가에 묶이는 근본적 조건, 즉 한계 개념으로서의 국가론에 앞설 수는 없다.

우선 국경이란 무엇보다 군사 점령과 그 지속, 정당성의 조달 범위를 의미한다. 평화란 전쟁의 휴지(peace)를 의미하며, 국경은 전쟁 수행적 국가가 일시적으로 멈춰 선 지점에 다름 아니다. 국경은 완료형이 아니다. 국경은 계속되는 점령 혹은 끝나지 않은 전쟁 상태의 흔적으로서 거기에 존재한다. 1943년 조선문인보국회의 일원으로 간도 시찰에 오른 정비석은 국경을 넘어선 순간, 자신의 몸이 벌거벗겨지는 듯한 충격과 공포를 느낀다. (그렇게 쓴다.)

"대동아전쟁 발발에 의해 국경이라는 것의 개념이 확실히 하나의 실체로 우리들의 실생활에까지 위치를 점하게 되었다. (……) 별반 외국 여행의 경험이 없는 사람에게 세관 검사란 어쩐지 신체가 벌거벗겨지는 듯한 것으로, 결코 유쾌한 것이 아니었다. 자신을 절대의 영역에까지 보호해 주는 모국의 고마움을 나는 한 발짝 국외로 발을 디디어넣는 것과 동시에 절실히 느꼈던 것이다. (……) 국경선을 넘어서자 이미 우리들은 국민으로서의 의무도, 권리도 갖지 못한 벌거벗은 야인(野人)과 같은 느낌이었다. 인정받지 못하는 것은 의지(意志)만이 아니다. 인격 또한 무(無)가 되어 버린다. 이것은 실로 외로운 것으로 이 외로운 심리가 조국 일본에의 사랑과 연결되는 것이라고 말해도 좋으리라."[8]

국가의 경계에서 정치적 생명과 벌거벗은 생명의 분할을 경험하고, 그럼으로써 추방의 공포를 협력의 논리로 전화시키고 있는 이 협력 문인을 지배하는 것은 자연 상태에 대한 공포이다. 국경의 저편으로 한 발 내딛는 순간, 그는 '벌거벗겨지고', (도시) 국가 밖으로 추방된 늑대 인간(野人)이 된 듯한 느낌에 사로잡힌다. 이 상황이 상징적인 것은 단순히 역사적 정황 때문이 아니다. 이 정치적 무의식 그 자체인 정비석이라는

---

8) 鄭飛石,「國境」,《國民文學》, 1943. 4, pp. 61~63(日文).

작가의 국경론이 알려 주는 것은 오히려 "벌거벗은 야인"에의 공포야말로, 국가의 성립과 유지의 조건인 법폭력을 감수하도록 하는 근거라는 사실이다. 단적으로 말해 국경으로 상징되는 법의 문턱, 즉 예외 상태 = 전쟁 상태라는 주권적 권력의 한계 상황 자체가 주권의 정치를 가능하게 하는 조건인 것이다. 상례의 엇나간 장소로 예외가 있는 것이 아니라, 예외 자체가 상례를 조직한다. 국가를 지키기 위해 국경이 있는 게 아니라, 오히려 국경이 국가를 구성하고 지켜 낸다.

이 장면은 당연히도 "인간이 인간에 대해 이리"인 자연 상태 = 전쟁 상태를 국가 생성의 계기로서 호명했던 홉스의 국가론을 연상시키는 한편, 또한 "국가의 시민(citoyen)이 되고 나서, 처음으로 인간(homme)이 된다."(『사회계약론』)는 루소의 언명을 숙고하게 만든다. 주권 권력의 안에서 "인간이란 곧 국민"을 의미한다고 할 때, 인간이 되는 길은 먼저 국민이 되는 일이었고, 전쟁 상태로부터 벗어나기 위해서는 전쟁 협력의 길을 갈 수밖에 없게 된다. 그런 한에서, '인간 = 국민'의 근대 주권적 도식에서 벗어날 수 없었던 이 협력자의 선택을 과연 특별하다고만 할 수 있을까. 문명화된 세계가 인위적으로 구성해 낸 자연 상태[9]로서의 국경, 실제로 주권 권력 안의 주체들이 서 있는 자리는 이 한 협력 문인이 선 자리와 그렇게 다른 것이 아니다.

홉스의 말처럼 국가는 전쟁에 반대한다. 그러나 전쟁은 국가를 구성한다. 어떻게 이 순환 고리를 끊을 수 있을 것인가. 문명 안에서도 여전히 남는 자연적 권리 —— 경계 없는 시민권을 요청하는 일로 과연 충분한가. 인권이란 국적이 부여하는 시민권에 의해 보장되지 않는 한, 현실적으로 어떤 근거나 실체를 가질 수 없다. 국경을 넘어선 인간이 실제로 넘어서는 것은 인간으로서의 법권리 그 자체(人權)이다. 어쩌면 그렇기에 '인

---

9) Giorgio Agamben, 앞의 책, 63~67쪽.

간'이고자 한 한에서, 그토록 많은 이들이 이 국경의 확대 속에서 법권리의 확대를 발견하고 열광할 수 있었던 것이 아닐까. 물론 그것이 비균질적 제국 혹은 국민국가 안에서, 처음부터 언어적으로, 계급적으로 몫이 없는 자들을 배제하는 근원적 비윤리성 위에 기초된 욕망이라 하더라도 말이다.

그러니까 이미 질서 안에, 법 안에, 표준적 삶 안에, 상례 안에 예외 상태 — 전쟁의 흔적이 존재하고 있다. 어떤 월경의 순간, 법적 주체와 벌거벗은 생명, 정치와 추방의 분할이 한 사람의 육체를 통해 실현된다. 그 순간 이 반수반인은 급히 국경의 안쪽으로 귀순한다.

오늘날 가장 전형적인 인간은 바로 이와 같이 강인하게 '국내'에, 국경 안에 등기되어 있으면서도 스스로의 신체의 일부가 자본주의적 유통의 평면 위에 존재하는 것을 부단히 인식하는 인간, 전쟁과 평화의 중간 상태에서 확대되는 '전선'을 초월의 계기로서 느끼는 인간일지 모른다.

그렇다고 할 때 국가 혹은 국경과 관련해 지금 이곳에서 넘어섬의 환상을 제공하는 것은 결국 자본(의 이동)이라 해야 할 것이다. 자본의 전지구적 이동이라는 현상 없이, 국경을 넘는 일 따위에 대한 물음은 제기될 수조차 없는 일이다. 전쟁과 점령 역시 보다 큰 의미에서 이 자본의 이동이 낳은 결과일 수 있다. 자본은 '가둔다'라고 하는 국경의 기능을 '넘는다'라는 동사로 치환시킬 수 있는 유일한 계기를 형성한다. 그렇다면 자본은 국가를 넘어 있는 무엇인가? 아마 그렇지는 않은 것 같다.

페르낭 브로델의 다음과 같은 언급은 국가와 자본의 관계에 대한 애매하지만 결정적인 사고를 제공한다. "국가는 자본주의를 우대하고, 그것을 원조한다. 그것이 대개 그렇다. 그러나 역방향의 관점을 취해 보자. 국가는 자본주의가 국가의 자유로운 행동을 저해할 경우, 그 약진을 방해하려 한다. 어느 쪽도 진실이다. 각기 교호하며, 동시적으로. (……) 어떤 때는 견제를, 또 어떤 때는 원조를, 그리고 훨씬 더 많은 경우 그 어느 쪽도 아닌 지면(地面)의 위를 전진해 나아가는 것이다."(『물질문명·경제·자본주의 II-2』) 엄밀한 의미에서 자본은 국가를 '넘어 있는' 무엇은 아니다. 왜냐하면 자본은 국가에 반대하는 것이 아니라 그것을 이용하며 국가 역시 그것을 지원하는 한편 방해하기 때문이다. 이와 같은 교역권과 통치권 사이의 불일치를 염두에 둘 때 (근대 국가는) "원조도 지원도 아닌 지면 위를 전진해 나아간다."는 브로델 특유의 메타포는 그 베일을 벗는다. 자본주의는 영토를 결정하지 않는다. 즉 '국내'라는 공간을 조직하지 않는다. 따라서 자본 없이 성립할 수 없는 근대 국가는 조직될 수 없는 내적 공간의 불안정성에도 불구하고, 아니 바로 그런 불안정성으로 인해 문자 그대로 폭력적으로 국경을 정의할 수밖에 없다. 정치체란 교환주의자가 아니라 등기하는 자인 것이다. 교환 범위와 통치 범위의 불일치를 등기하려는 충동 속에서 국경은 생겨난다. 지면 위를 기어 나가는 것이다.

그렇다면 실제로 이 메울 수 없는 간극을 채워 나가는 것은 무엇일까. 국경 없는 자본의 충동과 등기하려는 국가의 충동 사이에서 탄생하는 것, 그것이 바로 식민지이다. 국내 시장이라는 교환과 영토의 일치는 자본주의의 전개에서 있을 수 없으며, 그런 의미에서 이를 매개하는 부단한 식민지화야말로 국가의 과제가 된다. 이것이야말로 '점령', 즉 국경의 의미이다.

국가의 경계를 흐리는 한편, 국가의 경계를 넘어서도록 충동질하는 계기로서의 자본과 국가의 불일치를 정반대의 요청으로 전도시키며 레닌은 이렇게 썼다. "국내 시장과 해외 시장의 경계는 어디에 있는 것일까? 국가를 정치적 경계로 삼는다면, 이는 너무도 기계적인 해방이 되지 않을까. 중요한 것은 자본주의는 그 지배의 범위를 끊임없이 확대하는 일이 없이는, 또 새로운 국가들을 식민지화하고 비자본주의적 옛 국가들을 세계 경제의 소용돌이 안에 끌어들이지 않고서는 존재할 수도 발전할 수도 없다는 것이다." 레닌의 국경과 시장에 대한 사유는 산업자본주의의 순환을 식민지화, 국가 그 자체에 대한 적대로서 묘사한다는 점에 그 특징이 있다. "국가에 대한 자기의 원칙적인 적대성을 강조하지 않으면 안 된다. 오늘의 사회애국주의자들이 했던 것처럼 조국을 옹호한다는 구실로 노동자를 죽음에 몰아넣는 자는 사회주의의 배반자들이다. 왜냐하면 전쟁은 실제로는 사회주의적인 프롤레타리아트가 생사를 걸고 싸우는 적, 즉 국가에 대한 공격이기 때문이다."[10] 세계 경제, 식민지화는 영토의 확장과 영토 내의 변경의 식민지화를 통해 전개된다. 따라서 레닌에게는 자본의 내외부적 확장을 저지하려는 운동 역시 국가의 경계를 넘어선 것이 되지 않으면 안 되었던 것이다.(비록 그것이 일국사회주의라는 국가적 구심력에 의해, 또 개체 안에 아로새겨진 기왕의 분절들을 잔존시킨 기계주의적 정치 속에 결과적으로 실패로 끝났다 해도.)

교환과 국경의 불일치를 등기하려는 충동 속에서 국가는 지면의 위를 전진해 간다. 외부로, 또 내부로. 문제는 총력전 후의 세계 질서에 있어서 이와 같은 식민지화가 전면전의 회피라는 과제와 함께 새로운 이름을 가지고 등장했다는 사실이다. 공공연한 전쟁과 형식적인 평화 사이의 중간 상태에서 발생하는 해적(海賊), 혹은 테러리스트의 개념, 또 강력한 국경의 내부에서 조직되는 내부 식민지주의(internal colonialism)[11]가 바로 그것이다. 지면 위를 전진해 나아가는 것은 이번에는 국가의 경계가 아니라, 인민의 물결이다. 식민지는 내부에서, 또 인적으로 조직된다. 오늘날 국경을 넘는 일에 관한 모든 사유는 결국 이민과 다른 형태의 대규모의 이동을 표상하는 데 있어서의 한계와 가능성을 묻는 일이 되었다.

---

10) レーニン, 『國家論ノート』, 村田陽一 譯(大月書店, 1972), p. 113.
11) 국내 식민지주의 혹은 내부 식민지주의에 대하여, 富山一朗, 「國境──占領と解放」, 『感性の時代 : 近代日本の文化史 4』(岩波書店, 2002).

이주 노동자, 불법 체류 외국인, 불평등한 국제 결혼이라는 문제 속에서 여행과 월경을 둘러싼 모더니즘적 신화——고독한 망명자의 이미지는 결정적으로 붕괴되었다. 그것이 강제된 것이든 자발적인 것이든 모더니즘 문명 속에서의 이주의 경험이란 이동을 표상하는 비유나 상징의 측면에서 개인성 특히 엘리트 지식인의 경우를 지시해 왔음에 틀림없다. 고독한 망명자의 언설이나, 근대 영문학의 정전의 이면을 비판하는 일 역시 이러한 담론적 질서에서 크게 벗어난 것은 아니었다. 심지어 조이스, 콘래드와 같은 외국인 망명자들로 가득 찬 영문학의 정전을 이야기할 때나,[12] 현대에 있어서의 다언어주의라는 현상, 나보코프, 베케트, 보르헤스와 같은 탈영역적 지성의 집 없는 상황을 규탄할 때조차도[13] 이들 월경자들은 여행과 이동의 비유를 통해 고급 모더니즘의 고독한 천사들로서 나타나곤 했다. 그러나 이러한 거주 공간의 상실(dislocation)을 해명하는 심리적, 미학적 상황 묘사는 결정적인 파국에 와 있다.[14] 왜냐하면 장소의 상실을 고독한 망명으로, 여행을 깨달음이나 주체화의 과정으로 쓰는 일 자체가 이미 대규모 추방의 물결에 반하는 부도덕한 서사가 되었기 때문이다.

지리적 국내 혹은 국가와 국가 사이의 월경을 무자각적으로 국경의 사유에 도입하는 것 자체가 식민주의의 새로운 양상을 애매하게 할 뿐 아니라 그 개념에 담겨 있는 국경에 대한 논점 자체를 봉쇄할 수 있는 시대를 우리는 살고 있다. 부단한 식민지화, 인간의 신체 자체에 대한 식민지

---

12) 예컨대, Terry Eagleton, *Exile and Émigres: Studies in Modern Literature*(Shocken Books, 1970).

13) 예컨대, George Steiner, *Extra-territorial: Papers on Literature and Language Revolution*(Atheneum Press, 1971).

14) 모더니즘적 여행과 포스트모던 사회의 '이동'에 대해 Caren Kaplan, *Questions of Travel: Postmodern Discourses of Displacement*(Duke Univ. Press, 1996).

화는 국내 시장, 해외 시장을 막론하고 어떤 영역이든 국가에 의해 강인하게 등기된 사회체로 나타난다. 국가는 가두고 자본은 넘어선다. 여기서 가둠과 넘어섬 사이의 관계는 대립적인 것이 아니다. 그도 그럴 것이, 국가는 여전히 가두며 그런 한에서만 넘어서도록 하기 때문이다. 그들은 넘게 하는 한에서 넘겨받는다. 따라서 넘어선 자들은 특정 국가의 반대자들인 동시에 그 국가의 잉여이다. 어떤 이들에게 월경이란 넘어섬인 동시에 추방이다. 국경은 지면(地面) 위에서뿐 아니라 이 추방된 신체들 위로도 전진해 나아가기 시작한다. 잊지 말아야 할 것은 생정치(biopolitics)의 기획 속에서 이 경계 지음은 양분된 국적을 통해서라기보다는 정치적 생명과 벌거벗은 생명 사이의 보다 근원적인 절단을 통해 이루어진다는 사실이다.

그러니까 이 경계 지음 아니 절단면을 응시하는 일이 중요하다. 한계 지점에서 모든 것이 설명되는 까닭이다. 어떤 의미에서 '인간'이란 생정치적 문턱, 즉 단순한 삶으로의 개인적 신체가 한 사회의 정치적 전략의 관건이 되는 바로 그 지점에 위치해 있는 무엇이 되었다. 주권 권력은 토지와 물화의 지배에서 점차 인간의 통치로 변형되어 왔으며, 인간은 그런 의미에서 일종의 동물화의 과정을 겪고 있다. 노동하는 인간의 지배, 벌거벗은 생명의 지배——폴리스의 영역에 날것의 삶(zoē)이 들어간 것이야말로 고전적 정치의 근본적 변형을 의미한다. 그러한 변형을 보여 주는 대표적인 사례로서 우리는 이주 노동자, 특히 불법 체류자의 신체를 거론할 수가 있다. 정치적 생명을 빼앗긴 이들은 벌거벗은 생명(bare life)과 그에 대한 공포를 통해서 주권 권력의 통치성 속에 붙들리듯 남아 있다. 그들은 처음부터 죄지은 사람으로서 우리들 곁에, 그러나 밖(혹은 문턱)에 있다. 그런 까닭에 정치적 생명——모든 인권을 빼앗긴 채 국경을 넘어온 이들은 '인간'을 질문하는 근원적 질문의 소재(所在)가 된다. 이들에게 죄는 합법성과 위법성에 대한 결정 사항들에의 위반이 아니라 순수한 법의 힘에 대한 위반으로 나타나며, 법의 단순한 지시(넘지 마라!)를 위반한 데서 그들은 이미 처음부터 죄를 짊어진 유죄의 삶으로서 여기에 깃든다. 배제를 통해서 포섭되어 있는 이들의 존재 방식은 주권 권력 속에서 살고 있는, 즉 국경 안에 살고 있는 '인간＝국민'들에게 전율과 안도를 불러일으키는 예외 상태의 흔적으로서 강렬하게 서린다.

예외 상태란 법권리가 법권리 자체를 공중에 거는 것으로서 날생명(으로서의 인간)을 법권리 속에 포섭하는 독특한 구조를 의미한다.[15) 이러한 상태의 의미는, 예컨대 2001년 11월 13일 미국의 대통령이 발포한 테러에 관한 군사명령에 의해 명확하게 드러난다. 이는 테러 활동의 혐의가 있는 비시민(non-citizens)을 특별재판에 거는 것으로, 이 특별재판이란 피의자의 무제한의 구금과 군사위원회에의 신병인도를 포함한다. 이때는 이미 2001년 10월 26일의 '아메리카합중국애국법'에 의해 국민의 안전을 위협할 혐의가 있는 모든 외국인(alien)을 구금하는 것이 사법장관에 의해 허가된 다음이기도 하다.(이 법까지는 그래도 구금의 기간이 정해져 있었다.) 피고가 아닌 구금자, 즉 죄를 짊어진 삶이 여기서 생겨난다.

이러한 '법이 만든 법의 공소 상태'는 보안법과 제령 제7호(「政治ニ關處スル犯罪處罰ノ件」), 치안유지법과 반공법, 국가보안법과 긴급조치, 거듭된 비상사태와 계엄령 아래에서 생활했고 여전히 생활하고 있는 대한민국의 '인간'들에게 있어 상례적인 예외성으로서 체득되어 있는 것이기도 하다. 신체 위에 이미 국경이 그어져 있고, 예외 자체가 상례적 삶, 즉 정치 자체를 구성해 온 사례가 이미 여기 있지 않은가. 간첩, 정치범, 시민에 대한 고문이나 투옥만이 아니라 통상의 법적 효력 위(즉, 외부)에

---

15) Giorgio Agamben, *L'ètat d'esception in Le monde*, December 12, 2002;「例外狀態」, 高桑和巳 譯,《現代思想》, 2004. 8, pp. 143~144.

있는 주권자의 힘, 외부에 있으면서 소속되도록 하는 위상학적 구조 자체가 정치체를 움직여 온 것이다. 넘었는지의 여부를 결정하는 것은 주권자이지 개체가 아니다. 따라서 허다한 신체들이 바로 여기에 있었으면서도 (적어도 '사상'적으로) 넘은 것으로 간주되며 따라서 예외(적 신체)로서 취급된다. 헌법을 전면적으로 공중에 걸 것인가의 여부에 대한 결정의 책임을 지는 존재와 법권리를 통째로 빼앗긴 채 벌거벗은 삶으로 발려진 이들이 공유하고 있는 생(zoē), 이 두 신성한 자들 사이에서 국경은 움직일 수도 넘을 수도 없는 절대적 선으로서 각인된다.

문제는 이러한 생정치의 기획이 근대 주권의 정치를 구성했을 뿐 아니라 테러 시대로 이야기되는 전쟁과 평화의 중간 상태를 완전히 장악하고 있는 듯 보인다는 점이다. 그 속에서 정치적·경제적 이유에서의 모든 월경은 벌거벗은 삶에의 위험을 감수한 채 이루어지고 있으며, 인간의 생명은 보편적 인권이라는 해묵은 이념조차 공소해지는 지점으로 내몰릴 위험에 처해 있다. 넘어가는 것은 벌거벗은 신체뿐, 정치적 생명은 언제나 이 경계 안에 머문다. 아니, 차라리 이 넘어선 자들이 때때로 증험해 내는 예외 상태야말로, 자본의 탈영토화하는 월경과 국가의 영토화하는 가둠이 여전히 불화하지 않을 수 있는 이유가 된다. 그러니까 이 분할 —— 신체 위에 국경은 있다. 아니 신체는 '벌거벗은 생명'이 되는 순간 가장 명확한 형태로 국경을 인지한다. 그들은 '우리'들의 생의 상처를 예감적으로 보여 주며, 그렇게 벌거벗은 채 '여기' 깃들어 있다.

사법적 제도적 국경선보다 그 국경선을 통해 드러나는 벌거벗은 생명의 지배야말로 오늘날과 같은 대이동의 삶 속에서도 여전히 국가가 건재할 수 있는 이유가 된다. 지배의 테크놀로지 —— 국경 자체가 아니라 국경이 결과하는 신체의 처지·절단면을 해명하는 일이 요긴한 것도 이 때문이다. 자본은 신체를 국경 저편으로 넘기지만, 넘어가는 것은 절단된 신체 —— 그야말로 벌거벗은 생명에 제한된다. 국경에서 보아야 할 것은 넘는 행위 자체가 아니라 무엇이 넘지 못하는가, 넘는 것은 무엇인가 하는 점이 되어야 한다. 넘어선 자들에 관한 기록은, 그런 의미에서 넘지 않은 자들의 묵시록에 다름 아니다. 그들은 남이되 남이 아니며 우리들 자신의 선조이자 자식이다. 그러니까 절대적 타자이다.

모든 타자는 절대적 타자이다 — 인간이 인간에게 신(神)인 정치

분명 자본의 트랜스내셔널리즘은 근대 이래의 국경과 문화를 탈구축하고 새로운 국경, 문화 개념을 재구축하도록 요구하고 있다. 아니다. 더 정확히 말하자면 그것은 경계로서의 국민국가가 성립한 순간 이미 함께 온 것이다. 경계가 없으면 트랜스도 없다. '글로벌화'란 그 누구도 거기에서 자유로울 수 없음을 의미할 뿐이다. 최근의 한국 소설이 그려 내는 월경의 서사는 여기에 답한다. 그곳에서 우리는 무엇을 볼 수 있는가? 이를테면 이주 노동자들을 그려 내고 있는 저 서사들은 그들을 인간으로 대하라고, 그들도 우리나라에 같이 사는 인간이라는 사실을 말해 주는 것일까? 물론 이 또한 현실적이고 유의미한 판단일지도 모른다. 그러나 과연 그것으로 충분한가?

저 서사들이 그려 내고 있는 낯선 육체의 존재들이야말로 국민국가에 기초한 인권이라는 개념을 근본적인 장소에서 되묻고 있는 것은 아닌가. 어쩌면 그들을 '같은 인간'으로 호명하는 일이란 결국 국민=인간에 스스로를 등기하려는 충동에서 연역된 '국가주의적 사고'의 반복이자, 주권 권력에의 회수를 감내하는 일인지도 모른다. 이민자들, 이주 노동자들이 제기한 국민 주권의 문제와 인간 개념의 정치성을 단순한 거주의 인정이나 기존의 주권 안에 포괄하려는 시도는, 결국 이주의 삶이 제기한 새로운 시민권의 창조라는 문제를 스스로 포기하거나 서둘러 봉합하는 일이 될 수 있다. 물론 나는 여기서 그러한 시도가 무의미하다거나 불필요하다고 주장하고 있는 것이 아니다. 강조해 두건대, 내가 구성하려는 것은 답변이 아니라 물음이다.

그들에게 이름을 묻고, 우리들의 언어를 말하게 하고, 우리들의 음식을 대접하는 일은, 그리고 그러한 환대에 답하는 한에서 '우리와 같은 인간'으로 인정하는 일이란 과연 환대인가, 적대인가. '인간'의 권리를 요구하는 사람들에게, 또 이렇게 살지 않겠다고 외치는 사람들에게, 지금 이곳의 준국민(準國民)의 삶을 허용하는 것이 과연 궁극적 해결일 수 있는가. 이들을 포섭하는 과정에 있어서 환대의 질을 인종과 민족, (결혼이나 노동과 같은) 재생산의 관점에서 서열화하는 것, 이것이 진정한 의미에서의 환대라고 할 수 있는가. 요컨대 그들의 타자성을 그대로 둔 채, 주권 정치, 국경의 정치를 멈추는 일은 불가능한 것일까. 그들을 절대적 타자로서 등장시키면서도 우애로서 소환(召喚)할 수 있는 정치성은 과연 가능한 것일까. 국경을 넘는 일이 제기하는 문제가 가진 현실적 스펙트럼은 복잡하고 심원하다.

타자를, 절대적 타자성 안에서 다루는 일의 가능성을 물을 때 우리가 만나는 것은 그 어떤 아포리아들이다. 단적으로 말해 절대적 타자란 인간에게 신을 의미한다.(레비나스) 까닭에 윤리란 종국에 있어서는 신에 대한 인간의 책임(responsibility), 다시 말해 응답 가능성(response·ability) 이외에 다른 것이 아니다.(물론 이 신은 구체적인 종교나 이름을 가지고 있지 않아도 좋다.) 그러나 보다 정치적인 차원으로 이러한 인식을 밀고 나갈 경우 우리는 가장 윤리적인 상태는 서로가 서로에게 절대적 타자로서 존재하는 순간이라는 인식에 이르게 된다. 신에게 응답하기 위해 이삭을, 아내를, 종자(從者)를, 아니 그 모든 인간을 무(無)로 돌려야 했던 아브라함의 윤리가 아니라 하나하나의 모든 타자를 절대적인 타자로서 취급하는 그러한 정치의 구성. 스스로가 섬기는 타자들 ─예컨대 신의 이름조차 생각처럼 단일하지 않다고 할 때 이러한 인식은 좀더 근원적인 타자들에의 재인식을 결과하게 된다. 우리가 이주 노동자, 외국인으로 범주화하는 사람들의 단일성을 전제할 수 없다면, 나아가 우리와 같은 법권리를 공유하는 사람들 사이의 일치를 확신할 수 없다면 우리에게는 어떠한 태도와 가능성이 남는가. 결국 '인간'의 구현이란 역설적인 의미에서 그 모든 인간을 절대적 타자, 즉 신으로서 취급하는 길 속에서 찾아야 하는 것이 아닐까. 다시 말하지만 이것은 답이 아니라 물음이다. 인간이 인간에게 늑대인 상태가 아니라 인간이 인간에게 신인 상태로서의 정치, 또 문학.

그러니까 서두에서 언급했던 마레비토─이방인, 외국인은 우리에게 바로 이 주권적 권력의 문제를 묻는 맹목적 장소로서, 인간과 국민의 일치·불일치를 묻는 절대적 질문의 장소로서 존재하는지 모른다. 국경을 넘는 자들을 동물로서, 벌거벗은 생명으로서 적출하고 배제하는 일을 막을 수 있는 길이란 서로가 서로에게 완전한 타자라는 전제에서 출발하는 보편적 응답의 길, 책임의 길뿐일지 모른다. 국민과 인간, 국가와 그 밖, 인간과 동물, 인간과 신을 나누는 분할의 정치, 법권리의 범주화·서열화를 멈추는 일, 그러니까 분할 혹은 절단 그 자체를 멈추거나 그 절단면들의 가운데를 횡단해 나아가는 메시아적 선분의 가능성은 어디서 오는가.

벤야민의 『파사젠베르크』에는 분할에 대한 불가사의한 구절이 등장한다. "역사적 정황은 항상 새로운 형태로 전사와 후사로 분극화되며, 결코 동일한 방식을 따르지 않는다. 그리고 분극화는 자기 외부, 즉 현실 자체 안에서 이루어진다. 아폴론에 의한 선분의 분할이 스스로의 분할은 자기 외부에서 경험하듯이 말이다."[16] 여기서 아폴론의 분할에 대한 해석

---

16) 발터 벤야민, 『아케이드 프로젝트 I』, 조형준 옮김(새물결, 2005), 1071쪽.

은 두 갈래로 갈린다. 왜냐하면 아폴론의 분할은 그리스 신화나 여타의 어떤 이야기에서도 보이지 않기 때문이다. 황금분할(프랑스어판, 일본어판) 혹은 아펠레스의 분할(이탈리어판)로도 해석되는 이 대목의 의미는 무엇일까. 가장 정교한 분할이 스스로의 분할은 자기 외부에서 경험한다는 것의 의미는 무엇일까. 한 가지 분명한 것은 이 분할을 좀더 촘촘한 분할로 이해하는 한, '외부에서 경험되는 절단'이라는 수수께끼는 풀리지 않는다는 사실이다.

아폴론의 분할을 아펠레스에 의한 선분의 분할(Apellnischn Schnitt)로 이해할 경우, 이 이야기는 결국 아펠레스와 프로토게네스 간의 예술가적 대결로 옮아간다. 그들의 대결은 하나의 선과 관련되어 있다. 프로토게네스는 아펠레스가 그은 선 안에 인간의 펜 혹은 붓이라고는 생각할 수 없는 세선(細線)을 그어 넣어 이를 분할했다. 그러나 아펠레스는 그의 펜으로 경쟁 상대가 그어 낸 선의 가운데를 보다 더 가느다란 여러 개의 선으로 분할하여 승리한다. 그렇다면 이 세밀해져만 가는 선분의 이야기 안에서라면 선분의 분할은 결코 자신의 분할을 외부에서 경험하는 것이 아니게 된다. 근본적인 차원에서 요청되는 절단은 극한까지 정교함을 더해 가는 분할의 테크놀로지를 근원적인 차원에서 멈추는 일 그 자체인지 모른다. 아감벤은 이 아펠레스의 선분을 메시아적 분절이라고 썼지만, (『나머지의 시간(Il Tempo Che Resta)』) 실제로 더 세밀할 뿐인 선분은 분절을 정교하게 하는 반복일 뿐이다. "스스로의 분할을 자기 외부에서 경험한다는 것", 이것은 또한 직사각형을 분절하는 황금분할과도 무관하다. 보다 정교한 분할이 아니라 '분할'이라는 것 자체를 절단하는 순간이 필요한 것이다. 어쩌면 이것은 가느다란 분할선들, 평행한 분할선들 밖에서, 이것들을 직각으로 절단하는 메시아적 선분을 의미하는 것은 아닐까. 모든 분절들의 외부에서 갑작스럽게 도래해 선분들 전체를 두 동강 내는 절단. 분절 자체, 절단 자체를 절단내며 횡단하는 절단. 그러니까 이방인과 외국인이, 인간과 동물이, 나아가 인간과 신이 함께 지닌 생명 — 더 이상 분할 불가능한 생명으로부터 전개되는 정치성 말이다.

죽어서 벌거벗은 생명이 되는 일을 통해 신이자 인간이자 동물이 되는 것이 아니라 진정한 의미에서의 보편적 생명의 권리를 되찾는 일은 불가능한가. 아마 그렇지는 않을 것이다. 이 메시아적 선분의 도래를, 인간과 동물과 신을 나누는 절단이 아니라 그들 모두가 가장 나중 지닌 생명(zōē)을 인지할 수만 있다면. 또, 우리가 바로 외국인이라는 것, 여기가, 바로 나의 이 몸이, 이 종이가, 이 책이 국경이라는 사실을 인지하는 한에 있어서. 물론 우리는 그들에 답해야 한다. 그들이 현실적 해결을 묻는 한에서 현실적인 응답을 보여 주어야 한다. 그러나 동시에 '묻는 일' 자체를 그만두어서는 안 된다. 그들이 바로 우리들의 문제를 끌어안은 채 여기에 깃들었고, 우리는 여전히 그들의 삶이 제기한 문제를 충분히 깨닫고 있지 못하기 때문이다.

(2006년 겨울)

벌거벗은 삶과 숭고
── 벤야민의 밤과 별, 그리고 예술의 의미

1

숭고란 무엇인가, 라는 질문에 앞서 숭고는 무엇이었는가라는 질문을 먼저 던져 보는 것은, 파란만장했던 개념적 부침을 살았지만 이제 또 갱생의 삶을 준비하고 있는 '숭고'의 앞길에도 해로울 게 없으리라. 아마도 이제 숭고의 과거가 아니라 미래를 이야기해야 할 저자의 앞길에는 심히 불운을 던지는 일이 되겠지만 말이다.

먼저 휴전선 북쪽의 '숭고'의 용례를 조금 들여다보고 싶은데 왜냐하면 그 장소야말로 숭고의 미학이 도달할 수 있는 지극히 막다른 데라고 여겨지기 때문이다. 『혁명 선배를 존대하는 것은 혁명가들의 숭고한 도덕의리이다』(김정일, 조선로동당출판사, 1995), 『한별 동지를 위해 바친 숭고한 충성심』(김영진, 근로단체출판사, 1985), 『숭고한 은정의 품: 한길의 로혁명투사들이 새 세대들에게 들려 주는 이야기 2』(금성청년출판사, 1983). 이런 시구는 또 어떤가. "어느 누구보다도 그이께서/ 몸소 인민을 존중하시고/ 인민의 리익을 제일생명으로 여기시는/ 훌륭하고도 지중한

산모범을/ 누구나가 혁명생활의 거울로 삼고 있으며/ 숭고한 그 정신을 군률로 삼기 때문에// 원쑤들에게는 사자처럼 용맹하고/ 범처럼 무자비하면서도/ 인민들 앞에서는 순하디순한 양과도 같이/ 자기의 모든 것을 아낌없이 바칠줄 아는/ 김일성장군님의 참된 전사들!"(리용악, 「어느 한 농가에서」 중에서)[1] "수령의 얼굴은 화면의 정중앙에 태양처럼 밝게 빛나야 한다"는 수령 영화의 '숭고'한 창작법은 이미 이 '숭고' 국가의 초기부터 시도되고 있었던 것이 아닐까. 그러니까 '숭고'는 '이념'을 향한 탄복할 만한 삶과 관련되어 있고, 그 삶이란 극한의 고난과 초인적 극복의 연대기이며, '숭고'의 예술이란 견고한 정치성과 이념을 자연의 어떤 무한함(태양, 폭풍, 노도, 사자)에 가탁해 보여 주는 방법에 다름 아니었던 것이 아닐까.

여기서 나는 '숭고'라는 이름에 자꾸 따옴표를 쓴다. 써야 할 것만 같다. 아마 가능하다면 나는 이 구원받기 힘들 정도로 정치화된 언어를 피해 보고 싶은 것인지도 모른다. 독일 '정신'의 정치적 부침을 떠올리며, 정신(Geist)/정신적(geistig)라는 단어를 피해 보려 끙끙거렸던 하이데거를 염두에 두며, 떠올려 보는 '숭고'의 용례에는 과연 미학적 전율보다는 20세기 한국의 정치적 무훈과 협력의 그림자가 너무도 짙게 드리워져 있는 까닭이다. 이 용어를 포기할 수 없는 한에서 나는 지금 '숭고' 위에 탈구축적인 지우기(×)를 하고도 싶어진다. 그러나 결국 태도와 읽기의 문제가 아니겠는가.

과연 '숭고'가 남쪽에서 걸어온 개념의 역사를 뒤돌아보더라도 거기에는 자주 애국과 독립, 건설과 근대화, 민주화와 혁명의 테제들이 어른거린다. 우리는 그 테제가 문학화된 글들을 통해 놀랄 만한 초인적 인내

---

1) 이동순 외, 『어디서나 보이는 집: 북한 현대 대표 문학 선집』(도서출판 선, 2005), 22~23쪽.

력을 읽기도 하고, 이념과 윤리를 향한 극한의 실천력에 탄복하기도 하며, 곧잘 거기에 '숭고'라는 어휘를 붙여 주곤 하는 것 같다. 유관순과 이육사와 저임 과노동의 이름 모를 산업 역군들과 좌우 이쪽 저쪽의 혁명적 삶들에 관한 묘비명 혹은 예배의 언어들에는 과연 '숭고' 혹은 '숭고한 희생'이라는 어휘가 빠지지 않고 등장한다. 숭고(sublime)의 윤곽을 그리는 관례화된 수사들은 이렇게 말한다. 그들은 우리들의 '이념'이 승화(sublimaition)된 상징이고, 그들의 숭고한 '희생'은 우리의 갈 길, 즉 사명을 알려 준다.

이를테면 실천과 사명의 한계 지점에서 "꼭 내일이 아니어도 좋다"라고 외칠 수 있었던 인물형들은 아름답다기보다는 '숭고'했으리라. 한국 문학의 문제적 개인은 거의 언제나 '숭고'했다. 한국의 문학에 있어서, 아름다움은 때때로 나쁜 사회계약에 눈감는 치욕의 이름이었던 반면, 숭고는 미학적 성취와 정치적 실천이 겹치는 장소에서 벌어지는 잔혹한 사건들과 초월의 의지를 기념하는 찬사로서 기능해 왔다. 요컨대 '숭고'라는 술어에는 정치와 이념의 그림자가 강력한 기운으로 서려 있으며, 그때의 정치란 대개 어둠 혹은 비상사태, 전쟁 상태, 계엄령 아래에서의 어떤 움직임을 지시해 온 것으로 생각된다. 실제로 예외 상태에서의 정치와 희생들은 늘 '숭고'의 이름으로 역사 속에 등장하곤 한다.[2] 정치에 의한 숭고의 점유와 예외 상태 속의 살육에 대한 '숭고한' 해명.

---

[2] 예컨대 5·18의 살육과 성스러움에 대한 관례화된 평가를 보라. "광주 민주화 운동은 우리 역사, 아니 세계의 민주주의 역사에 지울 수 없는 큰 발자취를 남겼습니다. 무엇보다 '정의는 반드시 승리한다.'는 역사의 교훈을 남겨 주었습니다. …… 5·18 광주에서 시작된 민주화의 뜨거운 열기는 1987년 6월항쟁으로 이어져 마침내 평화적 정권 교체를 이룩하는 토대가 되었고, 마침내 오늘의 참여정부를 탄생시켰습니다. 참여정부는 바로 5·18 광주의 숭고한 희생이 만들어 낸 정부입니다."(노무현, 「광주민주화운동 23주년 기념사」, 청와대정책자료실, 2003년 5월 18일)

그런데 이것은 예기치 않은 특별한 현상인가, 아니면 비상사태가 정상 상태였던 지난 세기의 흔적들인가? 숭고는 정치의 술어인가 문학의 술어인가? 숭고를 승리한 자들의 기념비 혹은 정치적 의식(儀式)의 수사로부터 구해 내는 진정한 정치성·미학의 길은 무엇일까. 요컨대, 정치와 미학의 분할 불가능성을 지나치게 손쉽게 수습해 온 이 '숭고'라는 말의 근원에 무엇이 있으며, 오늘의 미학은 그것과 어떤 관계를 맺고 있는 것일까.

2

생각해 보면 칸트가 그의 제3비판서인 『판단력비판』에서 설명한 '숭고'(Sublime)의 개념에는 애초부터 정치의 그림자가 짙게 드리워 있었다. 실상 『판단력비판』은 (숨은) 계몽과 그것이 치환된 아름다움 —— 특히 숭고라는 영역을 통해 자연과 자유를 매듭짓는 서적에 다름 아니었기 때문이다. 여기서 칸트는 제1비판(순수이성비판)과 제2비판(실천이성비판)을 연결짓는 방법, 즉 이론 이성(자연)으로부터 실천 이성(자유)에로의 '이행'(Ubergang)이라는 문제를 취급하고 있다. "감각적 매력으로부터 도덕적 관심으로의 이행"이 바로 그것이다.

아름다움에 관한 취미 판단은 대상의 현존재에 관해서는 무관심하고, 오직 대상의 성질을 쾌·불쾌의 감정과 결부시키는 데 지나지 않는 판단으로,[3] 칸트에게 이는 지극히 관조적인 능력으로 인지된다. 그러나 그의 정교한 이행의 언어들을 따라가다 보면 우리는 어느 순간 개념도 목적도

---

3) Immanuel Kant, *The Critique of Judgement*, trans. by James Creed Meredith (Oxford: Clarendon Press, 1952(1988 printing)), §5. 이하 (KU, §5)로 표시.

전혀 존재하지 않는 곳——그러니까 아름다움과 예술의 자리에서 비로소 사명과 실천, 자유를 향해 건너뛸 수 있게 된다는 놀라운 전도를 대면한다.

칸트가 계몽을 "올바르게 이성을 사용할 수 있는 능력"으로 정의한 것은 유명한 일이다. 숭고는 바로 이러한 감각적 자연으로부터 이성의 자유로의 이행에 있어서 결정적인 역할을 담당하며, 그것이 불러일으키는 감정은 어떤 의미에서 매우 정치적인 영역에 근접한다.

그도 그럴 것이 미감적 판단에서 숭고의 분석으로 넘어가자마자 개진되는 수학적 숭고——크기와 무한감에서 발생하는 숭고의 감정은 매우 난폭하고 경계 없는 고양감과 형태 없음에서 오는 기괴한 공포심의 원천인 한편, 이 같은 동요는 결국 사명이나 규범, 자유와 같은 어휘들에 의해 초감각적인 영역으로 이월되기 때문이다. 칸트는 이렇게 말한다. "자연에 있어서 숭고한 것에 관한 감정은 우리들 자신의 사명에 대한 경외의 염(念)이요, 우리는 이 경외를 일종의 치환에 의해서 자연의 객체에 표시하는 것"(KU, §27)일 뿐이라고.

무한한 것은 절대적으로 큰 것인데, 이 무한한 것을 하나의 전체로서 사유할 수 있다는 것만으로도 숭고는 감관의 모든 척도를 초월하는 하나의 초감각적인 영역, 즉 실천=자유의 영역이 있음을 알게 한다. 우리는 숭고라는 막막한 감정의 느낌을 통해 더 큰 것——사명, 계몽, 이성, 자유의 존재를 '유추'할 수 있는 것이다.

자연 현상의 직관이 그 현상의 무한성이라는 '이념'을 수반할 경우에 그러한 자연은 그 현상에 의해서 숭고한 것이 된다.(KU, §26) 그런데 바로 그 현상에 대해 자연을 숭고한 것으로 '판단'하게 하는 초월적 심의의 근거가 이성과 자유, 아니 그것이 당대의 현실 속에서 결합한 "이성의 자유로운 사용"=계몽인 것이다. 사명과 얽힌 숭고의 개념을 통해 우리는 "우리는 무엇을 알 수 있는가"라는 질문에서 "우리는 무엇을 희망해도 좋은가'라는 질문으로 비약하고, 윤리적 실천의 사명을 깨닫게 된다.

인간은 무한으로 열린 사명의 존재인데, 그러나 자연에 의해 제한된 존재이다. 그래서 인간은 최대의 감성 능력으로도 부족한 파악할 수 없는 대상을 이성의 자유라는 궁극 목적의 전도된 형식으로 확인하며 결정적 쾌감을 느끼게 되는 것이다. 엄청난 크기의 파도에 대한 감성적 파악은 무한한 존재의 '있음'에 대한 이성적 확신으로 이어진다. 자연은 자연 이상의 것인 사명의 존재를 '유추'하게 한 후 뒤로 퇴각하고, 그때 감각의 영역을 다루는 숭고의 미학은 초감각적인 것이 된다. 아름다움의 영역, 특히 숭고의 감정을 통해 칸트는 자연-현실의 원리에서 자유-이념의 원리로 비약하는 지렛대를 얻으려 한다. '이행'이란 바로 이런 것이다.

감성은 숭고의 상태에서 초감성적인 것이 되며 사명과 합치한다. 아름다움의 영역 특히 자연의 무한함과 사명의 무한성은 숭고를 통해 유추적으로 매개되는데, 그런 의미에서 칸트에게 있어서 숭고란 자유의 알레고리에 가깝다. 방법적으로 그것은 분명 특수들 속에서 보편을 발견하는 '상징'이지만, 제3비판서의 목적과 '이행'의 시도에 있어서는 어쨌든 칸트는 헤겔의 등장을 예감케 하는 예술의 종언——자연의 베일을 벗기는 예술 '철학'을 작동시키고 있다. 왜냐하면 그에 따르면 "진정한 의미의 숭고는 그 어떤 감각적 형태 속에도 담길 수 없"기 때문이다. 감성은 이성과 자유의 존재를 유추토록 하는 데 멈춘다.

그러나 내가 여기서 주목하고 싶은 것은 이 이행의 비판서의 본문 밖으로 퉁겨 나온 하나의 '예외적' 주석이다. 칸트는 숭고의 재현이 불가능함을 말하면서도 '자연'에 그 어떤 '유추'나 인간학적 점유를 봉쇄하는 '비밀'이 존재하고 있음을 이야기한다. 어머니 자연의 풀리지 않는 비밀. 칸트는 "나는 지금 존재하는 동시에 과거에 존재했고, 또한 앞으로 존재할 모든 것이니, 그 어떤 인간도 나의 베일을 들어올리지 못했다."(KU, footnote, 146th)라는 이시스(Isis) 신전의 경구를 인용하고 있다. 이행의 시도에도 불구하고 자연 상태-베일은 언제나 존재한다. 이 시구에 대한 칸트의 논평은 이렇다. "필시 인간이 지난날 이시스(어머니 대지/자연)의 신전에 새긴 경구보다 더 숭고한 방식으로 어떤 사유를 표현한 적은 없으리라." 인간학적으로 열어 젖혀지지 않는 어떤 자연의 베일 앞에서 '멈춰 서게' 하는 이 느낌의 영역이야말로 진정한 숭고에 다름 아니었던 게 아닐까. 신전의 숭고한 시구는 자연의 베일을 들어 올릴 수는 없으나, 어쨌든 그 들어 올릴 수 없는 베일이 있음을 '제시'하는 일 자체는 가능함을 표시하고 있다.[4](나는 여기서 바로 재현(representation)이 아닌 제시(presentation)로서의 숭고미학이 시작되고 있다고 믿는다.)

이시스=어머니 자연, 자연 상태, 공포 안에서 그것들의 존재를 제시하는 숭고함 혹은 시의 언어. 이 자연=닫힘의 세계를 난폭하게 열어 젖히는 인간학 기계 혹은 이성의 폭력은 이미 '사명'과 '규범' 혹은 '계몽'의 형태로 칸트의 텍스트 안에 남아 있었지만, 칸트는 이 숭고의 영역을 여전히 어떤 비밀의 장소로서 남겨 두고 있는 듯하다. 시는 열지 않은 채, 경계의 지점에 육박해 우리의 이론 이성을 멈추어 버린다. 우리의 감성과 앎을 무한을 향해 확장하고 경계를 향해 밀어붙이는 숭고의 감정은 많은 경우 정치적 기획과 도덕 개념에 그 자신을 빌려 줄 가능성을 품고 있었지만, 또한 숭고에는 그러한 것을 넘어서 우리의 감성과 앎을 극한까지 몰아세우고 인간학 기계 혹은 이론 이성과 현존하는 이념을

---

4) 인문학의 창시자 칸트는 종국에는 이 어머니 자연(Isis)의 비밀-베일을 벗기고야 마는데, 제3비판서에서 종종 '계몽'의 사명을 연상시키면서도, 어머니 자연의 베일을 염두에 두었던 숭고의 형상은 이후의 그의 작업에 있어서 '도덕 규범'으로 낙착된다. "우리가 그 앞에 무릎을 꿇는 베일을 두른 여신은 바로 우리 안에 존재하는 도덕 규범이다." 자콥 로고진스키, 「세계의 선물」, 장뤽 낭시 편, 『숭고에 대하여』, 김예령 옮김(문학과지성사, 2005), 246쪽에서 재인용.

공중에 매달 수 있는 가능성 역시 존재하고 있다. 사회 계약이나 이성의 이념의 저변에 항상 존재하는 어머니 자연 혹은 대지, 예외 상태, 공포, 벌거벗은 삶, 그리고 그러한 것들의 존재를 알려 주는 숭고. 이 결합은 어쩐지 홉스에서 슈미트와 벤야민을 거쳐 아감벤에 이르는 어떤 서구 지성사의 한 축을 연상케 한다.

3

「기술 복제 시대의 예술 작품」이나 「아케이드 프로젝트」(Passagen-Werk)와 같은 근대적 예술의 존재 방식에 대한 영감 넘치는 글들과 함께 언급되곤 했던 벤야민의 이름은 오늘날 주권, 폭력, 법, 메시아주의와 같은 정치신학적인 논제들과 함께 운위되고 있는 듯하다. 벤야민의 이름 뒤에 서명하고 있는 데리다와 아감벤의 글들은 한결같이 법과 폭력의 문제를 거론하며 주권 서사의 안팎을 오간다. 현대적 삶의 꽃이 아니라 피와 살육의 흔적과 구원의 가능성을 더듬어 나가는 것이다. 예외 상태와 법의 불가능성과 같은 근대 서사의 외부를 맴돌며 펼쳐지는 탈구축과 생정치의 담론. 그 속에서, 벤야민의 이름은 "벌거벗은 삶"(blossen Leben/bare life) 혹은 폭력 비판과 같은 특유의 개념의 성좌들과 함께, 우리 세기의 정치적인 기획들의 밑그림으로 새롭게 읽히고 있는 것이다.[5]

물론 나는 이 글에서 데리다나 아감벤의 논지를 요약·반복하고 싶지

---

5) '벌거벗은 삶'에서 '파사주'로 이동하는 벤야민의 사유와 그 궤적의 단서들에 대해서는 김항, 「댄디와 주권: 벤야민의 문턱」, 《현대비평과 이론》 제23호, 2005년 봄·여름호(옴니북스, 2005) 참조.

는 않다. 자연 상태 = 예외 상태의 삶, 법 밖에 있는 듯 법적 폭력의 대상이 되는 "벌거벗은 삶"이라는 잘 알려진 오늘의 정치적 술어들 주위에 포진한 몇 개의 어휘들, 특히 숭고의 예술이 갖는 의미에 약간의 주의를 기울여 보고 싶은 것이다. 「운명과 성격」(1919), 「괴테의 선택적 친화력」(1921), 「폭력의 비판을 위하여」(1921) 등의 글에 등장하는 "벌거벗은 삶"이라는 술어의 주위에서 나는 마치 성좌처럼 따라다니는 예술, 비극, 성격희극, 파시즘의 근원적 극복, 무엇보다 '숭고'라는 말에 붙들린다. 벤야민은 어두운 밤 혹은 '구원된 밤'이라는 모티프 속에서, 이 베일과 숭고, 벌거벗은 삶, 자연의 개념을 하나의 성좌들로 펼쳐 놓고 있다.

다음의 구절을 읽어 보자.

죄와 속죄는 균형 속에 공정하게 잴 수 있는 것이 아니라, 무차별적으로 섞인다. 거기에는 분류된 것으로서의 "도덕적 세계 질서"라는 질문이 존재하지 않는다. 대신 도덕적 영웅, 아직 자신의 때를 만나지 못하여 침묵하며 입 다문 누군가가 고통스러운 세계를 흔들어 동요시키며 스스로를 일으켜 세우려 한다. 도덕적 말없음, 도덕적 유아성 속의 천재 탄생의 역설이야말로 비극의 숭고성이다. 이것이야말로 필시 신보다는 천재에게서 나타나는 숭고성의 근간이리라. 운명이란 심판된 것, 즉 근본적으로 처음에는 유죄 선고를 받은(condemned) 것으로 나타나고 그다음에는 죄를 짊어지게 되는, 그러한 것으로서 삶을 고찰할 때, 스스로를 드러낸다. 괴테는 운명의 이러한 양면을 "가난한 사람들, 너희는 유죄(guilty)가 될 것이다."라는 말로 요약한다. 법은 처벌이 아니라 유죄를 선고한다. 운명이란 살아 있는 생명의 유죄성의 연관이다. 이러한 유죄성의 연관은 생명이 처하고 있는 자연 상태에 상응한다. 심판관은 어디서나 그가 원하는 데에서 운명을 부과해야 한다. 모든 심판에 있어서 그는 맹목적으로 운명을 명령해야 한다. 이 운명의 선고는 인간이 아니라 자연적 유죄성과

불운에 관여하고 있는 인간 속의 '벌거벗은 삶'이다.[6]

　예술의 영역에 있어서든 단순한 자연 현상에 있어서든, 아름다움(美)은 근본적으로 베일과 그 베일에 가려진 것이 아름다움(美) 안에서 하나를 이뤄 벌거벗음과 가림 사이의 이원성이 존재하지 않는 지점에서만 가치를 가질 수 있다. 반대로 이러한 이원성이 점점 더 확연히 표명되어 마침내 인간 안에서 가장 강력한 힘을 발휘하기에 이를 때, 보다 명확해지는 것은 베일 없는 벌거벗음 속에서 이 같은 근원적 아름다움(美)은 자리를 양보하게 된다는 사실이다. 대신 일체의 이미지(Gebliden)를 넘어서 존재하는 것인 숭고와 모든 종류의 생산을 넘어서는 작품인 창조자의 작품이 인간의 벌거벗은 몸을 통해 이룩된다.[7]

　피는 벌거벗은 삶(blossen Leben)의 상징이다. 법적 폭력의 작동은 벌거벗은 자연적 삶의 유죄성에서 비롯하는데, 이 법적 폭력은 죄가 없지만 불운한 생명체를 속죄로 인도한다. 또한 이것은 죄지은 생명체를 죄로부터가 아니라 법으로부터 구원해 주기도 한다.[8]

　도덕 규범이나 법이 아니라 도덕적 말없음과 자연 상태, 벌거벗은 삶 쪽에서 탄생하는 숭고함. 벌거벗음과 가림이 가차 없이 함께 작동하는 순간 출현하는 숭고. 이들 텍스트에서 '벌거벗은 삶'은 운명, 베일, 자연적 삶과 같은 어휘들과 연동되고 있다. 만약 그 반대편에 법에 의해 보호

---

6) Walter Benjamin, "Fate and Character", *Selected Writing Volume 1*, edited by Marcus Bullock and Michael W. Jennings(Belknap Havard, 2004), pp. 203~204. 이하, 독일어본의 원개념과 일본어본의 개념 번역을 참조했다.
7) Walter Benjamin, "Goethe's Elective Affinities", ibid., p. 351.
8) Walter Benjamin, "Critique of Violence", ibid., p. 250; 벤야민, 「폭력의 비판을 위하여」(1921), 진태원 옮김(자크 데리다, 『법의 힘』(문학과지성사, 2004), 164~165쪽).

되는 삶—사회계약—국가의 상태를 세워 본다면, 벌거벗은 삶이란 틀림없이 홉스가 말한 자연 상태의 삶에 근사하다고 해야 옳을 것이다. 벌거벗은 삶은 인간의 초자연적인 삶과 대립되는 것으로, 이는 법적 폭력 안에 있으면서 또한 법의 보호 밖에 있는 삶, 즉 운명에 의해 '유죄' 선고된 삶을 뜻한다.

홉스에 따르면 주권자 레비아탄이 발하는 (시민)법은 법이 적용되는 보통 상태와 적용되지 않는 예외 상태를 결정한다. 벤야민은 바로 그 지점에서 실제로 법이 폭력을 가하며 유죄를 선고하는 것은 보통 상태의 '인간'이 아니라 바로 이 자연 상태의 벌거벗은 삶이라고 말하고 있는 것으로 보인다. "가난한 사람들, 너희는 유죄가 될 것이다." 혹은 "인간 속에서 초자연적 삶이 없어질 때, 인간의 자연적 삶은 행위의 차원에서는 윤리에 어긋나지 않더라도, 그 자체로 죄가 되어 버린다. 왜냐하면 이 자연적 삶은 '벌거벗은 삶'에 포섭되어 있고, 이 사실 자체가 인간의 죄로 드러나는 까닭이다."(「괴테의 선택적 친화력」) 유죄의 운명 혹은 예외 상태의 생명으로 결정되는 '벌거벗은 삶'의 만연.

그러니까 벤야민이 이야기하는 자연적 삶은 홉스가 말한 자연 상태로부터 국가 상태로 곧 이행하게 될 법 이전 상태 혹은 국가 이전 상태의 개념과는 상당한 거리가 있다. 왜냐하면 "계약의 결과와 마찬가지로 모든 계약의 기원 역시 폭력을 지시하고 있"고, 또 법정립적 폭력 이후에 법유지적 폭력이 지속적으로 작동할 수 있는 근거에는 바로 이 '벌거벗은 삶'의 존재가 필수 불가결하기 때문이다. 벌거벗은 삶은 사회 계약이 성립하고, 국가가 "나는 보호한다, 그러므로 나는 구속한다."라는 테제를 내놓은 이후에도 결코 종식되지 않는다. 아니 차라리 법은 '벌거벗은 삶', 즉 예외 상태의 결정을 통해서만 그 스스로를 운명적인 것, 즉 '죄'에 관여하는 존재로 각인시킬 수가 있다. 예외 상태——즉 '벌거벗은 삶'으로의 추방이라는 공포야말로 '구속'과 지배의 기초이다. 자연 상태가 아니라 국가 상태에 의해 인위적으로 구성된 '벌거벗은 삶'이야말로, 왜 정치와 미학이 '숭고'를 통해서만 접속되는지를 알려 준다.

벌거벗은 삶은 초자연적인 삶에서 벗어나 있기에, 애초부터 유죄선고를 당한 삶이고, 정치가 없는 상태의 삶이기에 무차별적인 법적 폭력의 대상이 된다. 사실상 벌거벗은 삶은 예외의 형태, 즉 배제를 통해서만 포함되는 어떤 것으로, 정치 속에 붙들리듯 남아 있다.[9] 카를 슈미트의 명제대로 만약 주권자가 예외 상태를 결정하는 사람이라면,[10] 그러한 예외적 존재의 출현을 위해서는 반드시, 죽여도 죄가 되지 않을 뿐 아니라 성스러워지는 벌거벗은 존재가 있어야 하는 것이다. 예외 상태를 통해 자연상태와 국가 상태 양쪽에 관여하는 성스러운 존재——주권자는 예외 상태 속의 벌거벗은 삶을 '결정'의 계기로서 반드시 요구한다. 그리고 바로 이 지점에 대해 언급하는 예술은 필연적으로 아름다움이 아니라 숭고에 관여할 수밖에 없다.

우리는 비로소 벤야민의 마지막 저작 중 하나인 「역사철학 테제」의 난제들 중 하나를 이해할 수 있을 성싶다. "억눌린 자들의 전통이 우리에게 가르쳐 주는 것은, 오늘날 우리의 삶에 있어서의 '예외 상태'가 보통 상태라는 사실이다. 이러한 가르침에 맞는 역사 개념을 우리는 손에 넣어야 한다. 그랬을 때에야 진정한 예외 상태를 출현시키는 것이 우리의 과제임이 분명해질 것이고, 이를 통해 파시즘에 대한 투쟁에서 우리가 갖는 위치도 개선될 수 있을 것이다. 파시즘이 승산이 있는 이유는 그에 대한 반대자들이 진보라는 이름을 하나의 역사적 규범으로 삼아 이것으로 파시즘에 맞서고 있기 때문이다."[11](VIII) 그가 말한 신의 폭력, 진정한 예

---

9) Giorgio Agamben, *Homo Sacer: Sovereign Power and Bare Life*, trans. by Daniel Heller-Rozen(Stanford Univ. Press, 1998), p. 11.
10) ibid., p. 15.

외 상태의 출현이란, 그러니까 벌거벗은 삶의 예외성(포함하면서 배제하는 것)에 더 이상 기반을 두지 않은 어떤 정치를 손에 넣는 일에 다름 아니었던 것이고 숭고란 예외와 상례를 분할하는 결정을 정지(standstill)시키고, 보통 상태를 진보의 '규범'으로 삼는 정치성을 뛰어넘는 어떤 숭고의 영역에 다름 아니었던 것이다. 문제는 정치체에 의한 인위적 분할 자체를 정지시키는 일, 즉 진정한 의미에서의 숭고의 도래이다.

그러니까 아감벤과 데리다의 안내를 통해 조금 더 명확해진 폭력과 법, 예외 상태를 통한 정치의 문제와는 별도로, 좀더 새로운 주목을 요하는 부분은 예외 상태, 자연 상태, 벌거벗은 삶과 함께 등장하는 '숭고'라는 어휘이다. 단적으로 말해, 벤야민은 도덕 규범 – 법 – 보통 상태의 외부에 배제의 방식으로 포함되어 있는 '벌거벗은 삶'을 표시하고 증언하는 것이 바로 숭고의 예술이라고 쓰고 있는 것이다. 보통 상태와 예외 상태의 이원성이 확연해지면, 즉 나쁜 결정의 정치 —— 파시즘이 행해지면, 아름다움은 뒤로 물러서고 일체의 이미지를 초과하는 숭고가 벌거벗은 삶을 통해 '제시'된다. 숭고란 신의 폭력, 창조자의 작품, 세계의 경계를 흔드는 천재 등으로 표현되고 있는 어떤 '구원된 밤'의 경계 쪽에서 그것들의 존재를 알려 주는데, 이는 예외 상태의 벌거벗은 삶과 도래해야 할 것으로서의 "진정한 예외 상태"(구원)의 경계에서 숭고가 움직이고 있기 때문에 그러하다.

---

11) Walter Benjamin, "On the Concept of History", *Selected Writings Volume 4.*, edited by Marcus Bullock and Michael W. Jennings(Belknap Harvard, 2003), p. 392.

4

자연과 인간 혹은 자연적 삶과 정치 사이에서 작업하며 오랫동안 인문주의 혹은 인간학 기계(anthropological machine)의 일부로 사고되어 온 예술의 위치는 오늘날 어떤 것이며, 어떤 것이 되어야 할까.

인간과 자연의 관계, 자연과 역사의 관계에 대해 벤야민의 어떤 텍스트들은 전혀 다른 이미지들을 제시하고 있는 듯하다.[12] 여기서 인간학 기계는 전혀 작동조차 하지 않고 있는 것으로 보인다. 벤야민에 있어서 자연은 닫힘(Verschlossenheit)과 밤의 세계로서 나타나며 계시의 영역으로서의 역사의 반대편에 위치한다. 놀라운 것은 그가 이념과 예술 작품을 이 자연, 닫혀진 영역(!)에 속하는 것으로 생각하고 있다는 점이다. 오히려 예술은 어떠한 낮도 대망하지 않는 자연의 모델로서 규정되고 있다. 벌거벗은 삶을 제시하는 한에서, 예술은 필연적으로 파국 —— 구제의 순간을 도래시키는 밤의 작업이 아닐 수 없다.

따라서 (예술 작품은) 어떠한 심판의 날도 기다리지 않는 자연으로, 그러니까 역사의 극장도 아니고, 인간이 거주하는 곳도 아닌 자연의 모델로서 정의됩니다. 즉 구원된 밤(die gerettete Nacht)인 것입니다.[13]

칸트와 달리 벤야민은 자연을 '이행' 되어야 할 어떤 것이나, 매개되어야 할 대상으로 생각하고 있는 것이 아니라 오히려 지복(至福,

---

12) Giorgio Agamben, *Open: Man and Animal*, trans. by Kevin Attell(Stanford Univ. Press, 2004), pp. 81~84.
13) Walter Benjamin, "Benjamin to Florens Christian Rang", December 9, 1923, trans. Rodney Livingstone, in *Selected Writings Volume 1*, p. 389.

beautitude)의 원형으로서 이야기한다. 구원된 밤이란 "메시아적 자연의 리듬"이라는 것. 그러니까 그로서는 '구원된 밤'과 자연과 예술 작품을 하나의 성좌 속으로 엮어 내는 가치 전환을 시도하고 있는 것이다. '구원된 밤'이란 파국의 순간이자, 그 자신에게로 되돌아온 자연의 이름이다.

인간은 어느 정도는 자연에 속하고 또 어느 정도는 자연과 역사를 확연히 구별하며 인간학 기계를 작동시키는 장력에 지배된다. 인간은 그 장력 속에 존재하는 이중적 존재이다. 벤야민은 인간과 비인간을 구분하며 지배하는 이 기계를 멈출 것을 제안하며, 이 '멈춤'을 하나의 구원의 계기로서 이야기한다. 벤야민은 인간과 자연의 관계를 다음과 같이 규정하고 있다.

제국주의자들의 가르침에 따르면, 자연의 지배란 모든 테크놀로지의 본성이다. 그러나 어른에 의한 아이의 지배가 교육의 의미라는 식으로 공언하는 교사를 누가 믿을 수 있을 것인가. 교육이란 필시 무엇보다도 세대 간의 관계에 필수 불가결한 질서이기에, 만약 굳이 '지배'라고 말하고 싶다면 이는 아이를 지배하는 것이 아니라 세대 사이의 '관계'를 지배하는 것이 아니겠는가. 마찬가지로 테크놀로지라는 것 역시 자연을 지배하는 것이 아니라 자연과 인간 사이의 관계를 지배하는 것이다. 확실히 종(種)으로서의 인간은 몇 만 년도 전에 발전의 종국에 이르렀으나 종으로서의 인간(의 테크놀로지)은 겨우 그 발단에 이르렀을 뿐이다.[14]

여기서 자연과 인류 '사이'의 관계를 지배한다는 것의 의미는 변증법과는 아무런 관련도 없다. 벤야민의 모델 —— 정확히는 벤야민에 대한 아

---

14) Walter Benjamin, "One-Way Street", trans. Edmund Jephcott, in *Selected Writings Volume 1*, p. 487.

감벤의 해석에 따르면, 결정적인 것은 인간과 자연 사이의 간격을 합치시키지 않고, 놓여 있는 그대로의 성좌(constellation)로서 받아들이는 일이다. 그것을 합치시키려는 그 어떤 시도도 결국에는 예외 상태를 결정하고 포섭하면서 가혹하게 지배하는 법폭력에 지나지 않기 때문이다. 이 '성좌' 속에서 인간학 기계는 인간을 생산하기 위해 비인간의 배제·포획하는 일을 멈추며, 자연과 인간을 분절화하는 행위를 더는 할 수 없게 된다. 이 성좌 속에서 인간학 기계는 말하자면 '정지'해 버린다.

여기서 우리는 예외 상태나 보통 상태가 아닌 어떤 "정지 상태"(at a standstill)의 도래라는 벤야민 식의 정치신학적 언술 구조를 또 한번 대면한다. 요컨대 벤야민은 자연과 인간 모두를 공중에 매다는 일(suspension) 속에서 우리는 동물도 인간도 아닌 어떤 것—아직 우리가 명명할 수 있는 이름을 가지지 못한 것으로 다시 태어난다고 말한다. 자연과 인간 사이를 가로지르며 구원된 밤에 몸을 두는 것이다. 어떤 의미에서 숭고의 예술이란 그러한 '구원된 밤'의 성좌를 이루는 한편, 실제로는 그러한 밤의 출현을 예감하며 벌거벗은 삶 쪽에서 빛나는 별과 같다고 해야 할 것이다. 보통 상태에 깃들어 있는 벌거벗은 삶의 존재를 제시하는 숭고의 예술은, 오직 밤에만 빛나는 별처럼 파국의 순간을 증언하고 예감하는 맹목적 멈춤으로써 구제의 순간을 불러낸다.

나는 앞서, 칸트가 숭고의 사례로 인용한 이시스 신전의 시구에 대해 언급했다. "나는 지금 존재하는 동시에 과거에 존재했고, 또한 앞으로 존재할 모든 것이니, 그 어떤 인간도 나의 베일을 들어 올리지 못했다." 벤야민 식으로 보면, 이것이야말로 인간의 닫힘(비밀 혹은 신비)인데, 이것을 열어젖히는 것이 인간학 기계이다. 이 '열림'은, 열림이라는 뉘앙스와는 달리 잔혹한 것이다. 왜냐하면 이시스 신의 말처럼 "그 어떤 인간도 자연의 베일을 들어 올리지 못했"고 그럴 수도 없기 때문이다. 따라서 열림이란 '열어젖힘'이고, 이는 실상 예외 상태, '벌거벗은 삶'의 '결정'에 불과하다. 자연을 남김없이 이행시키는 일은 불가능하며, 바로 그러한 이유 때문에 칸트에게 그 불가능의 경험에 대한 시구야말로 그토록 '숭고'했던 것이다.

자연의 베일을 완전히 열었다고 자부해 온 정치철학의 명제들은 예외 없이 또다른 자연 상태 = 예외 상태를 만들어 냈고, 그 속에서 이미 죄지은 자들로 선고된 많은 벌거벗은 삶의 '피'들이 뿌려졌다. 모든 파시즘은 예외 없이, 자신의 시대를 예외적인 상태로 규정했다. 한국의 근대사란 그런 의미에서 예외 상태가 보통 상태였음을 수많은 '비상(非常)'한 날짜와 법들로 표시해 온 연대기라 할 수 있다. 계엄령과 비상사태는 이러한 예외 상태를 예외 없이 구속할 비상한 조치들을 발해 왔다. 폭력과 함께 하는 예외의 결정들, 즉 인간학 기계에 의해 수많은 생명들이 인간이 아닌 어떤 것으로 선언되었던 것이다. 근원적 유죄성으로 운명지어진, 아니 '결정되어 버린' 벌거벗은 삶과, 죽여도 죄가 되지 않는 예외적 상태 = 전쟁 상태의 반복들 혹은 (한국) 근대사. "죄 많은 목숨"을 한스러워하며 울고 있는 어머니(대지). 다시 말해 "오늘날 우리의 삶에 있어서 '예외 상태'야말로 보통 상태이다."

그런 의미에서 벤야민이 말한 "진정한 예외 상태를 출현시키는 일" ──구원된 밤이란 하나의 "정지 상태"로서 설명된다. 벤야민은 이시스의 닫힘을 '여는 것'이 아니라 그 자체로 '멈춘다.' 다시금 나누거나 합치시키는 것이 아니라 공중에 매단다. 이것이 '사이,' 정지, 문턱의 의미이다. 그러므로 '진정한 예외 상태'(구원된 밤)를 출현시키는 예술의 임무란 벌거벗은 삶과 정상적 삶을 구분하는 불절화 자체를 공중에 매다는 극한의 경험을 제시하는 데에 있다. 숭고 그것은 재현되는 것이 아니라 결국 '제시'되는 것이다.[15]

벤야민의 말처럼 벌거벗음과 가림 사이의 이원성을 문제삼지 않는 미학은 아름다움(美)에 관여하지만 이러한 이원성이 분명해져 정상 상태와 예외 상태, 지배와 피지배가 선명하게 나뉘는 곳 ── 벌거벗은 삶에서는 오직 '숭고'만이 그 모습을 드러낸다. 숭고는 어떤 경계가 있음을 표시하는 한편, 그 경계에 육박하는 일을 통해 탈경계의 느낌을 경험토록 한다.[16] 예외 상태의 삶을 우리의 눈앞에 제시하면서 정상 상태의 경계에 육박해 들어가 그 경계를 막막한 것으로 만드는 것. 숭고의 예술은 벌거벗은 삶, 인간의 벌거벗은 몸을 통해 출현한다. 숭고한 예술이란 일체의 형상이나 이론을 넘어서는 곳에서 느끼는 막막함을 정치적 이념의 언어로 수습하는 미학이 아니라 그러한 정치적 경계를 만드는 모든 기계들을 공중에 매다는 탈경계의 운동이다.

5

칸트가 실제로 그의 미학에서 긍정한 것은 예술이라기보다는 비평이었다. 아름다움과 숭고의 개념은 바로 그 무목적적 합목적성이 이데올로기 혹은 자유와 이루는 유비 관계를 통해 정당화되었고, 그 정당화는 철학과 예술 사이에서 작업하는 판단력, 즉 비평의 몫이었던 것이다. 중요한 것은 대상이나 텍스트가 아니라 단지 그 대상을 대면하는 순간 "내가 내 안에서 발견하는 어떤 것"(KU, §2)일 뿐인 까닭이다.

---

15) Jean-Luc Nancy, *A Finite Thinking*, tran. Jeffrey Libbrett, edit by Simon Sparks (Stanford Univ. Press, 2003), p. 225. 장뤽 낭시는 숭고를 재현(representation)과는 상관없는 어떤 것으로 본다. 그는 제시(presentation)라는 개념을 통해 숭고라는 불가능성의 경험을 이야기하며, 이와 같은 경험을 불러일으키는 '숭고'의 예술을 탈경계(die Unbegrenzheit)의 흔적·운동으로서 파악한다.
16) ibid., p. 226. 낭시의 경계로 밀어붙이기 개념은 불가능성의 경험이라는 점에서 벤야민의 공중에 매달기–사이 개념과 어느 정도 연동되는 듯하다.

한편 칸트는 또한 그러한 이데올로기에 흡수되지 않는 영역, 예컨대 베일을 벗지 않는 이시스나 그녀가 읊은 시와 같은 절대적 불가능성의 경험에 감탄하며 그 어떤 기성의 사명이나 이념 따위에 의해 손쉽게 포획되지 않는 '숭고'의 경험에 전율했다. 제시할 수 없는 것이 있다는 사실에 대한 놀라운 제시들——제시 불가능성의 제시. 그러나 앞에서 보았듯이 칸트는 이러한 경험을 때때로 '의붓어머니 자연'(『판단력 비판을 위한 최초 입문』)[17]이라는 썩 석연치 않은 이름을 통해, 이론 이성의 영역으로 포섭하고자 했고, 근대적 삶의 정치를 더 많이 지배한 것은 바로 이러한 '이론 이성'에 점유된 '정치화된 숭고'였다.

어떤 의미에서 한국의 근대문학은 많은 경우 국가·민족·계급의 '재현'을 통해 '숭고'를 극히 정치적·이념적인 방식으로 환기시켜 온 것으로 보인다. 예외 상태=보통 상태의 벌거벗은 삶에 주목하며, 이를 넘어서기 위한 대항 미학으로서 숭고와 이념의 합치된 결합을 작동시켜 온 것이다. '경계' 지음의 상상력으로 참호를 파고 저항선을 표시해 온 것.

한국문학에서의 '도래할 것'은 많은 경우, '지켜야 할 것, 회복해야 할 것으로 나타나곤 했다. 한국 비평이 늘 '너무 많이 아는 (어른) 남자'에 가까웠던 것은 그 저항선과 경계의 뚜렷함 때문이었고, 그래서 예술은 종종 이 '너무 많이 아는 남자'와 교응하며 어떤 저항선들을 '재현'하는 데 주력해 왔다. 본디 어머니 자연(Isis)의 찬양자 혹은 벌거벗은 삶의 제시자였을 예술은, 이시스에 대해 말하는 일을 '아름다움'(美)의 미명(美名) 아래 행해지는 협력으로 간주해 왔고, 법적 상태-보통 상태가 회복되면 벌거벗은 삶도 사라지고, 자연은 그 베일을 벗으리라 믿었다. 그러나 실제로 그러한 예술=이론이 합치시키려 했던 벌거벗은 삶은 예기치 못했

---

17) 친모가 아닌 계모처럼 작용하는 자연. 경험과 이론 이성의 작용에 의한 이해가 불가능하도록 만드는 무질서와 혼돈. 자콥 로고진스키, 앞의 글, 243쪽.

던 장소, 즉 정상적 민주주의와 시민법이 회복된 도시 한복판에서 대규모로 쏟아져 나왔다. 이 '너무 많이 아는 남자'가 점점 더 허황된 사람이 되어 간 것도 이 노숙의 계절 탓이리라.

나는 생각해 본다. 숭고의 '지금'을. 왜냐하면 오직 '지금 여기'만이 숭고할 수 있을 테니. 숭고한 과거가 있는 게 아니다. 대상이 놓인 시간의 전후를 불문하고, 숭고한 느낌은 언제나 '지금' 있다. 예술이 숭고에 관계하는 것은, 예술이야말로 그러한 시간들 전체인 삶 전체를 '현전/제시/선물'(presentation)하기 때문이다.

그렇다면 '벌거벗은 삶'과 '숭고'와 관련해 지금 여기의 문학은 무엇을 하고 있는가? 이렇게 묻자. 백가흠이나 이기호, 박민규 소설의 날것의 삶들이 과연 무엇에 대한 '재현'이고 '사명'인지 알아내는 일은 가능한가. 그것이 어떤 이념의 전도된 형상인지 유추하는 일은 가능한가. 법 혹은 이념과 무관한 듯, 완전한 폭력 속에서 살고 있는 예외적 존재들을 향해 있는 소설들.(백가흠을 보라.) 혹은 재현이 멈추는 곳에서 그것을 넘어 자연적 삶의 흔적을 표시하는 언어들.(이기호를 보라.)

예컨대 전나무 숲과 마을 사이의 장력에 놓인 한 인간의 예외적 삶과 그 벌거벗은 삶이 보통 상태 = 경찰의 법 = 법폭력 혹은 법집행(enforce the law)에 의해 포획당하는 장면을 그린 백가흠의 소설들을 나는 떠올려 본다. 오직 벌거벗은 삶을 추방하기 위해서만 예외 상태 속으로 개입해 오는 힘들. 그러나 영원히 포획을 거부하는 어떤 대지, 동물들의 소리들. "전나무숲에서 오래된 영혼들의 수근거림이 들려왔다. 전나무 숲에는 오래된 영혼들이 살아 달이 뜨지 않는 밤에 숲으로 들어온 이를 잡아먹었다."[18]

벌거벗은 삶이 도시 한복판 – 상례적 삶의 장소들 속에 존재하는 방식

---

18) 백가흠, 「전나무숲에서 바람이 분다」, 『귀뚜라미가 온다』(문학동네, 2005), 148쪽.

들은 또 어떤가. 매일같이 어머니를 때리는 아들, 가정의 테두리를 조직하며 '아내'의 몸을 팔거나 피를 빠는 남자들, 눈먼 여인의 안마를 받는 사람들. 매번 어머니 대지 – 예외 상태 – 벌거벗은 삶은 남성들의 돈, 폭력, 법에 의해 포획되고 유린당한다. 그럼에도 백가흠의 소설에서 (더 큰) 자연은 그 베일을 벗지 않은 채 남는다. 예컨대 백가흠의 한 소설은 묻는다. ""니 어무이는 어딨노?" 달구와 남자는 거대한 섬 하나가 바람횟집에 내려앉는 것을 본다. 여자가 둥둥 파도에 밀려 사라진다. 여자가 은빛 전어떼를 따라 바다를 향해 나아간다. 해일이 빠지자 바람횟집은 흔적도 없이 사라져 있다."(「귀뚜라미가 온다」, 62쪽) 잔혹한 순간이지만 차라리 구원의 밤에 가까울 이 벌거벗은 여자들(실제로, 또 상징으로)의 죽음을 도래시키는 거대한 파도의 밤과 그 밤을 제시하고 있는 언어의 빛. 혹 이 나신의 삶과 이를 뒤덮어 버리는 파도를 제시하고 있는 이 순간을, 신의 폭력, 구원된 밤, 그러니까 난폭한 숭고의 '흔적'이라고 말할 수는 없을까.

    '벌거벗은 삶' 쪽에서 우리의 정상적 삶 전체를 공중에 매다는 일을 나는 거기에서 보고 어떤 막막함을 느낀다. 그것은 나의 이론 이성이 정지하는 순간이면서, 또한 그럼에도 불구하고 내가 우리 시대의 어떤 삶을 통해 시대 전체를 보는 듯한 느낌에 사로잡히는 순간이기도 하다. 마치 시를 쓰듯 잔혹한 풍경을 서사화하고 있는 백가흠의 소설을 읽으면서 느끼는, 이 막막하면서도 먹먹한 쾌(快). 새로운 제시의 예술들은 그러한 것들의 경계에서 '재현' 이상의 것을 사고하도록 압박한다. 도래할 숭고, 도래하고 있는 숭고는 사명으로의 가는 그 어떤 기계적 움직임도 거부하는 형태가 될 것이다. 숭고의 예술은 제시하고 예감하지, (그 어떤 이념도) 재현하지 않는다.

    재현이 아닌 제시의 미학, 숭고한 막막함은 이기호나 박민규와 같은 작가들의 글을 통해서도 경험된다. 「머리칼 전언(傳言)」이라는 소설을 통해, 이기호는 인간 생명에 존재하는 야성과 그것을 포획하는 듯 배제하며 지배하려는 율법(승려 아버지) 혹은 계몽·도덕규범(교사)의 시도를 묘파해 나가고 있다. 어머니 아버지를 알 수 없는 고아였던 한 여자 아이의 머리칼은 성적 강렬함으로 가득차 있다. "온전히 풀어헤쳐진 여자의 머리칼은, 살아 있는 모든 것들에게로 제 몸을 뻗어갔다. 화초의 줄기와 벤자민의 가지와 남자의 육체"로.[19] 새로 그를 딸로 삼은 승려 지종은 그 강렬한 느낌에 놀라 그녀의 머리에 걸쇠를 단다. 그러나 그녀가 처녀가 되어 버린 어느 날, 그 봉인은 사찰 언저리의 별장에 든 한 역사학도 교사의 손에 의해 풀리고 만다. 이 역사학 교사는 아내가 있는데도 그녀의 머리칼에 붙들려 옥탑방을 얻고 두 집 살림을 시작한다. 예외를 옆에 둔 정상적 삶은 깨지기 시작하고, 그는 그녀를 버리기 위해 안간힘을 쓴다. "되돌아 보지 마라……뒤돌아보지 마라……. 남자는 그렇게 중얼거리며, 사람들을 밀쳐내며, 계단으로 내려갔다. 무쇠의 머리핀을 움켜쥔 채, 무쇠 머리핀 걸쇠에 여자의 머리칼이 일렁거리는 것도 모른 채."(142쪽)

여성을 사취하듯 핥는 한편, 정숙하게 두려는 규범과 율법의 남자들. 아내와 가정과 역사서를 통해 규범으로 서려 하면서, 동시에 예외 상태의 벌거벗은 생명에 폭력에의 충동과 매혹을 동시에 느끼는 이 남자, 그는 과연 '보통 상태'의 '정상적 삶'으로 돌아갈 수 있었을까. 이기호의 건조하고 수식 하나 없는 문장들을 따라가다 보며 만나는 결미는 아마 부정적이라고 대답하고 있는 것 같다. 예외 상태에 대한 그 어떤 추방도 불가능하리라. 왜냐하면 예외적 순간의 '이상성'(異常性)이 없이는 '정상성' 역시 존재할 수 없기 때문이다. 마치 걸쇠에 잠겨 있는 머리칼처럼, 그러나 스스로 살아 움직이며 정상적 삶의 안쪽으로 틈입해 오는 머리칼처럼, 그것이 그렇다. 성경에 붙들렸으나 결국 여학생 앞에나 출몰하는 벌거벗은

---

19) 이기호, 「머리칼 傳記」, 『최순덕 성령충만기』(문학과지성사, 2004), 124쪽.

'아담'의 신체에서 성령을 구하게 되는 '최순덕'처럼, 우리의 삶에는 풀리지 않는 베일·비밀이 존재한다.[20] 이기호의 소설은 비밀을 풀어헤치기 보다는 그 존재를 숭고의 경험, 충만한 쾌락을 통해 제시하고 있다. 비밀이란 풀릴 수 없고 풀린 비밀이란 더 이상 비밀이 아니다.[21]

휴머니즘과 민주주의의 실현, 혹은 그러한 이념의 재현——그러니까 보통 상태의 회복을 '진보'로서 사고해 온 한국 소설의 경계를 압박하며, 출현하는 새로운 숭고의 문학들. 예컨대 박민규의 소설이 그려 내고 있는 자연사적 알레고리와 새로운 무한의 개념, 즉 경계의 안쪽을 훑어 나가면서 급작스레 경계의 저편으로 비약하는 듯한 어떤 운동들을 나는 속절없이 상기시켜 본다. 그도 그럴 것이 결정과 부정의 방법에 의해 무언가를 '극복'한다는 생각은 경계를 제거하는 것이라기보다는 만드는 일이

---

20) 이 비밀의 영역을 자연 상태, 예외 상태로 '결정'하는 일을 통해 우리는 자연으로부터 해방되지만, 이러한 결정의 대가로서 우리는 삶의 비밀을 잃어버린다. 자연은 오직 '벌거벗은 삶'이라는 잔혹한 흔적으로만 출몰하게 되는 것이다. 벤야민은 이를 넘어서는 경험으로서 성적 충만이라는 농밀한 아포리아를 제시한다. 성적 충만은 닫힘——자연에 속했으면서도 도처에서 자연을 뛰어 넘는다. 성적 충만이라는 거대한 변전은 비밀을 넘어서면서도 이를 풀어헤치지 않은 방식으로 인간을 (자연의) 비밀로부터 해방시킨다. 구원의 여성, 성적 충만, 예술, 숭고의 경험, 구원된 밤의 별······. 인간은 이러한 것들을 통해 어머니 대지=자연=닫힘으로부터 절단되어 다시 태어나지만 이 닫힘이 열리는 것은 아니다. 벤야민은 인간/동물, 닫힘을 열어젖히는 것, 비밀의 해명, 이 모두를 공중에 매달고, 정지시킨다. Walter Benjamin, "One-Way Street", ibid., p. 482. 혹은 Giorgio Agamben, ibid., p. 83.
21) 데리다의 이러한 '비밀'의 아포리아는 벤야민의 신비, 비밀의 개념과 상당 부분 연동하고 있는데, 그들은 이를 '불가능성의 경험'으로 인지하고 있다. 그러니까 '멈춤'·'공중에 매달기'란 어떤 의미에서 이미 '해체적'인 사유가 아니었을까. Jacques Derrida, *The Gift of Death*, trans. by David Wills(Chicago Univ. Press, 1992), p. 21. 어쨌든 낭시도 말하고 있는 바, '불가능성의 경험이 출현하는 순간', 현재의 가치와 힘들을 철회시키거나 정지시키는(standstill) 순간을 제공하는 것이 바로 숭고이다. Jean-Luc Nancy, ibid., pp. 234~235.

되는 까닭이다. 박민규로 말하자면, 경계의 안쪽에서 이를 밀어 올리며 멈추는, 탈경계의 '운동가'가 아닐까.

정상 상태로 향해 가기 위해 "화물"이 되어 전철 속으로 "마구마구 밀려 들어가는" 사람들에 대해 박민규는 이렇게 쓰고 있다. "아니, 어찌 내 입으로 그것이 인류(人類)였다고 말할 수 있겠는가."[22] 정상 상태 바로 옆에 예외 상태가 있다, 아니 예외 상태야말로 우리의 삶이다. 예컨대 정상 상태의 끝에서 겨우 유지되던 삶이 무너지면서 맞닥뜨리는 어떤 사건들——노망난 할머니, 쓰러진 어머니, 가출한 아버지를 둔 한 공고생의 이야기를 들어 본다. "이상하게도 그 순간, 나는 기린이 아버지란 생각을 했다. 이유는 알 수 없지만 그런 확신이 들었다. 나는 이미 통로를 뛰어가고 있었다. 사라지기 전에, 사라지기 전에. …… 무관심한, 그러나 잿빛 눈동자가 이윽고 물끄러미 나를 바라보았다. 기린은 자신의 앞발을 내 손 위에 포개더니, 천천히, 이렇게 얘기했다. 그렇습니까? 기린입니다."(「그렇습니까? 기린입니다」, 92~93쪽)

인간학 기계를 공중에 매다는 한편 예외 상태 = 보통 상태의 오늘을 제시하는 소설, 그러면서도 어느 순간 완전히 예외적인 상상력——동물과 우주와 대지의 크기 속에서 진정한 예외 상태의 '흔적'을 출현시키는 박민규의 소설들은 놀랍다. 때때로 지나친 서사의 유희와 익살을 즐기는 듯하면서도 경계의 극단으로 육박해 들어가는 박민규의 소설은 인간학 기계, 재현의 미학에 맞서 유쾌한 숭고를 작동시킨다. 우주에 우리의 삶을 매달아 보기도 하고 한반도의 어떤 '평범한 예외'의 삶을 우주적 상상력에 대조시키기도 하고, 자연사의 알레고리를 통해 그 삶의 비천함 혹은 위대함을 이야기하기도 한다. 예외적 상황을 통해 경계 쪽으로 맞붙는 한편, 어느 순간 경계 밖으로 초월해 버리는 듯 보이는 언어들. 아니, 경

---

[22] 박민규, 「그렇습니까? 기린입니다」, 『카스테라』(문학동네, 2005), 75쪽.

계 자체에 도전하는 언어들.

예외 상태가 보통 상태이고 이를 넘어서는 일이 불가능함을 표시하면서도 갑자기 이를 넘어서는 것을 제시하는 소설들. 한국의 어떤 새로운 작가들은 경계와 예외를 포착하면서도 이를 어떤 사명의 염(念)에 접속시킬 어떠한 단서도 제공하지 않는다. 보통 상태를 '회복'한다고 해서 예외가 사라지는 것은 아니다. 혹자는 이 막막함과 즐거움의 모순된 느낌, 숭고의 경험을 정신분석도 해 보고, 누군가는 그들의 문화적 경험과 세대성에도 주목해 보지만, 그 어떤 상례화된 이념도 애초의 막막함을 줄여 주지는 못하는 듯하다. 분명한 것은 '지금' 한국의 어떤 새로운 작가들이 그려 내는 삶이 인간학 기계와는 무관한 곳에서 씌어지고 있고, 그 어떤 벌거벗은 삶을 다루면서도, 이를 아름다움이나 정치 속에 수습하기보다는 극히 '숭고'한 영역을 향해 몰아붙이고 있다는 사실이다. 우리들의 사명 · 이념 · 앎은 그것들 앞에서 깊은 한계 의식을 경험한다. 이 아무것과도 접속하려 하지 않는 절대적 경험의 제시들. 하나의 제스처로 경계를 정하는 듯 보이면서 그 경계를 없애는 탈경계의 움직임들. 예외가 모든 것을 알려 준다는 정치신학적 진술들이나 "한계에서 모든 것이 제시된다"는 숭고 미학의 테제(낭시)들이 옳다면 그들이 다루는 예외적 삶과 상황들은 '총체적'인 '전체의 윤곽'을 드러내고 있다고 해야 하리라.

동물과 인간, 우주와 지구, 폭력과 법, 예외 상태와 보통 상태가 분할되지 않는 채 제시되는 순간, 갑작스럽게 숭고가 출현한다. 우리에게 그것은 마치 벌거벗은 삶의 예외 상태에서 온 듯 보이지만, 실은 숭고는 그러한 분할들을 공중에 매다는 경험으로서 존재한다. 만약 자연에서 자유에로의 '이행'이 있다면 이 막막함이 출현시키는 어떤 느낌을 해명하게 될 새로운 언어 속에서만 존재하리라.

숭고란 스스로 형태를 소유하지 않으며 윤곽을 잡고 스스로 이것을 넘어서려는 동시적 움직임 그 자체를 의미한다. 자연과 함께 작업하면서도 인간에 관계하는 예술은 그 경계를 멈추는 한편, 어두운 밤의 성좌들을 오가며 '탈경계'의 '흔적' 혹은 '운동'을 만들어 낸다. (그러니까, 이들 소설들·예술들은 경계를 벌써 넘어 버린 것이거나, 넘어설 수 있는 무엇은 아니다. 그것은 그 경계를 밀어내며 그러한 분할 자체를 멈춘다.)

밤에 별처럼 빛날 수 있다는 하이데거의 아포리아가 참으로 갑작스러운 장소에서 충족되는 장면을, 나는 벤야민의 성좌들 속에서 발견하고 감탄한다. (그 감탄은 또한 어떤 문학의 언어들을 떠올리게 한다.) 예외 상태, 벌거벗은 삶과 관련되어 서술되는 벤야민의 미학은 그 어떤 기성의 정치성 혹은 정신(Geist) 속으로도 포섭될 수 없는 '숭고'의 흔적을 남긴다. 마치 한반도 남쪽의 '어떤' 문학의 지금 — 희미하게 갱생하고 있는 숭고의 빛처럼. 마치 이시스의 베일처럼, 거기에는 풀리지 않는 많은 '비밀'들이 있다. 낮의 태양 속이 아니라 밤이 돌아올 때에야 겨우 빛을 발하기 시작하는 어떤 예술은 벌거벗은 삶들의 장소 속에서 우리들의 삶 전체를 제시하는 한편, '진정한 예외 상태의 출현'이 있어야 함을 이토록 막막한 기분을 통해 우리에게 일깨우고 있는지도 모른다.

쾌(快)의 양식으로 도래하는 이 두려움. 이제부터 나는 계속 그 막막함을 좀더 가까이서, 그 안쪽 혹은 경계의 문턱에서 읽어 나가야 하리라. 어두운 사람이 읽어야 할 저 어둠의 깊은 곳에서 빛나는 몇몇 성좌들의 침묵, 저 무한한 공간 위에 들어박힌 별들의 침묵이 나에게는 두렵다. 아니, 유쾌하다.

(2005년 겨울)

역사와 알레고리
—— 폐허의 박정희, 포개어 놓기라는 방법

"웰컴 투 히스토리" —— 포개어 놓기라는 방법

역사가 지금처럼 우리들 가까이에 온 적이 있었을까. 그것도 이처럼 알레고리로 가득찬 기묘한 형태로 말이다. 현재의 시간에 모든 과거가 한꺼번에 얼굴을 내밀고 역사의 원풍경 위로 알레고리들이 횡단한다. 김재규, 차지철, 박정희라는 '보통' 명사화된 인물들을 원풍경으로 펼쳐지는 수많은 문학과 영화들, 인민군과 국방군 사이의 차가운 공기를 비집고 나비가 너울대는 환상의 세계. '까르푸'와 34평 아파트를 호출해 내는 '농촌'과 '운동권'이라는 고고학적 어휘집과 그 사이의 관계들을 횡단하듯 파괴해 버리는 UFO(박민규, 「코리언 스텐더즈」) 같은 소설들. 역사인가 싶으면 막 바로 '사실성' 너머의 알레고리적 영역으로 일탈해 버리는 그러한 서사들이 우리들 앞뒤로 한꺼번에 들이닥치고 있는 것이다.

강한 비트의 흘러간 옛 노래, 그러니까 역사를 다루는 새로운 관점들은 자꾸 뒤통수 너머를 돌아다보는 사람들에게 이렇게 말하고 있는 듯하다. 그러니까 나와 너, 그리고 "그의 뒤통수에 상처를 낸 사람은 당시 현직 중앙정보부장으로 재직하고 있던 김재규씨였다."(이기호, 「백미러 사나이」)고. 역사를 다루며 삶과 현재를 쓰고, 앙상한 역사의 폐허를 가로질러 알레고리와 환상을 취급하는 이러한 양식. 역사라는 원풍경 위로 펼쳐지는 개인사 혹은 환상적 알레고리들은 분명 현재 한국 문화의 어떤 '경향'처럼도 보인다. 그렇다면 이것은 어려운 시절이면 만연하곤 하던 예의 그 '역사 이야기' 혹은 '역사주의'의 재귀인가?

만약 "역사주의가 전쟁과 역사가 뒤얽힌 매듭, 전쟁이 역사에 또는 역사가 전쟁에 속해 있는 그 피할 수 없는 상호 귀속성을 의미"하거나 "부르주아지들의 자가 변증법에 의한 민족 개념의 새로운 정치적 가공"[1]을 의미한다면 이것은 분명 역사주의는 아니다. 그리고 이들의 역사 해석이 '옛' 이야기가 아니라 '새로운' 이야기를 통해 '일어난 역사'로부터 일탈하고 있다는 점에서, 이러한 경향들은 역사 이야기나 역사 담론의 형태로는 수렴될 수 없을 듯하다. 원사(原史)를 가공하는 반(半)환상, 반(半)역사의 알레고리화된 서사들은 춘추의 세계관에서 시작해 19세기 말의 진화론, 전쟁론, 국가론에 의해 변형된 역사주의적 사유와는 근원적으로 구별되는 것이며 경세적 역사 담론의 대중적 형태인 방송 사극이라면 「동물의 왕국」쪽과 훨씬 친연한 것이리라. 이 역사인 듯 역사만은 아닌 서사적 충동 뒤에 무엇이 있는 것일까.

어쨌든 나는 여기서 하나의 '방법'을 발견하고 놀라는데, 그것은 바로 '포개어 놓기' 혹은 '겹쳐 놓기'라는 방법이다. '역사'를 특수한 것에서 보편적 진리를 배우는 '상징'으로서가 아니라, 한 시대 '안'에 전 역사의 과정이 보존되고 지양되게끔 하는 '알레고리'적 겹침의 전략 말이다. 이들은 '진보'와 '총체성'이라는 신앙에 기대어 루카치적인 서사의 항해를 하는 사람이라기보다는 (좀 과장해서 말하자면) 어쩐지 현재 속에서 그

---

[1] 미셸 푸코, 『사회를 보호해야 한다』, 박정자 옮김(동문선, 1998), 205, 252쪽.

모든 과거를 되살림으로써 과거 자체를 구원하는 어떤 역사철학자처럼
도 보인다. 그 어떤 역사에 대한 알레고리적 언어 속에서 역사의 죽은 얼
굴, 아련하지만 손이 탁 놓이는 경직된 원풍경을 대면하는 일. 성석제와
함께였을까, 아니면 그보다 먼저 혹은 이후였을까.

분명한 것은 역사주의에 맞서 역사가 멈추는 모멘트를 잡아내고, 그
모멘트의 풍경 위에 스스로의 그림을 그려 내는 일의 의미를 해명하지 않
고서, 역사와 환상을 횡단하는 오늘의 몇몇 문화, 소설들을 읽어 내기란
적이 난망해 보인다는 사실이다.

폐허의 알레고리 ─ 박정희의 시체를 말한다는 것

예컨대 식민지와 박정희와 간첩의 시대를 다루는 그들의 방식은 역사
를 '살아 있는' 것으로서가 아니라 우선은 폐허의 모습으로 원풍경화하
고 그 위에 새로운 의미나 서사를 덧칠하는 방식으로 되어 있다. 이것이
바로 새로운 역사적 상상력이 식민지 시대나 박정희 시대를 매개로 회전
하는 역사 청산 담론이나 역사 연속 담론과 다른 점이다. 그들은 자꾸 죽
은 얼굴, 죽음의 순간으로 되돌아가 그 데스마스크를 반복해서 보여 준
다. 피 흘리는 자의 죽어 가는 얼굴 혹은 잘 차려입은 영정(影幀)의 평면
적으로 말라 버린 모습을 말이다. 역사를 전체적 전개가 아니라, 폐허의
반복으로 제시하고 있는 것이다.

이를테면 ('서거' 직전의 박정희 따위로 나타나는) 알레고리화된 육
체로 표현된 허무함이나 폐허의 이미지는 단순히 삶과 인생의 공허함을
재현하는 것이 아니라 "역사"와 지금 현재의 삶을 '동시에' 가리키고 있
으며, 여기서의 역사적 삶은 바로크 비극처럼 나타난다. 이 음침한 알레
고리로 가득한 기괴하고 기묘한 모던 비극은 역사를 손에 들고, 도대체

무엇을 하고 있는 것일까.

영화 「그때 그 사람들」을 보고 있으면, 우리는 그 냄새를 풍기며 살아 돌아다니는 육체들, 실제로 몸으로부터 부패해 가는 일군의 사람들을 만나게 된다. 김재규는 장이 썩어 입 냄새가 풍긴다. 차지철의 튀어나온 배는 그의 군사적 말투에도 불구하고 기괴하다 못해 우스꽝스럽기까지 하다. 박정희의 말은, 이미 흘러내릴 대로 흘러내린 살처럼 흐릿하고 불투명하다.(그는 실제로 영화 내내 "영감"으로 암호화 = 알레고리화되고 있으며, 실제로도 그렇다.) 그들은 거의 그냥 두어도 곧 자연사할 듯 보인다.

자연적 육체는 폐허인 채로 이미 거기에 있다. 그리고 이미 썩고 있던 육체는 죽음을 통해 비로소 부패를 선언받고 폐허로 돌아온다. 모두가 이 절대군주의 죽음을 알아차렸을 때는 "이미 부패가 심각하게 진행되고 있"다. 아니, 우리는 이 기괴한 비극이 '죽음'과 '부패'로 끝날 것임을 '이미' 알고 있다.

이렇게 말해 보면 어떨까. 마치 "바로크 비극에서 시체를 제공하는 것이 전제군주의 역할이듯, 이처럼 폐허의 육체 = 파괴된 육체야말로 파괴된 역사에 다름 아닌 것이며, 그렇게 역사는 발전이 아니라 수많은 희생을 낳고 있는 현대의 역사와 연결된다."[2]라고. 처음부터 죄를 짊어진 폐허로서 거기 있는 육체(Physis). 오늘의 '역사' 영화는 결코 그 인물 전체를 그리지 않은 채, 파편 조각, 폐허의 잔해만을 맞추어 보고 하나의 비극을 연기한다. 그렇다면 그 결과는 무엇일까.

확실한 것은 여기서는 역사의 총체성, 총체적 평가라는 거짓된 가상은 사라진다는 것이다. 그것은 벤야민의 알레고리에 대한 이해를 인용하

---

2) Walter Benjamin, *Ursprung des deutschen Trauerspielsm*(Suhrkamp, 1969). 이하의 이 책에 대한 인용은 『ベンヤミン・コレションⅠ』, 淺井健二郎 編譯, 久保哲司 譯(筑摩書房, 1995)의 번역에 의거했다.

자면 본질이 사라지고 비유가 들어서기 때문이며, 또한 그 안에서 자연이 시들어 가고 있는 까닭이다. 부자유, 미완, 감각적이고 아름다운 육체의 파괴. 이 바로크적인 영화는 그 모든 화려한 양식에도 불구하고 이를 시체로 가는 길이라는 이미 알고 있는 파국 위로 겹쳐 놓는다. 즉, "파멸과 함께, 오로지 그 파멸과 함께 역사적인 사건이 수축되어 무대 속으로 들어가 버리는 것이다."(「독일 비극의 기원」) 이를테면 「효자동 이발사」의 전제 군주도 그렇다. 친밀하고 무시무시한 통치성에 가위눌린 이발사 성한모는 결국 각하의 용안에 손대도 하늘이 두 쪽 나는 일은 없음을 각하의 '시체'를 통해 자각한다. 각하의 영정을 대면하고는 죽음이란 결국 어떤 것이든 하나의 폐허에 지나지 않음을 깨닫는 것이다. 영정의 눈(용안)을 긁어내고, 군주의 폐허 앞에서 "똥을 싸는" 그의 모습은 정히 알레고리적이다.

이상적인 자연이 아니라 일그러지고 몰락한 생물체의 자연적 모습을 앙상한 것으로 그려 내는 일, 지금 한국의 어떤 영화들은 숭고한 역사의 목표와 이념을 비판하지 않으면서도 이미 파괴된 역사 자체에 대한 알레고리로서 작용하고 있는 듯 느껴진다. 여기에는 구원이 없으며 따라서 개별적 죽음을 통해 길어 내는 보편적 상징 따위도 없다. 이 알레고리화된 역사 서사는 역사를 이해하는 다른 방법을 요청한다. 그러니까, 우리는 여기서 역사주의에 맞선 역사철학의 투쟁을 기억하면서 벤야민의 다음과 같은 구절을 상기할 수도 있을 것이다.

상징에 있어서는 몰락의 변용과 함께 자연이 변용된 거룩한 얼굴이 구원의 빛 가운데 일순 스스로 계시하는 것에 대해, 알레고리에 있어서는 역사의 죽은 얼굴이 경직된 원풍경으로서 보는 자의 눈앞에 가로놓이게 된다. 역사에는, 처음부터 때를 놓친 것, 참혹한 것, 실패한 것이 따라붙어 있으며, 이 모든 것에 내재해 있는 역사는 하나의 얼굴, 아니 해골의 모습을 한 죽은 자의 얼굴 속에서 그 모습을 드러낸다. 그리고 이러한 비유적 표현이 지니는 '상징에 특유한' 모든 자유가, 형태에 있어서의 모든 고전적 조화가, 모든 인간적인 것이 확실히 이 얼굴에 완전히 결여되어 있다 할지라도, 이 가장 깊숙한 자연의 손에 떨어진 모습 속에는 인간 그 자체의 자연적 본성뿐 아니라, 한 사람의 개인적 인간존재의 전기적(傳記的) 역사성이 의미심장한 수수께끼로서 나타나 있다. 이것이 알레고리적 관점의 핵심, 즉 역사를 세상의 수난사로서 바라보는 바로크의 세속적(현세적) 역사 해석의 핵심이다. 역사는 퇴락하여 머무는 곳에서만 의미를 갖게 된다. (「독일 비극의 기원」, 일역본, 200~201쪽)

알레고리라는 방법은 '특수한' 몰락 속에서도 '보편적' 구원을 찾아내는 상징이나 아름다움과는 다르다. 알레고리는 일단 퇴락하여 머무는 곳으로서의 '죽은 얼굴'을 추출함으로써, 이를 관통하는 수난사를 요청한다. 그러기 위해서는 우선 멜랑콜리한 시선으로 대상을 보고 그것을 '죽은 것'으로 간주해야 한다.[3] 벤야민이 설명한 바로크 알레고리가 바로 그렇다. 몰락의 순간에 자연과 역사가 일치하듯이, 박정희의 죽음을 다루는 몇몇의 서사들은 그의 '시대' 전체를 거룩한 얼굴, 진보와 구원의 빛으로 규정하려는 사고들에 맞서, 폐허의 얼굴, 경직된 원풍경으로서의 죽은 자의 모습을 일종의 수수께끼처럼 던져 놓는다. (실제로 이들은 죽음의 날, 혹은 죽음 직전의 순간들만을 다룬다.)

박정희는 오늘날 더 이상 고유명이 아니다. 따라서 이 이름은 실제로는 죽을 수 없는 이름이다. 극단적으로 말해, '사어'(死語)도 언어이다.

---

3) 여기에 대해서는 나카지마 타카히로(中島隆博)의 다케우치 요시미론인 「不服從の遺産 ― 1960年の竹內好」, 『東アジアにおける法・歷史・暴力:シンポジウム資料集』(東京大學, 2006年 1月 7日)에 빚졌다.

그것은 때로는 식민지 근대와 군사 근대화를 연결하는 이름으로, 더러는 파시즘적 규율, 때로는 "더는 이렇게 살지 않겠다"는 말로 집약되는 경제적이거나 윤리적인 것으로서의 외침 속에 기억되고 있다. 가치의 차원과 사실의 차원이 뒤엉키는 이 장소. 분명 박정희라는 '상징'에는 극히 많은 의미들이 담겨 있다. 하지만 분명한 것은 "박정희는 살아 있다"는 신화를 반복할수록, 그는 더욱 산 것이 된다는 사실이다. 여기서 이들 작가들로서는 이러한 과거를 둘러싼 상징의 투쟁을 반복하지 않기 위해 폐허의 알레고리에 기대어 일단은 이 대상의 '죽음' 자체를 선언하지 않으면 안 되었던 것인지도 모른다. 때를 놓친 것, 참혹한 것, 실패한 것이 내재해 있는 역사를 기억하기 위해 우선 이 역사를 하나의 죽은 얼굴, 해골의 모습으로 바라보지 않으면 안 되는 이 아이러니의 방법. 죽은 얼굴의 하루를 통해 한 시대를 폐허로서 알레고리화하는 방법. 역사에서 전체상을 발견한다는 것은, 바로 이러한 예외적 순간으로 인해 전체의 윤곽이 드러난다는 의미일 것이다. 삶과 죽음을 결정하는 그 순간을 반복함으로써 살아왔던 날들의 전체 의미 혹은 이미 죽어 있었던 것들의 전체상이 그 모습을 드러낸다.

  이들에게 박정희의 죽음을 다룬다는 것은 우선 폐허의 모멘트 거기에 계속 머문다는 것을 의미한다. 각하의 영정 혹은 죽은 얼굴을 거기에 계속 걸어 두고, 그 앞에서 똥을 싸는 일. 장례를 치르거나 일관된 기념을 행하지 않으면서, 계속 파국과 폐허의 순간을 반복하는 이 방법은 생각 이상으로 치명적인 것처럼 보인다. 왜냐하면 알레고리야말로 하나의 신화를 반정립하는 해독제로서 물질과 문명의 불멸성의 반대편에서 그러한 신화의 폐허와 한시성을 보여 주는 까닭이다.[4]

  "오로지 그 파멸과 함께 역사적인 사건이 수축되어 무대 속으로 들어

---

4) 수잔 벅 모스, 『발터 벤야민과 아케이드 프로젝트』, 김정아 옮김(문학동네, 2004), 216쪽.

가 버리"도록 하는 이들의 바로크적인 알레고리는, 계속 전제 군주의 죽음을 선언함으로써 그 순간으로 치닫는 그 모든 시간 전체를 하나의 폐허 혹은 허망한 것으로서 제시한다. 벤야민은 그의 「역사철학 테제」에서 이렇게 쓰고 있다. "역사주의가 과거의 '영원한' 이미지를 보여 준다면, 역사유물론자는 일회적 과거의 유일무이한 경험을 보여 준다." 그 경험은 죽어 있는 것, 폐허의 알레고리를 향해 있다. 바로 그렇게 때문에 "역사유물론자는 과도기로서의 현재의 개념이 아니라, 시간이 그 속에 머물러 정지 상태(standstill)에 이르고 있는 현재의 개념을 포기할 수 없"[5]는 것이다. 이 죽음을 계속 현재화하지 않으면, 또 이 시체를 계속 폐허의 '물질'로서 반복하지 않는다면, 이 유령은 막바로 살아 돌아다니며 스스로의 신화를 완성할 테니까.

형태화하는 알레고리 —— 유령 목에 알레고리 달기

이기호의 소설들에는 자주 현재와 과거를 잇는 다소 엉뚱한 모티프들이 등장한다. 예컨대 그는 식물이 자랄 수 없는 아스팔트에 착안하며, 이 땅 밑에는 오래전 홀로 감자를 길러 아이를 기르던 그 옛날 무지렁이 여인이 뿌린 감자가 자라고 있다고 쓴다.(「발밑으로 사라진 사람들」) 그리고 이 국가와 무관하게 땅을 갈아 살았지만, 국가가 씨를 말린 사람들에 대한 이야기는, 좀 과감하게 말하자면 저 과거의 '벌거벗은 삶'까지를 구제하라는 요청처럼도 들린다. 이기호의 이러한 수법은 박정희의 현재를 다루는 그의 한 소설에서 전형적으로 드러나는데, 그는 박정희의 몸은 갔

---

[5] Walter Benjamin, "On the Concept of History", *Selected Writing Volume 4*, edited by Marcus Bullock and Michael W. Jennings(Belknap Harvard, 2004), p. 396.

지만 그의 '눈'은 우리들 뒤에 들러붙어 있다고 쓴다. 그렇다면 어떻게?

박 대통령께서 눈을 뜨셨군.
눈을 떴을 땐 아무 문제가 없었다. 상(像)이 겹치거나 흔들리는 일도 없었다. 다만, 두 눈을 감았을 때가 문제였다. 마치 고개를 돌린 것처럼, 눈앞에 보이지 않는 백미러를 부착한 것처럼, 뒤편의 영상이 또렷하게 망막 안으로 들어왔다. 그는 대번에 그것이 자신의 눈이 아님을 깨달았다. 그건 박 대통령의 눈이라고, 박 대통령이 보는 세상이라고…….[6]

박정희가 죽던 날, 이 아이는 아버지가 던진 재떨이에 맞아 뒤통수가 찢어진다. 그런데 어쩐 일인지 그 이후부터 그는 뒤통수 너머의 세계를 볼 수 있는 사람이 된다. 소설 속 주인공은 박정희의 서거일에 생겨난 이 눈이 박정희 대통령의 것이라고 믿어 의심치 않는다. 주인공은 이 눈과 때로는 협력하고 때로는 갈등하며 살아가는데, 결국 소설은 박정희의 눈, 즉 뒤통수에 달린 눈이 승리하는 것에서 끝난다.
그런데 어떤가 하면, 이 승리는 폐허뿐인 승리, 아니 희극적인 승리이다. 그도 그럴 것이 박정희의 눈으로 보는 이 사람은 사랑에 실패하고 사회로부터 추방당한다. 그것도 아주 우스꽝스러운 방식으로. 박정희의 눈에 침윤당해, 문자 그대로 뒤만 보는 '앞 못보는 사람'이 된 것이다. 그는 이 눈으로 인해 운동권의 전사가 되었다가, 실연한 사람이 되었다가, 사실상 눈 뜬 장님이 되고 만다. 소설가는 한강 시민 공원이나 남산 계단 길을 뒤로 걸어가는 사람을 본 적이 있느냐고 물으며, 그들이 바로 박정희의 눈으로 세상을 보는 사람들이라고 쓴다.
이것은 박정희를 뒤통수에 두고 사는 사람들에 대한 다소 과장된 조

---

6) 이기호,「백미러 사나이」,『최순덕 성령충만기』(문학과지성사, 2004).

롱조의 알레고리를 이루면서, 종종 실제 역사 혹은 가상의 역사를 취급하곤 하는 이기호의 소설에 느슨하지만 기막히게 연결된 시간의 끈들을 만들어 낸다. 이기호로 말하자면 그러니까, 박정희의 눈을 가진 사람들을, 뒤로 걸어가는 사람, 따라서 웃지 않고서는 볼 수 없는 사람으로 제시하고 있는 것이다. '뒤통수에 달린 눈'이라는 모티프를 사용해 박정희 신화 전체를 해학적인 알레고리로 전도시켜 버리고 있는 것이다.

보기에 따라서는 박정희의 신화에 의지하는 사람들에게라면 이쪽이 더 잔혹하고 불경스러운 것일지 모른다. 죽은 자가 여전히 '살아 돌아다닌다'고 할 때, 그것은 '유령'이다. 그리고 그 형태 없음이야말로 바로 신화 혹은 역사주의가 주는 섬뜩한 공포다. 실은 우리는 그들이 말하는 박정희가 무엇인지 알 수 없기에 무서움을 느낀다. 박정희라는 신화는 매번 꿈틀거리며 형태도 없이 우리들 뒤로 스멀스멀 다가오는 것이기에 전율스럽다. 이기호의 방법은 바로 그 유령에게 '형태'를 부여하는 것이다. 박정희의 유령은 한갓, 고수부지에서 "뒤로 걷는 사람"이라는 알레고리로 낙착된다. 형태를 가진 이 유령은 그러니까, 우습다. 그는 이 소설에서 과거를 하나의 알레고리, 모티프로 만들어 그 안에 유령의 전체 형상을 잡아 넣어 버리고 있다. 유령 목에 달린 알레고리로 인해 우리는 그의 접근을 알아차리며 피하기보다는 여유있게 조롱할 수 있게 된다.

그러나 여기서 우리는 이러한 역사를 둘러싼 알레고리가 분명 역사 그 자체를 손에 넣을 수 없는 상태에서 시도되는 하나의 우회임을 곧바로 알아차릴 수 있다. 모순의 해부보다는 모순이 집적된 어떤 이미지를 제시하는 방법은 해명을 지속적으로 전이, 지체시키는 방법이기도 한 까닭이다.

알레고리, 즉 우의(寓意)란 문자 그대로 해석하면, 직접적인 언어로 사물 혹은 사건을 지시하지 않고, 우회하여 다른 언어나 이미지로 변환시켜 타자를 설득하는 표현법 혹은 전략이다. 따라서 알레고리에서는 언제나 표면상의 발화와 이면의 의미라는 이중 구조가 발생한다. 이중 구조라고는 하지만 실상 이면의 의미 자체가 숨은 채 존재하기에 알레고리의 진의에 대한 해석은 단일하게 결정될 수 없다. 게다가 알레고리라는 기원부터가 표현과 진의 사이의 거리를 설정함으로써 진의 자체를 모호한 것으로 숨기기조차 한다. 알레고리에 의한 언술을 전체나 보편과 동일화하는 것은 불가능하며, 알레고리 작가는 이러한 동일화를 단념시키고 끊임없이 해석의 단편, 깨어진 부분 위에 머문다.

단적으로 말해, 만약 상징에 있어서 몰락이 등장한다면 이것은 대개 구원의 빛 가운데 스스로를 드러내기 위한 변용을 염두에 두지만, 알레고리에 있어서는 역사의 죽은 얼굴이 굳어 버린 원풍경으로서 우리들 앞에 나타난다. 따라서 오랫동안, 숨겨진 정치적 의도와 비판 언설의 자리에서 기능해 온 알레고리는 진보 신앙과 관련된 계몽주의·근대화론의 신화를 '멈추는' 데에 중요한 역할을 해 왔다. 앞서 이야기한 대로 벤야민은 바로크 비극에서 나타나는 폐허의 이미지가 문명 혹은 계몽 기획에 대한 신화적 믿음을 해체하는 데 중요한 기능을 수행해 왔음을 지적하고 있다.

그런데 오늘의 한국 소설에 지금 등장하는 알레고리에는 또 다른 의미가 가로놓여 있는 듯하다. 그것은 해명할 수 없는 것을 집적시킨 하나의 이미지로서, 우리들로 하여금 우리 시대의 모순 전체에 충돌하게 만드는 충격적인 상관물로서 제시되곤 한다. 그것은 해명의 회피 혹은 길 잃은 '우회'인가 아니면 다른 어떤 길인가.

숭고한 알레고리 —— 경계 혹은 외계로 내몰린 독자들

예컨대 박민규의 소설 「코리언 스텐더즈」의 경우를 보자. 우선 박민규는 예의 그 "앞서서 나아간" 과거를 불러낸다. 마치 그는 "죽은 사람들까지도 적으로부터 안전하지는 못하리라는 것을 투철하게 인식하고 있는 특별한 역사가"처럼 농촌과 운동권이라는 어휘를 끄집어낸다. 그러나 작가는 이 단어가 주는 부채감이랄까, 귀찮은 감정을 함께 전달하는 것도 잊지 않는다.

소설은 과거와 오늘의 언어 사이의 간격을 다음과 같이 제시하고 있다. "농촌(農村)이라는 단어가 있다. 누구나 아는 단어지만, 누구도 모르는 단어라고 나는 생각한다. 「6시 내 고향」 같은 거 아닌가요? 올해 갓 여상을 졸업한 김하늘 양(孃)은 그렇게 대답했다.……운동권(運動圈)이라는 단어가 있다. 누구나 아는 단어지만, 누구도 모르는 단어이다. 마치 농촌처럼, 그렇다. 알아요. 「PD 수첩」 같은 거죠? 입사 2년차 정희정 양(孃)은 그렇게 알고 있다."[7] 대한민국의 교양 있는 계급이 쓰는 "까르푸"와 같은 고급한 현대적 서울말과 과거 혹은 지나간 미래의 사람들이 쓰는 운동권, 농촌과 같은 비어(秘語, argot), 아니 사어(死語)가 충돌하는 이 초입은 의미심장하다. 우선 그는 이러한 방식으로 과거의 어휘집을 불러냄으로써 우리들의 현재에 구멍을 낸다.

'농촌'에서 공동체 운동을 하고 있는 '운동권' 기하 형으로부터의 전화. 주인공은 그의 안타까운 부름을 뿌리치지 못하고 농촌의 운동권을 찾아간다. 믿을 수 없을 정도의 농정(農政)의 난맥상과 수많은 인간적 배신을 말하면서도 신념을 잃지 않는 기하 형. 이제 모두가 떠나간 공동체 살이의 어려움을 들려주던 기하 형은 급기야 외계인에게 농장이 습격당하고 있다는 사실을 들려준다. 그는 믿을 수 없는 이 사실에 놀라지만 더 놀라운 것은 소설의 마지막 대목이다. 유에프오(UFO)는 면전에서 축사와 논과 옥수수밭을 쑥대밭으로 만들고 사라지는데, 두서없게도 이 외계

---

7) 박민규, 「코리언 스텐더즈」, 『카스테라』(문학동네, 2005).

인들은 옥수수 밭 위로 하나의 거대한 알레고리를 남기고 간다. "거기엔/ ㉖ / 가 그려져 있었다, 놀랍도록 정확한 비례의, 거대한 KS였다."

이미 폐허로 가고 있는 농촌에 남겨진 이 상형 문자——대한민국 표준을 의미하는 이 문자의 진의를 알아내기란 쉽지 않다. 이러한 예외 상태가 대한민국의 표준 상태라는 이야기처럼 들리기도 하고, 이러한 폐허의 흔적이 생겨나기 전부터 이미 대한민국 자체가 이 폐허를 만들었다는 말처럼 이해되기도 한다.

말하자면 박민규 소설에는 두 개의 알레고리가 있는데, 하나는 우리의 현재 삶을 극적으로 상대화하는 우주적 알레고리, 혹은 자연사의 알레고리이고, 다른 하나는 바로 이와 같이 우리들의 상상을 경계로 몰아붙이는 '숭고한' 알레고리이다.[8]

박민규가 사용하는 "우주적 알레고리" 혹은 자연사(自然史)의 알레고리라는 방법은 종종 우리 삶 전체를 극히 작은 것으로 그려 냄으로써 진보 신앙이나 '열심히' 이데올로기를 무화시켜 버리곤 했고, 그와 같은 방법은 오히려 슈퍼맨에서 팍스 아메리카를 보는 식의 알레고리보다도 훨씬 명약관화했고 선명한 이미지를 만들어 냈다. 이를테면 "지구의 나이는 45억 년이다. 인류의 나이는 300만 년이고, 나는 스무살이다."(「몰라 몰라, 개복치라니」)라는 진술은 "호모사피엔스의 겨우 5만 년 삶이란 게 이 지구상의 유기적 생명체의 역사와 비교해 본다면 이를테면 하루의 24시간의 최후의 2초와 같은 것이다. 하물며 이런 기준으로 보면 문명화된 인류의 역사는 기껏해야 하루의 최후 시간의 최후의 1초의 1/5에 지나지 않는다."(「역사철학테제」)라고 쓰고 있는 벤야민의 역사철학에 대한 마지막 테제와 정확히 호응하는 것으로, 보다 이해하기 쉽다.

---

[8] 경계로 몰아붙여진 체험 혹은 상상력으로서의 '숭고'에 대해서는 이 책의 「벌거벗은 삶과 숭고」(213쪽) 참조.

그러나 학교, 동사무소, 신문사, 대기업, 실직자, 노숙자와 같은 모든 해명하기 어려운 것을 집어넣는 「카스테라」의 냉장고와 같은 알레고리, 1987년 체제 이후의 모든 모순들을 응집시킨 「코리언 스텐더즈」의 크롭 써클(Crop Circle: 외계인의 메시지) 같은 것은 과연 어렵다. 이것은 알레고리에 고유한 "표현과 진의 사이의 이중 구조" 때문이라기보다는 차라리 이중 구조를 설정할 수 없을 정도의 사태의 복잡성을 알레고리적 비약을 통해 단번에 공중에 매달아 버리는 '숭고'의 미학 때문인 것처럼 보인다.

과연 박민규나 이기호의 소설은 자주 과거를 끌어들이면서도, 이를 인과 관계로서 정립하는 데 만족하지 않는 것처럼 보인다. 물론 그들도 어느 정도까지는 역사가 초래한 것으로 역사를 이해하려는 태도를 보여 준다. 그러나 그들이 역사를 말하는 것은 현재를 낳은 수많은 인과 관계를 파악하기 위해서가 아니다. 그들은 현재가 지나간 어느 '특정한' 시대와 관련을 맺게 되는 상황의 배치들에 계속 주목한다. 박정희나 운동권 같은 시간 말이다. 하나의 시대 속에는 전체 역사의 진행 과정이 보존되고 지양되어 있는 까닭이다. 역사의 '대하'(大河)를 들여다본다고 역사를 움켜쥘 수 있는 것은 아니다.

그럼에도 이들의 알레고리적 방법이 많은 경우는 선(禪) 혹은 수수께끼 같은 것임에는 틀림없다. 이 선(禪) 체험은 과연 우리의 앎이나 이해를 보다 극단적인 장소에까지 몰아붙이면서, 현재와 과거—역사 전체가 집적된 어떤 시간을 요청하는 듯이 생각된다. 나쁘게 말해, 이 알레고리의 전략은 현재 시간을 만든 역사적 정황의 복잡성을 하나의 현재 혹은 과거의 모멘트 속에 제시하는 데서 겪는 어려움을 회피하는 손쉬운 공중부양처럼 보일 수도 있다. 하지만 그들이 하고 있는 일은 어려움을 쉽게 드러내는 일이 아니라 어려운 것을 어려운 것으로 제시하는 일이라고 나는 믿고 싶다.

이들의 알레고리적 소설은 비극적이라기보다는 희비극적인 것이다. 이들의 소설은 스타일 상의 희극성과 다루는 대상에 대한 비극적 관점을 동시에 내포한다. (특히 박민규의 경우) 그것이 비극처럼 나타나는 이유는 소설가가 그의 피조물들의 운명이 이미 폐허였고 폐허로 끝날 것을 알기 때문이다. (마치 기하 형이라는 인물의 지금처럼) 그런 의미에서 이중 구조를 만들기 위해서는 양쪽의 구조에 정통하지 않으면 안 되고, 이 정통함이란 애초에 양쪽 모두를 폐허·앙상함으로 제시하는 데서 오는 잔혹함을 의미한다. 본디 알레고리 자체는 비극을 겨냥한다. 그럼에도 이들의 소설이 희극처럼 나타나는 이유는 그러저러한 어려움에도 불구하고, 인류의 폐허를 드러내는 방법은 어떤 충만함——인간의 근원적인 구제 가능성 속에서 시도되어야 하기 때문이다. 우리는 그들의 폐허를 보고 잔혹하게 웃지만 이 웃음을 통해 결국 죄를 짊어진다. 그 죄는 죄 없이 죽어 간 과거를 남김없이 불러내 바로 여기서 구원의 순간을 찾아내야 하는 현재 인간이 짊어진 역사적 짐과 같은 것이리라.

　이렇게 묻자. 과연 '죽은 얼굴'로 추출된 과거의 순간을 관통하는 역사는 어떻게 쓸 수 있을 것인가. 알레고리는 어떻게 역사를 구제하는 방법이 될 수 있는가. 벤야민은 이를 역사유물론, 즉 '구성의 원리'에 의해 가능한 영역으로 보았던 것 같다. 과거를 역사주의로부터 해방하여 모나드로서 추려 내고, 한 시대 '안'에 전(全) 역사의 과정이 보존되고 지양되게끔 하는 일. 벤야민은 쓰고 있다. 새로운 역사가란 "동질적이고 공허한 역사의 진행 과정을 폭파시켜 그로부터 하나의 특정한 시기를 끄집어내기 위해서 과거를 인지한다.⋯⋯ 한 시대 속에는 전체 역사의 진행 과정이 보존되고 지양되게끔 하는 것이다."(「역사철학테제」) 인류가 해방되는 메시아적 시간이라는 것이, 과거까지를 해방하는 현재의 인간을 통해서만 도래할 수 있다고 할 때, 여기서의 과거란 '하나의 모멘트'이자 역사 전체를 의미한다. 따라서 그 과거는 현재라는 시간의 특정한 맥락과의 관련 속에서 한꺼번에 역사의 '전체상'을 드러낸다.

특정한 사건에 모든 과거를 겹쳐서 생각하는 방법은, '방법'이라기보다는 '요청'이다. 구원의 시간에 죄 없이 죽어 간 모든 과거의 인간들이 함께할 수 있으려면 우리는 지금 이 시간의 사건에서 또 과거의 특정한 사건에서 그 전체상을 한꺼번에 문제삼고 드러내야만 한다. 포개어 놓기로서의 역사, 알레고리적 역사 이해란 그런 것이어야 하리라. 우리들이 사는 현재란 그런 의미에서 "메시아적 시간의 모델로서, 전인류의 역사를 엄청나게 단축시켜 포괄하고 있는" 그런 시간이며, 모든 좋은 소설은 이미 역사 소설이고 폐허와 구원의 알레고리이다. 한국의 어떤 알레고리 작가들은 지금 우리에게 모종의 농밀한 역사철학적 수수께끼를 던지고 있는 것이 아닐까. 이 음울하고 경쾌한 단 하나의 알레고리 안에서 전(全)역사를 떠올려 보라고, (너무 '과거사'에 얽매이지는 않으면서) 죄없이 사라져 간 과거의 사람들을 포함한 전 인류를 구제할 방도를 생각해 내 보라고. 너무 경쾌해서 간과하기 쉬운 어떤 무거운 주문을, 나는 이 몇 개의 알레고리적 모티프들 속에서 듣는다. 듣고 싶다.

(2006년 봄)

무상의 시간과 구제의 시간
── 끝나지 않는 신체제, 종언 이후 일본의 역사상

포스트 이전의 포스트 ── 역사의 얼굴[1]

전쟁이 한창이던, 그리고 역사철학과 세계사에 대한 논쟁이 한창이던 1941년. 평론가 고바야시 히데오(小林秀雄)는 「역사와 문학」(《개조(改造)》, 1941. 3~1941. 4)이라는 그의 잘 알려진 평문을 통해 역사와 인간을 보는 자신의 소회를 피력했다. 그에 따르면 '역사의 실경(實景)'이란, 역사의 지도나 사관(史觀) 따위와는 무관하며, 오히려 마음으로 느낀 그 순간에 대한 환기력, 즉 "잘 상기하는 일(上手に思い出す事 = 잘 떠올리는 일)"과 관련되어 있다. 역사의 진짜 모습이란 사상이나 사관이 아닌, 상기(想起)하는 인간의 '마음'과 '한(恨み)' 안에서만 발견된다

---

[1] 미리 이야기하면, 이 글은 당대 일본 사상의 '흐름'을 일목요연하게 정리하거나, 새로운 사유를 '소개'하는 것을 목적으로 하지 않는다. 오히려 이 글은 '포스트' 이후의 일본 사상 자체보다는 '포스트'를 둘러싼 일본 사상의 '방법', 서구의 '포스트' 사유와 일본 사상이 맺는 '관계 방식'을 해명하는 데 역점을 둘 것이다.

는 것이다.[2] 예컨대 유물사관이 문제가 아니라 유물사관이라는 "물고기를 먹었고 그 맛을 잊지 못하는 사람도 있다는 사실이야말로 역사적 실경"[3]이라는 것이다. 이념 밖으로 튕겨 나오며 이념을 떠올리는 전향의 시간——"자신이 살아 있다는 증거만이 충만하고, 그 하나하나를 확실히 알고 있는 듯한 시간" 안에서 언뜻언뜻 보이는 역사의 실경. 고바야시는 이렇게 썼다. "역사란 인류의 거대한 한을 닮았습니다. 역사를 관통하는 철근은 우리들의 애석한 마음이지, 결코 인과의 사실 같은 것은 아니라고 생각합니다."

역사를 개인의 자의식 안에서 해소하는 역사의 '급소(急所)'에 대한 그의 주장은, 자연주의와 사소설 간의 역사적 결합을 '통역사적' 인생론으로 전치하는 논리처럼도 보이고, 역사자연주의라고도 말할 수 있을 어떤 것이지만, 분명한 것은 고바야시로서는 '일본의 근대 = 개화'에 대한 그 나름의 비판을 행하고 있었다는 점이다. "오늘의 세계대전은 결코 근대 내부의 전쟁이 아니라, 근대 세계의 차원을 초월하여 근대와는 다른 시기를 기획하려는 전쟁이다."[4]라는, 격앙된 세계사의 철학과는 다른 차원의 초월적 틀을 제시하고 있는 것이다." 역사의 전승이라는 비의(秘義)가 있으며, 이것은 역사 변화의 이론이 줄 수도 알 수도 없는 것."이라는 그의 역사론은 시대의 한가운데에서, 시대를 비껴 선다.[5]

사건과 사상과 삶 안에서 늘 상처 입을 수밖에 없는 인간이 떠올린 애석한 마음만을, 확실성을 가진 '실경'으로 인지하는 그의 생각은 수십 년

---

2) 小林秀雄,「歷史と文學」,『小林秀雄全集 7』(新潮社, 1978), 206쪽. (『고바야시 히데오 평론집』, 유은경 옮김(소화, 2003), 번역본의 쪽수는 생략) 평문이 한국어판에 수록된 경우, 되도록 그 번역을 준용했다.
3) 小林秀雄,「歷史と文學」(1941), 위의 책, 204쪽.
4) 高山岩男,『世界史の哲學』(岩波文庫, 1942), 1쪽.
5) 小林秀雄,「歷史と文學」(1941), 위의 책, 223쪽.

을 거쳐 한 번도 바뀌지 않았다. 또한 의장(意匠)＝논리 자체로부터 비껴 선 그의 입론은 어떤 의미에서 근대의 모든 논리 이전 혹은 이후에 존재하는 사유 형식으로서 난공불락의 요새처럼도 느껴진다.[6] "주의나 사상의 논리상 구조를 맹신하는 사람은 주의나 사상이 어떤 식으로 설파되고 어떤 식으로 받아들여지는지에 따라 변하는 사람들의 표정이나 자태는 전혀 알아차리지 못하는 법입니다."[7] 고바야시는 메이지 천황을 따라 순사(殉死)를 결심한 노기[乃木] 대장의 삶이나 편력, 천황을 둘러싼 사건의 인과 관계를 외울 일이 아니라, 그가 순사 직전에 찍었다는 기념사진이 던진 수수께끼, 계속 죽을 자리를 찾는 자의 심정을 떠올려 보고 궁구하는 일이야말로 역사의 실경에 접근하는 길이라고 썼다. 그는 기억하지 말라고, 기억하는 일이란 동물이 되는 일이라고까지 말한다. 역사의 인과가 아니라 역사의 얼굴을 보라는 것이다. 왜일까?

암기하는 동물과 상기하는 인간 —— 고바야시 히데오와 마루야마 마사오

이듬해 쓴 「무상이라는 것(無常といふ物)」(1942)이라는 짧은 글을 통해, 고바야시 히데오는 이러한 역사관을 좀더 밀고 나간다. 그는 '살아 있는 인간'이 "무엇을 생각하고 있든 어떤 말을 하고 있든, 자기 자신이든 타인이든 간에 무언가를 완전히 알아낸 예가 있었던가?"를 자문하며

---

6) '애석한 마음'에 대한 고바야시의 생각은 모토오리 노리나가(本居宣長)가 『겐지모노가타리(原氏物語)』를 일관하는 미의식으로 이야기한 '무상함(もののあわれ)'에 대한 후기 비평의 천착을 통해서 다시금 반복된다. 小林秀雄, 『本居宣長』(新潮社, 1973).

7) 小林秀雄, 「歷史と文學」(1941), 앞의 책, 204쪽.

살아 있는 인간이란 결국 "인간이면서 일종의 동물"일지도 모른다고 말한다. 살아 있는 인간이란 인간도 아니고 동물도 아닌, 그 중간 상태에 있는 '무상한 것'이다. 거기에 비해 사인(死人)의 얼굴, "죽어 버린 자라는 것은 대단한 것이다. 왜냐하면 그들은 확실히 또 분명히, 진정 인간의 모습을 하고 있기"[8] 때문이다. "살아 있는 인간이란 인간이 되어 가는 일종의 동물"[9]이며, 살아 있는 자들은 바로 이 죽은 사람(死人)의 꿈쩍도 않는 굳은 얼굴을 떠올리는 일을 통해서만, 의장이나 사상의 이편에 존재하는 무상이라는 것의 유구함, 즉 '항상 존재하는 것(常なるもの)'을 보게 된다. 앞서 말한 한 장의 사진, 노기 대장이 순사 직전에 찍었다는 사진이 갖는 비의가 갑작스레 그 베일을 벗는 것도 이 순간이다. 고바야시의 논리를 좀더 연장해 보자면, 사인의 얼굴이 그렇듯 사진은 살아 움직이는 것(物)을 꿈쩍도 않는 것으로 멈추게 한다. 이 순간 노기 대장은 아직 죽지 않은 채, 아니 이제 곧 죽을 것임으로 해서 갑작스레 사인의 얼굴, 즉 '인간'을 선취한다.

이를테면 고바야시에게 있어 인간을 인간이게 하는 것은 변증법적 부정이나 유물사관 따위가 아니라 '잘 상기하는 것'이었다. 유한한 암기력을 가진 짐승(獸)과, 무언가를 상기하며 애석해하는 인간의 무한한 마음을 대조하는 것이다. 거기서 역사와 현실, 자연은 '거인'으로 나타나고, 이 거인을 보지 못하고 사상의 논리를 맹신하여 이를 넘어설 수 있다고 믿는 모든 '주의'는 시대에 따라 상대적으로 제기되는 각양각색의 의장(意匠)에 불과한 것으로 비친다. 대결 없이 받아들여진 새로운 것들 — 각양각색의 의장. 그러니까 거인(고대인) 위에 선 난쟁이(현대인)의 위대함보다는 각양각색의 의장을 한 난쟁이의 무력함을 떠올려 보는 일 —

---

8) 小林秀雄, 「無常といふ物」(1942), 『小林秀雄全集 8』(新潮社, 1978), 19쪽.
9) 위의 책, 19쪽.

인간과 동물 사이의 무상한 것을 떠올리는 일이야말로, 역사이다. "시대 의식이 자의식과 같은 구조라는 것." 또 "시대 의식이 자의식보다 지나치게 크지도 작지도 않다는 것."[10]

그렇게 해서 그는, 산전수전 다 겪은 한 여자가 신사(神社)에 들어 읊었다는 "인생무상을 생각하니, 이 세상의 모든 일은 그렇고 그런 것이로다."라는 인간사의 클리셰를 가장 확실한 역사의 실경으로 인지하는 데에 이른다.[11] 그 여자가 거기서 잘 상기하고 있고, 이를 통해 '시대 의식' 전체와 같은 크기의 '자의식'을 보여 주며, 그럼으로써 스스로(짐승)로부터 스스로(인간)를 건져 올리는 까닭이다. 어떠한 새로운 견해, 새로운 해석에도 역사는 꿈쩍도 하지 않는다. 그렇게 '떠올려 보자', 이윽고 그는 역사를 아름다운 것으로 여기게 된다. "해석을 거부하며 꿈쩍도 하지 않는 것만이 아름답다."[12] "기억하는 것만으로는 아니될 일이리라. 많은 역사가들이 일종의 동물에서 멈춰 버리는 것은 머릿속을 기억으로 가득 채우기 때문에, 마음을 비우고 상기하지 못하기 때문이다."[13] 상기하는 일, 그러니까 추억 — 무상한 것에의 떠올림만이 우리들을 일종의 동물스러움에서 구해 준다.

제대로 떠올리는 일은 상당히 어렵다. 하지만 그것이, 과거에서부터 미래를 향해 엿가락처럼 늘어나는 시간이라는 창백한 사상(나는 그것을 현대 최대의 망상이라고 생각하는데)으로부터 벗어나는 유일하고 정말 유효한 방식이다. 성공의 시기는 있는 법이다. 이 세상이 무상하다는 것

---

10) 小林秀雄, 「樣樣な意匠」(1929), 『小林秀雄全集 1』(新潮社, 1978), 17쪽.
11) 小林秀雄, 「無常といふ物」(1942), 『小林秀雄全集 8』(新潮社, 1978), 17쪽.
12) 위의 책, 18쪽.
13) 위의 책, 19쪽.

은 결코 불교의 설법 같은 게 아니리라. 그것은 언제, 어떤 시대에서라도 인간이 처한 일종의 동물적 상태다. 현대인들은 가마쿠라 시대의 어딘가에서 살던 여자만큼도 무상이라는 것을 알지 못한다. '항상 존재하는 것(常なるもの)'을 미처 보지 못하는 까닭이다.[14]

"자신이 살아 있다는 증거만이 충만하고, 그 하나하나를 확실히 알고 있는 듯한 시간" ── 직접적 역사성으로부터 자유로워지는 것에 의해, 그리고 해석을 거절하고 꼼짝도 하지 않는 '무상하지 않은 것(常なるもの)'을 떠올리는 방법을 통해 인간은 동물과 분절되어 '인간'이 된다. '인과적·변증법적·합리적 발전'도 여기에는 존재하지 않는다. 미래를 프로그램대로 사는 인간은 없기 때문이다. 진보하는 시간 ── 근대적 시간을 극한의 시간(상기하는 순간) 위에서 '공중에 거는(suspend)' 이 생각은 '래디컬'한 근대 비판이면서, 동시에 근대라는 이념의 극한적 형태를 보여 준다.

마루야마 마사오는 바로 이 어떠한 사상의 좌표축에도 잡히지 않고 모든 종류의 결단 너머에 존재하는 듯 보이는 고바야시 히데오의 역사관 ── 고바야시의 말을 빌리자면 "해석을 거부하며 꿈쩍도 하지 않는 이 아름다운" 글월이야말로 영구 혁명을 지향하는 전후의 일본 사상이 싸워야 할 '적'의 모습이라고 규정했다. 마루야마는 묻는다.[15] 바로 그러

---

14) 小林秀雄,「無常といふ物」(1942),『小林秀雄全集 8』(新潮社, 1978), 19쪽.
15) 丸山眞男,『日本の思想』(岩波新書, 1957), 11~12쪽.(『일본의 사상』, 김석근 옮김, 한길사, 1998) 그 어떤 결단과 절단도 없이 군부와 현실과 세계와 사상을 소여(所與)로서 받아들이고 그에 대한 한의 마음만을 확실한 것으로 놓는 고바야시 히데오의 상기(思い出) 방법과 이를 비판하는 마루야마 마사오의 '계속 중간에 머물며' 매 순간을 결단과 절단의 장소로 놓는 방법을 대조하여 근대 일본 사상의 형식을 논증한 연구. 金杭,「敵の姿を似せておのれをつくる: 丸山眞男のフォルとその崩壊」,『UTCP研究論集』제5호(東京大學, 2006).

한 '절대적 순간, 상기하는 시간'은 어떤 때인가? 고바야시가 생각한 동물이 인간이 되는 순간, 상기하려는 결심, 즉 그의 결단은 과연 결단이기는 한가?

마루야마 마사오의 고바야시 히데오 비판은 일본 낭만파로 대표되는 전전(戰前)의 사상적 형식을 비롯해 현실을 주어진 것으로 받아들이면서도 이를 결단이나 초월의 순간으로 생각하는 근대 일본 사회의 병리학을 향해 있다. 다음의 대목을 보라.

> 군부가 정치적으로 일보 일보 전진해 나아가는 경향, 더하여 기축(基軸)과 연결되어 가는 경향에 대해서도, 실제 문제로서 군부가 있는 이상 어쩔 수 없다거나, 세계 현실의 방향을 부정한다 해도 별 방법이 없기에, 결국 질질 끌려 다니며 '현실'을 긍정해 버리게 되는 것입니다. 즉 현실이란 자신이 만들어 가는 것이라거나 현실을 변개해 가야 한다는 생각보다, 언제나 주어진 현실을 '소여'로서 '컨펌(순응)'해 가자는 태도가 뿌리 깊은 것입니다.[16]

전쟁이 시작된 이상 이를 받아들일 수밖에 없으며, 전쟁을 한다면 이겨야 한다는 생각, 즉 아무것도 결단하지 않으면서 무언가를 결단하고 있다고 말하는 세련된 역사 = 인생론과 싸우는 일. 고바야시의 다음 언급을 보라. "(사변은) 오히려 환영할 만한 시련이다. 나는 비상시라는 말의 남용을 좋아하지 않는다. 곤란한 사태를 시련으로 받아들일 것인가, 재앙으로 받아들일 것인가가 개인에 있어서도 자신의 일생을 결정짓게 될 분기점이 되리라."[17] 그렇다면 고바야시 히데오는 비상시를 긍정하는가, 부

---

16) 丸山眞男, 『丸山眞男座談 7』, 김항의 앞의 논문 49쪽에서 재인용.
17) 小林秀雄, 「事變と文學」, 『小林秀雄全集 7』(新潮社, 1978), 59쪽.

정하는가? 다만 어려운 대로 그가 비상시의 '거기 있음' 자체는 긍정한다고 말할 수 있을 것이다.

마루야마에 따르면 생의 매 순간은 일종의 결단이며, 그 결단은 사실이 아니라 개인의 책임 아래 이루어진다. 예컨대 유물사관이라는 "물고기를 먹었고 그 맛을 잊지 못하는 사람도 있다는 사실이야말로 역사적 실경"이라는 고바야시 히데오의 비유와 "푸딩의 맛은 먹어 보지 않으면 알 수 없다"는 마루야마의 비유를 비교해 보자. 이미 맛본 것을 떠올리는 일을 역사라고 쓰는 것과, 해 보기 전의 상황과 해 본 후의 상황 간의 긴장을 정치적 진실이라고 쓰는 것의 차이는 생각보다 훨씬 크다. 현실과 이론 사이에 뛰어넘을 수 없는 거리가 있더라도 마루야마가 보기에 "정치적 진실은 바로 그와 같은 개별적 결단과 법칙 인식 사이에 끊임없이 재생산되는 긴장 관계를 정식화하는 데 있으며", "룰에 의해 어떻게 할 수 없는 비합리적인 면에 '걸기' 때문에, 그 도박은 자기 자신의 책임하에 치르는 것"[18]이다.

보편자(普遍者)가 없는 나라에서 보편의 '의장'을 차례차례 벗겨 내었을 때, 그 앞에 모습을 드러낸 것은 '해석'이나 '의견'에 꿈쩍도 하지 않는 사실의 절대성이었다. 고바야시 히데오의 강렬한 개성은 그런 사실(사물) 앞에서 그저 침묵하며 머리를 드리울 수밖에 없었다.[19]

실상, 고바야시의 결단은 사실의 자연화에 가까운 것이었다. 다시 말해, 신체제와 국체 명징이 아니라 그 교육법의 과오[20]를 통해 인생과 문학

---

18) 丸山眞男, 『日本の思想』(岩波新書, 1957), 제4장.
19) 위의 책, 120쪽.
20) 小林秀雄, 「歷史と文學」, 『小林秀雄全集 7』(新潮社, 1978), 202쪽.

을 말하는, 그러나 신체제 따위와는 애초부터 무관한 듯 보이는 장소에서 펼쳐지는 이 막강한 사유와 대결하는 일은, 그러니까 역사라는 거인과는 싸울 수 없다는 생각, 이미 "(역사와 현실이, 일본이) 거기에 있다."[21]는 생각과 싸우는 일에 다름 아니다. 마루야마 마사오가 볼 때, 일본 사상은 늘 모든 현상을 인간 의지의 개입 없이 진행되는 사물의 '자연'적 과정 = 천연의 정리(定理)가 발기한 일로 파악하려는 경향을 띤다. 그러나 근대든 그 이전이든 인간은 자연 속이 아니라 제도 안에서 살아간다. 인간의 이성과 의지에 바탕을 둔 '작위(作爲)'에 의해서 형성되는 것이야말로 '사실'이다. 제도라는 픽션과 그 한계를 자각하는 일을 통해, '항상 있는 것'을 보는 일로는 충분하지 않은 것이다. 자연과 작위 사이에서, 특정한 작위에 매번 걸어야 하는 결단의 연속이 인간의 삶이다.

예컨대 천연의 정리를 주장하는 국권론자들과 군신의 도리 따위를 하나의 작위로 보고, 실정법의 타당성이란 결국 형식적 실정성에 다름 아니라는 관점에 섰던 민권론자들의 인작설(人作說)의 대립[22]이 그러한 예이다. 마루야마에 따르면 결국 모든 자연의 주장이란 자연을 업은 작위가 또 다른 작위를 제압하는 과정인 것이다. 모두 작위에 불과하다고 해서

---

21) 우리는 이러한 역사 소여론의 현대적 모습을 '일본이 이미 거기에 있음'을 발견하는 후쿠다 카즈야(福田和也)의 생각 속에서 재발견할 수 있다. 그에 따르면 1990년의 버블 붕괴 속에 모든 단단한 사상이 무너져 내리자, 갑작스레 '일본의 거기 있음'이 드러났다.(福田和也, 『現代文學』(文藝春秋, 2003), 303쪽) 일본을 사랑한다거나 그에 대해 말하는 일보다, 우선 이 사실을 받아들이자, 라고 말하는 이런 식의 사유는 천황이라는 픽션이 전후 민주주의라는 픽션보다 더 아름답다고 말하는 미시마 유키오의 매혹적이면서도 해묵은 주장을 연상시킨다. 이러한 주장은 다케우치 요시미 식의 책임 주체로서의 일본론을 부활시키는 방식보다는, 전쟁 전 일본을 부활시키는 방식처럼 비친다는 점에서 결코 '포스트모던' 하지 않다.
22) 丸山眞男, 『日本政治思想史研究』(東京大出版會, 1952(1996)), 309~317쪽.(『일본정치사상사연구』, 김석근 옮김(통나무, 1995)).

달라질 것은 없다. 현실에 개입하는 개별적 결단을 통해 법칙과 함께 제도와 자연 자체도 시험에 들게 하는 일이야말로, 또 더 그럴싸한 작위＝픽션을 구상하고 거기에 '거는' 순간에 발생하는 긴장이야말로, 살아 있는 인간의 결코 무상할 수 없는 모습이다. 문제는 선험적 소여성을 깨닫는다거나 자연의 관점에서 제 사상을 의장으로 인지하는 에포케 따위가 아닌 것이다.[23]

고바야시가 말한 "절대적 자아가 시공을 초월해 순간적으로 섬광처럼 빛나는 진공의 빛을 '자유'로운 직감으로 잡아채는 그때"[24]란, 결국 사실이 수리(受理)된 그때, 수리된 사실이 무상한 것으로 느껴지는 그때와 같은 때다. 역사 없는 역사론, 전통 없는 전통을 논구하며 자유로운 직감, 절대적 순간, 몽롱한 시간을 제시하는 고바야시 비평과의 대결이야말로, 일본 리버럴리즘의 사실 신앙＝자연주의 도식과의 지난한 격투에 해당한다.[25]

역사, 일본이 꿈꾸었던 '세계사의 철학'이 갑작스레 파국을 맞은 시기―― 전후(前後) 일본사상사의 과제는, 역사를 둘러싼 논쟁이 일국사를 넘어 펼쳐지는 바로 지금, 다시금 일본사상사의 핵심적 과제로서 부상하고 있다.[26] 어쩌면 (일본뿐 아니라) 우리들의 시간 전체가, 폭력과 그 폭력

---

23) 내셔널리즘과 애국심이 설정하는 '자연'으로서의 국가관에 대한 비판. 姜尙中, 『ナショナリズム』(岩波新書, 2001), 11~17쪽.
24) 丸山眞男, 『日本の思想』(岩波新書, 1957), 54~55쪽.
25) 김항은 마루야마의 이러한 분투가 고층론(高層論) 속에서 멈춰 버리는 과정을 영원한 실재성의 등장이라는 측면에서 검토했다. 시간을 초월한 영원자의 관념과 자연적 시간의 계속에 대한 지각 사이에서 일본형 '영원의 지금(高層)'의 실재성을 설정하고 만 마루야마의 형식 붕괴에 대하여 김항, 위의 책, 52~56쪽 참조.
26) 전후의 탈각을 통해, 전전 일본의 사상적 레짐(체제)을 귀환시키려는 움직임에 대한 비판으로 田中伸尙・鵜飼哲・高橋哲哉 대담, 「戰後のリミットに立って」, 《前夜》 제1기 10호(影書房, 2007 1월) 참조.

을 대하는 사실 수리(事實受理)의 목소리에 침윤당한 1930~1940년대의 시대 분위기를 (일부) 반복하고 있기 때문이다. 폭력과 집단 학살, 제국과 제국어(帝國語)의 패권 따위를 '사실'로서 자연화하는 포스트 9 · 11 시대의 공기[27]를 연상해 보라.

어쨌든 나는 이 글을 통해, '포스트모더니즘 = 겐다이시소(現代思想)'[28] 이후의 일본 사상이란, 어떤 의미에서 고바야시와 마루야마 사이의 결렬을 다른 형태로 반복하는 것일 수도 있다고 주장할 참이다. 물론 이 이야기가 현재 일본 사상의 실경이라고 주장할 생각은 없다. 사관이나 사상 따위의 진위나 경중의 여부와는 별도로, 나는 여기서 '마음'이 아니라 '사건'이 얼마나 중요한 것인지에 대해, 또 그 하나하나의 사건 자체에 응답하는 일이 역사적 전승(傳承) 전체를 소환하는 일이 된다는 것에 대해 언급하는 데 그칠 것이다.

급소, 즉 역사적 사건을 바로 여기에 도래시키고, 그렇게 도래된 사건

---

27) 예컨대 개개의 인간이 놓인 일상과 자본주의 시대 사이에서 기능하는 파시즘의 윤곽에 대하여 해리 하르투니언, 『역사의 요동』(윤영실 · 서정은 옮김, 휴머니스트, 2006), 37쪽을 참조.
28) 1980년대의 일본 포스트모던 사회론은 탈현대, 혹은 탈근대의 이름이 아니라, '겐다이시소(現代思想)' 혹은 '뉴 아카데미즘(줄여서 '뉴 아카')'이라는 레테르 아래에서 진행되었다. '겐다이시소'는 일본의 포스트모더니즘 붐을 이끌었던 동명 잡지와도 깊은 관련이 있는데, 최근 이 잡지의 '좌전회(左轉回)'가 보여 주듯 이러한 움직임은 버블 붕괴 이후의 불황, 격차 사회의 등장, 뉴 아카데미즘의 제도 내 포섭에 따른 새로운 정치 담론에의 요구로 인해 결정적 파국을 맞았다. '겐다이시소'의 등장과 변천, 붕괴, 좌전회의 전 과정에 대한 가장 종합적이고 간명한 정리(그래서인지 별반 심오하지는 못한 분석)로, 나카마사 마사키(仲正昌樹), 『集中講義! 日本の現代思想—ポストモダンとは何だったのか』(日本放送出版協會, 2006). 또 '역사적 케이스들을 푸코와 들뢰즈 등 현대사상가들의 이디엄에 넣어 동종 복제하는' 제도화된 뉴 아카데미즘과 그에 저항하는 움직임에 대한 종합적 토론으로는 淺田彰 · 松浦壽輝, 「對談: 人文知の現在」, 『表象』, 表象文化論學會(月曜社, 2007 4월) 참조.

을 통해 역사 전체——메시아적 시간을 불러내는 전혀 다른 역사론이 존재한다. 케이스 스터디나 추억의 방법이 아니라 사건으로서의 역사, 사건을 통해 역사 전체를 소환하는 일, 구제(救濟)의 시간이라고 해도 좋을 이 움직임의 전후를 우선 묘사해 보자.

과거를 분절한다는 것——고바야시 히데오와 발터 벤야민

일본을 걱정하는 많은 한국인들은 '일본 우익'을 가장 강력하고 무서운 '적'으로 규정하는 듯하다. 그 공포가 어느 정도인가 하면 때때로 한국 안의 어떤 사상적 시도들을 이들의 논지에 견주어 견제하곤 할 정도이다. 그리고 1990년을 전후하여 분명해진 소위 '위안부'를 둘러싼 갈등과 1990년대 중후반 이후의 일본의 역사 논쟁과 함께, '니폰우요쿠(日本右翼)'라는 이름은 한일 양국에 있어 무엇보다 '역사의 적'으로서 언명되고 있다. 그러나 그들이 다일까, 그것이 다일까? 혹시 우리들의 적은 좀더 심각한 층위에 자리 잡고 있는 것은 아닐까? 단적으로 말해, 과거를 기억하지 않을 뿐 아니라 오히려 은폐하려는 실체화된 적보다 더욱 대치하기 어려운 적은 (현재의) "아래로 내려가 의식에서 사라져 '망각'된 것, 그래서 때때로 갑작스러운 '떠올림'으로써 분출하는"[29] 그것, (좀 과격하게 말하자면) 보통 시민들의 특별할 것도 없는 역사에 대한 상기 방식이 아닐까, 하는 생각을 요즘 나는 하고 있다.

1990년대 이후 일본에서의 역사 기억의 방식이란 어떤 의미에서, 전전에는 영광스러운 죽음으로, 전후에는 말해서는 안 될 죽음으로 망각되어 온 사인들의 얼굴을 떠올리는 일에 의해 지탱된 것이었다고 할 수 있

---

29) 丸山眞男, 『日本の思想』(岩波新書, 1957), 12쪽.

다. 예컨대 종전 50주년(1995) 이래의 역사 논쟁을 통해 다카하시 테츠야(高橋哲哉)가 근심한 것도 바로 이 사인의 얼굴을 상기하는 슬픔(과 그 슬픔을 동원하는 메커니즘)이었다. 『야스쿠니 문제』의 난경(難境)이 우선은 "혹독한 유족 감정"[30]의 문제에 있음을 지적한 것도 이 때문이다. 슬픈 것을 슬프다고 하는 '추도'의 감정으로부터, 국가를 위한 희생을 현창(顯彰)하는 국가의 작위를 떼어 내는 일은 논리적으로는 어렵지 않지만 '감정'적으로는 극히 어려운 일이다. 왜냐하면 이때의 전선(戰線)은 전의에 불타는 정규군과의 대치 지점에서가 아니라, '살아 있는 인간'의 슬픈 표정 그 안쪽에서 그어지기 때문이다. 오랫동안 울음을 금지당했던 이 사람들의 안쪽으로부터 발하는 표정—애도의 얼굴을 보아 버린 대개의 '선한' 시민은 적을 규정하는 이성의 결단을 멈춘 채, 무상한 것을 들여다보며 슬픔에 전염당한 '인간'이 되기 쉽다. 그렇게 해서 사인의 무상한 삶에 대한 떠올림은, 죽음의 모멘트(moment)들을 구성한 정치적 작위를 후퇴시킨 채, 그 모멘트만을 '사실'로서 반복하게 한다. 그렇다면 저마다의 표정을 지운 채, 엄숙한 사자의 데스마스크를 반복해 떠올리는 시간이야말로 1990년대 이래의, 아니 전후 60년을 일관한 현대 일본이 아니었을까?

강요된 슬픔 속에서 모두가 같은 표정을 가질 때, 갑작스레 전후 민주주의 위에 구축된 '시민'들의 안쪽으로부터 '국민'이 싹터 온다. 이러한 메커니즘 안에서 역사의 특정한 모멘트는 '이미 거기에 있는 움직일 수 없는 사실'이 된다. 무상한 것에 대한 결코 무상할 수 없는 현창의 의식이 평범한 인간들의 '보통'의 슬픔 위에 슬그머니 스스로를 포개는 순간도 이때다. 젊은이들의 국가 냉소주의 따위를 통매하는 것이 아니다. 이 통

---

[30] 高橋哲哉, 『靖國問題』(筑摩書房, 2005), 12쪽.(『결코 피할 수 없는 야스쿠니 문제』, 현대송 옮김(역사비평사, 2005)).

매를 통해 특정한 순간을 상기토록 하는 것이야말로 '적'들의 수법이기 때문이다. 더구나 역사에 대한 냉소나 무지와 달리, '떠올림'으로서의 역사의식은 스스로가 역사에 대해 잘 알고, 충분히 아파하며 공감한다고 여기며, 따라서 다른 방식의 역사 이해에 대해 적대적이기까지 하다.

    망자에 대한 애도라는 자연스러운 감정을 이용하려는 정치적 시도, 개인의 희생을 요구하는 국가라는 작위를 비판하는 것은, 어렵지만 할 수 있는 일이다. 그러나 망자를 애도하며 타자(他者)들을 향해 외치는 '자연적' 감정을 비난하기란, 아무리 이 애도자들이 동원되고 있다는 사실을 안다 하더라도, 쉽지 않다. 더구나 그러한 작위에 포위당한 자연은 그들(일본인)만의 것도 아니다. 우익이라는 실체화된 적과는 적어도 싸울 수 있지만, 거개의 사람들의 의식을 표현하는 이 역사자연주의와 대결하는 일에는 상당한 주의가 필요하다. '보통 국가'를 구성할지도 모를 보통 시민, 지금의 삶과 국가를 선험적 소여성으로 받아들이고 우익이든 좌익이든 제발 조용히들 해 주었으면 좋겠다고 말하는 이 의식, 다만 "자신이 살아 있다는 증거만이 충만하고 그 하나하나를 확실히 알고 있는 듯한 상태"를 달라고 하는 인간과 동물 사이의 이 무상한 것이야말로 적(敵)의 '실경'이 아닐까. 무상한 것의 항구성을 말하는 사유, 국가의 행보에 무심한 '따뜻한' 냉소주의, 사실 수리를 기초로 한 행복에의 소망 따위가 '일본 우파'와 견지하는 거리는 생각처럼 큰 것이 아니다.

    생각해 보면 역사의 특정한 순간을 통해 역사 전체를 소환하고 바로 그 극한의 지점에서 '인간'을 궁구하는 사유는 고바야시 히데오 당대의 세계 사상에 있어서도 그리 낯선 것이 아니었다. 죽어 버린 자의 얼굴에서 역사의 진짜 모습을 보는 방법, 다시 말해 죄 없이 죽어 간 시간의 타자들을 떠올리는 일을 통해 '인간'을 탈환하려는 시도 역시 마찬가지이다. 매번 지게 되어 있는 내기, 즉 역사라는 거대한 불패(不敗)의 자동 인형 앞에서 결코 이길 수 없는 장기를 두는 인간의 이미지는 또 어떤가. 고바야시 히데오의 「역사와 문학」(1941)에서 '꿈쩍도 않는 거인의 아름다움'으로 표현된 형상과 이에 1년 앞서 작성된 발터 벤야민의 「역사철학테제」(1940)의 초두를 장식한 불패의 자동 인형이 지닌 이미지 사이의 겹침은 과연 우연일 수 있을까?[31]

벤야민은 이 글의 여섯 번째 테제에서 이렇게 썼다.

> 지나간 과거의 사건(Vergangenes)을 역사적으로 분절한다(artikulieren)는 것은 '그것이 도대체 어떠했는가'를 인식하는 것이 아니다. 그것이 의미하는 것은 위기의 순간에 섬광처럼 발하는 떠올림(Erinnerung＝思い出)을 붙잡는 것이다.[32]

---

31) 벤야민적 사유를 통한 과거의 분절은 현대 일본 사상의 오랜 주제다. 고바야시 히데오의 방법 안에서 고바야시와 결별하는 일에 있어 벤야민의 이름은 결정적이다. 어떤 의미에서 벤야민에 대한 일본 사상의 유서 깊은 독해는, 파시즘의 역사에 대한 죄의식과 분절의 시도를 의미하는 동시에, 일본형 역사의식을 그 '방법' 안에서 내파하기 위한 시도처럼 보인다. 실제로 발터 벤야민의 저작집(『ヴァルター・ベンヤミン著作集』, 晶文社, 1969~1981)을 가장 먼저 출간하기 시작한 나라 역시 일본이었다. 참고로 아도르노(Theodor W. Adorno)와 숄렘(Gershom Scholem)의 지휘 아래 편집한 『독일어 전집(Gesammelte Schriften)』은 그 3년 후인 1972년부터 1989년에 걸쳐 간행되었다.

32) Walter Benjamin, "Über den Begriff der Geschichte" These VI. Gesammelte Schriften. Band I/2. 695쪽. 'Erinnerung'는 한국어판(『발터 벤야민의 문예 이론』, 반성완 옮김, 민음사, 1983, 346쪽)에서는 '기억'으로, 일본어판(淺井健二郎 編譯, 『ベンヤミン・コレクション1』, 筑摩書房, 1995, 649쪽)에서는 '想起'로, 영어본(Harry Zohn, "On the concept of History", Michael W. Jennings, Walter Benjamin: Selected Writings, 1938~1940, Belknap Press, 2006, 391쪽)에서는 'memory'로 번역되어 있다. 역사유물론에 대한 신역사주의·포스트모던 히스토리의 비판과, 이 비판과 결합한 역사수정주의에 대한 재비판 이래로, 벤야민의 이 글은 역사에서 구원과 윤리의 계기를 찾으려는 현대 일본 사상의 기초 문헌이 된 듯하다. 이 구절을 비롯한 글 전체에 대한 독해와 쟁점에 대해서는 今村仁司, 『ベンヤミン「歷史哲學テーゼ」精讀』(岩波現代文庫, 2000) 참조.

진보한다고 믿어서는 안 된다. 떠올려야 한다. 멈춰야 한다. 그러나 어떻게? 여기서, 죽어 버린 자들의 시간을 떠올리는 두 사람의 방법은 매우 다른 곳을 향한다. 그 차이는 구제의 가능성에 있다. 죽어 버린 자들이 생각했던 시간으로서의 현재를 말하고, 그들에게 빚진 '상기하는 자'를 이야기하는 벤야민의 관점과, 사인의 얼굴에서 인간을 발견하고, 무상한 것의 항상성(常なるもの)을 말하는 고바야시의 관점은 같은 듯, 전혀 다른 분절을 보여 준다. 벤야민과 달리 고바야시 히데오는 탈환해야 할 것, 구제되어야 할 것으로 인간을 보는 것이 아니다. 벤야민이 인간을 떠올렸던 그 순간, 그 장소에서 고바야시는 오히려 사인(死人)을 향해 가는 어떤 것 즉, 짐승과 인간 사이의 "무상이라는 것"을 본다. 벤야민에게 있어서, 인간과 동물의 분절이 역사에 대한 떠올림을 통해 '멈추어야 할 (standstill)' 분할로 인식된다면,[33] 고바야시 히데오에게 그것은 처음부터 선험적 소여성 혹은 일종의 '운명'으로 존재한다. 인간과 동물 사이의 무상한 것에 머물러 있는 어떤 존재는 죽어 버린 인간을 떠올림으로써, 아주 가끔씩 '인간'을 선취하는 데 그친다. 반면 벤야민에게 이 떠올림은 고요한 것이라기보다는 일종의 전쟁에 가깝다.

전통의 내용에도, 전통의 수용자에게도 위기가 닥쳐오고 있다. 양자에게 있어 위기는 동일하다. 즉 지배 계급의 도구에 가담한다는 위기가 그것이다. 전통(Überlieferung)을 제압하려는 체제순응주의(der Konformismus)의 손으로부터, 언제나 새로이 전통을 싸워서 빼앗으려는 시도가 행해지지 않으면 안 된다. 왜냐하면 메시아는 구제자로서 오는 것이 아니라, 적그리스도에 맞서 승리하는 자로서 도래하기 때문이다.[34]

---

33) 멈춤을 통해 도래하는 구제의 시간에 대하여, 황호덕, 「벌거벗은 삶과 숭고」, 『미노타우로스의 눈』, 동국대한국문화연구소 편(천년의 시작, 2006).
34) Walter Benjamin, 앞의 책, 695쪽.

전통 = 전승이란 단지 떠올림을 통해 자동으로 얻는 것이 아니라 늘 싸워서 빼앗아야 할 대상이다. 과거는 계속 전투의 한가운데에 있으며, 우리는 계속 지고 있다. "과거로부터 희망의 불꽃을 점화할 수 있는 재능이 주어진 사람은 오로지, 죽은 사람들까지도 적으로부터 안전하지 못하리라는 것을 투철하게 인식하는 특정한 역사가뿐이다. 더구나 적은 승리하는 것을 멈추지 않는 것이다."[35] 죽은 사람들은 현재의 시간에 존재하는 최선의 순간을 탈환하기 위해 싸웠고, 살아 있는 사람은 그들이 싸웠던 그 순간에 희망의 불꽃을 점화하기 위해 싸운다. 사자의 시간과 생자(生者)의 시간은 오직 이 빚짐을 통한 공동의 운명을 인지함으로써만 정확한 응답의 관계에 놓인다. '떠올림 = 상기'란 이 빚짐의 의식이 시작되는 그 순간에 다름 아니다.

고바야시 히데오는 "이 세상이 무상하다는 것은 어떤 시대에서라도 인간이 처한 일종의 동물적 상태"[36]라고 말했다. 그리고 "현대인들이 가마쿠라 시대의 어딘가에 살던 여자만큼도 무상이라는 것을 알지 못하는 것은 '항상 존재하는 것'을 미처 보지 못하는 까닭"이라고 말했다. 잘 떠올리는 순간에 탈은폐되는 무상한 것의 항상성을 보는 것으로 충분한 것이다.

과연 고바야시의 말대로 '성공의 시기'가 문제이다. 벤야민에게 메시아적 순간이란 분절 자체가 공중에 걸리는 순간을 의미한다. 그러나 고바야시 히데오에게 이 성공은 스스로(짐승)로부터 스스로(인간)를 분절하는 내적인 시간의 도래를 뜻한다. "자기 자신이 되기 위해 자기 자신으로부터 떠난다"는 것. 바로 이 섬광 같은 초월의 순간이야말로 그에게 "살아 있다는 증거만이 충만하고 그 하나하나를 확실히 알고 있는 듯한

---

35) 앞의 책, 같은 쪽.
36) 小林秀雄,「無常といふ物」(1942),『小林秀雄全集 8』(新潮社, 1978), 19쪽.

상태"이다. 인간의 구원이라기보다는 인간과 동물 사이의 무상한 것이 시도하는 짧고 덧없는 구제의 한 '순간'인 것이다. 이는 단지 회의적인 자유주의자와 구원을 희망하는 마르크시스트 사이의 차이일 뿐일까? 혹 여기에 포스트역사주의 이후의 역사론들을 예리하게 분절(articulation) 하는 어떤 전선이 존재하는 것은 아닌가?

책임 = 응답 가능성, 역사 앞에 놓인 것 ─ 「21세기의 매니페스토, '탈(脫)패러사이트 내셔널리즘'」

'겐다이시소', 뉴 아카데미즘의 붕괴 이후 지금까지 일본 사상을 지탱해 온 흐름이 대개 '역사'라는 이름 주위에서 펼쳐졌다는 데에는 별다른 이견이 없을 것 같다. 기왕의 진보 사관과는 형태를 달리하는 새로운 방식의 역사 비판은, '현대 사상의 좌전회(左轉回)' 혹은 '포스트모던 좌파의 등장'과 같은 말로도 갈음되고 있다.[37] 특히 포스트구조주의를 통과한 철학적 사유들의 역사 개입은, 마르크시즘이라는 거대 담론의 붕괴 이후에 기세를 떨치게 된 신역사주 혹은 역사수정주의와의 대결을 그 실천의 방략으로 삼았다. 그도 그럴 것이, 포스트모던 우파로 칭해지곤 하는 후쿠다 카즈야(福田和也) 같은 인물의 건ём은 '포스트' 사유 이후에도 존재하는 내셔널리즘의 강인한 소구력을 증명하기 때문이다. 후쿠다는 상상공동체론이나 내셔널리즘의 작위성을 그 자체로 완전히 받아들이는 듯한 포즈로 이러한 논리를 편다. 국민국가나 천황제가 '상상된 것'이고 '거짓'이라 할지라도 한 세계를 통합하는 픽션으로서 기능하는 한,

---

37) 仲正昌樹, 『集中講義！日本の現代思想—ポストモダンとは何だったのか』(日本放送出版協會, 2006), 226~232쪽.

상징적인 것(천황제)에 귀의하는 일 자체는 결코 '거짓'일 수 없다. 그때 내셔널리즘은 소여의 인정이 아니라, 선택이자 결단의 문제가 된다.[38]

종전 후 50년(1995), 가토 노리히로(加藤典洋)는 일본과 주변 여러 나라와의 역사 인식을 둘러싼 대립을 해결하기 위해서는, 좌와 우를 떠나 우선 함께 일본의 전사자(戰死者)들을 애도하는 일을 통해 과거의 사람들과 현재 우리들의 관계를 분명히 하고, 그 공통의 토대 위에서 '일본 국민'으로서 아시아의 전사자들에게 애도의 뜻을 표해야 하지 않을까, 라는 제안을 내놓는다.[39] 간단히 말해 300만 일본인 사자에 대한 애도가, 2000만 아시아인 사자에 대한 애도의 "앞에 놓인다"는 것이다.

여기에 대해 다카하시 테츠야는 가토의 논리 전개가 결국에는 아시아의 사자에 대한 애도를 구실로 자국 전사자들을 미화하는 논법일 뿐아니라, 그들을 죽음으로 몰아넣은 내셔널리즘까지 정당화해 버린다고 말한 바 있다. 그가 지적하고자 한 것은 애도의 감정 뒤에 은폐된 내셔널리즘이다. 다카하시가 보기에 애도를 위한 공동체란 결국 내셔널한 의식의 부활을 의미하는 것이기에, "오욕의 기억을 보존·유지하고, 그것에 대해 계속 부끄러워" 하는 일이야말로 애도의 "앞에 놓여야 할" 일이었다.[40]

그런데 바로 이 부끄러워하는 자는 누구인가의 문제가 논쟁의 초점이 된다. '내셔널한 것'을 부정하는 다카하시가 "극히 부끄럽다."고 말하는

---

38) 福田和也, 「解說」, 三島由紀夫, 『若きサムライのために』(文芸春秋, 1996) 참조.
39) 加藤典洋, 『敗戰後論』(講談社, 1997). 이 책은 『사죄와 망언 사이에서』(서은혜 옮김, 창작과비평사, 1998)라는 제목으로 한국에서도 출간되어 논란을 일으켰다. 여기에 대한 비판으로는 고모리 요이치(小森陽一), 이효덕, 오오고시 아이코(大越愛子), 요네야마 리사(米山リサ)의 글이 수록된 다음의 책과, 이 책에 실린 다카하시 테츠야의 서문을 참조. 小森陽一·高橋哲也 編, 『ナショナル·ヒストリーを超えて』(東京大學出版會, 1998)(『내셔널 히스토리를 넘어서』, 이규수 옮김, 삼인, 1999)을 참조.
40) 高橋哲也, 『戰後責任論』(講談社, 1999(2005)).

것은 이상하다는 말로 가토는 다시금 논쟁의 전선을 확보한다. 가토의 관점에서 '부끄러움'이라는 것은 공동성(共同性)을 전제하는 언어다. 따라서 다카하시의 부끄러움이란 결국 그의 신체 안에 있던 그 어떤 공동성의 의식에 의해 표명된 것이 아닌가라고 그는 되묻는다. 그 의식이 자연적인 것이든, 작위 위에 구축된 것이든, 공동성이 있어야 부끄러움과 사죄가 생긴다는 것이다.[41]

여기에 대한 다카하시 테츠야 나름의 응답이 바로 '책임(responsibility) = 응답가능성(response+ability)'의 입론이었다. 다카하시 테츠야의 이후 거의 모든 역사론에서 반복되는 이 주장은 그의 데리다 이해에서 발원한 것[42]으로, 책임을 공동성이라는 집단 주체로부터가 아니라 타자에 대한 응답의 가능성 속에서 발견한다.[43] 하나님과의 약속을 지키기 위해 아들 이삭을 희생양으로 바쳐야 했던, 즉 홀로코스트해야 했던 아브라함은, 그런 까닭에 다른 모든 타자에 대해 침묵할 수밖에 없었다. 절대적 책임은 윤리적 무책임을 요구했다. 그렇다면 어떻게 그 모든 타자들을 향해 응답하는 일이 가능할까? "모든 타자는 다 다르다. = 모든 타자는 절대적 타자이다.(Tout autre est tout autre.)"[44]라는 타자의 윤리학을 제시했던 데리다의 사례를 참고하며, 다카하시는 모두 다른 타자들의 요구에 보편적으로 대답하는 방법을 찾아내야 한다고 말

---

41) 왜냐하면 아시아인의 전사(戰死)는 오늘의 어떤 개인이나 공동체가 행한 일이 아니라 과거의 일본이 행한 것이고, 이 과거의 일본과의 연속성을 인정하지 않는다면 사과나 부끄러움도 필요 없기 때문이다. 加藤典洋, 『敗戰後論』(講談社, 1997).
42) 高橋哲也, 『戰後責任論』(講談社, 1999(2005)), 32~40쪽. 책임 = 응답 가능성에 대한 다카하시 테츠야의 이해는 그의 데리다론(高橋哲也, 『デリダ ─ 脫構築』(講談社, 2003))에서 가장 분명한 형태로 나타난다.
43) 여기에 대한 좀더 자세한 설명은 황호덕, 「천황제 일본 국가에 있어서의 증여의 사상」, 최박광 편과 박이정, 『동아시아의 문화 표상』(2007) 참조.
44) 高橋哲也, 『デリダ ─ 脫構築』(講談社, 2003), 234쪽.

한다. 절대적이고 유일한 타자(현실의 도덕 법칙을 성스러운 것으로 통합해 버린 국가)에 응답하기 위해 여타의 모든 타자(식민지, 여성, 계급)에게 침묵했던 제국 일본의 논리를 반복해서는 안 된다는 것이다. 만약 아시아 타자들이 일본 국가를 향해 그 책임을 묻는다면, 어쨌든 제국 일본이라는 후계 국가에 귀속하는 일본인이라면 그 물음에 대답해야 한다. 이때의 '일본인'은 본래적 공동성 따위와는 별 인연이 없다. 왜냐하면 다카하시의 '일본인'은 타자의 호명에 의해 비로소 개시되는 것이기 때문이다.

역사나 타자가 제기하는 질문의 성격이 달라진다면 응답 주체의 공동성 역시 달라진다. 벤야민의 말투를 조금 빌려 보자면, 현대 일본인의 윤택함이 과거에 빚진 이상, 이 빚짐을 통해 구성된 공동성은 부인할 수 없는 것이리라. 한국의 한 지성이 언급한 가토의 논리에 대한 공감의 표명과 그에 대한 다카하시 나름의 비판을 대조해 보자.

> 애도한다는 의식의 전후 관계가 아니라, 인간의 심성 작용을 기준으로 생각해 보면, 역시 허무하게 죽어 간 혈족에 대한 비통함이 먼저 일어나지 않은 상태에서 어떻게 타인에 대한 속죄의 감정이 성립될 수 있겠습니까?(백낙청)[45]

'위안부'였던 할머니의 출현에 충격을 받아 사죄나 보상을 통해 일본인으로서 책임을 진다고 할 때, 그것에 앞서 반드시 '300만 자국의 사망자'에 대한 '비통함'이 있어야 한다고 말할 수 없다. 이 경우 책임을 지는 행위를 개시하기 위해서는 '위안부' 할머니가 옛 일본 제국의 식민지 지

---

45) 白樂晴・柄谷行人・鵜飼哲,「共同討議: 韓國の批評空間」,《批評空間》II-17(太田出版, 1998 4월).

배와 침략 전쟁의 피해자라는 판단과, 자기가 옛 일본 제국의 후계 국가에 귀속하는 일본인의 한 사람이라는 의식만 있으면 우선은 충분할 것이다.(다카하시 테츠야)[46]

백낙청의 언급을 과연 "침략당한 자의 침략한 자에 대한 너그러운 이해"나 "보편인으로서의 공감" 같은 것으로 이해해도 좋은 것일까? 다카하시 테츠야는 한국의 '어떤' 지성(들)을 향해 이렇게 썼다. 그러니까 "침략한 측과 침략당한 측의 전사자 간에 해소할 수 없는 비대칭성이 존재하"며, "허무하게 죽어 간 혈족에 대한 비통함이 먼저 생기는 일"이 자연스럽다 해도, 침략한 측에서 침략 행위에 대한 비판보다 그런 일을 우선하게 된다면, 가해 국민의 애도 공동체가 무비판적으로 부활할 수밖에 없는 것이다.[47]

책임은 어디에서 오는가? 다카하시는 결코 일본인을 '전제'로, 그 어떤 공동체를 '전제'로 말하는 것이 아니다. 응답 책임은 국경을 초과해 있다. 다카하시가 책임을 개시한다고 할 때, 이는 호명에 응하여 응답을 개시한다는 말[48]이다. 그러나 동시에 그 호명이 국가를 향하고 국가의 폭력에 의해 발생한 것인 한 책임의 소재는 국가에 있다.

놀라운 일은 백낙청의 사례에서 보이듯이 가토에 대한 수많은 비판들이 있는데도 이른바 '감정'과 '상기'의 방법은 일본인들뿐만 아니라 종종 한국의 '진보적' 지식인들과 한국인, 또 재일 조선인들에게서조차 긍정된다는 점이다. 다음의 말은 고바야시 히데오의 어떤 구절들을 연상하기에 부족함이 없어 보인다. "일본인 전사자의 죽음을 무의미하다고 말하

---

46) 고모리 요이치・다카하시 테츠야 편, 「한국어판 서문」(다카하시 테츠야), 『내셔널 히스토리를 넘어서』, 이규수 옮김(삼인, 1999), 13쪽.
47) 위의 책, 14쪽.
48) 高橋哲也, 『戰後責任論』(講談社, 1999(2005)), 41쪽.

며, 더욱이 그것을 무의미한 채로 애도하는 것, 그 정도의 일을 왜 잘못된 것으로 여기는지 정말 이해하기 어렵다."[49] 무의미한 것을 무의미한 채로 애도하는 것. 이 '공감'은 고바야시 히데오의 떠올림, (그런 게 있다고 한다면) 현대 일본인의 과거에 대한 관계와 얼마나 닮았는가? 다시 말해, '항상 있는' 떠올림의 방식에서 무엇이 잘못되었는가를 묻는 일은, 그 의도와는 달리 과거를 '무상한 것'으로 떠올리고, 이를 '자연적이고 항구적인 양상'으로 '본다'는 점에서, 앞서 누군가 언급한 바 '사실의 거기 있음'을 통해 사실을 추인해 버리는 뜻밖의 결과를 가져올 수 있다.

범용한 감정이라고 해서 늘 범용함에 머무는 것은 아닐 것이다. 떠올리되, 무엇을 '우선으로 하는가'의 문제는 중요하다. 과거를 분절하는 일, 과거를 소환하는 일은 무상한 것에 대한 무상한 애도가 아니라 과거로부터 무엇을 탈환해야 할 것인가를 선택하는 정치적 결단의 문제이기 때문이다.

이러한 공감대 안에서 연명(連名)으로 작성된 글이 바로 우카이 사토시(鵜飼哲), 고모리 요이치(小森陽一), 이시다 히데타카(石田英敬)의 「21세기의 매니페스토・'탈(脫)패러사이트 내셔널리즘'!」[50]이었다. 이 선언은 1990년대 이래의 일본 사상에 있어서 그 어떤 절단의 순간으로 기억되는 듯하며, 종종 겐다이시소 이후 일본 사상에서 가장 중요한 모멘트 중 하나로 인식된다. 무엇보다 이 선언에는 분명한 적의 모습이 등장한다. 미국에 기생하는 형태로 존재하는 '위로부터의 내셔널리즘'(이른바 「보통국가론」)과 '새로운 교과서를 만드는 모임'과 고바야시 요시노리(小林よしのり)로 대변되는 '아래로부터의 내셔널리즘'이 바로 그것이다. 이

---

49) 李順愛, 『戰後世代の戰爭責任論: 『敗戰後論』をめぐって』(岩波書店, 1998).
50) 高橋哲也・鵜飼哲・石田英敬・小森陽一, 「二一世紀のマニフェスト・脫パラサイト・ナショナリズム, !」, 《世界》(2000. 8).

양쪽에 대항해 이들은 국민국가에 환원되지 않는 형태의 '정치론'의 필요성을 제기한다.

야스쿠니와 히로시마라는 고유명을 통하여 구성되는 피해자 의식, 그 속에서 말소되는 책임의 문제를 질문하는 일은 오늘의 일본 사상에 있어서 여전히 중요하다. "고귀한 희생"을 둘러싼 레토릭과 논리를 분석하는 다카하시 테츠야의 최근 작업은 "무엇을 위한 고귀한 희생"인가를 묻는다.[51] 그리고 이러한 작업은 9·11 이후 다시금 (시급하게) 집단 학살(genocide)을 묻는 서양 철학의 진행과 매우 평행한 형태를 가진 것처럼도 보인다. 어쩌면 우리 앞에 놓인 모순의 지구화가 이론의 지구화를 낳는 것인지도 모르겠다.[52]

아직도 계속되는 역사 인식 논쟁의 후(後)작업들은 레비나스와 하버마스, 아렌트 등 현대 사상의 이디엄들을 통해 행해졌고, 그 핵심은 어쨌든 국민국가의 현대 사상적 위치를 어떻게 볼 것이냐의 문제로 귀결되었

---

51) 高橋哲也, 『國家と犧牲』(日本放送出版協會, 2005). 희생이란 본디 신과 인간을 매개하는 제사와 관련 있으며, 희생(犧牲, sacrifice)이란 faire sacré, 즉 "성스러운 것으로 만들다."라는 의미이다. 19~20쪽.

52) 예컨대 아감벤은 근대의 홀로코스트를 비판하는 자리에서 성스러운 인간의 진짜 모습을 이야기한다. 아감벤에 따르면 'Homo Sacer(성스러운 인간)'이란 국가를 위해 몸 바친 인간이라기보다는, 국가의 힘, 즉 법의 분절에 의해 법의 문턱에서 벌거벗은 채 죽어 가는 인간이다. 성스러운 것에 바침, 즉 홀로코스트됨으로써 성스러운 것이 되는 인간. 국가는 놀랍게도 처음에는 전혀 성스럽지 않으나(그도 그럴 것이 그것은 신이 아니라 레비아탄의 모습을 하고 있다.) 이 희생과 주권자가 설정하는 법의 분할선을 통해 성스러움을 생산해 낸다. Giorgio Agamben, *Homo Sacer: Sovereign Power and Bare Life*, Daniel Heller-Rozen(Stanford Univ. Press, 1998).

53) 나카마사 마사키는 이러한 사상가들의 이름에 의거해, 역사 인식 논쟁이 근본적으로 젠다이시소의 기초 위에 성립되었음을 지적한다. 그러나 스키조(淺田彰), 동물화된 오다쿠(東浩紀) 등 새로운 인간형의 등장을 이야기했던 젠다이시소와 역사 인식 논쟁 간의 공통점이나 상속 관계는 서양 철학의 리퍼런스 정도가 아닐까?

다.[53] 결국 현재 일본의 철학적, 사상적 움직임이란 역사 논쟁이라는 커다란 틀에 서양 철학의 비평적 이디엄을 지속적으로 도입하면서 심화한 형태라고 할 수 있을 것이다. 그리고 그 이름의 가운데에 벤야민의 이름이 놓여 있다. 내게 벤야민이라는 이름은 우선, 모든 이름들을 무상한 것으로 만드는 강력한 사유라 할 수 있는 고바야시라는 무의식과 싸워야 할 운명인 것처럼 느껴진다. 죄 없이 죽어 간 사람들을 떠올리되, 과거를 적으로부터 탈환하기 위해 떠올린다는 것, 이를 통해 현재를 구하기 위해 그렇게 한다는 것 ─ 벤야민의 언명은 여기서도 유효하다.

다시 일본의 전후를 묻는다 ─ 고바야시 히데오에 맞서

벤야민의 「번역자의 과제」(1923)가 문제 삼았던 것은, 틀림없이 번역의 양쪽에 있는 언어들의 자의성＝작위 따위는 아니었다. 그러니까 그것은 메시아적 시간을 도래하는 언어의 작업, 신의 언어를 상상하는 일은 어떻게 가능한가 하는 질문이나 다름없었다. 번역의 과정이 전제하는 원본의 번역 가능성이란, 결국 번역을 가능하게 하는 순수 언어의 존재 가능성을 뜻한다. 하이데거의 독일어처럼 꼭 특정한 언어일 필요는 없다. 아니, 그래서는 안 된다. 역사에서든 번역에서든 그 어떤 사유의 작업에서든 언어는 중요하고 절대적인데, 오직 순수 언어를 상정함으로써 그러하다.

그렇다면 고바야시 히데오의 경우는 어떤가? 언어의 선험성이라는 계기, 순수 언어의 가능성이 그에게는 없다. 역사적 시간에서는 늘 불가능성의 경험이나 분열로서 존재하는 것, 그러나 메시아적 세계에 이르러 도래하는 보편 역사와 보편 언어의 일치 역시 그에게는 없다. 태초에 있었던 것은 말(logos)이 아니라, 자연 ─ 무상한 것이기 때문이다. 역사에서

'전승'의 내용뿐 아니라 전승의 형식 자체를 부정한다는 점에서, 이 지점은 '역사'가 중심에 놓인 오늘의 일본 사상에 있어서 매우 결정적인 해명의 과제라 할 수 있지 않을까?[54] 고바야시 히데오는 일찍이 이렇게 쓴 적이 있다.

"플로베르는 모파상에게 '이 세상에 똑같은 나무나 돌은 하나도 없다.'고 가르쳤다. 이 말은 자연의 한없이 풍부한 모습을 존경하라는 뜻이다. 그러나 이 말은 또 한 가지 진실을 말해 준다. 그것은 '이 세상에 똑같은 나무나 돌은 하나도 없다.' 라는 말 자체도 없다는 사실이다."[55]

이 말을 벤야민의 아래 진술과 대조해 보자.

메시아적 세계는 절대적이고 완전한 세계이다. 그 속에는 단지 보편역사(Universalgeschichte)가 있다. 오늘날 보편역사의 이름으로 행할 수 있는 것은 에스페란토 같은 것밖에 없다. 무너진 바벨탑이라는 혼란스러운 시작에서 기인하는 한 어떤 것도 그것에 상응할 수 없다. 그것은 이미 죽었거나 살아 있는 모든 텍스트가 완전히 번역되는 한 언어를 가정한다. 혹은 그 자체가 그러한 언어이다. 그런데도 쓰인 것으로서가 아닌, 즐겁게 경축되는 것으로서 이 경축은 모든 의식을 정화한다. 그것은 어떤 경축의 노래도 알지 못한다. 그것의 언어는 그 자체 산문의 이데아인데, 그것은 마치 새의 언어가 일요일에 태어난 아이에 의해 이해될 수 있는

---

54) 기억과 말을 통해 '증언의 시대'로서 현대 일본을 규정하고 해명하는 글들로, 富山一朗 編, 『記憶が語りはじめる』(東京大學出版會, 2006); 高橋哲哉・北川東子・中島隆博 編, 『法と暴力の記憶——東アジアの歷史經驗』(東京大學出版會, 2007) 외 참조.
55) 小林秀雄, 「樣樣な意匠」(1929), 앞의 책, 21쪽.
56) Walter Benjamin, *Gesammelte Schriften*, vol.1, pt. 3, p. 1239. 「역사철학 테제」의 예비 노트에 실린 것으로 Giorgio Agamben, *Potentialities*, Daniel Heller-Roazen (Stanford University Press, 1999) 48쪽에서 재인용.

것처럼 모든 인류에 의해 이해될 수 있다.[56]

벤야민은 구제받은 휴머니티의 역사란 오직 '보편(역)사'라고 말한다. 즉 구제받은 휴머니티의 역사는 그것의 언어를 갖는 유일한 것이다. 보편사는 보편 언어를 가정한다. 아니 보편사는 보편 언어다. '일요일에 태어난 아이의 초능력'이라는 기독교 전설에서와 같이, 여기서는 새의 언어마저 모든 인류에 의해 이해될 수 있다.[57] 왜냐하면 이 보편사의 시간에서 발화하는 모든 언어는 보편언어 그 자체이거나, 보편 언어에 의해 이해될 수 있는 언어일 테니까 말이다. 역사적 범주와 언어적 범주 사이의 이 근사는, 보편사──구제된 세계의 떠올림이 무엇에 의해 가능해지는지를 알려 준다.

그런데 앞서 말했듯, 고바야시 히데오에게 자연(Physis)의 베일을 탈은폐하는 것은 언어나 노동이 아니라, 무상한 존재의 마음이다. 고바야시 히데오에게 사상이나 사관이 가변적이고 상대적인 시간들 위에서 펼쳐지는 의장이라면, 예술은 항상 존재할 수밖에 없는 확실성으로서의 인간의 정열≠파토스와 관계된다. "예술이 가지는 가장 놀랄 만한 성격은, 이 세상과 동떨어진 미의 나라를, 이 세상과 동떨어진 진리의 세계를 우리에게 보여 주는 것이 아니라, 거기에는 항상 인간의 정열이라는 가장 확실한 기호가 존재한다는 점이다."[58] 확실한 기호는 언어가 아니라 인간의 정열이라는 표상될 수 없는 기호다.(이때도 기호는 여전히 기호인가?) 역사든 예술이든 중요한 것은 사건이나 그것을 설명하는 의장＝사상＝사관이 아니라 인간의 마음이고 정열이라고 말하는 데에서 보이듯, 그에게 그러한 계기는 노동이나 예술, 기술, 언어 따위가 아니라, 보는 일, 떠올리

---

57) Giorgio Agamben, "Language and History: Lingusitic and Historical Categories in Benjamin's Thought", ibid., p. 48.
58) 小林秀雄, 「樣樣な意匠」(1929), 『小林秀雄全集 1』(新潮社, 1978), 19쪽.

는 마음 그 자체다. "말이란 건 원래 없는 것"이다.

여기서 우리는 시간에 관해서도 같은 말을 할 수 있음을 알아차리게 된다. 벤야민과 하이데거가 공유했던, 그러나 벤야민에게는 보편적 구제의 시간으로, 하이데거에게는 독일 민족에게 도래해야 할 장래로 나타난 예의 그 시간 축을 가지는 기투를 여기서 떠올려 보자.

현존재는 스스로를 장래를 향해 기투하고, 그 과거를 향해, 즉 그 과거의 창출을 향해 되돌려 보내는 한에서만 스스로의 현재가 머금은 심연과 관련되어 있다. 그와 동시에 역사의 가능성은, 하나의 민족이 '스스로가 가진 도래하여야 할 것으로서의 스스로의 과거의 아직 도래하지 않은, 혹은 은폐된 가능성에 기투하는 한에서만 현재의 찢긴 눈앞에 열리게 된다.[59]

시간성의 흐름 혹은 발전과 같은 것을 부정한다는 점에서 하이데거와 고바야시의 이해는 일견 유사해 보인다. 진보하는 시간(흐르는 시간)을 그 극한의 일점(思い出す瞬間)에서 공중에 '걸고' 있다는 점에서 하이데거의 '현재가 머금은 심연'은 고바야시의 이해와 그리 멀리 있지 않은 것처럼 느껴지기도 한다. 그러나 시간 축에 있어서 고바야시 비평에 장래나 장래의 기획이 들어설 자리는 마땅치 않다. 왜냐하면 그에게는 언어를 통해 비의의 탈은폐, 노동의 기술로서의 테크네(techne)를 통한 기투의 계기가 존재하지 않기 때문이다. 말도 기술도 고바야시 히데오에게는

---

59) Philipe Lacoue-Labarthe, *Heiddegger and the Politics of Poetry*, Jeff Frot(Illinois Univ. Press, 2007), p. 7. 데리다와 라크라바르트를 따라 하이데거를 읽어 가며 시와 정치, 정치와 철학 관계를 검토하는 작업 역시 1990년대 이후 일본 사상의 한 경향인 듯하다.

자연 안에 없는 작위에 불과하며, 결코 확실한 무엇이 아니다. 하이데거의 현존재가 장래와 다른 존재자들(특히 독일 민족)에 대한 과잉된 심려(Sorge)로 인해 걸었던 그 길을, 그는 걸을 필요가 없다.

벤야민은 기술에 대해 이렇게 썼다. "제국주의자의 가르침에 따르면, 자연의 지배란 모든 테크놀로지의 본성이다. 그러나 '어른에 의한 아이의 지배가 교육의 의미'라는 식으로 공언하는 교사를 누가 믿을 수 있을 것인가? 교육이란 필시 무엇보다도 세대 간의 관계에 필수적이기에, 만약 굳이 '지배'라고 말하고 싶다면 이는 아이를 지배하는 것이 아니라 세대 사이의 '관계'를 지배하는 것이 아니겠는가? 마찬가지로 테크놀로지라는 것 역시 자연을 지배하는 것이 아니라 자연과 인간 사이의 관계를 지배하는 것이다."[60] 과거와 현재든, 인간과 자연이든 문제는 지배가 아니라 그것들 사이의 관계를 탈환하는 것이다. 관계, 즉 긴장을 지배해야 하는 것이다.

고바야시의 말대로 아이를 잃은 어머니의 표정을 읽는 일이야말로 역사를 떠올리는 일이라면(「역사와 문학」), 역사는 결코 반복될 수도 없으리라. "무엇과도 바꿀 수 없는 소중한 생명을 잃게 되었다는 감정이 동반되지 않으면, 역사 사실로서의 의미가 생기지 않는"다는 진술에 비추어, 모든 사건은 유일한 사건이며 동시에 '무상하다'는 점에서는 '반복되는 사건'이다.[61] 다만 여기서는 인과를 밝히는 일 역시 무의미해진다. 이미 잃어버린 그 아이를 다시 잃을 수는 없을 것이기에 역사에서 배우는 일도 없다. 역사의 인과(필연성)를 주장하며 전쟁을 사상의 장소, 언어의 장소

---

60) Walter Benjamin, "One-way Street", trans. by Edmund Jephcott, *Selected Writings Volume1*, ed. by Marcus Bullock and Michael W. Jennings(Belknap Harvard, 2004), p. 487.
61) 小林秀雄, 「歷史と文學」, 『小林秀雄全集 7』(新潮社, 1978), 206쪽.

로 삼는 사유 역시 들어설 자리가 없다.

　어떤 의미에서 바로 이러한 점이 고바야시 히데오의 비평을 협력과 전향, 마르크시즘과 국가주의 양쪽으로부터 격리된 완벽한 진공의 것으로 만들었는지 모른다. 정치로부터의 이처럼 완벽한 자유는 동시에, 정치로부터의 완전한 무력함에 의해 기초되었다. 이 진공 속에 존재하는 논리──'무상한 것'의 항상성이야말로 보통 국가 일본의 보통 국민이 가진 표정이 될지 모른다고 하면 과연 과장일까?

잃은 아이, 그 아이를 구하라 ── 상황과 결단

　고바야시 히데오는 메이지 이래 일본의 문학·사상사를 비판하며, 이를 어울리지 않는 의장, 매번 교체되는 의장이라고 말한 적이 있다. 그런데 놀랍게도 이 말은 오히려 근대 한국의 사유에 대한 비판으로 딱 적합한 진술이기도 하다. 한국 사상이야말로 아무런 축적도 없이 각양각색의 의장을 갈아 입은 '무상한 것의' 항상성 위에 놓인 것은 아닌가? 비평과 사상의 이디엄을 거부하는 한국적 사유와, 외부성에 머물며 제도 안으로 개입하지 못하는 유사 보편의 이디엄들──과거 한국의 사유를 모두 무상한 것으로 보고, 오직 '사실'로서의 외부성을 받아들이는 의식. 영어든, 글로벌리즘이든, 미국화든, 부자 되기든 그 모든 사건들을 꿈쩍도 하지 않는 사실로서 인지하고, 내내 결단과 입장을 회피한 채 서 있는 이 포즈는 과연 신체제의 반복처럼도 느껴진다.

　외부의 사유를 남김없이 따라 읽는 일은 비판할 일이라기보다는 오히려 권장할 만한 일이다. 문제는 그 외부성이 근대 한국의 사상과 무관한 듯 존재할 때다. 오히려 한국 사상은 아직 떠올리지조차 못하는 것은 아닌가? 사실의 세기를 말하며, 그 모든 폭력들을 꿈쩍도 않는 것으로 놓고 이를 좇는 일을 결단으로 이해하는 일. 예컨대 엷어지는 감정의 내셔널리즘 위로 포개는 이익선·생명선의 내셔널리즘은 에프티에이(FTA)든, 국제화든, 노동 시장 유연화든 그 모든 '사실'을 '진보'와 '변화'의 이름으로 '결단'해 나가고 있다. 그런데 어떨까? 모든 게 자명한 것으로 결정되어 '거기 있는'데 그 어디에 결단이 존재한단 말인가? 상황이 당위로 주장되는 곳에서 그 어떤 결단인들, 진보인들 존재할 수 있단 말인가? 죄 없이 죽어 간 과거의 사람들과 현재의 벌거벗은 삶이 갑자기 하나의 운명이 되는데, 아무도 스스로가 빚을 졌다거나 이 사람들을 구해야 한다고 생각하지 않는다. '진보'와 '변화'가 동의어가 되어 적의 어휘집에 들어가 있는 한 가까운 장래에 우리는 '떠올리지조차' 못할지 모른다. 왜냐하면 '마음'으로 떠올리는 이 언어는 순수한 언어도 모국어도 아닌 다른 말일 것이고, 그래서 우리는 도무지 잘 떠올릴 수가 없는 것이다.

잘 떠올리는 일은 중요하다. 그러나 떠올리는 일로는 충분하지 않다. 왜냐하면 역사가 '적'의 손에 있는 한 결코 그것은 무상한 것에의 떠올림일 수 없기 때문이다. 그런 의미에서 역사가 끝난 곳에 있어서도, 역사의 모멘트들을 도래시키는 방법은 여전히 중요할 수밖에 없다. 거기에 구원의 계기가 있을지 모른다. 다시 고바야시 히데오를 통과해, 오늘의 일본이 읽어 나가는 서적들을 향할 필요가 여기에 있으며, 역사 인식 논쟁 이후 일본 사상이 벤야민과 데리다와 아감벤을 '역사적 모멘트'들 안에서 반복해서 읽어 나가는 이유도 여기에 있다. (나는 또한 여기서, 계속 식민지를 읽어 나가는 한국의 열정이 걸어 온 길을 상기해 둔다. 아니, 근심해 본다.) 계속 신체제가 문제다. 이 문제는 역사를 통해서 개시되는 듯, 실제로는 (일본) 현대 사상의 어떤 파국 속에서 펼쳐지며, 결국 '인간'과 '동물'의 분절에 대한 질문을 향한다.

아마 아이를 잃고서야 울게 되리라. 어떻게 할 것인가? 떠올리되 구제해야 한다. 그렇지 않는 한 사인의 일그러진 얼굴은 곧 우리의 얼굴이 될 것이다. 문학의 '역사'를 다루는 일에 대해 벤야민은 다음과 같이 적었다. "중요한 것은 문헌상의 작품들을 그 시대의 연관성 아래서 기술하는 것이 아니라, 그들이 생겨났던 시대 안에서 그들이 인식하는 시대를(이것은 곧 우리들의 시대다.) 기술하는 것이다. 이렇게 하여 문학은 역사의 도구가 될 것이며, 문헌학이 아니라 문학을 역사 영역의 자료가 되게 하는 것이 문학사의 과제이다."(「문학사와 문예학」, 1931) 과거에 빚지고 있다고 느끼는 인간만이, 문학을 또 역사를 읽을 수 있을 것이다. 아니, 문학이란, 문학 읽기란 원래부터 그런 구제의 순간을 도래시키는 방법 이외에 아무것도 아니다.

식민지가 온다. 떠올릴 필요도 없다. 물론 이번에 올 식민지의 시간이란 과거의 사람들이 생각했던 그 시간이 결코 아닐 것이다. (신)자유주의 시대의 자유로 좋은가? 알 수 없는 일이다. 한 가지만은 분명하다. 죽은 자들로부터의 빚에서 자유로울 수 있는 인간은 결코 역사나 윤리를 말해서는 안 된다는 사실이다.

이 위기의 시간에도, 아니 이 시간이 위기이기 때문에 기회는 있다. 위기의 순간에 섬광처럼 발하는 떠올림을 붙잡아야 할 것이다. 과거로부터 희망의 불꽃을 점화해야 하리라. 아이를 잃은 어머니의 무상함을 보기보다는, 아이를 '구해야' 한다. '잃어버린 아이'는 다름 아니라 '구하지 못한' 아이이기 때문이다. "아직 인간을 먹지 않은 아이가 있을지 모른다. 그 아이를 구하라."(루쉰)

(2007년 가을)

답변에 대한 질문: 웃음이란 무엇인가
— 이문열과 성석제, 숭고한 희극과 배중률적 농담

양반과 소설, 이 하나의 비유 — 『황제를 위하여』 재출간에 부쳐

매혹적이고 유장한 이야기에 감싸인 까닭에 좀처럼 그 서사 안에서 실재화되지는 않지만 문학에 대한 계몽주의적 편향이나, 삶과 역사·소설과 저자에 대한 확고한 태도와 기대의 높이로 보아 이문열은 현존하는 말의 유통과는 조금 다른 차원에서, 1980년대적이며 또한 '근대적'이다. 당대적인 신념 체계의 외부에서 그와는 다른 형식과 결의 이질적 신념을 구상해 내곤 하던 이문열에게 소설을 통해 다수의 동의를 구하고 또한 그렇게 함으로써 서사의 첨탑을 꿈꾸는 행위는 그야말로 숭고하다. 여기에 대해 신경숙, 윤대녕으로 대표되는 1990년대 소설에서, 1990년대의 대표적 소설 문법인 내적 고백 — 글쓰기의 진정성과 같은 심급과는 상당한 거리를 둔 채로 소설 이전/이후의 이야기 형식 간의 교통을 보여 준 성석제는 말의 바른 의미에서 이른바 '대표적 1990년대 작가'라고 보아 틀리지 않는다. 그는 근대 서사의 첨탑에 소설도 저자도 신념도 위치시키지

않으며, 첨탑의 초월적 위상을 허망한 '거짓말'로 간주한다. 그에게 소설은 부정형(不定形)이며 그런 까닭에 하나의 지표로 확정 지을 수 없는 무엇, 즉 '이야기'이다.

그런데 놀라운 것은 이 대표적 1980년대, 1990년대 소설가들에게는 어떤 동일한 의식이, 그것도 썩 어울리지 않는 자리에 내재해 있다는 사실이다. 말하자면 이들은 말의 비유적인 의미에서 '양반의 자식'이었던 것이다. 이들이 앞세우는 서술 주체는 공히 대체로 '지역'——특히 영남 남인 계통의 향반(鄉班)에 속할 법한 출생의 연원을 갖고 있으며, 삶과 역사에 대한 순정한 자세를 이미 존재하는 전거(典據)들로부터 익혀 온, 시대와는 한참을 어긋난 존재들이다. 이들이 내세우는 서술 주체는 공히 "족보 좋아하고 내세우기 좋아하고 양반의식이 일정 수준은 되며 정치적 성향이 높은 이 땅의 사내"[1]이거나 혹은 그러한 자장 안에 놓인 존재들이다. 단적으로, 표준어로 대표되는 '도시' 문법의 구사란 "뿌리 없고 조상 팔아먹은 넋빠진"[2] 짓과 한가지인 공간에서 성장하고 그러한 의식에 의해 깊게 침윤된 주체들이 거기에 있다. "지역 사람들은 도시에 사는 사람들을 '상것들'이라고 독특한 용어로 평가절하"(왕:210)한다. 경(經), 행장(行狀), 내간(內簡), 약전(略傳)의 문투 혹은 연의(演義)——그 현대적 등가물인 무협지의 투식.

우선 '도시' 문법 속에서 시대의 대세를 읽어 낸 성석제에게 태생과 훈육은 떳떳한 동시에 창피스러운 것이 된다. 따라서 그의 소설은 자신의 어떤 부분을 포함한 '철지난 신념'에 대한 야유, 웃음이 우세종을 이

---

1) 『호랑이를 봤다』(작가정신, 1999), 20~21쪽.
2) 성석제, 『왕을 찾아서』(웅진출판, 1996), 96쪽, 이하 (왕:96)로 표시. 이문열의 경우, 『선택』의 주인공, 장씨부인의 삽화가 등장하는 「귀향(歸鄉)을 위한 만가(輓歌)」, 『작가가 쓴 작가의 고향』(조선일보사, 1987).

루는데, 그 웃음 발생의 기원에는 '속화된 양반'의 분열된 자기의식이 개입되어 있다. 그 인식론적 연쇄와 결락을 단순화시켜 보면 다음과 같다.

1) 나는 양반의 자식이다. 그러니까 어떤가 하면 나는 귀하다.
2) 그런데 양반은 여자나 밝히는 비교적 나쁜 작자들이다. 즉, 나는 천하다.
3) 나라는 자아는 배반된, 이율배반의 허위적 자아로 귀착된다.
4) 그런데 아뿔싸, 내가 좋아하는 '미녀'들은 그 분열의 와중에 무식한 상놈·불한당의 차지가 된다.
5) 결국 나는 이 분열과 패배의 비극성을 희극적으로 그려 내는 '거짓말쟁이'가 된다.

대체로 『궁전의 새』(1998, 하늘연못)와 『왕을 찾아서』에서의 서술 주체가 털어놓는 핵심적인 아픔과 상처는 위와 같은 자아 인식 때문이다. 1)을 통해 볼 때, '양반의 자식'인 나의 자아는 숭고해야 한다. 나의 태생과 나에 대한 훈육이 이 숭고한 자아를 보장하는 까닭이다. 그런데도 그렇게 자란 나는 비교적 한심하고 천하며, 실제로는 비속한 자아를 갖고 있다. 그렇게 해서 태생과 욕망 사이는 지속적으로 벌어지며 태생과 훈육을 통해 행위를 검열하는 '나'와, 욕망하지만 감시에 의해 더듬거리고 있는 '나' 사이에 분열이 발생하게 된다. 요컨대 그렇고 "그런 사람들을 여유 있게 관찰하는 사람이 있고 관찰하는 사람을 관찰하는 나 같은 족속도 있다."(왕:33) 그러다 보니, 관찰과 고뇌로 인해 머뭇거리는 허위적 의식이 대개 그러하듯이 이 사색인은 자신의 욕망에 배반당하고, 역시 말의 비유적인 차원에서 이를테면 '지역 최고의 미녀'를 빼앗긴다. 서술 주체는 스스로 지극한 농담거리, 희극의 주인공이 되며 실연의 서정을 통과한 골계적 자아로 귀결된다.

그 과정에서 이미 태생의 순연한 가치는 지적 성장에 발맞추어 '틀린 신념'임이 드러났으며, 결국 최종적으로 '감시하고 판단하는 나', '욕망하는 나' 모두를 비웃으며 농담의 서사를 이끌어 가는 작가가 얼굴을 내민다. 스스로의 이율배반을 어찌할 수 없는 존재인 서술 주체는 이야기 속의 한 위상만을 점유한 채, 운명적 희극의 일원이 된다. 그가 던지는 농담의 문자는 거의 무의미에 육박하고서야 마음이 편해지는 그런 문자이다. 소설이란 일종의 농담, 그러니까 '재미나는' 거짓말이다.

그러나 이문열의 주인공이나 서술 주체는 스스로의 신념을 숨기지 않으며, 승화된 형태의 초월의식을 꿈꾸고 있다. 그에게 있어 그의 몇몇 주인공이라면 몰라도, 서술 주체 자신이 우스꽝스러워지는 법은 없다. 그에게 신념과 그 주체는 숭고한 것이며, 그 숭고한 신념이 희극으로 구조화되는 것은 다만 '미친' 시대의 탓이다. 이문열이 「익명의 섬」(1982) 등에서 표시가 날 정도로 말해 놓은 바, 그가 생각하는 선하고 지상(至上)적인 공간은 꾸짖음과 훈육, 섬김과 받듦이 교환되는 이미 존재했던 '동성부락(同姓部落)' — 반촌(班村)이며, 그의 존재 근거와 신념 역시 그 주변에서 발생한다. 그 인식론적 결락과 연쇄를 단순화시켜 보면 우리의 문제는 좀더 대조적이 된다.

1) 나는 양반의 자식이다. 그러니까 어떤가 하면 나는 귀하다.

2) 그런데 지금은 천민의 시대이다. 즉, 내가 아니라 시대가 천하다.

3) 따라서 나는 숭고한 가치를 수호해야 할 (계몽의 운명을 지닌) 자아이다.

4) 그런데 아뿔싸, '미친 시대'는 숭고한 것을 숭고하게 말해서는 알아듣지 못한다.

5) 결국 시대와의 불화로 인해 나는 '양반(지식인) 이야기꾼'이 되어야 한다.

'도시' 문법 속에서 천한 시대를 읽어 낸 이문열에게 태생과 훈육은 시대의 천함을 지우고 "동양 정신의 정수(精粹)를 끌어"[3]낼 수 있게 하는 당당함의 기원이다. 시대와의 불화는 그를 더욱 계몽적인 인간으로 만들며, 소설이란 그때 그 동양 정신의 정수와 현대적인 형식이 만나서 형성하는 계몽의 유력한 매개에 다름 아니다. 실상 『황제를 위하여』라는 희극적인 숭고물에서 희극의 책임은 시대에 있으며, 숭고한 침전은 황제와 그에 교응하는 서술 주체의 계몽에의 의지로부터 발생한다. 존재하지 않는 실록을 설정하기 위한 『황제를 위하여』의 액자 구조, 그러한 구조를 중계하는 서술 주체의 이끌림 자체가 발신자 — 메시지(문맥) — 수신자를 설정하는 계몽의 모형을 유도하고 있으며 서사는 그 효과의 극대화를 위해 쾌의 첨단인 희극을 채택한다. 확실히 이것은 어떤 부조화의 산물이며, 근대적 숭고 미학과 (그 자신은 의식하지 못해도) 그에 대한 비판적 형식화가 만나 갑작스럽게 생겨난 걸작이 아닐 수 없다.

희극적인 형식화가 숭고함의 나선을 그려 보이는 데에는 소설 장르의 필연적인 요구와 함께, 시대와의 강한 불화가 개입되어 있다. 다시 말하지만 그의 시대는 그보다 훨씬 유력하고 숭고한 계몽의 기표로 흘러넘치고 있었고, 이문열 스스로가 그러한 숭고한 문장들에 맞서는 서사의 매혹으로 스스로의 입지를 다져 왔기 때문이다.

그가 여러 자리에서 '시대와의 불화'를 이야기할 때 그 불화는 두 곳에서 발생한다. 하나는 그에 의해 천박하고 욕되기 짝이 없다고 인정되는 시대 때문이며, 또 하나는 공히 숭고 미학 — 계몽의 기표를 택했는데도 그렇게나 멀리 떨어진 문학적 주류와의 갈등 때문이다. 단적으로 말

---

[3] 이문열, 「작가의 말」, 『황제를 위하여 1』(고려원, 1991(1996)), 7쪽, 이하 (황제 1:7)로 표시. 이문열의 이 작품에 대한 애착은 거듭되는 재판을 통해서도 확인된다. 민음사에서 세계 문학 전집 51, 52권으로 재출간되었다.(2001. 9)

해, 계몽적 인간의 진언을 단박에 알아들을 만큼 유능한 시대가 아닌 까닭에, 또 목적론적 구조화의 노골성을 반사해 오는 보다 높은 서사의 첨탑에 맞서게 된 사정으로 해서 숭고한 진리는 희극적으로 구조화된다. 그러니까 작가는 숭고한 것을 희극적으로 쓰는 부조화를 감수하며, '양반 이야기꾼'이 된다. 이야기꾼에 귀속되는 희극적 사태, 양반이 점유하는 숭고한 신념──이문열에게 소설이란 특히 희극적 서사란 이 숭고한 '양반'과 즐거운 '이야기꾼' 간의 부조화, 때때로의 타협이 그려 내는 동선과 한가지이다.

그렇다면 이 광경을 시대 간의 충돌──탈주하려는 서사와 숭고한 의미 연관 사이의 이율배반이라 보지 않을 도리가 없다. 그가 여러 자리에서 이상주의는 세계 안에서 실현되지 않는다는 요지의 말로 소설에 내재한 '설득의 수사'들을 은폐해 왔음에도 불구하고 그가 설정해 놓은 숭고한 이념의 체계는 지극히 복벽적(復辟的)인 한에서 완전한 유토피아에 대한 희구로 가득 차 있다. 소설가라는 존재에 대한 태도 역시 이야기꾼의 옷을 입었다고는 하나 계몽적인 열정을 숨기지 않는 한에서 지식인의 포즈이다. 이문열의 소설들이 이념 과잉의 시대에 맞서는 탈이념의 형식화로 보였던 것은 단지 그가 산포시켜 놓은 이념이 시대 밖에 있었고 관념의 수사로 은폐된 '신화적'인 것이었기 때문이다. 이를테면 이문열에게 소설은 어떤 식으로든 '의도'이며, '일깨움'이며 '장치'이며, '야심'이고 '메시지' 그것(황제 1:5~7)이다. 그가 던지는 희극의 문자는 숭고한 '의미'의 정점에 육박하고서야 마음이 편해지는 그런 문자이다. 소설이란 즐거운 교편, 그러니까 계몽이다. 따라서 "그는 전통적 문화에 회귀하는 것을 긍정적으로 묘사하려 하지만, 그의 소설은 그것을 부정적으로 비판한다."[4]

그리고 『선택』(1997)을 둘러싼 논쟁을 통해 확인되듯이 당대의 문학, 당대의 이념과의 불화 혹은 피해 의식이 제거되면서 이문열의 소설들은 완연히 '의도'와 '야심'의 비대화라는 궤도를 그려 간다. 소설의 서술 주체는 '세태 비판'의 선정성을 스스로의 목소리로 삼음으로써, 작가 자신과 구별되지 않게 된다. 실상 『선택』에서 장씨부인이 보여 준 자부심과 강한 질책이 작가 자신의 목소리임을 눈치 채기란 어렵지 않다. 『황제를 위하여』라는 모순의 희극이 『왕을 찾아서』라는 농담의 서사와 겹쳐지는 지점으로부터 시작된 이 글은 결국 이 부조화 속의 웃음이 어디서부터 왔으며 어떻게 작용하고 있는지를 해명하는 일과 한가지이며 어떤 문학사적 결락을 그려 보이는 일이 된다.

두 개의 현실, 서사 구축과 이데올로기

숭고한 저자, 희극적 소설 —— 진리 축조술로서의 서사

『황제를 위하여』와 『왕을 찾아서』의 이야기 제시법은 매우 독특하다. 그 독특함은 대략 이중 나선에 의존하는 중층적인 이야기 구성 방식에서 나온다. 우선 형식 면에서 실록 혹은 무협지적 신화화, 신화의 목소리와 이에 대한 해석 지평이라고 할 수 있는 합리적 현실화, 탈신화의 목소리가 겹쳐 나타난다. 또한 이 두 개의 현실에 대한 어려운 선택의 문제에 놓인 서술 주체들의 정황과 태도가 이러한 중층적 이야기 방식에 관여한다. 작가는 실록이나 무협지적 세계 인식에 의존하는 신화의 목소리를 통해 자신들이 그려 내 보이는 주인공을 신화화하는 동시에 현실적 서술

---

4) "그것은 이문열의 무의식에 일어나고 있는 전통적 문화에 대한 회귀 욕망과 거부 의지 사이의 섬세하지만 치열한 싸움의 무의식적 결과이다. ……(인용구)…… 『황제를 위하여』는 일종의 모순의 소산이다." 김현, 「베끼기의 문학적 의미」, 『김현 문학 전집 5』(문학과지성사, 1992), 213쪽.

주체의 탈신화의 목소리를 통해 그 신화를 허구화한다. 마찬가지로 독자들은 전자를 통해 '정설(定說)', 즉 신화를 보지만, 후자를 통해 '이설(異說)', 즉 합리적 해석을 얻는다.

이를테면 『황제를 위하여』에서 우리는 실록의 유장한 편년체와 그것을 베낀 연의(演義)의 형식을 따라가며 황제의 신화를 만나며, 그 귀퉁이마다 고개를 내미는 이설에 대한 꾸짖음을 통해 탈신화의 가능성 ── 현실적 해석을 경험한다. 또한 『왕을 찾아서』에서 우리는 철권의 신화에 협력하는 '지역' 사람들의 소문을 통해 마사오의 신화를 만나며, 그 소문에 대한 마사오의 누이 ── 광자의 전언, 주인공의 해석을 통해 소문의 진상을 확인한다. 그 이중 제시의 의도와 효과는 매우 이질적이나 이 이질성 자체가 하나의 지표이다.

이문열은 이야기를 축조함에 있어 신빙성과 진실이라는 지표를 사용한다. 우선 『황제를 위하여』의 액자 구조에서 서술 주체가 지속적으로 보여 주고 있는 것은 자신이 개입된 외부 이야기를 통해 황제의 이야기를 사실화하려는 강한 충동이다. 이를 위해 그는 '실록'과 '우발산'이라는 인물을 살려 내고, 이들 모두를 다시 지워 버림으로써 "그 노인은 죽고, 실록도 찾을 길 없는 지금, 황제를 알고 그 삶을 일관되게 정리할 수 있는 이는 나뿐"(황제 1:25)인 상황을 얻어 낸다. 이렇게 해서 서술 주체는 황제의 일생과 그 의미를 초점화할 수 있는 유일무이한 지위를 획득한다. 그러나 서사적 동력이 현실과 관계 맺는 방식은 개연성의 과학에 의해 제어될 수밖에 없으므로, 소설은 이념적 정당성에 의한 구조화와 현실적 정합성에 의한 구조화의 이중 나선을 그리게 된다. 소설은 그 정의상 허구의 영역이지만, 또한 있음직한 사실에 육박하지 않으면 안 되는 것이다.

그에 따라 작가는 두 가지의 사료를 채택하는데, 하나는 실록 ── 그것도 그중 기억나는 부분이며, 또 하나는 구전(口傳)이다. 그리고 이 두 가지 사료는 역사성과 흥미를 뒤섞는 연의라는 형식을 취한다. 우선 『정감록』·『남사고비결』을 필두로 한 감결(鑑訣)·도참(圖讖)과 '황제'의 일대기 간의 놀라운 겹침에 의존하는 정설이 제시되고 나면 다음과 같은 이설이 뒤따른다. "그런데 어떤 이는 말한다."(황제 1:29) 혹은 "그런데 그 산승에 대해서도 이렇게 말을 하는 이가 있다."(황제 1:33) 그러나 황제가 '정진인(鄭眞人)'의 삶을 살아감에 있어, 모든 불일치는 황제와 무관한 곳에서 발생한다. 그도 그럴 것이 그 이설의 대부분은 황제의 아버지인 정처사(皇考) 혹은 '천한' 입들에 관련된 것이고 황제는 어떠한 경우에도 그에 대한 책임으로부터 자유로운 까닭이다. 이를테면 황제가 천재임을 논증하는 무사독학(無師獨學)의 정설 다음에 위치하는 백석리 주변의 학문 수준에 대한 이야기──이설, 그 이후에 이어지는 구절이 그렇다. "황제가 반드시 천재이어야만 한다는 법칙이 없는 이상, 거기 대한 것은 별로 실익이 없는 논란이므로 그냥 덮어 두고 황제의 인품이나 살피는 게 낫겠다."(황제 1: 39) 천재를 내세우던 정설의 목소리는 이설의 제시로 짐짓 역사를 내세우지만, 정설이 의심될 때는 즉각 최초의 천명론(天命論)으로 맞받아친다. 정설과 이야기의 필연성을 접속시키는 다음의 기기(奇奇)한 귀류 논증은 서술 주체의 갈라진 목소리가 어디로부터 들려오는지를 확연히 보여 준다.

　　그러나 실록과 그것을 지지하는 구전을 의심한다면 그 반대자들의 주장 또한 어떻게 믿을 수 있단 말인가. 다시 말하지만, 부질없는 시비로 머뭇거리느니보다는 미심쩍은 대로 앞으로 나감으로써 일의 대강을 먼저 안 뒤에 차분히 미루어 생각해 봄이 나으리라.(황제 1:45)

　　정설에 대한 합리적 해석인 이설을 정설에 포함시킴으로써 정설에 대한 의심은 이설 자체를 설정할 수 없도록 하며, 이야기의 지속 자체를 방해하는 요소로 된다. 결국, 이러한 이중 제시가 이야기 진행을 지체시키고 있음으로 해서 발생하는 독자의 이야기 진행에의 욕구에 편승하면서, 정설과 이설의 무게 편중은 현격히 정설 쪽으로 기운다. 서사 진전에 대한 호기심 혹은 이야기에의 욕망이 정설을 선결정적 지위에 올려놓도록 유도하는 것이다. 이제 후반부에 이르면 "동양의 지혜와 깨달음은 이놈 저놈에게 업신여김을 당하여 이미 이 땅에서 숨쉴 곳조차 없는 난세(亂世)에"(황제 2:82)라는 말, "상식과 합리로 절여진 우리들 범인(凡人)들의 몰이해"(황제 2:229) 따위의 질타는 그처럼 숭고하다. 황제에 대한 숭모와 추도가 "내가 처음 덕릉(德陵)을 찾게 된 날로부터 6년 전인 1972년의 일이었다."라는 한 문장을 통해 대단원에 이를 때, 서술 주체와 실록 편찬자는 더 이상 구별되지 않는다. 소설의 초입에서 기도된 신빙성, 사실성에 대한 장황한 장치들이 황제의 숭고한 이념에 의해 완전히 점유됨으로써 나타난 현상이 바로 '닫는 액자'의 소멸인 것이다.

이렇게 해서 『백제실록』의 진본성·실재성에 의존했던 최초의 숭모가 후반부의 인격적 완성──'진정한' 형이상학으로 대체되는 과정에서 생기는 어떠한 단락, 어떠한 의혹도 천한 것이 된다. 이설의 제시는 오직 황제의 이야기와 서술 주체의 현실을 매개하고 신빙성을 확보해 가는 방편으로까지만이며, 서술 주체의 서사에 대한 독점적 지위를 추인하기 위한 유도체로만 사용된다. 요컨대 이념의 정당성을 가치론적으로 확정해 가는 과정을 통해 이설로 서사화되는 현실적 정합성은 지워지며 이념은 더 '순수'해진다. 그러나 그 가치화 작업이란 황제와 대학생들 간의 토론, 이현웅과 김광국·황제 간의 토론에서 보듯이 생성 중인 현실을 이미 있는 가치로 중화시키는 일에 다름 아니다. 김광국이 "이형의 유물사관(唯物史觀)이나 그분의 천명(天命)이나 그것이 어떤 필연성에 의지하고 있다는 점에는 똑같은 발상"(황제 1: 264)이라고 말할 때, 또 황제가 "맑시즘인지 말오줌인지 내 알 바 아니지만, 기왕의 네 주장이 그를 따른 것이라면 그는 필시 허행(許行)의 소설(所說)을 치장하고 비튼 것에 틀림이 없다"(황제 II: 270)라고 꾸짖을 때, 그 논쟁들은 얼마나 형식 논리적인가. 생성 중인 현실을 존재했던 전거를 통해 중화시키는 논리는 현실이 고사로 자리를 바꾸고 고사가 현실로 작용하는 일이 되며, 대개의 보수주의가 바로 이러한 '있는 것/있었던 것'을 통해 '발생하는 것'을 포획하는 현실 읽기를 택한다. 현실은 그렇게 해서 꼭 있었던 만큼만 있게 된다. "먼저 세상이 이렇게 만들어졌을 때는 이렇게 되어야 할 까닭이 있으리라는 것"(『선택』:58)이다. 존재했던 역사로 생성의 역사를 계몽하고 신화가 계몽과 한 몸이 되는 기획은 이렇게 시도되며 이문열 문학의 한 특이점이 여기에 있다.

하지만 서사의 종국에서 '벌'과 '나비'를 천승만승(千乘萬乘)으로 삼은 황제가 "다스리지 않음으로써 다스린다"라는 경지에 이르는 과정은 어떤 의미에서 그 자체 현실에서 축출되지 않은 이념의 운명이며 이것이 『황제를 위하여』가 그 자체 이데올로기의 시대에 대한 우화일 수 있는 이유일 것이다. 즉, 황제와 그가 개진하는 동양적인 이념은 도래한 이념에 대한, 이념의 실현 과정에서 발생하고 반복되는 상흔에 대한 대항 주체·대항 주제로 설정된 것일 터이지만, 실은 그 감결이 보장하는 개벽을 신봉하는 황제 자신이 근대적 이념 과잉의 총아이기도 하다. 어떤 가치가 현실을 실재적으로 운용해 나가는 힘들과 무관하게 운위되면서 현실을 오직 최초의 신념 안에서 구획하려 한다면, 그리고 그것이 기계적인 반복을 통해 신념에 대한 어떠한 수정도 가하려 하지 않은 채 현실을 오직 신념의 일그러진 피사체로만 간주하려 한다면, 그때도 그 삶과 신념은 숭고할 것인가. 선뜻 대답하기 어려운 대로, 우리는 적어도 '그 풍경은 우습다'라는 사실을 인정할 수 있다.

더욱 우리를 어리둥절하게 하는 것은 완강한 위계화의 원리에 의존하는 이문열의 '동양적인 것'에의 옹호가 다름 아닌 바로 전 시대의 복원과 어떻게 다른지를 알아내기가 쉽지 않다는 사실이다. 세계의 위계화, 유가

적 실천과 세계의 해체, 도가적 도통(道通)이 그때 그때의 도래 이념을 소추하기 위해 설정됨으로써 동양적 이상 자체가 단독적으로는 정립되지 못하고 있다. 많은 경우, 이문열이 즐겨 사용하는 고사를 통한 인유는 사료(史料)로 포섭되는 현실에 다름 아니며 고사와 현실을 뒤바꾸는 전도체계에 해당한다. 이문열은 서구적인 것을 지우려 하지만, 그가 동양적인 것을 파악하는 방식은 서구적 이념과의 겹침을 통해서이다. 마르크시즘에 대한 해석에 개입하는 허자가 소설 전편에서 한 번도 적극적으로 해석되지 않는 점, 묵자가 예수의 사랑에 대한 대항 주체로만 해석되는 상황 등을 떠올려 보면 이해는 좀더 명확해진다. 이문열이 동양적인 것을 받아들이는 방식은 서구적 근대성 안에서의 일이며, 이른바 '동양적인 것'은 '서양적인 것'과 한 쌍을 이루는 한에서만 호명된다. 그의 이념은 체계가 아니라 도상이다. 황제든 세계든 이념이든 작가든 간에 도대체 뻣뻣한 무언가가 '반복'되고 있으며 "상황은 다른 것을 요구하고 있는데도 근육은 계속해서 같은 운동을 하는 것이다." 요컨대 "희극적으로 보이는 결점은 우리가 그 안에 끼워넣어지는 기성의 주형과 같은 것이다."[5]

운명과 화법 ── 저자 기능의 문제

『왕을 찾아서』의 이중적 이야기 제시법은 탈신화화의 과정이 역사의 순리이고 대세임을 아는 자의 화법이다. "나는 간섭할 수 없고 간섭해서도 안 된다. 역사가란 그런 것이다."(왕:320)라는 서술자의 고백에서도 알 수 있듯이 그에게 소설이란 때때로 현실의 '흐름' 밖에 놓인 것이자, '사건 자체와 관련해서는 한없이 무력한' 사초(史草) 같은 것이다. 삶의 흐름──운명에 항상 합치되지는 않는 개인의 실존과 희구 때문에 소설은 정교하지 못하며 어떤 분열의 형태로, 이원화된 구조로 나타난다. 이

---

5) 베르그송, 『웃음』, 정연복 옮김(세계사, 1992), 21쪽(강조:필자). 이하 (LR: 21)로 표시.

문열과 약간의 뉘앙스 차이를 둔 채로 두 관점의 이야기가 대립하는데, 이를테면 어떠한 사건이든 "이렇게 말했다는 이야기도 있고 또 다르게 들었다는 사람도 있다."[6] 혹은 "이 신화의 뒤편에는 내가 아는 진실의 그림자가 있다." (왕:23)

『왕을 찾아서』에서의 서술 주체는 『황제를 위하여』와 같은 초점화를 통해서가 아니라 서사에 직접적으로 관여하는 기억, 그리고 그러한 기억에 대한 해석을 통해 서사 내부에 존재한다. 서술 주체는 기억을 추억의 형태로 취향화한 채 탈신화된 '도시'에 살고 있다. 그리고 그 '취향-끌림'과 '대세-흐름'의 한쌍은 신화와 탈신화의 한 쌍으로 구조화된다. 따라서 이 이중 나선 자체가 시대적 결락, 개인의 분열적 편향에 대한 징표가 된다. 『왕을 찾아서』를 비롯한 성석제의 서사 구조가 이중 나선의 이야기에 의존하고 있는 것은 그의 서술 주체가 신화 시대를 통과해 역사 시대에 이른 '기억'을 가진 존재이기 때문이며, 따라서 추억(취향)과 현실(대세) 사이에서 흔들리는 존재이기 때문이다. 정사와 야사 혹은 진실과 소문이 다투는 가운데, 도시 문법의 대세를 읽어 낸 자의 자기 분열과 아픔, 그에 대한 희화가 그의 목소리를 갈라진 것으로 만들고 있는 셈이다. 이제 정설과 이설, 즉 신화와 계몽은 개인의 욕망 안에서 배반과 전도, 즉 배중률(排中律)적 문제로 존재하게 된다.

마사오는 광복 이후 지역의 거리가 낳은 최초의 건달, 최대의 신화였다. 마사오가 수업을 마치고 돌아왔던 그 무렵은 지역이 신화 시대에서 역사 시대로 교체되는 시점이었다. 또한 내가 학교에 입학해서 글을 배우기 시작했을 무렵이기도 했다. 역사는 신화와 마찬가지로 주인공을 필요로 한다. 다만 신화의 주인공은 신이고 역사는 인간이라는 점이 다른데

---

[6] 「조동관약전」, 『아빠 아빠 오, 불쌍한 우리 아빠』 (민음사, 1997), 12쪽.

격변하는 시대 교체기에 인간으로서 도달할 수 있는 최고 경지의 영웅이
바로 마사오였다. (왕:19)

　　마사오가 세계 챔피언을 한 방에 무릎 꿇게 만들었다는 소문이나 신
화는 소문이고 신화일 따름이다. 사람들은 그들이 원하는 대로 영웅을 만
들어 간다. 마사오가 불패의 신화를 가지게 된 것은 사람들이 불패의 신
화를 가지고 싶어했기 때문이었다. 광자는 목화씨를 골라 내면서 나머지
이야기도 해 주었다. 나는 진실을 알고도 아이들에게는 물론 지금까지 한
번도 발설하지 않았다. 나 역시 신화를 가지고 싶었다. 나도 남들처럼 영
웅을 가지고 싶었던 것이다. 그러므로 나는 마사오가 결국에는 세계 챔피
언을 때려눕혔다는 신화를 재창조해야 한다는 책임을 기껍게 지려 한다.
(왕:28)

　　소문 속에서 마사오는 신화이고 왕이지만, 서술 주체의 기억마다에서
탈신화된다. 성석제는 '누가 세계를 움직이는가'보다는 '무엇이 세계를
움직이는가'에 대해 말한다. 『왕을 찾아서』는 두 개의 시대, 두 종류의 왕
에 대한 신화이고 역사인데, 각기 그 왕의 구성 과정에 개입하는 힘들·기
도들이 그에 대한 해답을 이중적으로 구조화한다.
　　우선 재천으로부터 마사오의 부음을 들은 '나'의 '지역' 행과 마사오
에 대한 추억담——신화 시대, 신화 속 왕의 모습을 추억하는 과정이 첫
번째 '왕 찾기'의 구조를 이룬다. 마사오 누이를 첫사랑으로 가진 '나'는
마사오 '신화(神話)'가 '지역'의 어법과 요구에 의한 '신화(神化)'라는 사
실을 누구보다 분명히 알 수 있는 입지에 있다. 그리고 수많은 신화소들
이 마사오라는 압도적 신화 주변을 장식한다.
　　레비스트로스와 아도르노의 어떤 주지를 반복하자면, 신화와 역사,
신화와 계몽 사이의 간격은 신화의 분리를 통해서가 아니라 신화의 연속

으로서 역사·계몽을 파악할 때 극복될 수 있다. 이런 점에서 성석제의 역사 인식은 신화적 진실과 역사적 허구를 배중률화하는 데까지, 주체 안에 자리한 신화적 욕망과 초월 의식, 속악한 것(세희와 재천으로 대표되는)에의 매혹 간의 거듭되는 전도에까지 이른다. 마사오의 행적들은 범상하기 짝이 없는 현실에서 최고를 원하고 미증유를 원하고 전우주적 사건을 원하는 사람들, 즉 신화를 원하는 사람들에 의해 "효모가 들어간 밀가루처럼 부풀어 올랐다가 적당히 첨삭이 되고 장식이 된 다음 잘 구워진 빵과 같은 신화로 만들어졌다. 그리고 그 신화가 사람들의 머리와 가슴에 지워질 수 없이 되풀이되고 공고하게 된"다.(왕:31) 마사오는 지배자가 아니라 하나의 이상적 관념이고 힘이며 질서이다. 개인 안에 있는 전체주의·파시즘적 권력 관계에의 매혹이고 그 헛됨이다. 그리고 여기에 조직으로 대표되는 '도시'와 소문 이상의 언어 ─ '역사'가 진군해 온다. 그러나 마사오처럼 되고 싶어하는 창용의 은밀한 욕망이 말해 주듯이 역사는 또한 신화를 모방하며, 꼭 그만큼 신화 살해에 가담한다. 마사오는 마사오와 같아지려는 창용의 도끼에 오른팔을 잃고 실각한다. 그 과정에서 마사오를 배신하고 창용에게 배신당한 '소문의 일인자' 박재천은 다시 한 번, 마사오의 신화와 소문에 의지해 설득, 회유, 협박 등으로 '지역'의 왕이 된다.

"소문은 소문을 낳고 소문을 먹고 소문에게 시집가고 소문과 교배하여 다시 소문을 낳고······. 이런 식으로 하루에도 몇 번씩 같은 과정을 되풀이한 끝에 결국 한가지로 통합되었다. 지금 와서는 이미 역사적 사실로 굳어 버린 그 소문의 줄거리"(왕:306)라는 구절이 의미하는 것처럼, 현대적 어휘로 말하자면 각자가 만든 소문 = 담론의 총합이 역사로 정초되는 것이 된다. 마사오라는 왕의 신화 자체가 역사로 반복되며, 신화도 역사도 이 소문 = 담론들의 교점으로 존재한다. 그렇다면 왕은 개인들의 욕망 혹은 언어와 공모하는 한에서 신화를 생산할 수 있는 몇 가지 소문들만을 제공하면 그만이다.

　마사오의 실체가 텅 빈 기표만이더라도 문제가 되지 않는다. 초월적 지위는 책임으로부터도 초월하며, 면책(免責)의 언어인 소문은 계속된다. 그런 의미에서 역사 시대에서 신화 시대의 향수를 불러내고, 이것을 현대적 조직과 정치적 언어 책략에 접목시키는 재천이 '지역'의 왕이 된 것은 예정된 '흐름'인 것이다. 지역 정서를 동원하고 신화를 동원하고 지역 방언·소문에 의지해서 박재천은 담론들의 교점 —— 탈신화된 권력의 정점에 선다. 박재천은 결코 싸우지 않는다. 그러면서도 지역의 패권을 얻기 위한 맞수 황포의 제거, 대경과의 협상은 그토록 쉽다. 재천은 말로 이기는 담론학자이다. 그리고 결정적으로 왕의 여자가 된 옛사랑 세희('지역 최고의 미녀')에 대한 '나'의 욕망은 거세된다. 어느 순간, 나는 '이용당한 역사가'로 서 있다.

　『황제를 위하여』에서 서술 주체는 담론의 교점이자 유일한 저자로서 서사에 있어 하나의 초월적 권력을 의미하는 것이었다. 『백제실록』의 유무와는 무관하게 여기서는 저자의 모사(模寫) 작업의 가치와 의의가 진본성(眞本性) 혹은 진정성(authenticity) 자체를 구상해 내고 확증하는 근거가 된다. 사건의 전모를 알고 있는 유일한 존재, 숭고한 신념을 계몽으로 축조하는 서술 주체가 거기에는 분명히 존재한다. 그러나 『왕을 찾아서』의 서술 주체는 서사를 결정하는 자도, 서사의 전모를 알고 있는 자도 아니다. 자신의 외부에서 구축된 담론들—— 실은 스스로도 모르게 가담되어 있는 여러 기획들 속에서 하나의 흔들리는 위상을 그려내 보임으로써, 소설은 어느 순간 완전히 '패배'해 있는 우스꽝스러운 서술 주체, 저자 기능의 실존을 드러낸다. '냉소의 왕위'(왕: 361)마저 재천에게 물려준 서술 주체는 드디어 웃음이라는 가혹한 특이점에 놓인 채, 스스로를 향해 어색하게 웃고 있는 것이다. 어쩌면 여기에 이문열과 성석제로 대표되는 시대의식, 작가 위상의 결절점이 있는 것은 아닐까? 밖에서 계몽하는 자와, 이미 '밖'이란 존재하지 않음을 증언하는 자의 차이 말이다.

언어라는 것이 다른 사람과의 대화체, 즉 담론을 상정하는 이상 우리의 '표현'은 어떤 식으로든 세계를 구성하는 행위가 된다. 왜냐하면 그 표현 자체가 세계 형성에 가담하는 행위가 되고 그 가담에는 많은 이데올로기적 계략들이 개입되는 까닭이다. 따라서 말은 세계를 구성하고, 그 구성 과정은 권력 형성의 단초가 된다. '지역'에서 담론의 질서는 마사오 신화였고 그 신화를 보장하는 소문이었다. 무엇이 세계를 지배하고 구성하는가. 우리의 말투가 지나치게 문장을 지향하는 한 그것은 담론 책략이 될 것이다. 따라서 성석제는 현존하는 담론들의 다양한 진폭을 펼쳐 보이는 동시에, 여기에 가담하는 개인들의 분열된 의식을 배중률화, 이중 나선화한다. 권력의 중심이란 개념적 허구이며 말의 성채이다. 저자도 서술 주체도 결코 세계의 한계는 아니며, 세계 안의 한 위상에 불과하다. 성석제 소설에는, 어떠한 주체도 어떠한 저자도 초월되어 있지 않다. 담론을 기획하고 담론의 방향을 운위하는 담론의 질서만이 존재할 뿐이다. 하나의 이야기는 그 이야기의 저자를 통해서가 아니라, 담론들 간의 힘의 대결에 의해 결정되며, 그것에 꼭 맞게 대응하는 것이 '흐름'과 '끌림'을 배중률화하는 이야기의 이중 나선이다. 계몽이 웃음을 유발하고, 웃음의 전략 자체가 이 세계에 대한 어떤 깨달음을 제시하는 것이다.

따라서 성석제의 소설이 구축하는 서사의 이중 나선에 있어 어떤 담화도 결코 진리치의 경중을 주장하지 않는다. 성석제에게 삶의 일련의 사건들은 관점을 포함한 채 담화된 사건이기 마련이며, 따라서 하나의 법칙성만으로 관측될 수도, 확정될 수도 없다.[7] 진정함을 강조하는 모든

---

[7] 성석제, 「20세기의 겨울에서 21세기의 봄 사이」, 『21세기 문학이란 무엇인가』(민음사, 1999).

이야기들은 성석제에게 그러니까 의심스러운 무엇이다. 서사의 이중 나선에 있어 신화와 계몽은 지속적인 것이면서 배중률적이며, 적대적이면서 상호 의존적이다. 신화에 불과한 것에 대한 취향을 가진 서술 주체는 그 때문에 이용되고 질서화되며 결국 그 스스로 웃음거리가 된다. 그는 우리 안에서 우리와 함께 웃었지만, 그 낄낄대는 표면의 심층은 어둡고 우울하다. 배반과 전도의 서사—서정 희극 안에서 흔들리는 어떤 운명론자의 화법은 유쾌하고 쓸쓸하다. 그런 까닭에 이 씁쓸한 농담, 가혹한 웃음은 우리에게 하나의 맹목적 질문이다.

숭고 미학과 웃음의 서사 —— 계몽과 웃음

아름다움이라는 화두, 숭고함이라는 전율은 계몽의 이상이 예술을 벗삼으면서 어떻게 서로서로를 고양시키고 지시하는가를 보여 주는 한에서 근대성의 매우 특징적인 한마디를 구성한다. "자연에 있어서 숭고한 것에 관한 감정은 우리들 자신의 사명에 대한 경외의 염(念)이요, 우리는 이 경외를 일종의 치환에 의해서 자연의 객체에 표시하는 것"[8]일 뿐이라고 할 때, 근대적 아름다움과 그 판단의 근거에는 이성 이념의 자유로운 사용, 즉 계몽이 놓여 있다. 유한한 구상력에 부딪혀 오는 제아무리 크고, 제아무리 아름다운 자연도 이성의 이념에 비하면 그다지도 작으며, 우리는 무한할 것만 같은 자연이 이성의 이념을 상기시켜 주는 한에서 '즐거움·숭고함'을 느낀다. 그렇게 해서 계몽은 자연과 현실의 원리에서 자유와 이성의 원리로 건너뛰는 지렛대를 얻게 된다. 감성은 이러한 숭고의 상태에서 초감성적인 것이 되며, 사명과 합치하게 된다. 자유라는 의지의 인과율을 은폐한 채로 예술을 숨은 계몽——숭고한 것을 향해 매듭짓는 행위는 마치 장죽의 지렛대로만 겨우 도달할 수 있을까 말까 한 고

---
[8] I. 칸트, 『판단력비판』, 이석윤 옮김(박영사, 1974(1996)), §27.

딕 성당의 늑재 궁륭을 겨냥하는 아찔한 일이 된다.

따라서 숭고함은 세계 안에 있지 않으며 '사명에 대한 경외의 염(念)'——주체 안에 존재한다. 하지만 숭고함의 기원인 '숨은 계몽'은, 혼히 스스로를 '사명'의 기원이자 현실태로 주장하는 음험한 계략들에 노출되며 그렇게 이용된다. 미적인 숭고함은 분명 "막대한 힘에 대한 정신의 저항"을 지시하고 있다. 그러나 숭고의 기원, 즉 사명의 근거는, 때때로 불가지적인 것으로 나타나며 따라서 허다한 이념이 이 숭고한 감정을 점유하려 시도하게 된다. 신화적인 것을 모방하는 '상처입은 영웅'의 서사와 그것이 기도하는 예술의 열성적 매개화는 숭고 미학의 나쁜 정치화, 부정적 결과들일 수 있다. 이문열의 『황제를 위하여』는 이 사명·계몽을 '봉건적인 방식'으로 모사하는 인물——영웅적인 구제 사관을 통해 숭고 미학의 괴이쩍고 수상한 존재 방식을 드러내 보인다. 여기서 그 '사명'의 원인은 불가지적인 '천명'(하늘이 준 사명!)으로 제시되며, 숭고함이란 여기서 현실에 대한 이념의 선결정성·불가공약성으로 실재화된다. 그러니까 이미 존재하는 책에 발생 중인 현실을 끼워 맞추려는 황제의 기계적 거동은 스스로가 믿는 책 자체——천명의 기원을 의심하지 않는다. 『정감록』을 베끼는 의식과 행위 속에서 모든 것은 단 하나의 책 안으로 구겨져 들어간다.

그러나 예술이라는 이 절묘한 매개는 또한 자율적이며 당대를 향해 가는 방식을 스스로 알고 있다. 예술은 헐거운 계몽 신학의 지배를 오직 스스로의 형식화 방식에 의해 거절해 버린다. 즉, 미적 자율성에 의해 신학으로부터 떨어져 나온 예술은 오직 스스로의 형식을 가지고 신학에 복수하는 것이다. 희극의 형식이 바로 그것이다. 숭고를 사취하려는 나쁜 신념과 홍미성의 향방과는 무관하게 '자율적으로' 운위되는 비판의 서사는, 위대함 자체도 일단 간파된 후에는 노골적인 첨탑에의 욕망에 불과함을 확연히 드러내 보인다. 예컨대 '미친 시대'에 맞선 황제의 예지적인 면모가 숭고의 나선을 그려 보이는 것과 꼭 같은 순간에 겹쳐 나타나는 승리에 취한 우둔한 절대자의 포즈가 그렇다. 현실에 남은 황제의 육신에 주어지는 것은 포즈가 된 계몽, 권력이 된 숭고, 욕망으로 발각된 사명 이외에 다른 것이 아니다. 황제와 그 이념은 급격히 추상화된 채 현실에서 축출된다. 아무것도 할 수 없게 된 자의 '지덕'과 '무위자연(無爲自然)'(왕:233)은 깨달음이 아니라 추방이다. 이 숭고한 희극을 통해 이문열은 '존재하지 않는 것', 즉 숭고한 형상을 얻었지만, 그것은 곧 그 자신의 형식에 의해 배반당한다.

　황제와 여타 근대적 이념군의 논쟁에서 드러나는 '반복'되는 것으로서의 이념이 지니는 진정한 본성이 지배 관계의 긍정임을 알기란 어려운 일이 아니다. 모든 사건, 모든 인물이 반복 가능하고 대체 가능해지는 것인데, 여기서 어떤 이념도 어떤 주체도 체계라는 개념 장치의 단순한 실례가 된다. 천명의 실현이라는 목적론적 구조화에 의해 주체를 대상화하고 완전히 균등한 매개로 획일화한다는 점에서 '추상화'된 계몽은 하나의 절대적 기표만을 위해 운행하는 신화 시대의 세계 이해와 한가지이다.

　모든 사건을 '반복'으로 수렴하는 이문열의 세계 인식과 '내재성의 원리'는 신화적인 상상력에 반대하는 계몽의 원리이지만 그 자체가 바로 신화 자신의 원리인 것이다.[9] 선한 것과 진실한 것만으로도 『폴리테이아』는 구상될 수 있다고 확신했던 플라톤이 최후의 순간에 머리맡에 둔 단 하나의 책은 전도와 풍자의 책, 아리스토파네스의 희극이었다. 『황제를 위하여』는 마치 이 삽화의 제시 방식처럼 거대 기획과 그것을 파괴할지도 모를 도구를 충돌시키고 있다. 와해되어 가는 숭고와 아름다움, 또

---

9) 아도르노·호르크하이머, 『계몽의 변증법』, 김유동·주경식·이상훈 옮김(문예출판사, 1995), 36쪽.

그것들을 산출하는 계몽의 기획을 온몸으로 버티고 선 이문열에게 이 희극의 형식은 하나의 딜레마일 수 있다. 『황제를 위하여』에 어떤 숭고함이 있다면 그 숭고함은 스스로를 살해하는 숭고함일 것이며, 그때 하나의 걸작은 스스로를 배반하는 걸작이 되어 버리는 까닭이다. 이 근대의 영웅은 오직 이념의 형상과 미학적인 승리만을, 그것도 희극적 승리만을 구가한다.

반면, 성석제의 『왕을 찾아서』는 그 문자에 있어 웃음이라는 나선을 그려 보이고 있지만, 그것이 겨냥하고 있는 것은 시대에 맞지 않는 의식의 의장(儀裝) — '틀린' 취향·철지난 신념이다. 어처구니없게도 『왕을 찾아서』는 『황제를 위하여』에 대한 잘 짜여진 패러디, 가히 경악할 만한 전도와 비속화(卑俗化)로 읽히는 것이다. 더구나 이제 우리는 얼이 빠져 있는 방심(absence) 상태 혹은, 유연성이 결여된 생각에 환경을 '끼워 맞추는' 존재들, 즉 '기계들' 속에서 웃는 것이 아니라, 그 기계들을 다루는 화술의 솜씨 때문에 웃는다. 물론 일차적으로 그 웃음의 기원에는 『황제를 위하여』의 경우와 유사한 측면, 즉 "세심한 융통성과 민첩함이 요구되는 상황에서의 어떤 기계적인 경화(硬化)"(LR:18)가 자리하고 있다.

그러나 『왕을 찾아서』에서보다 압도적인 부분은 배중율적 농담이다. 성석제의 말투는 운명을 패러디하는 부정의 화법이며, 자신의 어떤 편향에 대한 자기 비판에 다름 아니다. 따라서 『왕을 찾아서』에서 보다 본질적인 웃음을 주는 것은 '의미'(지시)와 '다른 의미'(내포)를 충돌시키는 탈가치화의 '농담'이다. 그는 항상 둘 이상의 문맥을 참조하기에 비판과 웃음의 표적이 되는 대상으로부터 그 어떤 '전도'들을 발견하는 일에 유능하다. 그렇게 함으로써 그는 독자를 언어적 함정에 빠뜨리며, 무의미한 것처럼 보이는 수사학적 실천에 계속 주목하게 한다. 대부분의 소설이 은폐하고 있는 소설의 허구성, 현실적 무력함·무의미성, 말의 이데올로기적 자장 등을 노골적으로 드러낸다는 점에 있어서 그의 말투는 탁월하다. 그토록 흥건한 수사들이 벌려 놓은 의미와 이데올로기, 언어와 권력의 공모는 그 전방위적 웃음을 통해 '다른 의미', '다른 시대'에 충돌한다.

말의 유희에 의존하는 화행(話行) 때문에 때로 엄청난 장황함이 성석제 문체의 지배적 요소를 이루고 그 멈춤의 지점을 알지 못하듯이, 그의 소설은 때때로 깨어진 비극을 붙들고서는 멈추어야 할 자연스러운 지점을 확정 짓지 못한다.

숭고한 희극. 그에 따른 황제의 비극적 일생이 지배하던 『황제를 위하여』에서 서술 주체는 항상 그 서사의 공간을 초월해 있는 세계의 한계이다. 『황제를 위하여』가 주는 웃음은 자동주의와 기계적 거동이 지배하는 상황으로 인해 생기는 것이며 숭고한 이념에 대한 기대와 그것의 현실화가 치르는 비용 간의 엄청난 모순 때문에 발생한다. 그 웃음은 작가에게는 전략적이지만, 그 세계 내적 형식에 있어 필연적인 모순을 드러낸다. 매개된 모범인 전거(典據)는 불활적인 반복이며 웃음의 기원이다. 작가의 숭고한 의도와는 반대로, 소설은 황제가 실현하려는 이념의 불활성과 불가능성을 희극적으로 축조한다. 그러나 『왕을 찾아서』에서 서술 주체는 이미 웃는 자인 동시에 웃음의 대상이며 주체 스스로의 믿음부터 탈가치화하고야 마는 해체론자이다. 주체의 항해라는 근대 서사의 한 신념을 보여 주는 『황제를 위하여』의 희극성이 시장의 계몽주의로서 타협된 것이라면 또 그 희극이 스스로의 존재 방식을 통해 숭고함을 살해하는 것이라면, 성석제의 농담은 판단인 동시에 환멸이며 그럼에도 버리지 못한 인간에 대한 애착과 미소이다. 왜냐하면 농담이란 전달을 위한 '대화-담론'을 생각하지 않고는 성립조차 어려운 까닭이다. 이러한 수사학적 실천들 속에서 유희적 언어 화행과 그것의 정치성, 의미(지시)와 다른 의미(내포), 운명과 화법이 거듭 전도되고 비판된다. 그러한 반복되는 개인과 반복되는 투식을 다루는 그의 시선은 공감의 '인간론'에 가까이 간다.

그러하기에 그 농담은 자주 지극히 서정적인 형태로 던져진다. 「첫사랑」(1995) 정도의 서정에 도달한 당대의 문장을 찾아내기란 결코 쉬운 일이 아닌 것이다. 부정적 현상과 그 인간과의 분리 — 관용적 시선이 거기에는 있다. 그에게 사랑을 포함한 모든 가치는 "아름답지 않은 곳이 없으며 추악하지 않은 때가 없"(왕:251)으며 웃음과 서정은, 미와 추는 언제나 동시적인 한편 배중률적이다.

숭고한 희극은 나쁜 신념과 그 반복이 계몽을 의도하는 한, 언제든 부활한다. 그리고 그 어디쯤에서 우스꽝스러운 서정 농담은, 언어의 기지에 의존하여 그것을 전도시킨다. 이문열의 방법으로서의 웃음 — 연의(演義)는 성석제에게 언어의 흘러넘침 — 구연(口演)이 되며, 의미와 내포 사이의 피 말리는 유희가 된다. 이문열에게 웃음은 판단이 아니며 숭고한 신념을 전달하기 위한 방법이자 시장의 법칙이다. 반성자적 위치를 확정 지어 놓은 근대적 계몽 주체에게 웃음은 시대적 이행에 대한 문학적 화폐이다. 그러나 성석제의 『왕을 찾아서』에서의 반성자는 세계 속에 빨려 들어간 주체이며, 따라서 그 웃음은 절망 사이에서 솟구치는 이의(異議)이고 판단의 특이점이다. 이 탈가치화의 웃음은 옳고 유쾌하지만 그만큼 절망적이다. 불량배, 고수, 여자들의 변두리 삶을 통해 반복되고 있는 삶, 또 자기 스스로의 안타깝고 우스꽝스러운 삶 때문에 성석제는 정교하지 못하다. 그가 말한 바 "인생은 반복이고 오늘은 어제의 동어반복이며 나는 남의 반복"(『호랑이를 봤다』:5)이라면 그들에 대한 웃음은 결국 자기 자신을 향한다. 이 농담의 야릇한 이타성과 서정성은 거기서 발생하는 셈이다. 어쩌면 그의 시대, 우리의 시대는 반복되는 삶의 음산한 순간들을 어릿광대의 과장된 표정으로 견디어야 하는, 그 표정 자체가 일종의 태도인 그런 시간일 수 있다.

답변에 대한 질문 —— 웃음이란 무엇인가

 실재적인 것과 가능적인 것을 매개하는 행복에의 약속은 인간에게 현재에 대하여 그 미래를 불투명함에서 구해 내고 사회적인 삶에 기계적인 정확성을 부여한다. 사실상 계몽의 역사가 그 최종점에 있는 인간으로 본 것은 스스로에게 관습과 법규를 제정하고 그것을 실행하는 인간, 그 자신이 하나의 법전이며 국가인 주권자이다. '약속할 수 있는 동물' ——계몽된 인간은 스스로를 반복·재생산시킬 수 있는 '기계' 그것이다. 그런 의미에서 자율화된다는 것과 기계화된다는 것의 의미는 사실상 구별하기가 어렵게 되며 '반복될 수 있는 것'에 대한 추상화·일반화 자체가 계몽의 이념이 된다. 이것이 계몽에의 약속 완수가 의미하는 바이며, 자율적인 또는 기계화된 자아는 다름 아닌 일관되게 정교화된 약속을 자유로 느끼는 주체이다. 그리고 우리의 웃음은 바로 이러한 상황에서 비롯된다.
 실재적인 것이 아니라 그 약속——가능적인 것이 나날의 삶을 제압하고, 기하학적 기계성이 본능과 섬세한 사유, 능동적 의식을 장악하게 되는 상황을 증언하는 것이 웃음인 셈이다. 희극적 서사의 비판성은 이 '반복' ——'경직성'을 가능한 한 적나라하게 드러내고 해체하는 데 있다. 웃음은 계몽, 행복에의 약속과 태생을 함께 하며 그 약속이 거짓된 것, 기계적인 경직성에 빠졌을 때 폭발하는 작용이다.
 그런데 그 발생 자체는 약속에 대한 탈가치화가 상당 정도에까지 진척된 상황에서만 가능한 까닭에 다음과 같은 필연적 질문을 동반한다. 성숙한 개인이나 자율적 능력에 대한 희망이 여전히 우리에게 위안이며 미덕이라면, 대체 인간이 자신의 행위를 자유롭게 결정할 수 없고 사회생활의 관습과 직무, 국가와 사회가 법칙화된 약속을 개인에게 온전히 내면화하여 마침내 인간 그 자신을 압도하고 있는 지금, 우리는 왜 그러한 희망들마저 좌절되어 가는 상황들을 목전에 두고 이토록 잔혹하게 웃고 있는 것인가? 우리는 개체의 자유가 그 내면에 있는 기계의 검열, 그 외면에 있는 전체의 약속을 거치지 않고는 사실상 불가능하도록 강요되는 세계에 살고 있는 것이 아닐까? 밀란 쿤데라는 전체주의와 농담 간의 관계 속에서 소설을 사유하며, 다음과 같은 놀라운 영감을 제시해 주고 있다. "300년 동안의 여행을 거쳐 돈키호테, 바로 그자가 측량 기사의 모습으로 변장하고서 마을에 돌아온 것은 아닌가?"[10] 세르반테스의 돈키호테와 카프카의 K는 같은 사람인 것이다! 그리고 그 측량 기사는, 『황제를 위하여』의 과대망상 환자로, 『왕을 찾아서』 속의 망연한 역사가로 현신한다.

 삶에 있어서 모든 진지함은 우리의 자유로부터 나온다. 우리가 성숙시켰던 감정이나 은밀히 품었던 정열, 그리고 우리가 숙고하고 결정해서 실행했던 행동, 한마디로 우리 자신으로부터 나와 분명 우리의 것, 바로 이러한 것들로 인해 우리의 삶은 때로는 비장하고 대개의 경우에는 장엄한 양상을 띠게 되는 것이다. 이 모든 것이 희극으로 바뀌기 위해서는 무엇이 있어야 할까? 그러기 위해서는 겉으로 드러난 자유의 이면에 그 자유를 조종하는 실이 숨겨져 있다고 상상하는 것으로 충분하리라. (LR:72, 강조: 필자)

 지금 이곳에서 웃음을 해방적인 체험이자 도약으로 보려는 경향을 만나는 일은 누구에게나 어려운 일이 아니다. 이러한 경향은 명백히 웃음을 별다른 의심 없이 마치 엄숙주의에 대한, 가능적인 것의 억압성에 대한 저항군으로 생각하며 신앙의 역사에서 계몽의 역사에 이르기까지 지속된 신성함, 경건함, 아름다움, 숭고함보다도 더 많이 가진 것처럼 여기

---

10) 밀란 쿤데라, 『소설의 기술』, 권오룡 옮김 (책세상, 1990), 23쪽.

는 듯이 보인다. 그러나 어떤 의미에서 희극적인 것은 아직 가질 수 있는 위안, 즉 (진짜이건 꾸며진 것이건) 위대한 비극에서 찾을 수 있는 위안을 빼앗아 버림으로써 그 비극적인 것을 '앎의 상태에서 깨뜨려 버리는' 것이다. 어떤 의미에서 희극의 시대는 비극의 시대보다 위안이라는 삶의 요소가 삭감된 시대이다. 웃음의 역사는 계몽의 역사보다 더 적은 것을 더 적은 향유만을 가지고 있다. 웃음의 역사에서는 인간이 그 자신의 삶의 고유한 창조자이며 주인일 수 있다는 희망, 인간은 자신의 능력을 사용할 용기를 과감히 실천함으로써 자유에 도달할 수 있다는 위안이 사라져 있는 것이다.

1784년 칸트는 '계몽이란 무엇인가'라는 《월간 베를린》의 질문에 「질문에 대한 답변: 계몽이란 무엇인가」라는 제목의 잘 알려진 기고문을 송고한다. 그리고 오늘날의 상황에서 끊임없이 부활하고 확산되는 전체에 대한 희극, 그것의 서사화는 계몽이라는 답변에 대하여 다음과 같은 제목의 질의서를 요청하고 있는지 모른다. 「답변에 대한 질문: 웃음이란 무엇인가」. 계몽이 여전히 미완의 기획이고 행복에의 그래도 가장 유력한 약속이라면, 그리고 그런 한에서 답변을 요구하는 희망이라면 그 희망을 향해 이토록 싸늘하게 이토록 자주 우리를 웃게 만드는 이 가혹한 웃음이란 도대체 무엇이란 말인가.

웃음은 오늘날 우리가 일상적으로 경험하는 바, 계몽에 대한 하나의 도전적 물음이며 맹목적인 질문이다. 마르크스는 어느 자리에선가 역사는 두 번 반복된다고 했다. 한 번은 비극으로, 또 한 번은 희극으로. 놀라운 것은 그 반복 자체가 이미 첨단의 희극이라는 사실이며, 그런 한에서 끝간 데 없는 질문이라는 사실이다. 웃음이 향유되지 않고 사고되는 시대에 웃음은 어떤 것의 반복이고 전면적인 질문이다. 그리고 그러한 웃음은 흔히 과소평가되고 때때로 과대평가된다. 유쾌한 것은 즐겁거나 해롭거나 둘 중 하나이다. 그러나 웃음을 진지하지 못하다거나 진리와 무관하다고 경계하는 이념이 표정화된 엄숙함은 때때로 얼마나 우스운가. 또, 웃음의 해방성에 대하여 서슴없이 말하는 사람들은 이 무관심하고 악마적인 유산에 대해 얼마나 순진하게 웃고 있는 것인가. 그런데 우리가 볼 수 있는 얼굴은 이 두 얼굴뿐인 것이다. 그것은 시대적 결락에 대한 하나의 징후이며, 더 이상 옳지 않은, 불가능해 보이는 신념에 대한 유쾌한 장송(葬送)이다.

언제나 웃음에서 척도는 반성되지 않으며 다만 실천된다. 웃음은 기계적인 것에 대한 기계적인 반응이다. 그 가혹한 웃음 속에서 우리는 김수영이 오래전에 말한 것처럼 "진정 기계주의적 판단을 잊고 시들어 가"고 있는지도 모른다.[11] 웃는 것은 우리가 '구경'하고 있다는 것이며, 무엇인가가 희극적이라면 그것은 삶에 존재하는 견디기 힘든 '반복'들 때문이다. 그런데 이문열의 경우를 비롯한 어떤 소설은 반복을 본뜰 만한 전거로 가치화하며, 또한 그렇게 모사한다. 그리고 바로 그러한 반복을 거쳐서 우스꽝스러운 탈가치화의 모순에 빠진다. 그런데 또 하나 소설은 옳지 않은 반복 속에서 기계를 보고, 운명을 발견한다. (물론, 나는 여기서 성석제의 경우를 염두에 둔다.) 그처럼 무관심한 자신과 그 형식을 통해 삶의 신산스러움을 간파해 내는 것이다.

웃음은 어떤 단절, 즉 그 감정과 그 존재가 분리되는 곳에서만 가능해지는 상태를 상정할 때 가능한 심드렁함에 가깝다. 우리를 무감동한 상태에 있도록 하여 그 감정이 그 존재의 뿌리에 가 닿는 것을 방해하고 다른 감정과 치환되는 것을 방해하는 것도 바로 웃음이다. 웃음은 인간 세계 내부에서 이루어지지만 그 시선 자체는 언제나 세계의 외부에 있는 것처럼 작동한다. 다시 말해 그 "웃음에는 우리 스스로가 갖고 있지 않을 때는 우리를 위해 사회가 가지고 있는 저의(底意)가 내포되어 있는 것이

---

11) 「웃음」, 『김수영 전집 1』(민음사, 1981), 19쪽.

다."(LR:113) 우리가 짐짓 세계의 이해관계와 무관하다는 듯이, 읽고 웃는 순간에조차 그 웃음이 터져 나오는 상황 자체는 지극히 사회적인 것, 즉 관심의 상황이다. 숭고가 그러한 과도한 '관심' 속에서 파시즘과 손쉽고 지속적인 결합을 했던 것처럼, 웃음은 가치의 병렬식을 개별자 각각에서 수행하는 아나키한 사유들과는 곧잘 어울린다. 두 개의 소설이 보여주는 웃음은 일차적으로 기계 장치에 대한 응징, 불활적(不活的)인 것에 대한 조롱일 수 있지만, 그 자체가 하나의 응징을 위한 기계 장치이자 특이점이며 숨겨진 전략의 산물이다. 숭고 이상으로 '웃음' 역시 맹목적 '도구'로 전유될 위험을 가진다. 웃음은 '밖'의 시선 — 적어도 세계의 한계에 위치한 시선이라는 전제 속에서 세계 내부의 기계성을 교정하는 장치이다. 두 소설이, 이 글이 하나의 매개항을 형성하게 되기를 바랄 뿐이다.

다만 다음과 같이 물음으로써 답변에 대한 질문을 맺을 수는 있을 것이다. 그렇다면 웃음은 지금 얼마만큼 있으며 어떻게 있는가. 그리고 기억할 수 있는 어느 시점들에 위치한 유쾌한 독서들과 기억해 낼 수 있는 그 웃음의 발생 지점들을 생각해 볼 때 웃음은 점점 세계 구석구석을 향해 또는 담론 주체 자신을 향해서 가혹하게 진군해 들어오고 있는 것으로 보인다. 폭증하는 웃음의 맛은 우리에게 아주 가끔씩만 달다. 허다한 위악과 냉소의 서사들, 웃음 끝에 희화된 스스로를 발견하는 서사들의 증감을 가늠하는 자리에서 우리는 계속되는 낄낄거림 속에서 언젠가는 그 낄낄거림 혹은 쓰디쓴 웃음의 대상이 된다. 그처럼 유쾌하게 부정적인 것들 속에서 웃던 숨겨진 저의의 개별자들은 많은 경우 유용하게 웃지만, 불행히도 그 웃음이 속한 공간의 꼴 밖에는 하나같이 처음 것과는 다른 질감의 웃음이 놓여 있다. 우리가 늙고 둔중한 가치들과 그것의 기계적 작동을 보며 웃을 때 우리는 자기도 모르는 사이에 탈가치화의 전략을 수행하게 된다. 그리고 많은 경우 그 웃음은 매우 유용하고 해방적인 측면을 가질 것임도 틀림없다. 그러나 그러한 웃음조차 때때로 기껏해야 새로운 신 옆에서 새로운 가치를 위해 웃는 행위 이상이 아니라는 사실, 또는 그러한 가치마저 찾기 힘든 상황에서 터져 나온 우연적 쾌에 머물 수 있다는 우려 역시 타당한 논거들을 지닌다. 우리는 지금 악에게는 악을 돌려주고, 선이라면 악을 내어주는 세르반테스의 20세기적 유산 둘을 손에 쥐고 웃고 있다. 그렇다면 우리의 웃음은 어디에 있으며 왜 그렇게 있으며 무엇을 위해 거기에 그만큼 있는 것인가. 그 웃음의 맛은 또한 어떠한가. 혹 그 입술의 끝에는 어떤 종류의 실이 달려 있지나 않은가, 어떤가.

(2001년 겨울)

3 늑대처럼 우는 개 — 포스트모던 동물원

늑대처럼 우는 개
―― 시와 그래피티, 포스트모던 상황과 한국의 시인들

재귀하는 홉스 ―― 우우거리던 늑대는 어떻게 개가 되었나

조르조 아감벤은 『호모 사케르』에서 도시에서 숲으로 추방된 인간은 이미 인간이 아닌 늑대, 혹은 늑대인간이 되어 버린다는 구비 전승에 대해서 설득력 있는 설명을 하고 있다. 중세 도시 국가적 분위기에서 성장해 제국주의 시대, 문명화 시대를 풍미한 늑대인간의 전승은 문명의 내부를 구성하는 필수 요소이자 무의식인 '추방에 대한 공포'를 설명해 준다. 물론 식인종이 없듯이 늑대인간도 실제로는 없다. 있다면 외부에 대한 공포, 자연적인 것으로 나타나는 모든 타자와 인종에게 스스로의 죄의식을 전가하는 '전이(轉移)의 쾌락'이 있을 뿐이다. 늑대인간의 전승이 소구되는 이유는 어쩌면 근대가 여전히 피해와 가해를 뒤집는 잔혹한 전도의 쾌락을 즐기고 있기 때문인지 모른다. 이를테면 우리의 영역 안에 들어와 있는 저들 조선인이 우물에 독을 탔기에 우리는 그들을 죽인다. 야만인이 우리를 먹을지도 모르기에 우리가 그들(의 땅)을 먼저 먹는다. 총을 든 인디언은 위험하기에 우리는 그들을 추방한다.

늑대인간의 이야기들은 식인종 전승이 제국주의 시대의 무의식을 보여 주는 것과 유사한 원리로 도시 문명과 근대 국가를 탄생시킨 심리적 기제들을 암시해 준다. 흥미로운 것은 아감벤이 토머스 홉스의 『리바이어던』을 늑대인간 전승의 전형적 사례로 언급하고 있다는 점이다. 홉스가 자연 상태(정확히는 '시민 국가(civil-satate)의 밖'이라는 상태)에서 이끌어낸 "만인의 만인에 대한 투쟁", 즉 "자연 상태에서 인간은 인간에게 늑대"라는 명제가 바로 그것이다.

조잡해서 더욱 오묘해진 중역(重譯)으로도 충분히 선연하게 다가오는 이 늑대 혹은 이리의 상태에 대한 공포는 『리바이어던』 원저작의 첫 장에 새겨진 표제화의 신화적 박력을 통해서도 설명 가능하다. 성에 둘러싸인 도시의 한가운데 첨탑이 있다. 그리고 기하학적으로 건설된 도로와 집들이 첩첩이 그 안에 펼쳐지고 성 밖으로는 전원이 자리해 있다. 전원 언덕에는 수도원과 약간의 집들이 띄엄띄엄 늘어서 있다. 그리고 산 너머에 '그것'이 있다. 『리바이어던』 혹은 레비아탄. 왕관을 쓴 리바이어던. 사람이자 괴물인 이 존재는 오른손에는 칼을, 왼손에는 지휘봉을 들고 있다. (이 지휘봉은 『리바이어던』의 프랑스어판에서는 저울로 바뀐다.) 원래 신에게 낚시질당하는 구약 성서의 수중 괴물의 이름이었던 이 인간 형상을 한 괴물의 크기는 도시의 크기와 대체로 동일하다. 왜냐하면 놀랍게도 아즈람 보즈가 그린 이 군주의 얼굴을 한 레비아탄의 몸뚱이는 시민 국가 전체의 시민들의 얼굴로 뒤덮여 있기 때문이다. 이것은 벌들의 집과도 같고, 보기에 따라서는 「킬링필드」의 해골 무덤과도 같고, 군중을 포괄하는 초인——박정희 시대의 사회 안정 포스터와도 유사하다. 모두를 두렵게 하는 '공통의 힘'을 보여 주는 이 삽화의 분위기를 느끼고 싶다면, 간편하게는 「나이트메어」의 프레디의 몸에서 요동치던 잡아먹힌 아이들의 얼굴들을 떠올려도 좋고, 아주 어렵게는 1934년 이탈리아의 무솔리니 정치 포스터나, 무슬렘의 얼굴로 뒤덮인 오사마 빈 라덴

표지(《슈피겔》, 2001년 9월 24일자)를 찾아봐도 된다.

홉스는 말한다. "사람들은 만인의 만인에 대한 투쟁이 전개되는 참혹한 자연 상태를 극복하기 위하여 국가를 만든다. 공공선(common wealth) 혹은 국가는 모든 사람이 각자가 향유하는 자연권을 포기하여, 그것을 어떤 사람 또는 인간의 집단에 주어 버림으로써 성립한다 (……) 힘은 총합에 있다." 이 국가를 토머스 홉스는 '리바이어던'이라고 불렀고, 이것은 '인조인간'이라고 규정했다. 일단 이 자동 기계적 인조인간에 주권을 증여하면, 사회 계약이 성립하며, 이렇게 의탁된 증여의 총합('주권')인 '인공의 혼'이야말로 근대 대의제, 국민 주권의 정신이다. 이것은 공공을 위해 기계 장치처럼 움직이며 이 인조인간으로서의 리바이어던만이 '인류'라고 불린다.("인격을 하나의 실체로 만드는 것은 대표자의 통일성이지 대표되는 자의 통일성은 아니다.") 인간에 의해 생겨난 자연 이상의 것, 이를테면 시계나 기계 등의 모든 자동 기계 장치를 홉스는 '인공적 생명'이라고 믿었는데, 이 새로운 종의 기획자인 홉스에게 있어서 시민 국가의 밖은 따라서 절대적 외부, 혹은 늑대들이 이글거리는 자연 상태로 나타난다. 도시 국가 밖에 놓인 자연적 생명은 서로가 서로에게 늑대가 된다. 자연권을 의탁받은 인공성·자동 기계·목적선(善), 그러니까 근대 주권의 개념을 이것처럼 선명하게 표상하는 도상은 그 이후로도 좀체 나타나지 않았다. 공포 위에 구축된 자유. "어머니는 그때 쌍둥이를 낳았으니 나와 공포가 그들이다."(롤랑 바르트가 인용한 홉스)

홉스가 돌아온다. 그것도 구성 권력적 속성이 통째로 빠진 힘과 강제 계약의 홉스가 재귀하는 것이다. "자유는 (추방의) 공포 없이 성립하지 않는다."라는 홉스의 언명을 둘러싸고 벌어지는 신보수주의 군산 복합체와 발리바르, 데리다, 하버마스의 예기된 싸움을 극서(極西, 이미 서구의 밖, 동양은 없다!)의 끝에서 지켜보고 예감하며, 새삼 추방된다는 것, 혹은 스스로 인간이 아닌 다른 어떤 것이 된다는 것의 의미를 묻지 않을 수 없다. 그리고 이 질문은 우리의 주제와 비유적 차원에서, 또 역사의 (종언) 차원에서 깊이 연관되어 있다.

포스트모던 세계의 힘의 정치. 발리바르가 제기한 로버트 케이건의 제국적 주권에 대한 비판은 간명하다. 그렇다면 "누구의 힘이고 누구의 약함인가."[1] 《뉴욕타임스》에 의해 "외교 정책의 기수"로 명명된 로버트 케이건은 아마 레비아탄, 그러니까 시민 국가가 아니라 새로운 제국 시대의 주권에 대해 이야기하고 있는 것 같다. 케이건은 지금, 미국 국민들이 포스트모던의 낙원에 왜 너희들은 들어오지 않느냐고 화내고 있는 것이 아니라고 말한다. 그리고 '아메리카의 애국자들'은 낙원을 넓히려 하는 것이 아니라, 세계 질서를 '지켜 나가는 데' 있어서의 특별한 역할을 자랑스러워하고, 아들 부시 정부는 그렇게 의탁받은 주권을 군사적 힘을 통해 사회 계약으로 이끌어내려 한다는 것이다.[2] 단적으로 말해, 케이건은 그러니까 자신으로서가 아니라 아메리카 주권, 아니 제국적 주권의 레비아탄의 목소리를 빌려 말하고 있는 것이다. "지구적 규모의 책무를 지닌 아메리카 국민"과 그 동료 국가들. 그 밖은 만인에 대한 만인의 전쟁 상태이자, 늑대인간으로의 추방. 아메리카의 신체에 만국의 주권이 있다. 과연 '제국주의'라기보다는 '제국'이고, '제국적 주권'인 것이다.

그렇다면 홉스의 주권 개념과 늑대의 비유는 여전히 유효한 것일까. 자유와 해방은 공포와 체념 안에서만 가능한 것일까. 사회주의 몰락과 포스트모던 사회 다음에 도착한 공포와 주권을 뒤섞는 정치와 문화— 신세계의 질서는 이렇게 반복되는 것일까. 인간이 지금의 인간이 아닌

---

1) Etienne Balibar, "Whose Power? Whose Weakness?: On Robert Kagan's Critique of European Ideology", *Theory and Event*, volume 5, Issue 4., 2003.
2) Robert Kagan, "Power and Weakness", *Policy Review*, No. 133. 2002.

다른 무엇으로 되는 일이란 그처럼 추방에 의한 내몰림이기만 한 것일까. 한국의 최근 몇 년을 풍미했던 늑대되기의 신화, 들뢰즈에 대한 그 모든 집착은 모두 공염불이란 말인가.

하지만 생각해 보라. 실제로 자연 상태로의 추방이란 이미 존재하지 않는다. 오늘의 인간은 더이상 숲으로 추방당하지 않는다. 사막으로의 추방도, 절해고도로의 유배도 없다. 물론 이것이 인간 사회로부터의 추방과 그에 대한 공포의 소멸을 의미하는 것은 아니다. 오늘의 인간은 도시의 한복판으로 쫓겨난다. 도시의 내부, 사회의 내부, 사람들의 차가운 눈빛 속으로 추방당하는 것이다. 푸코는 근대 국가와 규율 사회의 등장을 감옥, 임상 병원, 정신병동과 같은 폐쇄 공간의 공포 관리로 설명한 바 있지만, 반대로 오늘의 공포 ─ 오늘의 추방은 노상에서의 방축과 같은 것인지도 모른다. 감옥의 두려움이 홈리스의 허기를 능가하지 못하는 세상을 우리는 살고 있다. 그렇게 도시 가운데로 추방당한 인간은 무리 지은 늑대가 아니라 홀로 된 개가 된다. 굶주림, 대인 공포, 비쩍 마름, 더러움, 서서히 땅에 가까워지는 두 손. 쓰레기통을 뒤지고, 행인들에게 먹이를 조르고 노상에서 얇고 눅진한 잠을 청하는 공복(空腹)의 개. 나는 이 순간 인간이라고 알려진 어떤 말하는 존재들의 현재 혹은 근과거, 포스트모던한 방축의 삶에 대해서 읽고 싶은 동물학적 충동 내지는 문학생태학적 욕심에 사로잡히고 말았다.

바로 그런 이유로, 늑대라고 우겼고, 실제로 한때 늑대이자 쥐이자 사자였던 인간 종의 동물화에 대해서 언급하지 않을 수 없었다. 말죽거리의 아이, 그러나 한 덩이의 욕망을 좇아 꿈꿈한 세운상가의 뒷골목들을 서성였을 그 아이는 "나 그때 여름날의 승냥이처럼 우우거렸네"라고 "학교를 저주하며 모든 금지된 것들을 열망하며, 나 이곳을 서성거렸네"라고 썼다. 저주하는 동시에 포획하는 눈빛, '우우' 하고 울부짖는 한 승냥이의 낯선 이와 선홍색 잇몸을 떠올리자, 어떤 전염과도 같이 「쥐가 된 인간」, 쥐-인간의 고백이 떠오른다. 목사이자 아버지이자 장군인 시민에게 저주를 퍼붓고 골방으로 도망 중인 한 사내는 쥐와 함께 춤추고 쥐의 형이상학적 고뇌를 들여다본 그 사내인데, 이 사내는 쥐들 앞에서 참회한 후 실제로 쥐가 된다." 쥐를 찍어 내는 주형 속에 들어가, 기름진 털 숭숭 돋아나 네 발로 다니며 하나의 창공, 여덟 개의 부엌을 그 높은 삶의 문턱을 넘나든"(장정일, 「쥐가 된 인간」)는 쥐가 된다. 쥐'처럼' 되는 게 아니라 실제로 쥐가 되었다는 말에 주목하자.

우우대는 짐승들은 도처에 있다. 이를테면 이런 것이다. "불현듯 존재의 비밀을 알아버린／ 그날, 나의 플래시 속으로 갑자기, 흰" 개가 들어온다. 「나의 플래시 속으로 들어온 개」(기형도)의 늙어 버린 육체에 전염된 시인은 자신이 바로 이 거리의 개임을 알게 된다. "술집에서 만난 고양이까지 나를 거들떠보지도 않"은 이유를 깨닫게 되는 것이다. 기형도의 시는 온통 늙고 지친 개의 이미지로 가득 차 있다. 이것은 유하의 늑대나 장정일의 쥐, 개와 비슷하면서도 다르다. 하지만 서로 다른 각자는 동시에 역사의 끝, 동물화하는 포스트모던 위에 처음 섰던 자들이라는 점에서 놀랍도록 일치한다. 그들 모두는 "자신의 다리를 보고 동물처럼 울부짖는다. 도대체 또 어디로 간단 말인가!"

유하의 시를 욕망에 일렁이게 하는 승냥이, 교회와 집과 감옥에서 마주친 모든 '개새끼'들의 항문에 구멍을 뚫고 있는 장정일의 '쥐새끼', 시의 프레임에 불쑥불쑥 들어와 시인을 늙혀 버린 기형도의 "힘과 털이 빠진 개"들. 모두 같은 욕망을 품고 뒷골목을 배회하는 그것들. 다시 그들이 추방당한 곳으로서의 장정일의 감옥과 골방, 유하의 거리, 기형도의 극장.[3]

---

[3] 이 글의 텍스트는 다음과 같다. 장정일, 『햄버거에 대한 명상』(민음사, 1987(2002)); 기형도, 『입 속의 검은 잎』(문학과지성사, 1989(1993)); 유하, 『바람부는 날이면 압구정동에 가야 한다』(문학과지성사, 1991(2001)). 그 외 간단히 언급한 함민복, 송찬호의 시는 제목만 밝혔다.

그들에게 추방의 장소로서, 혹은 문명의 외부로서의 '자연상태'란 애초부터 없다. 도시의 어떤 상태가 자연 상태이고, 추방은 도시의 안쪽으로 일어난다. 어느 때부터인가 한국시의 해묵은 거짓말이 되어 버린 반성적 위안의 공간으로서의 자연(여행)도 있을 리 없다. 그들은 녹색 '헤드크리너(함민복)'를 믿지 않거나, 말하지 않기로 결심한 사람들이다.

우리의 흥미를 끄는 것은 이 유형의 주체들이 인간이면서 동물인, '동물화된 인간'이라는 사실이다. 때때로 동물과 시인은 구별조차 불가능할 정도로 목소리와 신체가 뒤섞여 있다. 더 많이 동물화된 사람, 동물이면서 스포츠카인 제3의 종도 존재한다. 개의 다발, 늑대의 다발, 쥐의 다발이 존재한다.

나는 최근 이 도시를 질료로 씌어진 시들에 있어서의 '동물들의 출현' 시점을 1987년에서 1989년의 언저리로 새삼 인정하게 되었고, 한 번도 확신해 본 적 없었던 모더니티를 초과한다는 포스트모던이라는 시대의 실체에 대해서 조금 이해할 수 있을 성싶어졌고, (물론 허기진 포스트모더니티로서의 그것을) 새삼 알게 된 이 거리의 동물들의 문화적 운명에 대해 설명하고 싶어졌다. 만약 그때 포스트모던이 있었다면 그것은 "무책임한 자연의 비유를 경계하느라 거리에서 시를 만들었다"는 기형도의 고백이나, "나는 압구정동 위에서 순환이 가능한 공간을 꿈꾼다. '순환성'이야말로 '살아 있음'의 다른 이름이기 때문"이라는 유하의 희망, 지하도를 어슬렁거리며 "여기에서 여자 만나/ 연애하고 아이 낳고 평생 여기 살 수도 있을 것이라고" 말하던 장정일의 말 속에 있었을 것이다. 거리의 시인들. 하지만 우리가 사랑하는 시인들의 시에는 사람이 아니라 동물화 '되어 가는' 어떤 종들이 등장한다. 이것은 어느 날 승냥이나 쥐처럼 변이하지만, 늑대처럼 욕망하다 개로 떠돌고, 비루먹은 네 발로 죽는다. 우우거리던 늑대는 어떻게 개가 되었나.

공복의 개 — 너라는 이인칭, 그래피티에 대하여

오늘의 인간은 숲이 아니라 도시의 안으로 추방되며, 인간이 아닌 그 무엇으로 변이된다. 도시에서 사람들은 무엇에 의해 인간이 아닌 어떤 것이 되어 버리는 것일까. 공포인가. 아마 아닌 것 같다. 홉스 이래의 공포의 연구가 보여 주는 것은 오히려 사람들이 공포에 의해 사회 계약으로 내몰린다는 사실이었다. 공포는 늑대나 쥐도 인간으로 길러 낸다. 차라리 사람은 "어떤 허기와 공복(空腹) 그것에 의해 사회 계약으로부터 미끄러져 나온다. 좀더 정확하게 말하자면 사회 계약의 영도로 되돌아오게 된다."(다자키 히데아키,「에크리튀르의 돌」,《현대사상》, 2003. 10) 거리에 있다고 산책자는 아닌 것이고, 아케이드에서 물건을 사지 않고 서성인다고 벤야민일 수는 없다. 오늘날 거리에서 세상을 비관하는 자들은 산책자로서의 시인이 아니라 도시의 '안쪽'으로 추방된 홈리스들이다.

그런 식으로 공복과 허기는 또다시 언어가 생겨나는 장소에도 있다. 언어란 결국 공복을 말로 달래거나, 공복을 호소하는 것에서 기원하지 않았겠는가. 말이란 결국 아무것도 없는 입, (비어 있는 입!) 굶주린 입을 채우는 공허이다. 울고 있는 아이는 배가 고프다. 그러나 울고 있는 한 음식은 넘어가지 않는다. 기묘하지 않은가. 우리는 음식을 달라고 하고, 또 자신의 생명에 관여하는 타자를 얻기 위해, "빈 입으로!" 말하지 않으면 안 되는 것이다. 인간이 삶을 이어 가기 위해 타자를 필요로 하는 것과 같이, 언어에 의해 인간은 타자와 관계한다. 열린 목구멍, 다시 말해 음식을 삼키지 못하는 입으로 흘러나오는 것이 언어이고 소리이고 관계이다. 다시 말해 언어란 공복인 동시에 결핍, 어떤 의미에서 "이미 부정된 생명이 생명을 구하는 일"인 것이다. 혁명의 열기로 충일했던 1987년, 장정일은 이렇게 썼다.

파란 쥐약을 먹고 여관방 쓰레기통을
안은 채 새우처럼 등이 굽어버린 사내에
대하여 들은 적이 있는가. 커다란 첩보원 가방에
월부책 카다로그를 가득 넣고, 전국 개처럼 돌아다닌
그의 말없는 가죽구두에 대하여——그의 가죽구두는
네 짝——그 외롭고 큰 네 발에 대하여 당신은
들은 적이 있는가? 가족을 지척에 두고 간이역과
간이역을 내처 뛸 때, 그는 깨달았다. 날이 갈수록
집으로 돌아가는 일은 어렵다는 것을

하여 그는 끝장냈다. 더는 울지 않고——언젠가 초라한
여관의 꿉꿉한 이불 위에서 그는 울먹인 적이 있다.
끝? 끝? 이라고——스스로의 목구멍을 막았다. 견디지
못하여!——누구도 그것을 막을 수 없다. 그의
생을 우리가 대신 살아줄 수는 없기 때문에,
우리가 목격하는 자살은 언제나 타인의 몫이 된다
결국, 그것이, 그렇다——
　　　　——장정일, 「세일즈맨의 죽음——속 안동에서 울다」 중에서

　늑대를 찾으려 할 때, 우리가 먼저 만나게 되는 것은 '개'이다. '가죽'
구두를 신고 '개'처럼 전국을 떠돌던 사내, 공복의 배를 움켜쥔 채 뿜어
내야 했던 매매의 언어에 새우등처럼 허리가 굽은 그 사내. 집에서 거리
로 쫓겨난 사내는 개처럼 떠돌다 '쥐'의 약을 먹고, '새우'의 등으로 죽는
데, 어떻게 죽느냐 하면 "목구멍을 막고" 죽는다. 마지막 밤의 사내는 우
우하며 늑대처럼 울었을까, 아니면 개처럼 신음했을까.
　인용한 둘째 연에서 '——'으로 묶인 첨언을 건너뛰고 나면, 이 연은

"하여 그는 끝장냈다. 더는 울지 않고/ 스스로의 목구멍을 막았다. 견디지/ 못하여"로 읽힌다. 이것은 사내의 먹지 않겠다는 결의인 동시에, 타인에게 더이상 먹이를 조르지 않겠다는 침묵의 의지를 나타낸다. 장정일은 "이게 끝이냐"고 묻고 있다.

하지만 나는 이렇게 묻고 싶다. 죽음의 끝에서 사내의 다리는 몇 개인가. 동물해부학이냐고 탓하지 말고 보라. 어떤가. 소의 가죽을 신고, 개의 다리로 걷고, 쥐의 약을 먹고 새우의 허리로 죽은 사내의 다리는. "그의 가죽구두는 네 짝──그 외롭고 큰 네 발에 대하여 당신은 들은 적이 있는가?"(강조: 인용자) 이제 개가 되어 집으로 돌아갈 수 없는, 돌아가도 아무도 알아보지 못할 사내는 네 다리의 짐승으로 죽었다. 하지만 그 사내의 동물적인 삶과 죽음은 그가 마지막에 뿜어낸 말에 의해 겨우 '인간(성)'을 회복한다. 회복? 아니 겨우 인간으로 도착(倒錯)된다. 생명이 거부된 곳, 생명을 부정하는 언어를 통해 말하는 사람, 개-인간의 마지막에 무엇이 있는가. 아무도 없다면, 그것은 누구의 탓인가.

시인이 "우리가 목격한 자살은 언제나 타인의 몫"이라는 시어를 통해 하고 싶었던 말은 혹시 이런 게 아니었을까. 과연 너희들은 다르게 죽을 수 있는가. "살아생전 온갖 상품의 구매자였던 당신/ 당신은 죽어 비로소 영원한 구매자가 된다/ (그야말로 뼈만 남는다)"(「구매자」). "타인의 몫"이라는 시어를 아주 쉽게 읽자면, '사내 죽음은 사내의 언어에 응해 주지 않은 타인들의 "탓"'이라고 읽으면 된다. 하지만 이 시는 목구멍이 막히기 전에 내뱉은 유서로 끝난다. 다시 돌아오지 않아도 되는 말, 너희들의 숙제인 나만의 언어. 이인칭을 향해 ── "여보와 딸 숙이, 또 더러운 박과장 새끼"를 향해 쓰였지만, 타자가 거부된 자살의 언어. 타인의 몫이란 책임 따위를 의미하는 것이 아닌 것이다. 나의 죽음은 너의 것이라는 말. 한 장의 유서가 거기에는 있다. 너는 여기서 나의 죽음을 읽을 것이고, 그 순간 죽음은 "너의 몫"이 될 것이다. 팔아야 했던 사람은, 비로소 팔지 않아도 되는 사람이 되며, 그렇게 불균등한 교환의 사슬(언어와 화폐 간의)에서 벗어난다. 추방된다. 공복의 말을 팔았지만, 오직 자기만의 언어로 죽음으로써 사내는 모두를 경청시키고 죽음을 나누어 준다.

언어와 삶이 접촉하는 장소. 그렇게 시의 일인칭이라는 것을 생각해 본다. 현대시의 통용 문법 혹은 통용 주화로서의 "은화처럼 맑은 정신". (이상) "지금, 여기, 나'라는 장치와 그에 대한 신념에 대해서. 현대인인 '나'에 대하여. 헤겔이나 칸트가 모두 조금씩 의심했지만, 방법이 없어 믿어 버린 판단하고 느끼는 내레이터, 인간성을 보증하는 그 "대상과 언어의 주관자"에 대해서.

헤겔의 말처럼 모든 말하는 존재는 '나'이고, 모든 시간은 '지금'이며 모든 장소는 '여기'이다. 그러나 이 얼마나 공허한가. 시간의 타자, 공간의 타자와 통하는 유일한 방식인 언어가 모두 지금, 여기, 나의 것일 뿐이라니. 가장 직접적이고 충실하게 보였던 느끼고 말하는 자라는 가치, 모든 '현대문학사'가 찬양해 마지않는 서정시란 생각해 보면 얼마나 공허하고 새삼 외로워지는 성취인가.

차라리 '지금'의 나로서는 소위 저 주관의 객관화라는 서정시의 정의를 믿지 않기로 했다. 이것은 결심이라기보다는 진실이다. 극히 부분적으로이거나 너무 전체적인 진실. 물론 현대시는 "그는 죽었다"고 쓴다. 하지만 그 죽은 사람의 글씨는 '나는 지금 여기에 있다'. '있었다', 라는 간절한 외침이다. 다음에 그 방을 읽어 버린 시인은 그래서 그 낙서 같은 유서의 다음에 "아냐, 이건 틀렸어, 너만 그렇게 죽지는 못해" "지금 여기에 있는 것은 바로 나잖아"라고 쓰는 것이다. 지금, 이 장소를 점유하고 있는 것은 '네'가 아니라 '나'다. 지금, 여기의 '나'다. 하지만 이미 그 '나'는 '너'가 쓴 것을 다시 쓰는 존재로서의 나'인 것이다. 심지어 장정일은 '지금 여기'가 '아까 거기'라는 것을 증명하기 위해,「안동에서 울다」라는 시를 두 번이나 썼다. 두번째 안동(「세일즈맨의 죽음」)은 현실의 여수를 배경으로 한다. 죽은 세일즈맨은 「안동에서 울다」에서는 아직 죽지 않았었고, "너희들을 저주한다"는 음성을 가지고 있었다. 시간의 타자로서 사내와 함께 같은 장소에 묵는 시인. 인칭이란 결국 장소인 것이다.

이것은 장정일의 시를 읽고 문득문득 부끄럽게 놀라는 우리에게도 마찬가지다. 도시 속의 쓰고 읽기란 어쩌면 마치 화장실의 낙서, 거리의 그림과 같은 것, 그러니까 쓰고 덧쓰는 그래피티(graffiti, 고적의 벽을 긁어 그린 글이나 그림 혹은 대도회의 낙서 혹은 낙서화를 의미하는 이 말 자체가 graffitio의 복수임을 기억하자.)와도 같은 행위인지 모른다. 덧쓰이고 덧쓰여 결국 초점 화자도, 내레이터도, 심미적 판단자도, 대자적(對自的) 주체도 달리 없는. 있는 것은 그 장소를 점유하는 나, 과거에 이 장소를 점유했거나 앞으로 점유하게 될 수많은 너.

한 사내가 개로 죽었다면, 사내를 쓴 장정일, 장정일의 시에 감염된 우리 모두는 개-인간이 아닐까. 이 모든 게 1987년에서 1989년 언저리에 분명해져 버린 것은 아닐까. 『리바이어던』의 또다른 작가, 폴 오스터는 『굶기의 예술』의 한 장에서 찰스 레즈니코프의 시를 언급하며 "도시는 보는 자가 보이지 않을 수 있는 유일한 장소"라는 말을 했다. 그러나 이 말은 보는 자와 보이는 자가 섞이지 않는다거나 관계하지 않는다는 것을 의미하지는 않는다. 그들은 직접 만나지 않은 채, 섞여 버리는 것이다. 그들은 같은 운명 속에서 같은 질병에 노출된, 같은 병을 가진 사람인 것이다. 이것은 대화도 성교도 아닌, 일종의 전염이다. 장정일이 이렇게 말할 때 나는 깜짝 놀라 책을 덮은 기억이 있다.

새로운 나라는 없다. 그러므로 새로운 세계도 없다. 그렇다…… 우린, 떠나서도, 이 세계로, 다시, 돌아…… 온다, 이…… 나라로!──제길, 또 여기야?/그 나라가, 이 나라네!/어이, 어이 황형 다른 집으로 가지?(술집에서)
──장정일, 「pp. 13~35」 중에서

한 번도 만나 본 적 없는 사람에 의해 이인칭(어이 황형)으로 호명되는 놀람과 당황스러움은 몇 년이 지난 지금 전혀 엉뚱한 곳에서 또 한 번 반복되었다. 물론 그 이인칭은 실제로는 존재하지 않고, 그 '황형'과 필자는 처음부터 아무런 관계도 없다. 이것은 폴 드 만이 말한 수사학에서의 '프로소포페이아', 그러니까 에크리튀르의 램프이자 헤르메스와도 같은 '이인칭의 효과'이다. 우리들이 말을 걸면 대상은 그것이 어떤 것이든 그것들은 잠재적으로는 목소리를 갖고 있는 것, '나'라고 말해도 좋고, 또 '너'라고 생각해도 이상하지 않은 존재가 된다. 이 이인칭은 등장인물 혹은 오브제 중에 있을 수도 있고, 흔한 서정시에서와 같이 시인과 시적 화자의 대화를 의미하기도 하며, 독자일 수도 있다. 수신자 없는 메시지는 존재하지 않기 때문이다. 시의 발화란 "읽혀지기 싫다"고 말하는 순간에조차 이 이인칭 '프로소포페이아'의 힘을 빌려 전해진다. 돌이나 숲에게 그들의 아름다움을 찬양하는 행위와도 같이, 잠재적인 목소리로서의 이인칭은 발화에 실제로는 영향을 미치지 않지만 이 에크리튀르의 헤르메스가 없다면 쓰는 행위도 읽는 행위도 없고 글쓰기는 죽음의 장소가 된다.

이러한 '너의 인식'이 결정적으로 글쓰기라는 행위 자체에 의식적으로 전제되는 순간, (그것이 언어의 대량 소비 때문이든, 포스트모던한 반복의 의식 때문이든) 시는 그래피티와도 같은 것이 된다. 우리는 장정일의 시를 읽으며 얼마나 자주 '너'라는 환청을 경험하는가. 너는 나다. 이 저주는 너의 것이다. 내가 쓴 시는 낙서고, 네가 쓴 낙서가 시다. 모든 게 낙서이고, 반복이니, "어이 황형이 쓰는 그 글은 이미 씌어졌어"!

도시 동물계 속에서라고 한다면, '말하는 자'라고 해서 저 혼자 사람일 수는 없다. "나는 지금 여기에 있다"라고 쓰는 자가 제일 먼저 보게 되는 존재란 결국 개-인간들이다. 뛰어난 시인일수록 고통에 더 잘 감염된다는 말이 사실이라면 뛰어난 시인이란 결국 그의 프레임으로 들어온 그 연민의 대상에 쉽게 전염되는 사람이라고 해야 옳을 것이다. 언표의 주체나 시적 화자의 측면에서, 또 언표 행위의 주체인 시인에게 있어서도 '나'는 언제나 '너'를 전제한다. 바로 이 '지금 여기의 나'는 말을 통해서, 타자라는 대상을 발견하는 행위와 관계 방식에 의해서 부정의 대상이 된다. '지금 여기의 나'란 그렇게 분명한 범주가 아니다. 믿어지지 않는가.

    그는 말을 듣지 않는 자신의 육체를 침대 위에 집어던진다
    그의 마음속에 가득찬, 오래된 잡동사니들이 일제히 절그럭거린다
    이 목소리는 누구의 것인가, 무슨 이야기부터 해야 할 것인가
    나는 이곳까지 열심히 걸어왔다, 시무룩한 낯짝을 보인 적도 없다
    오오, 나는 알 수 없다, 이곳 사람들은 도대체 무엇을 보고 내 정체를 눈치 챘을까
    그는 탄식한다, 그는 완전히 다르게 살고 싶었다, 나에게도 그만 한 권리는 있지 않은가
    모퉁이에서 마주친 노파, 술집에서 만난 고양이까지도 나를 거들떠보지도 않았다
    중얼거린다, 무엇이 그를 이곳까지 질질 끌고 왔는지, 그는 더이상 기억하지 못한다
    그럴 수도 있다, 그는 낡아빠진 구두에 쑤셔박힌, 길쭉하고 가늘은
    자신의 다리를 바라보고 동물처럼 울부짖는다, 그렇다면 도대체 또 어디로 간단 말인가!

— 기형도, 「여행자」 전문

인용한 기형도의 「여행자」가 장정일의 「세일즈맨의 죽음」이나 「안동에서 울다」에 대한 화답 시, 혹은 빛나는 인유이자 보유(補遺)로 언급되지 않는 것은 의아한 일이다. 기형도의 신화 때문이거나, 장정일의 질주

때문이겠지만, 신화를 삼킨 신화일수록 더욱 유장하고 장엄한 법이 아닌가. 분명 기형도는 이미 이것이 누구의 목소리냐고, 그는 누구냐고 우리에게 묻고 있다.

실제로「안동에서 울다」두 편을「여행자」,「기억할 만한 지나침」과 뒤섞어 읽어 보면, 어느 시구가 누구의 시구인지 판단할 수 없는 기묘한 순간에 이르고 만다. 기형도와 장정일의 시에서 반복되는 울고 있는 '사내'의 이미지는 심지어 고유명도 인칭도 없이 그저 매번 "사내"라는 말로 등장한다. 누추한 곳에서 숨어 우는 남자들의 이미지의 반복, 울고 있는 사내의 목소리와 겹치고 섞이는 시의 화법이 말해 주는 것은 무엇일까.

심지어 기형도의 시「여행자」안에서, 시적 화자인 '나'와 시적 오브제인 '그'의 목소리는 완전히 구별되지 않는다. "그의 마음속에 가득 찬, 오래된 잡동사니들이 일제히 절그럭거린다/ 이 목소리는 누구의 것인가, 무슨 이야기부터 해야 할 것인가/ 나는 이곳까지 열심히 걸어왔었다." (강조: 필자) 여기서 중얼거린다, 탄식한다의 주체는 누구인가. 타인의 고통으로 들어갔다가 차마 빠져나오지 못한 시인? '그'(사내)의 목소리로 말하고, 또 듣는 일인칭이나 이인칭인 기형도의 시의 화자? 아니면 여행자인 '그 자신'? 과연 '지금 여기 말하고 있는 나'는 누구인가.

이게 다 '거기서 거기'인 운명들의 뒤섞임이나, 타인에 대한 공감 때문이라고 말해 버리면 편하리라. 하지만 기형도는 이미「흔해빠진 독서」에서 그렇게 읽지 말아달라고 했다. 나를 빌려가 달라고, 내 몸의 죽은 자들을 당신이 좀 덜어 가라고. 나 역시 당신을 덜어 왔다고. 1980년대 이후 최고의 서정시인의 한 사람으로 이야기되는 기형도 시의 목소리의 뒤섞임을 다시 되새겨보지 않으면 안 된다.

기형도의 시를 읽으며 우리는 종종 그가 택한 오브제의 목소리로 말하는, 그래서 어느 순간, 어디서부터 어디까지가 시인이고 어디서 어디까지가 타인인지, 누가 '나'이고 어디가 '여기'인지 알 수 없는 목소리의 겹침을 발견한다. 우리 모두는 이미 겹쳐 쓰인 텍스트가 되며 동시에 너무 많은 삶을 읽어 버린 사람이 된다. 그러니까 "휴일의 행인들은 하나같이 곧 울음을 터뜨릴 것만 같다/ 그러면 종종 묻고 싶어진다. 내 무시무시한 생애는/ 얼마나, 매력적인가. 이 거추장스러운 마음을 망치기 위해/ 가엾게도 얼마나 많은 사람들과 흙탕물 주위를 나는 기웃거렸던가!/ 그러면 그대들은 말한다, 당신과 같은 사람은 너무 많이 읽었다고/ 대부분 쓸모없는 죽은 자들을 당신이 좀 덜어가달라고". 기형도는 "이런 밤은 저 게으른 사내에게 너무 가혹하다/ 내가 차라리 늙은이였다면!"(「추억에 대한 경멸」) 하고 쓴다. 사내의 말을 들으며 사내의 말에 섞이는 그 '사내의 너', '그 혹은 나의 너'로서의 시인. 삼인칭으로서의 '개(같은 인)생' ― '그'(사내)가 있다. 그리고 그 고통에 전염된 시적 화자인 '나'가 있다. 이 '나'는 그에게로 걸어들어가 '너'가 되고, 목소리는 뒤섞인다. 우리는 같은 장소로 추방될 수 있다는 바로 그 이유로 인해 공동의 목소리-삶에 대해 생각하지 않으면 안 된다.

이것은 장정일이 열심히 설명한 시인의 상태인 '도망중인 사나이'가 "가증스러운 독자들!" 그 자체인 것과 유사하다. "도망중인 사나이는 시민"이고, "시인인 나는 너"라는 것이다. "아무에게나 펠라치오를 시키는 버릇없고 건방진 후레자식!"인 '너'. 문득 이 '나'와 '그'의 목소리의 겹침에 감응된 그 모든 이인칭인 '너', 아니 독자들. 울부짖음, 전염, 정신감응, 동물이 되어 가는 이 과정. 불행히도, 나는 너다. 그런데 어떤가 하면 행복에의 약속은 그 글자들 위에서만 씌어질 수 있다. 몰개성의 순간에 구원처럼 열리는 오직 그만의 시.

시적 화자가 오브제에 겹치고, 이것이 시인에 겹치는 것은 어떤 의미에서 보편적인 것이지만 그것을 시어의 표면으로 끌어올리고 '나'라는 일인칭의 목소리를 한 편의 시 안에서 가변화해 버린 것은 확실히 새로운 현상이다. 그것을 시에 있어서의 포스트모던―주체의 몰락이라고 말해야 할까. 하지만 이걸 몰락이라고 믿고 싶지는 않다. 말하자면 "(베껴쓰기: 아니라면 대체 무엇일까?)" 하는 장정일의 도발적 언명이 향하는 결론은 이렇다. "(굵은 활자로 베껴쓰기: 아아 우리들은 죽은 사람들!!)" (이상, 장정일, 「pp.13~35」) 1989년 이후의 시란, 그렇게 지금 거기에 내가 죽은 듯 또한 살아 있음을 두껍게 덧써놓는 그래피티와도 같은 것이 되었다.

개인적인 언표는 존재하지 않는다. 언표를 생산하는 기계적인 배치들이 존재할 뿐이다. 『천 개의 고원』에서 들뢰즈·가타리는 이 배치들이 근본적으로 리비도적이며 무의식적이라고 말한다. 그것은 바로 사람 안에 있는 무의식이라고. 현 인류──유(流)적 현실이라고. 말 그대로 그래피티가 되어 버린 시, '지금 여기 나'라는 현대성의 도그마를 잃어 가는 시는 암담한 몰락인가. 그렇다면 왜 장정일의 고통은 여전히 이렇게 빛나는 고통, 눈부신 질주로 읽히고, 기형도의 죽음은 왜 아직도 그처럼 애통하고 찬란한가. 그렇게 해서 장정일과 기형도의 인유를 둘러싼 그래피티의 단상들은 다시 새로운 종의 출현, 동물화의 문제로 넘어간다. "한 개인이 자신의 진정한 고유명을 얻는 것은, 가장 엄격한 몰개성화가 실행되고 난 후에 개인을 관통해서 지나가는 다양체들에 개인이 열릴 때이다. 고유명은 다양체에 대한 순간적 파악이다."(『천 개의 고원』) 너무 어렵기에, 극히 희소한 파악.

개인은 어느 순간 읽을 수 없는 책, 혹은 너무 많이 읽은 책이 되었다. 김현은 기형도가 말한 '책'을 '개별자'들의 그로테스크한 슬픔이라고 표현했지만 기형도는 계속 타인을 읽고 타인의 목소리가 되어 말한다. 아무리 흔해 빠진 인생이라도 "같은 인생은 없다". 눈물의 위 "물 위를 읽을 수 없는 문장들이 지나가고/ 나는 더이상 인기척을 내지 않는다."(기형도, 「물 속의 사막」) 그의 삶을 펼쳐 읽는 시의 화자는 "나를 펼쳐보라"고, "나를 빌려가라"고 간절하게 말한다. "사람들의 쾌락은 왜 같은 종류인가" 혹은 "그는 다른 사람과 구별되지 않는다"라는 말과 "이 세상에 같은 사람은 없네"라는 말 사이의 배중률 위를 기형도의 시는 걷고 있다. 그와 나 사이의 이인칭으로. 깜박깜박 점멸하는 일인칭으로.

그렇게 이 다양체는 장정일의 목소리에도 있다. 장정일은 이러한 이인칭의 관계를 '베끼기'라고 말한다. "당신과 나 사이에 있었던 일은 과연 무엇일까? (다시 베껴쓰기: 당신과 나 사이에 있었던 일은 과연 무엇일까?」(「편지·2」) 그래피티로서의 시. "지금 여기 나" 라는 근대성의 샹들리에 반대편에서 말하는, 장정일의 다음과 같은 시를 우리는 현대시의 그래피티화, 일종의 비극적인 비전으로 이해하지 않으면 안 된다. 장정일은 '종이에 쓰는 시인'이라기 보다는 '벽에 새기는 낙서가'이다.

> 그날, 그곳에서 있었던 당신과 나 사이의 그 행위에 대한 해답을
> 회색의 대리석 위에 또박또박 파 새기지 못한다면
> 우리들은 이미 죽은 사람들의 무덤 앞에 죽은 사람들
> 내리는 눈발 속에 차츰차츰 지워져갈 눈 송장
>
> ——장정일, 「편지·3」 중에서

장정일의 많은 시는 이처럼, '벽이라는 공공권'에 새겨진 '나와 너의 친밀권'을 표시하고 있다. 그러니 이 '나'를 '너'는 보라. 『너에게 나를 보낸다』라는 이름은 그저 그렇게 붙여진 삼인칭적 기투(企投)는 아닌 것이다. 물론 이 비극적 인칭의 모험은 편지를 수신하는 측, 그들의 육체를 빌리는 '너'——우리들의 읽기 없이는 그저 하나의 파국에 불과하다. 수신할 것인가, 말 것인가. 그의 우편적인 불안은 해소될 수 있을까. '타인의 몫' 혹은 그가 열어 놓은 가능성으로서의 이인칭의 몫. 램프처럼 깜박이는 에크리튀르의 헤르메스, 혹은 태도와 현실로서의 이인칭.

「푸른 흔적」, 혹은 반자연적 관여 —— 숲을 삼킨 언어의 좀비들

언어를 통해 이미지에 이르는 것이 아니라 이미지들에서 메시지로 통하는 길. 미디어의 언어에서 문학으로의 길. 문학어와 대중 언어의 양방통행. 자연에서 문화로의 길에 한 사람이 있다. '가벼움과 진지함', '압구정과 하나대', '날뛰는 맛과 질박한 맛'의 이항 대립을 말놀이를 통해 '다방구' 하는 시인 유보씨. 유희와 계몽, 하위 문화와 순수 문학을 배합하여 시대정신을 만드는 연금술. 말놀이(pun)에 의존하는 시어들의 미묘한 중첩의 파동들, 번다하고 수다스러운 패러디와 패스티시의 교육적 놀이들 속에 '시인 유보씨의 하루'가 피고 저문다. 이전과는 다른 시의 질료들에서 시대를 읽고 싶어하는 욕망들과 언어의 새로운 소비 현상을 통해 시의 생존을 붙들어 보려는 열망들, 그리고 미디어의 언어와 시어의 겹침에서 미학적 민주주의를 발견하는 희망들이 유하의 시를 통해 만났던 것은 얼마나 당연한가. 미디어 사회의 시적 언어와 문학의 응전이 새삼스러운 것만은 물론 아니다. 그러나 황지우와 박남철의 시가 '말한 것'과 '말 뒤에 도사린 정치성'의 간극을 소외와 이화(異化)로 보여 주는 폭로전이었다면 유하의 시는 소비 사회의 언어를 충격보다는 매혹으로 받아들였고 물화된 삶 속의 주체를 그 물화 과정의 한복판으로 밀어넣었다. 대중문화의 '내부'에서도 여전히 문학은 가능했던 것이다!

대중문화 언어의 좀비와 댄디한 흡혈귀를 구도적(求道的) 시인으로 부조하는 그 통로에 무엇이 있었을까. "난 얼마나 잡념이 많은 동물인가 송창식 노래보다도 못한/ 이 무기력한 시 써서 뭣 하나"(「시인 유보씨의 하루 1」)라고 말하는 거리의 동물은 어떻게 시대의 시인이 되었는가. 차라리 반대로 문화의 대척점 「푸른 흔적」으로부터 읽어 나가면 어떨까.

이제 할머니의 호미 늙고 지쳤어
　　무성한 잡초 주인 잃은 호박 넝쿨에 파묻혀 그 넘서밭
　　마침내 영원히 잠들려 하네
　　영원히 잠들려 하네
　　어느덧 내 몸을 감싸던 그 넘서밭의 푸른 흔적
　　뙤약볕 얼음과자 같던 외의 씁쓸한 맛으로 사라져가고
　　나—비 나—비 따라 읽던 그 옛날의 음성만 입 안에 무성하네
　　　　　　　　　　　　——유하,「푸른 흔적」중에서

　할머니와 할머니의 맛은 가고, 그 음성만이 입 안에 무성하다. 유하는 쉽게 이야기되는 것처럼 문화의 흘러넘침이 아니라, 거의 언제나 어떤 부재, 결핍에 대해서 말하고 있는 것이다. 욕망이란 늘 부재의 형식이기에 또한 늘 공복과도 같은 것이다. 그는 공복이고, 결핍이고, 할머니(의 외)와 넘서밭은 지금 여기에 '부재' 한다. 이 공복이 "입 안에 무성한 음성"을 만드는 것이다.
　지금 여기에는 밖으로의 추방도, 밖으로의 여행도 없다. "세속도시의 테이프를 탁, 뽑아내고/ 들뜬 공테이프로 가치를 출발하면/ 지나간다 푸른 들판 푸른 나무/ 길게 연결된 녹색 헤드크리너 테이프"(함민복,「여행에 대한 비관론」)라고 읊던 함민복처럼 과격하지는 않지만, 유하 역시 충만한 자연, 자연으로의 추방을 믿지 않는다. 유하 시의 자연은 욕망을 지연시키기 위한 진정제 혹은 할머니에 대한 고고학과도 같은 것이다. 그가 자주 이야기하는 하나대란 그러니까,「푸른 흔적」과도 같은 것이다. 유하의 자연은 자주 눈, 숲, 비와 같이 풍경을 덮어 버리는 것에 대한 명상일 때가 많다. 그 덮어 버린 풍경이 그를 내면으로 향하게 하고 그 공복이 그를 말하게 하는 것이다. 그는 반자연적이다. 자연의 존재가 아니라 그 부재(虛)를 유하는 읊고 있는 것이다!

어쩌면 그의 시의 감동은 흔히 이야기되는 바의 '지금, 여기, 나'와는 다른 곳-다른 인칭, 다른 시간 속에 있는 것은 아닐까. 조금 의아할지 모르겠지만 '반자연적 관여'의 대표자로 이야기되는 유하의 서정적 자아는 여기에 있으면서 기억에 있었고, 거리에 있는 동시에 숲에 있다. 다시 읽은 유하는 빠져나온 구멍으로 되돌아가는 사람이었던 것이다. 그러고 보니 유하의 '압구정 계열시'의 감동 역시 '그때 그 말죽거리의 배밭 혹은 세운상가의 뒷골목, 그때 그 판자촌에 살던 그들'에게 있었다. 그 모두는 어떤 흘러넘침보다는 실연과 결핍의 순간, 떠나간 할머니, 떠나간 사랑, 배밭 뒤로 사라진 친구들 기억에서 온 것은 아닌가.

> 바람부는 날이면, 압구정동에 가야 한다 사과맛 버찌맛
> 온갖 야스꾸리한 맛, 무쓰 스프레이 웰라폼 향기 흩날리는 거리
> 웬디스의 소녀들, 부띠끄의 여인들, 까페 상류사회의 문을 나서는
> 구찌 핸드백을 든 다찌들 오예, 바람불면 전면적으로 드러나는
> 저 흐벅진 허벅지들이여 시들지 않는 번뇌의 꽃들이여
> 하얀 다리들의 숲을 지나며 나는, 끝없이 이어진 내 번뇌의 구름다리를
> 출렁출렁 바라본다 이 거추장스러운 관능의 육신과 마음에 연결된
> 동화줄 같은 한 다리를 끊는 한 소식 얻기 위하여, 바람부는 날이면
> 한양쇼핑센타 현대백화점 네거리에 떡하니 결가부좌를 틀고 앉아
> 온갖 심혜진 최진실 강수지 같은 황홀한 종아리를 뚫어져라 바라보며
> 不淨觀이라도 해야 하리 옛날 부처가 수행하는 제자에게 며칠을 바라
> 보라 던져준
> 구더기 끓는 절세미녀의 시체, 바람부는 날이면 펄럭이는 스커트 밑의
> (……)
> 바로 그 순간 촌철살인적으로 다가오는 종아리 하나 있다 압구정동
> 배나무숲을 노루처럼 질주하던 원두막지기의 딸, 중학교 운동회 때

트로피를 휩쓸던 그애, 오천원짜리 과외공부 시간 책상 밑으로 내 다
　　리를 쿡쿡 찌르던,
　　　오천원이 없어 결국 한 달 만에 쫓겨난 그애, 배나무들을
　　뿌리째 갈아엎던 불도저를 괴물 아가리라 부르던 뚱그런 눈망울
　　한강다리 아래 궁글던 물새알과 웃음의 보조개 내게 던지고 키들키들
　　지금의 현대백화점 쪽으로 종아리처럼 사라지던, 그후로
　　영영 붙잡지 못했던 단발머리 소녀의 뒷모습
　　그 눈부시던 구릿빛 종아리
　　　　　──유하, 「바람부는 날이면 압구정동에 가야 한다 6」 중에서

　극단적 유를 극단적 무로 뒤집는 것, 완전한 부정의 방법을 즐겨 사용하는 그는 노자와 부처의 전도를 이용한다. 끊기 위해, 그 가장 심한 곳으로 가는 것이다. 하지만 그의 시가 늘 그렇듯이, 애초의 "저 흐벅진 허벅지들"은 "구릿빛 종아리"로 되돌아온다. 매혹을 부정하는 언어가 매혹의 대상 자체로 되돌아오는 것이다. 이것이 유하 시의 진실성이다. 그는 끊임없이 싸우고, 매번 진다. 얻는 것은 '한 소식' ── 시 한 수뿐이다.
　그는 가능하다면 끊기 위해 다른 것이 된다. "우우거리는 승냥이"로 사는 한 늑대 같은 남자로서의 자기 고발을 책임지기 위해 시인은 사람에서 가장 먼 동물이 되어도 본다. '미인병'을 극복하기 위해 " '난 중대 결단을 결심했다 구국의 차원에서 아니 인류 평화를 위해 아예 물고기가 되기로/ (……)/ 난 물고기가 될지니/ 물고기가 돼서도 美魚만 사랑할 나이지만 쯧쯧'.(유하, 「미인병」) 유하의 시를 읽는다는 것은 이 도돌이표를 다 돈다는 것을 의미한다. 사랑의 종말이 욕망의 완전한 실패로 돌아올 때까지 그의 놀이는 지속된다.
　그러나 그게 다일까. 유하의 '문화'는 명백히 하위 문화, '계급'의 기억과 함께 이미지화된다. 물론 이미 압구정은 그러한 이미지를 초과해

있다. 압구정 문화는 계급 문화가 아니며, 유하의 비판도 전혀 문화 계급적인 것이 아니다. 계급 분단선을 표시하지 않는 문화 —— 한국 대중문화의 속성을 그리고 해서 벗어날 수는 없다. 하지만 그의 화자는 대중문화라는 타자의 목소리에 침윤당하는 순간에조차, 타자의 (기억의) 기억을 떠올리곤 한다. 그의 말놀이 자체가 앞에 씌어진 것을 아련한 아픔으로 되쓰는 낙서이며, 그 낙서의 진지함을 못 참아 만담화하는 다른 낙서이다. 김혜순, 진이정, 김지하, 최진실, 심혜진, 타르코프스키, 김현, 장효조로 마구 전염되는 시인.

시인은 너무 자주, 또 너무 빨리, 계몽의 언어와 추억에 의존했던 것이 아닐까. 인용했던 시에도 그는 학창 시절 —— 배나무밭 시절의 빈곤에 의지해 부정의 언어를 만든다. 그것도 타인 혹은 친구의 빈곤을 거점으로 욕망의 "다리 끊기"를 시도하는 것이다. 그래서 그는 자꾸 압구정의 시간대를 뒤집는 것이다. 유하는 압구정이라는 흘러넘치는 유(有)의 장소를, 추억(배밭이었던 압구정)을 통해 무(無)의 장소로 한번에 바꿔 버린다. "압구정에서 듣는 잘려나간 배나무의 신음소리" —— 기억이 문화에 대한 응전의 장소로 나타나는 곳이 유하의 시인 것이다. 여러 차례 이야기된 하나대라는 장소의 방법적일 수밖에 없는 속성이 여기에 있다. 『바람부는 날이면 압구정동에 가야 한다』에서 산견되는 파노라마는 하나대의 빛을 압구정의 위로 비추는 미장센일 때가 많다.

물론 추억은 죄가 아니며 잘만 쓰면 쥐가 된다. 하지만 이 성관계 속의 늑대, 삽입 성교적 늑대는 거리에서 우우거리는 한편, 자주 지금 여기의 개들을 놓치곤 한다. 장정일의 '항문'이 더 멀리 간다고 말하고 싶은 것은 아니다. 누구도 타인을 향해 먹이라는 오이디푸스적 장치를 거부하기 위해 오물을 뒤집어쓰고 청결을 거부하라고 말할 권리는 없다. 아버지 장군 사장에 맞서 법정에 서라고 말할 권리도 없다. 하지만 가슴 아픈 말이지만 유하에게 늘 부자란 것은 '불행한 의식'이었다. 그의 부재 의식은 입이 아니라, 기억 속에 있다.

　나는 오랫동안 앞에서 언급한 시인들에서 한결같이 드러나는 딱딱한 빵, 찬밥, 한 덩이의 햄버거에 신경이 쓰였었다. 배고파서 쓴 빵의 시가 얼음같이 차고 쓸데없더라는 이야기에 신경이 쓰였다. 결핍과 부재로 인한 결과일 것임에 틀림없을 유년의 찬밥들, 성년의 근심들. 타자에게 빵을 청하는 언어와 타자의 빵을 걱정하는 언어는 아프거나 감동적이거나 따뜻하다. 달을 빵으로 바꾸는 송찬호나 홀로 남겨진 어떤 밤을 찬밥으로 기억하는 기형도, 방 하나에서 홀어머니의 가정식 햄버거를 먹으며 '개새끼'가 되어 가는 장정일의 화자가 내게는 너무도 같은 존재들로 느껴졌다. 거기에는 확실히 빈곤 아니 공복이 있다. 그리고 무엇보다 부르거나 불러내는 사람으로서의 '너'가 있다. 한나 아렌트의 잘 알려진 평문인 「혁명에 대하여」에는 프랑스 혁명과 아메리카 혁명의 차이에 대한 중요한 언급이 존재한다. 그것은 사회 계약의 유무이다. 즉 이 차이에 결정적으로 작용하는 것은 먹이지 않으면 안 되는 굶주린 대중, 타자의 굶주림이라는 명제이다. 그 차이는 1989년까지의 한국의 혁명과 1989년 이후의 반혁명 속에도 존재한다.

　많은 사람들이 1990년의 포스트모던 상황을 대중 사회의 등장으로 설명하곤 하지만, 실제로 등장한 것은 허기에 대한 망각이고, 욕망하는 다수자들의 사회이다. 그 다수자는 군중이 아니라 개인이고, 따라서 추방 가능한 존재로서 나타난다. 무엇보다 거기에는 '너'가, '나인 너'가 존재하지 않는다. 유하의 거리는 이를테면 너무 정상체위적이다. 장정일과 기형도의 시가 여전히 현재성과 정치성을 갖는 것은 거기에 결핍과 곤궁이 있기 때문이다. "아무 점원도 나를 불러세우거나 묻지 않는다."(장정일, 「지하도에 숨다」) 대한민국의 음습한 아케이드. 햇빛이 없는 아케이드도 아닌 아케이드에서도 아무도 그에게는 팔려 하지 않는다. 살 수도 없다.

계속적으로 지연되고, 절정 직전에 끊어 버리는 매혹의 대상과의 관계. 유하에게 있어 쾌락은 여전히 통로가 아니라 원환(圓環)으로 남는다. 쾌락도, 깨달음도 그대로인 채 서로가 서로를 지연시킨다. 다르게 욕망하려는 자나, 지금 여기의 압구정을 뚫는 쥐는 거기에 없다. 늑대는 없다. "휘황찬란하게 늘어진 샹들리에 주위에 붙어 있는 똥파리// 불의 소망 근처에서/ 불의 구린내를 빼는 똥파리의/ 윙윙거리는 바람"을 말하는 사람은 그래서 자꾸 "바람부는 날이면 압구정동에 가야 한다"고 말한다. 어차피 끊기 위해 가기 때문이고, 그 끊기만이 '한 소식'(시)을 가능하게 하기 때문이다. 그는 읽히기를 바라지 않으며, 송창식 노래보다 못한 것이 시라고 했지만, 실제로 그는 계몽으로서의 문학에 너무도 충실하다. '문학'에게만은 무정하지도, 부정하지도 못한 것이 그이다. "정상위의 헤테로섹스라는 성관계 속의 늑대", "나를 제외한 늑대적 존재인 남자"를 말하는 이 무화(無化)의 언어. 물론 이 말은 그의 시가 남근적이라거나 마초적이라는 것을 의미하지는 않는다. 유하는 늘 "나를 녹여줘!"라고 말하고 "한 소식 달라고 말한다". 하지만 물고기가 되겠다는 그의 동물되기는 얼마나 안전한가. 일탈의 욕망에 들끓던 늑대의 우우거림은 계몽적 인간의 달관으로 옮겨 가고 이내 실패한다. 그 실패의 고백 자체가 그의 시를 당대의 가장 충실한 고현학(考現學)으로 만들지만 압구정동의 시인은 그를 달뜨게 하는 욕망의 뿌리로 내려가는 대신 자주 '푸른 흔적'을 더듬는다. 계통 발생이 사라지고 오직 전염이 생식을 대신하는 집단 발화적인 세계, 미디어가 잉태하는 세계를 유하처럼 잘 보여 준 시인은 일찍이 없었다. 그러나 승냥이였던 화자는 오히려 시적 구문 배열 속에서, 또 '푸른 흔적'과 관계된 계통적 추억의 언어 속에서 한 사람의 범인(凡人)으로 돌아온다.

어쨌든 그들은 한결같이 시를 쓰면서, 아케이드의 상점가와 빈한한 골목을 떠돌면서, 바로 그 공복에 대해 이야기한다. 늑대 같은 욕망이 들러

붙은 뱃가죽처럼 졸아들어 버린 공복의 개에 대해서. 그리고 다른 종류의 인간, 다르게 욕망하는 종으로의 진화를 보여 준다. 공복과 허기와 외로움에 버려진 존재들이 인간이 되는 것은 언어라는 공복의 마술 때문이다.

주지하다시피, '문화'의 등장은 1987~1989년 이후의 사회 변동, 문학적 상황의 변화에 결정적인 영향을 미쳤다. 1987~1989년 이후의 문화란 무엇이었을까. 그 속에서 사라지는 것은 정치일까. 어쩌면 그럴지도 모르겠다. 문화는 문화 자체로 비정치적인 것은 아니지만 한국의 문화는 늘 의심스러운 것이었다. 왜일까.

계급 분단선의 결정적 전환 포인트로서, 각 계급이 "창조하는 문화"의 순간을 생각할 때, 이 창조는 처음부터 불온하거나 애매한 것이었기 때문이다. 문화는 계급 안에 있지 않았고, 계급 분단선의 위쪽에 '타고' 있었다. 서구 노동자들의 'Pub'이 중산층의 외식 장소가 되고 서태지를 대통령부터 변두리 초등학생까지 듣는 나라에서, 햄버거가 제국 사회에 대한 명상의 소재가 되는 일은 어렵고 드물고 무엇보다도 위태로운 질주처럼도 보였다. 포스트모더니즘 논의보다는 오르테가 이 가세트, 마르쿠제, 융 페터, 특히 아도르노의 대중문화론 비판이 1960년대를 지나, 갑자기 1990년대의 한국에서 설득력 있게 읽혔던 이유는 새롭게 등장한 「문화」가 확실히 경제적 계급, 계급분단설을 애매하게 해 버렸기 때문이다. 특히 미디어 문화에 의한 결과라고 의심된 "집단 발화적 언어의 다발"은 진정성 혹은 진본성이라는 고전적 문학 개념과 지금, 여기, 나라는 근대 주체의 미학을 붕괴 — 아니 조롱하는 것처럼 보였다.

계급 문화의 부재에서 오는 이러한 현상은 피에르 부르디외의 문화자본론 = 문화계급론이 다소 엉뚱하게도 문화권력론으로 읽혀 버리는 현상 속에서도 존재한다. 놀라운 것은 문화론과 문화권력론에 계급의 문제가 거의 생략되어 있었다는 사실이다. 한국의 문학론은 그래서인지 늘 세대성의 문제에 집착하는 양상을 보여 준다. 한국에서 누구나 믿는 계급이 있다면 그것은 경제적 계급이라기보다는, 시간적 계급이었다.('출신'이라는 이름의 지역적·학연적 계급을 포함한) 문화가 경제적 계급 분단선의 문제를 활성화하는 헤게모니의 장소라는 그람시의 주장은 부르주아지들에게나 도움이 될 듯한 이야기처럼도 보였다. 확실한 것은 계급 분단선을 애매하게 하는 것으로서의 문화가 결국 경제적 상위 계급에게는 유익하다는 사실이다. 한국의 문화는 계급 문화의 결여를 통해 계급 고착적인 것이 된다.

하지만 1987~1989년부터 1990년대 중반까지의 문화는 여전히 그러한 시간적 계급론을 전제로 한 무계급적인 범주로 착종되고 있었다. 기형도는 욕망에 우우대는 사람들에게 이렇게 물었다. "저들은 왜 밤마다 어둠 속에 모여 있는가/ 저 청년들의 욕망은 어디로 가는가/ 사람들의 쾌락은 왜 같은 종류인가".(「나쁘게 말하다」) 감성의 혁명과 인간 신체의 비유기적 확장을 언급하던 마르크스는 아마 이렇게 대답하고 있다. "다르게 느끼고 다르게 향유하라." "감각들은 그 실천상에서 직접적으로 이론가로 되어 있다."(『1844년의 경제학 철학 초고』) 기계의 출현을 유토피아의 동력으로 만들어야 한다는 푸리에를 옹호했던 마르크스가 말한 감성 혁명(『1844년의 경제학 철학 초고』)도 전면 혁명의 요구 속에 좌절되었고, 상매와 잉여의 공간인 파사주에서 유토피아의 흔적을 보고, 파사주로 들어오는 태양의 빛에서 목가적 풍경의 새로운 재귀 방식을 보려 했던 벤야민(『파사주』)의 시도도 그의 동료이자 전염자인 아도르노에 의해 극히 애매한 것이 되었다. 감각의 뿌리에서부터 실천적이고 이론적인 문화—— 그러나 어떻게?

결국 한국에서 문화를 이야기한다는 것은 "세상 모든 사람이 행복해지기 위해서는/ 세상 사람 모두가 부르주아가 되면 될 것이라고"(장정일) 외치는 일과 같았다. 문화의 뼈라화가 발견되는 순간은 뼈라의 문화화에 압도되는 순간이기도 했다. 대부분의 문화론은 문화계급론에 대한 질문으로 전화되지 못한 채, '문화 러다이트 운동'으로 반복되고 만다.

마르크스의 『자본론』이 기초하고 있는 절대적 궁핍화론은 '전면적 혁명'에서 '가능한 혁명'으로의 전략적 이동으로 이야기된다. 이것을 거꾸로 진행하고자 했던 것이 문화혁명과 68혁명이었지만, 귄터 그라스의 말을 잠깐 빌리자면, "과격한 수사로 상징적 아버지나 때려잡는 일"이 되고 말았다. 빵의 구호에 반(反)제도의 구호를 더하던 아이들은 실부(實父)의 집으로 돌아가 상속자가 되었다. "나도 바뀌었지만, 세상도 좀 바뀌었다"고 말하며. 어쩌면 영화 「세기말」의 한 대사처럼 "이성복이 아버지 개새끼 후레자식"이라고 말하는 시대가 "불쌍한 우리 아빠"나 찾고 "아버지 장군님"을 부르는 백성과 화해해야 하는 시대보다는 나은 것일까. 그러니 전면적이 된다는 것은 얼마나 어려운가. 마찬가지로 전략적이 된다는 것은 또 그 얼마나 위험한가.

늑대는 있었는가 — 그로테스크에서 팝 유머까지, 쇼비니즘에서 시니시즘까지

도시시에서 사라지는 것은 정치가 아니라 자연이다. 반정치적이라고 낙인찍히곤 했지만 실은 반자연적 관여들. 함민복이 내내 주제화한 것처럼 도시 안으로 추방당한 자들은 도시의 밖이 추방한 자들의 놀이터임을 안다. 숲이란 무엇인가. 1960년대 이후의 여행시들이 줄곧 반성의 공간으로 삼아 왔던 숲이란 무엇인가. 생명 탄생이 아니라 전염이 진화의 근거가 되는 세계에서 숲이란 무엇일까. 사이비 뉴에이지 문화로 재귀하는 자연 담론. 어쩌면 송찬호의 『동백연작』은 사이버 뉴에이지, 자연 담론이 식물성이라는 거짓말에 대한 그답지 않은 기나긴 조롱인지도 모른다. "마침내 사자가 솟구쳐 올라/ 꽃을 활짝 피웠다/ 허공으로의 네 발/ 허공으로의 붉은 갈퀴."(송찬호, 「동백이 활짝」) 동백 —— 동물. 그렇게 의미는 다시 동물화의 문제, 늑대인간의 전승으로 돌아온다.

이를테면 '이 거리의 늙은 개'들을 즐겨 써 온 함민복의 시가 말해 주는 것 역시, 바로 이 동물화된 인간의 문제가 아닐까. 그는 차라리 사람과 개의 운명적·생태적 동일성에 대한 접근이 필요하다고, 그래야 호랑이든 뭐든 될 수 있다고 말하는 듯하다. 미래의 종(種)의 관점에서 씌어진 함민복의 시 한 편은 혁명이 사위어 가고 계급 분단선이 애매하게 되어 가던 1988년의 퇴행에 대한 흥미로운 견해를 보여 준다. "지금부터 천 년 전에 컴퓨터 시대라는 미개한 시대에 남긴 것으로 추정되는 사람 모양을 한 호랑이 벽화가 한반도 남부에서 발견되었다." "이 벽화에 관한 학설"은 두 가지이다. "1. 사람이 동물화되어 가고 있음을 경고하던 그림이라고 보는 이의 학설// 2. 웃고 있는 호랑이의 모습을 들어 이는 오히려 인간이 동물화되고 싶은 욕망, 즉 그 내면 의식의 표출이라고 보는 이의 학설".(함민복, 「1988, 우리가 남긴 벽화에 대하여」) 과연 무엇일까. 이것은 전략인가, 운명인가, 질주 혹은 탈주인가. 동물-인간의 등장이 던져 주는 의미는 무엇일까. 다시 '지금 여기 나'로서의 근대적 '인간'에 대해서 묻지 않을 수 없다.

주지하다시피, 19세기를 장식한 헤겔의 철학에서 '인간'은 우선은 '자기의식'을 가진 존재로서, 같은 자기의식을 가진 '타자'와의 투쟁에 의해 절대지·자유·시민 사회를 향하는 존재로서 규정되고 있다. 헤겔은 이 투쟁의 과정을 '역사'라고 불렀다. 잊지 말아야 할 것은 그가 이미 그런 의미에서 '역사'는 19세기 초의 유럽에서 끝났다고 말하고 있는 점이다. 이 얼마나 기묘한가. 근대 사회가 탄생하는 그 순간에 헤겔은 '역사의 종언'을 선언하고 있는 것이다.

하지만 헤겔의 '역사의 종언' 선언보다 더 난해한 명제는 알렉산드로 코제브의 『헤겔 독해 입문』 속에도 있다. 이 러시아 출신 프랑스 철학자는 '헤겔적 역사의 종언'을 설명하며 이렇게 말한다. "따라서 우리에게는 두 개의 생존 방식만이 남았다. 하나는 아메리카적 생활 방식의 추구로서의 '동물로의 회귀'이고, 다른 하나는 일본적인 '스노비즘'이다."[4)]

코제브는 1930년대에 이미 아메리카를 장악한 소비자의 모습을 보았고 이를 '동물'이라고 불렀다. 여기서의 '동물'은 호모사피엔스에 대한 상대어가 아니라, 헤겔의 '인간' 개념에 대응하는 해석적인 개념이다. 인간이 인간적으로 되기 위해서는 주어진 환경을 부정하는 운동으로서의 정신과 자연과의 투쟁이 있어야 한다. 코제브가 말한 동물은 자연에 순응하고 환경에 조화되어 살아가는 종의 이름이다. 코제브는 소비 사회를 현대적 자연 혹은 환경의 총체로서 이미 알아챘던 것이다. 허기도 공복도 없고(혹은 없는 것으로 알려지고) 그것에 얽힌 투쟁도 사라진 곳에서 맞는 역사의 종언. "역사의 종언 다음의 인간이 그들의 기념비와 다리와 터널을 건설하는 일이란, 새가 둥지를 틀고, 거미가 거미줄을 치는 것과 같은 것이다. 개구리나 매미처럼 콘서트를 열고, 새끼 동물처럼 놀고, 어른 짐승처럼 성욕을 발산하는 것과 다를 바 없지 않은가."

다른 한편 동물화의 다른 편에 스노비즘이 있다. 코제브가 말한 일본적 스노비즘이란 주어진 환경을 부정하는 실질적인 근거나 이유가 전혀 없는데도, "형식화된 가치에 근거해" 이것을 부정하는 행동 양식이다. 스노브(snob)는 환경과 조화하지 않는다. 부정의 계기가 전혀 없었음에도 그것을 억지로 부정하고 '형식'적인 대립을 만들어 내며 이 대립을 즐기고 사랑한다. 코제브는 이 스노비즘의 가장 극적인 사례로서 할복을 이야기한다. 사건이나 부정의 근거와는 무관한 할복이라는 '형식' 안에서, 최대의 '부정'(不定)인 죽음을 택하는 일. 여기에는 분명히 부정의 계기(자연 혹은 본능의 부정)가 존재한다. 하지만 이 부정은 역사 시대의 '인

---

4) 아즈마 히로키, 『동물화하는 포스트모던』(고단샤, 2001).

간적 생존 방식'과는 별무상관의 부정이고 할복한 시체가 산을 이루어도 변하는 것은 아무것도 없다. 실질적으로는 무의미한 형식적 가치 — '취향'의 분절화에 의해 세계를 거부하는 태도로서의 오타쿠 문화를 설명하기 위해 끌려나온 스노비즘이라는 명제는 그야말로 포스트모던하다.

당연히 '순수한 형식으로서의 자기'는 내용을 행동에 의해 변화시키는 주체와는 거리가 멀다. 하지만 이 스노비즘은 '내용으로서 파악되는 자기' 혹은 타자와 대립하려는 의지에 있어서는 불가피한 의식 상태이다. 포스트 역사 시대의 인간으로서의 오타쿠들 — 문화 중독자들은 작품의 가치를 완전히 형식적인 것에 묶어 놓음으로써, 또 "내용을 형식으로부터 분리"시킴으로써 순수한 방관자로서의 '자기'로 남을 수 있게 된다. 이것은 이데올로기에 대한 시니시즘과도 유사하다. 실제로는 이데올로기를 믿지 않으면서도, 그뒤에 숨은 권력 투쟁과 거짓말을 알면서도 그 '이데올로기적 대의'라는 대문자로 인해서, 유지하지 않을 수 없는 형식적 가치와 그것을 향해 쓰게 웃음 짓는 자기 가면으로서의 시니시즘.

스노브 혹은 시니컬한 주체는 총체화하는 보편적 가치에 대해 깊이 회의하는 사람이다. 그러면서도 그들은 마치 그것을 믿는 것처럼, 혹은 이 이데올로기의 내포는 자신이라는 형식과는 무관하다는 듯이 행동한다. 제1차 세계대전 이후, 그러니까 스탈린과 소비 사회의 동시 등장과 함께 이미 계몽과 이성 같은 거대 서사의 조락은 시작되고 있었다. 만약 포스트모던 사회가 거대 서사의 종말, 역사의 종언을 의미한다면, 이러한 상황은 이미 1914년을 기점으로 시작되었던 것이고, 1989년의 현실사회주의의 몰락과 함께 결정적으로 확실해진 것이리라. 이것은 최근 다소 새삼 주제화되고 있는바, 한국의 1920~1930년대의 일상이 이미 민족적인 동시에 문화적이었던 것에서도 증명된다. 코제브는 그 시점에서 '역사의 종언'이라는 명제를 비관적으로 읽고 있었던 것이다. 1987년에서 1989년까지의 한국의 문학적 상황이 대개 이에 근사한 것은 아니었을까.

이미 베를린이 무너지기 이전부터 프롤레타리아트의 동물적 역동의 신체는 다른 종의 가축과 같은 가치의 하락을 경험하면서 명백히 '가축화' 되어 있었다.(비릴리오, 『시간과 속도』) 1989년은 그 가축이 드디어 '자유의 거리'에 방축되고 방축이 추방임을 알게 된 해일 뿐이다. 20세기는 전쟁의 세기다. 하지만 실제의 전장을 지배한 것은 자본의 참호가 아니라 프롤레타리아의 에너지들이었다. 모든 국가, 모든 집단들이 이것을 등에 업고, 이것을 전유(專有)하여 싸웠다. 프롤레타리아트들은 스스로의 목숨에 가족과 동료와 같은 빈민가 친구들의 주권을 걸었고, 분배를 걸었다. 처음에는 진심으로, 그후에는 약간은 시니컬한 채로. 하지만 프롤레타리아트의 역학적 에너지가 전장을 지배하고, 정치의 언어를 지배하던 시대는 이미 1968년 이후의 퇴행과 1989년의 몰락을 기화로 끝나 버렸다. 그리고 거기에 결정적인 마침표 내지는 말줄임표를 찍었던 1989년의 겨울. 미래라는 시간을 두고 싸우던 이념 전쟁의 끝에 도달한 '역사의 종언'과 포스트모던 담론의 비등. 프롤레타라이트의 종언 혹은 생매장, 이글거리던 동물들의 가축화는 이미 예정되어 있었던 것이다.

생을 운반하는 혼 없는 신체, 속도와 메시지의 전제에 장악당한 목소리 속의 울부짖음. 공복에 우우거리는 늑대는 버려진 개의 헛된 식욕으로 되돌아왔다. 독백적이고 폭력적인 발화의 다발들 속에서 말을 잃고 울부짖는 개-인간이 그때 거기에 있었던 것이다. 계급 정치의 끝에서 늑대처럼 우는 개들을 발견한 사람들은 알고 있었던 것 같다. 굶주림의 망각을 가능하게 하는 추방의 정치가 재귀했음을. 그 추방은 도시 안으로의 추방이다. 따라서 추방된 자들의 허기는 인간의 허기이면서 동시에 동물의 허기라고밖에는 말할 수 없다. 그 허기의 허기, 허기의 망각으로서의 가축화.

확실히 1987년의 혁명은 한국인들을 어떤 종류의 동물로서 해방시켰다. 혁명은 '놀이'의 죄책감을 덜어 주었다. 문화가 처음으로 정치적 무기가 될 수 있는 시대, 취향이 무기가 될 수 있는 시대가 등장하고 있었다. 그러나 한국의 혁명은 늘 그렇듯이 이 비등점 직전에서 식어 버린 열기 속에서, 반혁명에 문화를 빌려 주었다. 결국 거리의 유희라는 형식 충동은 김영하가 한참 나중에 「전태일과 쇼걸」에서 언급한 배신의 수사나 은희경의 소설을 내내 장악한 시니시즘과 쇼비니즘의 망령에 붙들리고 말았다. 속도는 그것을 붙들 수 없기에 속도이고, 욕망은 그것이 항상 부재로서 체험되기에 채워질 수 없는 무엇이다. 마찬가지로 이념은 단단하거나 오래 살기 때문에 이념이 아니라, 질문이고 부정이기 때문에 이념이 된다. 쇼비니즘과 시니시즘은 그것에 타거나, 그것을(인생을!) 다 '보아 버렸다'고 믿는 순간에 도달하는 심리적 태도의 하나다. 경쾌한 파탈(擺脫) 뒤에 따라오는 유하의 심심하고 공허한 계몽의 포즈처럼 갑자기 등장한 가능성은 꽤나 진부한 형식으로 스스로의 알리바이를 증명하지 않을 수 없는 상황에 놓였다. 문화적 형식에 집착하면서 이데올로기를 냉소하는 시니시즘이 한 시대의 공기를 이루게 되었다. 스스로의 '문학적' 가치를 문화 키드라는 공허한 세대성 형식에서 찾는 집착증. 볼셰비키적인 엄숙성의 일부로서의 문학적 엄숙성을 타격하면서, 그 타격의 언어(문화)에 내재하는 스노비즘을 회피하기 위해 "문학"으로 귀환할 수밖에 없는 이 시니시즘!

늑대되기는 실제로 있었는가. 가축이 아닌 동물은? 주변을 배회하며 가장자리에 있다고 믿었다. 하지만 그의 등 뒤로 펼쳐진 것은 들판이나 황야가 아니라 같은 욕망의 얼굴을 한 인간의, 아니 개들의 더미들이다. 늑대처럼 울며, 욕망을 조르는 기계적 움직임과 삼투된 계몽의 교차─문학성. 아무도 완전히 믿지는 않으면서 누구나 전제하는 이것. 1990년대 문학을 지배해 버린 스노비즘과 시니시즘의 세태 소설, 문화의 언어들. 그들을 지탱해 주던 잠정적 거처로서의 '시'와 문학, 그러니까 유하 식으로 말해 결국 "똥말이 되고 말 문학". 이 불가피한 배팅.

기형도는 왜 사람들의 욕망은 모두 같은 얼굴을 하고 있는가라고 물으며 절망했다. 왜냐하면 겨우 열린 리비도는 혁명이 아니라 결과적으로 반혁명에 투자되었기 때문이다. 혁명과 문화 사이의 끈은 그 자신의 시 속에 흐린 가능성으로만 존재하고 있었기 때문이다. 그들은 스스로를 우우거리는 늑대라고 믿었지만, 그러나 그들은 같은 욕망 속에서 스스로가 먹이와 섹스를 조르는 한 마리의 허기진 개로 변이된다. 그들은 늑대로 탈주하기보다는 다시 거대한 사회의 일부로서의 문학성이라는 기계 장치와 동물화된 거리의 사이에 똬리를 튼다.

그러니까 세 가지의 동물이 있다. 홉스적 동물, 코제브 혹은 헤겔의 동물, 마지막으로 들뢰즈와 가타리의 동물. 우선 유, 분류, 국가라는 심급과 관련된 것으로서의 홉스적 동물이 존재한다. 늑대인간은 오늘날 거리로 추방된 개들의 형상으로 재귀했다. 두 번째, 단란 가정이라는 소비 천국에 갇혀 버린 코제브의 '아메리카적 동물', 혹은 '오이디푸스적인 동물'이 있다. '아메리카적 동물'에 대한 실감을 얻기 위해서는 우리 속의 고양이, 아파트와 정원을 서식지로 한 개를 보는 것으로 충분하다. 결국 괴물의 일부로 증여될 그들. 병참 기지 혹은 전투원이 된다는 것, 혹은 칸트가 이성과 계몽을 사용해서는 안 되는 장소로 설명한 '공무원이 된다는 것'. "생성이 길들여진 큰 개만을 낳는 일도 있다. 동물인 척하고, 동물 흉내를 내는 것이 더 낫기 때문이다. 가령 개를 흉내 내면서 가끔 누군가가 던져 주는 뼈를 받아먹으면서 말이다."(헨리 밀러, 『천 개의 고원』에서 재인용)

마지막으로 여전히 실체가 분명하지만은 않은 대로, "악마적이고 무리들과 변용태를 가진 다양체"로서 들뢰즈의 동물이 있다. 『천 개의 고원』의 저자들은 스스로의 이야기를 아마 늑대 전승의 결정적 전환, 적어도 의미 있는 분절화로 이야기하고 싶었던 것 같다. 그러니까, 들뢰즈와 가타리의 "늑대-되기"는 어떤 의미에서 홉스의 "추방된 늑대" 개념을 완전히 뒤집어 능산화(能産化)한 것이라 할 수 있다. 홉스의 『리바이어던』에서 늑대인간은 주변화되고 종속 변수화된 존재이지만, (물론, 이 자연 상태의 늑대야말로 국가 상태·보통 상태를 구성하는 동인이자 근거이다.) 들뢰즈-가타리에 있어서 늑대'들'은 중심과 주변의 경계를 무너뜨리는 존재이자 진화의 가능성이다. 만약 잘 발달된 비유가 개념뿐만 아니라 양심도 검열하는 것이라면, 이미 1980년, 들뢰즈-가타리는 구성 권력, 대의제, 양도된 주권, 선악의 정치라는 개념을 넘어가 있었다. 근대적 권력의 속성과 작용을 뜻하는 '리바이어던'의 관점이 아니라, 늑대의 관점에서 늑대 전승을 다시 서술함으로써, 그들은 당(黨) 독재와 근대적 국민 주권이라는 두 개의 현실을 동시에 뛰어넘고 있었던 것은 아닐까. 포스트모던 이후의 동물화를 이미 예감하고, 근심하고 있었던 것은 아닐까.

유(類)라는 포괄 범위 ── 리바이어던의 존재 방식에 따라 결정되는 동물화의 운명이 아니라, 개(犬)가 되어 버린 개(個)의 운동('되기')을 통해 유(類)의 모습 자체를 바꾸는 기획으로서의 '동물-되기'를 그들은 이야기하고 있다. 늑대인간과 흡혈귀는 패거리, 무리, 힘을 의미한다. 리바이어던 밖으로 추방된 것으로서의 늑대가, 중심도 주변도 없는 리좀의 다양체로서의 늑대'들'로 된다는 것. 그러나 그러한 갑작스러운 진화는 어떻게 가능한 것일까. 동물화에서 운명이 아니라, 다른 종으로의 진화, 혼자이자 다양체인 무리가 되는 일이란 실제로 형식화 그 자체('지금, 여기, 나'!)인 문학이라는 양식 속에서 어떤 것으로 나타날 수 있을까.

대개 한국 시인들이 묘사한 동물은 코제브의 동물과 홉스의 동물에 가깝고, 탈주하는 순간조차 늑대보다는 집쥐의 형상을 하고 있는 것으로 보인다. 환경과 화해한 소비자 동물이거나, 오타쿠적 쇼비니즘이거나 둘 중 하나인 운명을 피하기 위해 그들은 문화와 죽음과 SM(사도마조히즘)에 몰입한다. 그렇게 남겨진 SM. 오이디푸스적인 인간으로서의 성관계를 거부하는 장정일의 선병질적이고 외롭고 고독한 쥐는 여전히 뚫고 있다.

다시 그렇게 그래피티로, 장정일로 돌아온다. 만약 시가 겹쳐 쓰이고 또 겹쳐 쓰인 '그래피티'가 되었다면, 때때로 카피에 대한 독기 어린, 장난기 가득찬 덧칠이 되었다면, 이것은 몰락일까. 아마 그것만은 아닐 것이다. 어쩌면 장정일의 말처럼 애초부터 우리에게는 잃을 것조차 없었는지도 모른다. "우리들은 잃을 게 없다/ 모든 것을 너희들이 분실했으므로/ 더이상 우리는 빼앗기지도 않으리/ 실과(失果) 이래 자라난 우리는 망명 세대/ 다가서지 않은 미래로부터도 쫓겨났다."(장정일,「텅 빈 껍질」) 그래피티라는 에크리튀르의 새로운 운명을 다시금 생각해 보지 않으면 안 된다. 오늘의 문학이란 그러하고 그러해야 하는 것이라고 생각하지 않으면 안 된다.

예를 들어 장정일은 감옥 혹은 골방의 더럽고 눅눅한 침대에 누워 있다. 혹 빈자들의 아케이드인 지하도를 헤매고 있을지도 모른다. 그는 거기에 남겨진 낙서들을 주시한다. 낙서들 옆의 광고판이나 햄버거 가게의 카피를 주시하고 있는 것도 같다. 인생에 대한 잠언, 새로운 탈 것과 미성년의 자유에 대한 벽화, 정권에 대한 욕이나 아버지를 포함한 개새끼의 명부, 그런 것들이 썩어 있을 것이다. 무어라도 상관없다. 장정일이 그것을 읽을 수 있는 것은 그것을 쓴 자들이 이미 그 장소에 없기 때문에, 다음에 들어선 그에게 자리를 비워 주었기 때문이다. 파스칼의 해묵은 명제처럼, 비극적이지만 하나의 장소를 두 사람이 점유할 수는 없다. 그것은 시간에 있어서도 마찬가지이다. 언젠가는 누군가에게 그 장소를 넘겨주어야 하지만 인간이 유한한 한에서, 텍스트가 유한한 한에서 다시 누군가가 와서 이 장소를 점하고 무언가를 쓴다.

감탄하고, 욕하고, 그다음에 무언가를 덧새겨 넣는 일. 다시, 지금 이 장소를 점유하고 있는 것은 나다. '너'였던 '나'다. 다시 이 말은 아직 쓰이지 않은 수많은 너를 향해 붙여진다. 어쩌면 이 순간 '대의제'가 아닌

'대의'가 생겨나는 것은 아닐까. 그때 에크리튀르에 있어서의 하나의 대화가 생겨나는 것은 아닐까. 그래피티에 의한 의사소통의 생성——그래피티에서 중요한 것은 그것이 수없이 겹쳐 쓰여 이미 단일한 주체로는 알아볼 수 없는 것이라는 사실, 더하여 일인칭과 이인칭 식으로 셀 수 있는 복수의 주체도 없다는 사실이다. 나라는 서정시적 인칭대명사는 이미 다수이다.(복수가 아니다!) 일인칭과 이인칭, 저자와 독자 사이의 변증법이란 머릿속의 자기의식에 의해서가 아니라 텍스트 내부에 이미 존재한다. 일인칭 내부에서 '같음'이 도입되는 순간, 그래서 그것이 다름과 함께 깜박깜박 명멸하는 순간에야 비로소 대화는 시작된다. (어쩌면 새로운 미디어 근미래가 바로 이 그래피티의 실현일지 모른다.)

그 순간 배타적으로 점유된 이 공유의 장소는 불특정 다수에게 열려 있으며 바로 그런 의미에서 공유된 장소, 공공권 안의 친밀권과 같은 것, 다수성 속의 고유명과 같은 것이 된다. 오직 무책임한 산문적 수상, 비평적 언어로밖에 제시할 수 없는 이 가능성은 그러나 실제로 읽었던 시들 안에 잠재한 가능성이다. 오리지널리티, 진정성이란 이미 존재하는 낙서들에 대한 독해와 '다시 쓰기' 없이는 생겨날 수 없는 것이다. 유하가 말했던 「뻐꾸기의 운명」——남의 둥지를 훔쳐 노래하는 일이란 그렇게 불행한 일만은 아닌 것이다. 신체는, 삶은, 시는 목소리를 나누어 갖는다. 그것이 그렇다. 다시 말해 신체는 그 장소를 그 목소리를 다른 신체에게 넘겨주는 한에서 '나'이다. 세일즈맨은 유서로서, 그때 거기서 네 발로 죽음으로써 우리의 '몫'이 된다. 시인은 그의 죽음과 침묵을 빌려 말하고 또 읽힌다. 어쩌면 '내'가 나인 것은 내가 없어지면서 누군가가 다른 어떤 인생의 글자들이 그때까지 내가 있는 장소를 점유하는 바로 그 순간인지도 모른다.

홉스적 리바이어던의 세계가 실제로 재귀하는지 어떤지를 묻는 일은 불길하다. 우리는 대표와 표상 질서와 주권과 주체가 아닌 그 무엇이 되지 않으면 안 된다. 도시로 돌아온 늑대, 처음부터 도시에서 자라난 늑대가 되지 않으면 안 된다. 한 가지는 분명하다. 무릇 1987~1989년 이후의 시의 언어란 화장실의 낙서, 감옥과 수용소의 벽에 쓰인 낙서, 도시의 벽에서 나날이 바뀌는 그래피티와 같이 덧쓰이고, 덧쓰이는 것에 다름 아니라는 것. 그리고 그 덧쓰는 행위까지의 길에서 우리는 늘 동물을 보고, 또 동물화된다는 것. 그것이 늑대인지, 개인지, 오이디푸스적 가축인지 탈주하는 다양체인지 우리는 그것까지는 알지 못한다. 그것은 시와 평문을 겹쳐 읽는 이인칭의 몫인지도 모른다. 생성하는 움직임으로, 불길한 공기 속에 존재하는 이 글자들—— 문학을 구해야 한다.

시와 그래피티 혹은 시이면서 그래피티인 그것. 이 목소리의 공유 혹은 분유(分有)는 공공적이고 서사적인 것인가, 아니면 사적이고 서정적인가. 대중사회, 아니 다수 사회의 시, 그래피티와 시의 운동으로부터 문학의 공공성과 서정성의 분할, 시적 일인칭과 정치적 이인칭의 분할을 새로 물어봐야 하는 것은 아닐까. 다수의 사람들이 같은 장소에, 같은 시간 혹은 서로 다른 시간에 외치는 복수의 슬로건, 혹은 목소리. 공공성과 개인성, 시적 일인칭과 이인칭의 구별 속에서 상실되는 것은 다수성, 제국이라는 레비아탄에 맞서는 멀티튜드라는 새로운 거인의 가능성은 아닐까.

그러므로 그렇지 않은 장소, 이미 있지만 다시 열고 다시 점유해야 하는 장소, 모두가 지나갔지만 우리가 지나감으로써 그 모든 목소리가 다시 살아나는 그러한 장소로서의 언어의 영도를 생각하지 않으면 안 된다. 이 하나의 그래피티는 그렇게 또다시 덧쓰이지 않으면 안 된다. 홀로 추방된 거리의 개는, 빌딩과 집을 오가는 오이디푸스화된 가축들은 그렇게 '너'의 공복에 가 닿는 그 순간 (아주 잠깐씩) 무리 지은 고원의 늑대들이 된다. 그러니, 에크리튀르의 램프—— '너'는 또다시 깜박이지 않으면 안 된다.

(2004년 봄)

날아라 알레고리
—— 박민규 소설로 해 본 의식 확장 실험의 한 사례 보고

몰라 몰라, 우주적 알레고리라니—— 삼취인경륜문답(三醉人經綸問答)

2005년 8월 20일, 뉴욕, 세인트 마크 프레이스 호텔. 알았어, 알았다고. 그러나 끝나지 않는다. 한국문학의 스테이지가 극히 마이너한데도 소설의 공간은 전혀 조선 반도를 넘어설 생각을 안 한다는 사사로운 편견을 꺼내 놓은 것부터가 실수였다. 그것도 이토록 아름다운 성좌들이 영롱히 빛나는 밤에.

취미에 관해 논쟁하길 좋아하는 이 애호가가 늘어놓기를 박민규의 소설은 감히 말하건대 어떤 것은 장 보드리야르의 『아메리카』에 필적할 만큼 미국 풍선껌 코믹 문화에 대한 탄력 좋고 몽통한 알레고리이며, 또 어떤 것은 이솝 우화, 앨리스와 도로시, KBO 프로야구와 WWF 프로 레슬링, 미제 만화와 미제 SF, 이외수와 장자, 심하게 지각한 변방의 우드스톡과 마릴린 먼로, 김현과 박상륭, 이탈로 칼비노와 커트 보네거트, 「원피스」와 「X파일」, 그 모든 것을 자아비판해 버린 사회과학 세미나로 이어

지는 저 노스텔지어로 가득 찬 우리 세대의 (대중) 문화 체험에 대한 하이퍼한 지형도이다. 우리는 거기서 어머니 대지를 만난 듯 목 놓아 울 수조차 있다. 약 먹고 취한 윌리엄 버로스를 물 먹고 취해 읽어야 했던 불우하고 착한 한국 땅의 징하게 서브한 컬처 생활과, 그 속에서도 종종 아름다웠던 우리의 요람기·청년기가 여기 있다. 그럴 수도, 라고 말하면서도 내심 이 하이에나 같은 끈기와 송아지처럼 둥그런 눈을 하고 철철 감동하는 능력이 부럽기는 하다.

애호가가 내처 말하길 또 어떤 박민규는 바로크적인 외모의 두 털보(마르크스와 프로이트)의 안내를 받아 가며, 암사 지도만 가지고 씨름해왔던 우리를 단번에 우주 밖으로 쏘아 올리는 고무 동력 로켓이라고. 그러니까 검색 엔진 회사 구글(Google)이 청와대 지형까지 찍어 파는 이런 우주적 신자유주의의 시대라면, 적어도 이 정도 스케일로는 써야 한다는 것이다. 이 발언권 강한 애호가는 근대 다음에 온다는 초인(Superman)은 "최후의 인간"이자 인간 아닌 어떤 것이며, 그런 의미에서 박민규는 인간 기계, 진보 기계를 공중에 매달아 버렸을 뿐 아니라, 뭔가 있다는 음모론 자체도 공중에 매달아 버린 우리 시대 대표 한량이자 소설계의 인파이터로 진단 가능하다고 일갈하기에 이른다. 나는 문득 약(藥) 하는 약장수에게서 산 약으로 약을 하면 아마 저렇게 장렬한 거품을 물게 되지 않을까, 생각한다. "그렇습니까, 그럴 수도", 라고 쏘아붙이려는 순간, 창밖으로 왕가위 영화의 한 장면처럼 버스가 긴 불꼬리를 흘리며 지나간다. 뉴욕 버스치고는 좀 촌스럽게 빛이나 지리고 다니는군, 이라는 내 말이 끝나기가 무섭게 이 애호가의 더 과감한 포효가 터져 나온다.

박민규는 1968년 스탠리 큐브릭이 만든 전대미문의 우주영화 「2001: 스페이스 오디세이」가 개봉된 바로 그해에 태어나 이듬해 감행된 인간의 달 착륙을 이미 포대기 안에서 경험하게 되며, 그때부터 그는 허구와 과학 간의 굴곡 많은 경주, 상상계와 실질계의 화답과 침입 속에서 상징계의 총아인 소설을 선택하게 될 운명이었다!

이런 황당하고 우주적인 세대론(만화는, 영화는 어떻게 하고……)을 귓등으로 흘리며, 닿으면 베일 만큼 뚜렷한 건너 건물의 윤곽을 따라가고 있을 때, 지구를 걱정하는 지구지사(地球志士)가 돌아온다. (지구 시대에 '우국(憂國)'지사인들 무슨 소용 있겠는가.) 상상과 실재 사이의 우주, 이미 미디어 이미지였던 우주 이미지. 센트럴 파크 산책에서 방금 돌아와 막 샤워를 끝낸 이 고리타분한 현자가 침대에 덜썩 몸을 날렸기 때문에 내 몸은 아무도 눈치 채지 못할 만큼 흔들리고, 덕분에 다음 버스의 불꼬리는 아래위로도 요동친다. 열세의 상상력을 종교적이고 지사적인 풍모로 커버해 온 이 신념 덩어리 정치신학자가 묵직한 입술로 운을 뗄 때, 내가 느낀 안도는 그러나 보기 좋게 걷어차인다. 식민지 소설부터 봐야 해, 라고 말할 줄 알았던 지사께서도 박민규 소설의 헤드록에 걸렸다는 사실을 알았을 때, 나는 이 두서없는 취미 논쟁으로 낭비될 이역의 밤이 심히 아까워졌다. 링 바닥을 세 번 치고 탈출하고 싶었지만 우국지사, 아니 지구(시대의)지사를 울려서야 되겠나. 궁휼히 여길지어다. 저 20세기의 밤에 갇힌 오래된 양심을.

그만, 모두 다 일요일이랍니다 —— 주일유죄? 휴일무죄!

이제 정말 글깨나 한다는 학동들은 다 본 셈이군. 나다운 불만스러운 중얼거림은 자연사의 알레고리로 가득 찬 박민규의 소설은 말이야, 라는 지사 특유의 단정적 말투와 오버랩되며 묻힌다. 박민규의 소설은 정치신학적 견지에서 볼 때도 매우 흥미로워. 동물? 우주? 그러니까 인간의 프로페셔널한 세계인들, 자연사(自然史)의 거대한 흐름 속에서 보자면 무(無) 혹은 폐허라는 거지. 프로처럼 진보해 봐야, 끝내는 파국이라는 거지. 하지만 인간은 구원받을 권리가 있고, 신으로부터가 아니라 스스로에 의해 구원받아야 한다는 거야. 한번 이 기계를 멈춰 보자는 제안이라고 봐. 요는 동물로, 우주로, 또 화석으로, 지구로, 맨틀로, 전자 제품으로, 잘도 미끄러져 다니면서 맛좋다는 상과 서점 순위는 다 집어먹고 있는 이 소설가가, 사실은 신(神)으로 껌 씹는 시대의 정치신학자라는 거다. 엥, 그럴 리가. '자연사의 알레고리'로 가득 찬 소설이라니. 이래서야 당할 수가 없다. 아니나 다를까 지사는 문헌까지 섭렵했다.

"뒤죽박죽, 얼렁뚱땅, 장애물을 넘"는 듯 보이지만 실은 "방법론적 망상"[1]이며 입담 섞은 터미네이터 얘기인 "편집증적 서사"(김영찬)처럼 보이지만 거대함과 사소함에 관한 "숭고의 체험"[2]을 버리고 있는 것이 아니라고. 스테이지 386 찌고, 2001 스페이스 돌아, '화성침공'스럽고 '혹성탈출'스러운 장소로.

지사(志士)는 정확하지는 않지만 몇 안 되는 영적 인간 발터 벤야민의 한 대목을 인용하고 싶다고 말한다. "자연을 역사의 알레고리로 보는 바로크적 비전의 핵심에는 알레고리의 형상이 있다. 알레고리의 형상은 시각적 이미지와 언어적 기호의 몽타주로서, 마치 퍼즐을 맞추듯 사물의 '의미'를 읽을 수 있다." 진단해서 구원하기 좋아하는 지사의 진단. 그런 의미에서 박민규의 소설은 물리적 자연, 제2의 자연인 문화 체험 사이의 들쑥날쑥한 경계를 몽타주로 표현하고 있고, 너구리, 냉장고, 기린, 개복치와 같은 알레고리 자체의 활력을 과감히 끌어오고 있다. 인간계에 출현해 인간과 자연을 연결했던 고대의 신처럼, 이 알레고리의 동물들, 외계인들은 인간과 제2의 자연(문화) 사이에 출현해 신이 사라진 시대의 신화(의 불가능성)를 작동시킨다. "요컨대 그대들이 자랑하는 삶, 보이지

---

1) 신형철, 「클래식과 그로테스크 사이에서」 대담, 《문학동네》, 2005년 여름호.
2) 복도훈, 「소설, 정념이 배치되는 성좌들」, 《문학동네》, 2005년 가을호.

않는 손의 어루만짐을 받는 삶은 지구적·우주적, 그러니까 45억 년의 자연사 속에서 보자면 하찮은 것이다. 제발 좀 놀아라."

경험과 환상이 뒤엉킨 롤러코스터 속에서 이를 엮어 주는 것은 흔히 우주적 상상력이라는 통속적 표현으로 불러 온 '자연사의 알레고리'라는 것이다. 알레고리를 굳이 밝히려 할 때 후기 자본주의의 동력에 대한 다소 싱겁고 도식적 알레고리로 떨어뜨리기 쉬울 그의 소설이 특별한 점은, 그것이 우주적 비전을 가장하며, 지금 이곳의 삶을 과감히 상대화하고, 이를 어떤 자연적 사물들이라는 살아 있는 알레고리 속에서 꿈틀거리게 한다는 점에 있다. 박민규는 삶——리얼함의 기계를 공중, 그러니까 우주에 매달아 본다. 헛된 신념, 폐허로 진행하는 슬프고 고단한 여정. 그러니까 꿈이 이루어질 수 없다면, 꿈에서 깨어 버리면 되는 것이다. 이야기가 지리멸렬하거나 위태롭다면 이야기 밖으로 날아가 버리면 되지 않겠나.(복도훈) 유물론 다음 유심론, 해방론 다음 수양론이네, 라는 나의 말에 (애호가 잡아먹을 듯이) 아니라니까! 진정, 진정.

하여튼 듣고 보니 그 알레고리라는 게 표면으로 미끄러져 다니기에 알레고리를 착상시키는 메시지 자체를 흔들고, 무엇에 대한 알레고리인가를 묻는 일을 싱거운 것으로 만들어 버리는 건 사실이 아니냐 이런 거야. 감 좋게 싹 왔을 땐 "죽이는 알레고리지?" 하다가, 장난 하냐고 물으면 바로 뭐 원래 알고 있지 않았냐는 듯 배시시 웃는, 뭐 그런 거. 결국 "덤블링 아냐? 마이클 조던처럼 조금 날았어. 어이쿠, 다시 땅이네. 일인용 날개 아냐?"라는 나의 말에 지사, 고개를 끄덕이며 부연한다.

소설가의 감정 이입된 알레고리는 문화적 자양 환경에 대한 모방 능력에서 나왔고, 이 모방 능력은 상품 사회의 카피, 프랜차이즈, 즉 상품의 능력에 상응하는 것이다. 박민규 역시 상품과 대중문화에 감정 이입하면서 상품의 죄를 자기 것으로 삼았지만, 그러면서 우리 모두를 면죄하고 있다. '주일'이 사라지고 나날이 (물신) 숭배의 시간인 이 시대의 거대한 죄악을 '휴일'로 바꾸어 잊어 보는 작업. 주일 없는 예배 종교——자본주의의 죄업들이라고? 하지만 우리 탓이 아니다. 태어날 때부터 여건 이랬다. 음모가 있다. 우주인, 동물들, 음모론. 실제로 그렇다기보다는 이 출구 없는 시대가 우리의 탓은 아니라고 말하기 위해, 좀더 즐거워지기 위해.
　　지사는 박민규가 이 추억 속에 부피가 더해진 유죄성(질기다, 386 스테이지)과 우리 탓이 아니기에 사해져야 할 죄(주일 없는 숭배의 나날 속으로 태어난 상품 키드에 죄가 있다면 그건 원죄일 것이다, 내 탓도, 네 탓도 아니다.) 사이에서 후자를 택했다 하더라도, 결국 그의 놀이는 실은 우울한 것일 거라고 말한다. 지사는 벤야민의 어조로 구원은 인간의 몫이 아니라 신의 것이고, 주일 없는 물신 숭배의 나날들에서 속죄의 시간을 잃어버린 인간은 죄짓지 않고도 유죄라는 원론적 정치신학을 덧붙인다.
　　그래서 박민규의 웃음은 세계 밖에 있는 풍자가의 것이 아니라 잔혹한 관객들 앞에 선 희극 배우의 것이 될 수밖에 없다고. 박민규는 더 이상 문학이 필요하지 않는 듯 보이는 세계에서 소설가라는 배역을 연기한다고. 배꼽 잡고 웃은 다음에 오는 이 쓸쓸함, 우리 탓은 아니지만, 여전히 거기에 있는 자본주의와 속죄할 수 없는 죄들——그 위를 박민규의 소설은 미끄러지듯 건너간다. 우리의 죄를 사해 주기 위해, 아니 위로해 주기 위해. 지사는 자문한다. 하지만 혼자 즐겁게 해방된 짐승의 많은 날은 외로우리라. 일인용 초월은 고독하다. 과연 그럴 수도.
　　그러나, 과연 그게 다일까, 하는 미심쩍음의 시간 사이로 한심하다는 미소를 흘리며, 애호가가 나선다. 너희 문자의 피조물들이여, 속았느니라. 달의 뒷면은 앞면과 같고, 텍스트의 내부는 외부와 같을지니. 물의 속은 물이듯이 알레고리 속에는 알레고리만 있고 새 시대의 소설이란 물 안에 있는 물과 같은 것일지니. 과연 그럴 수도. 모르는 밤이면 나는 말한다. 꼭 (다시) 읽어 봐야겠군. (이런 너구리 같으니라고.) 내려다본 창밖엔 이미 불꼬리도 보이지 않는다. 더러운 거리 위로 쿨한 버스와 사람들이 지나간다. 문득 방금 전까지의 웅변가들은 온데간데없고, 이번에는 왕가위 영화의 실내 신(scene)처럼 한 여자가 내 옆에 누워 있다. 다시 돌아본 창은 환하게 밝아 있고, 열어젖힌 창문 사이로 캘리포니아 연안 얼바인의 무공해 아침이 진군한다. 그녀는 사라진다. 박민규라는 묘약으로 되새겨본 의식 확장 실험은 이렇게 끝난다.

네 탓이 아니다 —— 포스트 음모론 시대의 소설

괴테가 말한 알레고리와 상징 사이의 미묘하지만 명쾌한 구분에 따르면 시인에겐 보편을 위해 특수를 구하는 길과 특수 속에서 보편을 보는 길 두 가지가 있을 수 있다고 한다. 보편을 위해 특수를 구하는 태도로부터 알레고리가 나오기에, 여기서는 특수가 단지 보편의 한 예로서 간주된다. 괴테에 따르면 후자의 상징이야말로 진짜다. 특수에서 보편을 보는 상징이야말로 진정한 포에지(詩)의 본질이며, 이 길이야말로 보편에 사고를 넘겨주거나 보편을 지시하지 않으면서도 하나의 '특수'를 통해 그것에 이르는 문학의 길이다.(『잠언과 성찰』) 과연 괴테라면 시대의 정황과 이데올로기 따위를 미루어 짐작할 수 있는 알레고리 소설들, 예컨대 13세기의 『장미 이야기』나 14세기의 『신곡』, 16세기 스펜서의 『요정 여왕』, 아니 풍자적 비전으로 가득 찬 18세기의 『걸리버 여행기』까지도 하급의 예술, 포에지 이하의 것으로 간주했을지도 모르겠다.

그러나 『독일 비극의 기원』의 저자 벤야민에 따르면 알레고리야말로 역사의 죽은 얼굴을 응고된 원풍경·폐허로서 우리 앞에 펼쳐 보이는 일이 되며, 이 알레고리가 있고서야 인간 존재 자체의 본연의 모습뿐 아니라 한 개인의 전기적 역사성까지 자연사라는 거대한 흐름 안에서 의미심장하고 소중하게 나타날 수 있기 때문이다.

확실히 박민규는 전형적인 음모론 소설, 알레고리적 서사를 보여 주는 장편 『지구영웅전설』에서, 군산 복합체와 문화를 통해 세계를 협박하고 세뇌하는 미국의 지배 전략을 각각 슈퍼맨, 배트맨, 원더우먼, 아쿠아맨으로 알레고리화했다. 이건 심층과 표층 간의 구도가 너무도 분명해서 풍자라고는 이야기할 수 없을 정도로 선연한 두 층의 알레고리를 보여 준다. 심지어 한 심사 위원의 말처럼, "재미있게 읽고 나서 보니 우리도 짐작한 뻔한 결론이라니!"(이인성) 삶의 알레고리인 야구는 또 어떤가.(『삼미 슈퍼스타즈의 마지막 팬클럽』) 이 'X파일' 이후의 서사 전략은 과연 음모론의 구멍을 통해 또 다른 세계에 이르고, 그렇게 빠져나가서 도달한 예컨대 우주 공간, 동물 공간 속에서 인간 삶을 폐허로서 드러내고 있다. 지구도, 소설도 너무 빤히 드러나 보여 문제일 정도로. 그러니까 박민규가 언제나 상품·자본이 아니라 캐치프레이즈·프랜차이즈에 주목하고 있는 것도 그가 이미 세계에 대한 보편적 해석을 염두에 두고 있기 때문이고, 그의 서브컬처란 그런 의미에서 세계 지배 전략을 지시하고 보여 주기 위한 방책에 불과한 게 아닌가. 그를 알레고리의 달인으로 보아 버리는 한, 그는 이미 보편을 전제한 사람, 즉 완전히 이데올로기적인 사람이 된다. 알레고리를 풀어 버리고 나면, 박민규 소설처럼 시시한 음모론도 없지 않은가. 그러나 과연 그럴까. 획획 날아가며 흘려 놓는 오리무중 단편들은 어떻게 하란 말인가.

그런 의문 속에 있던 이 구제불능의 문자 지식인인 나는, 그의 단편들과 장편 소설을 읽고 감동하여 저자의 인터뷰 따위까지 찾아보는 치명적 실수를 저질렀고, 갑자기 완전히 속았다는 생각에 며칠간 끙끙거렸다. 저자는 음모론 자체를 공중에 매달고 웃고 있었고, 알레고리를 노략질하며 서사의 질서 밖으로 도망치고 있었던 것이다. 그토록 살살 세대성을 어루만져 주며 웃던 박민규가 종종 드러내는 세상을 향한 적의, 극도의 위악적 공격성이 섬쩍지근하기까지 했다. 우리 사회의 대중적 형이상학인 음모론의 등을 타 입신양명한 소설가가, 그의 음모론·알레고리를 풀어 보려는 비평적 시선들에 던지는 차갑고 냉소적인 시선은, 그가 완전히 반이데올로기적일 뿐 아니라, 알레고리는 알레고리이되 표층 구조와 심층 구조를 철저히 와해시키며 비약해 버리는 흑마술의 달인이라는 심증을 굳히는 계기가 되었다. 음모론과 하이퍼 리얼리티의 결합에 열광하는 대중에 대한 검은 마술. 나는 그때 절감했다. 아, 내가 박민규론을 쓴다는 건, 정약용이 전차 해부하는 일보다 난망한 일이 되겠구나.

 달 착륙과 케네디 암살을 기화로 증폭된 음모론은 적어도 풀려야 할 진실이 있고, 이 이야기 뒤엔 '진짜' 이야기가 있다는 사실을 늘 전제해 왔다는 점에서, 대중적인 카타르시스와 문자적 지식인의 지사적 정의감이 교차하는 장소였다. 그러나 'X파일'이라는 음모 이론의 결정체가 실제로 보여 준 것은, 그런 음모라면 결국 믿거나 말거나라는 것, 아니 있거나 말거나라는 사실이었다. X파일 이후의 서사란 어떤 의미에서 그런 매혹들을 건드리면서, 이야기 위로 미끄러져 나가는 그 과정 자체, 알레고리의 의도 따위가 아닌 알레고리와 심층적 의미를 원하는 감정을 건드리며 도약하는 형식 자체에서 그 의미를 찾아야 하는 것일지도 모른다. 기린의 손을 잡고 "아버지!" 하며 울고 있는 저 상고생에게 기린은 이렇게 말한다. "그렇습니까, 기린입니다." 마치 알레고리 해석자에게 내뱉기라도 하듯.

 「종교로서의 자본주의」(1921)라는 짧은 글에서, 벤야민은 물신 숭배 속에 하나의 예배 종교가 되어 버린 자본주의가 이르게 될 파국에 대하여 과연 그다운 정치신학적인 설명을 하고 있다. 자본주의에 대한 심판의 날 혹은 파국에 대한 예감은 다음과 같은 언명 속에 짧게 표현된다. "거기에는 주일이 없다", "컬트 종교 자본주의에는 속죄의 시간이 없다." 물신들에 둘러싸인 하루하루는 그 모두가 성스러운 예배의 나날이 되고, 프랜차이즈는 물신의 복음이 된다. 이 얼마나 종교적인 생활인가. 예배종교 자본주의는 속죄가 아니라 유죄성·빚을 무한히 확장하며, 죄를 만연시켜 보편화함으로써 신의 영역인 속죄의 과정을 분쇄해 버린다. 금욕으로서의 평일, 속죄로서의 주일의 구분은 주일＝열광의 지속으로 대체된다. 하루하루를 주일이라고 해야 할지, 아니면 (물)신을 섬기기 위해 분주히 일해야 하는 평일이라고 해야 할지 알 수 없는 이 나날들 속에서, 인간의 발가벗은 삶은 극한치에 이르게 되리라. 벤야민에 따르면 자본주의라는, 교리가 사라진 컬트 종교는 가정된 이윤에의 열광, 상품에 대한 숭배 속에 이미 파국을 예감케 한다. 왜냐하면 여기서의 빚·유죄성이란 한편으로는 신학적 의미의 유죄성을, 또 한편으로는 자본주의가 미리 상정해 놓고 열광하는 이윤, 즉 빚짐(공황으로의 접근)을 의미하기 때문이다. "상품은 폐허인 채로 있다." 예배 종교이지만 속죄 종교는 아닌 자본주의는 인간이 가진 본연적 유죄성을 무한까지 확장하며, 미리 상정된 이윤에의 열광은 필연적으로 감당할 수 없을 정도의 빚의 폭발——공황에 이르게 될 것이다. 신은 이 많은 죄를 홀로 지게 되고, 자본주의의 심판은 신학적으로 또 정치경제학적으로 점점 가까이 온다.

그런데 주지하다시피 안타깝게도 아직 심판의 날은 오지 않았고 속죄 없는 열광의 나날 속에서도 많은 인류는 자신이 숭배하는 것들을 잘도 걸친 채, 잘도 먹고 잘도 잔다. 또 한편의 인류는 그들을 편히 입히고 먹이고 재우기 위해 하루하루가 평일인 나날들을 보내고 있는 듯도 하다. 모두 '프로'로서 정말 열심히들 섬기며 살고 있는 것이다. 지난 시대의 죄의식이 눈사람처럼 부풀어 가는 것도 모른 채 국회의원으로, 소설가로, 대학의 선생으로, 회사원으로(무엇보다 백수로). 그러면 이 사라진 '주일'은 우리의 탓인가. 박민규는 아마 이렇게 말하고 있는 듯하다. 그렇습니까, 그렇지만 "알고 보면, 인생의 모든 날은 휴일"[3]이랍니다.

'주일' 없는 시대의 '휴일'을 사는 이 소설가의 소설은 이솝의 포도나

무 아래서 태어나 아쿠아맨의 해마를 닮은 승리호 캡슐 속에서 원더우먼의 아래가 다 보이는 투명 비행기를 보며 자라난 사람들, 386 스테이지에서 상투 틀고 배 두둑하고 융통성 있는 지사가 된 사람들, 또 'X파일'의 우주인에게 납치되어 영화만이 아니라 책도 보도록 괴상하게 해부·조립된 새싹들에게, 하나의 위안이자 열광이 된다.

그러나 아무도 이 이야기의 안으로 들어가지는 못한다. 이 알레고리의 마법은 결코 탈마법화되지 않는다. 이미 밖이 안이기 때문이다. 조르주 바타유의 말을 인용하자면 박민규의 알레고리적 동물들은 물속에 있는 물처럼, 이 세계 속에 있다.

(2005년 11월)

---

3) 박민규, 『삼미 슈퍼스타즈의 마지막 팬클럽』(한겨레신문사, 2003), 265쪽.

절단(을 절단)하는 이 사람
── 말이 말이 아니고, 법이 법이 아니며, 인간이 인간이 아닌, 『참말로 좋은 날』의 성석제

말을 잃은 사람 ── 말이 말이 아니다

여기 말을 잃은 한 사람이 있다. 처음에는 귀를, 그다음에는 입을, 마지막으로 목숨을 잃은 한 사람이 있다. 이 사람, 그녀는 "원래 말이 무척 빠른 편이다. 그러면서도 정확한 단어로 하고 싶은 말을 하는 사람이다." (10쪽) 그는 또 어떤가. "그는 온순하다. 조용하게 살고 싶어 하는 사람이다. 누가 통지서 따위로 건드리지만 않는다면."(13쪽) 어느 하루 한 장의 통지서, 법조문이 그들에게 온다. 절대적인 말·명령·법이 그들에게 육박해 오자 그는 법의 언저리를 떠돌고 아내는 점점 귀가 멀기 시작한다. 법이 오고, 난청(難聽)이 오고, 말은 말이되 그걸 말이라고 할 수는 없는 욕설이 지면을 채워 나간다. '언어'는 사라진다. 수다도 사라진다. 허풍도, 유머도, 웃음도. "'그렇게 정말 말 안 할 거야? 입은 뒀다 어따가 써! 왜 만사 손가락질이야! 병신처럼! 말을 해! 말을!' 마침내 하지 말아야 할 말을 하게 된다. 그의 아내는 물끄러미 그를 바라볼 뿐이다. 또 울려나 싶었지만 울지 않는다. 이제는 거의 못 알아듣는 모양이다."(81쪽) 그리고

소설은 다시는 이 부부의 '대화'를 써 내지 못한다. 하지 말아야 할 말도, 그걸 말이라고 하는지 알 수 없는 말도 사라진다. 그들이 우리가 사는 세상 밖으로 빠져나가기 때문이다. "'말을 해, 말을 해! 말을 해요!' 그는 울부짖는다. 생각일 뿐, 눈물도 소리도 나지 않는다. 아무 소리도 없는 세상에 들어온 것 같다."(92쪽)

그 옛날의 '말이 말을 낳는 성석제만의 문체'를 기대했던 사람들이라면 아마 고개를 갸우뚱거리며 묻게 될지 모른다. 이 처절한 살풍경 속에서 성석제는 과연 무엇을 쓰려 했던 것일까. 성석제 식 희극의 독자들, 아니 숭고의 독자들, 숭고한 희극의 독자들은 외치게 되리라. "집필자, 아니 성석제 나와라." 그러나 어쩌겠는가, 이것이 '말이 말이 아니게 된', 우리 시대의 소설의 운명인 것을.

생각해 보면 성석제의 소설은 미천한 삶과 위대한 삶, 지나가 버린 나날과 도래한 시간 사이의 통절한 역전과 가치 전도 속에서, 특유의 웃음을 만들어 왔다고 할 수 있다. 상례적 삶의 비상함과 비상한 삶의 덧없음을 표현하는 허풍과 유머, 상례성과 비상함을 전도시키는 과정에서 증폭되는 '수다'는 즐겁고도 아름다웠다. 스스로를 상황으로부터 분리해 내고, 무관심한 외부적 관점에서 자아를 관찰하는 '유머'의 주체, 미천한 인간의 길에서 그 어떤 정신적 위대함을 찾아내는 '허풍'의 주체——그답게 번다하고 그답게 무심한 초자아의 상태야말로 성석제 소설의 집필자였던 것이다. 유머가 순수한 메타 언어의 (불)가능성에서 기인하는 자신에 대한 '과소평가'를 동반한다면, 허풍은 순수한 공감과 부분적 동일화에서 발생하는 '과대평가'로 나타난다. 이 불일치를 매개하며, 웃음과 전도를 만들어 내는 언어의 다발. 미천한 삶에 가장 고결한 문체를, 욕과 사투리와 폭력의 일생에 가장 영웅적인 서사를 덧씌우던 이 사람. 성석제 소설의 웃음이자 윤리이자 빛인 이것들. 그를 기른 양반 문화, 지역, 사투리, 폭력과 '거리'를 두면서도 그를 가르친 계몽, 도시, 표준어, 법 따위에 쉽사리 귀의하지 않는 이 초자아는, 삶의 가장 위대하거나 가장 비천한 계기들을 질료로 상례적 삶과 위대한 삶, 숭고와 희극, 양반과 시민 사이의 분할들을 넘어서는 어떤 "숭고한 희극"을 만들어 왔다. 요컨대 그는 유장한 다변가였고 무심하게 쓰는 한편 연민으로 넘치는 사람이었다. 흥건한 말과 수다, 연민과 거리 의식이야말로 미천한 삶에 위대함을, 거대한 삶에 희극성을, 살벌한 '지역'의 풍경에 노스탤지어를 새겨 넣을 수 있는 방법이었던 것이다. 그래서 그의 소설은 우스꽝스럽지만 아름다웠고, 사소하면서도 위대했으며, 수다스러우면서도 숭고할 수 있었다. 그리고 무엇보다도 윤리적인 한편 즐거운 것이었다.

그런 그의 문체가 눈에 띄게 짧아지고 메말라졌다. 연민도 사라졌다. 작가는 더 이상 웃(기)지 않는다. 우리도 웃지 못한다. 고결하고도 장황한 말투는 살과 뼈를 발라내는 살벌한 대화체와 바싹 마른 무덤덤한 지문 뒤로 퇴각한다. 그런데 놀랍게도 이 소설은 여전히 성석제, 그만의 것이다. 왜냐하면 그는 여전히 상례적 삶과 비상(非常)한 삶이 뒤집히는 지점, 정확히는 상례(rule)와 예외(exception)가 하나가 되는 문턱을 쓰고 있기 때문이다.

예의 그 세 개의 계열체가 있다. 우선 양반계 소설. 법과 정의를 위해 일어서자마자 법에 의해 찢겨지고 마는 헐벗은 육체의 절개를 집록한 「집필자는 나오라」는 어떤 이동의 순간을 표시하며, 한 위대한 삶의 가엾고 잔혹한 죽음을 써 나간다. 두 번째, 특별한 우리 시대의 삶들을 써 나가는 약전(略傳)류 소설로서 두 편의 소설이 존재한다. 차에 깔려 죽는데 단 몇 초면 충분했던 웰빙 전문가의 죽음의 순간을 다룬 「고귀한 신세」, 공통의 추억 따위로는 넘어설 수 없는 가진 자와 못이 없는 자 사이의 경계선을 이야기하면서, 한 아름다웠을 여인의 삶을 써 나가는 「고욤」. 마지막으로 예의 그 사투리 넘실대는 지역계 소설로서 두 편의 소설이 자리한다. 사투리 발음에 얽힌 말들의 미끄러짐을 통해 추억의 몇몇 장소를 소묘한 「환한 하루의 어느 한때」. 또 선배도 형도 남도 '잘 가라 개새끼야' 면 충분해지는 인간관계의 이면을 보여 준 「악어는 말했다」. (물론 이 분류는 서로 겹치고 교차한다.)

그리고 여기에 더해 이 소설집의 주조음을 형성하며 압도해 오는 법 비극 —— 날생명의 생정치(biopolitics)가 있다. 압류와 경매에 얽힌 가족 잔혹사를 그린 「저만치 떨어져 피어 있네」와 아버지와 아들이 서로를 죽이고, 아우와 동생이 서로의 것을 빼앗는 파국의 시간을 그린 「아무것도 아니었다」가 바로 그것이다. 이들 두 소설은 과거의 성석제 소설에서는 좀처럼 볼 수 없었던 메마른 문체의 잔혹극을 시도하고 있으며, 바로 이 법의 안팎에서 일어나는 살기등등한 전쟁의 언어가 이 해설의 주요 분석 대상이 될 것이다.

성석제의 소설 목록 안에서 여기에 실린 일곱 편의 소설이 한결같이 어떤 단절을 보여 주고 있다고는 말할 수 없을지 모른다. 다만 분명한 것은 훨씬 살벌하고 잔혹하며, 그러하기에 끔찍이도 리얼한 지금 여기의 인간, 웃음도 눈물도 필요 없는 어떤 상례화된 예외적 삶의 순간을 그가 새삼 써 내려가고 있다는 사실이다. 인간이 더 이상 인간이 될 수 없게 되는 그 순간을, 말이 더 이상 말이 아니게 되는 그 장소를.

법의 문턱 —— 법이 법이 아니다

소설집이 열리면 한 통의 편지가 도착한다. 이 편지는 왠지 카프카의 엽편(葉片) 「법 앞에서」를 연상시킨다. "발신처인 지방법원이며 '타경 2169' 같은 생전 처음 보는 기호가 그의 신경을 자극한다. 그건 그가 지상에서 거주해 오면서 무엇인가 빼앗길 때 언제나 먼저 오던 신호이다. 사냥꾼을 인도하는 사냥개 같은 게 바로 그런 기관의 이름과 숫자, 기호이다. 부동산 임의경매, 최선순위 담보물건, 배당요구 같은 생소한 단어와 임차보증금, 확정일자부임차인, 주택임대차보호법 등등이 나열된 문안."(「저만치 떨어져 피어 있네」, 20쪽) 그러나 국민, 특히 서민을 보호하는 법이 있지 않은가. 말을 놓치는 일이 잦아지는 아내에게 그는 큰소리친다. "야. 지금 우리 국민 절반이 우리처럼 전세 들어서 사는 사람일 텐데 이렇게 간단하게 전세금 뺏기고 쫓겨나면 이게 무슨 국가고 법이냐 말이야. 우리 같은 중산층이 살아야 나라도 잘 되고 법도 의미가 있지."(21쪽) 과연 법은 존재한다. 나라도 존재한다. 다만 그가 생각지 못한 것이 있다면 국민임을 선언할 권리는 국민에게는 없다는 사실이다. 상례적 삶에 법이 오는 때, 그때는 이미 그 삶이 예외적인 장소로 밀려난 순간이다. "주택임대차보호법이 서민들을 보호한다고 해서 주민등록도 옮기고 확정일자도 받고 했는데요……." "글쎄, 법이 있으나마나한 경우라니까요. 선생 같은 사람이 한두 사람 오는 게 아니에요."(31쪽) 아내는 점점 귀가 멀어 가고, 딸은 점점 성적이 떨어지고, 돈이 없는 가장(家長)의 사이버머니는 점점 커져 간다. 대화가 사라지자 냄새가 그 자리를 대신한다. 집안의 모든 사물들이 냄새를 피워 올릴 때, 또 여기 한 무리의 '인간동물'이 생겨나고 사라진다.

(카프카의 「법 앞에서」에 대한 자크 데리다의 독해를 참조하자면) 과연 이 소설의 남자는 법의 부름을 받아 그 앞에 선다는 점에서 확실히 법 앞에 출두해 있는 법적 주체이다. 그런데 이 남자는 법의 안에 들어가지 못한 채 법의 '앞'에 있으며, 따라서 법의 '밖'에 있기도 하다. 다음의 구절을 보라. "그는 노련한 백정이 돼지의 뼈와 살을 분리하듯이 숙련된 솜씨로 일목요연하게 문제를 정리하는 전문가에게 경외심마저 느낀다. 하나씩 법조문이 제시되고 자신에게 적용되었다가 아무것도 안 된다는 것이 확인되는데도 어쩐지 남의 집 돼지가 해체되는 것처럼 실감이 나지 않는다."(32쪽) 지방법원 '타경2169', 등기소, 법무사, 인터넷 법률상담, 채

권자(농협), 집주인, 채권추심 대행소, 심부름센터, 경매 사이트, 경매장, 죽음. 확실히 그는 내내 법의 언저리를 떠돌며, 언어와 비언어의 경계가 애매해지는 욕설들로 말하며, 결국 새끼의 가출과 암컷의 죽음에 울부짖는 짐승이 된다. (실제로 법 앞에 불려 나간 이 화가(畵家)는 점점 더 '법 밖'의 법전문가들 곁으로 가까이 다가간다. 심부름센터, 채권추심 대행소, 경매장과 같이 폭력과 욕설이 넘실대는 법 곁의 기관들이, 바로 법의 코앞에 존재한다는 사실을 우리는 떠올려 볼 수 있을 것이다.)

그는 법의 아래, 혹은 법의 안에 있는 것이 아니다. 그가 법의 '밖'에 있다는 사실이야말로 그가 법적 주체라는 의미이다. 이 소설집의 가장 야심적이고 잔혹한 소설 「저만치 떨어져 피어 있네」의 주인공. 이 전직 화가는 세무서, 경찰서, 법원에는 가 본 적도 없는 남자다. 법이 그를 처음 불러 주었을 때, 그는 법에게로 가서 자연적 생명, '벌거벗은 생명'이 된다. 법의 밖, 혹은 문턱으로 내몰리는 과정의 언어는 피와 해체와 살의 언어로 점철된다. 언어가 만약 인간 사회의 관계와 법·질서의 산물이라면 성석제의 이번 소설집이 그려 내는 언어는 그러한 법정치적 인간의 삶이라기보다는 그러한 삶의 경계에 놓인 벌거벗은 생명의 한때에 집중되어 있다.

딸은 말한다.(그렇게 느낀다.) "너도 밤낮 놀지 않느냐. 너는 사이버머니 갖고 고스톱 치고 야동 보고 놀면서 왜 나는 못 놀게 하느냐."(53쪽) 아내에게 내뱉는다. "왜 아니꼽송? 꼬우면 찢어지자고. 애 데리고 장모한테 가."(84쪽) 이웃도 예외가 아니다. "우리는 각자 사정이 있으니까 각자 알아서 기는 거죠." "야 인마, 대추씨만 한 놈이, 좆만 한 놈이 뭐 안다고 각자 알아서 겨? 야 이 존만아, 너 오늘 뒈져 볼래?" "그렇게 잘났으면 됐시다. 나 같은 개털 더 볼일 없겠네."(69~70쪽) 이게 다가 아니다. 임금은 신하를 절단내고, 아들은 아비를 부순다. "매를 치는 것을 하나하나 살피면서 혹독하게 치게 하니 드디어 무릎뼈가 부서지고 골수가 샘처럼 솟아 나왔다."(「집필자는 나오라」) "아들은 그의 팔을 뒤로 꺾었다. 소파에 얼굴을 닿게 한 뒤 무릎으로 등을 짓눌렀다." "맨날 처먹고 놀고 자빠져 자고, 그러면서 뭐 보태 준 것 있다고 컴퓨터를 부순다 만다 지랄발광이야? 아빠면 다야?"(249쪽) 놀이하는 인간은 사라지고, 말리는 사람도 구경하는 사람도 없는 싸움이 지면을 채우기 시작한다. 법 밖, 아니 법의 문턱에서 인위적으로 만들어진 예외 상태 안에서 언어는 언어가 아니라 자연적 폭력의 다른 표현이 된다.

말이 사라진 자리에 무엇이 남는가. 살풍경 사이를 채우는 침묵들. 아내는 대꾸하지 않는다…… 그의 딸도 말하지 않는다…… 전화기에서는 신호음도 응답도 없다."(84쪽) 더 이상 말이 말이 아니기에, 아무도 대답할 수 없다. 침묵만이, 그다음엔 말이 없는 동물들에게 따라다니는 냄새만이 이 생명들이 여전히 살아(는) 있음을 알려 준다. "옷에서 냄새가 난다. 이불에서도 냄새가 난다. 방에서도 냄새가 난다. 몸에서도 냄새가 난다. 온 집안에서도 냄새가 난다. 온 세상에서 냄새가 난다. 모든 종말에는 냄새가 따른다……. 화분이 하나도 남김없이 말라죽는다."(87쪽) 대화문을 흥건하게 채우는 욕설과 피, 해체되는 육체의 숫자에 비례하여 지문은 점점 메마른 단문(短文)이 되어 간다. 처음에는 욕설이, 그다음엔, 침묵이, 마지막으로 냄새가 지문들 사이를 채운다.

그가 이 소설집에서 그려 가는 세계는 법이나 질서, 경제에 의해 어떤 인간이 배제되는 순간이며, 그런 까닭에 여기서 하나의 신체가 둘로 분리되어 나온다. 실감도 고통도 느끼지 못하는 '법정치적인 생명'과 이제 곧 죄를 짊어진 채 고통 속에 저물게 될 '벌거벗은 생명'이 그들이다. "법원의 '문턱'을 '손과 발이 닳도록' 넘나들었다"는 상투구야말로 법에 소환되어 맨몸이 된 자들이 느끼는 모종의 진리라고 해야 할 것이다. 중요한 것은 누구보다도 말에 가장 민감한 이 소설가가 그 분리의 순간을 그 자신의 문체와 언어적 배치를 통해 드러내고 있다는 사실이다.

언어와 비언어 사이를 오가며 끝내 상대의 육체를 난도질하고야 마는 극한의 언어들, 문자와 음성 간의 결합으로부터 미끄러져 나가며 폭력의 형태로 들이닥치는 사투리들, 신념으로 시작해 부러진 뼈에서 솟는 골수와 고통스러운 죽음만으로 남는 절개. 법과 돈에 의해 문명 안에 재구성되는 자연 상태 혹은 전쟁 상태의 이 언어. 그리고 그 언어를 오롯이 중계하는 메마른 문체의 단문들. '인간의 길'을 증언해 왔던 이 작가가, 이제 그 길의 끝 혹은 경계에 있는 사람들, 그러니까 네 발로 기며 으르렁거리는 '인간동물'의 지금을 갑작스럽고도 충격적으로 제시하고 있는 것이다.

벌거벗은 삶과 숭고의 예술 ── 머릿속이 하얗게 된다는 것

메타 언어, 메타포, 거리(距離)는 사라지고 폐허의 알레고리가 그 자리를 대신한다. 불과 피, 고문과 죽음, 추락. 법과 질서와 예의와 도덕 등등의 경계 위에 선 벌거벗은 생명들을 묘사하는 건조한 지문과 법의 문턱에서 포효하는 인간동물에 의해 내뱉어지는 살벌하기 짝이 없는 음성 기호. 이들이 보여 주는 추락의 경이적인 속도로 인해, 우리는 이것이 추락이 아니라 이미 상례 안에 있었던 예외성이 드러난 것임 알아챈다. 그 예외성이란 법정치적 생명의 이면에 포개져 있던 벌거벗은 생명의 현현이다.

국가와 법에 의한 폭력의 독점으로부터 해방되자마자, 그들은 상대의 수중에 있는 폭력을 경험하게 된다. 아버지와 아들이 수컷으로서 살육전을 벌이는 파국의 시간을 그려 낸 「아무것도 아니었다」의 경우를 보라. 원수와도 같은 형제의 화해 장면에서 시작한 소설은, 이내 이 화해가 여동생의 돈, 즉 먹이를 앞에 둔 자들의 타협임을 드러낸다. "그는 등기를 하면 계숙에게는 미안하지만, 자신의 피치 못할 사정을 설명하고 무조건 거기 들어가서 살 생각이었다. 등기만 되면 자신의 것이라고 주장해도 되었다. 미안하지만, 미안하지만. 그런데 결정적으로 오늘 밤이라도 여동생이 전화를 걸어올 것인데 그 전화를 못 받으면 아파트를 못 받게 될 수 있었다."(254쪽) 그런데 핸드폰은 육두문자로 다툰 택시기사의 수중에 있다. 전화를 걸어야 하는데, 게임과 '야동'에 중독된 아들은 핸드폰을 빌려 주지 않을 뿐 아니라, 아비의 말을 무시한다. 밤거리 위의 아내는 아예 노골적으로 그를 상대해 주지 않는다. 그가 '암컷'을 저주할 때 쓰는 모든 말을 동원해, 말이 아닌 소리를 내기 때문이다.

그리고 예의 그 부자(父子) 간의 살육에 가까운 말과 실제상의 격투가 시작된다. 목격자는 딸이다. "연이 울먹거리자 윤이 소리를 질렀다. "이 쌍년아 들어가라니까, 확 죽여버릴라." 그의 머릿속에 윤이 연의 목을 조르는 광경이 그려졌다. 애벌레처럼 살지고 퉁퉁한 손가락 하나하나가 연의 가녀린 목을 조이고 연의 목이 늘어나면서 눈이 튀어나오고 감긴다. ……곧 손에 잡히는 대로 아무거나 주워들었다. 윤이 들고 있던 빈 콜라병이 손에 잡혔다. 그는 윤의 머리를 그 병으로 갈겼다. ……"이 개자식아, 이 개 같은? 그래 네가 먼저 죽어 봐라." 그의 코에서 흘러나온 콧물이 인중에서 말할 때마다 푸륵거렸다."(250~251쪽) 인간이 인간에게 이리(狼)라는 것. 전쟁 상태가 보통 상태라는 것. 아버지의 반격에 정신을 잃었던, 아들은 집에 불을 지른다. 방화의 혐의는 필시 아버지를 향한다. 이 법과 경제가 만들어 낸 인공적 자연 상태 = 전쟁 상태에서, 인간은 인간들에 대해 에누리 없는 이리로서 나타난다.

여기에 유머가, 허풍이, 연민이 끼어들 자리란 없다. 여전히 존재하는 것이라고는 종종 그의 소설을 가장 서정적인 것으로 만들어 온 정확하고 메마른 단문의 문체뿐이다. 벌거벗은 생명으로 추방당한 이 사람의 눈에 비로소 자신을 둘러싼 풍경의 진경(眞景) 상태가 드러난다. '살' 생명에 의해, '살' 풍경은 가장 빛나는 몰락의 표현을 얻는다. "그는 3년 전에 담배를 끊었다는 말을 하지 않는다. 처형대의 사형수처럼 묵묵히 담배를 받아 피울 뿐이다. 그리고 다시 마을을 굽어본다. 마을에서 뻗어 가는 긴 창자 같은 길과 내장기관 같은 논밭이며 구릉이 있다. 구름이 다시 해를 가리며 스푸마토 기법을 쓰듯 산과 들, 하늘의 경계를 허물어뜨린다."(37쪽)

여기에 하나의 상례적 삶이 있다. 가족, 부권, 법, 언어, 일용할 소유, 신념, 정의로움과 융통성, 합리적 현실주의, 약간의 농담, 요컨대 인간적임. 그러니까 상례 안에 존재하는 듯 보이는 별(別)날 것도 없고 비상(非常)할 것도 없는 이 '보통 상태'. 그리고 소설들이 시작되면 법과 권위와 경제가 그들을 소환하고, 그들의 삶은 빠르게 추락한다. 아니, 밀려난다. 상례로부터 밀려나 어떤 추방의 상태— 예외적 삶에 다다르는 것이다. 거기서 그들은 인간이라기보다는, "알아서 기는" 어떤 동물들이 된다. 그리고 기어도 기어도 다시는 법 안으로 들어가지 못한다. 문턱에 걸려 울부짖을 뿐, 이 인간동물은 '밖'으로 나갈 수도 없다. 왜냐하면 '밖'이란 추방의 형식일 뿐, 근본적으로는 존재하지 않는 까닭이다. 이 법의 문턱이야말로 '인간'을 구성하고, '동물'을 생산해 내는 장치인 것이다.(어떤 의미에서 그는 '안으로' 추방되었다고도 말할 수 있다.)

웃을 일이 아니다. 울 수도 없다. 소설 속, 저 불운했던 한 화가의 삶처럼 바로 지금 우리의 앞뒤로 인간과 인간 아닌 것의 경계가 그어질 수도 있는 까닭이다. 빈자나 병자를 향하는 연민도 여기에는 없다. 지금의 성석제로서는 우리 생이 절단되고, 마침내 절단나는 그 순간을 그리려 했던 것은 아닐까.

벤야민와 카를 슈미트를 거쳐 데리다와 조르조 아감벤에 이르는 오늘의 정치신학의 몇몇 테제를 나는 여기서 떠올려 본다. 그러니까, 예외 상태는 추방 관계이다. 추방되는 자는 실제로는 단순히 법의 바깥에 놓여서 법과 무관하게 되는 것이 아니라, 법에 의해 유기된(abandoned) 자, 즉 삶과 법, 바깥과 안이 구별 불가능하게 되는 문턱으로 노출되는 자이다.(아감벤) 주권 권력의 역설은 "법 바깥에는 아무것도 없다"는 형식에 있다. 그러나 삶에 대한 법의 본래적 관계는 적용이 아니라 '유기'에 있다. 본래적인 법의 힘은 벌거벗은 삶을 유기함으로써 그 추방으로 정치적 삶을 만들고, 추방의 공포를 통해 벌거벗은 삶 역시 포섭하는 데 있다. 우리 시대의 정치에 있어서 예외는 상례이다. 예외(ex-ceptio)라는 말의 어원에는 이미 "밖에 있는 것을 (포섭하여) 붙잡는다"라는 의미가 내재한다. (따라서 데리다의 법 '밖'은 법의 문턱으로 수정되어야 할지도 모른다.) 늘 숭고와 골계, 도시와 지역, 표준어와 사투리, 양반과 소설의 경계에서 작업해 온 우리 시대의 가장 뛰어난 한 작가가, 바로 그것들이 압착되는 예외=상례의 순간을 그려 내고 있다. 숭고한 삶과 웃음 사이의 '전도'를 소설의 방법으로 삼아 왔던 성석제로서는 이제 '전도'가 아니라 그러한 분할을 한꺼번에 뛰어넘는 그 어떤 '절단'면의 제시를 원하는 듯하다.

비천하거나 위대한 서사를 구성하고 그 안에 자아(이를테면 '원두'와 '나')를 삽입하고, 이를 초자아적 운동 속에서 전도시켜 웃음을 만들어 내는 것이 아니라 그 순간 자체에 내재한 예외적=상례적 순간을 절단해 보여 주고 있는 것이다. 이 '숭고한 희극'의 사라짐은 우리 삶에 있어서의 거리의 상실, 즉 '무관심 판단'을 가능하게 하는 초자아의 사라짐을 의미한다. 위대함과 인간적임, 동물적인 무도(無道)성이라는 분할을 응시하고, 또 이를 전도시켜 보여 줄 수 있는 거리 의식은 동요하고 있으며 점점 불가능한 것이 되어 간다. 그러니까 자기 앞 혹은 뒤로 법의 안팎, 인간과 인간동물의 절단면이 그어질 수 있다는 것.

그렇다면 예술인들 무엇을 할 수 있단 말인가. 그런데 보라, 여전히 숭고의 순간을 향해 있는 이 문자들을. "순간적으로 머릿속이 하얘지는 느낌이다. 그는 천장을 향해 고개를 젖히고 가만히 서 있다. 세상에 종말이 있다면, 그 종말이 핵폭탄 수만 개가 한꺼번에 폭발하는 것이라면, 마지막 순간은 그렇게 하얀, 아무것도 칠해져 있지 않은 캔버스처럼 순백의 빛만 있고 그것이 비추는 것의 윤곽조차 지워진 순수한 무일까. 그는 생각한다. 이게 아무것도 없는 사람을, 아무것도 아닌 사람이 그릴 수 있는 최후의 작품이리라."(74쪽) 이 "머릿속이 하얗게 되는 순백의 순간"이 절대적 숭고의 순간에야 드러나는 벌거벗은 생명의 제시야말로 2006년의 시점에서 성석제라는 윤리적 인간이 시도하는 숭고와 경계의 미학인지 모른다. '인간' 최후의 작품이 그려지지 못한 채, 완성되는 순간. 어떤 의미에서 성석제는 벌거벗은 생명에 의해 갑작스럽게 달성되는 탈경계의 감각, 막막한 숭고의 감각이 뛰쳐나오는 그 순간을 쓰고 있는 것이다.

지역과 역사, 사투리와 표준어——사람이 사람이 아니다

이러한 인간의 존재성은 법이 실현되는 곳이라면 어디든지 나타난다. 심지어 인간이 벌거벗은 생명이 되는 것은 법과 신념을 지키려는 순간, 정치적 생명을 의식하는 바로 그 순간이기도 하다. 과연 그다운 또 한편의 '양반'계 소설에서 성석제가 그려 낸 법과 신념의 세계는 하드고어에 가깝다.

법이 자연적 생명에 가하는 폭력으로 점철된 소설 「집필자는 나오라」에서, 주인공 박태보는 인현왕후 폐비의 일이 잘못되었음을 진언하기 위해 분연히 일어선다. 법에 의거해 법을 바로잡기 위해 일어선 순간은, 바로 그 법의 제물이 되는 순간이기도 하다. "매를 치는 것을 하나하나 살피면서 혹독하게 치게 하니 드디어 무릎뼈가 부서지고 골수가 샘처럼 솟아 나왔다." 소설은 고문에 관한 법을 나열하며, 정교한 살육의 법에 의해 한 육체가 해체되는 과정을 세밀하게 써 나간다. 법을 지켜 내기 위한 말은 법에 의해 금지되며, 박태보 역시 법폭력—계속되는 고문 앞에서 더는 할 말을 잃고 만다. 아니, 하지 않는다. "이로부터 아무리 지지고 달래도 눈을 감고 입을 봉한 채 한마디도 하지 않았다." 그리고 말이 멈추고 뼈와 살이 다 타서 헐벗은 몸만이 남는 그때에야 추방의 의식은 끝을 본다. (물론 고문과 귀양도 법의 안이며, 따라서 그는 법 '밖'으로 추방당한 것은 아니다. 그의 죽음은 법에 의한 법을 위한 죽음이다.) "단근질을 여러 차례 하여 기름과 피가 끓고 힘줄이 끊어지고 뼈가 다 타서 형육이 참혹했다. 누린 냄새가 어전으로 올라오니 임금이 오래 보고 있는 것이 메스꺼워서 "마땅히 원정을 받고 죄를 정하는 도리가 있으니 국문을 그만 파하라"고 명했다." 물론, 중요한 것은 실어(失語) 자체가 아니라, 인간임을 부정당한 한 생명이 마지막까지 '인간의 말'을 하려 한다는 사실이다. 성석제는 '말하려는 의지'— 인간임을 선언하는 의지를 마지막 순간까지 놓치지 않는다.

위대한 생으로 그려져야 할, 이 삶에 대해 소설 속 화자는 이렇게 묻는다. "서로 이름 다르고 나이도 꿈도 다르고. 사실이거나 소설이거나 결국 남는 건 사람 목숨 뺏고 뺏긴 기록 아닌가." 여전히 그다운 '재치'가 이 액자식 역사 소설에 개입하고 있지만, 이 피투성이 삶을 간단히 숭고한 것으로 전도시킬 수 없는 집필자의 위치는 애매하며, 그런 까닭에 재치는 활력보다는 허무감에 관여하게 된다.

죽고 죽이는 일들에 대한 소설가의 질문에 시골의 늙은 선비는 대답한다. "사람다움이라는 기 뭐냐, 그때 자기가 꼭 안 해도 되는데 나서게 하는 힘이 뭐냐. 이런 걸 어렵고 까시롭게 여길 거 없다." "역사를 자세히 보마." 그것이 그렇다. 그렇다 한들 여기에 어떤 위안이, 허풍이, 또 유머가 들어설 수 있겠는가. 그 어떤 돈키호테식 서사가 겹칠 수 있겠는가. 단지 법 앞의 결단과 법 문턱의 죽음만이 거기에 있다. 정당성은 언제나 합법성과 결렬하고, 숭고함은 언제나 벌거벗겨진 삶의 저편에서 별처럼, 신기루처럼 피고 진다.

사투리와 표준어 사이의 부딪침, 화용론과 문법 사이의 미끄러짐도 이번에는 '즐거움'이나 '유머'와는 관계가 멀다. 침천정(沈泉亭)에서 심청전으로, 늦출이에서 넙춘이로, 영빈관(迎賓館)에서 인빈관으로 미끄러지는 언어 공간(「환한 하루의 어느 한때」)을 그리는 그의 말투는 놀랄 만치 무덤덤하다. 흔히 그의 사투리는 정명(正名)의 장소──그러니까 하나의 이름에 하나의 위상을 주는 통치성(표준적 질서)을 뒤흔드는 언어의 힘을 보여 주면서, '도시'로 대표되는 삶을 상대화하는 역할을 해 왔다고도 할 수 있다. 그러나 이 소설에서 구어 공간과 표준어적 세계 사이의 불일치는 어떤 유머도 허풍도 만들어 내지 않고 있다.

또 한편의 '지역'계, 혹은 '약전'계 소설 「고욤」이 그려 내는 지역 역시 황량하기는 마찬가지이다. 신용불량과 소환과 냄새와 추방과 신체 포기와 고문과 차 아래로 뭉개지는 신체들을 그려 나가는 이 소설집에서 위안의 장소가 될 법도 한 두 편의 '지역' 소설이 보여 주는 것은 오히려 경계의 선명함이다. 법과 경제는 '지역' 안에서 예의 그 분할선을 좀더 촘촘히 그어 낸다. 법(과 경제) 위의 삶과 법(과 경제) 앞의 삶 사이의 그 경계 말이다. 옛날의 깡패 아들은 재산가 교수가 되고, 옛날의 낭만적 도주자는 몫이 없는 자가 된다. 문턱을 넘어서 버린 사람은 절대로 이 분할의 좀더 윤택한 안쪽으로 들어가지 못한다. 인간과 인간 이하의 경계가 압착되는 것과 함께, 인간과 인간 이상의 경계는 더 날카롭게 분절된다. 문턱의 인간은 본다. 그 날카로운 경계선을. "고욤나무의 가지 끝이 어쩐지 날카로워진 것 같았다. 검은 고욤들이 더욱 동그랗게 웅크린 것처럼 보였다. 웅크린 채 자신을 둘러싼 세상과 정밀한 경계선을 새로 만들어 내고 있었다. 태호는 눈을 비볐다. 그러면서 눈이 문제가 아니라는 생각을 했다."(「고욤」, 289쪽) 정밀한 경계선을 그어 나가는 '지역' —— 여기에 그 어떤 그리움이 들어갈 수 있을까. 이 소설집을 통해 방언의 공간이란 표준어적 삶의 극한, 외부에 있는 듯 내부에 포섭되어 있는 공간으로서 나타난다. 지역도 '예외'는 아니다.

추방된 누군가가 죽는다. 그러나 누구에게도 죄를 물을 수 없다. 웃을 수 있는가. 죽여도 죄가 되지 않는 사람들(아감벤,『호모 사케르』)의 지금. 여기 한 사람의 작가가 그 피의 광경을 기록해 둔다. 상례와 예외, 도시와 지역, 시민과 양반이 한꺼번에 이 절단면들 속에서 하나의 단면으로 드러난다. 신과 인간과 동물이 이 절단면 속에서 한꺼번에 그 삶(zōē)을 드러낸다. (그리스인들은 생명(vita)을 의미하는 서로 다른 두 단어를 가지고 있었다 한다. 인간의 생명(bios)과 동물·인간·신이 함께 가진 생명 zōē이 그것이다.) 인간과 동물과 위대한 삶 사이의 분할은 사라지고, 이들을 직각으로 가르는 새로운 절단 즉, 인간적 생(bios) 안에 존재하는 자연적 삶(zōē)과 예외 상태가 갑작스럽게 출현한다.

성석제로서는 이 법경제의 경계선을 '보여 주는' 한편, 직각으로 절단하고 있는 것이다. 그러자 갑작스럽게 새로운 문턱이 드러난다. 법의 안팎에, 상례와 예외의 안팎에 위치한 잔인한 문지방, 추방 전야의 풍경이 한꺼번에 압도해 온다. 인간과 동물, 법과 법의 외부, 상례적 삶과 예외적 상태를 한없이 예리하게 분절하는 방식이 아니라, 포섭하면서 배제하는 구조 자체, 법과 상례라는 삶의 가운데를 횡적으로 절단해 보여 주고 있는 것이다. 다시 말해 절단 자체를 절단해 버림으로써 그는 상례적 삶 안에 이미 예외적 상태가 전제로서 놓여 있음을, 법적 생명이라는 것 안에 이미 법으로부터의 추방이 잠재해 있음을, 법과 질서는 언제나 적용이 아니라 그로부터의 추방의 형태로 도래하게 됨을 제시해 보인다. 법과 주민등록과 경제 밖으로 쫓겨나 인간의 도시에 머무는 인간동물들의 전야를 그는 그리고 있다.

　말 아닌 말과 말을 잃어버리는 상황을 교차시키며 성석제는 그가 지금껏 써 온 숭고한 희극들과 결정적인 결별을 선언하고 있는 것일까. 아니면 잠시 너무 가까이 온 생정치의 오늘을 써 두고 싶었던 것일까. 다만 말할 수 있는 것은, 내 안에서나마 틀림없이 보이는 하나의 선분이 있다는 사실이다. 절단을 절단하기.

　인간과 동물과 위대한 자(神)를 나누는 세 개의 선분, 그러니까 평행하고 날카로운 선분들이 여기에 있다. (이 경계는 점점 더 날카로운 것이 되어 간다.) 그리고 이 세 선분을 90도로 관통하며 그것들에 공통되는 날것의 생명을 절단해 보여 주는 메시아적 선분이 여기에 있다. 분할 규칙 안이 아니라 밖으로부터 분할선 자체를 두 동강 내는 외부의 선. 선분의 안이 아니라, 밖으로부터 도래하여 한 방향을 한 그 모든 평행선을 중간에서 두 동강 내는 절단. 성석제의 이번 소설을 통해 예감되는 절단을 나는 바로 그러한 절단의 예조(豫兆)로서 이해하고 싶다.

　상례적 삶과 예외적 삶, 도시와 지역, 과거와 현재를 예리하게 나누고 뒤집던 그는 과연 어디로 가고 있는 것일까. 혹 신과 인간, 인간과 동물을 나누는 분할 자체의 가운데를 직각으로 절단하며 동물·인간·신이 공통적으로 지닌 '날생명'(zoē)의 지금을 그려 내고 있는 것은 아닐까. 인간을 동물로 전도시키는 거짓된 포스트모던 방법(요컨대 "인간은 원래 그렇고 그런 동물이다.")이나, 벌거벗은 생명을 인간으로 고양시켜 상징적으로 구원하는 거짓된 동정(요컨대 "불쌍한 그들도 '우리'와 같은 인간이다.")이 아니라, 그러한 절단면 자체를 절단하는 일. 여전히 인간임을 선언하며 말을, 또 인간학 기계(anthropological machine)를 멈추는 그 순간. 오늘의 어떤 젊은 작가들과 함께, 이 윤리의 인간은 지금 인간학 기계를 공중에 거는 그 일을 하고 있는 것은 아닐까.

　이 소설의 근원적인 탈경계의 미학은 백색 숭고의 시작인가, 아니면 숭고한 희극의 변주인가. 어려운 대로, 지역과 양반과 사투리와 관련된 원체험과의 거리 의식이 빚어 낸 모든 것들——노스탤지어와 유머, 숭고한 희극성이 사라지고 있다는 것, 그것들이 사라지는 지점에서 상례가 예외이고 지역이 도시이고, 양반이 고깃덩어리인 우리 시대의 생정치(生政治)가 한꺼번에 드러나고 있다는 것만은 말할 수 있으리라. 어떤 의미에서, 이러한 절단의 순간에 드러나는 메마르고 살벌한 삶에 대한 쓰기야말로, 또 폐허의 순간에서 제시되는 인간의 삶이야말로, 숭고함과 희극성 경계에서 작업해 온 성석제만이 물을 수 있는 가장 윤리적인 질문일지 모른다. '말'에 가장 유능했던 그는 쓰고 있다. 아니 멈추고 있다. 말이 말이 아니고, 법이 법이 아니며, 인간이 인간이 아닌 지금을. 또 어제를. 그러나 내일은 아니어야 할 그 시간을. 그 모든 분할 기계 자체를. 아마 우리는 지금까지와는 다른 방식으로 이 작가를 사랑하는 '법'을 배워야 하리라.

(2006년 11월)

주살(誅殺)된 달마
—— 엽기 문화의 한 읽기

저속한 유물론 —— 엽기(獵奇), 맥락과 징후

처음엔 일종의 열광과도 같다. 그리고 흐르거나 머물며 마침내 범람한다. 몇 개의 기표를 우리는 알고 있다. 이를테면 '엽기'[1]가 그러하다. '괴이쩍은 것에 흥미가 끌려 찾아다니는 일' —— 사전상의 일들. 우리는 이 술어(術語)의 라틴어적 혹은 희랍적 기원도, 예술학사전 상의 용례도 알지 못한다. 그로테스크, 고딕, 추(醜), 악, 위반, 디오니소스 등등이 이 범주를 포위하거나 흡입하려 하지만, 그 어느 것도 범람 지역 모두를 포괄하지는 못한다. 어떻게 시작할 수 있을까. 지상 최고의 용례를 자랑하는 대한화(大漢和)사전은 이 말의 고전적 용례가 결코 중국식이 아님을 그 용례의 '없음'을 통해 설명해 준다.

그렇다면 일본 문예물과 국어사전의 틀림없는 한 표제를 이루는 엽기

---

1) 대중문화 코드 '엽기'는 《묘성》과 《미타문학》에서 활동했던 메이지 말기의 작가 사토 하루오가 curious hunting의 뜻을 '엽기탐'이라고 번역한 일에 연유한다. 이후 탐정물 전문지 등에 이 말이 두루 쓰였다.

라는 말, 그리고 그 한 범주로서의 엽기 소설·엽기가(獵奇家)의 존재는 무엇일까. 아마 거의 틀림없이 『오트란토 성』에서 『드라큘라』, 『프랑켄슈타인』에 이르는 고딕 소설에 대한 번역 과정에서 생성되었고, 일본식 데카당과 자연주의를 거쳐 일본 하위 문화의 가장 유력한 전위로 자리 잡았을 이 범주의 비가역성은 그러니까, 이 범주를 기원이 아니라 맥락과 징후로 파악할 것을 주문하고 있는 것이 아닐까. 그러니까 우리의 주제는 표제어보다는 용례를, 사전보다는 사례집을 필요로 한다. 그도 그럴 것이 이 엽기성의 세계는 타자의 세계이기 때문이다. 모든 하위 문화적 뒤섞임이 그러하듯이 엽기성은 '이다'가 아니라 '~이 아니다'라는 술어를 통해 무엇에 대한——주로 정통적인 것, 진정한 것에 대한 위반으로서만 범주화되곤 했다. 『드라큘라』, 『프랑켄슈타인』과 같은 18세기 고딕 소설의 전범들과 20세기의 흡혈 판타지 양식들이 이들 사이의 엄청난 의미 결락에도 불구하고 늘 저속한 모더니즘(vulgar modernism), 모더니즘 문명의 타자들로 뒤섞여 들었던 것처럼 말이다.

어떤 의미에서 문제는 기원이 아니라 맥락이다. 문학이나 영화, 인터넷, 만화 할 것 없이 혼란스러울 정도로 넘쳐 흐르고 있는 이 문화적인 현상은 이미 말의 사전적 의미를 넘어 버린 지 오래이며, 오히려 어떤 때는 놀랄 만큼 '무서운 것'이 아니라 단순히 '특이한 것'이라는 뜻으로 통하기도 한다. 그것은 흔히 공포가 아니라 무언가의 과잉 혹은 초과를 지시한다. 예컨대 통신 소설을 거쳐 출판과 영화로 넘쳐 버린 이 문화의 한 대표 주자——『엽기적인 그녀』는 '무서운 그녀'를 그리고 있는 것이 아니라, 유머러스한 비표준형 애인의 기이한 행동들을 이야기한다. 배설과 기행(奇行)으로 이름난 한 토끼의 재치를 표현한 「마시마로 숲 이야기」(김재인 그림, 일명 「엽기토끼」)라는 동영상은 지금까지도 인터넷 웃음 시장의 믿음직한 총아이다. 우리의 사례집은 두껍기 이를 데 없고, 대부분의 경우 어쨌든 이야기는 공포와 즐김의 뒤섞임을 지시하고 있다.

백민석의 소설 『목화밭 엽기전』, 김언희의 시집 『말라죽은 앵두나무 아래 잠자는 저 여자』 같은 경우는 어떤가. 김언희의 시집에서 시인 자신은 서문을 통해 "임산부나 노약자는 읽을 수 없습니다. 구토, 오한, 발열, 흥분의 부작용을 일으킬 수 있습니다." 라는 자서(自序)를 붙였다. 생의 찌꺼기, 미국 하위 문화의 가장 문제적인 장르인 스너프 필름은, 벨기에의 한 아동의 실종과 발견 과정을 통해서 전유럽이 들끓기 전까지만 해도 너무 멀리 나간 병적 징후/미디어의 신화에 불과한 것처럼 보였다. 하지만 이제 이 아시아의 반주변부의 한 소설가는 바로 그러한 사건으로 한국 문화의 세계성을 증거하기에 이른다. 김기덕 감독의 영화 「섬」이나, 「야생동물보호구역」을 거론한다고 해서 우리의 사례집이 너무 광범하다고 생각하지는 않을 것이다. 낚시 바늘에 꿰인 입과 음부. 연쇄살인이라면 장윤현 감독의 「텔 미 섬딩」도 그럭저럭 잘 해낸 적이 있다.

한편 만화라는 장르의 하위 문화적 근성은 이 분야의 왕좌가 누구의 것인지를 알게 한다. 실상 유머와 과장의 수사가 지배하는 만화의 기기묘묘한 이미지들은 어떻게 보면 엽기라는 말의 현재적인 쓰임을 가장 잘 표현하는 부분이기도 하다. 끔찍하거나 끔찍히 웃기거나. 남의 얼굴을 훔쳐 자신의 것으로 만드는 이토 준지의 『얼굴 도둑』 같은 진지한 엽기물도 있지만, 또 한편으로는 『Let's Go! 이나중 탁구부』(미노루 후루야)나 『멋지다 마사루』(쿄슈케 우슈다)와 같은 급진적인 유머들에 '엽기'라는 수식이 붙기도 한다. 인간 신체에 대한 위해(危害)나 배설 행위는 퇴행의 웃음을 거쳐 '엽기'로 명명된다. 열광은 그 사이사이마다에서 폭발한다. 가치 판단이 정지된 상황에서 만나는 초현실적인 폭력 및 성 묘사는 흔히 범법이 아니라 기호(嗜好)로 간주된다. 「에이리언」의 시각 효과의 근원이 된 H. R. 기거의 공포와 「사우스 파크」(트레이 파커·맷 스톤)의 요절복통할 욕지거리 살육전은 이 순간 별반 구별할 필요가 없는 사례집 속의 두 일화들일 뿐인 것이다. 「사우스 파크」. 399번의 욕설, 128번의 무례한 행위, 221번의 폭력 행위가 범람하는데 그 주인공은 초등학생이고 그 결과는 탈선이 아니라 희극이다. 방귀에 붙은 불로 타 죽는 케니의 온갖 죽음의 양상들. 에이펙스 트윈(Aphex Twin)의 「Come to Daddy」 뮤직 비디오에 등장하는 소녀의 몸을 한 폭력광의 괴기스런 얼굴(아티스트 자신)은 놀랍게도 웃음 짓고 있다. "너에게 피 흘리는 나를 선물할게, 고마워, 고마워, 너에게 피 흘리는 새를 선물할게, 너에게 피 흘리는 나를 선물할게"라는 보컬이 끝도 없이 척척 감겨드는 자우림의 「새」는 또 어떤가. 이 불균질성과 무국적성을 우리는 균질적으로 즐기며 그러한 난삽함과 뒤섞임을 범주화하는 용어가 바로 '엽기'이다.

우리의 입구를 지나치게 잡학한 것이 되지 않게 하기 위해 일반적으로 통용되고 반복되는 이 주제의 전제들을 나열해 보면 어떨까. 왜 엽기인가. 그리고 무엇이 그것을 엽기로 알게 하는가. 흔히 이야기되는 맥락은 대략 대여섯 가지 정도인 것 같다. 제도, 사회, 전통, 정치, 경제, 테크놀로지 상의 전이들. 첫째 우선 제도적인 변화 요인이 꼽히는 바, 사전 심의의 위헌 결정에 따른 제도적 변화가 흔히 이야기되고 있다. 작품을 도륙하던 가위가 도륙하는 작품을 낳았다. 억압되었던 많은 것들이 한꺼번에 귀환했고 마침내 넘쳤다. 둘째, 엽기보다 더 엽기적인 현실의 일상화라는 사회적 요인이 지적된다. 극단의 이미지를 육박 혹은 초과해 버린 현실은 더한 극단에의 탐식증을 낳았다. 셋째, 신체발부수지부모(身體髮膚收之父母)라는 동아시아적 신체 숭모(崇慕)가 엷어지면서 신체 상해에 대한 거부감이 약화된 것도 엽기적 효과들을 하나의 스타일로 여기게 된 미학적 원인으로 생각되고 있다. 사실상 하위 문화의 독특한 문화 코드를 이루는 피어싱은 이 순간 성형 수술과 같은 취급을 받는 불운을 겪기도 한다. 넷째, 흔히 이야기되는 거대 서사의 위축에 따른 감각 문화의 진군과 그에 개입된 정치적 요인 또한 엽기성의 중요한 바탕으로 지적되곤 한다. 감각의 총아는 이미지이고 그것은 늘 직접성을 꿈꾼다. 감각은 식물성이 아니라, 동물성의 극단화된 형태에서 직접성을 획득했고, 관념 사회는 이미지 중심의 감각 사회로 급격히 이동했다는 것이다. 다섯째, 범람에서 폭발로 전이되는 과정에는 필연적으로 선정주의를 돈으로 바꾸는 문화 산업의 팽창이 개입되어 있는 것으로 보인다.

좀 일반적이고 정태적인 현상 분석처럼 보이는 위의 다섯 가지 전제에 덧붙여, 디지털이라는 변수를 생각해 볼 수 있다. 엽기의 문화적 에너지를 재생산하고 폭발시킨 가장 강력한 동인으로서의 사이버 혹은 디지털 문화의 개입. 디지털 사회가 초래한 기술적 역설에 있어서 인간 육체에 대한 사이버 세계의 병적 집착은 악명 높은 것이다. 딱딱한 질료, 화려한 화면은 자신의 무기성(無機性)을 보충해 줄 말랑말랑하고 일관된 색상의 인간 육체를 끊임없이 탐해 왔고, 점점 더 강력하게 그것을 빨아들이려 했다. 엽기라는 기표의 넘침이 발생한 지점을 적시해 보면 사이버 공간일 터인데, 이 공간의 비물질성에 대한 하나의 위반이 육체가 지닌 물질성에 대한 지독한 탐닉이었던 것이다. 무기물의 세계에 대한 유기적 감수성은 위반이면서 때때로 대안처럼 보였다. 디지털 가상(假像)의 가장 먼 곳에 몸이 있었고, 디지털의 탐식증은 마침내 육체를 재영토화하기에 이른다. 물질 밖으로 튕겨 나가는 문화 — 사이버 공간을 중심으로 역설적으로 희구되고 획득되는 삶의 선연한 실체성, 날것들의 비린내.

서구적 합리성에는, 몸은 정신이 명령하면 움직이는 도구 혹은 연장이라는 전제가 은연중에 깔려 있다. 몸 그대로의 몸은 그래서 공포의 대상이었고, 흔히 『프랑켄슈타인』과 같은 고딕 소설은 펄프로 추방되곤 했다. 오늘의 엽기적 작품들에는 신체(body)가 정신과의 관계에서 종속적·타자적으로 규정되는 것이 아니라는 생각이 암묵적으로 전제되어 있으며, 육체(flesh)를 하나의 물질로 생각하는 경향이 짙게 배어 있다. 신체는 무엇보다 살과 피와 뼈로 되어 있는 '몸뚱이'가 되었고, 육체 정치학의 무정부주의는 그때부터 시작되었다. 자신들의 살과 피와 뼈를 통해서만 자신들을 구별짓고, '실체'를 확인하고, '살아 있음'을 느끼는 표면 위의 불안. 저속한 유물론. 하지만 이 모두가 그저 표면의 맥락이자 징후일 뿐이다.

어쨌든 약간은 범박한 대로 유기적 감수성, 해방된 육체의 정치학이라고 명명될 수 있는 엽기적 상상력은 지금 이곳의 문화적 욕구를 담아내면서 억압에 대한 반문명적 충격 효과를 거두고 있음에 틀림없다. 그것은 우리의 세계가 점점 더 비유기적인 확장을 거듭하고 있음을 반증하는 것이다. 텔레커뮤니케이션(핸드폰)과 네트스피어(노트북)를 내장한 비유기적 신체들의 등장 속에서 엽기물이 보여 주는 유기적 파열과 반문명적 충격은 역설적으로 문명의 야만성을 표시하며, 배제되었던 타자들의 존재를 환기시킨다. 그런 의미에서 그 긍정성은 우리 사회가 갖고 있던 억압의 증거이고 이것 아닌 무언가에 대한 징후이기도 하다. 그러나 우리의 입론은 너무 네거티브한 데가 있다. 위반은 종종 역설과 반작용에 의존하는 '다른 것에 의한 자기 규정'에 머물 수 있다. 타자는 안티테제의 사례집이 아니라, 무언가에 대한 징후 혹은 자기 규정을 통해서만 스스로의 술어를 획득할 수 있다. 그렇다면 엽기라는 말의 심연에 무엇이 있는가.

달마와 루이스 캐럴——박상륭과 백민석 사이의 심연들

박상륭의 탁발승——헤겔주의와 선불교적 모티프

엽기성의 중심은 어찌 됐든 신체에 대한 훼손과 변형에 있다. 그렇다고 할 때, 이 엽기성의 문제는 인류의 기원만큼이나 오래된 클래식한 범주라는 비판이 있을 수 있다. 고딕과 판타지라는 개념을 통해 타자화된 근대 서사의 한 종류로 엽기성의 문제를 해명하려는 시도들조차 때때로 더 많은 기갈을 낳는다. 원시 사회의 카니발리즘, 디오니소스적 축제, 구약 성서 속의 카인과 아벨, 예수의 못박음과 같은 서구의 희생 제의적 서사들과 신체 일부의 절단과 공양(供養), 수도의 방편으로서의 남근에 대한 학대를 보여 주는 아시아 불교 문화의 수많은 선불교(禪佛敎)적 일화들은 그러한 심증의 구체적 증거들이다. 아즈텍 문명의 피비린내 나는 제의와 일본의 할복 의식을 포함하여 문명은 흔히 야만적 풍경을 지렛대 삼아 형이상학의 심연에 도달하곤 했던 것이다. 루이 부뉘엘의 「안달루시아의 개」 도입부의 면도칼로 안구를 자르는 장면이나, 살바도르 달리 혹은 프란시스 베이컨의 뭉개지고 일그러진 신체 형상들은 가히 엽기라는 단어가 무색할 정도의 파괴성을 보여 준다. 『장화홍련전』을 거쳐 『구마검』에 이르는 섬득한 괴담과 복수들, 6·25전쟁을 다룬 손창섭이나 장용학의 구더기 들끓는 소설은 이 충격의 상상력이 얼마나 집요한 충동인지를 알게 한다. 김동리의 「등신불」에 등장하는 만적이라는 인물의 소신공양(燒身供養)은 또 어떤가. 최루탄 냄새 매캐한 1970년대 대학가의 시위 현장을 다소 탐미적으로 채색했던 "자유의 나무는 피를 먹고 산다"라는 데카당트한 구호, 흔히 압사(壓死)와 분신(焚身)이 되지피곤 했던 1980년대의 열기는 피의 수사와 혁명이 맺는 관계, 그 관계를 설득의 수사로 삼는 수많은 시와 소설을 낳았고 그것들은 다시 혁명의 열기로 재점화되었다. 박노해와 백무산이 들려준 「손무덤」의 이야기들만큼 강력한 구호가 달리 있었던가.

하지만 그 모두를 통해 우리가 "괴이쩍은 것에 흥미가 끌려 쫓아 다니는 일" 따위를 했다고는 도저히 믿을 수 없는 일이다. 엽기의 현재와 그것의 표면적 영속성 사이에는 나락과 같은 단절이 있다. 단적으로 말해, 육체에 대한 훼손들은 전통적인 의미에서 지렛대이거나 구도였으며 업(業)이거나 의미로 가는 제의(祭儀)를 의미하곤 했다. 박상륭의 이름난 이야기들을 떠올려 보면 어떨까.

예수와 자신의 동료를 배신한 유다의 죽음의 과정을 다룬 「아겔다마」(1963/1997년 문학과지성사 재출간)는 그의 등단작이다. 이 작품의 겉면은 일종의 위반과 구원의 문제를 다루고 있는 듯하지만, 실제의 그 구원의 과정은 선불교적인 모티프에 의존해 있다. 유다는 예수의 못박힘을 보고, 그가 그토록 탐했던 막달라 마리아의 "팽팽하고 물큰해 보이는 두 가랑이가 창 끝에 의해 들쳐나 보이는" 장면을 목도한다. 그리고 그 번민 속에서 자신을 보살피던 노파의 옷을 찢고 능욕하고 피흘리게 한다. 그는 "광포한 짐승", "짐승의 한계에서도 더 아래쪽 길을 처벅처벅 걸어댔다." 문제는 유다가 그런 일을 설명하는 태도이다. 그는 그 모든 엽기적 행각의 변명처럼 이렇게 말한다. "아까는 확실히 신경이 이상했었어. 신경(神經)과 나[我]와의 사이엔 상당한 거리가 있었는지도 몰라". 박상륭의 이 진술은 주체의 의지를 육체에 전하는 신경과 육체 아닌 어떤 것으로 환원되는 '나' 사이에는 분명한 단절이 있다는 사실을 알려 준다. 흥미로운 것은 유다가 죽은 노파의 눈에서 심연을 본다는 점이다. "그땐 유다의 눈도 서서히 변해 가던 중이었다. 의미가 하나씩 바래 버렸던 것이다. 유다는 불현듯 생각난 듯 기력을 다해 노파의 몸뚱이를 살펴보았다. 피가 그녀의 옷과 살을 온통 뒤덮고 있었다. 다음 순간 유다는 약간 경련을 일으켰다. 그녀에게서 아까 보았던 것과 흡사한 두 눈을 발견했기 때문이었다. 몇 올의 머리칼이 눈자위로 늘어져 있었다. 그 눈은 아무 의미도 기력도 없는 죽음의 강 건너편 저쪽 마을 사람의 눈——그것은 투명하긴 했지만, 끝간 데 모를 심연을 가진 눈."

물질적 대상으로서 난자되었던 노파의 눈은 완전히 끝장난 육체의 끝에서 "끝간데 모를 심연"을 보여 준다. 바로 이 순간 하나의 초월이 발생한다. 아까 보았다는 그 눈은 예수(無念)의 눈이고 "그 눈 속엔 무(無)가 있었고, 휴지(休止)가 있었고, 그리고 그것은 불멸 그 자체이기도 했다."

난자된 표면을 통해 심연으로 이르는 건너뜀. '피 밭'이라는 뜻의 「아겔다마」가 보여 주는 엽기적이기 짝이 없는 장면들은 육체의 훼손이 극단화되는 순간 비로소 육체 이면으로 넘어가는 구도와 해탈의 과정을 보여 준다. 예수 주변의 이 모든 살해적 이미지들은 사실상 불교적 구도 혹은 수행법에 전적으로 힘입고 있으며, 일종의 선불교에 기운 통종교성(通宗敎性)을 보여 준다. 상해(傷害)의 고통은 (구원보다는) 자기 완성에게 답한다.

「아함경법문」을 기반으로 한 「장끼전」을 비롯하여, 불교 설화의 삽화들을 인유하며 박상륭이 끈질기게 붙들고 있는 주제가 바로 이 육체의 벌건 물질성이 노골화된 순간의 초월적 국면이다. 부처와 스승과 말을 죽여 가는 과정으로서의 구도, 근친상간을 비롯한 모든 금기를 초월하는 과정으로서의 해탈을 보여 주는 유리라는 인물의 일탈적 행각들――『죽음의 한 연구』(1975/1986년 문학과지성사 재출간)의 가장 위쪽의 표면은 쉽게 말해 신(身), 구(口), 의(意)의 삼업(三業), 특별히 몸의 업보에 대한 극한적 부정을 통해 도달하는 깨달음의 심연을 겨냥하고 있다. 유리는 수많은 신체적 고행과 살육을 거친 후, 오조(五祖) 촌장을 죽이고 육조 촌장이 되는데, 이러한 모티프는 오조 홍인(弘忍)과 육조 혜능(慧能)에 얽힌 선지식을 극단화시킨 것이다. "안팎으로 만나는 자를 모두 죽여라"――유리는 '구도적 살인'을 해 나가고 그 자신 역시 칠조가 될 촛불승에 의해 주살된다. 박상륭에게 예술은 어떤 종류의 동물이 축생도와 업을 극복한 그 총계이다.(『칠조어론』) 이 『임제록』의 현대적 판본들이 보여 주는 모든 훼손들은 최종적인 국면에서 어떤 심연으로의 입구가 된다.

하지만 다른 측면에서 육체, 그것은 극복의 대상이면서 원초적 조건이다. 이 세계와 중생들은 병들어 아프다. 따라서 정신 역시 고통받을 수밖에 없으며, 그 고뇌가 외화된 현상이 육체의 아픔들이다. 한 바리의 곡기는 탁발승의 육신이 원초적 조건임을 알려 준다. 탁발과 고행이란 정신의 도정(道程)이고 주살(誅殺)이란 멸집(滅執)의 구도이다. 여기서 욕망은 차라리 길잡이다.("충동이 언제나 그의 길잡이였던 것이다", 『죽음의 한 연구』) 그것은 업이 무엇인지, 멸해야 할 것이 무엇인지를 알려 준다. 사실상 육체의 훼손 과정은 정신의 변증, 특별히 부정의 변증이 실현된 결과이고 그 표현일 뿐인 것이다. 육체의 파열은 정신이 이 세계 안에 있음을 알려 준다. 육체라는 대상의 현존이 아니라, 그에 대한 변형과 부정을 통해 대상 안에 도달하고, 그것의 심연을 통과해 초월에 육박하는 정신현상학이 여기에 있다. 표면의 파동은 '깊이'의 입구라는 의미에서(만) 중요해진다.

    헤겔의 육체론의 한 대목은 육체의 표면에서 심연으로 잠행해 들어가는 정신의 변증을 가장 근대적인 형태로 설명하고 있다. "우리는 인간 육체의 외관에 대해서, 그것의 모든 표면은 동물 세계의 표면과는 달리 마음의 존재와 파동을 드러내 준다고 말했다. 그와 마찬가지로 우리는 예술의 임무가 다음과 같은 것이라고 말한다. 예술의 표면의 모든 부위에서 현상과 외관이 눈이 되도록 하는 것이라고. 다시 말해 영혼의 중심이 되도록 하는 것이라고. 그 결과 영혼은 감지 가능해진다." 육체의 훼손과 그에 대한 끔찍한 묘법들이 실은 영혼을 감지 가능한 것으로 만들기 위한 활동이고 그것은 권장할 만한 무엇이다.

    근대 미학을 통해 감각이 한 번도 자기 자신이었던 적이 없었듯이 육체(의 변형과 훼손) 역시 정신의 도상(圖像)일 뿐이다. 몸이라는 소여(所與), 그것도 신경에 의해 조정 가능한 이 몸이라는 표면은 정신을 통해 육체(Köper)가 지워진 신체(Leib)가 되었고, 세계와 정신 사이의 매개가 되었다. 육체(Köper/flesh)가 생물학적인 질료성을 강조하는 것이라면 신체(Leib/body)는 주체의 의지를 실현하는 연장이자 매개·표현을 의미한다. 그릇(器)으로서의 그것은 끊임없이 무언가에 대한 '의미'일 것을 강요받는다. 끔찍함은 공포가 되었고, 흔히 절대적인 극한으로 밀어 붙여진 끔찍함, 크기, 변형은 숭고 미학이라는 전율의 체험을 통해 정신의 어떤 초월성을 상기시키는 기제가 되어야 했다. 고전주의나 사실주의의 반대편에 그것들의 도플갱어인 고딕과 숭고 미학이 있다. 미셸 푸코의 말처럼 이러한 고딕적 모티프와 서사 구조들은 계몽주의적 기도의 실패를 증명하는 것이 아니라, 오히려 사회적, 심리적, 영적(靈的)으로 어두운 영역을 그것이 더 잘 지배될 수 있도록 정밀하게 표시해 두는 것과 같다. 이 지배술은 타자를 자신의 외화(外化)된 현신으로 삼고 도구로 삼는다. 이 얼마나 완전한 동일화이며 이 얼마나 절대적인 매개인가.

그런 의미에서 재래적 의미의 엽기성 심급의 제효과들은 형상을 무너뜨림에 있어서조차 거의 전적으로 근대적 반성 미학, 정체성의 재구축, '의미'의 논리에 의존하고 있다. 자연과 자유 사이의 어떤 것, 형식 충동과 유희 충동 사이의 어떤 것, 정신의 연장으로 정의되는 예술과 육체에 대한 매개적 이해들은 이토록 수미일관하다. 이것은 거의 어김없이 반영 미학, 반성 미학에 의존해 있고, 헤겔주의의 그림자를 강하게 드리우고 있다. 육체는 무의미한 것이 됨으로써만 정신의 표현이 된다. 상처 입은 육체의 고통은 이 세계의 환부(患部)를 알려 주고 함께 고통받게 한다는 의미에서 대승(大乘)적 길잡이가 된다. 정신은 신경을 움직이고, 명령은 표면에 가서 의미가 된다. 깊이와 의미의 시학. 그렇다면 우리의 현재와 관련하여 그로부터의 전이와 탈주들은 어떻게 시작된 것일까. 그 수많은 엽기적 이미지들 위로의 미끄러짐은 무엇을 의미하는 것일까.

백민석의 연쇄살인범 —— 캐럴의 표면, 프란시스 베이컨의 고기

이를테면 루이스 캐럴의 『이상한 나라의 앨리스』를 생각해 보자. 여기서는 모든 것이 끔찍한 싸움으로부터 시작한다. 여러 사물과 동물들이 터지거나 우리를 터지게 한다. 상자들은 너무 작아서 내용물을 담을 수 없고 공간은 너무 작거나 너무 커서 앨리스를 기괴한 형상으로 만들어 버린다. 몇몇 음식물은 유해하며, 몇몇 괴물들은 덮치거나 껴안으려 한다. 꼬마 형은 동생을 미끼로 이용하고 육체들은 서로를 뒤섞는다. 음식물과 배설물을 혼재시키는 잔혹함이 모든 것을 지배한다. 그러나 그것들의 '의도'는 좀처럼 확인되지 않는다. '의도'라는 목적론적 진술이 여기에 합당하기나 한 것일까.

들뢰즈에 따르면 이는 행위의 영역이자, 육체에 대한 정열의 영역이다. 사물과 단어들은 흩어지거나 분해 불가능한 덩어리가 된다. 모든 것이 끔찍하다. '무의미'하다. 들뢰즈는 루이스 캐럴이 그 끔찍함들 속에서 박기와 묻기라는 심연으로의 활동을 '미끄러짐'이라는 측면적 움직임, 표면의 정복으로 전이시켜 버렸다고 말한다. '깊이의 동물들'에서 '두께가 없는 카드 그림패'로 옮겨오는 서사. 그것은 더 이상 깊이의 공간으로 들어가려 하지 않는 사람들, 겉을 뒤바꾸면서 다른 쪽으로 끝없이 이동해 가는 왼손잡이(他者)들의 정열을 보여 준다.

세계에 관한 일체의 사유에 선행하는 하나의 세계 체험, 세계와의 접촉을 표시하는 일을 자신의 과제로 삼는 일—오늘의 어떤 인간은 바로 그 표면의 일들, 경험적 존재, 사랑과 증오 속에서만 현존한다. 그리고 깊이의 세계는 여전히 표면 아래에서 요란한 소리를 내며 표면을 파열시키려 하고 있다. 순수하게 경험적이고 물질적인 사건들을 다루는 작품들, 문화적 창조물들은 바로 이 잡다한 육체 위에서 그것들의 행위와 뒤얽힌 복잡한 정념의 빛을 발하기 시작한다. 표면의 무의미는 순수한 사건들—한없이 왔다가 한없이 물러가는 실체들의 광휘와도 같다.[2]

들뢰즈의 말대로라면 아무것도 의미 곁을 지나게 하지 않고 무의미 속에서만 활동하게 한 건 캐럴의 책임이다. 의미의 불안한 심연이 아니라, 깊이·표면·볼륨·감긴 표면과 같은 무의미의 다양성은 세계 전체

---

2) 들뢰즈, 『비평과 진단』, 김현수 옮김(인간사랑, 2000).

의 공포와 영광을 함께 표현한다. 인식론과 가치론을 포함한 모든 선규(先規)들── '박기와 묻기'의 작용을 피해 도달한 순수 사건들은 표면에 대한 접촉을 표시하며 표현으로서의 신체는 이때 형이상학적 표면이 된다. 표면이 표면 그 자체로서 탐구 가능해지는 것이다. 미와 추가, 의미와 무의미가 한덩어리가 되어 맨얼굴을 드러내기 시작한다.

그렇다고 할 때, 우리의 주제와 관련하여 공포와 끔찍함의 서사가 주는 현재적 의미는 바로 이 '표면 위로의 미끄러짐'이라는 측면에서 탐구될 필요가 있다. 교양주의적 고리타분함에서 보자면 이 미끄러짐의 구체적 세목들, 악행들은 하나의 반면교사일 수도 있다. 그러나 무엇보다 오늘의 끔찍함의 매혹은 심연으로의 직선적 움직임이 아니라, 기표들에의 흡혈귀적 탐식──측면적 움직임에 의해 지배되고 있다.

예컨대 백민석 혹은 『목화밭 엽기전』(문학동네, 2000)의 경우는 어떤가. 납치, 폭력, 출혈, 감금, 악을 숭배하는 미로 같은 수도원, 시체, 비밀의 문, 꿈, 지하 감옥, 기절, 화재, 배반과 복수, 아동 성애, 태워진 편지, 지하 통로, 뽑힌 눈알, 살아 움직이는 수컷의 광기와 암컷의 탐욕, 패닉(panic), 자살. 도덕적 이유, 법과 정의의 개념에 의존해 해명되는 악과 폭력의 문제란 여기서 객쩍은 공염불에 불과하다. 여기서의 패덕과 폭력은 목적을 가진 폭력이 아니고 따라서 목적론적 가치 판단에 대해서라면 최선을 다해 '무료해 한다.' 악의 정당화가 아니라 정당화 자체의 바깥. 엽기라는 주제와 관련하여, 오늘의 위반들은 그러한 의미 연관의 유보 혹은 전면적 폐기를 통해서만 자신에 대한 해명을 허락한다. 하지만 그런 것들을 육체와 형이상을 함께 표현하는 '표현'의 사유라고 할 수 있을까? 도무지 추(錘)가 너무 기울어 있는 것은 아닌가.

백민석이 『목화밭 엽기전』에서 그려 내는 인간은 정신이 아니라 육체, 동물성의 극단에 도달해 있다. 여주인공 박태자는 불특정인, 특히 이제 막 어림에서 젊음으로 이끌리는 "누군가의 평생을 망쳐 버리는 일"에서 흥분을 느끼고 그 생각만으로도 몸에서 분비물이 나올 정도의 인간이다.(이런 그녀도 여전히 '인간'일까.) 『목화밭 엽기전』은 제목이 암시하듯이 남녀 주인공의 갖가지 엽기적 행위, 그들에 의해 몸부터 철저히 망가져 가는 희생자들의 온갖 분비물, 역겨운 냄새로 가득차 있다. 부부인 한창림과 박태자는 제도적 권력과 자본주의적 유희의 상징인 정부종합청사와 서울대공원이 있는 과천에 산다. 그들의 집은 동물원과 서울랜드 롤러코스터 사이의 인적 드문 그린벨트 안에 있다. 각각 대학 강사와 수학 과외 교사라는 직업을 가진 이들 부부의 성(城)이라 할 소설의 공간에는 생지옥 같은 지하 작업장이 있다. 그들은 '수컷 기질'이 있는 사내아이를 납치해 학대하고 포르노그래피를 찍고, 해머로 머리를 쳐서 죽이고, 시체를 삽으로 찍어 파묻는 광기 넘치는 행위를 벌인다. 그리고 그 장면을 '삼촌'이라 명명된 절대적인 위반의 권력에게 헌상하는 것으로 삶의 희열을 대신한다. "그애처럼 수컷 기질이 있는 놈들은 아직 이빨을 드러내기 전에 그 이빨을 제거해 버려야 하"기 때문이다. 그들은 부부라기보다는 암컷이고 수컷이며 그것마저 초과해 버린 '괴물'들이다.

여기서는 사유와 안목을 본능과 냄새가 대신한다. 소설을 가득 채우는 수컷 기질, 수컷 냄새. 주인공 한창림에게 "그 위력은 대단한 것 같았고, 그래서 수컷인 그는 그 냄새에 매혹되었다." 육체에 대한 변형과 훼손을 해탈과 사유의 과정 ─ 그러니까 '시간'의 틀에서 단계화하고 그것을 정신적 성숙의 과정으로 삼는 박상륭의 세계, 헤겔주의적 신체론은 여기에 전혀 개입하지 못한다. 백민석에 따르면, "육체란 공간이라서 그렇다."(171쪽) 단지 타인에 대한 린치에서 경험하는 "흔치 않은 격렬함의 순간", "그 순간이 해소된 후에 느닷없이 밀려드는 어떤 감정"에 동물적으로 끌리는 것이다. 백민석은 그것을 의식의 진전이 아니라 "의식의 확장감"(99쪽)이라고 쓴다. 마치 엘에스디(LSD)로 의식 확장에 이르고자 했던 티모시 리어리처럼 주인공들은 어떤 중독(addiction)과 그 중독이 주는 열림에서 가스를 넣은 풍선처럼 의식의 용적량이 터무니없이 커진 듯한 확장감, 의식의 최고점을 경험한다.

그것은 전통적 의미의 의식 – 정신의 변증법과 단절되어 있다. "사색은 달갑지 않은 물건이다."(134쪽) 하지만 이 모두는 한국문학사 안에서는 대단히 위반적일지 몰라도 고딕적 전통, 영화적 문법, 하위 문화의 파장들 안에서는 상당 부분 낯익은 요소들이다. 기울어진 추가 두드린 바닥은 이미 포화 상태인 것이다.

단적으로 말해, 백민석의 소설이 표시하는 것은 '표면'이라기보다는, 기표들이다. 몸이라는 표상에 가해지는 진정한 위해(危害)의 이유나 특별한 접촉면이 드러나지 않는 곳에서 대중문화에의 흡입과 흡혈 본능이 솟구쳐 오른다. 이 과잉의 유희를 채우는 것은 새로운 사건, 아직 보여지지 않은 표면이라기보다는 잘 알려진 클리셰들이다. 그렇다고 오해할 필요는 없는 것이 이러한 특성 자체는 일단 결함이라기보다는 미학이다. 마치 사이버 공간의 웹 서핑이 엽기적 이미지 위로의 미끄러짐과 유희를 획책했듯이 백민석의 소설은 위반의 기표들과 그에 대한 클리셰 위로 미끄러진다. 그는 그 기표들의 과잉, 클리셰의 반복을 통해서, 또 흔히 빠진 일상의 사건들을 과장하는 그 초과의 상상을 무기로 현실의 억압된 부분을 가장 세차게 들이받는다. 백민석은 한 인터뷰(《한국일보》 2000. 8. 16)에서 이렇게 말했다. "변태, 포르노 등 엽기가 가장 활개치는 나라는 독일과 일본입니다. 꽉 짜인 조직 사회이기 때문이지요. 한국도 키치, 컬트의 문화적 코드화를 거쳐 이제는 엽기가 젊은 층의 화두입니다." 그리고 이 진술은 우리의 문제에 관한 가장 기초적인 시준점을 제공한다. 어떤 형태의 맥락과 역설적 전망이 없을 때 위반은 의미로부터 이탈해 버리고 초과는 맥락을 잃은 채 지루한 것이 되고 만다. 『목화밭 엽기전』은 소위 이 '맥락'과 지루한 기표 유희 사이에 위태롭게 서 있다.

나날의 삶이 지리멸렬하면서 또한 자신의 의지와 무관하게 정신없이 뒤바뀌는 세계 속에서 과장의 형상은 그 자체로 리얼한 것이다. 엽기성의 중요한 징표를 이루는 육체의 변이는 시선의 변이에 수반된 결과이다. 날마다 풍경이 뒤바뀌는 고도 성장의 세계와 그에 따라 급격히 전이되고 혼재되는 가치들의 뒤틀림은 몸의 리듬 안에서 수미일관하게 세상을 규정하는 방식을 파괴해 버렸다. 날 새면 새 건물이 서고, 백화점과 다리는 어디론가 실족한다. 사실상 굴절과 변형이란 상시적인 감각, 유일한 선험이 된다. 몸은 스스로의 리듬을 잃은 채 변형되고 몸 밖으로 폭발한다. 상시적 변형의 감각 속에서 과장과 초과의 상상이야말로 현실적이며, 요컨대 '리얼'한 태도일 수 있다. 그렇다고 할 때, 백민석 식의 과장은 생활 세계를 초과할지는 몰라도, 하위 문화적 침전물 안에서는 인유(引喩)에 가깝다.

 백민석은 욕망을 다룬다. 그의 소설은 자주 어쩔 수 없는 나르시즘을 보여 주어 왔는데, 육체 정치학의 진정한 파동은 이 나르시즘의 흔들림을 다룬다. 현대의 육체 정치학은 의식의 변증을 자기애적 거울 보기·구심적 운동으로 파악하며, 육체의 약동과 변형에서 시대정신을 본다. 감각의 극단화는 필연적으로 '자기' 밖으로 나가는 원심력을 필요로 하며, 백민석의 질주는 때때로 거기에까지 육박하지는 못하는 것처럼 보였다. 그런데 이번 소설에는 어쨌든 이 '나'가 없다. 소설은 흔히 수컷 기질(한창림), 막강한 힘의 파쇼적 인물(삼촌)들과 교호하면서 권력 의지의 극단화된 모습을 띠어 간다. 그것은 18세기적 사디즘(가해와 폭력을 통해 권력에 이르는 계몽의 도플갱어)을 초과하지만, 19, 20세기식(가해자와 피해자의 계약 관계로서의) 마조히즘 혹은 (계약과 유희의 동시적 구현으로서의) 사도마조히즘 수준의 위반에는 도달하지 못하는 것 같다. 아마도 그 지체는 작가의 것이라기보다 그만큼일 뿐인 사회의 몫인지도 모른다.(장정일과 장선우의 「거짓말」은 그런 의미에서 계약과 두 유희가 뒤섞인 보다 흥미로운 '질주'를 표시한다고 해야 할 것이다.) 백민석이 그려 내는 위반의 인간형들은 기껏해야 "비극적 존재"들일 뿐이다.("둔덕에 수백 구의 시체를 파묻어도 비극은 개선되지 않을 것이다, 영원히." 261쪽) 거기에는 운명론의 그림자, '연민'의 정조가 강하게 배어 있다. 따라서 만약 그 이상의 질주가 있다면 그것은 의도와 배치로서가 아니라 징후로서이다.

백민석은 그러니까 계몽과 정신의 승리에는 무심하며, 오직 그것들의 탈승화된 형태인 권력에의 의지와 욕망들을 다룬다. 욕망에 대한 의식만큼 접근하기 힘든 영역이 따로 있을까. 욕망은 그 자체만으로 의식의 명확성을 변질시켜 버린다. 더구나 욕망이 충족되어 버리는 순간, 욕망에 대한 명확한 의식도 사라져 버린다. 동물성을 통틀어 볼 때에, 성적인 만족 역시 대단한 '감각의 혼란' 속에서 일어난다.[3] 백민석 읽기의 어려움은, 보여 줄 수는 있지만 좀처럼 해명되지 않는 욕망의 어려움이다. 육체의 감각이 부정이 아닌 위반과 희구의 대상일 때 그 어려움은 더욱 커진다. 『목화밭 엽기전』은 의미를 찾아가는 '나'가 아니라, 무심한 위반의 몸뚱이들을 보여 주며, 우리는 그 욕망을 소재로 징후적 읽기를 할 수밖에 없다. 누구에게나 있고, 따라서 심급이 부재하는 그것을 말이다. 거친 위반은 또 쉽게 상투화되고 넘치던 기표들은 금세 어디론가로 배수(排水)되고 만다.

징후적 차원에서 파악할 때 차라리 그것이 다루는 것은 육체가 아니라 '고기'이다. 여기서의 육체는 해부학적 주제라기보다는 무엇에 대한 그림자이다. 그 그림자는 우리가 숨겨 두었던 어떤 동물적 근성처럼 몸에서 빠져나와 몸의 가장 어두운 부분으로 새겨진다. 일그러진 자화상으로 유명한 베이컨의 회화들을 설명하는 들뢰즈[4]가 해설하는 육체의 얼크

---

3) 조르주 바타유, 『문학과 악』, 최윤정 옮김(민음사, 1995), 141쪽.
4) 들뢰즈, 『감각의 논리』, 하태환 옮김(민음사, 1995).

러짐이 바로 그렇다. "베이컨의 회화가 구성하는 것은 인간과 동물 사이의 형태적인 상응 대신에 인간인지 동물인지 '구분할 수 없고 명확히 할 수 없는 영역'이다. 인간은 동물이 된다."(39쪽) 인간으로부터 빠져나간 그림자는 인간 밖의 동물이 된다. 육체가 아니라 고기이다. 고기는 인간의 살이며 동물의 살이다. 거기서 우리는 인간과 동물 사이의 공통의 사실에 대해 알게 되며, 베이컨이 느낀 연민을 이해하게 된다. 공포와 연민, 혐오와 탐식 사이에 고기가 된 인간의 몸이 있고 그것은 그 무엇보다도 훨씬 깊은 비구분의 영역이다. 자아이자 타자인 그것은 그로테스크한 형상을 통해서 가장 또렷하게 귀환하며, 살은 뭉개짐으로써만 그것이 '고기'였음을 발설한다.

기투(企投)가 아닌 투육(投肉)으로서의 삶. "우리 모두는 바로 이 던져진 고기였다."(46쪽) 베이컨에 의해 암시되는 엽기성의 현재는 머리와 고기의 육체론이다. 얼굴과 몸이 아니라 머리와 고기이다. 여기에 거울/반영 미학을 만족시킬 나르시즘은 애초에 개입될 여지가 없다. 그것은 차라리 자기애를 포함한 '애욕'보다는 비구분의 영역인 고기에 대한 '연민'을 드러낸다. 인간의 입 역시 더 이상 특수한 기관이나 의미의 발화점이 아니라 그것을 통해 몸이 빠져나가고 살이 흘러내리는 구멍이다. 의미가 아니라 연민을, 지금의 육체는 요청하고 있는지 모른다.

무상의 묘한 도를 말(口意) 없는 표면으로 전하기 위해, 왼팔을 잘라 달마에게 내주던 신광(神光), 이조(二祖) 혜가(慧可)의 무시무시한 구도와 수행. 신체의 끔찍스러운 훼손을 통해 그것의 사라짐을 기도하고, 이 표면의 파동을 통해 심연에 도달하는 초월들. 신체적 고행을 통해 육체의 힘을 줄이고 정신의 자유를 얻는다는 테마. 또한 그로부터도 놓여나 하나의 진여(眞如)의 깨달음으로 나아가던 부정의 역설은 이제 오늘의 육체의 정치학에서 빠르게 사라지고 있는 것은 아닐까. 탁발승의 고행에서 고기들의 수난·유희로의 이동은 그처럼 가파르다. 잘려진 팔에서 불법(佛法)의 태반을 보던 달마의 역설들이 빠르게 주살(誅殺)된다. 헤겔주의적 작법(作法)에 대해서도 같은 근심이 가능한 것은 아닐까. 그러니까 정신에서 표면으로의 헤겔주의적 신경망이 급속히 끊어져 가고 있는 것은 아닌가. 육체는 정신의 지렛대, 구도 과정의 업(業)으로부터 이탈해 어디로 가고 있는가. 그러니까 박상륭과 백민석 사이의 심연에서 '다른 예술'이 파동치고 있는지도 모른다.

더러운 거울 —— 육체의 예술과 피그말리온의 미학

더러운 거울에 비추이는 모든 것은 일종의 타락한 형상이 된다. 여기에서는 육체의 대표격이자 표상인 얼굴이 그 자체로 일그러진 육체 자체이다. 이것은 괴이해져 버린 육체의 현재를 증거한다. '낯설어진' 무엇 —— 따라서 거울이 비추는 것은 자아이면서 또한 타자이다.("나는 거울 같은 물에 비친 사람이 바로 다름 아닌 나라는 사실을 처음에는 믿을 수 없어 뒤로 물러섰다", 『프랑켄슈타인』) 억압된 것의 귀환은 '그로테스크'한 형태를 띤다. 그러니까, 우리는 던져진 고기가 우리의 일부임을 미처 알아채지 못한다. 나르시즘의 반대편에서 이루어지는 일들.

가장 환원주의적인 메타포로서의 거울의 역사를 따져 볼 때 이 거울은 루이스 캐럴적 의미에서의 '표면의 미끄러짐/통과의 거울'을 지나, 일그러진 형상에 대한 프란시스 베이컨적 거울에 육박해 있다. 한 영화평론가는 이러한 일련의 육체의 정치학과 그 분출을 「더러운 거울」[5]이라는 측면에서 해명하기에 이른다. 표면 아래의 의미들은 소란스럽게 들끓고 있고, 일그러짐은 주체의 의지를 표정화하던 '의미의 표면'을 뭉개 버린

---

5) 이영재, 《KINO》(2000년 2월호).

다. 감각은 진동한다. 의미는 "날것인 채로의 표면/형이상학적 표면" 위에서 난해한 수수께끼를 던진다. 이 이미지들의 세상에서 무엇이 바뀌었는가. 위반의 일상화는 무엇들의 증거이며, 상시 변형의 이미지들은 무엇들을 징후화하는가.

나는 어떤 방식의 예술의 한 읽기를 이러이러하게 예감하게 된다. 물론 그 예감은 상황이라기보다는 징후이며 곧 도래할지도 모르는 무엇이다. 아니 그것은 이미 도착해 있는지도 모른다. 첫째, 이제 어떤 예술은 "무관심한 작용"의 반대물이 되었다. 그것은 치료하지도 진정시키지 않고 곪게 하고 흥분하게 한다. 그것은 욕망과 본능, 의지를 전면화한다. 예술은 권력에의 자유와 비판이 아니라 그대로의 권력 의지이며, 의욕하는 것을 자극하는 어떤 것이다. 그것은 수렴하는 거울을 꿈꾸는 것이 아니라 거울의 빛을 탐하며 예술의 반동적 힘을 부인하지 않는다. 아리스토텔레스적인 카타르시스든 칸트의 무관심 판단이든 이 살해적 질주를 피할 수는 없다. 이것은 예술에 대한 사유를 관객으로부터 빼앗아 창조자에게로 돌려준다. "'좋음'이라는 판단은 '좋은 것'을 받는 사람 측에서 발생하는 것이 아니다! 오히려 그 판단은 '좋은 인간들' 자신에게서 비롯된 것이다."(『도덕의 계보』) 니체 식의 창조의 미학, 피그말리온의 미학이 바로 이 엽기적 위반에 개입되어 있다고 말한다면 우리의 이야기는 좀더 구체적이 될 것이다.

피그말리온은 아름다움의 결여들을 너무 많이 보았기 때문에 자신의 가장 훌륭한 솜씨로 상아를 쪼아 그 어떤 산 자도 따라잡을 수 없는 미의 여인상을 창조했다. 피그말리온은 그 작품, 자신이 긍정한 것, 자신의 창조물과 사랑에 빠지고 미의 여신 아프로디테는 거기에 생명을 부여했다. 생은 그때 의지적인 것, 긍정할 만한 무엇이 된다. 예술적 창조를 최고의 현존 형태로 고양시키면서도 거기에 어떠한 진리 계기도 부여하기를 거절하는 새로운 예술은 변증법적 부정이 아니라 생에 대한 그 자체의 긍정, 그 긍정의 에너지를 흡입하는 데 골몰한다. 헤겔 식의 예술관, 그러니까 감각적이고 일시적인 것과 순수한 사상을 융화시키는 정신의 예술이라면 이쯤에서 좀 난감해지기 십상이다. "예술은 감각적 영역 속에서 표현하는 것을 통해 동시에 그 감각성의 힘에서 해방"(『헤겔미학』)된다는 간명한 테제 역시 우리들의 주제를 수미일관하게 봉합하는 데는 곧잘 실패하고 만다. 창조적인 근거를 대지 못한다면 '이미 있는' 정신적인 원칙에 익숙해지는 것은 (예술이 아니라) 신앙으로 간주될지 모른다.

둘째, 예술은 질주와 거짓말—최고도의 권력이 된다. 그것은 위반과 잘못으로서의 세계를 극적으로 확대시킨다. 속이려는 의지 자체가 미학이 되며, 그 거짓말의 강력함 자체가 우월한 능력의 표지가 된다. 그것은 금욕주의적 억압 바깥으로 튕겨나가 버리며 금욕주의적 이상의 허구를 끔찍한 수동성으로 적시한다. 잘 길들여진 가축보다는 금발의 야수가 낫다는 악명 높은 명제는 이 전도의 순간에 재귀한다. 그것은 특별한 위반을 긍정적 권력의 행위로 고양시키고 속이려는 의지, 위반하려는 의지를 능동적 활동으로 점화시키는 거짓을 창안하려 한다.

질주의 전차로서의 예술. 이러한 극단화된 거짓의 권능에 사로잡힌 예술가에게 미적 가상은 더 이상 현실에 대한 부정과 역설이 아니라, 어떤 종류의 선택과 수정, 초과와 과장, 배가와 긍정을 의미하게 된다. 무목적적이지만 합목적을 장담하지는 않는 질주. 그것은 있는 것의 부정이 아니라 있는 것을 질료로 우리 삶의 새로운 가능성을 창안하는 질주를 감행한다.

물론 이러한 긍정의 예술관이 없었던 것은 결코 아니다. 하지만 새로운 감수성의 감각적 직접성, 소수 문화의 탈승화된 설득력, 즉각적 효과로서의 미적 충동에 기대를 숨기지 않던 마르쿠제 식 예술관조차 여기서는 너무 낡은 것처럼 보인다. 가치 함수의 개입이 목적론적이라고 할 때, 새로운 예술은 생산과 창조를 표방한다. 그리고 그것은 위반과 일탈까지를 포함한다. 삶에 맞서는 삶은 목적이라는 잣대가 아니라 그것의 능동적 힘과 맥락 속에서 규정된다. 그것이 꿈꾸는 것은 정의가 아니라 확장이다. 그 순간 진리는 권력과 구별되지 않을지 모른다. 어쨌든 그러니까, 예술의 새로운 이미지가 열리고 있다.

엽기의 문화에 있어서 우리는 우리들 자신을 거울에, 박광막 화면에, 또 텔레비전에 비춰 보기가 진정 어렵다. 이미 우리가 그 속에 있기 때문이다. 상호 잠행, 최고도의 내재성. 카타르시스와 반영의 동력에 걸려 있는 근대 미학, 주체와 객체의 간격은 심각한 위기에 빠져 있다. 이미지의 둔갑술은 거리를 지워 나간다. 우리 시공간 이해의 기초인 고전적 재현 방식의 이원론과 부정 변증의 명령 체계가 제거되면서, 그것들을 둘러싼 유서깊고 끔찍한 구경거리(위반의 이미지)가 무대와 객석의 분리를 결정적으로 깨어 버리고 있다. 초과된 이미지들 속에서 대상과 관점은 뒤섞여 버린다. 우리들 자신의 부정적 면모가 외화된 것. 혹은 저, '타자'들이 아니라, 우리 자신이 바로 괴물인 것이다. 우리는 자주 사유보다는 즐김으로 이미 그 안에 들어가 있는 자신을 발견하곤 한다.

그런 의미에서 이제 막 사유되기 시작한 '육체의 정치학'은 엽기성의 문제와 관련하여 중요한 암시를 준다. 그러니까 우리의 위급한 문제는 영혼이 아니라 신체이다. 신체가 없는 곳에는 영혼도 없으며 시선도 없다. 표면도 없고 심연도 없다. 우리 앞에 있던 것이 우리 속으로 들어오고 형상의 분출이 사유보다는 마비를 불러온다. 이것은 축복인가, 저주인가, 아니면 그 무엇도 아닌 순수한 사건들일 뿐인가. 주살된 달마는 귀환할 것인가, 들끓거나 해소될 것인가. 어떻게 하면 표면의 형이상학으로 심연을 삼을 수 있을까. 어떻게 하면 인간 모두를 생물학적으로 환원시키지 않고 그 '고기'들까지를 구할 수 있을까. 우리들의 불안, 우리들의 사유는 이 피 흘리는 표면 위에서 다시 시작될 필요가 있다. 분출하는 육체와 말 그대로의 고기로부터.

(2001년 봄)

4 프랑켄 마르크스 — 사이보그 2000의 문화 생활

프랑켄 마르크스

── 사이보그 2000, 비유기적 신체의 현재

하나의 비유, 빅 브라더와 '네트단말유전자'

조지 오웰의 공포, 삶으로 침투하는 모니터의 감시망이 표현하는 저 『1984』의 공포는 지금 이 순간 도대체 어디까지가 설명적인 것일까. 어쩌면 피시(PC)방 안에 앉은 개별화된 군중들의 채팅이 상징하는 쾌(快)의 상황과 속도무(速度, 無)에 가까운 56K 모뎀 앞에서 느끼는 짜증과 소외감을 연상하는 한에서, 지금 우리가 두려워하는 현실은 빅 브라더(Big Brother)의 관리 기구라기보다는 네트워크의 무한 확장의 속도를 따라잡지 못하는 데서 오는 소외의 공포일지 모른다. 스파이 위성과 에셜런(echelon, 편대)으로 상징되는 그토록 '거대한 귀'는 이스라엘 모사드의 클린턴 이메일에 대한 해킹에서 보는 것처럼 그 거대한 감각 기관으로도 포착되지 않는 기계들의 질주를 또 하나의 경이와 공포로 통각하게 한다. 에셜런의 정점 역시 어느 순간 그 기구의 극히 대상화된 일부에 지나지 않으며 그 '거대한 귀'는 자신의 크기조차 알지 못한다. 그 귀는 이제 인간의 신체, 특별히 사악한 인간들의 집합이 잴 수 있는 그런 실체적인 귀가 아닐지도 모른다. 심지어 그 귀는 우리들이 '공모'하여 만든, 혹은 '협조'하여 만들어진 그런 귀일지도 모른다.

다시 말해, 어떤 의미에서 감시 기구를 운용하는 존재나 그 기구의 대상화된 존재 모두의 심층에 자리한 것은 기계로부터 멀어지는 신체, 기계로부터 분리된 신체에 대한 공포 그것이다. 서기 2000년의 인간들은 『1984』의 주인공처럼 빅 브라더의 화면이 잡아 내지 못하는 감시의 사각(死角)을 찾기보다는 기꺼이 그 감시 기구를 하나의 유쾌한 노출 경험으로 받아들이기조차 하지 않는가.[1] 인간의 확장 — 기계로 열리지 않는 한 우리는 이제 소통과 사유의 운신 자체에 심각한 위협을 받는다. 연결된 두뇌들, 무한히 확장 중인 저 두뇌의 무한 집합들에 접속함으로써만 겨우 안심하는 존재들. 우리는 어떤 의미에서 현재까지의 기계적 응축, 최신의 사이보그이다.

모든 기계를 거부하는 녹색의 인간을 상상할 수는 있을 것이다. 그러나 그가 삶을 사는 마련으로서의 보편적 체험 안에서 스스로를 개진하고 '생활'하고 있다고 상상하기는 썩 힘든 일이다. 문명의 비가역성을 생각할 때, 이러한 사유의 교훈은 때때로 선적(禪的)이며, 그런 한에서 역설의 사유에 가깝다. 그것은 현실을 추방함으로써만 현실과 길항하며 그렇게 소외됨으로써만 현실로 귀환한다. 노트북과 텔레 단말기의 의장(衣裝)이 표현하는 만족된 신체는 저 근대적 기계주의와 유기체를 둘러싼 과학이 만들어 내려 했던 로봇화된 프랑켄슈타인의 상징화된 취합 형태이지나 않을까. 핸드폰을 분실했거나 소지하지 않는 순간 느끼는 우리들의 먹먹

---

1) 예컨대 독일 상업 방송사인 RTL2나 몇몇의 인터넷 방송들이 하고 있는 이 '인간 동물원' 게임 — 24시간 '빅 브라더'의 감시 카메라를 붙이고 그 노출된 사생활에서 즐거움을 느끼는 섬뜩한 매체의 유희는 단순한 게임이나 노출증, 관음증의 의미 너머에 있는지 모른다. 어쩌면 우리 의식의 어떤 편향들은 기계로부터의 탈구보다는 기꺼이 완전한 전체주의를 택하고 싶어 하는 것이다.

함과 미편함은 그처럼 가까운 사건이면서 또한 때때로 그 만족과 미편함까지를 통제하는 기구의 존재를 망각하게도 한다. 그렇다면 오늘의 공포는 빅 브라더에 대한 공포이면서, 또한 네트워크의 자기 확장으로부터 소외되어 가는 자가 느끼는 거세 불안 혹은 신경증적 공포이다.

문학, 넓게는 어떤 문화들이 느끼는 사이버 공간, 네트워킹에 대한 불안은 사실상 불완전한 감관(感官)에의 불안과 공포에 가깝다. 니헤이 츠토무(弐瓶勉)가 그려 낸 뛰어난 디스토피아인 『블레임(BLAME)』은 '네트단말유전자'라는 소통 기계를 찾아 헤매는 한 주인공의 행로를 따라가는 만화이다. 그 단말기는 신체화된 것이면서 또한 그 실체는 드러나지 않는데, 그것은 주인공의 신체에도 고스란히 적용된다. 이 사이보그는 사람이면서 기계이고 또한 유기체이면서도 무기체적 부분을 갖고 있다. 아니 이러한 경계 자체가 무의미한 존재이다.

니헤이 쓰토무가 그려 낸 세계를 끔찍하게 하는 것은 도시 성장이 무한히 확장되어 인간의 통제를 떠나 버렸다는 데에 있다. 이 세계에서 진정 두려운 것은 파괴자들이라기보다는 건설자들이다. 그 확장되는 공간에의 공포는 카오스의 공포인데 그 카오스는 세계로 열리는 감관을 잃어버리는 순간 발생한다. "도시 성장을 저지시키기 위해서는 네트단말유전자를 발견해야만 한다." 그 세계는 수없는 층위로 되어 있는데, 그 "계층 간의 불안정한 연결이 네트스피어 구성에 장애를 주어 카오스를 가속화시키고 있다."(2:190) 네트워크의 자기 확장이 카오스의 폭증으로 이어지고 네트워크로부터의 소외는 현실의 카오스를 조장한다. 네트워크가 없는 세계, 신체와 네트워크가 연결되어 있지 않은 세계는 닫힌 세계이며 네트단말유전자가 없는 육체는 불완전한 육체이다. 그들의 공포는 보편을 상실한 개별자들의 공포이다. 그들은 서로에게 어떠한 위로도 되지 못한다. 왜냐하면 그들의 신체는 감관을 상실한 까닭이다. 그들의 신체는 확장된 기계이고, 그 기계는 인간의 확장이다. 그런데 그 확장된 인간

간의 소통은 오직 네트단말유전자를 통해서만 가능하다.

우리는 그러한 확장된 인간의 현재를 텔레 단말기에 연결된 노트북, 그 신체화된 기계――자기 신체의 기계성을 관능적으로 어루만지고 있는 어떤 자들의 자부심에서 발견한다. 그렇게 우리는 제임스 카메론의 'T-1000'과 미묘한 차이를 두고, 이제부터 그들을 '사이보그 2000'이라고 불러 보는데 그들이 바로 우리의 분석 대상이자, 분석자 자신이다. 물론 상황은 약간은 은유적이고 따라서 현재로서는 하나의 과장법에 가깝다. 그러나 지금부터 말하려는 것이 「미래(학), 너무 멀리서 온 판단력」[2]을 정지시킨 후에도 여전히 남아 있는 어떤 징후들임을 강조할 필요는 있을 것 같다. 흔히 그러하듯이 징후적 관점이란 많은 경우, 일종의 미래들을 다루며 그런 한에서 우리를 스스로의 삶이 '기원'인 그런 관점이다.

당신의 단말기는 당신의 신체이다――사이보그 2000, 비유기적 신체의 현재

나르시스에게서 반영적 물의 이미지를 찾아내는 매체론들은 때때로 얼마나 헛되고 때늦은가. 오히려 나르시스의 교훈은 정신의 거울이나 근

---

2) 가상공간의 창출과 자본의 투여가 맺는 필연적 관계로 인해 잠재성/가상성(virtuality)이라는 예술의 특장이 떠밀려 버리고 있다는 의심, 가상공간의 아이디(id)가 근대적 아이덴티티(identity)를 살해함으로써 오는 책임으로부터 탈구된 주체-기능의 문제에 대해 나는 정히 비판적이다. 입법적인 미래학이 현재적 반성 기계를 협박하는 논의에 대해, 즉 디지털 가상이 미적 가상(예술) 내부의 문제를 주관하는 상황에 대해 나는 온전히 불쾌해 했는데, 왜냐하면 미래 혹은 그 매체가 회임(懷妊)할 수는 없는 까닭이다.(《문학사상》 2000년 4월호)

대적 반성 기계에 대한 것이라기보다는 인간이 자기 자신의 확장에 단번에 매혹되어 버린다는 사실일지 모른다. 거대 성기에 대한 갈망과 콤플렉스로 나타나곤 하는 자본주의 사회의 마초 신화, 파시즘적 질병들은 흔히 자기 신체의 여러 부분을 확장함으로써 하나의 관능으로 완성된다. 유방 확대술과 안면 성형술의 정교화 역시 이러한 사례 중 하나일 것이다. 그리고 그 헬스 클럽과 성형 외과 안의 분투들이 테크놀로지와 만날 때 그들의 강력한 욕망은 자동차와 같은 육체(肉! 體) 너머의 신체에 집중된다.

> 엄마는 심벌즈의 유방을 가리라고만 해요
> 난 스피드와 결혼하고 싶어요 달리면서 애를 낳고 길에서 죽고 싶어요
> 난 심장이 멈출 때까지 내 인생의 드럼을 칠 거예요
> ——송찬호, 「이지라이더」 중에서

이 시의 묘한 관능은 어디에서 오는 것일까. 그들의 관능적 풍경은 그의 오토바이가 그의 신체라는 데서 온다. 그들이 구매한 오토바이는 그들의 신체이다. "플러그 기타처럼 날렵한 계집애/ 유황불의 딸"인 그녀는 폭주족의 가장 자신 있는 신체에 올라타 있는 것이며, 그 매혹의 절정에서 "난 스피드와 결혼하고 싶어요 달리면서 애를 낳고 길에서 죽고 싶어요"[3]라고 말한다.

데이빗 크로넨버그의 「크래쉬」와 데니스 호퍼(와 제임스 딘)의 질주들이 암시하는 것은 자동차가 그 소유자의 확장된 신체가 되고 관능의 약호가 되는 기계 시대의 몸의 현실이다. 자동차와 인간의 성적 관계는 너무나 공고해서 이 결합 자체가 광고의 의장을 이룰 정도이다. 속도에서

---

3) 송찬호, 『붉은 눈, 동백』(문학과지성사, 2000), 73~74쪽.

관능을 경험하고, 자동차 철판에서 성욕을 느끼는 크로넨버그 영화의 주인공들은 그 관능의 최고 지점마다에서 파괴되는데, 그 파괴를 대체하는 것은 피와 살이라는 유기물이 아니라 무기적 보철물들이다. 차가움이 관능적인 것이다. 철판과 시트로 피와 살점이 튀는 최고 속도의 순간에 경험되는 절정감은 인간과 기계 간의 파열이 아니라 기계와 결합하는 인간 신체의 스플래시한 풍경이다. 테크놀로지 속에서 자기 자신의 어떤 확장을 본다는 것은 그것을 그 개인의 신체적 시스템의 일부로 인지하는 일과 때때로 구별되지 않는다. 자기 신체 이상을 원하는 사람의 욕망, 예를 들어 빠르게 성교에 도달하고 싶은 욕망은 스포츠카라는 발과 성기, 미끈한 몸과 얼굴의 복합적 확장 형태를 구매함으로써 좀더 손쉽게 달성된다. 사람이 기계를 만드는 것이 아니다. 인간의 신체가 기계 세계의 농밀한 생식 기관이 되어 기계를 낳고 그것으로서 자신의 신체를 삼는 것이다. 그렇다면 그것이 문제인가.

우선 나로서는 먼저 사이버 공간으로의 진입을 위한 하드웨어에 대해 말하고 싶다. 단적으로 말해 저 작아져 가는 텔레 단말기와 PC들의 속도는 휴대의 편리성이 아니라, 신체적 내장을 향한 질주로 파악될 수 있다. 그것은 인간의 육체가 가진 한계성 안에서나마 그 기계의 권능을 내장시키고 싶다는 욕구의 표현이다. 그 욕구가 생산하는 것이 기계이며, 기계가 최종적으로 기도하는 것은 인간의 신체가 되는 일이다. 강철 같은 신체들의 파이터 게임, 거의 죽지 않는 뛰어난 전투 기계로서 인간을 다루는 영화들──츠카모토 신야(塚本晋也)의 「철남」(鐵男) 같은 영화를 상상해 보면 어떨까. 왜 우리는 매번 현실 효과로 인지되는, 강철 같은 신체의 약호들에 열광하는가. 과장된 속도와 로봇화된 신체, 기계적 파열을 연상시키며 일그러져 가는 신체들, 그리고 이 확장된 신체의 이미지를 실제인 양 받아들이는 우리의 태도들 모두는 그처럼 자연스럽다. 다만 문제는 그 로봇화된 인간이 자아를 근심하는 순간 발생한다. 다시 말해 자신의 비유기적 신체 사이에서 폭발하는 의미의 파장이 문제인 것이다. 이를테면 필립 K. 딕이 「로보캅」을 쓰면서 했던 근심을 생각해 보면 쉬울 것이다. 나에게 이 단말기는 무엇이며, 이 단말을 신체로 느끼는 나의 감각은 도대체 어디까지가 정향적인 사건인가.

마르크스는 『1844년의 경제학 철학 초고』에서 자연이 갖는 특징을 "비유기적 신체"라는 말로 표현한 적이 있다. 유기적 육체 안에 갇힌 인간으로 생존한다는 것은 자연을 자신의 비유기적 신체로 느끼고 교호함으로써 얻어지는 "생활"이다. 그렇다고 할 때 자연 전체를 자신의 비유기적 신체로 만드는 바로 그러한 보편성 속에서 인간의 신체는 단순한 육체성에서 벗어나 인간의 보편성으로 접근한다. "자연은 인간의 비유기적 몸이다."[4] 거기서 자연은 감각 기관과 접한 모든 소여성(所與性), 생활 표명을 위한 모든 주어짐을 의미하는데, 그것은 인간이 삶을 경영하는 틀이자 바탕이다. 그런데 오늘날, 그 '주어짐'이 바로 기계와 그 효과인 것이다.

지나치게 징후적이라고? 아니, 그렇지 않다. 이 거리의 아이들에게 있어 피시에스(PCS)가 구심적이라면, 강원도는 원심적이다. 본질적인 바탕은 오히려 전자이며, 후자는 요일로 치면 일요일에 해당한다. 자연과 문화 사이에 끼어 있던 육체는 스스로에게 기계성을 확충함으로써 자연과 멀어지는데, 놀라운 것은 그것을 가능하게 한 문화가 이제 자연성·소여성의 바탕이 되어 버렸다는 점이다. 어떤 의미에서 우리가 아는 자연

---

[4] 카를 마르크스, 『1844년의 경제학 철학 초고』, 최인호 옮김(박종철출판사, 1991), 273쪽. 이하 (『초고』:273)로 표시. 청년 마르크스의 자연 이해는 바로 '생활'과의 '교호'에 근거한 비유기적 신체론에 의지하는데 그때, "사유 자체의 요소이자 생활 표명의 요소인 언어(조차)도 감각적 자연이다."(『초고』:307)

은 기계들의 정원이다.

휴대폰/PC, 그 효과로서의 인터넷-네트워크로 상징화된 소여성과 인공성 간의 모호한 경계는 이제 자연과 소여의 결합을 지극히 고색창연한 것으로 만들고 있다. 어떤 세대들에게 있어서 이것들 없이 사는 것은 보편자로서의 '생활'이 아닐 수도 있다. 그것은 원초적까지는 아닐지 몰라도 숙명적인 바탕이다. 기술이 인간의 삶과 방식과 역사적 운명을 결정하는 원초적 범주라는 하이데거의 진술조차 이 상황을 설명하기에는 너무도 부족해 보인다. 이러한 상황은 기술 도구적인 관점 너머에 존재하는 현실이다. 사이버 공간으로 통하는 모든 기계는 도구라기보다는 차라리 인간의 몸, "인간 신체의 확장"에 해당한다. 네트워크와 미디어로 통하는 우리의 단말들은 우리들의 육체에 존재하는 시각(눈), 청각(귀), 촉각(피부) 등의 다양한 감관의 확장된 형태로 거기에 존재한다. 다시 말해 그것은 오감의 확장된 형태, 발산·확장 중에 있는 신체의 현재이다. 사이버 공간 자체가 이제 하나의 숙명적 바탕, 즉 제2의 자연이라고 할 때, 이제 이 공간으로 열리기 위한 모든 기관은 인간의 기관이다. 타인의 텔레 단말기와 PC, 이메일을 그들의 감관과 그들의 장소(fort)로 이해하지 않는다면, 그 안에 이루어지는 모든 사건은 얼마나 황당한 벙어리 손짓, 귀머거리 놀음일 것인가. 나는 테크노 바의 흔들리는 신체들의 곳곳에 붙박힌 피어싱을 그들의 신체로 간주하며, 두 개의 유리막으로 이루어진 나의 안경을 교체 가능한 '연장된' 망막으로 이해한다. 그러니까 PC 없이 이루어지는 두뇌의 외화(外化), 손과 종이에만 의지한 문필(文筆)의 상상은 어떤 세대에게 골절된 손목의 고단함과 끔찍함과 같은 것으로 경험된다.

문제는 확장의 중단이 아니라, 그 확장된 기관의 해방적 정향화 그것이다. 문명의 비가역성은 돌이킬 수 없는 것이다. 인간의 확장은 지금까지 인간이 지녔던 신체를 탈구시키는 방향으로 나가지는 않을 것이다.

요긴한 것은 그 확장된 신체의 이데올로기적 함의와 그 현재를 가능한 또렷하게 인지하는 일이다. 따라서 사이버 공간을 '통해' 싸운다는 표현은 난센스일 수 있다. 왜냐하면 사이버 공간 자체가 하나의 바탕이고 우리는 그 안'에서도' 싸워야 하는 까닭이다. 그렇다면 도대체 어디로부터 싸울 것이며, 무엇으로 그렇게 잘 싸울 수 있을 것인가. 단적으로 말해 사이버 공간/미디어 이미지와 실제 세계 간의 비대칭성·재생산 관계를 중단시킴으로써만, 박광막 화면·스크린·브라운관의 반영성을 깨뜨림으로써만 그 싸움은 시작될 수 있다. 우리 단말기의 원초적 바탕 — 윈도(Window)들은 결코 온전한 우리의 창(窓)은 아니다.

이미지와의 싸움 —— 확장된 기관은 '다른' 감관인가

기술 복제 시대의 예술과 파시즘, 기계 문명과 자본의 결탁은 유명한 것이다. 따라서 나는 사이버 공간으로의 통로이자 그 공간 자체인 이미지의 표면과 전체주의가 맺는 결탁, 그 공간 창출에 기여하는 자본주의 사회의 전일화된 욕망과 가상공간의 생산이 맺는 부정한 결탁들을 타기함으로써만 우리의 확장된 신체와 그 감각들을 정향화할 수 있으리라 생각한다. 이미지와 감각 —— 특별히 자본 혹은 '가짐'이라는 감각(『초고』:302)을 부정함으로써 도달하는 새로운 감수성에 대해 말하려 하는 것이다. 우리의 싸움은 이 나쁜 결탁의 '네트워크'를 절단함으로써 이루어진다.

첫 번째 결탁. 지크프리트 크라카우어는 독일 표현주의 영화가 히틀러의 등장을 예감하는 동시에 그 그림자의 정체에 대한 공포와 매혹을 반영하고 있음을 조금은 묵시론적인 직관으로 깨닫고 있었던 것 같다. 크라카우어는 로버트 비네의 「칼리가리 박사의 밀실」, 프리츠 랑의 「도박사 마부제 박사」와 같은 작품이 히틀러의 등장에 대한 두려움보다는 "범죄적 초인성"마저 일종의 출구로 느끼고 있던 바이마르 공화국 아래 독일의 혼돈을 표현했다고 본다. 크라카우어가 파악하기에 독일의 군중들이 마부제를 통해 본 것은 마부제의 범죄성이라기보다는 그의 초인성이었다. 이러한 의도되지 않은 결탁조차 "영화의 독특한 매력에 저항하기에는 불충분하게 무장되어 있는 의식에 대한 나치즘의 지배를 폭로한다." [5) 표현주의 영화의 매체적 함정과 숭고미와 관련된 산악 영화의 유행이 레니 리펜슈탈의 게르만적 신체에 대한 찬미적 시선을 불러내면서, 악마적인 권능으로 무장한 폭군·초월점의 존재를 호명했던 셈이다.

이미지의 매혹이 내면화하는 파시즘. 파시스트들의 우상인 히틀러는 레니 리펜슈탈의 영화들(「의지의 승리」)을 거치면서 이 악마의 권능을 천사의 관점, 구원자의 관점으로 윤색시키기에 이른다. (히틀러는 비행기를 타고 다닌 최초의 국가 지도자였다.) 그렇다면 이미지의 파시즘은 과연 그저 이미 지나간 사건이기만 할까. 전혀 그렇지 않다.

우리는 흔히 매체들이 보여 주는 이미지의 표면을 나르시스적 물(水)로 파악하고 그 대칭성을 거의 선험적으로 받아들인다. 이미지의 광막(光幕)은 그 자체로 그저 균질한 표면처럼 보이는 까닭에 흔히 반영적 물로 통각되고 현실에 대칭적인 거울처럼 경험된다. 하지만 지금 우리의 세계 인식이 그 표면의 파장을 벗어날 수 없음을 생각할 때, 우리가 아는 현실은 얼마나 이미지 그 자체인가. 우리가 알고 있는 걸프전, 코소보는 과연 그렇게 위생적인 전투였을까. 그러니까 1980년의 겔러그 게임처럼, 더글라스 켈러의 말대로라면 미식축구 시즌의 부대 행사처럼 중계되는 전쟁, 그렇게 함으로써 미국 전체를 하나의 팀으로 응원하게 만드는 전쟁

---

5) Sigegfried Kracauer, *From Caligari to Hitler, a Psychological History of the German Film*(Princeton Univ. Press, 1947(1998)), (독어판, p. 263).

은 피와 살이 튀는 「스타쉽 트루퍼스」의 전쟁과 얼마나 동떨어져 있는가.(어쩌면 폴 버호벤의 영화는 파시즘적 신체를 사랑했던 로버트 하인라인의 원작과 걸프전에 대한 최고의 냉소, 최선의 도전인지 모른다.) 현실이 가상현실로 투사되는 것이 아니다. 디지털 가상, 미디어 이미지가 현실을 구성하기도 하는 것이다. 어떤 의미에서 그 창들의 대칭성을 너무 쉽게 믿어 버림으로써 우리가 잃어버린 것은 우리 안구(眼球)의 프레임이다. '사이보그 2000'의 어떤 안구—윈도 2000이 세상으로 통하는 오직 하나의 통로가 되어 가고 있는 것이다. 모니터로 포위된 사이보그는 독점력 강한 광막의 표면을 자신의 감관으로 내장함으로써 인간이라는 유기체의 안구가 갖는 프레임 자체를 잃어버리고 있는지도 모른다.

단적으로 말해 테크놀로지화된 예술이 만들어 내는 이미지와 그에 대해 철저하지 못한 고려가 생산해 내는 시선의 파시즘—크라카우어의 근심을 통해 이미지와 싸우는 일은 오늘날 가장 요긴한 문학의 싸움, 아니 예술의 싸움이다. 여기서 우리는 미카엘 하네케의 영화들을 생각해 내는데, 그로 말하자면 이미지의 표면에서 미끄러져 버리는 우리의 사유들을 바로 그 광폭한 이미지를 통해 타기하는 사람이다.

미카엘 하네케의 「베니의 비디오」는 바로 이 정황, "영화는 파시즘이다/이미지는 파시즘적이다"[6]라는 명제로부터 시작하는 영화이다. 열네 살난 소년 베니를 사로잡은 것은 홈 비디오에서 흘러넘치는 버츄얼한 이미지들이다. 베니는 자신의 방에 있는 창문을 통하여 브라운관 표면을 들여다보듯이 세상을 본다. 그리고 어느날부터 소년은 영화 같은 대사를 읊조리면서 만져지는 육체들을 살해하기 시작한다. 살해된 육체 위에는 나치의 문장(卐)이 새겨진다. 이미지를 통해 테크놀로지는 미래의 히틀러 유켄드, 이미지 이상의 폭력들을 대량으로 임신한다. 이미지는 요컨대

---

6) 이영재, 「막다른 골목」, 《KINO》(1997년 11월호)에서 재인용.

다산성(多産性)이다. 미카엘 하네케의 말대로라면 이미지로 대표되는 "영화는 단지 파시스트적인 문제틀에서만 붙들 수 있으며, 이 모든 것들은 이미지에 열정적으로 사로잡혀 있다. 그 자체로 집단적인 그것은 비판적인 그 무엇도 거부한다." 미카엘 하네케는 옳은 영화가 되는 길은 이미지 — 매체를 배신하는 길뿐이라고, 그렇게 이미지의 전체성과 싸우는 일뿐이라고 말한다. 화면의 파장들을 자기 신체의 고통으로 느끼라고 강요하는 「퍼니 게임」의 끔찍한 폭력 장면들은 어떤가. 그는, 그러니까 폭력은 결코 이미지화될 수 없는 무엇이라고 말하고 있는 것이다. 간편하고 이해하기 좋은 미메시스, 혹은 리얼리티로 삶의 왜곡된 거울이 되는 것은 19세기적이며, 결코 현존하는 예술의 목적이 될 수는 없다는 것이다.

미카엘 하네케의 말대로 오늘날 미메시스적인 모든 매체는 파시즘적이다. 그 매체의 프레임은 제어하고 제한한다. 비유기적 감관이 매개하는 이미지가 유기적 신체의 안구와 그 프레임 자체를 규정하는 것이다. 저 허다한 유기체를 움직이기보다 그 유기체를 비유기적으로 확장시켜 그 감관을 마비시키고 조종하는 것이 훨씬 더 효과적인 까닭이다. 우리의 안구는 조심하지 않으면 스스로의 프레임은 잃어버린 채, 비유기적 기관의 노예가 되고 만다. 오늘의 이미지 유통에서 가장 어리석은 환상은 미메시스적 환상이다.

영화가 한 사람의 관객에게 하나의 현실을 묘사하는 이미지의 파시즘이라는 사실을 거의 남김없이 이어받으면서, 또한 자유의 환상을 제공하는 매체가 바로 저 디지털 가상이다. 어떤 사이버 공간은 부주의한 사람들에게라면 하나의 가상 육체와 하나의 역할만을 부여한다. 하나의 아이콘이나 클릭 기계가 되는 것이다. 모든 몸들은 오직 하나의 몸이다. 저 롤플레잉 게임의 매력 — 세계 창조와 응전의 환상은 얼마나 전형적이고 한결같은 역할 기구인가. 당신이 유비를 맡는 것과 누군가가 사마의를 맡는 것이 그렇게 다른 사건일까. 그럼에도 피드백의 눈속임은 자신이 그 공간의 선택자라는 터무니없는 환상과 이 세계가 민주적이라는 확신을 생산하는 것이다. 이 공간은 대안적 공간이라기보다는 나쁜 공간이거나 혹은 그냥 '공간'이다. 그 프레임 안의 유영은 헐렁한 의식의 헤엄이기 십상이며, 그 관심은 노골적이거나 국부적이다. 사디즘적 유혹에 붙들린 이 장소.

시선과 신체의 파시즘이라고 말할 수 있는 이러한 현상이 인간의 확장에서 최종적으로 기도하는 것은 유기체라는 거추장스러운 물건을 제거하고 오직 그것의 욕망만을 남기는 일이다. 사이버 공간의 이미지들은 그 이미지를 수용하는 감관을 오직 신체의 확장된 부분——산업이 생산한 비유기적 신체——모니터의 프레임 안으로 제한되는 안구(眼球)로 설정함으로써 자유로운 유영(遊泳)의 환상과 파시즘적 시선을 동시에 달성하려 한다. 실제적인 책임에서 실질적인 혁명으로 넘어가기 이전에 그 교환을 차단하는 것, 쌍방향성이라는 환상을 통해 불만을 처리하는 방식은 얼마나 깔끔하고 그럴듯한가. 응전의 가능성을 사전에 통합하는 피드백은 전체주의에 전혀 적대적인 것이 아니며 어떤 의미에서 완벽한 전체주의, 지방 분권화된 전체주의에 가깝다. 체제의 통합력을 과소평가하는 쌍방향성——사이버 민주주의론에는 자본주의의 생산력을 과소평가할 때의 바로 그 낙천성이 개입되어 있다. 그 낙관적 환상 속에서 유기적 신체가 지녔던 유기적 안구 자체는 스스로의 프레임을 잃어버리고 만다.

그러니까 사이버 공간의 핵심 문제는 이 이미지의 표면과 현실(인식) 사이의 무한히 좁혀지는 거리이다. PC를 켜느냐, 안 켜느냐의 문제는 현실에 사느냐, 아니냐의 문제로까지 이야기되곤 한다. 그곳에 도달하는 장치들, 가능한 윈도들부터가 지극히 제국주의적이고 자본주의적인 도구들에 의존해 있다. 하지만 어쨌든 그러한 창(窓)들——축소하거나 과장하는 윈도들·국부화된 프레임들을 일단 받아들이지 않는다면 우리는 사이버 공간으로 통하는 어떤 입구도 발견하기 힘들다. 하나의 세계와 그로 통하는 감관의 상실을 감수하면서까지 기계와 자본의 결탁에 맞서기란 사실상 거의 불가능하다. 이를테면 사이버 펑크들이 택한 저항이 외파라기보다는 내파(內破)였다는 사실이 이를 증거한다. 이미지화된 대상과 우리의 감관이 밀착되면 될수록, 가까웠던 대상들은 오직 카메라의 프레임, 이미지의 표면을 통해서만 알려진다. 안정된 세계 인식이란 거개의 경우 거리두기와 인식의 다차원성에 기인한다. 그 거리는 작가와 책을 신비화하기도 하고, 의미의 불확정성, 불확인성을 자라나게 하는 토양으로 작용하기도 한다. 그러나 이미지의 원격 전송과 이미지의 창이 안구의 프레임을 장악하고 있는 현실 속에서 거리가 초월됨으로써 오게 될 현상이란 현실적으로 존재하는 세계에 대한 터무니없는 낯섬이다.

두 번째 결탁. 사이버 공간을 창출하고 있는 것은 독하게 말하자면 잉여 자본이며 그것이 만들어 내는 바탕은 잉여 현실이다. 네트워크가 미국방부의 효과적 전쟁술의 소산이듯이 컴퓨터 기술과 프로그래밍에 의존하는 특수한 언어의 시각적 재현 역시 환금성이라는 효과로 인해 생산되고 확장된다. 한글 인터넷 사이트들을 폭발시킨 것은 벤처 열풍이며 그 벤처 열풍의 진원지는 투자할 곳을 잃어버린 아이엠에프 이후의 잉여 자본들이다. 우리들의 '장소' ──무료 이메일이란 그 열풍의 소산일 수 있다. 사이버 펑크들이 여기서 대안 문화적 비전을 찾고 싶어 하고 또 그렇게 싸우고 있는 것 이상으로 사이버 산업들은 스스로의 자본 이데올로기로 이 공간에서 분투하고 있다. 가상 현실의 미래는 이들 자본의 성공 여부와 밀접하게 연결되어 있다. 사이버 공간의 문화 역시 이러한 지배적 권력과 결탁한 자본의 이데올로기에 편중된 방식으로 표면화될 수밖에 없으며, 그것을 재생산하는 특정한 서사와 밀접하게 연관되어 있다. 나는 '스타크래프트'의 세 종족을 지극히 계급적·인종주의적으로 이해하며, 많은 온라인 게임들의 서사가 가진 신화성과 전체성, 왕족 혈투의 서사에 때때로 메스꺼움을 느낀다. 우광훈의 『플리머스의 즐거운 건맨 생활』이 그려 낸 플리머스는 그 얼마나 자본주의적이었던가. 사이버 공간 안의 재현된 웨스턴은 또 그 얼마나 제국주의적이었는가. 사이버 공간과 그 술어 주변을 넘쳐 흐르는 가장 거대한 욕망은 성적 매력이 넘치는 암컷, 강력한 수컷이 되고 싶은 우리 안의 천박한 파쇼 근성이다. 현실 속의 '가상'은, 어쨌든 지금 그러하다.

사이버 공간으로 통하는 우리의 감각이 갖는 위태로움이 바로 여기에 있다. 모니터의 틀에 제한된 안구가 보는 것은 현실을 과장되게 재생산하는 사이버 공간의 욕망들이다. 거대 성기, 사도마조히즘(SM)의 풍경으로 도색된 포르노가 사이버 공간의 총아라는 사실은 정히 상징적이다. 어떤가 하면, 인간의 비유기적 신체가 부조(浮彫)하는 가상 육체와 그 감각이 욕구하는 모든 것은 자본주의적 현실의 가장 추악한 욕망의 정점들이다.

사이버 공간의 문화 속에서 누구의 현실이, 누구의 시각이 재현되는가를 물어보면 우리의 문제는 좀더 전투적이 될 수밖에 없다. 최초의 사이버 펑크 소설로 언급되는 윌리엄 깁슨의 『뉴로맨서』의 경우에 있어서조차 사이버 공간·매트릭스를 흘러넘치는 욕망은 스프롤(現實界)의 마초적 성욕과 좀처럼 구별되지 않는다. (물론 이 자체가 디스토피아적 전망의 소산일 수 있지만.) 성적 편견의 가장 폭력화된 징후들을 사이버 공간 안에서 흔히 발견할 수 있고, 그것이 세대성·새로운 신체를 공격하는 가장 중요한 뉴스거리가 되는 것도 당연하다. 모든 사악한 욕구와 구제 불능의 편견을 포함하여 물리적 세계가 가지고 있는 모든 것을 가상현실도 가지고 있다. 그것도 그것을 가장 국부적으로 초점화하고 그것을 최대한 확대해 놓은 상태로 말이다. 모든 장면을 한번에 보여 주는 프레임이 거기에는 존재하지 않는다. 이 사이버 공간의 창들과 그 표면을 꽉 채우고 있는 것은 원근법적 반성 기계가 아니라, 국부적 초점화, 과장된 확대술이다. 마치 성형 수술과 유방 확대술이 현존하는 육체의 미와 권력, 성과 인종의 로컬리티를 그대로 재구성하는 것처럼 우리의 확장된 신체는 부주의하게도 그 자체로는 전혀 해방적이지 못하다.

사이버 공간의 경험과 가장 밀접한 관계를 갖고, 흔히 게임의 서사를 모사하는 저 많은 판타지들의 대다수는 자본주의 사회의 신화적 재해석일 따름이다. 모든 것이 출구로 보인다. 그러나 '밖'이 없다. 이곳은 모든 시선을 하나의 매혹적인 물체에 몰입토록 하는 거대한 마켓이기도 하다. 요컨대 그곳을 향해 들어가는 우리들의 확장된 신체는 지금 '다르게' 느끼지도, '다르게' 향유하지도 않는 것 같다. 다만 다른 것이 있다면 우리 감관의 욕구를 국부적으로 과장적으로 재현하고 있다는 점이 될 것이다. 현존하는 욕망의 최저점을 자기 신체의 비유기적 부분에 의탁한 채, 사이버 공간의 해방성을 논할 수는 없는 노릇이다. 이차 음성으로 환원되지 않는 상형 문자들. 아이콘, 그래픽, 도식의 체계에 있어서 이러한 저열한 욕망의 재생산은 진실로 치명적이다. 거기에는 거리가 존재하지 않는데, 우리 신체의 비유기적 기관이 그 세계와 온전히 밀착되어 있고, 그 연결을 통해서만 자신의 신체성을 증거하려 하기 때문이다. 우리들의 비유기적 기관은 때때로 천박할 정도로 유기적이다. 사이버네틱한 감관과 테크놀로지를 통해 세계와 하나가 되는 것, 세계 전체를 자신의 신체적 한계 안에서 통괄하려는 청년 마르크스의 인간 확장 프로젝트가 바로 저 이미지라는 허깨비와 그 배후에 존재하는 자본의 운동에 의해 조정되고 있는 것이다.

다르게 느끼라, 다르게 향유하라

마르크스가 『1844년의 경제학 철학 초고』에서 애덤 스미스와 헤겔에게 던진 질문은 자명하다면 자명한 것이었고 복합적이라면 복합적인 무엇이었다. 인민의 노동과 그 산물(産物)이 인민에 귀속되지 않음으로써 생겨나는 잉여와 그 '축적된 노동'의 사취(詐取)된 결과인 자본. 그 사악한 힘에 공모한 사유는 어떤어떤 것이었을까. 마르크스는 아마 이렇게 물어본다. 그러니까 국민경제학적 오류의 심층에 자리한 육체 노동의 패러다임과 헤겔적인 추상 노동의 정신은 얼마나 공모(共謀)적인 것인가. 그리고 모든 감각적 현실을 존재하는 유일한 현실로 받아들이는 국민경제학적 태도와 모든 감각의 초감각화를 유일한 진리로 인정하는 헤겔적 태도의 결과가 바로 저 1844년의 빈궁, 노동의 생산물이 결코 자기의식의 외화(外化)가 될 수 없었던 바로 그 아사(餓死)의 현실이라고 대답한다.

헤겔의 '절대정신'은 애덤 스미스의 '보이지 않는 손'과 조응하면서 저 피비린내 나는 시장의 혈투와 불균등한 게임의 법칙을 자연성 그 자체로 받아들이기에 이른 것이다. 자연의 소멸, 자연의 지양에 이용되는 육체 노동과 그렇게 지양된 자연 안에서의 "순수하고 끊임없는 자기 내 운동"에만 골몰하는 정신. 의도가 어떠하든 마르크스가 본 현실은 육체의 물화였고 정신의 추상화였다. 1844년의 초고가 경제학–철학의 통합체가 될 수밖에 없었던 저변에는 바로 이 두 태도의 야릇한 공모에 대한 살해 욕구가 잠재해 있었던 셈이다.

공히 노동을 인간의 본질로 확인하는 애덤 스미스와 헤겔 사이의 숨겨진 공모는 마르크스가 보기에 저 외화(外化)라는 것을 통해 육체로부터 정신을 방면하고, 정신으로부터 육체를 추방한다. 육체적 노동 속에 확인되는 자연은 오직 노동의 잉여를 통해 자본에 귀속된다. 그리고 헤겔식 관념론은 이 사악한 상황을 자연의 지양, 절대정신으로의 귀환이라는 명제 아래 멋대로 내버려 둔다. 감각적 현실은 '감성'이라는 하위적 능력의 일로 내맡겨진다. 왜냐하면 오직 추상의 노동인 헤겔의 그 '노동하는 정신'은 이미 자연을 "지양된 본질"로 간주하기 때문이다.

청년 마르크스는 자연과 신체, 감성과 이론을 확장 혹은 동일자로 파악한다. 다시 말해 자연을 인간의 신체로 느낌으로써 도달되는 곳이 생활이라고 말하는 것이다. 감각적 즐거움을 정향화함으로써 도달하는 곳이 '이론'이라고 말하는 것이다.(『초고』:303, 감각들은 그 실천상에서 직접적으로 '이론가'로 되어 있다.) 전술한 "자연은 인간의 비유기적 몸"이라는 언명, 그러니까 이 육체성, 감각성, 자연성으로부터 해방에 도달하는 마르크스의 특이한 유물론(그것은 감성 해방의 유물론이다.)은 이제 우리에게 여섯 번째 감관, 혹은 인간의 확장으로 취급되는 기계의 신체성에 대한 유력한 자문을 준다. 말하자면 우리는 우리의 확장된 기관을 '다른' 감각, 다르게 느끼는 해방의 기관으로 정향화해야 하는 것이다.

마르크스는 「소외된 노동과 사적 소유」라는 장에서 세 개의 소외를 설명하는데, 여기서 유적(類的) 실존으로부터의 소외는 생산물로부터의 소외, 노동 내부 —— 생산 행위 자체로부터의 소외와 더불어 노동을 생활 수단으로서 격하시키는 근원에 해당한다. 자본주의 문명의 사적 소유 제도는 이 유적 실존을 가능케하는 비유기적 몸(자연)과 교호하는 인간의 모든 감각 기관을 "가짐"이라는 감각으로 대체하여 버림으로써 사적 소유에 의존하는 자본의 체제에 공헌토록 한다. 오감(五感)을 포함한 모든 육체적 정신적 감각들을 대신하는 이 "가짐"이라는 감각의 권능은 거의 모든 인간 행위를 결정적으로 좌우한다. (사이버 공간의 욕망이 거대한 마켓 안의 그것으로 떨어질지도 모른다는 불안은 얼마나 섬뜩한 역사의 반복인가.) 그리고 그 결과가 바로 마르크스 생존기의 사악한 잉여 자본과 빈곤한 현실이다.

잉여와 빈곤은 동전의 양면이다. 따라서 마르크스가 보기에 "사적 소유의 지양은 모든 인간적 감각들과 속성들의 완전한 해방이다."(『초고』:302) 마르크스는 마치 구호처럼 이렇게 말한다. "다르게 느끼라, 다르게 향유하라." 그가 생각하기에 "사회적 인간의 감각들은 비사회적 인간의 감각들과 다른 감각이다."(『초고』:304) 인간적 본질이 대상에 전개되고 그 대상을 자신의 신체로 느끼는 주체적이고 인간적인 감성의 풍부함이 없다면, 어떤 감각적 즐거움도 세계 전체에 대해 유쾌하지 않다.

음악적인 귀, 형태의 미에 대한 눈, 여컨대 인간적 향유를 할 수 있는 감각들, 인간적인 본질적 힘들로서 확증되는 감각들이 도야되고 비로소 산출되는 순간을 표현하는 마르크스의 비유기적 신체론, 감성론의 결과는 지극히 '인간적'으로 재귀한다. 인간적 감각, 감각의 인간성 역시 감각적 대상과 그 현존재를 통해서, 환언하면 인간화된 자연을 통해서 비로소 생성된다. 물론 우리의 신체는 타인의 신체와 달라야 하며, 그 확장도 마찬가지다. 같은 핸드폰과 노트북을 사용하는 신체 —— 모두가 하나의 표면을 들여다 보고 있어도 그 응시의 의미는 인간적 감각의 창조에 기여하는 방식에 따라 달라질 수 있다. 감각이 특정한 확장을 통해 하나의 정향된 사회성을 획득한다는 것. 그렇지 않은 감각, 그렇지 못하도록 만드는 신체의 확장은 모두가 자본과 파시즘의 포로가 된다.

기계의 현실이 현재의 자연이라면 문제는 그 확장된 감관을 "다른" 감각의 도구 —— 이론의 연장으로 삼는 일일 것이다. 가상공간의 국부화되고 집중된 감관을 전면적이고 심오한 감각을 지닌 풍부한 인간의 그것으로 만들어야 하는 것이다. 사이버 공간의 표면 —— 이미지는 그 어떤 반성 기계보다도 우월한 권능을 지닌다. 따라서 이 표면 —— 국부화하고 과장하고 집중화하고 또한 자유로운 감각으로 오인토록 하는 이 이미지의 표면에서 싸우는 일은 감각 자체, 감관의 작용 자체를 이론적 기획으로 만든다. 사이버 공간으로 통하는 감각, 감성의 해방은 그 '느낌'부터가 이데올로기적일 필요가 있다. 표면을 표면 안에서 반성하기는 힘든 까닭이다. 가능한 것은 다르게 느끼고, 그 다른 감관, 인간적으로 정향화된 감성으로 스스로 이론이 되는 일이다. 역사가 그러하듯, 우리는 이 공간과 그에 대한 감각을 싸워서 빼앗아야 하는 것이다.

현실적 노동과 사이버 공간의 산물들을, 또 우리의 현실적 신체와 그 확장들을 책임 있는 자아의 도상(圖像)으로 느끼고 그 기능의 윤리, 그 감각의 정향성을 물어야 한다. 그렇지 않을 때의 그 어떤 마우싱(mousing)도 자유가 아니며, 남김없이 체제 기여적이다. 아름다움의 향유가 도야 없이는 불가능하듯이 우리의 인간 확장 역시 도야된 신체 안에서의 접합술이어야 한다. 우리의 관점은 따라서 여전히 도구적이고 그런 한에서 어느 정도 계몽적일 수밖에 없다. 마르크스의 최종적인 정식은 이렇다. "사회주의로서의 사회주의는 본질로서의 인간과 자연의, 이론적 실천으로의 감각적인 의식에서 출발한다."

그렇다면 "가짐"이라는 감각의 범주가 모든 오감의 범주를 수렴해 버리도록 획책하는 이 감각적 현실에 대해 우리의 확장된 신체, 우리 신체의 비유기적 부분은 어떻게 작용하고 있는가. 우리의 신체는 해방적 기관을 내장할 준비가 되어 있는가. 혹 인간의 확장이 자본의 확장을 의미하지는 않는가. 만약 그렇다면 그 확장된 기관은 우리 육체에 자리한 자본의 감각, 끔찍한 종양일 것이다. 기계의 바탕 아래에서 그 종양은 얼마나 물리치기 힘든 질병일 것인가. 그러니 어떻게 다르게 느끼라고, 다르게 향유하라고 말하지 않을 수 있단 말인가. 저 자부심 강한 '사이보그 2000'들을 향해서 말이다. 네트워크가 판매하는 저 국부화된 나신(裸身)은 나에게 물질조차도 아니며, 전혀 관능적이지 않다. 그렇게 말할 수 있는 감각 말이다. 우리 시대가 요청하는 확장된 신체는 악의 두뇌를 내장한 조잡한 누더기, 즉 프랑켄슈타인의 그것이 아니라 프랑켄 마르크스라 불리게 될 감각부터가 이론인 그런 몸이다.

(2000년 여름)

1995년의 기계 생물학 초고
── 마르크스, 프로이트, 다윈, 그리고 오시이 마모루

너는 누구냐 ── 마르크스 기계론의 끝에서

7년 세월도 세월이지만,「공각기동대」에 대한 구구한 해설이라면 양 피지도 닳을 대로 닳았으니 클래식하게 말해 보자. 마르크스『자본론』의 열다섯 번째 장은 「기계와 대공업」이다. 기계가 바꾸어 나가는 주체 개념에 대한 흥미로운 시사점들을 적잖이 얻어 볼 수 있는 이 장은『자본론』에서도 유례를 찾기 힘든 무려 10절에 이르는 방대한 '기계론'이다. 확실히 증기 기관은 이론에 앞서서 존재했다. 신체와 지역의 한계로부터 벗어난 기계는 도시로 모여들어 '풍경'을 전변시켰고, 자본은 화폐가 되어 모든 '생산'을 포섭해 버렸다. 자본은 증기선을 탔고, '제국'은 식민 본국이 되었다. 자본이 증기 기관을 낳은 것이 아니라 증기 기관이 자본을 낳은 것이다! 증기 기관이 없었다면 자본의 독점은 없었을 것이고,『자본론』역시 쓰일 수 없었을 것이다. 데이비드 하비의 말처럼, 자본 자체는 교통 공간의 소산이다.『1844년의 경제학 철학 초고』에 따르면, "자본은 축적된 노동"인데, 거의 무상(無償)으로 일하는 기계들은 임금의 몫을 지

워 나가는 방법으로 자본의 축적을 극적으로 확장시켰다. 그리고 1844년의 초고는 서랍 안으로 묻혔고, '기계론'은 『자본론』의 한 핵심이 되었다. '차가운' 금속 안에서 뿜어져 나오는 '뜨거운' 수증기가 모든 단단한 것들을 녹여 버렸다. 그러니까 유물론은 자본이 아니라 증기 기관의 도플갱어이다. 상품과 화폐의 물신(物神)적 성격에 비해, 증기 기관은 그 얼마나 유물론적인 물건인가. 자본의 운동을 기계의 운동으로 환원하여 생각하지 않는다면, 우리는 19세기 이후의 모든 삶에 대해 거의 아무것도 이해하지 못할 것이다. 기계는 우리가 아는 우리 시대의 모든 것을 과잉 결정했다.

같은 생각을 우리는 컴퓨터, 아니 네트에 대해서도 해 볼 수 있지 않을까. '시계' 시대 혹은 데카르트 철학의 기계론이 도구(기계)와 그것을 조작하는 의식 주체(코기토)라는 관점에서 시작했다면, '증기 기관' 시대의 마르크스 기계론에서 노동자는 단지 그 기계의 일부만을 조작할 수 있는 주체로 떨어진다. 마르크스에 따르면 증기 기관이 원동력이 될 때, 기계의 공정은 원동 장치, 변환 장치, 협의의 기계(도구)의 세 단계로 분리되며 인간은 그 마지막 공정에만 관여할 수 있기 때문이다. 극단적으로 말해 『자본론』에는 주체의 자리가 부재한다. 심지어 자본가들조차도 자본의 '기계적' 운동의 대리자이지 주체는 아니다. 생산의 전 과정을 장악하고 마름질하는 장인(匠人)과 도야(陶冶)의 체계는 '미적인' 것과 같은 사회적 '잉여'의 영역으로 추방된다. 주체화·외화의 '노동'으로부터 모든 것이 연역되는 헤겔의 패러다임은 우리가 아는 바대로 가능한 극적으로 전도되었다. 우리는 우리가 노동하지 않는 곳에서 생각하고, 노동하는 곳에서라면 우리는 그러니까 기계가 된다. 그리고 이 (비)유기적 기계야말로 우리 신체의 현재형이다. 임금, 지대, 자본의 외부에서 엄청난 잉여가치를 창조하는 「기계」 자체가 경제의 3요소를 통과해 주체(론)에 돌진했던 사실을 기억할 필요가 있다.

이제 텔레 단말기와 네트 스피어가 인간의 비유기적 신체가 되고 필수 불가결한 감각 기관이 되어 버린 세계(그대의 노트북과 그대의 피디에이(PDA), 그대의 핸드폰과 그대의 아바타!)에서 기계는 더 이상 주체와 구별되지 않는 무엇이며, 기계가 열어 준 감관을 통해 경험하는 세계는 자본주의적 물신 분석을 초과하는 기관(stream engine · mechanic organ) 너머의 것들뿐이다. 코기토는 코기토의 존재를 기억하는 것에 다름 아닌데, 기억 자체의 외부화가 가능하게 되었다. 기계 자체보다는 외부화된 기억들이 오히려 규정적이며, '욕망하는' 기계의 설명력도 여기서는 부분적이기 짝이 없다. '나'는 나의 머릿속에 있지 않고, '내가 쓴' 글인 데이터들의 장소에 있다. 우리는 다시 한번 종래의 모든 기계론을 포기하지 않으면 안되는 것이다.

마르크스가 말한 자본의 '완화된 감옥'은 이제 공장을 지나 인간 신체 그 자체에 깃들기 시작했고 신체 너머의 네트에 접속됨으로써 그 의미도 전변했다. 그것이 감옥이라는 것은 신체 내부에 자본의 보철물인 기계들이 깃들기 시작했다는 의미이고, 한편 그 감옥이 '완화된' 그것이라는 의미는 그 기계가 광대 무한의 네트에 접속되었음을 뜻한다. 기계 시대 내내 우리는 일종의 프랑켄슈타인이었는데, 그 기계가 '완화된 감옥'인 이상 과제는 늘 어떻게 '프랑켄 마르크스'(해방적 기계)가 될 수 있느냐 하는 것이었다. (물론 이 과제는 여전히 매우 중요하고 결정적이다.)

그러나 최근 들어 우리는 네트 자체가 하나의 '세계'라는 사실을 조금은 믿게 되었고 오시이 마모루(押井守)이래의 몇몇 수작들은 이제 기계 초과의 기계 철학이 필요함을 증명해 보였다. 기계에서 무엇이 문제인가. 오시이 마모루에 따르면 문제는 영혼이다. 피와 살이 도는 오르가니즘(organism)의 기계론에서 영육(靈肉) 소멸의 알고리즘의 정보론으로의 이러한 전도는 무엇이 '실재'인가 하는 차원의 물음을 넘어설 것을 요구한다. 형상-육체가 교환 가능하고(義體, Artificial Body), 기억-고스트가 복제 가능하다면(電腦) 현실과 환상의 모든 이분법은 단지 '믿음'의 문제가 되고 만다. 「공각기동대」 주변의 양피지 위에 쓰인, '색즉시공, 공즉시색(色卽是空, 空卽是色)'의 '매트릭스' 철학은 그 순간 거의 유심론에 근접한다. 기억도 환상도 '헛것'이고 보면 무엇이 '있는가'가 아니라 무엇을 믿을까가 문제인 까닭이다.

그렇다면 기계와 유기체의 하이브리드 위로 한 줌의 고스트를 들쳐업은 나는 누굴까? 자본과 지대와 임금 사이의 별종 — 내 안에까지 들어와 있는 비유기적 신체(擬體/機械)여, 너는 누구냐? 이른바 보디와 고스트 어느 쪽도 현존 인류를 설명하는 단독적인 증거가 아니라면, 나는 도대체 무엇으로 나인 것이냐? 「공각기동대」의 인형사라는 존재가 그러하듯이, 기계의 효과처럼 보였던 '네트'의 무한 팽창 속에서 새로운 생명, 새로운 종의 기원이 시작되고 있는 것은 아닐까.

모든 「기계론」은 바로 오시이 마모루에 이르러 기계를 초과했음이 만천하에 드러났고 거기에 종속된 표상의 주체론과 재현의 영화론도 더는 불가능해졌다. 호모 파베르의 도식을 벗어난 기계가 스스로를 갱신하고, 기계가 네트를 출산하고, 네트가 생명을 잉태하면서, 드디어는 인간이 기계와 결혼하기 시작한 것이다. 「공각기동대」 — 이 극적인 트랜스 코딩. 오시이 마모루의 영육(Ghost-Body) 교환론에 따라 네트스피어에서 텔레 단말기를 제외하고 나면 희한한 전도가 남는다. 그것은 경험적 유물론의 관념적 유심론으로의 전도이다. 기계는 그 전도와 교환의 '화폐'에 불과하며 바로 그 교환의 필드에서 하나의 존재론이 싹튼다.

나는 어디냐 — 교환과 아이덴티티, 무관계(無關係) 프로이트

오시이 마모루 영화의 불안은 '자연'의 결여에서 온다. 국가나 민족도, '보디' 혹은 '고스트'도, 마침내는 그 원초적 바탕들도 자연이라기보다는 제도이자 효과이며 이름이다. 오시이 마모루만의 특장은 그런 제도들(가족, 숲, 인간) 중 하나를 '자연'으로 놓고 '인간론적 전회'를 감행하는 미야자키 하야오(宮崎駿) 식의 '따뜻함'에 있는 것이 아니라, 그런 것이 원래 존재하기나 할까 하고 의심하고 바로 그 의심으로 이것과 저것을 전도시켜 버리는 냉기 탱천한 '교환'에 있다. 탄생과 의미와 존재에 대한 곤혹스러운 질문을 넘어서기 위한 아이덴티티에의 골몰은 반아이덴티티적인 서사의 동선 속에서만 제기된다. 「공각기동대」의 세계는 거의 전적으로 기계가 입법하는 세계인데, 뇌까지 전자화된 2029년의 세계에서 문제는 오히려 '고스트'이다. 가장 유물론적인 세계에서 가장 유심론적인 결론이 도출되는 것이다. 의식에 입법하는 영혼이나 코기토 같은 선험적 가정들은 물질적인 것들에 장악되어 있는데, 바로 그 고스트를 장악한 기계 자체에서 새로운 계통 발생——종의 기원이 시작되고 있다.

인형사의 존재가 일종의 버그이면서 새로운 의식, 새로운 종의 탄생으로 교환되었듯이 우리는 이쯤에서 오시이 마모루의 관심이 언제나 어떤 '교환'이었음을 특기할 필요가 있다. 그의 영화에 있어서 기계와 인간, 게임 머니와 실제의 화폐, 캐릭터와 인격, 애니메이션과 실사는 언제나 교환 중이다. 게임에서 잃으면 실제의 삶에서도 잃고, 몸과 혼이 결혼해 새로운 육체에서 살림을 시작한다. 셀룰로이드의 혼, 전자 두뇌, 대뇌 없는 소녀의 사고력, 2차원으로 찢겨 죽는 실사 영화의 인물들. 이를테면 이러저러한 불가해한 수식 관계가 오시이 마모루에게는 가능하다. 오직 '바꾸어 보는 행위'를 통해서만 자신이 가진 물건의 가치를 측정할 수 있듯이, 그는 이러한 교환을 통해 무엇이 당대의 척도인지를 질문한다. 그리고 우리는 이 교환의 근원에 어떤 체험적 진실이 자리하고 있음을 「아발론」 이후의 한 인터뷰를 통해 확인할 수 있다.

우선 아무것도 쓰이지 않은 책, 있기도 하고 없기도 한 존재들 속에서 오직 한 사람이 거기에 꼭 있었다는 사실을 기억하자.(「아발론」에 보면, 심지어 오시이 마모루가 그다지도 좋아하는 애슈의 개조차 실재인지 환상인지 불분명하다.) "한 가지 확실한 것은 애슈(혹은 쿠사나기)라는 여자의 존재이다. 그것만은 영화 속에 확실히 있다. 어렸을 적에 막내였는데 손자가 너무 많아서 할머니가 내 이름을 기억 못했다. 언제나 이름을 부를 때 바로 위의 형의 이름을 부르곤 했다. 그런 게 성격 형성에 많은 영향을 주었는데 만약 내가 막내가 아니었다면 영화감독이 안 되었을지도 모른다. 이런 영화도 안 찍고……."(《KINO》, 2001. 2 인터뷰) 이 사소해 보이는 신변적 언급은 그러나 그 틀림없는 원체험과 그 결과로 인해 전혀 사소하지 않을 수도 있는 해명 과제라는 게 나의 생각이다. 문제는 역시 자리 바꾸기──교환이다.

가라타니 고진이 나쓰메 소세키의 양자(養子) 모티프에서 언급한 대로, 친자 관계를 포함한 모든 제도의 근원은 교환의 금지에 기초해 있다. 명명(naming)이나 호명은 시니피앙의 차이 짓기를 통해 바꾸기를 금지하고 그것으로써 하나의 아이덴티티를 만들기 위한 행위이다. 개라는 기의와 '이누(いぬ)'라는 기표는 절대적으로 결부됨으로써 '개는 개다'라는 동일성(identity)이 또렷해진다. 아무리 오시이가 이누가 되고 싶어도, 환생이나 한다면 모를까 오시이는 오시이다. 개라는 관념이 선험적으로 존재하는 것처럼 간주되는 형이상학은 언어라는 제도 내지는 상징계와 전적으로 중첩되어 있다.

보디와 고스트가 먼저 있고 그에 합당한 기표가 자의적으로 선택된 것이 아니라, 그 기표와 기의들의 차이 체계 때문에 그 분리가 선험적으로 존재하는 듯이 보이는 것이다. 인용한 대목에서의 오시이 마모루의 뿌리 깊은 불안은 이러한 '바꾸기'의 근원성을 헤아려야 했던 곳에서 왔다고 볼 수 있지 않을까. 그에게 아이덴티티는 본질적인 물음인데, 그러나 있을 수 없는 물음이다. 오시이 마모루에게는 제도의 파생물들을 '자연'으로 받아들이는 사고가 거절되어 있는데, 아이덴티티란 이름 받기, 역할 모델과 같은 제도적 파생물을 자연으로 받아들이는 것 외에 다른 것이 아니기 때문이다. 개는 개다. 나는 나다. 나는 일곱째, 혹은 막내이고 오시이 마모루다. 나는 일본인이니까 일본인이다. 바로 이러한 주부와 술부 사이의 동어 반복이 아이덴티티와 '자연'의 핵심이지만 오시이 마모루는 자주 그렇지 못해 불안해 했고, 종국에는 정상적인 가족——관계들이야말로 이러한 기원의 근거 없음을 은폐하고 있음을 생각하게 되었다. 이름이란 것이 오인될 수 있고, 바꾸어 명명될 수 있는 것이라면, 이름에 근거한 모든 분류와 분절은 의심스러운 기초 위에 정초된 비자연적인 것이 된다.

'나는 누구인가' 라는 질문에 끊임없이 시달리지만 '나' 라는 주체나 의식의 시원에는 하나의 새겨진 시니피앙이 있을 뿐이며, 더구나 그것 자체가 '바꾸기' 가 가능하다는 것을 그는 체험적으로 알고 있다.

쿠사나기의 의심처럼 "그저 주변의 정황으로 '내' 가 있다고 판단하는 것 뿐"이고, " 사람이……, 자신으로 있기 위해서는 놀랄 정도의 많은 물건들이 필요"할 뿐이다. 그 자신 이 '바꾸기' 속에서 관계 자체에 뜨악해진 것이고 보면, 또 영육(靈肉) 교환의 체계 아래서 나의 단독성 역시 의심스러운 것이고 보면, '나는 누구냐' 라기보다는 차라리 '나는 무엇으로 될 수 있는가' 라는 물음이 오히려 합당하다. 오시이 마모루는 "나는 어디서 왔을까" 라는 물음에 대답하지 않으며, 오히려 "나는 어디냐" 라고 묻는다. 답은 제도와 제도의 자연화가 부여하는데, 그는 바로 그것을 거부하는 곳에서 묻고 있기 때문이다.

언어와 구조의 체계에서 배타성은 철두철미하고 선별과 배제의 원칙이야말로 근대 제도의 핵심이다. 그런데 제대로 호명받지 못했고 바뀌어 가며 양육되었다. 그리고 아예 스스로가 바꾸는 사람이 됨으로써, 이토록 곤혹스러운 물음을 '제도' 가 발생한 그 장소로 거듭 되붙여 버렸다. 그는 자신의 소재(所在)를 그렇게 알린 셈이다. 「아발론」은 두 개의 분명한 물증을 제공했는데, 그가 교환을 통해서만 아이덴티티에 대해서 묻는다는 것이고, 바로 그렇기 때문에 "나는 누구냐"가 아니라 "나는 어디냐"라고 묻는다는 사실이다. 그것은 장르 제도 혹은 도미노 작업이나 컴퓨터 그래픽을 통한 왜곡과 같은 형식적 측면에 있어서도 마찬가지로 적용된다. 실사를 애니메이션화하기도 그러한 사례 중 하나일 것이다.

한동안 우리들은 오시이 마모루가 나는 누구인가라고 묻는 줄로만 알았다. 「아발론」의 필드 워크와 세 개의 클래스들을 대면했을 때에야 비로소 우리는 실상 그가 "나는 어디냐"라고 묻고 있었음을 깨달았다. 저마다의 아바타와 예닐곱 개의 어드레스, 몇 개의 롤플레잉으로 리셋되고 교환되는 우리이지만, 어떤 필드에 서고 보면 이게 어떤 필드인가, 이 '나'는 지금 어디 있는가, 라고 묻지 않을 수 없게 된다. 그의 기계론, 그의 아이덴티티론은 앞서 말한 교환 가능성에의 불안에 전적으로 종속되어 있으며 그런 까닭에 질문 역시 이런 형식을 취하게 된다.

프로이트는 관계의 아이덴티티를 말했지만, 관계라고는 싫어하는 오시이 마모루는 우리의 클래스의 소재(所在)와 필드 워크에서 시작한다. "중요한 것은 당신들이 서 있는 그곳이 당신들의 필드라는 사실이다." (오시이 마모루) 그만이 그렇게 말할 수 있다는 것이 아니라, 그의 체험과 그의 방식이 이런 부분을 좀더 민감하게 의식하게 만들었다는 이야기다.

「아발론」이 선보인 오늘의 입장에서 보자면 「공각기동대」는 종착지라기보다는 어떤 교환의 포석이었다. 그 교환은 앞에서 말한 바 유물론과 유심론의 교환이면서, 또한 뤼미에르와 멜리에스의 교환이기도 했다. "실사를 애니메이션같이, 애니메이션을 실사같이"라는 괴이쩍은 야심의 댓쌍은 진정 유심론적이다. 그가 모든 영화는 애니메이션이라고 말한 바 있거니와, 오시이 마모루가 멜리아스의 후예인 것만은 이견의 여지가 없을 것이다. 그러나 그 경이로운 교환 과정을 통해 이미 그에게는 뤼미에르와 멜리에스, 현실과 환상의 이항 대립이 소거되어 있다. 오시이 마모루의 초고가 쓰인 양피지 위를 거쳐 간 「트루먼 쇼」와 「다크 시티」와 「매트릭스」가 그 종국에 이르러 벽과 문과 선글라스를 만나 실재와 환상의 분할을 설핏 승인해 버렸던 것에 비해, 오시이 마모루는 전공투(全共鬪)를 롤플레잉 게임으로 번안한(이것 역시 '바꾸기'라고 부르고 싶다.) 장본인답게, 알레고리야말로 현실이고 현실이야말로 알레고리라는 사실을 끝까지 밀어붙이고 종국에는 이 둘을 '방법적'으로 맞바꾸어 버린다.

기억이 외재화되고 그 외재화된 기억이 기계론의 자장을 초과해 자율화된 확장을 거듭해 간다면, 그러니까 기억과 환상의 구별이 더 이상 본질적인 것이 아니라면, 무언가 다른 본질론이 필요하다. 오시이 마모루의 실사도 애니메이션도 아닌 '본질적 영화론'은 새로운 종에 필요한 새로운 영화론이다.

나에게 보여다오 —— 잉태한 기계들, 『신판(新版) 종의 기원 —— 뉴 브리드(New Breed)에 대하여』

소설로 말하자면 히라노 케이치로(平野啓一郞) 쯤에 해당할 일본 평론계의 펑크 아즈마 히로키(東浩紀)의 말대로라면, 작품 자체와는 별도로 제2세대 오타쿠들의 우상이었던 「공각기동대」는 상상계(애인과 부모 걱정)와 현실계(지구 혹은 우주에의 근심)만 있고 상징계 즉, 국가와 사회(일본)라는 레벨은 쏙 빠져 버린 포스트모던 사회의 전형적 작품이다. 윤리적인 상상력은 오직 가족이나 애인과 같은 '나'의 가장 가까운 범위의 상상계 내부에서만 호출되고, 존재론은 세계의 가장 '먼 곳'인 현실계의 끝 쪽으로 배당된 것이 일본, 나아가 1990년대의 세계였다는 것이다.

　어떻게 보면 대단찮은 소리 같지만, 고독한 개인의 일상적 사건(상상계의 윤리)과 탈공간의 묵시록적 사변(현실계의 존재론) 사이에 어떠한 단계도 부재하는 「공각기동대」와 「아발론」의 서사에 비추어 보자면 과연 동세대적인 진술임에는 틀림없어 보인다. 여기서의 현실계는 라캉 식으로 말해 '세계'의 자명성이 상실되고 우리가 사는 의미 그 자체를 묻게 되는 체험의 장을 의미하는데, 바로 여기서 오시이 마모루는 '세계의 종말', '최후의 인간'에의 근심을 통해 기계적 유물론을 아이덴티티에 관한 유심론으로 전도시키고 '필드의 존재론 혹은 장소론'으로 탈바꿈시켰던 것이다.

　그러니까 아즈마 히로키의 말대로라면 '세계의 종말, 최후의 인간, 역사의 종언'에 대한 그 모든 사유에서 빠져 있는 것은, 끝나 버린 세계는 '어떤 세계'인가, 끝나 버린 인간은 '어떤 인간'인가 하는 질문이다. '나'도 있고, '종말'과 '종언'도 있는데 세계와 관계, 즉 이를테면 "일본!"과 같은 상징계는 없다. 왜냐하면 그러한 방식의 상징계에 대한 질문이 취미 공동체(어떤 의미에서 우리 모두는 무언가에 대한 '오타쿠'이다.)가 지배하는 1990년대만의 사건들에 대해서 별반 설명해 주는 게 없기 때문이다. 과거 같았으면 내셔널리티나 공동체적 열기와 같은 윤리와 제도의 심급이 이러한 상징계의 요청에 곧잘 응답하기 마련이었는데, 거대 서사가 파국을 겪으면서 그러한 질문들이 극히 미시적인 개인성과 새로운 종류의 초거대 서사('종(終)'자 돌림 묵시록)에서 암전(暗轉)에 빠지고 말았다는 진단이다.

　이를테면 아쿠타가와 상을 최연소 수상한 히라노 게이치로의 『일식』의 배경이 되는 중세 프랑스와 「아발론」의 무대가 되는 폴란드, 「공각기동대」의 홍콩은 저자들의 그 엄청난 사상적 세대적 거리와는 별도로, 적어도 '수용'의 차원에서는 얼마간 교호했던 면이 있다는 이야기일 것이다. 아즈마 히로키의 『존재론적, 우편적』에 따르면 통합적 우체국(서사의 정부 혹은 거대 이데올로기)이 없는 오늘의 세계에서 각각의 편지들이 횡단적으로 붙여졌고 우연히(그러나 우연일 수는 없는 과정 속에서) 동일한 사람들에게 배달된 것이다. 모든 것이 네트화되어 있는 세계에서 종적이고 원근법적인 소실점이란 존재하지 않으며, 세계는 오직 호출과 배달을 통해서 횡적으로만 경험 가능하다. 이 횡단적 우편의 레토릭은 "전뇌(電腦)에 다이브(dive)하다" 그것이다.

앞에서도 말했지만 '나는 누구인가'가 아니라 '나는 어디냐' 라는 질문이 훨씬 타당한 세계에 우리는 살고 있다. 스페셜 A 클래스 혹은 현실. 그런데 오늘의 「공각기동대」 읽기가 흥미로운 것은 아즈마 히로키의 장담과는 반대로, 또다시 우리가 카우보이 내셔널리티와 칸트 식 세계평화론의 댓쌍이 맞서는 대반동의 시대에 살고 있다는 사실 때문이기도 하다. 보기에 따라서는 「아발론」의 폴란드는 탈식민적 공간처럼 읽히고, 「공각기동대」의 홍콩은 일본과 미국 혹은 기술 관료와 정치 관료의 점이지대처럼 보이기도 한다. 아즈마 히로키는 폐쇄된 취미 공동체 속에서 발생하는 '우편적 불안'(누구에게 배달(배포가 아니라)될 것이며, 얼마나 배달될 수 있을 것인가)에 대해 이야기했지만 우편적 불안은 그렇게 존재론적인 형태로뿐 아니라 우체국을 통과한 백색 가루의 형태로도 나타났다. (배달되는 것은 메시지이기도 하고, 폭력이기도 하다. 아니 때때로 이 둘은 같다.)

메시지를, 폭력을 잉태하는 미디어의 자기증식 속에서 '나는, 나의 메시지는 어디에 있는가.' 상징계의 소거로 한 시대의 상징이 된 오시이 마모루의 영화들은 차라리 훨씬 복잡한 종류의 사변과 '바꾸기'로 이 상징계의 자리를 채워 보라고 요구하고 있는 것이다. 우리는 그가 보여 준 낯선 공간 속에서, 우리의 스테이지, 클래스, 장소를 새롭게 보기를 요구받고 있다.

산종(散種). 사이버 펑크의 현란한 벡터를 예감케 한 오시이 마모루에게는 적당한 말인 바, 문자대로라면 씨 뿌리는 행위이지만 데리다에게는 예측 불가능한 반응에 직면하게 된 커뮤니케이션을 뜻하는 말이다. 뿌리는 행위까지는 의지이지만 어디서 어떤 싹이 어떤 변이를 갖고 자라날지는 알 수 없는 일이다. 그렇게 발생한 생명들은 한 시대의 우량 영화들을 잉태했고, 이제 인간 주체의 의지를 떠나 그들 스스로가 뿌리고 거두고 사라지는 데에로 나가고 있는 것으로 보인다. 뉴 브리드(New Breed). 그들 종은 그렇게 불릴 것이다. 루이비통이나 프라다에 별무관심한 '달리' 욕망하는 기계들. 그러한 저열한 수준의 상징계가 그 권능을 상실한 공간에서는 기호의 핍진성, 기계의 사실성이 문제가 아니라, 넘쳐나는 기호들 그 자체의 복잡성을 수용하고 트랜스 코딩하는 '혼돈 디자이너'가 새로운 종족의 징표가 된다.

1960년 이후의 모든 펑크들의 전위에 섰던 티모시 리어리는 뉴 브리드의 특성을 밈(memes)이라는 말로 요약한 바 있다. 인간 집단들을 가로질러 문화적 돌연변이를 낳으며 자기 복제하는 발상들을 이르는 말이다. 「공각기동대」에 합당하기 짝이 없으면서도 꼭 그만큼 모호한 선(Zen)적 개념이다. 리어리에 따르면 사이버 펑크가 음울함, 즐거운 비관, 가죽과 문신, 마약, 사이키델릭, 메탈에서 랩, 냉소, 고도 기술의 전자 공학, 지구적 심성, 정치적 소외와 회의, 비관적 우주관에 기대 있다면 뉴 브리드들은 조심성과 즐거움, 개인적 양식의 고안, 테크노와 엠비언트 음악(ambient music), 자신감, 사이키델릭, 초고도 기술, 두뇌기계, 네트, 기회주의, 분리주의, 복잡성의 수용을 의미한다.

재현의 바깥으로 튕겨 나가려는 「아발론」의 방식들에 경의를 표한 우리가, 「아발론」 안의 종들에 실망한 것은 영겁 회귀의 불안만이 존재하는 이 세계가 「공각기동대」와의 형식주의적 교환 속에 어느 정도 허망한 것이 되었다는 생각 때문이다. 우리는 아직 이 상징계 살해자(jumper)의 정체-뉴 브리드들의 미래가 제국에 대항하는 다수(multitude)일지 어떨지를 알지 못한다. 다만 어린 쿠사나기를 새로운 계통 발생으로 예감키 위해서는 「아발론」을 건너뛸 것을 권하고 싶다. 물론 그 권유는 우리 종의 더딘 진화나 부분적 퇴행 때문이기도 할 것이다. 어쨌든 "나는 생각한다. 그러므로 나는 존재한다."라는 기계론 시대의 명제는 아마 이 새로운 『종의 기원』 안에서는 "나는 생각한다. 그러므로 나는 회임(懷妊)한다."로 표현될 것이고, 그 막장에 이르러 "나는 여기다. 그러므로 나는 이 필드에서(는) 존재한다."라고 보충될 것이다. 1859년의 『종의 기원』이었다면, "이종(異種) 간의 잡종 교배는 불임성의 근원이다."라고 경고했겠지만, 이 새로운 계통 발생에서는 이종들이 만나는 문지방에서 가장 아름다운 꽃이 포효하듯 핀다고 쓴다.

(2002년 3월)

미래(학), 너무 멀리서 온 판단력
―― '사이버 문학'의 가상성과 진정성

케이스는 스위치를 누름과 동시에 사이버 스페이스로 옮겨갔다. 그는 뉴욕 공립 도서관의 구식 아이스 벽에 부딪히면서 무의식적으로 가능성 있는 윈도를 세고 있었다. 다시 키를 두드려 몰리의 감각 중추로, 부드러운 근육의 움직임으로……. 감각은 예민하고 선명했다.[1]

―― 『뉴로맨서』(1984)

미래학, 신체 강탈자

미래학이라면 몰라도, 지금의 위기를? 막 돌아온 새벽, 질주하는 레이브(rave)는 포에틱하다기보다 샤먼에 가까웠다. 불행히도 그 테크노 샤머니즘 안에 문학(성)이라는 물신은 없다. 문학, 책이라는 텍스트의 염결성(廉潔性)은 이처럼 단단하고, 이토록 근엄한 것이다. 컴퓨터와 예

---
1) 윌리엄 깁슨, 『뉴로맨서』, 노혜경 옮김(열음사, 1996), 86쪽.

술——e 혹은 n으로 시작하는 예술은 테크놀로지와 미적 체험이 쉽게 혼합되고 변형될 수 있는 음악과 행위 예술·영화 등 비문자적 재현 안에서 극적으로 실현되고 있다. 문학은, 말하자면 이제 막 사유하기 시작했는데, 어떤가 하면 '작품'이라기보다는 '매체'에 대해서 그렇게 하고 있다.

문학과 사이버 스페이스 간의 연관과 해명들은 현존하는 텍스트에 의해 생산되고 있는 것이 아니라, 그 매체성이 예감케 하는 잠재태에 의해 호명되고 있다. 하이데거와 맥루한의 말이 맞는다면, 테크놀로지는 인간 삶의 방식과 역사적 운명을 결정하는 원초적 바탕이고 그 자체가 하나의 메시지이다. 매체론적·제도적 관점을 상정하는 한에 있어 사이버 문학은 자명한 실체인 것이다. 그러나 텍스트의 반성력과 높이라는 관점에서 그것은 흔히 우중(愚衆) 속의 탈승화, 미래의 홀로그램으로 간주되곤 한다. 요컨대 거기에는 논할 만한 물건이, 신체가 없다. 텅 빈 바탕의 테크놀로지는 메시지이면서 모드(mode)이다. 그 메시지는 종종 미래로부터 도착하며 그런 한에서 여전히 하나의 잠재태에 가깝다.

물론 발생에서 완성을 기대하는 이러한 원죄 추동적인 비판은, 관점에 따라서 사멸해 가는 구텐베르크 은하의 마지막 저항 혹은 그것이 빚어내는 비극적 효과로 비칠 수도 있다. 네트워크와 사이버 스페이스로 대표되는 첨단 매체가 어떠한 이념이나 여타 동원 가능한 생산 수단보다 커다란 생산력을 지니고 있는 사회 속에서 그 매체가 갖는 입법성은 거의 절대적인 까닭이다. 그러나 이제 소멸해 가는 구텐베르크 은하의 적자인 문학의 심급은 진리 내용(contents)이지 매체가 아니다. 홈페이지의 만화경(萬華鏡) 안에 디자인된 안락한 시장과 도서관, 책의 관능이 도상화(圖像化)된 이마주들, 텍스트와 네트워크가 분비하는 면제된 판단력의 광장, 참여 환상의 관음증, 어리둥절한 영웅 서사와 규방 노트들의 진군은 문학의 미래 강박증 혹은 첨단 모드의 현존 방식일 수 있다.

한 가지 분명한 것은 기술도구주의적 관점에서 기능적 지식과 비판적 지식을 위계화하고 문학적 판단력을 테크놀로지 반대편에 외재화하는 '근대적 방어'들이 상당 부분 옹색해지고 있다는 사실이다. 그런데도 책을 초과하는 새로운 반성 미디어는 좀처럼 확인되지 않고 있다. 사이버 공간의 문학에 대한 논의는 이 모순율, 매체론적 미래학과 근대적 반성주의 사이에서 동요하고 있다.

엘에스디(LSD), 가상현실(VR), 매트릭스 —— 가상성은 어떻게 논의되어야 하는가

가상현실(VR · Virtual Reality)? 사이버 문학? 문학이 언제 가상(假象), 그것도 미적 가상이 아니었던 적이 있었던가. 도대체 언제부터 "어떤 문학?"이 아니라 "어디서 하는 문학?"이라는 질문법이 그렇게 중요해진 것일까. 이러한 근본적 의문들이 전혀 이상하지 않을 만큼 문학이 그려 내는 세계는 가상의 것이었고, 그러하기에 인간 상상력과 자유의 알리바이였다. '디지털 가상'과 경쟁하는 '미적 가상' 혹은 예술. 사이버 공간 —— 네트워크라는 가상현실 안의 문학 행위들에 대한 질문들은 바로 이 가상성 혹은 잠재성(virtuality)을 통해 재론될 필요가 있다.

예술은 현실의 잠재된 부분을 질료로 하여 살아 볼 만한 미래를 구상하는 감각적 · 미적 가상이다. 예술은 현재 안에서 느낀다. 그러나 그 느낌의 직접성이 현실을 초과하는 순간 미래는 가상이라기보다 구체(具體)와 책무로서 다가온다. 지금껏 문학으로 대표되는 예술의 존재론적 지위는 현실적 바탕에 존재하는 생성의 잠재력, 유토피아적 기능에 의존해 왔다. 순수 초월이든 내재적 실천이든 사정은 다르지 않다. 그렇다고 할 때, 가상성이 가상현실이라는 모순 봉합적인 마법에 의해 온전히 현실화, 일상화되고 있다는 사실은 정히 문제적이다. 가상현실과 그것의 평가어인 하이퍼리얼리티를 움직이고 있는 현실적 힘들은 많은 경우 '진품(the real thing)' 혹은 '그럴싸함'이라는 장식과 '더한 무엇(More)'에 관한 욕망 이상이 아니다. 2000년 현재의 인터넷은 미국인데, 미국의 욕망은 존재했던 역사를 질료로 그것 이상의 성채를 쌓아 올리는 일이다. 『시민 케인』의 사이키델릭한 제너두 저택, 볼품 없는 사내들의 마음이 쌓아 올린 마돈나 여관, 월 가(街)의 다기한 건축 양식, 음악사에의 갈증을 표현하는 뉴올리언스의 재즈 신화가 PC와 네트워크 안에서 반복되고 있는 것이다. 움베르토 에코의 말대로 이 '모조술'들은 깊이 없는 현재에 대한 불행한 의식의 결과이자, 기억의 희생에 대한 신경증적 반작용일 수 있다.[2] 가상현실에의 유혹은 종종 진정성/진품성/원본성(authenticity)의 결핍을 "마법의 성" 혹은 "과실재의 유혹"으로 은폐하려는 강박증과 구별되지 않는다. 문학을 포함한 예술의 존재론적 초월론적 근거가 되는 가상성이 통속화된 마법, 일상화된 가상현실에 자신을 넘겨줄 때 미래는 더 이상 지속되지 않을 것이다.

윌리엄 깁슨이 사이버 스페이스 혹은 매트릭스라는 하나의 다른 우주, 테크놀로지를 기체로 한 상상적 세계를 문자화할 때, 그 기술적 기원에는 정보의 완전계(完全界), "수리적인 마법 세계로의 투시경"이라는 아이반 서덜랜드의 '가상현실론'이 있었다.[3] 그러나 이 가상 세계는 두말할 것도 없이 과학이라기보다 '대안'이었다. "인간 조직 속에 들어 있는 모든 컴퓨터 뱅크로부터 끌어낸 데이터의 시각적 재현"(『뉴로맨서』:80) ─ 매트릭스로 정향된 교감성 환각은 사이버 스페이스가 결국 미래의 엘에스디(LSD), 궁극적으로 초월하는 가상과 현실의 은유 · 잠

---

2) Umberto Eco, "Enchanted Castle," *CyberReader*, Victor J. Vitanza ed., Allyn · Bacon(1996), p. 49.
3) Benjamin Wolly, *Virtual World*, *Blackwell*(1992), p. 122.

재태였음을 보여 준다. 컴퓨터와 그 다발(network)에서 1990년대식 엘에스디, 대항 문화적 잠재력을 시험하는 사이버 펑크 전도사가 우드스톡의 시대정신이었던 티모시 리얼리였다는 사실은 여러 모로 상징적인 데가 있다.[4] 단적으로 말해, 문제는 가상현실이 아니라 '가상성'이다. 최선의 순간에 있어서 가상현실은 잠재태의 호명이며, 질주하는 네트워크는 해방의 도피선이다.

전통적으로 환각과 상상적 공간이라는 술어를 불러냈던 매체는 문학이라는 '미적 가상'이었다. 문자적 재현으로서의 미적 가상은 자기 본위적 정체성을 통과하는 상상적 이미지이다. 그에 비해 비문자적 재현인 '디지털 가상'은 도상과 그래픽을 통한 직시적 이미지이다. 쓰는 자가 읽고 읽는 자가 쓰는 상호 지시적 반성 기계가 여기에는 내장되어 있지 않다. 문학의 위기는 책에 연연하는 문자들의 위기이면서, 보다 본질적인 국면에 있어서 가상성의 위기, 가상현실 디자인 등을 비롯한 예술 전반의 범속화 그것이다. '가상/여기 없음/유토피아(utopia)'가 광고의 의장과 이윤의 권능으로 무장한 웹 배관공들의 식민지 안에서 경영되고 있다는 혐의들은 도처에서 잡힌다.

문학의 죽음은 불행한 사태이지만 가상성의 파괴보다 더 불행하지는 않다. 보다 중요한 것은 사이버 공간의 문학 행위들을, 좀더 거창하게 테크놀로지의 파괴력을 모드가 아니라, 잠재된 미래——진정한 가상성으로 정향시키는 일이다. 문학의 잠재력이 반성 기계의 외장과 잠재태의 호명에 여전히 공헌할 수 있다면 책과의 천년이 포기되지 못할 이유는 없

---

4) 그 상징성은 환각과 새로운 공간에 대해 이야기했던 1989년의 대담(『Mondo 2000』)에서 정점에 도달한다. 윌리엄 깁슨과 티모시 리얼리, 그러니까 우드스톡과 사이버 펑크의 역사적 만남은 교감성 환각(consensual hallucination)과 상상적 공간이라는 초월지를 통해 빈틈없이 포개지기에 이른다. Timothy Leary, *Chaos and Cyber Culture*(Ronin, 1994), p. 25. 이하(CC: 25)로 표시.

다. 미적 가상의 높이를 위해, 서가와 종이책을 프로세싱과 프린팅으로 대체하는 데 인색할 사람은 많지 않다. 비문자적 디지털 가상에 대한 문자적 반성 — 판단력으로만 존재하는 비평도 감내 가능한 것이다. 더 이상 '문학(비평)'은 아닐 그것에 대한 믿음은 고백하건대 진단이라기보다는 신뢰에 가깝다.

머드(MUD)와 나(I) — 문학적 진정성은 어떻게 재편될 것인가

게임은 가상현실, 그러니까 사이버 문화의 총아이자 해체론의 살롱이다. 많은 문학 미래주의들이 거기서 출발했고 거기로 모여들고 있다. 이제 이야기하려는 것은 스타트랙, 울티마 온라인과 같은 머드(MUD, Multi-User-Domains) 게임과 그 수행 방식이 암시하는 문학적 진정성의 미래이다. 쌍방향성, 텍스트 창조와 소비의 동시적 육화, 익명성과 사회성의 동거, 저자와 독자의 뒤섞임, 진짜 인격과 대안적 페르소나들의 교환, 복합적 나눠 가짐(分有)이자 구조적 기능인 자아, 매트릭스 안에서 갈아타는 여러 펄의 말 중 하나인 정체성. 풍성한 미래의 술어들을 우리는 이 머드들의 주변에서 거의 모두 만날 수 있다.

묘사된 텍스트 속에 참여하는 주체들이 가상 세계에 하나의 주체-기능으로 참여하는 동시성의 사이버 스페이스, 그러니까 텍스트 기반의 머드들은 공동으로 쓰이는 문학의 새로운 형식이며, 플레이어가 저자이고 창조자가 미디어 컨텐츠의 소비자인 독특한 공간이다.[5] 그들은 자신의

---

5) Sherry Turkle, *Living in the MUD: Identity in the Age of the Internet*, *Comosing Cyberspace*, Richard Holeton ed.(McGraw-Hill, 1998), pp. 8~11.

본래적 인격을 잠재우면서까지 컴퓨터 속의 삶, 이른바 '진짜 삶'(RL, Real Life 그들은 실제로 그렇게 부른다.)으로 빠져든다. 고혹적인 여성, 마초 카우보이, 귀염성 있는 토끼로 변신해 가며 쓰고 읽고 게임하고 비판하는 현실계의 동인격은 판단력의 광장—토론방, 게시판들 안에서도 흔히 보이는 주체-기능[6]이다. 우리는 어떤 때 이 머드의 인격으로 더 오랜 시간을 산다. 오프라인과 온라인의 침투로까지 확산된[7] 머드는 익명의 사회관계로서, 그러면서도 하나의 선택된 '진정한 자아'로 역할할 수 있는 세계이다. 그 자신과 그의 페르소나로 이질화된 아이디(id) 혹은 정체성(identity)에 있어서, 진정성은 결국 자신과 그 자신의 페르소나 양질 사이의 유사성을 의미하게 된다. 복합이자 분배 시스템으로서의 자아 개념, 저자와 독자의 다발, 진정성에 대한 강력한 도전으로서의 윈도들·머드는 삶의 훈련일 수도 있지만 무엇보다 자아의 행렬이 끊임없이 교체되는, 점멸 식의 스크린과도 같은 삶이다. 불균질적이고 혼돈 설계적인 사이버 공간에서 생각한다는 것은 가능성 있는 윈도를 세는 일이 되며, 여러 컨텍스트에 동시에 존재하는 정체성은 최상의 것이라보다 자아의 마권(馬券)일 뿐이다. 예컨대 자기가 가진 최선의 것을 쓴다는 이청준 식의 진정성이 여기서는 '이름'에의 집착 혹은 중앙 집권적 고집으로 간주될지도 모른다.

문학적 진정성은 진품, 원본에의 욕망과 기원 투사적 관심에 의해, 흔히 텍스트와 의도, 그 수렴 지점으로서의 저자, 확정적이고 균질적인 주체를 겨냥하는 경향이 있다. 진정성은 사실상 작가에게 적용되는 근대적

---

6) 주체-기능과 진정성에 대해 황호덕,「진정성의 윤리학과 어떻게 맞설 것인가」,《비평과 전망》창간호(새움, 1999).

7) 어제 날짜 뉴스(2000. 3. 8)는 머드 게임의 재화들이 현금으로 거래되고 있는 상황, 하루 10시간 이상을 롤플레잉 온라인 게임에 소모하다 죽은 사람의 이야기를 전해 오고 있다.

주체론 혹은 정체성이며, 개인의 창조력에 의거하는 모더니즘 문명 아래서 예술의 가장 기본적인 심급을 형성한다. 따라서 문학 원리주의에 있어서조차 사이버 문학은 접촉 방식(interface)의 차이 이상의 것으로 통각된다. 그것은 여전히 경험되지는 않고 있다. 문학이 인쇄술과 발생론적 연관을 갖는다고 할 때, 인쇄술 시대의 정보 전달 방식이 갖는 단단한 연쇄 고리들, 인쇄술 — 책 — 사적 영역 — 근대적 자아의 내면성 — 장인 작가 — 진정성의 얼개는 비교적 자명한 것이었다. 진정성의 최종점은 음성을 가진 유기체, 만져지는 책·육체의 자리이다. 그런데 각기의 RL마다에 그토록 다기한 주체-기능이 존재하게 된 것이다. 어쩌면 진정성은 하나의 머드마다에 존재하는 '많은 진정성'으로 되거나, 유사 종교적 단자론으로 떨어질지 모른다.

책의 소멸이 꼭 진정성의 위기일 리는 없다. 기술 복제 시대가 아우라를 탈각시켰던 것처럼, 운만 좋다면 우리는 단지 쾌쾌한 종이와 글자량, 다리품에 의지한 향유와 유통 방식 정도만을 잃게 될지도 모른다. 움베르토 에코의 희망과 미묘한 차이를 두고, 우리는 지면과 박광막 화면(TFT) 모두를 가진 첫 세대가 될 수도 있다.

그러나 이러한 기술도구주의의 낙천성은 가상성의 실현 방식과 그 실현 주체에 대한 심각한 변동의 징후를 낙관적으로 은폐하는 경향이 있다. 컴퓨터는 도구이면서, 거울 그러니까 창마다 다른 정체성, 다른 진정성, 다른 원본이 번쩍거리는 불균질한 거울이다. 예컨대 우리는 익명의 책, 로맹 가리와 에밀 아자르의 상호 지시가 갖는 당혹스러움을 거의 일상적으로 경험하게 될지 모른다. 그 지시가 항상 생산적이라고는 아무도 말할 수 없을 것이며, 서로가 서로를 회피하는 면제된 언어이기 십상일 것이다.

하지만 나란히 평행한 등질적 자아들 역시 삶의 전체적 구도 안으로 수렴되리라는 사실 역시 자명하다. 하나의 RL이 세계의 전체성과 맺는 관계로 인해서 마초/파시스트가 된 '나'는 현실의 '나'에 치명적인 타인, 토끼의 미백성(美白性)을 위협하는 불한당으로 재귀할 수밖에 없다. 주체-기능이 분비하는 효과 역시 반성의 대상인 것이다. 우리는 적어도 주체가 아니라면 그 기능의 가치와 윤리에 대해 말하게 될 것이다.

그런 의미에서 사이버 문학을 옹호하는 논거 중 가장 일반적이고 매체론적인 형태인 의사소통론, 쌍방향성·대화성에 대한 논의도 진정성의 관점에서 다시 한 번 논의될 필요가 있다. 네트워크의 쌍방향성은 자본주의 산업 시대의 '상품의 물신적 성격'에 육박하는 새로운 물신이다. 이 물신은 교환의 시민민주주의, 텍스트를 향한 신문고(申聞鼓)이다. 불행히도 이 신문고는 종종 시장의 위협과 마초 독자들의 청탁까지를 포함한다. 네트워크를 통해 전달된 최초의 본격 소설인 『파란 달 아래』(복거일, 1992)의 대화록들에서 우리가 발견하는 것은 육두문자에 근접하는 질의에 대한 방어적이고 수세적일 수밖에 없는 답변들, 본문에 대한 각주처럼 기능하는 텍스트의 전사(前史)들, 재미와 분량에 대한 시장적(市場的) 개입들, 미시적 오류 분석-고증을 통한 신뢰성 공학, 과학 교사-문학 교사적 기능 이상이라고 말하기 힘들다. 쌍방향성이라는 물신의 부적은 '대화성'이다. 그러나 층위가 다른 곳에서 작동하는 대화는 흔히 교수법과 의도 분석, 소모적 해명과 상처에서 멈추곤 한다.

주인석의 『미래를 위하여』가 암시하는 열린 형식이란 것 역시 몇 개의 상황 선택으로 자유의 환상을 심어 주는 서사의 지선(支線)에 불과하다. 대개 선택의 자유란 단지 주어진 데이터들 사이의 선택, 그 선택에 따른 자유의 환상, 디자인된 혼돈감이기 십상이다.

문학적 진정성이라는 기준을 놓고 보면 그 모두가 때때로 매우 의심스럽다. 작가의 창조적 권위와 의도의 수렴성을 중시하는 진정성 심급에서 볼 때, 이 쌍방향성/열린 형식이 갖는 긍정적 효과만큼의 살해(殺害)들—문장 사이사이에 참견하는 시장을 예측하기란 그리 어려운 일도 아니다. 쌍방향성이라는 물신은 때때로 유토피아적 인간관계에 대한 갈망과 기술 결정적인 의사소통 모델이 낳은 네트워크 환상처럼 느껴진다.

소수 집단의 '문학'을 위하여

사이버 문학의 실체성에 대한 회의적인 시선은 여전히 많다. 손가락으로 가리킬 수 있는 현상들은, 기껏해야 문학 학교와 문학 시장이 좀더 우리 가까이로 왔다는 것, (옛날의 그것이 멀어진 그만큼) 바벨탑의 도서관이 포탈 서비스의 배후에 있다는 것 — 너무 자주 우리가 그 도서관에서 길을 잃게 된다는 것 정도이다. 윈도로 들여다 본 문학은 흔히 장인의 것이라기보다 교실 안의 작업들인 것 같다. 그래서 교체 가능한 정체성과 저자의 다발들은 자주 미성숙의 징표로 고발된다.

티모시 리얼리는 사이버네틱 인간이 자립적이고 다신교적인 새로운 인간종 모델일 뿐만 아니라, 새로운 사회 질서를 디자인할 수 있는 능력을 갖고 있다고 믿었다.(CC:67) 실상 이 새로운 인간종 모델에게 책과 사이버 공간은 균질적인 바탕으로 받아들여지고 있는 것도 같다. 어떻게 보면 현 단계의 해체적 글쓰기 경향이나 유희적 독해법들은 매체 수용자의 특질에 의해 결정된 역사적 단계일지도 모르며, 해체 자체가 하나의 분만 과정일 수도 있다. 사이버 펑크들의 탈주선인 상상적 공간·다신교적 정체성은 주체성·진정성에 위협적인 무엇이면서, 보기에 따라서는 생산하는 네트워크, 탈주선의 자유이다. 도처에 편재한 컴퓨팅은 보이지 않으면서 볼 수 있게 하며, 대안의 직접성·기동성이라는 측면에서 대단히 유능하다. 대항 문화, 소수 집단의 문학적 분투들이 거기로부터 시작되고 있는 것도 이 때문이다. 웹진 혹은 광장화된 살롱을 넘어가는 문학의 대자보. 네크워크는 무엇보다 그 잠재태 있어서 정보 프로세싱 이상의 것, 즉 집산(集散)이 자유로운 대항의 거점, 탈주의 유목지이다.

그런데 의아하게도 사이버 문학에 관한 종래의 논의들은 데이터 베이스 구축에 대한 요구와 컴퓨터 테크놀로지 자체에 대한 지나친 관심들에 편중되어 있는 것으로 보인다. 백과사전이 근대 학문에 끼친 공헌을 데이터 베이스가 문학에 끼칠 효과들로 연역하는 생각들도 그중 하나이다. 거리 조정 데이터들의 촘촘한 연결망을 차치하고라도, 이 어리둥절한 족보 편찬론이 네트워크라는 사이버 문학의 본질을 범정보주의로 전도시키는 일을 예상하기란 어려운 일이 아니다. 문학 연구와 지식 산업 사이의 하위 분과를 전면에 등장시키는 문학 매체론은 기술결정주의의 또 다른 형태이다. 테크놀로지를 알아야 한다는 주장 역시 막연하고 의기소침한 매체론이기는 매한가지이다. 좋은 책을 쓰기 위해 식자공의 지혜가 필요한가. 자본을 알기 위해 꼭 부기를 배울 필요가 있는가. 문제는, 핵심은 진리 내용(contents)의 생산이다. 아는 자는 보지 못하고 보는 자는 알지 못한다는 기술과 비판 간의 길항은 그렇게 쉽게 해결될 수 있는 성질의 문제가 아니다. 문학은 테크놀로지로부터의 조각 행위가 아니며, 미래학의 연금술로도 생산될 수 없다. 문학 밖에서(도) 사유하되 문학 안에서 생산해야 한다. 대안적인 웹진을 만들기 위해 중요한 것은 대항 문화적 비전이지 웹 배관공들의 기술이 아니다. 다행히 PC는 종이를 살해한 것이 아니라 더 많은 종이, 보기 좋은 글자들을 이끌어 내고 있으며 지면을 줄이기보다는 화면을 더하고 있다. 네트워크가 반드시 도서 시대의 종말인 것도 아니고 구텐베르크 은하의 끝이 반드시 문학 시대의 장지(葬地)일 필요도 없다.

사이버 문학이 사이버라는 도깨비 감투를 벗어 던지고도 유능하게 해낼 수 있기를 바란다. 우리의 문학 학교가, 우리의 대자보가, 우리의 펑크가 만지게 될 미래는 응축된 문학적 분투 그것의 폭발이어야 한다. 기술이 입법하는 미래가 문학의 육체를 보장해 주지는 못한다. 만약 '사이버 문학'이란 것이 실재한다면 이제 '몸'을 보여 줘야 한다. 사이버 문학(론)은 '가상성' 본래의 의미 위에서 다시 시작되지 않으면 안 된다.

(2000년 4월)

문학 제도의 기원에 관한 몇 가지 단상
—— 수여(授與) 제도와 에콜 결사

왜 질주가 아니라 제도를 말하는가 —— 문학권력론에서 문학 제도론으로

지금 문학이 문제인가. 유창한 욕망과 하이에나 미디어가 풍로질해 대는 저 문학상과 문학 제도에 얽힌 온갖 염문과 결별들. 부주의한 노란 언론과 단단한 신념들 사이에서 요동치는 제도의 추문과 제도의 정의(正義)들, 종신제와 동문회 사이에서 아슬아슬하게 발화되는 문학상(文學賞)의 마술적 헌사들, 작품에 살해적인 교편들. 그 사이에서 경험하는 우리들의 분노, 우리들의 토악질, 우리들의 달관은 어디까지가 문학적인 사건일 것인가. 문학이 문제라면 지금 저 제도가 문제이다.

그러니까 잊지 말아야 할 것은 문학도, 문학이야말로 특별히 근대적인 제도라는 사실이다. 문학 안에 놓이는 순간 흔히 놓치게 되는 이 제도성의 문제는 문학의 권능과 염결성 역시 역사적 선택이자 창안된 산물임을 새삼 환기시킨다. 문학 역시 실체적 범주이면서 생산 관계를 통해 늘 재구축되는, 일종의 관계 혹은 잠정적 약호 체계이다. 초월적 에테르가

아니라 발생론적, 특히 계통 발생적인 산물인 것이다. 하나의 자율 제도가 된다는 것, 이를테면 패트론(patron)이 아닌 시장(市場), 거짓 교양의 부르주아와 출판업자들을 통해 익명의 인준을 기다리는 작가들의 초상과 근대 예술의 '자율성의 정복'이 생각처럼 그렇게 먼 사건이기만 한 것은 아닐 것이다. 문학 존재론의 공리들, 예컨대 부정성과 염결성의 규약들은 문학성 안에서 충분히 증명 가능한 명제가 아니다. 패트론과의 밀월로 상징되는 특이한 인정 방식·생존으로부터, 다시 말해 귀족 사회의 잉여로부터 불균질적인 벼락 교양인들의 사회로, 거기서 다시 시정(市井)의 리얼리즘, 자기 해체의 모더니티로 가파르게 이동해 왔을 저 서정적 발화들의 운명을 단순히 '절대적 현존'과 같은 양식사적(樣式史的)·존재론적 술어로 요약할 수는 없다.

어쩌면 플로베르의 말처럼 "사치의 노동자"로서의 생존과 "예술을 예술 그것으로 사랑한다"는 자기 자율 사이에서 옥죌하는 문학적 진정성은 '허풍선이의 초연함'과 때로 구별되지 않는다. 한국의 1960년대의 세대성이 증명하려 애썼던 "쓸모 없음 쓸모──그것이 가능케 하는 가열한 부정성"──다시 말해 문학을 타락한 사회의 외부/한계에 놓인 진정성으로 파악하는 순간에조차 문학의 염결성은 주어진 것이라기보다는 생산되어야 하고 또 지켜져야 할 가치인 것이다. 자율성의 정복, 염결성의 권능이란 이처럼 매 순간 재구축되어야 할 요청인 것이다.

지금껏 문학 제도의 문제는 말할 수 없는 것이라기보다는 차라리 감내해야 하는 조건, 번다하고 비위생적이며 천박한 구변처럼 간주되어 왔다. 아름다움에 대한 토론도 때론 무용한 것인데 문학 제도, 그것도 미의 훈장, 미의 결사에 대해 그토록 통속적인 정론(政論)을 들이대다니! 그런 까닭에 문학 제도론의 문제는 저 악명 높은 지폐와 물신의 사회를 감내 혹은 은폐하는 한에서, 그 사회의 경계 위에 자신의 자리를 마련하곤 했다. 그래서 문학 제도의 특이성은 한 평론가의 말대로라면 "제도가 아니라고 주장하는 제도'(정과리)라는 데에 있는지도 모르겠다. "제도는 필요악이 아니라 하나의 생산 시스템"이라는 주장 역시 최종점에 있어 평문보다는 사회학적 과제 혹은 좌담 안의 화행(話行)을 겨냥한다. 하지만 단언컨대, 지금은 불온한 제도의 방패가 된 '제도의 생산성/은폐함으로써 당당해지는 문학 존재론'은 감내된 손익 계산, 좌담의 대상이라기보다는 초월과 구속, 자유와 구성이 함께 하는 공공성・결정의 문제가 아닐 수 없다.

제도의 구성 없이 어떠한 이념이 현실화될 수 있을 것이라고 생각할 수는 없다. 선한 제도 없이도 문학적 질주는 가능하지만 그 질주의 속력과 향방은 충분히 측량될 수 없다. 그렇게 될 때 개인의 의미 있는 질주는 단속적인 도약으로 머물 뿐, 문학 안으로, 세계 전체로 열리지 않는다. 제도가 결과를 보장하거나 스스로 생산하지는 못한다. 그것은 다만 그 운용의 책임을 질 수 있을 뿐이다. 하지만 그 책임질 수 없는 결과에 대해 책임지려는 노력 없이 제도 운영의 생산성은 애초부터 기대하기 힘들다. 책임질 수 없는 것에 대해 책임지려는 태도, 일면 계몽과 숭고의 나선을 그려 보이는 근대적 판단과 실천 이성 간의 결합이 없을 때, 아름다움을 둘러싼 제도는 생산이 아니라 권력과 인정 투쟁의 불결한 게임으로 전락할 수밖에 없다. 공적인 문자 행위를 통해서, 제도 자체의 반성력과 책임의 결과로 질주들은 자신의 속력을 잴 수 있으며, 그 어떤 미의 법칙성과 인정의 도덕 아래서 스스로의 속도를 단련하는 제도 초과의 보상을 얻게 된다. 제도 역시 반성의 대상이다.

근대 이래로 비평 제도의 일부가 된 수여 제도와 문학 에콜의 문제에 있어서 잊지 말아야 할 것은 모든 근대 비평의 기획들, 계몽과 자유의 기획들은 바로 이 책임질 수 없는 것에 대해 책임지려는 태도, 그 무거운 책임감을 통해 스스로의 존재 의의와 위엄을 재 보려는 의지적・현실적 노력들에서 나왔다는 사실이다. 수여 제도는 어떻든 개인의 노력에 대한 사회적 승인의 형태이고 권장 도서 목록에 '책' 이상의 하나의 '세계관'을 추가하는 중요한 선택과 인정의 과정이다. 수여 제도의 대상은 작가 개인이면서, 또한 사회이다. 따라서 책임은 '심사평'을 초과하는 사회적 부하로 그 행위의 어깨 위로 떠메인다. 내가 한 행위가 내가 한 행위 이상의 무게가 되어 나에게 책임으로 돌아오는 것이다. 문학 에콜 역시 이러한 생산 행위와 책임 간의 결합을 감당하려는 의지가 없는 한, "생산의 지속성과 목적을 위한 결사체로서 갖는 불가피한 배타성"을 옹호할 어떠한 정당성도 얻기 힘들다. 문학이 그처럼 염결한 것은, 유독 그 위상——물질로부터의 불가피한 소외와 그로 인한 자유라는 상황 때문이기도 하지만 그러한 자유의 대가로 그것이 부여받은 높은 수준의 기대, 일종의 책임 때문이라고 나는 믿고 있다.

문학도, 문학이야말로 '제도'이다. 그렇다면 아직도 첫 진술의 자명성, 문학 제도론의 함의가 단순히 무용한 통속화의 함정, 같은 욕망 간의 이전투구이기만 한 것일까. 해방하는 움직임이 다른 종류의 자기 구속 없이는 가능할 수 없다는 사실, 행위와 책임 간의 불평등한 무게 편중에 대한 받아들임 없이 '제도의 생산성'을 운위할 수는 없다는 사실이 통속화의 위험 때문에 잊혀질 수는 없다. 타락한 (문학) 제도 속에서도 그 어떤 개인의 진실은 가능한 것일까 하는 물음으로 퇴각하는 문학장(文學場) 안의 사건들에 대해 말하는 것이 더 이상 인정 투쟁의 미망이라는 식으로만 따돌려질 수는 없다는 것이다.

이청준이 『소문의 벽』(1972)에서 진술했던 "문학은 적어도 소문 속에서 태어난 또 하나의 소문이 될 수는 없다."는 문장을 나는 문학장 안에 존재하는 제도 은폐의 기도들, 문학적 염결성의 주술들 위에 써 놓고 싶다. 따라서 지금부터 이야기할 제도란 관계의 제도이면서 제도 자체의 기능과 운용, 그 생산과 기원에 대한 것이 될 것이다.

제도가 구획되면 기원은 은폐된다. 그런데 우리는 여기서 이 탈승화된 통속성의 해명어들에게, 때때로 은폐보다는 나은 어떤 긍정적 힘이 있다고 믿어 보는 것이다. 질문되지 않는 기원 속에 타락하는 제도는 스스로의 현재적 생산을 과장함으로써 현존하는 제도와 지배권 간의 결합을 영구적인 것으로 각인시키려 한다. 하지만 영속적인 제도와 정형화된 판단의 심급 속에서, 초월은 스스로의 의도와는 무관하게 통속의 쇄절기(碎切斷) 안으로 단번에 빨려 들어가고 만다. 그렇니 어떻게 그 '제도'에게 묻지 않을 수 있을 것인가. 이를테면 '문학이란 하(何)오'라는 제도 탄생기의 물음에서 '문학 제도란 무엇인가'라는 또 다른 기원론으로의 몰입을 우리는 이제 감당해야 하는 것이다.

공통감(共通感)과 수여 제도 — '미에 대한 여론'과 '취미의 이율배반'

수여 제도의 미적 기원

나로서는, 비평가라는 정체를 떠나서도 취미에서 보다 근본적인 것은 대상이라기보다는 판단이라고 생각하는 편이다. 그런 까닭에 문학상이나 신인상과 같은 수여 제도들 역시 기본적으로 공통감(각)(common sense)에의 요청과 비평 제도의 일부로서 파악하고 싶다. 예술, 문학에 있어서 수여 제도(등단 제도/문학상 제도)란 무엇인가라는 물음은 취미 판단과 공통감이 갖는 근대적 측면으로부터 전개될 필요가 있다. 그러니까 수여 제도는 기본적으로 판단력에 있어서의 공통감의 확인이다.

상(賞)이라는 상징(자본)이란 기본적으로 수긍과 긍정의 제도화로서 하나의 공동의 인정 의식(儀式), 그 의식의 건강성과 생산성이 보장하는 '감탄의 축제'로서 경험된다. 그런데 여기서 문제가 되는 것은 그 동의 과정이 항상 조용할 수는 없고 때로 논쟁과 투쟁의 대상이 된다는 사실이다. 작품의 위상을 생출시킴과 동시에 규정하는 수여 과정은 언어의 형태보다는 종종 전쟁의 형태를 취하기에, 의미 관계 너머의 이데올로기 전투로서 비치곤 한다. 아름다움에 대한 기호와 판단은 개인적인데 그 개인성과 차이는 이 축제를 하나의 전장(戰場)으로 만든다. 취미 판단은 깊이 개인적인 체험의 작용이며 감성——최선의 순간에 있어서 지성과 유비(類比)되는 감성의 척도로 재어진다. 그것은 보편적 개념이 아니라, 일단은 하나의 느낌과 즐거움으로서 경험된다. 실제로 지성과의 유비와 그에 대한 서술은 사후적인 것일 때가 많다. 그래서 수여 제도의 정점에서 그 운영을 책임지는 사람에게나 그 수여의 타당성을 검증하려 드는 사람에게나 이 취미 판단의 개인성은 변명의 근거, 안목·자격 시비의 술어가 되며, 따라서 상을 둘러싼 논쟁은 흔히 '있을 수 있는/불가피한 차이'의 확인으로 나타나곤 한다. '추문'이 아니면 '차이'가 되고 마는 것이다.

과연 취미 판단의 개인성이 수여 제도의 불온성에 대한 지적들에 맞서는 강력한 입장이라고 할 때, 우리의 질문은 바로 취미 판단 그 자체의 문제로 향할 수밖에 없다. 수여 제도의 기원은 바로 이 취미 판단의 문제 사이에 가로놓여 있는 셈이다. 결론부터 말하면 수여 제도의 불온성은 취미 판단의 개인성이나 기호의 차이로 결코 전도될 수 없다.

칸트의 말처럼, 취미 판단에서 긍정되는 것은 개념일 수 없고 따라서 쾌(快)라는 감정의 형태로 먼저 도달한다. 미감적인 즐거움이나 숭고의 감정은 판단을 내리는 사람의 것으로 긍정되지 대상의 것으로 긍정되지는 않는다는 것이다. 따라서 하나의 작품을 서술하거나 평가하는 술어들이 논리적 형식 안에서 조립된다 하더라도 그것은 쾌에 대한 사후 승인 작업처럼 간주되곤 한다. 하나의 특정한 작품——개별 작품에 대한 환호가 작품이 제기하는 개념에 대한 긍정은 아니기 때문이다. 어쨌든 아름다움이란 아름답다고 보이는 대상 작품을 판단하는 사람, 판단의 문법적 주어가 경험하는 쾌라는 감정으로 긍정될 수밖에 없다. 단적으로 말해,

'나에게' 그것은 '좋다.'

환언하면 취미 판단은 누구에게나 단칭(單稱) 판단, 구체적 개별자가 개별 작품에 대해 내리는 판단이다. 작품이 주는 즐거움은 우선 대상으로 인해 촉발된 즐거움이지만, 최종 심급에서 긍정되는 것은 대상을 통해 개인이 느끼는 즐거움이지 대상 자체는 아니다. 그리고 그 즐거움 자체는 결국 지성과의 유비, 사명에의 떠올림이 없다면 결코 완전히 긍정될 수는 없는 것이다.

임금 투쟁의 전장에서 읽히는 박노해의 구체시·구호시조차 문자적 구축물로 긍정되는 것이 아니라, 개별자 각각과 그 전체에게 환기시키는 사명의 매개로서 긍정되며 그 개별자 각각의 '지금' 속에서 아름답다. 송찬호의 「공중정원」이 개인들 각각의 언어에 대한 절망감 없이 충분히 아름다울 것이라고 나는 믿지 못하겠다. 칸트의 미와 만족에 대한 관계를 해명하는 들뢰즈의 진술에 따르면, 중요한 것은 표상된 대상의 현존이 아니라 '나'에 대한, 표상의 단순한 결과[1] 그것이다. 인쇄술—책—출판 제도—사적 영역—근대적 자아의 내면성과 서재라는 환유 간의 결합들은 이 취미 판단의 개인성·단칭성과 조응하는 구체적 풍경들이다.

취미 판단의 개인성과 감성 우위적 위상은 근대 미학의 핵심을 형성하는 '숭고'의 논증 속에서도 마찬가지로 관철된다. 우리는 유한한 것들이 환기시키는 무한적 상상을 통해 인간 이성의 무한성과의 유비를 느낀다. 칼날 같은 바람의 절벽을 '절정'으로 묘사하며 옥죄하는 이육사와 같은 개인의 삶과 그 시적 응축들은, 일단 발화 구조와 양식의 산물로 마치 소여(所與)처럼 육박한다. 그러나 그 문자적 응축에 무엇인가 무한한 것이 있음을 상상하며 우리는 그 유한한 구조물이 매개하는 무한성을 확인하고 결정적 쾌—근대적 인간의 한 이성이 보여 주는 사명의 염(念)에

---

[1] 질 들뢰즈, 『칸트의 비판철학』(민음사, 1995), 86쪽.

대해 그 어떤 숭고함을 '느낀다.' 대상 자체는 위태롭고 암담한 절벽을 보여 주는 불쾌의 풍경이지만 자유라는 이성 이념이 그 배후에 존재함을 느끼는 주체는 그 풍경을 아름다움/쾌로 판단한다. 결국 숭고하다는 것은 이 세계의 대상 안에 있지 않고 이 세계를 판단하는 주체 각각의 심사에 의해 어떤 신념의 형태로 통각될 수밖에 없다.

그런데 문학 제도, 특별히 수여 제도와 관련해 주목해야 할 것은 우리가 자신이 좋다고 느낀 작품에 대해 동의를 구하기 마련이라는 사실이며, 그 동의에 어떤 느낌의 상위 형식이 있어 그 판단의 정합성에 대해 감히 논할 수 있게 한다는 사실이다. 칸트와 칸트를 설명하는 들뢰즈는 그것을 인간의 심의력에 보편적으로 존재하는 공동의 느낌(공통감)으로 정의 내린다. 과연 우리는 문학상과 문학 매체에 대해 토론함으로써 그러니까 문학의 위엄과 아름다움에 대해 쓰고 있지 않은가. 흔히 '취미의 이율 배반'으로 이야기되는 이 취미 판단의 단칭성과 보편적 아름다움에의 요청 간의 관계는 비평이라는 장르의 탄생과 성장 자체를 견인하는 정당화 작업의 기초가 되어 왔다. 비평(의 기생성 혹은 매개성)은 이 배반의 거친 땅에서 자라난다.

예술은 개념도, 윤리도 아니다. 그런데 느낌의 상위 형식이 있어 우리는 예술 일반이 아니라 작품의 '좋음/즐거움'을 논할 수 있으며, 그것을 예술 일반 속에 위치 지을 수도 있다. 그 위상화와 동의 체계의 산물이 바로 비평 제도이고 그 대표적 책무가 작품에 대한 선택과 승인이다. 내가 알고 있는 한, 예술적 교양과 비평 제도는 이 아름다움에 대한 동의, 그러나 개념으로 구획되는 동의는 아닌 보편의 느낌과 그에 대한 지성적 유비를 가늠하는 척도로서 승인되었다.

물론 판단력, 미감 판단의 개인성으로 인해 수여 과정에는 항상 각자의 미감적 차이에 의한 '불만/어리둥절함/환호'와 같은 상이한 반응은 있게 마련이다. 하지만 수여 제도를 논함에 있어 더욱 강조되어야 하는 사실은 공통감(각), 달리 번역하면 상식이 그 저변에서 그 수상(受賞:授賞)을 옹호할 수 있어야 한다는 사실이다. 상의 제정 취지, 경향이란 것 역시 공통감이라는 기원에 적대적인 전제는 아니다. 흔히 사망한 대가(大家)의 위엄을 표현하는 상의 '표제', 그에 값하는 미적 특이점이란 공통감, 그것이 현실화된 판단력의 광장에서 수용된 아래에서의 솟구침이다. 따라서 공통감에의 요청이 제도화된 비평이 문학 제도의 운용자가 된 현실 속에서, 문학을 살해하는 비평/수여 제도는 끔찍한 것이다.

문학상이 성립하기 위해서는 문학이라는 자율적 제도가 성립되어야 하고, 그에 대한 교양이 그 제도를 광범위하게 지지해 줄 수 있어야 한다. 우리는 '젊은 만화비평가상'이나 문화 비평에 대한 어떠한 수여 제도도 알지 못한다. 그것들의 장(場)이 여전히 발생 중에 있고 아직은 자기 자율과 그에 대한 사회적 공감의 형태로 널리 인정되지는 않고 있기 때문이다. (어쩌면 파편화된 경험과 취미 속에서 근대적 공통 감각 자체가 하나의 요청으로밖에 존재할 수 없게 된 까닭도 있을 것이겠지만.) 토대 없는 무등은 축제가 아니라 서클 안의 사교술로 비칠 수 있다.

그래서 나는 취미 판단이 공통감에 근거해서 요구하는 보편적 동의와 판단의 공유라는 근대 미학의 핵심 문제가 교양 계급의 속물 근성 속에서 해괴망측하게도 '미에 대한 여론'으로 떨어지게 된 사정을 온전히 부정적으로만 보지는 못하겠다. 제도는 통속화이면서 생산의 토대인 까닭이며, 어떤 기획도 제도의 구성 없이 그것이 의도하는 자유에 도달할 수 없다고 믿기 때문이다.

니체의 근대 예술 비판은 많은 부분 "토론되는 예술"에 대한 저주의 형태로 나타나곤 했다. 예컨대 수여 제도의 기반이 되는 "미에 대한 여론"을 비판하는 그의 이름난 구절들이 그렇다. 교양을 존중하는 부르주아 속물들은 저마다 우아한 집단(살롱, 그 이름난 사교계!)을 형성해서 자신과 동류들이 마치 최고의 견해를 대변하는 양 유일한 준거 집단이 되어 그들의 여론을 보편적 공통감의 실현으로 자부한다. 추하고 미개하고 우미(優美)하지 않은 것에 대한 평가 절하를 통해 그들은 '문화'라고 불리는 반동적인 동일성을 이끌어 냈다. 그리고 니체의 이런 비판은 비평의 탄생과 성장의 일단에 대한 유쾌할 것도 없는 삽화를 그려 내게 한다.

비평의 생존은 그 발생의 근대성과 자부심에도 불구하고 그것의 매개성——감성과 지성의 유비 관계 분석 사이에서 흔히 그러저러한 동일화의 매체로 스스로를 빌려준다. 비평은 계몽의 산물로서 흔히 예술이 아니라 지성을 그 방패로 삼았다. 비평의 발생 자체도 아주 현실적으로는 출판을 포함한 미디어의 발전과 고등 교육의 이차적 결과일 수 있고, 저널 안에서의 활동인 한에서 개별 작품의 재화 획득 자체에 관여하는 권능이었던 까닭이다. 물론 미에 대한 여론을 포함한 이런 조건들과의 '거리'야말로 공통감 분연의 문제에 맞닿은 비평의 전제이지만 말이다.

최초의 근대 비평가들의 생존이란, 신문과 잡지 제도의 탄생과 완전히 연계되어 있었다. 신문에 문학과 관련된 비평문을 쓰는 문학비평가의 최초의 명칭은 '문화 담당 기자', 그러니까 여론의 전달자로서 정의되었다.[2] 미에 대한 여론과 비평 제도의 결합 체계는 모든 예술과 문학의 척도가 되었고 그것을 넘어서는 너무 가파른 도약들을 삭감시키고 그 속에서 자기들의 한계와 욕구를 표현했으며 또한 그에 더하여 그 결합의 윤리를 문제 삼는 모든 제도 비판을 단죄하였다.

"미에 대한 여론"이 갖는 힘이 출판 유통의 손익 계산서 이상의 형태

---

2) 제라르 델포·안느 로슈, 『비평의 역사와 역사적 비평』, 심민화 옮김(문학과지성사, 1993), 37쪽. 두 저자는 이야기책 행상의 소멸과 비평업의 탄생을 하나의 연속 관계로 파악한다. 굳이 염상섭, 현진건과 같은 기자 작가들을 언급할 필요 없이, 예컨대 홍정선이 「한국 현대비평의 위상」(《문학과사회》 1994년 봄호)에서 묘사한 근대 초기의 비평가는 '신문 삼면 기자'와 온전히 구별되지 않는다.

로 작가에게 재귀할 것임은 불 보듯 뻔했다. 무목적적 합목적성이라는 예술의 자유는 유목적적 궤도라는 부하로 경험되는 비평의 교편(敎鞭)으로부터, 그것이 대변하는 서적의 유통으로부터 자유로울 수 없게 되었다. 마찬가지로 무관심 속의 관심과 쾌의 근거로서의 내적 감각은 비평에 의해 '두뇌의 쾌락'이라는 새 이름을 얻고, 한때 절대정신으로의 고양이자 감각으로부터의 해방이라고 일컫던 예술의 정신화는 '비평'의 발생과 함께 감성의 둔화로 실제화되었다. 왜냐하면 비평에 의해 비로소 예술은 철학을 포함한 지성·계몽의 영역과 관계 맺을 수 있었기 때문이다.

니체가 파악하는 상황이 바로 그러했다. 서사 결여의 관념의 응축들이나, 과학이 된 시를 두뇌의 쾌락을 위해 예술의 정점에 놓는 일을 피해 내기란 비평가에게 그리 만만한 일이 아니다. 어떠한 경우에서든 아름다움이란 그 자체로 정당화되는 것이 아니라, 지성적 유비를 거쳐, 또 그것을 초과함으로써 긍정되기 때문이다. 니체가 지금의 문학 제도론을 본다면 아마 다음의 진술은 더 강경한 것이 되었을지도 모르겠다. "불행한 곡해(曲解)가 교양 있는 속물의 뇌에서 발생한 게 분명하다. 그는 문화를 부정하는 것을 다름 아닌 문화로 간주하며, 그리고 일관되게 조작하는 경우 결국에는 그러한 부정이 서로 연관되는 집단, 즉 비문화의 체계를 획득한다."[3]

비평은 지성과 결합하는 한에서 가능한 감성적일 필요가 있다. 다 설명된 소설, 해명된 시의 수수께끼는 아마 의심스러운 것이리라. 수여 제도란 '의미와 개념의 술어'로 뒷받침되는 한에서 감성 내적 지표를 통해 공감되어야 하기에 그만큼 지난한 선택 행위가 아닐 수 없다. 그렇지 않을 때 그것은 '비문화의 체계'로 떨어지고 만다. 요컨대 비평적 선택의 산물은 아름답고 또 옳아야 하는 것이다.

---

3) 『반시대적 고찰: 전집 2』(청하, 1982), 33쪽.

제도가 필연적인 것이라면, 어쨌든 우리가 말해야 할 것은 그 생산성과 윤리성이다. 공통감이 세속화된 "미에 대한 여론"만 하더라도 ─ 상이란 흔히 여기에 기반하는데, 잘만 운용되면 간접적으로나마 도덕감을 고양시킬 수조차 있다. 그것은 질주의 열차가 될 수는 없지만 위반을 강요하는 적신호까지는 아니다. 도덕감이란 법칙(성)에 대한 존경이지만 현대 사회에 있어 그 실제 운용의 원리는 합의와 공리의 형태를 취할 수밖에 없다. 합의된다는 것은, 예술에 적대적이라 해도 도덕에 배반되지는 않으며, 예술 자체를 살해하지는 않는다. 만약 상이 지금 문제라면 공통감에 기반한 수여 제도가 "미에 대한 여론" 이하로 타락했다는 증거가 될 것이다.

다양한 미감 판단을 인정하면서, 나 자신 제도 운영의 염결성을 따지는 경찰 행위를 하려는 난폭한 심문관이 아님을 다시금 강조해 두고 싶다. 그러니까 문학에 대한 사회학을 하려는 것도 아니다. 오히려 불온한 형태의 사회적 체념들의 개입을 법칙성 아래로 정향화하는 데 나는 관심이 있다. 문학 (제도)에서 도대체 윤리가 별문제가 되는 상황 속에 있다는 것은 진정 '쾌'는 아니기 때문이다.

수여 제도의 가치론적 함의

한 작가가 가치를 부여하고 달성하기를 바라는 모든 것들은 그가 가치를 부여한다는 바로 그 이유, 그 가치에 조응하는 단 한 사람이 있다는 그 이유 때문에 '가치 있는 것'으로 취급될 수도 있다. 재차 언급했듯이 예술적 체험이란 개인 안의 전율과 쾌인 까닭이다. 그러나 이러한 낭만적 천재론의 타당성, 근대적 주체·작가 개념이 갖는 미학적 주관주의의 결정적 지위에도 불구하고, 실제로 객관성이라는 쟁점은 작가의 행위 능력과 정당화, 취미 판단의 개인성을 중요하게 다룬다고 해서 덮어 둘 수 있는 문제는 결코 아니다. 문학상의 의의란 바로 그 객관성이라는 검증의 산물이며, 그 검증 작업이란 공통감에의 요청이 현실화된 결과이다.

문학상의 합의 기구, 문학 매체의 지면 선택과 그 운용은 이 검증의 민주성 이상의 것, 가치화의 문제인 까닭에 그다지도 중요한 것이다. 이처럼 취미 판단은 단칭 판단, 구체적 개별 작품에 대한 개별자의 판단이면서, 또한 미감적 보편성의 '분량'을 (하나의 요청으로서) 가지고 있다.

개별 작품과 개인 속에서 시작하지만 전칭 판단을 선험적으로 전제하고 있다는 면에서 아름다움에 대한 가늠은 전칭 판단에 꼭 들어맞는 단칭 판단을 겨냥한다. 우리는 아름다움 자체에 대해 토론하기를 꺼려 하는 순간에조차 자신의 한 독서에 동의를 구하는 행위, 상대방의 취미를 비판하는 행위를 통해 판단의 정당성을 확인받고 싶어하며, 비평은 그 욕구와 요청 사이에서 스스로의 필요를 창출해 왔다. 비평이 정치적이라면 바로 이러한 이유 때문이다.

왜 우리는 아름다운 대상과 그 결과에 대해 동의를 구하며, 그러한 동의 체계가 구체화된 문학의 각 제도를 온전히 필요한 것으로 인정하게 된 것일까. 수여 제도, 그러니까 문학상은 왜 저 비평가와 비평적 술어로 심사하는 시인·소설가들에게 계몽적인 권능을 부여한 것일까. 여기서 우리가 생각해 보아야 할 것이, 목표, 목적의 정당성과 형식[4]적 반성이 선(善)의 관념과 맺는 관계에 대한 평가이다.

문학적 행위의 능력과 목표점은 세계로부터 주어지며 세계를 향해 작용한다. 객관성의 문제——우리가 '가치 부여'의 신중성을 이야기할 때

---

[4] 공통감이 꼭 초월적인 심의력만을 의미하지는 않는다. 들뢰즈는 아마 느낌의 상위 형식, 공통감의 구체적 준거의 한 일단을 '형식' 속에서 발견하는 것 같다. 미감적 판단에 있어서 형식이라는 반성된 표상은 아름다움이 주는 상위 즐거움을 일으킨다. "형식은 한 대상이 현존하고 우리에게 작용하는 한에서 그 대상이 유발하는 감각이라는 내용적 요소와 달리, 그 대상에 대해 상상력이 행하는 반성의 소산이다. …… 본질적인 것은 형태와 구성이며 이들은 형식적 반성을 통해 드러난다."(질 들뢰르, 앞의 책, 84쪽)

그 가치는 작가가 포함된 세계 속의 '정당한 가치'의 문제이다. '가치 부여'란 하나의 "믿을 만한 권위"로의 제도화이고, 이후의 작가의 작업들에 대한 논증의 비필연성을 증거하는 바, (그 작가는 상과 권위로 이미 논증되었다!) 이 '가치의 정당성' 문제는 객관성 있는 판단, 제도의 신중한 운용에 있어 가장 중요한 공리로 간주된다. 작가의 가치를 인정한다는 것과 작가가 부여한 가치의 정당성을 인정한다는 것은 떨어질 수 없는 관계이다. 이념 선택 혹은 구성이란 개인 이상의 역사적 과제일 테지만, 언제나 온전히 반동적인 가치는 어떤 식으로든 책임 있는 의식을 영원히 속이지는 못한다. 잘 발달된 양심과 책임의 제도는 문학뿐 아니라 사회를 검열한다.

항상 관점을 포괄적으로 넓히는 것은 유용하고 핵심적이다. 제정 취지란 매 순간 재해석되어야 하는 것이며 심사의 지표 역시 시대성과 떨어질 수 있다. 그렇지만 그 관점의 포괄성이 객관적 가치 부여, 혹은 공통감의 확인 작업을 통과하게 될 때, 문제는 역시 세계관이고 가치일 수밖에 없다.

아름다움의 영역, 특히 그에 대한 판단은 역사적으로 볼 때 계몽의 과정과 떼어 생각할 수 없다. 문학상은 대사회적인 축제이면서, 일종의 권유 혹은 계몽의 형태를 취한다. 이성의 무한성에 대한 신념이 개념화되고 교육화된 것이 계몽이라고 할 때, 근대문학의 계몽성은 아름다움의 영역을 일종의 지렛대처럼 인식했던 것 같다. 개체의 형이상학적 유일성이 보편적 질서 속에 있음을 아는 데서 오는 '법' 제도는 그 기원에 보편성과 개인성의 일치를 일종의 행위 준칙의 형태로 수립하며 그 안에서 보호되는 개인의 유일성을 통해 일종의 경이를 느끼게 한다.[5] 아름다움의 영

---

5) 김우창, 「능률 사회와 좋은 사회」, 『새 천년의 한국 문화, 다른 것이 아름답다』, 한국문화연구원 편(이대 출판부, 1999), 397쪽.

역은 이러한 보편성을 전제한 개인적 경험이다. 그래서 미감적 경험은 우리로 하여금 도덕감으로 이행하기 쉽도록 하는 지렛대/도야를 의미할 수 있다. 그것 역시 전적으로 무관심한, 사사로운 이익과 무관한 법칙성·감정이기 때문이다. 개인의 사사로운 이익을 떠날 것을 요구하는 도덕률과 그러한 관심의 행위로부터의 자유를 표방하는 아름다움의 영역은 문학을 하나의 '도야(陶冶)'로 간주하게 한다.

교양이라는 말로 상징되는 이 미감적 경험에서 도덕감으로의 이행은, 칸트에 의해 아름다움은 "우리에게 쾌의 감정 속에 있는 합목적성에 주목할 것을 가르침으로써 우리(우리의 심성)를 도야"(『판단력비판』, §29)시킨다는 진술로 요약되기에 이른다. 현상계와 예지계, 존재, 소여와 당위, 실천의 매개로서 채택되는 판단력은 비평이 왜 해명보다는 가능적인 것에의 요청과 교편에 의존하는 근대적 계몽의 매체가 될 수밖에 없는지에 대한 중요한 단서를 제공한다.

문학상이 도덕감을 배반하는 상황은 더 이상 문학이 그러한 사사로움으로부터의 자유, 무목적적이지만 그 결과에 있어 합목적적인 자유의 기획에서 그만큼 크게 이탈했다는 증거가 아닐 수 없다. 미적 경험이 도덕과 직접 연결될 수 없더라도, 우리는 개인의 미적 경험이 하나의 공통감을 통해 좋은 취미를 가진 사람들에게 널리 인정될 수 있다는 데서 커다란 경이로움을 느낀다. 만약 그것이 권력 관계와 환금성, 관심의 판단에 놓인다면 미와 도덕의 결합은 심각한 상처를 받을 것이다. 문학상이, 문학 에콜이 문제라면, 지금 예술이 문제이며 도덕이 문제인 것이다.

문학 생산과 문학 경제

흔히 에콜(ecole)의 존재는 헤게모니 게임의 주체로서 오해되며, 그 오해 속에서 제도론은 권력론으로 변질되고 만다. 사람들은 권력에 관심이 많다. 군중과 권력, 문화와 권력, 이데올로기와 권력……. 하지만 문학과 권력이라니. 사람들은 그것에 대해 말하기를 좋아하지 않는다. 아니다, 말 자체는 좋아하면서 논변과 공적 담화가 되는 것은 꺼린다. 그것이 흔해빠진 욕망이기 때문이며, 나날의 삶에서 매번 접하는 일상이기 때문이다.

최선의 경우, 현실 정치에 있어 현존의 제도는 투표와 궐기를 통해 비판된다. 물론 많은 경우 최악을 버리고 차악을 사는 일이기는 하지만. 그러나 문화 권력, 상징 권력은 어떤가. 그것은 판단과 심미성, 권위와 분투의 산물이면서 그러나 그 자체의 윤리는 반성되는 않는 권력이다.

사람이 살아가는 마련으로서의 제도적 장치란 불가피한 것이면서 생산인 것이다. 제도란 인간적 활동에 대한, 그 개인의 활동과 능력의 제약에 대한 인간적 규약이고 협력적 건축 행위이다. 그것은 이미 있는 체계를 일단 받아들인 후에, 열리는 가능성이다. 그것은 구속하면서 해방한다. 법이 인간 한계에 대한 인간 보편의 제약이자 그 안에서 열리는 개인의 존엄이듯이 제도는 숙명인 무엇이다. 그것은 억압하면서 생산하고, 그런 한에서 해방한다. 제도는 신비로운 숙명 그것이다. 그 숙명을 현생의 악몽으로 떨어뜨리지 않기 위해서 우리가 해야 할 일이 바로, 그 기원과 운용 원리를 신비화로부터 떼어 내어 투명하게 관리하는 일이다. 문학은 신비롭다. 그러나 그 제도는 신비로운 것이 되어서는 안 된다.

칭찬은 사람을 즐겁게도 하지만, 무엇보다 그것이 제도화될 때 사회적 인정과 격려의 성격을 갖는다. 그리고 칭찬의 제도화는 문학상이나 등단 제도, 지면 분배의 선의로 경험된다. 이 제도는 문학적 생산의 공신력을 높이는 생산적 활동이면서 모두가 생산 제도의 첨단에 있을 수 없다는 점에서 늘 불편한 문젯거리가 된다.

일의 사단(事端)은 그 제도가 제도가 아닌 것처럼 행세하고 그것으로서 행사(行使)하려 들 때 나타난다. 음식, 패션과 모드와 같은 문화 제도가 이데올로기 비판과 더불어 '구별하는, 구별짓는 제도'임을 분명히 내세우는 데 비해, 문학 제도는 미학을 표방하며, 물적 기반이 아니라 종종 그 은폐에 골몰하는 제도이다. 고도의 상징 제도이면서 그 표면과 논리는 지극히 탈시장적인 것으로 윤색된 이 제도는 (실제로야 어떻든) 환금성을 치욕으로 알며, 그로 인해 제도 비판 자체를 기피하려는 경향이 있다. 윤리적 이윤이 아니라 이윤 자체와 싸우는 듯이 행동하는 것이다. 중요한 것은 윤리적 경제를 저변에 둔 초월이지, 경제 자체·제도 자체에 대한 몰각은 아닌데도 말이다.

예컨대 영화비평가는 영화를 이야기할 때 흔히 그 영화가 어떻게 저 자본의 촘촘한 검열 제도를, 투자 가치의 시험대를 통과해 여기에 도달했는가, 그 속에서 작가는 어떻게 하나의 '주의(主義)'로서 살아남았는가를 이야기한다. 그런데 문학 제도의 운용에 핵심적인 지위를 점하고 있는 문학 비평은 문학의 있음/처(處)함을 괄호 안에 넣고, 그것이 도달한 이후의 하나의 폐쇄된 텍스트를 상정한 이후에 비로소 작업을 시작한다. 그것은 시장 안에서 존재하는 서로 다른 방식 때문이기도 하지만 문학이 은폐된 주술화 속에서 금기의 사유를 해 왔기 때문이기도 할 것이다.

저비용 고(高)자기동일성의 제도인 문학을 고비용·타협·거래의 제도인 문화 산업에 대조하는 것은 지나치게 기계적인 시도일지 모른다. 하지만 어떤 제도이든 제도는 인간의 약점에 대한 인간적인 약속이다. 그런 의미에서 문학 제도 자체의 경제, 그 경제의 윤리성이 반성의 대상이 되지 못할 이유는 어디에도 없다. 단적으로 말해 상이 갖는 환금성은 계몽과 권위, 저변의 분투들이 응축되고 축제화된 효과이지 경제 원칙의 산물은 아니(어야 한)다. 어떠한 경우에도 사회적 성취와 그 포상에 대한 윤리적 가치 관점은 '효율성'을 만족시키는 것과 같은 필요조건 때문에, 혹은 '정치성'에 대한 지정학적 고려, 대사회적 염결성의 신화를 위해 중도에서 멈춰질 수 없다. 차라리 그것은 경제를 포함한 윤리를 다루어야 한다. 사회적 포상과 공적 인정이 관여된 공식적인 수여 과정은 더 완전하게 윤리적이어야 하며, 어떤 의미에서 문학에 있어서 윤리야말로 선이고 경제이다. 이는 문학 제도론, 특히 판단력의, 공통감의 응축인 긍정 제도에서는 더욱더 그러하다.

수여 제도에 대한 가장 흔한 비판은 효율성, 상업성 등 경제공학에 관한 것이기 마련이다. 그러나 문학상의 부정적 면모가 단지 경제공학인가 하면 그것도 아니다. 그것은 때때로 지정학과 동문회, 정치경제학의 복합체이고 미학과 바쿠스, 문학과 연애술의 끈적끈적한 전병이다. 그 전병의 질료와 탁도, 복합 방식에 대한 분석이 오히려 공학이라면 공학일 수 있다. 기구를 보면 수여의 결과가 예감된다. 너무도 예측 가능한 문학 행정부의 권능. 그래도 문학상 제도가 갖는 상업성은 제도 비판의 가장 핵심적인 과제 중 하나임에는 틀림없다. 수여 제도가 지속적으로 현실화되는 과정은 필연적으로 현실의 원칙, 즉 경제적 재생산에 의해 지속될 수밖에 없다. 수여 제도의 환금성. 상금이 없다고 해도 하나의 상은 그 상징의 빛으로 인해 하나의 금화이다. 상 자체는 문학 교사, 방송 패널, 더 많은 지면, 사회적 호의와 같은 다른 가치로 교환될 수 있다.

그렇다고 할 때, 수여 제도를 둘러싼 관계의 함수는 세 가지 측면에서 파악된다. 수여하는 자의 입장에서 수여 제도는 문학 내부의 기구와 지표·관점을 재확인하고 권위를 재구축하는 효과를 가진다. 그리고 수여받는 자의 입장에서 수상은 인정 투쟁의 승리, 이후 문학적 투자에 대한 상징 가치의 환수에 대한 비전 등 현실적인 의의를 가진다. 물론 개인의 노력에 대한 상징적 보상과 그로 인한 자기 고양감의 확인이라는 의미 역시 빼놓을 수 없다. 두 입장 모두는 일종의 권위에 관한 것인데, 이것은 부정적 의미가 아니라 믿을 만한 권위, 즉 대가(大家)와 진부한 교양을 구분하는 데서 오는, 문학장의 재생산을 위해 어쩌면 필연적인 과정이다.

흔히 비판의 대상이 되는 '문학상'의 과다는 문학적 성취에 대한 보상, 인정을 해 줄 심급이 '상징', '명예', '권위' 이외에 별반 없기 때문에 나타나는 현상일 수도 있다. 금전을 제외한 두둔인 것인데, 따라서 문제는 이 '상', 즉 특수한 인정의 심급이 실제 생활의 금전적 이익으로 환수될 때 나타난다. 상의 이벤트성, 상의 환금성이 문학상 제도 자체를 규정하려는 욕구를 드러내기 시작하는 것이다. 다시 말해 수여 제도를 둘러싼 세 번째 기제는 바로 이 출판 자본과의 필연적인 연관 관계로부터 발생한다. 이를테면 소설이 문학상의 가장 중점적인 부분이 되는 이유를 소설 장르의 근대성으로만 연역할 수는 없으리라.

오늘의 작가상, 국민일보문학상, 삼성문예(학)상, 한겨레문학상, 문학동네소설상, 작가세계문학상 등등과 같은 문학상의 소설 점유 현상을 설명하는 술어가 꼭 부정적일 필요는 없겠지만 분명한 것은 어쨌든 수여 과정의 흐름에 출판——금전적 척도가 적잖은 영향을 끼친다는 사실이다. 부르디외는 이 근대 이후의, 특히 플로베르 생존기의 소설이 갖는 이데올로기적, 경제적 기능과 시의 사멸을 다음과 같이 요약한다.

> 권력을 점한 사람들의 취향은 궁전이나 장관들의 문제와는 떨어져 있고, 소득이 되는 출판업을 가능케 해 주는 삼류소설처럼 쉬운 형태들의 소설을 지향한다. 반면 시는 아직도 낭만주의적인 대전투, 그리고 보헤미안, 가난한 사람들을 위한 투쟁 등과 결합되어 있었기 때문에 국가 쪽으로부터 적대적인 정치의 대상이 된다. 예를 들어 시인들에 대한 소송들이나 풀레 말라시스와 같은 출판업자들에 대한 박해를 들 수 있는데, 보들레르, 방빌, 고티에, 르콩트 드 릴과 같은 시인들을 출판한 풀레 말라시스는 파산에 몰려 빚 때문에 감옥에 가게 된다.[6]

---

6) 피에르 부르디외, 『예술의 규칙』, 하태환 옮김(동문선, 1999), 77쪽.

한국전쟁기의 예술원 사건에서 보듯이 예술에 대한 국가의 개입은 유명하다. 미적 가상으로서 예술이 갖는 호명적 기능, 유토피아 기획은 흔히 체제에 적대적인 형태로 나타나곤 하는데, 이 예술가들을 일종의 기구, 안전한 권위로서 관리하려는 욕구는 문화부의 중요한 책무 중 하나이다. 현대의 국가는 종종 패트론과 사법관을 겸한다. 학술원이나 예술원은 자주 그러한 필요와 엄격히 구분되지 못한다. 그리고 그로부터 벗어나는 도약들에 대한 족쇄는 흔히 출판 자본에 대한 위협의 형태로 나타난다. 따라서 위의 진술은 19세기 후반에서 20세기 초엽에 이르는 시기를 훌쩍 뛰어넘어 현재의 문학장에 대한 프리즘으로도 상당한 유효성을 지닌다고 판단된다. 그것은 배제하는 제도, 시의 사멸에 대한 중요한 생각거리들을 제공한다. (물론 여기서 '시'는 장르라기보다는 태도이리라.)

사실상 제도가 그 자신을 드러내는 순간은 권력장의 확대를 위한 '끌어들임' 보다, 배제하는 사람들, 작가들, 작품들에 의해서이다. 그 끌어들임 안에 존재하는 옹호와 지원과 전진을 위한 입론을 인정할 때, 문학 에콜의 배타성은 어느 정도 불가피한 선택이라고도 할 수 있다. 다만 문제가 되는 것은 그 배타성이 그 에콜의 책임에 값하는 성실성과 자기비판으로 거듭나지 못할 때, 같은 입지점이나 미학적 시준을 그려 내는 작가들마저 배제한다는 점이다. 그때, 에콜은 살롱으로 떨어진다. 언어를 탈승화시킴으로써 대작가와 진정한 입사식이 주도권을 쥐는 것을 방해했던 진부한 교양의 문화에 대항하여 새로운 문학 에콜을 만든다는 것, 동인 결사의 제도와 언어적 성취 간의 관계는 그 자체로 정당한 것이자 사명과 실천의 결과이다. 그러나 최초의 창립사들과 규약들이 살롱 안의 덕담으로 떨어질 때, 이 에콜은 더 이상 에콜이기를 멈춘다. 그 에콜이 표방하는 선택 행위는 그래서 가장 중점적인 비판의 대상이 되곤 한다. 왜 이 작가가 아닌가, 왜 그 작가인가.

하지만 이러한 선택 행위에 비해 배제는 좀처럼 표면으로 드러나 않으며, 우생학(優生學)의 주술로 인해 비판의 대상조차 되지 못한다. 우리는 제도를 문제삼으면서 이 '배제'에 또한 주목할 필요가 있다. 그러니까 1990년대를 축제화한 수여 제도, 저 허다한 소설상의 패트론으로 존재하는 출판 자본이 보여 주는 시에 대한 인상 깊은 천대와 인상 깊은 시의 빈곤은 이 선택과 함께하는 배제의 작용과 무관하지가 않은 것이다. "누가 시를 죽였는가"라고 말하기 위해 요긴한 것은 죽어 가는 시를 보여 주는 일, 그 와병의 환부를 훑는 일이지, 모두가 승인하는 소설에 대해 유창하게 말하는 일은 아니다.

블록, 생산, 책임 —— 때때로 제도의 윤리가 미학을 창출한다

문학상이 승인의 과정이라면 문학 에콜의 작동 원리는 발견과 환대, 공감의 제도이다. 이 두 제도는 문학적 질주와 축적을 가늠하고 그에 대한 유무형의 보상과 두둔을 통해 그 질주의 척도가 되고 윤리가 된다. 그렇다고 할 때 문학적 질주를 막는 문학 외적 자장의 개입들에 대한 지적은 중요하고 요긴하다. 문학성 이외의 논의를 제도적으로 조절하고 차단함으로써, 역설적으로 새로운 문학성 창출의 가능성을 저해하는 풍토에 대한 지적이 드물지 않게 산견된다는 사실은 전혀 윤리적이거나 미학적인 상황이 아님에 틀림없다. 이 권력은 미적 공감을 만들어 내고 있는가, 제도의 윤리는 실현되고 있는가. 그러니까 권력은 제도의 차원으로 승화되어 있는가.

여기에 대해 내놓는 답변들에는 몇 가지 형태가 있을 수 있다. 문학상의 경우 그 판단에의 질문과 이의들은 흔히 취미 판단의 개인성과 경제학의 불가피성 따위로 요약되는 것 같다. 그리고 문학 에콜의 문제에 있어 이 발견의 독서자들은 그 발견 작업이 갖는 어쩔 수 없는 배제와 배타성,

그것이 견인하는 생산적 힘을 '결사'의 방패로 삼는다. 그리고 두 진술은 원칙적으로 완전히 옳다. 그러나 수여 제도와 에콜 결사가 그러한 원칙에 값하는 가치론적 함의와 객관성과 책임의 무게, 발견 작업의 성실성과 끊임 없는 척도의 반성을 하고 있는가라는 질문에는 또한 많은 이견이 있을 수 있을 것 같다. 예컨대 이러저러한 매체의 전면에 세워진 작가들—성석제, 신경숙, 김영하 등등 일군의 작가들은 발견되었는가, 수렴되었는가. 그 작가들을 두둔하는 척도는 그들의 질주에 정향된 것인가, 아니면 현존하는 척도에 의한 사후 승인의 형태를 가지는가. 질주, 선택의 이유는 이를 정당화하는 언어와 일치하는가, 어떤가.

　문제는 생산하는 제도이고, 그 생산의 정당성이다. 모든 블록은 그 단단함이 갖는 강한 동력과 염결성을 자신의 무훈으로 삼는다. 그것들은 환금성의 틀 안에서나마 생산하는 제도이며, 인간적인 통속화에 대한 인간적인 규약과 분투의 모델일 수조차 있다. 그러나 잊지 말아야 할 것은 그러한 블록화가 감당해야 하는 엄청난 부하의 책임이고 윤리이며 미학적 관용, 척도의 반성이다.

　이 승인과 발견의 제도들은 내게 아름다운 것을 타인에게도 아름다울 것으로 요구하는 "공통감", 즉 판단력의 개인성과 보편성이라는 양 측면에서 이해되어야 할 문제로 생각된다. 제도의 운용자들은 판단력과 비평적 찬사가 '미에 대한 여론' 이하로 떨어지는 것을 막아내야 하는 의무를 가진다. 발견하는 독서이면서 확대되는 독서. 비평가의 독서란 그런 것이다.

　문학에 대한 평가가 상이라는 제도로 운용되는 상황, 아름다움에 대한 심급의 모호성이 권위에 의거한 논증, 즉 등단 제도, 수여 제도라는 기구로 현실화될 수밖에 없는 상황을 감안할 때, 이 제도가 갖는 권능은 그것이 '제도 이상'의 질주들을 포함할 때 긍정적으로 나타난다. 미에 대한 여론으로 떨어지는 예술성의 통속화·민주화가 예술 옹호적인 현상일 수는 없다. 그러나 미에 대한 여론 이하로 떨어진 채 윤리학적 문제로 전도되어 버린 제도는, "제도 비판이 갖는 대사회적 수치"를 감내하면서라도 따져 묻지 않으면 안 된다.

문학상과 문학 잡지가 작품에 환금성을 배가시킬 수는 있다. (이 윤리적 경제는 권장할 수 있기조차 하다.) 그러나 그 환금성이 다시 문학성을 잡아먹는 나쁜 거래의 순환고리로 빠져 들어가는 상황은 문제적일 수밖에 없다. 이 양자 간의 차이는 의외로 크다. 양보되어 버린 미학은 공통감=상식뿐 아니라, 윤리 자체를 파괴한다. 그때 우리는 제도에 대해 그 불온성을 묻게 된다. 중요한 것은 제도에 대한 비판적 질문 역시 '발견'하는 독서를 거쳐야 한다는 점이다. 독자적이면서도 공감할 수 있는 미학을 갖추지 않은 제도 비판은 문학론도 정치론도 되지 못한다. 문학의 정치성을 드러내면서, 문학의 파산에도 관여하는 비판 방식은 옳지 않을 뿐 아니라 아름답지도 못하다. 문학 권력에 대한 질문은 미학과 제도를 향해야 한다. 제도 비판이 유쾌하거나 그 자체로 문학적 생산일 리는 없다. 그렇다면 왜 질주가 아니라 제도를 말해야 했는가. 수여 제도와 에콜 결사, 문학 제도의 대표격인 이 두 제도는 수렴이 아니라 최선의 순간에 있어 발견이자 그에 대한 감탄 섞인 공감이 되어야 하지만, 적어도 그 옥쇄 지점은 공통감과 그것이 속화된 미에 대한 여론 이하여서는 안 된다. 미적 기원에서 사회적 관심으로, 거기서 다시 윤리적 책임의 문제로 퇴각해 버린 제도 비판 —— 다시 문학(제도)의 기원을 질문해야 하는 것이다.

우리는 왜 내게 아름다운 것이 남에게도 아름다울 것이라고 믿고 또 그렇게 요구하는가. 그 동의의 과정은 어떻게 기구화되고 긍정되는가. 문학 제도에 대한 논의는 어떻게 문학 안으로 정향될 수 있는가. 그러니까 문학을 보호해야 한다. 문학 제도의 생산성을 공통감에의 요청, 문학적 질주의 열차·연료로 귀환시켜야 한다. 때때로 제도의 윤리가 미학을 창출하기도 하는 것이다.

(2000년 여름)

작품 찾아보기

ㄱ

『감각의 논리』 401
「감수성의 혁명」 166
「거짓말」 400
『걸리버 여행기』 363
『결코 피할 수 없는 야스쿠니 문제』 267
『계몽의 변증법』 306
「고귀한 신세」 370
「고욤」 370, 382
「공각기동대」 429, 432~433, 436~440
「공중정원」 460
「괴테의 선택적 친화력」 221, 223
『구마검』 391
「구매자」 328
『국가에 맞선 사회』 197
「국경」 199
「국민이라는 노예」 127, 133
『굶기의 예술』 330
『궁전의 새』 289
「궁핍한 시대의 시인」 42
「귀향을 위한 만가」 288
『귀뚜라미가 온다』 232~233
「그때 그 사람들」 242
「그렇습니까? 기린입니다」 236
「기억할 만한 지나침」 333
『김수영 전집』 313
『김승옥 소설 전집』 160
『김우창 전집』 26~56
『김현 문학 전집』 59~87, 293

ㄴ

「나쁘게 말하다」 345
「나의 플래시 속으로 들어온 개」 324
「나이트 메어」 320
『남사고비결』 295
『낭비』 139
『내셔널 히스토리를 넘어서』 273, 276
『너에게 나를 보낸다』 336
『농군』 132, 139
『뉴로맨서』 423, 442, 445
「능률 사회와 좋은 사회」 261, 467

ㄷ

「다크 시티」 437
「댄디와 주권: 벤야민의 문턱」 220
「더러운 거울」 403
『도덕의 계보』 404
「도박사 마부제 박사」 417
「독일 비극의 기원」 243, 244, 363
『동물화하는 포스트모던』 348
「동백이 활짝」 347
『드라큘라』 386
『뜻으로 본 한국역사』 61
「등신불」 391

ㄹ

『Let's Go! 이나중 탁구부』 387
「로보캅」 415

작품 찾아보기

『리바이어던』 136, 320, 330, 353

ㅁ

『마키아벨리의 고독』 136
『말과 사물』 151
『말라죽은 앵두나무 아래 잠자는 저 여자』 387
「매트릭스」 437
『멋지다 마사루』 387
「메커니즘으로서의 국가」 137
『목화밭 엽기전』 387, 397~399, 401
『몰라몰라, 개복치라니』 251
「무상이라는 것」 257
『무정』 132, 135
「무진기행」 154~155, 164~167, 171~176, 182~188
『문학과 악』 401
『문학과 유토피아』 68, 86
「문학사와 문예학」 286
『문학사회학』 67
『문학의 귀환』 95~96, 101, 115~118, 120~121
「물속의 사막」 335
「미래를 위하여」 450
「미인병」 340
『미학과 문화』 166

ㅂ

『바람부는 날이면 압구정동에 가야 한다』 324, 340, 341
『반시대적 고찰』 464
「발밑으로 사라진 사람들」 246
『발터 벤야민의 문예 이론』 269
『발터 벤야민과 아케이드 프로젝트』 245
「백미러 사나이」 240, 247
「번역자의 과제」 279
「법 앞에서」 371~372
『법의 힘』 131, 222
「베끼기의 문학적 의미」 293
「베니의 비디오」 419
『벤야민 전집』 269
「붉은 눈, 동백」 413
『블레임(BLAME)』 411
「비평과 진단」 396
『비평의 역사와 역사적 비평』 463
「뻐꾸기의 운명」 355

ㅅ

『사상기행』 129
「사우스 파크」 387
『사죄와 망언 사이에서』 273
『사회를 보호해야 한다』 240
『삼미 슈퍼스타즈의 마지막 팬클럽』 364, 367
「생명연습」 163~164
「서울 1964년 겨울」 161~162
『선택』 288, 292~293, 297
「섬」 387

「세기말」 346
「세일즈맨의 죽음——속 안동에서 울다」
    327, 239, 332
『소문의 벽』 457
『소설의 기술』 311
「소설, 정념이 배치되는 성좌들」 360
「손무덤」 391
『숭고에 대하여』 219
「스타쉽 트루퍼스」 419
「스피노자, 반오웰——대중들의 공포」
    148
『시간과 속도』 350
「시민 케인」 445
「시인 유보씨의 하루 1」 337
『식민지의 적자들』 127, 141
『신곡』 363

ㅇ

「아겔다마」 392~393
『아메리카』 357
「아무것도 아니었다」 371, 375
「아발론」 433, 436, 438~440
『아빠 아빠 오, 불쌍한 우리 아빠』
    299
「악어는 말했다」 371
「안달루시아의 개」 391
「안동에서 울다」 329~330, 332~333
『야생동물 보호구역』 387
『야스쿠니 문제』 267
『어디에서나 보이는 집——북한 현대

대표 문학 선집』 214
「언어의 두 양상과 실어증의 두 유형」
    182
『얼굴 도둑』 387
「에이리언」 387
「에크리튀르의 돌」 326
「X파일」 357, 364, 365, 367
「여행에 대한 비관론」 338
「여행자」 332~333
「역사와 문학」 255, 269
『역사의 요동』 265
「역사철학 테제」 224, 246, 251, 253,
    269, 280
「엽기적인 그녀」 386
「엽기 토끼」 386
『예술의 규칙』 472
「옛날의 수사학」 158
『오트란토 성』 386
『왕을 찾아서』 288~289, 293~294,
    298~302, 309, 311
「요정 여왕」 363
「운명과 성격」 221
『웃음』 298
「원피스」 357
「위대한 후손이 되자——충무공 탄신
    제423주년 기념일 기념사」 143
「의지의 승리」 418
「이상한 나라의 앨리스」 395
「21세기의 매니페스토·'탈(脫) 패러
    사이트 내셔널리즘'!」 272, 277
「이지라이더」 413

작품 찾아보기

「2001:스페이스 오디세이」 358
「익명의 섬」 290
『인간의 힘』 111
『일식』 438
『임상의학의 탄생』 151
『임제록』 393
「입 속의 검은 잎」 324

ㅈ

『자본론』 24, 346, 429~430
『잠언과 성찰』 363
『장미 이야기』 363
『장화홍련전』 391
「저만치 떨어져 피어 있네」 371~373
「전태일과 쇼걸」 351
『정감록』 295
『존재론적, 우편적』 439
「종교로서의 자본주의」 365
『종의 기원』 441
『주역』 89~90, 97, 99
『죽음의 한 연구』 393~394
「줄어드는 수사학」 157
「쥐가 된 인간」 324
『지구영웅전설』 364
『지상의 척도』 56
「지하도에 숨다」 342
「진정성의 윤리학과 어떻게 맞설 것인가」 448
「질문에 대한 답변—계몽이란 무엇인가」 312

「집필자는 나오라」 370, 379

ㅊ

「찬기파랑가」 65~66, 82
『참말로 좋은 날』 368
『1844년의 경제학 철학 초고』 345, 415, 417, 424, 427, 429
『1984』 409, 410
「1988, 우리가 남긴 벽화에 대하여」 347
『천 개의 고원』 335, 352
「천황제 일본 국가에 있어서의 증여의 사상」 274
「철남」 414
『철학사전』 152
「첫사랑」 309
「총독의 소리」 124, 126
『최순덕 성령충만기』 234, 247
「추억에 대한 경멸」 334
『칠조어론』 393

ㅋ

『카스테라』 236
『칸트의 비판철학』 460, 466
「칼리가리 박사의 밀실」 417
「코리언 스텐더즈」 239, 249~250, 252
「크래쉬」 413
「클래식과 그로테스크 사이에서」 360
「킬링필드」 320

ㅌ

「텅 빈 껍질」 354
「텔 미 썸딩」 387
「트루먼 쇼」 437

ㅍ

『파란달 아래』 450
『파사주』(『파사젠베르크』) 210, 345
『파우스트』 107
『판단력비판』 158, 216, 304, 468
『판단력비판을 위한 최초 입문』 231
「퍼니 게임」 420
「편지」 336
「폭력의 비판을 위하여」 137, 221~222
『폴리테이아』 306
「푸른 흔적」 337~338
『프랑켄슈타인』 386, 389, 403
『플리머스의 즐거운 건맨 생활』 423

ㅎ

『한국문학사』 59, 62, 70
『한국문학의 위상』 42, 59, 77, 83~84
「한국성약사(韓國星略史)」 63
『햄버거에 대한 명상』 324
『헤겔 독해 입문』 347
『헤겔 미학』 405
「혁명에 대하여」 342
『현대한국문학의 이론』 58, 66, 73
「호랑이를 봤다」 288, 309
『호모 사케르』 319, 382
『홉스 국가론에서의 리바이어던』 137
『환대에 대하여』 194
「환한 하루의 어느 한때」 371, 381
『황제를 위하여』 287, 291, 293~296, 299, 305~308, 311
「효자동 이발사」 243
「흔해빠진 독서」 333

인명 찾아보기

ㄱ

가라타니 고진(柄谷行人) 33, 275, 434
가리, 로맹(Romain Gary) 449
가토 노리히로(加藤典洋) 273~274
고모리 요이치(小森陽一) 273, 277
고바야시 요시노리(小林よしのり) 277
고바야시 히데오(小林秀雄) 255~262, 266, 268, 270~271, 276~277, 279~283, 285
고은 108
골드망, 뤼시앵(Lucien Goldman) 34
공임순 141~149
괴테, 요한 볼프강 폰(Johann Wolfgang von Goethe) 48, 107, 363
그라스, 귄터(Günter Grass) 346
그람시, 안토니오(Antonio Gramsci) 345
기거, 한스(Hans Giger) 378
기로, 피에르(Pierre Giro) 177
기형도 324~325, 332~336, 342, 345, 352
길리스, 존(John Gillis) 99
김교신 62
김기덕 387
김기림 115, 117
김남천 115
김동리 391
김동인 57
김병익 57
김수영 77, 92, 106~107, 116~117, 120, 172, 180, 313
김승옥 164, 154~156, 161, 163, 165, 167, 170, 174, 178, 181, 185~188
김언희 387
김영진 213
김영찬 360
김영하 351, 475
김옥균 62, 143
김우창 26~36, 38~42, 45~46, 48~50, 52, 53, 55, 58, 467
김윤식 57~59, 61, 71
김정일 213
김정한 77, 110
김주연 57~58
김지하 129, 139, 141, 148, 341
김철 127~139, 142, 148, 152
김치수 57, 72
김항 220, 264
김현 42~46, 57~87, 146, 157~158, 182, 335, 357
김혜순 341
김훈 143
깁슨, 윌리엄(William Gibson) 423, 442, 445, 446

ㄴ

나보코프, 블라디미르(Vladimirovich Nabokov) 204
나쓰메 소세키(夏目漱石) 33, 434
나카마사 마사키(仲正昌樹) 265, 272,

278, 280
나카지마 타카히로(中島隆博) 244, 280
낭시, 장뤽(Jean-Luc Nancy) 219, 230, 235, 237
노무현 215
니체, 프리드리히(Friedrich Nietzsche) 68, 134, 154, 185, 404, 462~464
니헤이 쓰토무(貳甁勉) 411

ㄷ

다윈, 찰스(Charles Darwin) 429
다자키 히데아키(田崎英明) 326
다카야마 이와오(高山岩男) 256
다카하시 테츠야(高橋哲也) 144, 267, 273~276, 280
다케우치 요시미(竹內好) 263
달리, 살바도르(Salvador Dali) 391
데리다, 자크(Jacques Derrida) 102, 121~122, 125~126, 128, 130~131, 274, 282, 285, 194, 372, 377, 440, 378
데카르트, 르네(Rene Descartes) 430
델포, 제라르(Gerard Delfoe) 483
뒤푸르망텔, 안느(Anne Dufourmantelle) 194
들뢰즈, 질(Gilles Deleuze) 32, 74, 75, 79, 80, 122, 151, 197, 220, 225, 235, 335, 352~353, 396, 401, 460~461
딕, 필립(Philip Dick) 415

ㄹ

라신, 장밥티스트(Jean-Baptiste Racine) 34
라캉, 자크(Jacques Lacan) 438
라크라바르트, 필립(Philippe Lacoue-Labarthe) 282
레닌, 블라디미르(Vladimir Lenin) 203
레비나스, 에마뉘엘(Emmanuel Levinas) 209, 278
레비스트로스, 클로드(Claude Lévi-Strauss) 300
레즈니코프, 찰스(Charles Reznikoff) 330
로고진스키, 자콥(Jacob Rogozinski) 219, 231
로르카, 페데리코 가르시아(Federico Garcia Lorca) 122
로크, 존(John Locke) 32, 141
뢰벤탈, 데이비드(David Lowenthal) 108
루쉰(魯迅) 122
루카치, 게오르크(Lukács György) 61, 240
뤼미에르 형제(Les Lumières) 436~437
리용악 214
리우, 리디아(Lydia Liu) 118
리카도, 데이비드(David Ricardo) 24, 25

인명 찾아보기

리펜슈탈, 레니(Leni Riefenstahl) 418

ㅁ

마루야마 마사오(丸山眞男) 260~264, 266
마르쿠제, 허버트(Herbert Marcuse) 28, 43, 47, 49, 52, 344, 405
마르크스, 카를(Karl Marx) 23~24, 118, 122, 312, 345~346, 358, 415, 424~427, 430, 431
마릴린 먼로(Norma Jean Mortensen) 357
만, 폴 드(Paul de Man) 331
맥루한, 마셜(Marshall Mcluhan) 443
메를로퐁티, 모리스(Merleau-Ponty, Maurice) 41
멜리에스, 조르주(Georges Melies) 436~437
명성황후 143~144
모레티, 프랑코(Franco Moretti) 107
모스, 수잔 벅(Susan Buck Moss) 245
모파상, 기 드(Guy de Maupassant) 280
미시마 유키오(三島由紀夫) 57, 263, 273
미야자키 하야오(宮崎駿) 433
밀러, 헨리(Henry Miller) 352

ㅂ

바르트, 롤랑(Roland Barthes) 158, 321
바슐라르, 가스통(Gaston Bachelard) 76
바타유, 조르주(George Batille) 367, 401
박남철 78, 337
박노해 391, 460
박민규 232~236, 239, 249, 251~253, 357, 359~367
박상륭 357, 390~393, 398, 403
박완서 110
박정희 127~128, 143, 151, 239, 241~242, 244~245, 247~248
박종홍 61
박태원 113
발리바르, 에티엔(Etiennne Balibar) 136, 148, 321~322
백가흠 232~233
백낙청 46, 58, 84, 102, 104, 275
백무산 391
백민석 387, 390, 395, 397, 398~400, 403
백철 60
버로스, 윌리엄(William Burroughs) 358
버호벤, 폴(Paul Verhoeven) 419
벅, 펄(Pearl Buck) 122
베르그송, 앙리(Henri Bergson) 94,

118, 298
베버, 막스(Maximilian Carl Emil Weber) 28
베이컨, 프란시스(Francis Bacon) 391, 401, 403, 395, 402
베케트, 사무엘(Samuel Beckett) 204
벤야민, 발터(Walter Benjamin) 104, 137, 201, 213, 220~230, 235, 238, 243, 246, 251, 253, 266, 269, 270~271, 275, 279~282, 285, 326, 345, 360~363, 365, 377
보네거트, 커트(Kurt Vonnegut) 11, 357
보드리야르, 장(Jean Baudrillard) 357
보들레르, 샤를피에르(Charles-Pierre Baudelaire) 102, 104, 122
보르헤스, 호르헤(Jorge Borges) 204
보즈, 아즈람(Azram Bowes) 320
복거일 450
복도훈 360
볼테르(Voltaire, Francois-Marie Arouet) 152
부뉘엘, 루이(Luis Bunel) 391
부르디외, 피에르(Pierre Bourdieu) 344, 472
브레히트, 베르톨트(Bertolt Brecht) 165
브로델, 페르낭(Fernand Braudel) 201~202
비네, 로버트(Robert Wiene) 417

비릴리오, 폴(Paul Virilio) 350

ㅅ

사토 하루오(佐藤春夫) 385
서정주 28, 63~64, 66~67, 82
서태지 344
성석제 110~111, 115~116, 287~288, 300~303, 307, 309, 368~371, 373, 377, 379~383, 475
세르반테스, 미겔 데(Miguel de Cervantes) 311, 315
셰익스피어, 윌리엄(William Shakespeare) 128
송찬호 342, 346, 413, 460
송창식 343
숄렘, 게르숌(Gershom Scholem) 269
슈미트, 카를(Carl Schmitt) 137, 140~141, 153, 220, 224, 377
슈타이너, 루돌프(Rudolf Steiner) 204
스미스, 애덤(Adam Smith) 23~24, 54, 424~425
스톤, 맷(Matt Stone) 387
스펜서, 허버트(Herbert Spencer) 363
스피노자, 베네딕트 드(Benedict de Spinoza) 145, 148
신경숙 115~116, 287, 475
신형철 360
실러, 요한 크리스토프 프리드리히 폰 (Johann Christoph Friedrich von

인명 찾아보기

Schiller) 45, 55
심훈 67

ㅇ

아감벤, 조르조(Giorgio Agamben) 200, 206, 211, 220, 224, 225, 228, 235, 278, 285, 319~320, 377~378, 382
아도르노, 테오도르(Theodor Wiesengrund Adorno) 25, 34, 43, 269, 300, 344~345,
아렌트, 한나(Hannah Arendt) 278, 342
아리스토텔레스(Aristoteles) 404
아리스토파네스(Aristophanes ho Byzantios) 306
아우구스티누스, 아우렐리우스(Aurelius Augustinus) 157
아즈마 히로키(東浩紀) 348, 437~439
알튀세, 루이(Louis Althusser) 52, 136
야콥슨, 로만(Roman Jakobson) 182
에이펙스 트윈(Aphex Twin) 388
에코, 움베르토(Umberto Eco) 445, 449
엘뤼아르, 폴(Paul Eluard) 122
염무웅 84
염상섭 32, 38~42, 57, 463
오르테가 이 가세트(José Ortega y Gasset) 344

오리구치 시노부(折口信夫) 195~196, 303
오스터, 폴(Paul Auster) 330
오시이 마모루(押井守) 429~439
오오고시 아이코(大越愛子) 273
오웰, 조지(George Orwell) 148, 409
왕가위(王家衛) 358
요네야마 리사(米山リサ) 273
우광훈 423
우슈다 쿄슈케(うすた京介) 387
우카이 사토시(鵜飼哲) 275, 277
원효 98
유관순 215
유안진 110
유종호 155, 166, 180
유하 324~325, 337~343, 355, 451
윤대녕 287
윤성범 61
윤영수 110
율곡 90
은희경 116, 351
이광수 28~29, 57, 65, 66, 130, 135, 143
이규보 122
이글턴, 테리(Terry Eagleton) 204
이기호 233, 240, 246~248, 252, 247
이동순 214
이문열 287, 290~292, 294, 298, 302, 305, 309
이상 62, 113, 107, 120, 329
이순신 128, 143

이순애(李順愛) 277
이승만 151
이시다 히데타카(石田英敬) 277
이영재 403, 419
이육사 215
이익섭 178
이인성 364
이청준 67, 72, 77, 457
이치은 46~47
이태준 139, 148
이토 준지(伊藤潤二) 387
이효덕(李孝德) 273
임지현 149
임홍빈 178
임화 115, 122

ㅈ

장선우 400
장윤현 387
장자(莊子) 122
장정일 324, 326~336, 341~342, 345, 353, 354, 400
정과리 456
정도전 65
정명환 111
정비석 199
정주(程朱, 程子·朱子) 90
정지용 122
정현종 77, 81, 154
제임스 딘(James Dean) 413

조윤제 57
주네트, 제라르(Gèrard Genette) 157
주인석 450
주자(朱子) 91
지눌(知訥) 122
지라르, 르네(Rene Girard) 61
진이정 341
진정석 101

ㅊ

초우, 레이(Rey Chow) 85, 86
최남선 98
최원식 92~109, 112~114, 120~122
최인훈 77, 121
최재서 57, 115, 122
츠카모토 신야(塚本晋也) 414

ㅋ

카메론, 제임스(James Cameron) 412
카벨, 스텐리(Stanley Cavell) 69, 75
카프카, 프란츠(Franz Kafka) 311, 371~372
카플란, 카렌(Caren Kaplan) 204
칸트, 임마누엘(Immanuel Kant) 54, 55, 94~95, 216~219, 226~231, 304, 312, 329, 352, 404, 439, 459, 460, 468
칼비노, 이탈로(Italo Calvino) 357
캐럴, 루이스(Lewis Carroll, Charles

인명 찾아보기

Lutwidge Dodgson) 395~396, 403
케이건, 로버트(Robert Kagan) 322
켈러, 더글라스(Douglas Keller) 418
코제브, 알렉상드르(Alexandre Kojeve) 347~349, 352, 353
콘라드, 조셉(Joseph Konrad) 128
쿤데라, 밀란(Milan Kundera) 311
큐브릭, 스탠리(Stanley Kubrick) 358
크라카우어, 지크프리트(Siegfried Kracauer) 417~419
크로넨버그, 데이비드(David Cronenberg) 13, 414
클라스트르, 피에르(Pierre Clastres) 197
클린턴, 빌(William Clinton) 109
키비, 피터(Peter Kivy) 103
키에르케고르, 쇠렌(Søren Aabye Kierkegaard) 68

ㅌ

타르코프스키, 안드레이(Andrey Tarkovsky) 86, 341
터클, 셰리(Sherry Turkle) 451
티모시 리얼리(Timothy Really) 398, 440, 451, 446

ㅍ

파농, 프란츠(Frantz Fanon) 122
파스칼, 블레이즈(Blaise Pascal) 33~34, 55, 122, 354
파커, 트레이(Trey Parker) 387
페터, 융(Jung Peter) 344
푸리에, 장(Jean Fourier) 345
푸코, 미셸(Michel Foucault) 134, 138, 240, 323, 395
프로이트, 지그문트(Sigmund Freud) 47, 68~69, 73~74, 79, 358, 429, 432, 435
프리츠 랑(Friedrich Christian Anton "Fritz" Lang) 417
플로베르, 귀스타브(Gustave Flaubert) 280, 455, 472
피츠제럴드, 스콧(Scott Fitzgerald) 183

ㅎ

하네케, 미카엘(Michael Haneke) 419~420
하르투니언, 해리(Harry Hartunian) 265
하버마스, 위르겐(Jürgen Habermas) 278, 321
하비, 데이비드(David Harvey) 429
하성란 116
하이데거, 마르틴(Martin Heidegger) 6, 238, 279, 282, 443
하인라인, 로버트(Robert Heinlein) 419
한용운 32, 34~37, 55, 66, 82

함민복 325, 338, 346~347
함석헌 61, 65, 86, 146
허수경 193
헤겔, 프리드리히(Friedrich Hegel)
    61, 148, 154, 218, 329~347, 394,
    424~425, 405
현진건 463
호병문(胡炳文) 91
호퍼, 데니스(Dennis Hopper) 13
홉스, 토마스(Thomas Hobbes) 23,
    136, 137, 141, 220, 223, 319~322,
    326, 352~353, 355
홍정선 463
황석영 101, 107, 120, 122
황종연 109, 121
황지우 101
후루야 미노루(古谷實) 387
후쿠다 카츠야(福田和也) 263,
    272~273
히라노 게이치로(平野啓一郎)
    437~438
히틀러, 아돌프(Adolf Hitler)
    417~418

황호덕

1973년생. 문학평론가. 성균관대학교 국문과 및 같은 과 대학원 박사 과정을 졸업하고, 일본 도쿄대학교 총합문화연구과 박사 과정을 수료했다. 1999년 《문학사상》에 문학 평론을, 2001년 《KINO》에 영화 평론을 발표하며 비평 활동을 시작했다. 고석규비평문학상, 한국비교문학상을 수상했다. 캘리포니아 주립대학교 (Irvine) 동아시아어문학과에서 수학했으며, 일본 조사이국제대학교 교수를 거쳐 현재 성균관대학교 국문과 교수로 재직 중이다. 지은 책으로는 『근대 네이션과 그 표상들—타자, 교통, 번역, 에크리튀르, 국문담론』, 『사유의 공간』(공저) 등이 있다.

프랑켄
FRANKEN-MARX
마르크스

황호덕 비평+문학론

1판 1쇄 찍음 2008년 2월 28일
1판 1쇄 펴냄 2008년 3월 3일

지은이 | 황호덕
발행인 | 박근섭, 박상준
편집인 | 장은수
펴낸곳 | (주)민음사

출판등록 | 1966. 5. 19 제16-490호
주소 | 서울시 강남구 신사동 506번지 강남출판문화센터 5층 (135-887)
대표전화 | 515-2000 팩시밀리 | 515-2007
홈페이지 | www.minumsa.com

값 25,000원

ⓒ황호덕, 2008. Printed in Seoul, Korea.
ISBN 978-89-374-1215-8 (03810)

• 이 책은 2005년도 문화예술위원회 신진예술가 지원을 받아 출간되었습니다.